Kinderwelten
Anthropologie – Geschichte – Kulturvergleich

Kurt W. Alt
Ariane Kemkes-Grottenthaler (Hg.)

Kinderwelten

Anthropologie – Geschichte – Kulturvergleich

2002

BÖHLAU VERLAG KÖLN WEIMAR WIEN

Gedruckt mit freundlicher Unterstützung des Fachbereiches Biologie
der Johannes Gutenberg-Universität, Mainz, des Landes Rheinland-Pfalz,
sowie der Freunde der Universität Mainz e.V.

Bibliografische Information der Deutschen Bibliothek:
Die Deutsche Bibliothek verzeichnet diese Publikation in der
Deutschen Nationalbibliografie; detaillierte bibliografische Daten
sind im Internet über http://dnb.ddb.de abrufbar.

Umschlagabbildung:
© K.W. Alt

© 2002 by Böhlau Verlag GmbH & Cie, Köln
Ursulaplatz 1, D-50668 Köln
Tel. (0221) 9 13 90-0, Fax (0221) 9 13 90-11
vertrieb@boehlau.de
Alle Rechte vorbehalten
Druck und Bindung: Druckerei Runge, Cloppenburg
Gedruckt auf chlor- und säurefreiem Papier
Printed in Germany
ISBN 3-412-03102-X

Geleitwort

Ein Vorwort erklärt in der Regel die Bedeutsamkeit des behandelten Themas und beschreibt das Zustandekommen des Buches. Das Geleitwort ist speziell an den Leser gerichtet. Es soll ihn beraten, wie er sich am besten im Buch zurechtfindet, möglichst viel Gewinn aus ihm ziehen kann und möglichst wenig enttäuscht wird.

Wer sich – angeregt durch den Buchtitel – an Hand anschaulicher Beschreibungen in fremde Kinderwelten der Gegenwart oder auch der Vergangenheit hineinversetzen will, der beginnt am besten mit dem kurzen Abschnitt „Arbeiter am Müllberg…" (S. 351). Er beschreibt unter anderem – obwohl das im Titel nicht angedeutet wird – das sinnvolle Eingebundensein aufwachsender Kinder durch helfende Tätigkeiten in die Familiengemeinschaft von in kleinen Gruppen naturnah lebenden Menschen. Die Mehrzahl der Artikel befasst sich jedoch mit Ausnahmesituationen von Kindern: Tod, Hunger, Not, Krankheiten, Schmerzen. Zwei Artikel geben besonders aufschlussreiche, zum Teil erst in neuerer Zeit erarbeitete Information. Erstens sei ein Beitrag über das Ammenwesen genannt: „Die Übersterblichkeit der Säuglinge und Kleinkinder in der frühen Neuzeit…" (S. 223). Ein Meisterwerk hinsichtlich der Fülle des Materials und der souveränen Zusammenstellung der völkerkundlichen, religiösen, aber auch psychologischen und medizinischen Gesichtspunkte ist dann der umfangreichste Artikel des Buches; er heißt: „Gesundheitsbezogene Gender-Effekte: the girl child" (S. 331). Erst einige Abschnittsüberschriften deuten an, worum es hier geht: „selektiver Infantizid", „weibliche Geschlechtsverstümmelung", „Alter bei der Hochzeit und frühe Mutterschaft", „Gewalt", etc.

Das Buch enthält auch Anteile ganz anderer Art: Wissenschaftliche Berichte über eigene Forschungen an speziellen Fragestellungen. Diese Artikel sind aufschlussreich besonders für Leser, die wissen wollen: Wo liegen in der heutigen Forschung aktuelle Schwerpunkte des Interesses? Zur Orientierung innerhalb dieser Aufsätze empfiehlt sich für den Leser das Studium des Inhaltsverzeichnisses, um aus den oben noch nicht genannten 32 Titeln diejenigen auszuwählen, die am ehesten seine Wissbegierde anregen. Trifft er dort in den Aufsätzen auf Denkweisen und Begriffe, mit denen er nichts anfangen kann, so mag er sich vergegenwärtigen, wie das Buch – siehe das Vorwort – entstanden ist: Wissenschaftler aus den verschiedensten Disziplinen wurden eingeladen, aus ihrer Sicht und in ihrer „façon" Beiträge zum Thema „Kinderwelten" zu liefern. Dadurch kamen manche von ihnen überhaupt erstmalig mit den Vertretern anderer anthropologischer Interessenrichtungen ins Gespräch.

Am sehnlichsten wünschen sich Herausgeber und Autoren natürlich solche Leser, die ihr Buch nicht nur durchlesen, sondern gründlich studieren. Diese Leser lassen sich auch durch Verständnis-Schwierigkeiten nicht abschrecken. Für sie sind auch die ausführlichen Literaturlisten gedacht, aus denen die „Orientierungsleser" schon aus organisatorischen Gründen kaum einen Nutzen ziehen können.

Denjenigen Lesern, die sich das Wissensgut dieses Buches wirklich zu eigen machen wollen, sei ein besonderer Vorschlag nahe gelegt: Für sich selbst beim Lesen ein (im Buch leider fehlendes) alphabetisches Sachregister anzulegen (vielleicht darin auch bedeutsame Namen aufzunehmen wie Freud, Bowlby und Lorenz). Dabei wird beispielsweise – um ein besonders interessantes Beispiel herauszuheben – folgender Gesichtspunkt hervortreten: Überraschend häufig werden theoretische Postulate der modernen Soziobiologie angeführt. Vergleicht dann der Leser anhand seines Verzeichnisses diese Passagen miteinander und überprüft dabei, an wie vielen Stellen (oder an wie wenigen!) sich die soziobiologischen Prinzipien in der Realität bestätigen, dann gewinnt er eine begründete kritische Distanz zu dieser Denkrichtung.

Dieses Buch gehört also nicht zu jenen, die man, auf Seite 1 beginnend, fließend durchliest. Es verlangt den aktiven Leser, der in ihm mit eigener Strategie nach dem für ihn Wissenswerten sucht, um sich dann vielleicht mit besseren Argumenten als zuvor für das Wohl der Kinder einsetzen zu können.

Merzhausen bei Freiburg, im Juli 2002
Prof. Dr. Dr. h.c. Bernhard Hassenstein

Inhaltsverzeichnis

Vorwort 1

TEIL I Kindheit in der Vergangenheit

1. Natur vs. Kultur: Das Kind aus Sicht der Evolutionsbiologie 4

   Karl Grammer, S. Schreiner, M. Atzmüller, J. Dittami
   Die evolutionäre Psychologie des Kindes: soziale Intelligenz und Überleben   6

   Joachim Bensel
   Steinzeitbabys im Atomzeitalter – Auswirkungen der fehlenden Passung
   zwischen biologischen Bedürfnissen und neokulturellen Umwelten 25

   Gabriele Haug-Schnabel
   Prävention und Förderung – im Spannungsfeld von evolutionärer
   Ausstattung und kultureller Anforderung 41

   Andrea Schmelter
   Muttermilch – Lebenselixier unserer Gene? 49

   Marcia S. Ponce de Leon, C. .P. E. Zollikofer
   Neanderthalerkinder: ein Modell für die evolutionäre
   Entwicklungsbiologie des Menschen 63

2. Rekonstruktion historischer Kinderwelten 76

   Grete Lillehammer
   Archäologie und Kindheit 78

   Brigitte Röder
   Statisten in der Welt der Erwachsenen:
   Kinder auf archäologischen Lebensbildern 95

   Barbara Kraus
   Das Kind im Grab: Zur Methodik der Befunderhebung in Archäologie
   und Anthropologie 106

Ursula Verhoeven
Kind und Kindgötter im Alten Ägypten 120

Carola Vogel
„Wer wird dann Wasser für dich ausgießen?" Zur Rolle des Kindes
im Totenkult der Eltern / Fallbeispiele aus dem alten Ägypten 130

Brigitte Lohrke
Kinder in der Merowingerzeit 140

3. Ständige Aussichten auf einen frühen Tod: Kindersterblichkeit 154

Thomas Becker
Juvenes Roma – Beobachtungen zur Kindersterblichkeit im antiken Rom . 156

Barbara Hölschen
Wohin mit den toten Kindern? – Kinderbestattungen im Siedlungs-
und Gräberfeldareal der römischen Siedlung Sontheim/Brenz „Braike",
Kreis Heidenheim 164

Dirk Krausse
Kinder als Opfer – Kinderopfer. Zur Interpretation antiker und
prähistorischer „Sonderbestattungen" von Säuglingen und Kleinkindern ... 171

Susi Ulrich-Bochsler
Zur Stellung der Kinder zwischen Frühmittelalter und Neuzeit –
ein exemplarischer Exkurs 188

Klaus Arnold
Kindertotenbilder – Neue Zugänge zu Leben und Tod von Kindern
im späten Mittelalter und der frühen Neuzeit 208

Kurt W. Alt
Die Übersterblichkeit der Säuglinge und Kleinkinder in der frühen
Neuzeit – Unberechenbares Schicksal oder menschliches Versagen? 223

Ariane Kemkes-Grottenthaler
„Hie töfft man ain kind und der tod wirt gefatter".
Die Übersterblichkeit unehelich geborener Kinder
in der Frühen Neuzeit 246

TEIL II Kindheit in der Gegenwart

1 Vom Kinderwunsch zum Wunschkind 262

Ursula Wittwer-Backofen
Kinderreich und kinderarm – Aspekte der Fertilität zwischen
biologischer und demographischer Forschung 264

Winfried Henke
Kinderlosigkeit in Deutschland – Aspekte eines Massenphänomens 281

Wolfgang Lengsfeld
„Die Ära der Alten" – eine demographische Zeitenwende? 298

Sylvia Kirchengast
„Wenn Mädchen Mütter werden". Teenagerschwangerschaften –
ein biologisches oder soziales Problem? 305

2. Kindheit im Kulturvergleich – zwischen Realität und Utopie 319

Machteld Roede
Gesundheitsbezogene Gendereffekte: the „girl child" 321

Renate Schellhaas
Die Rechte des Kindes zwischen Vision und Wirklichkeit – 12 Jahre
UN-Kinderrechtskonvention 347

Ulrike Bieker
Arbeiter am Müllberg: Konstruktionen von „Slum"-Kinderkultur.
Eine ethnologische Perspektive 352

Werner Egli
Gesellschaftliche Realität und Utopie der Kindheit aus
kulturvergleichender Sicht 361

Johanna Forster
„Kindheit und Erziehung". Betrachtungsperspektiven der Pädagogischen
Anthropologie 371

Axel Schölmerich, B. Leyendecker, M. E. Lamb, B. S. Hewlett, R. Tessier
Alltagserfahrungen von 3 Monate alten Säuglingen in Nord- und
Lateinamerika, Europa und Afrika 386

Uwe Krebs
Das Säuglingsalter in traditionellen Kulturen (sog. Stammesgesellschaften).
Ein Vergleich anhand alter völkerkundlicher Monographien 400

3. Wachstum und Entwicklung 411

Noël Cameron
Wachstum im 21. Jahrhundert: der Einfluss von Ernährungs-
und Wirtschaftsfaktoren 413

Holle Greil
Körperproportionen und ihr Bezug zum biologischen Alter 422

Janina Tutkuviene
Trends bezüglich Body Mass Index, Selbstwertgefühl und
Körperzufriedenheit anhand einer Stichprobe litauischer Teenager 436

Friedrich W. Rösing, H.-J. Kaatsch, A. Schmeling
Jugendliche Straftäter und Asylsuchende: Ethische und
humanbiologische Aspekte der Altersdiagnose 447

Christoph Brochhausen, M. Brochhausen, H.W. Seyberth
Pädiatrie zwischen Patientenschutz und Therapiesicherheit –
eine interdisziplinäre Herausforderung 458

Christiane Scheffler, V. Noth
Bewegungsanalyse von Alltagssituationen – Erfolgsrate und
Bewegungsmuster zur Handhabung von Verschlüssen
im Kleinkind- und Vorschulalter 472

Nadine Fritz, I. Schröder
Kinderhände und Computermäuse 483

Autoren 490

Vorwort

Obgleich Kinder heutzutage im Mittelpunkt öffentlichen und wissenschaftlichen Interesses stehen und die Wirtschaft sie als Konsumgruppe wahrnimmt, wird – trotz anderslautender Beteuerungen – überall in der Welt viel zu wenig für ihre Belange getan. Dieser Eindruck verstärkt sich, wenn man sich eingehender mit dem Thema *Kind und Kindheit* beschäftigt. Als Europäer überblicken wir primär das, was in unserer unmittelbaren Umgebung passiert. Und hier steht vor allem der Staat in der Kritik. Nicht nur beim schmutzigen aber spektakulären Geschäft mit der Kinderpornographie im Internet versagt der Staat, auch bei weniger medienträchtigen Themen wie der Bildung sind die Versäumnisse der Vergangenheit kurzfristig kaum zu korrigieren. Dies wiegt schwer für den Einzelnen, doch in anderen Teilen der Welt sind die Rechte von Kindern wesentlich massiver bedroht als bei uns. So wird trotz mehr als zehnjähriger Kinderrechtskonvention die Würde von Millionen von Kindern jeden Tag aufs Neue verletzt, indem sie wirtschaftliche und körperliche Ausbeutung erfahren sowie Opfer von Demütigung und Gewalt werden. Wie uns die Weltkindergipfel der Vergangenheit lehren, ist in absehbarer Zeit keine weitreichende Verbesserung der gegenwärtigen Situation zu erwarten. Und es darf sich jeder seine Meinung darüber bilden, dass die Vereinigten Staaten von Amerika und einige islamische Länder bisher den Konventionstext ablehnen, der Kindern auch Rechte gewährt.

Zieht man ein Fazit aus den Informationen, die über *Kind und Kindheit* in den Medien erscheinen, so gewinnt man den Eindruck dass die glückliche, unbeschwerte Kindheit ein Mythos ist. Dies zeigt auch das Ergebnis einer kürzlich veröffentlichten Hamburger Studie zur körperlichen und seelischen Gesundheit von Kindern zwischen 4 und 18 Jahren. Danach hat jedes 5. Kind seelische Probleme und ist psychisch so angeschlagen, dass es Hilfe braucht (Michael Schulte-Markwort, Professor an der Klinik für Kinder- und Jugendpsychiatrie am Hamburger Universitätskrankenhaus Eppendorf). Was machen wir falsch, wo liegen die Versäumnisse, welche Schritte sind einzuleiten? Dies sind nur einige von einer Vielzahl von Fragen, die wir uns stellen müssen, betreffen sie doch alle von uns, die Kinder haben. Dabei sind die Lebenswelten von Kindern global und vor dem Hintergrund weltweiter Verstöße gegen ihre Rechte zu sehen. UNICEF hat in den letzten Jahren mehrfach die Umsetzung der Kinderrechtskonvention von 1989 bemängelt und dabei Vision und Wirklichkeit einander gegenübergestellt.

Als die Herausgeber sich die ersten Gedanken zu einer Veranstaltung zum Thema *Kind und Kindheit* machten, war lediglich klar, was organisatorisch zu leisten wäre; es fehlte jedoch jede Vorstellung darüber, wie einmal das spätere Programm aussehen könnte. Mit Ausnahme von Studien zu Wachstum und Entwicklung (z.B. Tanner 1962; Grimm 1966; Bogin 2001) oder zur Verhaltensbiologie des Kindes (z.B. Hassenstein 1973, 2001), ist das Thema *Kind und Kindheit* von der universitären Forschung lange Zeit vernachlässigt worden, was sich nicht allein auf Deutschland beschränkt. Erst nach dem Erscheinen der deutschen Übersetzung der „Geschichte der

Kindheit" von Philippe Ariès in den siebziger Jahren war die Scientific Community an diesem Forschungsgebiet zunehmend stärker interessiert. Die inhaltliche Beschäftigung mit dem Forschungsfeld *Kind und Kindheit* zählt auch inzwischen nicht zu den zentralen oder gar Top-Themen der Gegenwart, doch gibt es heute in den Geisteswissenschaften kaum einen Wissenschaftsbereich, in dem nicht darüber geforscht wird. Sichtbar wird dies u.a. daran, dass im Jahre 2001 noch zwei weitere Internationale Symposien zum Thema Kind veranstaltet wurden, wenngleich diese andere Zielsetzungen verfolgten. Dies betrifft zum einen die von der *International Union of Anthropological and Ethnological Sciences* veranstaltete Tagung *Children and young people a changing world* (Agrigento, Italien) sowie zum anderen die durch die *European Association for the History of Medicine and Health* organisierte Konferenz *Health and the child: care and culture in history* [Genf, Schweiz]). Im Vorfeld der Tagung war sehr schnell klar, dass die Forschung über *Kind und Kindheit* nur fächerübergreifend stattfinden kann. Da der Anthropologie als „Lehre vom Menschen" seit jeher eine Brückenfunktion zwischen Geistes- und Naturwissenschaften, insbesondere zwischen den Human-, Kultur- und Sozialwissenschaften zukommt, trug die Konzeption des Symposiums diesem Aspekt dadurch Rechnung, dass Vertreter verschiedenster Disziplinen zusammengeführt werden sollten, damit das Tagungsthema in all seinen Facetten problematisiert werden kann. Das Erörtern unterschiedlichster Arbeitsweisen, Ansätze und Ergebnisse sollte dazu beitragen helfen, dass die Teilnehmer zu gemeinsamen interdisziplinären Aktivitäten und zur Vernetzung zwischen den Disziplinen ermutigt werden.

Gemäss dieser Prämisse waren *Kind und Kindheit* sowohl unter biologischen und medizinischen als auch unter historischen und kulturvergleichenden Aspekten zu betrachten, was aufgrund der Beteiligung von Anthropologen, Ethnologen, Sozialwissenschaftlern, Historikern, Archäologen, Medizinern, Pädagogen und Psychologen keine Schwierigkeit darstellte. Zum einen war damit die Möglichkeit gegeben, weit in die Geschichte zurück zu schauen, zum anderen war damit der Vergleich mit der Gegenwart und der jüngeren Vergangenheit gesichert. Das Internationale Symposium, das dann vom 20.-22. September 2001 unter dem Titel *Child Anthropology – Kind und Kindheit als biologisches und soziales Konstrukt* in Mainz stattfand, sollte für die Teilnehmer vor allem ein Forum sein, ihre Forschung zum Thema *Kind und Kindheit* einer disziplinär weit geöffneten Forschergemeinde vorzustellen und interdisziplinär zu diskutieren. Mehr denn je zuvor scheint es in der Forschungslandschaft notwendig, begrenzte Sichtweisen zu verlassen und in einen übergeordneten interdisziplinären Dialog einmünden zu lassen. Während der drei Tage bestand die Gelegenheit und die Chance, gemeinsam über die Vergangenheit zu reflektieren und über Wege für eine bessere Zukunft unserer Kinder nachzudenken.

Dass das Symposium wie geplant stattfinden konnte, ist vor allem staatlichen und kommunalen Einrichtungen zu verdanken: der Deutschen Forschungsgemeinschaft, dem Land Rheinland-Pfalz, der Stadt Mainz und der Johannes-Gutenberg Universität. Unter dem Motto „Wissenschaft im Dialog" war die Veranstaltung darüber hinaus offizielle Satellitenveranstaltung im „Jahr der Lebenswissenschaften" 2001.

Vorwort

Da seit Beginn der Planungsphase des Symposiums daran gedacht war, ausgewählte Beiträge zu publizieren, fanden bereits während der Tagung Gespräche mit potentiellen Autoren statt. Nachdem im Anschluß schnell ein Buchkonzept erarbeitet und ein Verlag gefunden war, wurden den Autoren relativ kurze Termine gesetzt, so dass das nunmehr vorgelegte Werk binnen Jahresfrist erscheinen konnte. Mit dem Böhlau Verlag Köln, wurde ein Partner gefunden, der bereitwillig auf unsere Wünsche einging, wofür stellvertretend Frau Dorothee Rheker-Wunsch und Frau Iris Gehrke gedankt sei. Die eingegangenen Manuskripte wurden von den Herausgebern lektoriert, wobei jedoch primär eine Vereinheitlichung formaler Aspekte im Vordergrund stand. Inhaltlich zeichnen die einzelnen Autoren selbst für ihre Beiträge verantwortlich. Bedanken möchten wir uns bei allen, die zum Gelingen dieses Bandes beigetragen haben: den Autoren für ihre Beiträge, den staatlichen Institutionen für die Finanzierung der Veranstaltung, den Freunden der Universität für die Teilfinanzierung des vorliegenden Werkes, bei Mats Hopf, der die Manuskripte in einen druckfertigen Zustand brachte sowie bei allen Mitarbeitern des Instituts und den studentischen Hilfskräften, die uns sowohl im Vorfeld, als auch während der Tagung auf vielfältige Weise unterstützt haben.

Mainz, den 1. Juli 2002
Kurt W. Alt und Ariane Kemkes-Grottenthaler

Teil I: Kindheit in der Vergangenheit

1. Natur vs. Kultur: Das Kind aus Sicht der Evolutionsbiologie

Die Evolution bildet die Grundlage unseres modernen biologischen Denkens. Ebenso wie die Evolution an morphologischen, zytologischen, serologischen oder molekularbiologischen Strukturen ansetzt, können auch Evolutionsreihen bzw. Funktionswechsel im Verhalten festgestellt werden. Die Verhaltensbiologie ist damit zu einer äußerst integrativen Disziplin der Biowissenschaften avanciert, wobei Funktion von Verhaltensweisen, Reifung von Verhaltensmustern, Vererbung von Verhaltensweisen sowie die proximaten Ursachen im Mittelpunkt des Interesses stehen. Auf der Spur nach dem eigentlich „Menschlichen" zeigt sich aber auch die Wechselwirkung von Nature/Nature, denn auch die biologische Evolution steht zunehmend unter dem Selektionsdruck der Kultur.

Die Einsicht in die biologische Bedingtheit vieler Bedürfnisse und Fähigkeiten lässt sich besonders eindrucksvoll beim Kind fassen, wie auch die drei nachfolgenden Kapitel zeigen. Aber Verhalten und kognitives Vermögen des Kindes sind mehr als nur eine Lernphase, sie sind Anpassungen, die das Überleben in diesen ersten Lebensphasen garantieren sollen. *Karl Grammer, S. Schreiner, M. Atzmüller und J. Dittami* widmen sich daher dem Thema „soziale Kompetenz" und demonstrieren anhand vieler Beispiele und eigener Untersuchungen, daß Kindern die Fähigkeit, soziale Beziehungen zu anderen zu knüpfen, auszubauen und aufrechtzuerhalten schon sehr früh zu eigen ist. Das Lösen sozialer Probleme bedeutet allerdings nicht nur, bestehende und offensichtliche Blockaden im Verhaltensstrom zu entfernen, sondern diese gar nicht erst aufkommen zu lassen. Dies setzt voraus, einerseits die Risiken und andererseits die kulturellen Regeln und Normen der Gesellschaft abschätzen zu können. Kinder sind also in der Lage, Reaktionen des Gegenübers vorherzusagen und diverse soziale Strategien vorteilhaft anzuwenden. Die frühe Kindheit ist außerdem die am stärksten von biologischen Programmen und Bedürfnissen gesteuerte Lebensphase. Fehlende Passungen können sich entsprechend in Verhaltensauffälligkeiten beim Erwachsenen bemerkbar machen. *Joachim Bensel* geht dem Phänomen des „environmental mismatch" nach. In diesen Kontext eingebettet, setzt sich der Autor mit der modernen peri- und postnatalen Umwelt des Säuglings auseinander, wobei er als einer der Wegbereiter der evolutionären Säuglingspflege betrachtet werden darf. Auch *Gabriele Haug-Schnabel* widmet sich dem Spannungsfeld von evolutionärer Ausstattung und kultureller Anforderung. Im Mittelpunkt ihrer Betrachtungen stehen die drei Kernanforderungen (Selbständigkeit, Bildung und soziale Kompetenz). Somit wird noch einmal das Generalthema von Grammer und Kollegen aufgegriffen, aber um zwei weitere Erziehungsziele vervollständigt. Dabei zeigt sich, dass Diskrepanzen zwischen Natur und Kultur – d.h. zwischen biologischen Verhaltenszusammenhängen und menschlichen Werten – zu massiven Defiziten bis hin zur Ersatzbefriedigung führen können. Für Eltern, Pädagogen und allen, die mit Kindern zu tun haben, werden somit wichtige Denkanstöße zur Suchtprävention gegeben. Nach diesen Übersichtsarbeiten greift *Andrea Schmelter* den Dualismus „altes Erbe – moderne Zeit" noch einmal exemplarisch mit dem Thema Stillen auf. Sie kommt zu dem Schluss, daß das soziobiologische Modell des Entwöhnungskonflikts aktuelles Still- und Fortpflanzungsverhalten nicht zu erklären vermag. Aufgrund der heute geradezu gängigen Unterschreitung maximaler Fertilität hat die Laktation ihre wichtige Funktion als Regulativ für fitnessmaximierende Geburtenabstände aufgeben müssen. Stillen ist jedoch nach wie vor ein Verhaltenskomplex in koevolutiver Passung und darf nicht allein auf die Gabe von Muttermilch reduziert werden. Mit dem letzten Kapitel, vorgelegt von *Marcia Ponce de Leon* und *Christoph Zollikofer*, verlassen wir schließlich den Kontext der Verhaltensbiologie und wenden uns einem weiteren Generalthema der Evolutionsbiologie zu: der Ontogenese und Phylogenese. Damit knüpfen wir einerseits bereits an den später noch vorzustellenden und überaus wichtigen Komplex „Wachstum und Entwicklung" an, setzen ihn aber zunächst in einen evolutiv-entwicklungsbiologischen Kontext. Dieser dank seiner methodischen Vorgehensweise sehr innovative Beitrag führt uns im wahrsten Sinne vor Augen, dass das liebgewordene Bild der evolutionären Einzigartigkeit des modernen Menschen revisionsbedürftig ist. Neanderthaler und *Homo sapiens sapiens* sind mithin nur als Varianten ein- und desselben Grundthemas zu verstehen. Ein Umstand, der sich vor allem erst durch die Analyse fossiler Kinderskelette erschließen lässt.

Die evolutionäre Psychologie des Kindes: soziale Intelligenz und Überleben

K. Grammer, S. Schreiner, M. Atzmüller und J. Dittami

Die Welt eines Kindes: eine evolutionäre Perspektive

Forscher betrachten Kinder üblicherweise aus dem Blickwinkel der Entwicklungspsychologie. Unter diesem Aspekt ist die Kindheit vor allem eine Zeit des Informationserwerbs und der Entwicklung der Fähigkeiten, die später im Leben eingesetzt werden müssen. Obwohl dieser Ansatz sehr wohl eine geeignete Methode zur Beschreibung kindlichen Verhaltens darstellt, kann er nur Facetten der tatsächlichen Bedingungen und Notwendigkeiten des kindlichen Alltagslebens erfassen.

Wir schlagen vor, das Verhalten und die kognitiven Fähigkeiten des Kindes nicht nur als Lernphase für den späteren sozialen Erfolg (und vom evolutionären Standpunkt aus, somit reproduktiven Erfolg) im Erwachsenenalter zu betrachten, sondern vielmehr als Anpassungen, die das Überleben in frühen Lebensphasen sichern sollen. Diese Annahme wird deutlich, wenn man die kritischen Phasen für das Überleben während der Kindheit betrachtet. Solche kritischen Phasen werden durch hohe Sterberaten angezeigt. Solche Phasen sind tatsächlich "kritisch", da sie das Ausscheiden genetischer Information aus dem zukünftigen Genpool einer Population mit sich bringen.

Ohne Zweifel ist die erste kritische Phase die Geburt, wo auch die höchsten Sterberaten auftreten. Die nächste Kritische Phase ist die Entwöhnung und der Übergang zur Kindergruppe, in der auch in unserer modernen Gesellschaft die Sterberate deutlich ansteigt. Im Alter von ungefähr 14 Jahren, direkt nach der Pubertät, erreichen männliche Jugendliche die kritische Phase der ersten Partnersuche und wiederum steigt die Sterberate an. Die ersten beiden kritischen Phasen, Geburt und Entwöhnung, sind eine einfache Frage des Überlebens, die erste Partnersuche hingegen ist eine Frage des Überlebens und des reproduktiven Erfolges (Grammer & Atzwanger 1992).

Der soziale Status der Mutter hat direkte Auswirkungen auf die Überlebenswahrscheinlichkeit des Kindes im ersten Lebensjahr. 1986 überlebten von 1000 Kindern, die von verheirateten Müttern geboren wurden, 8.5 das erste Lebensjahr nicht. Dem gegenüber stehen 13.5 Todesfälle bei Kindern von alleinstehenden Müttern (Quelle: Schwarz 1989). In Deutschland wiesen 1986 die meisten alleinstehenden Mütter einen niedrigen sozialen Status auf. In vielen Gesellschaften ist die relative Dicke mit sozialem Status verbunden und in Gesellschaften, wo Ressourcen nicht voraussagbar sind, ist relative Dicke ein Schönheitsideal (Anderson et al. 1992). Darüber hinaus

Die evolutionäre Psychologie des Kindes 7

korreliert der Körperfettanteil mit dem Östrogenspiegel und regelmäßigen Menstruationszyklen (Frisch 1975). Weitere Studien haben gezeigt, daß dickere Frauen eine höherer Anzahl an Kindern und weniger Komplikationen bei der Geburt aufweisen (Caro & Sellen 1989). Allerdings weist dieses Verhältnis einen Optimalpunkt auf: Frauen scheinen ein Optimum an Fruchtbarkeit zu erreichen, wenn ihr Taille-Hüft-Verhältnis 0.7 beträgt. Extreme in beide Richtungen wirken sich nachteilig auf die Gesundheit aus (Singh 1993). Diese Erkenntnisse bringen Nahrungsaufnahme, sozialen Status und kritische Phasen in direkten Zusammenhang: der Status der Mutter bedingt das Überleben des Kindes.

Die nächste Phase in der Entwicklung des Kindes ist die Entwöhnung. Diese bedeutet den Übergang von einer familiären Umgebung zur "Peer-Group", der Gruppe der Gleichaltrigen. Der Eintritt in die Peer-Group markiert den Übergang von einer relativ stabilen und vorhersagbaren Beziehung zu den Eltern und Geschwistern in die freie und unvorhersagbare Welt der Gleichaltrigen. Es ist anzunehmen, daß in diesem Stadium der soziale Status des Kindes in der Peer-Group eine wichtige Rolle für das Überleben des Kindes spielt, wenn die Ressourcen knapp werden.

Nun stellt sich die Frage, ob und wie kritische Phasen unterschiedliche Anpassungen erfordern, und was überhaupt notwendig ist, um solche Phasen zu überleben. Die sozio-ökologischen Einschränkungen in diesen Phasen sind auch klar umrissen.

Direkt nach der Geburt ist das Kind ein Teil des sozialen Netzwerks der Eltern, Verwandten und Geschwistern. Diese Umwelt ist zumindest zum Teil vorhersagbar. Obwohl das Kind versuchen wird, seine soziale Umwelt zu manipulieren, ist die Umwelt selbst hochgradig stabil und das Verhalten des Kindes wird mehr oder weniger von den Erwachsenen in seiner Umgebung bestimmt. Diese Situation verändert sich nach der Entwöhnung dramatisch. Das Kind kommt in die unvorhersagbare Umgebung der "Peer-Group" und trifft dort auf Gleichaltrige, mit denen es meist nicht verwandt ist und die möglicherweise Konkurrenten darstellen. Plötzlich wird das Kind also mit Unvorhersagbarkeit konfrontiert. Diese Situation erfordert einige Anpassungen, die unter dem Begriff "soziale Kompetenz" zusammengefaßt werden können. Unter diesem Aspekt ist soziale Kompetenz nicht ein Ergebnis von Lernprozessen in der Kindheit, sondern vielmehr eine notwendige Voraussetzung für das Überleben.

In der menschlichen Evolution haben Parasiten und Krankheiten eine wichtige Rolle gespielt, vielleicht noch mehr als im übrigen Tierreich. Parasiten üben auf ihre Wirte enorme Selektionsdrücke aus, indem sie ihre Lebensdauer und ihren Reproduktionserfolg einschränken. Man weiß seit langem, daß sich Individuen in ihrer Toleranz gegenüber Parasiten durch genetisch bedingte Resistenz unterscheiden und daß die sexuelle Selektion die Wahl gesunder Partner favorisiert, welche dann zu wählerischen Individuen mit potentiell wichtigen Fitness-Vorteilen führt (Hamilton & Zuk 1982). Parasitenresistenz spielt aber nicht nur in der Partnerwahl eine wichtige Rolle, sie beeinflußt generell das Überleben in jedem Entwicklungsstadium.

Da jede Wirtsart prinzipiell von über 100 Parasitenarten ausgebeutet werden kann, von denen jede über eine eigene Ökologie, Lebenszyklus und Übertragungsdynamik verfügt, sollte man annehmen können, daß die Wirte generelle Immunantworten entwickelt haben, um mit den gefährlichsten Parasiten fertig zu werden.

Wirte können verläßlich die zerstörerischen Einflüsse von Parasiten vermeiden, indem sie effiziente Immunsysteme entwickeln, und das menschliche Immunsystem ist eines der "teuersten" Systeme im Körper, nur das Gehirn benötigt ähnlich viel Energie. Die Immunabwehr spielt wahrscheinlich auch eine Rolle in der Partnerwahl der Wirtsorganismen, da man annimmt, daß die sekundären Geschlechtsmerkmale die Immuno-Kompetenz eines Individuums widerspiegeln (Folstad & Karter 1992). Andererseits üben aber die Hormone, die zur Ausbildung dieser Merkmale führen, wiederum einen hemmenden Effekt auf das Immunsystem aus (z. B. Thornhill & Gangestad 1993, Service 1998) und nur Individuen von besonders guter körperlicher Verfassung könnten in der Lage sein, ausgefallene sexuelle Signalsysteme zu entwickeln, ohne dabei ihr Immunsystem zu stark zu schwächen.

Man kann wahrscheinlich annehmen, daß es einen Zusammenhang zwischen der Größe des sozialen Netzwerks eines Individuums und der Qualität des Immunsystems gibt. Der Einfluß sozialer Unterstützung auf die Gesundheit wird durch zahlreiche Studien bekräftigt (Cohen & Syme 1985, Stroebe & Stroebe 1996). Soziale Unterstützung scheint mit geringerer Sterblichkeit (Berkman 1985), größerer Resistenz gegenüber übertragbaren Krankheiten (Cohen 1988) und geringerer Häufigkeit von Herz- und Gefäßkrankheiten (Seeman & Syme 1987) zusammenzuhängen. Es zeigt sich, daß Personen mit minimalen "psychologischen Ressourcen" öfter krank werden, wenn sie erhöhtem Stress ausgesetzt sind als Personen mit größeren sozialen Netzwerken (DeLongis, Folkman, & Lazarus 1988).

Es sind zwei Wege denkbar, wie soziale Unterstützung sich auf die Gesundheit auswirken könnte (Cohen & Syme 1985, Cohen & Wills 1985, Stroebe & Stroebe 1996): Die "Puffer-Hypothese" nimmt an, daß Personen nur dann von sozialen Netzwerken profitieren, wenn sie belastende Ereignisse erleben, wohingegen die "Direkter-Effekt-Hypothese" nahelegt, daß soziale Netzwerke von sich aus Gesundheit und Wohlbefinden fördern, unabhängig davon, ob jemand Stress erlebt, oder nicht. Soziale Beziehungen erlauben einer Person, sich sicher zu fühlen und zu wissen, daß jemand helfen kann, wenn es notwendig ist. Dieses Gefühl der Sicherheit könnte die Widerstandsfähigkeit gegenüber Krankheiten erhöhen (Cohen & Syme 1985), und darüber hinaus können soziale Netze helfen, das Gefühl der Einsamkeit zu vermeiden, was bekanntlich zu psychosomatischen Krankheiten, Depressionen und genereller Verzweiflung führen kann (Peplau 1985). Medizinstudenten, die sich selbst als einsam beschrieben, wiesen in einer Untersuchung geringerer Killerzellen-Aktivität auf als Studenten, die weniger einsam waren und zeigten darüber hinaus eine schwächere Immunantwort auf eine Hepatitis B Impfung als diejenigen mit einem stabilen sozialen Netzwerk (Glaser et al. 1992, Kiecolt-Glaser & Glaser 1992).

Unter diesen Gesichtspunkten könnte man annehmen, daß die wichtigsten Anpassungen in der früheren Kindheit die Fähigkeit zur Errichtung sozialer Netzwerke sein sollten, und diese Fähigkeit sollte noch entscheidender werden in der unvorhersagbaren Umgebung der Peer-Group, da eine stabile Peer-Group Rückhalt bieten könnte, wenn wichtige Ressourcen knapp werden. Daher könnte soziale Kompetenz eine eigenständige Fähigkeit und nicht nur einen Lernmechanismus für das spätere Leben darstellen.

„Die andere Hälfte der Intelligenz"

Das Hauptproblem für ein Kind in einer mehr oder weniger stabilen Umwelt – und das trifft auch für spätere kritische Stadien zu - ist die Tatsache, daß alle Individuen Ziele verfolgen und daß diese Ziele mit den Zielen anderer unvereinbar sein können. Wenn ein Individuum ein anderes daran hindert, sein Ziel zu erreichen, tritt eine „Verhaltensblockade" auf. Diese Blockaden müssen entfernt werden, damit das Ziel erreicht werden kann. Die Kunst, diese Blockaden zu entfernen, wurde von Bill Charlesworth (1978) als eine adaptive Funktion der Intelligenz beschrieben.

Theoretisch gibt es viele Lösungen, um mit Verhaltensblockaden fertig zu werden. Zwei einfache Wege können als „iterativ" bezeichnet werden und werden eingesetzt, wenn eine Blockade bereits vorhanden ist. Die erste davon ist die „Versuch – und – Irrtum"-Methode. Diese Methode sollte nur selten eingesetzt werden, da in manchen Situationen Fehler dazu führen können, daß das Ziel nicht erreicht wird. Die zweite Methode besteht darin, etwas zu tun und die Reaktion abzuwarten und sich dann je nach Reaktion zu verhalten. Obwohl diese Methoden ziemlich erfolgreich sein können, sind sie nicht flexibel und lassen keinen Spielraum für soziale Initiative und Innovation zu, da sie lediglich reaktiv sind.

Das Lösen sozialer Probleme ist nicht nur die Kunst, bestehende und offensichtliche Blockaden im Verhaltensstrom zu entfernen. Es erscheint viel zeit- und kostengünstiger, solche Verhaltensblockaden erst gar nicht aufkommen zu lassen. „Gedankenlesen" stellt, wie wir sehen werden, eine mögliche Lösung dar. Dabei ist die einfachste Methode eine lexikalische: Eine Individuum erwirbt das Wissen um mögliche Blockaden, den Kontext, in dem sie auftreten und die mögliche Lösung, und wenn dann eine Blockade auftritt, verhält sich das Individuum entsprechend. Der Nachteil dieser Methode liegt in der enormen Menge an „Speicherplatz", also Gedächtnis, die nötig ist, um alle Informationen anzusammeln und darüber hinaus in der Unfähigkeit, mit völlig neuen Situationen umzugehen. Die lexikalische Information kann schlußendlich durch „Meta-Lernen" abstrahiert werden, was zu simplen Algorithmen wie „tit-for-tat" und „hawk- and-dove" führen kann.

Die ausgeklügeltste Methode besteht darin, einen Plan zu machen, der die Wahrscheinlichkeit des Auftretens von Verhaltensblockaden vermindert. Dann kann das Individuum eine passende Strategie anwenden, die vermeidet, daß das Erreichen des Zieles verhindert wird.

Um einen Plan zu machen, muss ein Individuum die Wahrscheinlichkeit, mit der eine Verhaltensblockade auftritt, einschätzen können. Diese Vorgehensweise muss damit beginnen, daß das erwünschte Ziel genau eingeschätzt wird, da jedes mögliche Ziel ein vordefiniertes Risiko beinhaltet. Dieses Risiko kann durch kulturelle Regeln und Normen und auch durch die Motivation zur Zielerreichung modifiziert werden (z.B. wenn es sich um ein hochattraktives Ziel handelt) (Goody 1978).

Um das Risiko einer Handlung einschätzen zu können, müssen Informationen gesammelt werden, die Vorhersagen über die Reaktionen des Zielindividuums zulassen. Diese Informationen können in der Beziehung zum Zielobjekt gefunden werden (Brown and Levinson, 1978), wenn die Beziehung ausreichend stabil ist.

Wenn man zum Beispiel ein Objekt von einem Freund haben will, ist das wahrscheinlich eher von Erfolg gekrönt als wenn man ein Objekt von einer Person fordert, die einen dominiert. Somit hängt das Risiko auch von der Beziehung der Interaktionspartner zueinander ab.

Die Struktur einer Strategie kann aus mehreren Alternativen bestehen, die aus einem Netzwerk von Möglichkeiten, die alle zum Ziel führen könnten, ausgewählt werden. Eine Voraussetzung für die Entwicklung von Strategien ist die Existenz von Taktiken, die es der Person erlauben, vorhersagbare Effekte (also Änderungen im Verhalten) zu erzeugen. Dies führt letztendlich zur Konstruktion von „Umwegen", die um hypothetische, mögliche Verhaltensblockaden herumführen. Wenn ein Individuum Taktiken zur Zielerreichung entwickelt, ist sich die Zielperson meist gar nicht bewusst, daß er/sie bereits eingelenkt hat.

Aber dieser Ansatz des „Gedankenlesens" weist einige schwerwiegende Einschränkungen auf. Die erste davon ist Zeit. Sobald zeitlicher Druck auftritt und die Zeit zur Erreichung des Zieles beschränkt ist, funktionieren Umwege nicht, wenn sie zu lange sind. Die Zeit, die zur Erreichung eines Zieles benötigt wird, kann durch Konkurrenz noch weiter reduziert werden. Das Zeitlimit zwingt also den Handelnden, seine Intentionen in einem bestimmten Zeitrahmen bekannt zu geben. Somit entsteht ein Dilemma aus der Notwendigkeit, Umwege zu konstruieren und gleichzeitig seine Intentionen bekannt zu geben. Daher bestimmen nicht nur Nutzen und Kosten die Konstruktion von Umwegverhalten, das Individuum muss darüber hinaus auch noch seine Taktiken an das zeitliche Limit anpassen. Dies führt uns zur zweiten Einschränkung, die durch kognitive Limits bei der Planung erzeugt wird. Man stelle sich einen Zielerreichungs-Versuch vor, der fünf Schritte mit je drei Alternativtaktiken beinhaltet. Dies führt zu $3.1*10^6$ möglichen strategischen Lösungen! Es muss also gewisse Algorithmen geben, die das Planen vereinfachen. Chisholm (1976) behandelt dieses Problem unter dem Aspekt von "guten" und "schlechten Zügen". Ein guter Zug besteht darin, daß er die Möglichkeiten zukünftiger Handlungen nicht einschränkt. Ein schlechter Zug hingegen schränkt die Möglichkeiten ein und unterbricht womöglich den Prozess der Zielerreichung ganz. Daher müssen Taktiken risikoabhängig sein und eskalatives Potential besitzen.

Strukturen der Vorhersagbarkeit

Planen und „Gedankenlesen" setzen die Möglichkeit des Wissenserwerbs voraus und sind unmöglich wenn es keine Strukturen und Konzepte gibt, aus denen die Information zum Planen gewonnen werden kann. Daher müssen wir annehmen, daß die Information, die es ermöglicht, die Reaktionen eines Handlungspartners vorherzusagen, überlebensnotwendig ist. Wir schlagen vor, daß diese Information in Konzepten von Beziehungen und Gruppenstrukturen enthalten ist.

Freundschaft

Freundschaft im frühen Kindesalter ist großteils ein Konzept von „als Ressource verfügbar sein". Zusammen spielen und „das gleiche tun" sind der Hauptgrund um sich anzufreunden (Grammer 1988). Daher kann Freundschaft als Konzept der „Verfügbarkeit" betrachtet werden.

In einer Peer-Group haben Freunde meist den gleichen Status und hochrangige Kinder haben reziproke Freundschaften (Grammer 1992). Darüber hinaus werden hochrangige Kinder öfter als "bester Freund" ausgewählt, sie sind beliebter. Die Rolle des besten Freundes ist wichtig, da beste Freunde mit höherer Wahrscheinlichkeit Objekte teilen und Aufforderungen zum Spiel öfter annehmen. Wenn man annimmt, daß das Spielen dem Lernen dient, ist auch Spiel eine wichtige Ressource. Generell haben hochrangige Kinder verlässlichere und reziproke soziale Netzwerke. Und verlässliche soziale Netzwerke können in kritischen Stadien das Überleben sichern.

Dominanz und das System der expliziten Macht

Wenn man eine aggressive Begegnung zwischen zwei Individuen betrachtet, kann man oft sehen, daß zu einem bestimmten Zeitpunkt ein Individuum die Flucht ergreift. Manchmal kann man auch beobachten, daß ein Individuum submissives Verhalten zeigt, wenn es angegriffen wird. Diese Verhaltensweisen sollen den Angreifer von weiteren Attacken abhalten. Das Individuum, das die submissiven Signale sendet, ist der Verlierer des Konflikts. Wenn man eine solche Episode häufiger zwischen zwei Individuen beobachten kann und ein zeitlich stabiles Muster existiert, ist man Zeuge einer Dominanzbeziehung geworden. Dies versetzt uns in die Lage, den Ausgang zukünftiger aggressiver Auseinandersetzungen zwischen diesen Individuen vorherzusagen. Die Existenz solcher Beziehungen stammt aus der Erfahrung des ständigen Verlierers: „Wenn ein Individuum immer gewinnt, zeige submissives Verhalten und versuche nicht zu kämpfen". Eine Dominanzbeziehung ist daher die Einschätzung der Wahrscheinlichkeit, daß ein Individuum Macht gegenüber einem anderen Individuum ausüben wird.

Die daraus resultierende Asymmetrie im Machtgefüge zwischen zwei Individuen bedingt auch unterschiedlichen Zugang zu seltenen Ressourcen. Das dominante Individuum hat – und das ist eine Regel – gegenüber dem untergeordneten das Prioritätsrecht im Zugang zu Nahrung, Partnern, sozialen Beziehungen, usw. (Bernstein 1981). Dominanz beschreibt die relative Balance der Macht in sozialen Beziehungen. Die proximate Funktion besteht darin, daß beiden Individuen Vorteile aus einer solchen Beziehung erwachsen, da sie für beide Vorhersagbarkeit erzeugt. Genau wie

Freundschaft, erlaubt Dominanz die Vorhersage von Verhaltenstendenzen eines potentiellen Handlungspartners.

An diesem Punkt unserer Betrachtungen muss festgehalten werden, daß Dominanz keine Persönlichkeitseigenschaft ist, sondern ein Beziehungsmerkmal. Man kann allerdings von einer persönlichen Tendenz, die dominante Stellung in Beziehungen zu erlangen, sprechen. Man muss also zwischen Persönlichkeitseigenschaften und Beziehungsparametern unterscheiden. Wenn Dominanz also Beziehungen beschreibt und wir Beziehungen, (größer als Dyaden) beschreiben wollen, müssen wir Hierarchien entwickeln. Man kann annehmen, daß, wenn eine bestehende Hierarchie transitiv ist und einen geringen Prozentsatz an möglichen Umkehrungen aufweist, eine Gruppe strikt hierarchisch organisiert ist. Wie man am Beispiel der Kinder erkennen kann, ist dies nur sehr selten der Fall. Die Konstruktion von Hierarchien aus Dominanzbeziehungen lässt meist mehr als eine Lösung zu. Daher sollte das eindimensionale Konzept der Dominanz nur zur Beschreibung von Dyaden herangezogen werden.

Ein Individuum kann in einem Wettkampf jeder-gegen-jeden nicht mit jedem beliebigen anderen Individuum kämpfen und kann auch seine Position nicht gegen jedes andere Gruppenmitglied geltend machen: eine Gruppe von sieben Kindern bietet schon 42 Möglichkeiten! Da wir aber wissen, daß es auch in größeren Gruppen hierarchische Systeme gibt, brauchen wir eine Erklärung für dieses Phänomen.

Das Ansehen und das System der impliziten Macht
Eine mögliche Lösung für die Erklärung auf Gruppenniveau bietet das Konzept des Status. Im Gegensatz zur Dominanz beschreibt der Status die relative Position eines Individuums in einer Gruppe anderer „Statusbesitzer". Um dies besser verstehen und empirisch beschreiben zu können, müssen wir uns mit dem Konzept des Ansehens beschäftigen.

Chance (1967) hat festgehalten, daß die Richtung der Aufmerksamkeit in einer Gruppe hierarchisch strukturiert ist. Diese asymmetrische Verteilung der Aufmerksamkeit stammt daher, daß Gruppenmitglieder mit geringem Status ständig die Position der hochrangigen, potentiell gefährlichen Individuen beobachten müssen. Andererseits können Hochrangige auch Schutz vor Feinden bieten und eine Quelle wichtiger Informationen über die sozioökonomische Umwelt darstellen: Folglich wird die Richtung der Aufmerksamkeit durch eine Mischung aus Angst und Anziehung gesteuert. Hold (1976) hat dieses Konzept auf eine Gruppe drei- bis siebenjähriger Kinder angewandt und konnte zeigen, daß die Kinder im Focus der Aufmerksamkeit die "Manager" der Gruppe waren. Solche Kinder verfügen auch über spezielle Verhaltensprofile: Sie zeigen hohe soziale Aktivität und sind kaum je allein in der Gruppe (Grammer 1979). Der Unterschied zwischen hierarchischen Strukturen, die sich aus Dominanzbeziehungen ableiten lassen und solchen, die aus Aufmerksamkeitsrichtung entstehen, liegt darin, daß Aufmerksamkeitsstrukturen aus dem Verhalten der niederrangigen Gruppenmitglieder entstehen. Jemandem Aufmerksamkeit zu schenken, ist nicht sehr teuer und erfolgt aus freier Entscheidung. Daher erscheint die Definition von Status durch das Konzept der Aufmerksamkeit als unkompliziert: Status drückt sich in der Aufmerksamkeit, die ein Individuum von anderen Gruppenmitgliedern erhält, aus. Dies ist auch leicht für einen Außenstehenden zu beobachten und jedes Gruppenmitglied kann seine eigene Position in der Gruppe und das Verhältnis der anderen zu ihm leicht einschätzen.

Die Aufmerksamkeitsstruktur in Kindergruppen wird von alters- und geschlechtsspezifischen Aspekten beeinflusst. Knaben sind üblicherweise hochrangiger als Mädchen und ältere Kinder hochrangiger als jüngere. Daher hängt die relative Position jedes Kindes von der Zusammensetzung der Gruppe selbst ab (Grammer 1992). Ein Individuum kann in verschiedenen Gruppen verschiedene Positionen einnehmen.

Aggression, das Hauptthema in Dominanzbeziehungen, kann in Aufmerksamkeitsstrukturen beinahe gänzlich vernachlässigt werden. Es gibt keinen direkten Zusammenhang zwischen Aggression und hohem Rang, außer der Tatsache, daß am Anfang des Kindergartenjahres hochrangige Kinder viel aggressiver sind als niederrangige (Hold-Cavell 1985). Kinder benutzen ihr Durchsetzungsvermögen, um die Struktur zu etablieren, sobald dies geschehen ist, wird dieses Verhalten nicht mehr benötigt.

Die Menge an Aufmerksamkeit, die ein Kind erhält, hängt von der Menge an „Display"-Verhalten, das es zeigt, (Hold-Cavell & Borsutzky 1986), seinen sozialen Fähigkeiten (z.B. der Fähigkeit, stabile Verbündete in einer Gruppe zu finden) (Grammer 1992), und seinen kooperativen Tendenzen (Atzwanger 1991) ab. Darüber hinaus ist es möglich – im Gegensatz zu Dominanz-Hierarchien, die nur auf Machtgewinn beruhen – in Aufmerksamkeitsstrukturen verschiedene Führungsqualitäten festzustellen. In einem System der Aufmerksamkeitsstrukturen kann ein Individuum hohen Rang erlangen, indem es Macht einsetzt, aber auch indem es soziale Fähigkeiten einsetzt. Daher ist das System der expliziten Macht ein Teil des Systems der impliziten Macht. Unter diesem Aspekt ist sozialer Status als Attributionsprozess zu betrachten. Die Funktion der Aufmerksamkeitsstrukturen ist weiters, wichtige Informationen für die Strukturierung von Verhalten und Zielen zu liefern.

Dynamische Stabilität von Beziehungen

Dominanzbeziehungen und Rangstrukturen in einer Aufmerksamkeitsstruktur teilen ein Merkmal, das wichtig für das Verständnis ist: das Konzept von Status und Hierarchien. Ein Dominanzverhältnis oder eine Rangposition sind zugleich stabil und instabil. Sowohl Dominanzbeziehungen als auch Aufmerksamkeitsstrukturen zeigen dynamische Stabilität (Hinde & Stevenson-Hinde 1977). Dies erscheint zunächst paradox, weil wir festgestellt haben, daß ein Merkmal einer Dominanzbeziehung darin besteht, Vorhersagbarkeit zu erzeugen und die Berechnung von Kosten und Nutzen in Strategien zu ermöglichen. Wenn sich Beziehungen aber ständig verändern, ist dies nicht möglich.

Wir konnten zeigen, daß in einer Kindergartengruppe der Rang am Anfang des Jahres mit dem Rang am Ende des Jahres positiv korrelierte (Grammer 1992). Somit erscheint die Aufmerksamkeitsstruktur weitgehend stabil. In einer Gruppe von 24 Kindern fanden wir elf Veränderungen in der Rangordnung von einem Monat zum nächsten. Diese Wechsel nehmen während des Jahres ab und die Rangordnungen werden stabiler. Zusätzlich zur steigenden Stabilität während des Jahres finden wir aber störende Elemente, wie zum Beispiel die Ferien, die zu einem Ansteigen der Wechsel in den Rangpositionen führten. Auch Hold-Cavell (1985) konnten ein Ansteigen der Aggression zwischen den Kindern nach den Ferien feststellen. Selbst eine kurze Unterbrechung des Gruppenlebens destabilisierte die Aufmerksamkeitsstruktur. Es scheint, daß die stabilisierenden Faktoren konstant vorhanden sein müssen.

Sobald die Stabilität wiederhergestellt ist, nimmt die Aggression ab, dieser Abnahme folgt aber ein Ansteigen der Aggression bei den niederrangigen Kindern. Daraus können wir schließen, daß die Entwicklung von Hierarchien spezifische Aggressionen hervorruft. Hierarchien oder statusabhängige Rangordnungen, in denen der Status in Relation zu allen übrigen Gruppenmitgliedern definiert wird, werden durch explizite Macht errichtet. Sobald diese sich stabilisiert haben, verschwindet die explizite Macht und an ihre Stelle tritt die implizite Macht zur Aufrechterhaltung der Rangordnung.

Ähnlich verhält es sich auch mit Dominanzverhältnissen: Sobald diese stabil sind, wird das Machtverhältnis selbst unsichtbar. Dies geschieht, weil das unterlegene Individuum versuchen wird, Konflikte mit dem dominanten Individuum zu vermeiden. Diese Situation führt auch zu zwei neuen Strategien: „Herausforderung" und „Geltendmachung". Beide Strategien lassen sich durch einfache Kosten-Nutzen-Rechnungen erklären. Nehmen wir zunächst an, daß Individuen versuchen, ihren Nutzen zu maximieren und Kosten zu vermeiden (Wilson 1975). Auf der proximaten Ebene zeigt sich, daß Kinder andauernd versuchen, ihren Nutzen zu maximieren. Sie verlangen z.B., 2.3 mal pro Stunde ein Objekt und geben es nur 0.9 mal pro Stunde an einen anderen ab (Schropp 1986). Das Maximieren des Nutzens führt daher automatisch zu einer Herausforderungssituation.

Das Infragestellen einer existierenden Dominanzbeziehung wird also andauernd vorkommen. Man kann annehmen, daß es von den Kosten und Nutzen abhängig ist. Das untergeordnete Kind in einem Objektkonflikt ist mit hohen Kosten konfrontiert, da das dominante Kind sehr wahrscheinlich stärker darum kämpfen wird (Schropp 1986). Daher wird es selten zu offenen Herausforderungen kommen. Ähnliche Überlegungen treffen auch auf die Strategie des Geltendmachens zu. Das dominante Individuum muss diese Beziehung ab und zu neu etablieren, damit ein möglicher Herausforderer die Kosten erkennt. Das dominante Individuum muss also die bestehende Beziehung bekräftigen, indem es ab und zu untergeordnete Individuen besiegt. Diese Strategie birgt aber auch eine gewisse Gefahr: das dominante Individuum riskiert nämlich, den Konflikt zu verlieren, wodurch die Beziehung sich umdrehen würde. Die Kosten-Nutzen-Funktion kann also als Rigidität einer Dominanzbeziehung beschrieben werden. Unter Rigidität versteht man den Prozentsatz der möglichen Umkehrungen in einem Konflikt, wenn also z.B. das untergeordnete Individuum das dominante besiegt. Zwischen Kindern findet man eine mittlere Rigidität von 84%. Ein Herausforderer hat also ungefähr in einem von fünf Fällen die Möglichkeit, die Beziehung umzukehren. Manche dieser Umkehrungen lassen sich darauf zurückführen, daß es eine "Besitzerregel" gibt. Diese Regel besagt ganz einfach, daß derjenige, der ein Objekt zuerst besitzt und es für längere Zeit behalten kann, auch stärker darum kämpfen wird. Dies trifft nicht nur auf Kinder zu, sondern auch auf die meisten nichtmenschlichen Primaten (Kummer 1978). Die Strategien in einer Dominanzbeziehung beruhen also auf einer empfindlichen Balance zwischen Risiko- und Kosten-Nutzen-Abschätzungen.

Messung des sozialen Erfolgs

Jede Beschreibung von Strategien und Taktiken muss auf der Einschätzung des möglichen Erfolgs beruhen. Im Prinzip gibt es zwei Arten des Erfolgs: Kurzzeitigen und langzeitigen. Kurzzeitiger Erfolg bedeutet, ein Ziel zu erreichen, das angestrebt wird. Bisher wurde Erfolg hauptsächlich an Interaktionen zwischen Vorschulkindern untersucht. Kurzzeitiger Erfolg in solchen Gruppen bedeutet, von einem anderen Kind ein Objekt zu erlangen, einen Konflikt zu gewinnen, in eine Peer-Group aufgenommen zu werden, Zugang oder Aufenthaltsrecht an einen bestimmten Ort zu erklangen, oder etwas gegen den Willen eines anderen Kindes durchzusetzen. Krasnor (1982) konnte zeigen, daß Kinder nur ungefähr 56% dieser Probleme erfolgreich zu lösen. Die höchsten Erfolgsraten findet man bei dem Versuch, Aufmerksamkeit zu erlangen. Objekte erhalten liegt bei ca. 50%, und andere Kinder erfolgreich dazu veranlassen, etwas zu tun liegt bei 40%. Langfristiger Erfolg ist schwieriger zu beschreiben. Er findet nämlich nur auf der Beziehungsebene statt. Freunde in einer Peer-Group zu gewinnen, kann die Wahrscheinlichkeit erhöhen, leichter mitspielen zu dürfen, oder auch stabile und vorhersagbare Kooperationen in der Zukunft zu garantieren. Drastischere Effekte können in Machtbeziehungen erzeugt werden. Die Umkehrung von Dominanzbeziehungen könnte den Zugang zu Ressourcen verändern.

Veränderungen in Freundschaften lassen sich leicht durch Verhaltensbeobachtungen messen, da in Peer-Groups ein Indikator für Freundschaft gemeinsame Aktivität ist. Die Bestimmung von Dominanzbeziehungen ist hingegen schwieriger, weil es keine unabhängige Methode gibt, um sie zu erkennen. So ist zum Beispiel die Einschätzung des langfristigen Erfolgs in objektbezogenen Konflikten nicht möglich, wenn man Dominanzbeziehungen aus dem Blickwinkel des Gewinnens und Verlierens von Konflikten betrachtet. Um dies zu ermöglichen, verwenden wir die Aufmerksamkeitsstruktur (Grammer 1992, Schropp 1986, Shibasaka 1988).

Einfache soziale Strategien

Atzwanger (1991) beobachtete einfache Taktiken in Konflikten und bestimmte ihre langfristigen Auswirkungen auf den sozialen Erfolg. Er verwendete Maynard Smiths (1974) Definitionen von Strategien in Konflikten. Als "Hawk"-Strategie bezeichnete er, wenn ein Kind einen Angriff mit einem Angriff beantwortete und daraufhin ein zweites Mal, unabhängig von Reaktion des angegriffenen Kindes auf die erste Attacke, nochmals angriff. Als "Dove"-Stragie bezeichnete er, wenn ein Kind einen Angriff mit Flucht, Bedrohung, Display-Verhalten, oder Vermeidung beantwortete und im Laufe der Interaktion dasselbe Verhalten noch einmal zeigte, unabhängig davon, was das andere Kind in der Zwischenzeit getan hatte. Der Einsatz dieser Strategien, oder eines Mitteldings aus Hawk- und Dove-Strategien zeigt einen Zusammenhang mit Statusgewinn im Laufe des Kindergartenjahres.

In einem zweiten Ansatz wurden komplexere Strategien untersucht. Als "Bully"-Strategie bezeichnete man, wenn ein Kind auf eine Attacke ebenfalls mit Angriff reagierte, aber beim Angriff des Gegners die Flucht ergriff. Als "Retaliator"-Strategie bezeichnete man, wenn ein Kind zunächst mit Drohen, Display, oder Flucht auf einen Angriff reagierte, aber bei einem weiteren Angriff des Gegners zurückschlug. Die Analyse der Strategien zeigte, daß nur die "Retaliator"-Strategie langfristigen Erfolg verspricht. Diejenigen Kinder, die oft "Retaliator" einsetzten, gewannen signifikant an Status im Laufe des Jahres. Dieses Beispiel zeigt, daß einfache Regeln sozialen Erfolg fördern können.

Eine einfache langfristige Strategie ist "tit-for-tat" (Axelrod & Hamilton 1981). Hier lautet die Regel "Starte kooperativ und mach dann einfach, was dein Partner gerade gemacht hat". Das bedeutet, wenn sich der Partner kooperativ verhält, zeigt man ebenfalls Kooperation, wohingegen Angriff mit Angriff beantwortet wird. Eine solche Regel ist nicht besonders ausgefeilt, da sie einen extremen Nachteil bietet: Konflikte können kontrolliert eskalieren. Grammer und Atzwanger (1992) konnten zeigen, daß Reziprozität anhand einer tit-for-tat Regel mit Statusgewinn in Peer-Groups verbunden ist. Je höher die Reziprozität im Verhalten eines Kindes, desto höher ist sein Statusgewinn im Laufe des Jahres.

Diese Beispiele einfacher Regeln zeigen, daß auch sehr simple Strategien zu sozialem Erfolg führen können, wenn sie konstant eingesetzt werden.

Komplexere Strategien und sozialer Einfluß

Unterstützung und Allianzen bilden

Grammer (1992) untersuchte triadische Konflikte in Gruppen von Kindergartenkindern. Das Eingreifen in solche Konflikte scheint eine Demonstration expliziter Macht zu sein – es zeigt sich, daß die meisten Konflikte von „explorativer" Natur sind, das heißt, sie haben kein offensichtliches Ziel. Die Häufigkeit der Unterstützung ist abhängig von der Rangposition des Kindes in einer Gruppenhierarchie.

Hochrangige Kinder unterstützen öfter und erhalten auch mehr Unterstützung als niederrangige Kinder. Wer unterstützt wird, hängt von der Beziehung zwischen den Kindern ab: Freunde werden öfter unterstützt als „Nicht-Freunde". Häufiges Gewinnen beim Unterstützen zahlt sich hinsichtlich des Statusgewinns aus, sowohl für den Unterstützenden als auch für das unterstütze Kind. Andererseits entstehen auch mögliche Kosten, da das Verlieren in triadischen Konflikten Statusverlust bedeutet. Unterstützende Strategien, also „jemandem gegen jemanden helfen", sollten also das Resultat von Kosten-Nutzen-Rechnungen abhängig von der Rangposition sein.

Kinder versuchen, Statusvorteile durch Kosten-Nutzen-Rechnungen zu optimieren und dadurch geeignete Unterstützungsstrategien auszuwählen, die letztendlich reziproke Unterstützungs-Allianzen ergeben. Es wurden drei verschiedene Strategien identifiziert: „sich gegen jemanden verbünden", „Despot" und „Reziprozität". „Sich-gegen-jemanden-verbünden" ist eine billige Strategie, bei der der Gewinner eines Konflikts unterstützt wird. Dabei ist der Gewinner hochrangig und der Verlierer niederrangig. Diese Strategie verhindert, daß niederrangige Gruppenmitglieder in der Rangfolge aufsteigen können. Diese Strategie hat nichts mit Statusgewinn zu tun, obwohl die Kinder offensichtlich versuchen, ihre Kosten zu vermindern, indem sie andere gegen niederrangige Kinder unterstützen. Eine mögliche Funktion dieser Strategie könnte in der Kontrolle der niederrangigen Kinder liegen, da sie immer zum Vorteil hochrangiger Kinder und gegen ein niederrangiges Kind eingesetzt wird. Somit scheint diese Strategie den Status quo innerhalb einer Gruppe zu bekräftigen.

Die sogenannte Despoten-Strategie besteht darin, daß ein Kind jeden, der versucht in der Gruppenhierarchie aufzusteigen, unterstützt. In einer solchen Episode mischt sich der Unterstützende in einen Konflikt zwischen zwei niederrangigen Kindern ein. Diese Strategie kann teuer sein, da auch das unterstützte Kind an Status gewinnt. Daher muß der „Despot" aufpassen und viele verschiedene Gruppenmitglieder unterstützen, da er Gefahr läuft, sich selbst seinen zukünftigen Rivalen zu erschaffen. Tatsächlich fanden sich 70% aller Unterstützungsakte bei Kombinationen von Kindern, die nur ein Mal auftraten.

Als dritte Strategie finden wir reziproke Unterstützung zwischen Freunden des gleichen oder höheren Rangs. Obwohl die Unterstützung offenbar keinen verstärkenden Effekt auf die Stärke der Bindung hat – Kinder, die sich gegenseitig unterstützen spielen danach nicht häufiger miteinander – hat sie auch keinen Effekt auf die Entstehung von Verbindungen. Wir können daher annehmen, daß Freundschaft die Voraussetzung für gegenseitige Unterstützung darstellt. Freunde zu unterstützen, birgt andere Vorteile: der Statusgewinn eines Freundes kann nützlich sein, wenn die Unterstützung auf Gegenseitigkeit beruht und der Unterstützende selbst ein hochrangiger Freund ist. Es ist anzunehmen, daß ein hochrangiger Freund ein besser ist als ein niederrangiger. Somit würde die beste Entscheidung für ein Kind darin liegen, stabile Freundschaften zu schaffen, sich gegenseitig zu unterstützen und dann gemeinsam in der Rangfolge aufzusteigen.

Im Falle der Unterstützungsstrategie könnten die Kinder versuchen, ihren Nutzen zu optimieren. Je höher die Kosten, also die Häufigkeit des Unterstützens, desto höher ist der resultierende Nutzen, also die resultierende Position in der Rangordnung.

Der interessanteste Punkt dieser Untersuchung ist, daß hochrangige Kinder nicht effektiver sind als niederrangige und daß die Effektivität (der Prozentsatz erfolgreicher Unterstützung pro gesamter Unterstützung, die ein Kind leistet) nicht mit dem Status am Ende des Jahres zusammenhängt. Es ist anzunehmen, daß diese Taktik, die bei Auseinandersetzungen angewandt wird, allen Kindern zur Verfügung steht und daß Effektivität im Unterstützen von fast jedem Kind erreicht werden kann. Hohe Varianzen in der Effektivität könnten daher ein Ergebnis des Einsatzes der geeigneten Taktik je nach Gegner sein (Grammer 1988).

Eine effektive Taktik beginnt mit Annäherung, gefolgt von verbalem Drohen, nonverbalem Drohen, Angriff, verbalem Verbieten und endet mit dem Ergreifen des Objekts oder dem Immobilisieren des Gegners (Grammer 1988). Wenn man diese Taktiken mit einem informationstheoretischen Ansatz analysiert, findet man erstaunliche Ergebnisse: Um herauszufinden, ob es gute und schlechte Züge gibt, wurde der Freiheitsgrad jedes Schrittes einer Taktik berechnet. Der Freiheitsgrad gibt an, wie viele Alternativen einem Schritt in einer Strategie folgen können. Ein guter Zug lässt viele Alternativen zu, nach einem schlechten Zug gibt es weniger Alternativen als davor. Die Analyse zeigte, daß Annäherung und Drohen die höchsten Freiheitsgrade aufweisen, und daß dies linear bis zur Immobilisation des Gegners hin abnimmt. Das bedeutete, daß eine effektive Strategie einzelne Schritte so verwendet, daß sie immer weiter eskaliert werden können. Eine ineffiziente Strategie beginnt zum Beispiel mit verbalem Verbieten, das nur noch eine Eskalationsstufe offen lässt, nämlich, das Objekt zu ergreifen. Nach diesem Schritt bleibt nur mehr der Kampf übrig. Dieses Beispiel zeigt, daß Strategien dann erfolgreich sind, wenn sie nach dem Prinzip der guten und schlechten Züge konstruiert sind.

Zugang zu sozialen Ressourcen erlangen
Für Kinder bedeutet Spiel eine Hauptressource und der Zugang zu gemeinsamem Spiel ist eine der schwierigsten Situationen überhaupt. Nur 20% aller Versuche sind erfolgreich. In dieser Situation ist auch hoher Rang nicht automatisch mit Erfolg gleichzusetzen (Shibasaka 1988) und die Kinder folgen taktischen Überlegungen. Obwohl die ultimate Frage "Kann ich mit dir spielen?" eine Erfolgsrate von mehr als 40% verzeichnet (Corsaro 1979), kann es viel erfolgreicher sein, eine eskalative Taktik anzuwenden. Effiziente Annäherungen beginnen mit "Anschauen" und dem Umkreisen des Zieles ("wait and hover"), dann das angepeilte Kind zu imitieren und dann endlich eine Aussage in einem sehr allgemeinen Bezugsrahmen zu machen. Dieses Beispiel zeigt deutlich, daß Kinder tatsächlich dem Prinzip der eskalativen Strategien folgen. Darüber hinaus kennen Kinder viele taktische Tricks. So verwenden sie zum Beispiel Hinweise auf bestehende Beziehungen (" Wir sind doch Freunde, oder?"), oder sie bieten Objekte an (Stanjek 1978) um zu erreichen, daß sich das "Zielkind" verpflichtet fühlt.

Objekte objektiviert
Die ausgefeiltesten Strategien bei Vorschulkindern zeigen sich, wenn es um Objekte geht. Kindern scheinen Nutzen-Maximierer zu sein. Wie schon erwähnt, verlangen sie 2.3 Mal pro Stunde ein Objekt und geben es nur 0.87 Mal her (Schropp 1986). Die Effektivität ist dabei relativ gering mit 43% und sinkt bis zu 32%, sobald agonistisches Verhalten auftritt. Aggression scheint also nicht die richtige Taktik zu sein, um ein Objekt zu erlangen. Schropp (1986) zeigte eine komplexe Interaktion zwischen Beziehungen von Kindern, der Gruppenzusammensetzung und dem Geschlecht der Kinder. Hochrangige Kinder verwenden effektiv direkte und ultimate Taktiken. Im Gegensatz dazu versuchen niederrangige Kinder, Konflikte zu vermeiden, die eskalieren könnten, wenn der Gegner auch niedrigen Status hat. Kinder mit höherem Status verwenden Konfliktverhalten nicht öfter, sondern sie versuchen, den Gegner zum Nachgeben zu zwingen.

Freundschaftsbeziehungen zwischen Kindern scheinen der Hauptfaktor für die Wahl der Taktiken in Objektkonflikten zu sein. In einseitigen Freundschaften wird ein Kind, das sich mit dem Gegner anfreunden will, einfach nur auf das Objekt zeigen (ohne es zu berühren) und wird versuchen, die Perspektive des Gegners zu übernehmen. Mit dieser Taktik macht das Kind klar, warum es das Objekt haben will, was es damit machen wird und warum der Gegner es ihm geben sollte. Es wird auch oft den Namen des Gegners verwenden. Es ist einsichtig, daß ein solches Kind auf jeden Fall eine Eskalation des Konflikts vermeiden wird. Es will ja nicht offene Opposition hervorrufen, die seine Handlungsfreiheit einschränkt und verhindert, daß eine Freundschaft mit dem Gegner entstehen kann. Ein solches Kind wird versuchen, langsam zu eskalieren. Andererseits, wenn ein Kind in einseitigen Freundschaften das Ziel einer sich entwickelnden Freundschaft ist und ein Objekt haben will, wird es direkt danach fragen und vielleicht sogar versuchen, das Objekt zu ergreifen. Dieses Kind eskaliert sehr schnell und wird vielleicht sogar den Besitzer des Objekts angreifen. Dieses Beispiel zeigt, daß Kinder Beziehungsparameter und deren mögliche Änderung heranziehen, um Pläne zu entwerfen und Taktiken einzusetzen.

Interaktion mit Gleichaltrigen und physiologische Konsequenzen

In einer Untersuchung in einem öffentlichen Kindergarten in Wien versuchten Dittami und Grammer (2002) herauszufinden, ob bei Kindern physiologische Folgen von Konflikten festzustellen sind, was die Annahme bekräftigen würde, daß es bei Kindern direkte Anpassungen an Konfliktlösung gebe könnte. Die dreimonatige Studie war zweiteilig aufgebaut: im ersten Monat wurden soziale Parameter, wie die Aufmerksamkeitsstruktur der Gruppe und Spielstile untersucht. Gleichzeitig diente diese erste Phase dazu, die Kinder an den Beobachter zu gewöhnen. In den folgenden zwei Monaten wurden agonistische Interaktionen und der Testosteronspiegel der Kinder vor und nach der freien Spielzeit untersucht.

Es ist notwendig, an dieser Stelle die Häufigkeit der auftretenden Konflikte zu erwähnen. Insgesamt wurden bei 2772 individuellen Untersuchungszeiten 198 Konflikte beobachtet, in anderen Worten, alle drei Minuten begann pro Focuskind ein Konflikt. Ein weiterer Aspekt war die Dauer der Konflikte. Es zeigt sich, daß bei einer mittleren Konfliktdauer von 1 Minute und 32 Sekunden (insgesamt traten Werte zwischen 2 Sekunden und 4 Minuten, 51 Sekunden auf) die Kinder einen großen Teil ihrer Zeit in Konflikten verbrachten. In anderen Worten, während der Spielzeit war Konfliktverhalten eher die Regel als die Ausnahme. Über 40% der Zeit wurde in Konflikten verbracht. Es zeigte sich auch, daß im Konfliktverhalten keine Geschlechtsunterschiede auftraten. Die Konfliktraten korrelierten auch nicht mit dem zuvor aufgrund der Aufmerksamkeitsstruktur bestimmten sozialen Rang der Individuen. Dies mag zwar erstaunlich erscheinen, wenn man aber die Häufigkeit der Konflikte betrachtet, war dies eigentlich zu erwarten. Die Arten der Konflikte waren bei jedem Kind gleichartig verteilt: Demonstrationen waren am häufigsten (67), gefolgt von Objekten (40), Autorität (39), Verbieten (28) und schließlich räumlicher Verdrängung (23). Diese Ergebnisse unterstreichen die soziale Natur der Konflikte.

Betrachten wir nun die Ergebnisse der Testosteronmessungen: wie erwartet steigen die Werte von sehr negativ am Anfang der Beobachtungsphase zu positiv am Ende an. Hier war die Testosteronveränderung mit der Zeit signifikant. Dasselbe findet man, wenn man den Effekt des letzten Konflikts betrachtet: die zeitliche Nähe des letzten Konflikts zum Messpunkt am Ende der Stunde führte zu einem Anstieg in den absoluten Werten des Testosteronspiegels. Das bedeutet, daß ein Konflikt am Beginn der Stunde eine negative Balance in der Androgenausschüttung bewirkte. Andererseits nimmt aber die Unmittelbarkeit des durch Konflikte produzierten Testosterons zu. Es gibt also physiologische Effekte, die durch die Interaktion mit Gleichaltrigen hervorgerufen werden. Wenn tatsächlich die Geschlechtshormone die Funktion des Immunsystems beeinflussen (Folstadt & Karter 1992), kann man annehmen, daß es einen direkten Zusammenhang zwischen der Qualität des Immunsystems – und damit der Fähigkeit, mit Umwelteinflüssen fertig zu werden – und der Fähigkeit des Kindes, mit sozialen Situationen fertig zu werden, geben muss.

Soziale Kompetenz: das Kennzeichen frühen Überlebens?

Eine weitere Untersuchung (Schreiner 1999) beschäftigt sich mit der sozialen Kompetenz von Jugendlichen und deren Veränderung (gemessen mit einem standardisierten Fragebogen) während einem vierwöchigen Jugendlageraufenthalt. Es wurden die „Skalen zur Erfassung individueller Beziehungskompetenzen" (SEBE) (Vierzigmann 1993) eingesetzt: Die Skala „Allgemeine soziale Kompetenz", die die generelle Kompetenz in sozialen Beziehungen erfasst und die Skala "Einfühlungsvermögen", die eine deutliche Veranlagung zu mitfühlendem, unterstützendem Verhalten, das von sozialem Interesse und sozialem Selbstwertgefühl charakterisiert ist, misst, wurden eingesetzt, um die soziale Kompetenz zu erfassen.

Die Ergebnisse dieser Arbeit zeigen, daß die soziale Kompetenz von Jugendlichen während der vier Wochen im Jugendlager signifikant ansteigt. Weibliche Jugendliche erreichen dabei signifikant höhere Werte als ihre männlichen Altersgenossen. Darüber hinaus zeigt diese Arbeit, daß bestimmte Faktoren die soziale Kompetenz unterschiedlich beeinflussen: die Anzahl der Geschwister und die Geschwisterfolge scheinen dabei keinen Einfluss auf die soziale Kompetenz auszuüben. Betrachtet man das Alter der Jugendlichen, so zeigen sich signifikante Unterschiede im Faktor "Einfühlungsvermögen". Die Werte der Skala "Allgemeine soziale Kompetenz" steigen an, wenn die Jugendlichen während des Jahres an sozialen Aktivitäten teilnehmen. Die Anzahl der guten Freunde daheim, die Fähigkeit, Nähe zu Gleichaltrigen zu fühlen und mit ihnen in Kontakt zu treten, haben signifikanten Einfluss auf die soziale Kompetenz.

In einer weiteren Studie (Schreiner 2002) verwendeten wir den SCBE-30 (LaFreniere & Dumas 1995), einen Fragebogen, in dem Kindergärtner die soziale und emotionale Entwicklung der Kinder einschätzen. Die sozialen Interaktionen der Kinder wurden während der freien Spielzeiten direkt von einer gruppenfremden Person beobachtet. Die Ergebnisse zeigten geschlechtsspezifische Prädispositionen in der Entwicklung des Sozialverhaltens. Es zeigte sich, daß männliche Vorschulkinder signifikant aggressiver und weniger sozial kompetent waren als weibliche. Weiters zeigte sich, daß mit zunehmendem Alter der Kinder auch ihre soziale Kompetenz anstieg und dabei gleichzeitig aggressives und zorniges Verhalten abnahmen.

Diese Untersuchung demonstriert deutlich, daß den Eltern eine besondere Verantwortung für die soziale und emotionale Entwicklung der Kinder zukommt: die traditionelle „Vater-Mutter-Kind"-Familie wirkte sich am besten auf die Entwicklung des Kindes aus. Wenn ein Elternteil fehlte, zeigten die Kinder zunehmend zorniges und aggressives Verhalten.

Kindergärten und Vorschulen gewinnen ständig an Bedeutung, da immer mehr Kinder mit nur einem Elternteil aufwachsen. Daher liegt die Verantwortung der Sozialisation und Erziehung auch zunehmend in der Hand der Kindergärtner und Vorschullehrer.

Soziale Kompetenz ist eine Eigenschaft des Menschen, die eine Anpassung an die komplexen sozialen Gefüge, in die wir eingebettet sind, darstellt. Soziale Kompetenz ist die Fähigkeit, soziale Beziehungen zu anderen anzuknüpfen, auszubauen und aufrecht zu erhalten (Hansson et al. 1984, Kugler & Hansson 1988). Der Grundstein der sozialen und emotionalen Entwicklung wird in der frühen Kindheit gelegt und die soziale Kompetenz schon im frühen Alter hilft dem Kind, kritische Phasen zu überleben.

Literatur

Anderson JL, Crawford CB, Nadeau J, Lindberg T (1992) Was the Duchess of Windsor right? A cross-cultural review of the socio-ecology of ideals of female body shape. Ethology and Sociobiology, 13: 197-227.

Atzwanger K (1991) Tit-for-tat: Strategie in der Kindergruppe ? Universität Wien. Diplomarbeit im Fachbereich Zoologie.

Axelrod R & Hamilton WD (1981) The Evolution of Cooperation. Science 211: 1390-1396.

Berkman, LF (1985) The relationship of social networks and social support to morbidity and mortality. In: Cohen S & Syme LS (Hrsg.). Social Support and Health. Academic Press, Orlando, 243-262.

Bernstein IS (1981) Dominance: the baby and the bathwater.. The Behavioral and Brain Sciences, 4: 419-457.

Brown P & Levinson S (1978) Universals in Language Usage: politeness phenomena. In: Goody E (Hrsg.): Questions and Politeness. Strategies in Social Interaction.. Cambridge: Cambridge Univ.Press, 56-289

Caro TM & Sellen DW (1989) The reproductive advantages of fat in women. Ethology and Sociobiology, pp 51-65. Charlesworth (1978)

Chance MRA (1967) Attention-Structure as the Basis of Primate Rank-Orders. Man 2: 503-518.

Charlesworth WR (1978) Ethology: understanding the other half of intelligence. Social Science Information 17 (2): 231-277.

Chisholm JS (1976) On the Evolution of Rules. In: Chance MRA, Larsen RR (Hrsg.): The Social Structure of Attention. New York: Wiley, 325-352.

Cohen S (1988) Psychological models of the role of social support in the etiology of physical disease. Health Psychology 7: 269-297.

Cohen S & Syme SL (1985) Issues in the study and application of social support. In: Cohen S & Syme SL (Hrsg.). Social support and health. New York, Academic Press, pp 3-22.

Cohen S & Wills TA (1985) Stress, social support, and the buffering hypothesis. Psychological Bulletin 98: 310-357.

Corsaro WA (1979) 'We' re friends, right?'. Language in Society 8: 315-336.

DeLongis A Folkman S, Lazarus RS (1988) The impact of daily stress on health and mood: Psychological and social resources as mediators. Journal of Personality and Social Psychology 54: 486-495.

Dittami J & Grammer K (2002, in Vorb.) Conflicts: Winning and Losing among kindergarten childen.

Folstad I & Karter AJ (1992) Parasites, bright males and the immunocompetence handicap. American Naturalist 139: 603-622.

Frisch, R. E. (1975). Critical weights, a critical body composition, menarche and the maintenance of menstrual cycles. In: E. S. Watts (Ed.), Biosocial interrelations in population adaption. The Hague: Mouton.

Glaser R, Kiecolt-Glaser JK, Bonneau RH, Malarkey W, Kennedy S, Hughes J (1992) Stress-induced modulation of the immune response to recombinant Hepatitis B vaccine. Psychosomatic Medicine 54: 22-29.

Goody, E. (ed.) (1978) Questions and politeness: strategies in social interaction, Cambridge, Cambridge University Press.

Grammer K (1979) Helfen und Unterstützen in Kindergruppen. Diplomarbeit im Fachbereich Biologie, Universität München.

Grammer K (1988) Biologische Grundlagen des Sozialverhaltens. Darmstadt, Wissenschaftliche Buchgesellschaft.

Grammer, K. (1992). Intervention in conflicts among children: context and consequences. In: Harcourt AH & de Waal F (Hrsg.) Coalitions and alliances in humans and other animals. Oxford: Oxford University Press, 259-283.

Grammer K (1992) Ethologie und Pädagogik: Verhaltensforschung in Kindergruppen. In: Möller B (Hrsg.) Logik der Pädagogik. Pädagogik als interfakultäres Fachgebiet. BIS-Verlag, Oldenburg, 191-209.

Grammer K & Atzwanger K (1992) Wie du mir so ich dir: Freundschaften, Verhaltensstrategien und soziale Reziprozität bei Kindergartenkindern. In: Krebs U & Adig W (Hrsg.) Evolution, Erziehung, Schule. Erlanger Forschungen Reihe A, Band 63, pp 171-194.

Hamilton WD & Zuk M (1982) Heritable true fitness and bright birds: a role for parasites? Science 218: 384-387.

Hansson RO, Jones WH, Carpenter BN (1984) Relational competence and social support. In: Shaver P (Hrsg.), Review of Personality and Social Psychology (Vol. 5). Beverly Hills, Sage Publications, 265-284.

Hinde, R. A., Stevenson-Hinde, J. (1976) Towards understanding relationships: dynamic stability. In Growing Points in Ethology, P. P. G. Bateson and R. A. Hinde (Eds.). Cambridge: Cambridge University Press, pp. 451-479.

Hold, BCL (1976): Attention Structure and Rankspecific Behaviour in Preschool Children. In: Chance, M.R.A. & Larsen, R.L. (eds.): The Social Structure of Attention. London (Wiley), 177-201.

Hold-Cavell BCL & Borsutzky D (1986) Strategies to Obtain High Regard: Longitudinal Study of a Group of Preschool Children. Ethology and Sociobiology 7: 39-56.

Hold-Cavell BCL (1985) Showing-Off and Aggression in Young Children. Aggressive Behavior 11: 303-314.

Kiecolt-Glaser JK & Glaser R (1992) Psychoneuroimmunology: Can psychological interventions modulate immunity? Journal of Consulting and Clinical Psychology 60: 569-575.

Krasnor, L. (1982). An observational study of social problem solving in children. In K. Rubin & H. Ross (Eds.), Peer relationships and social skills in childhood (pp. 113-132). New York: Springer- Verlag.

Kugler KE & Hansson RO (1988) Relational competence and social support among parents at risk of child abuse. Family Relations 37: 328-332.

Kummer, H. (1978). The Analogs of Morality Among Nonhuman Primates." In: Stent, G S., ed. Morality as a Biological Phenomenon: The Presuppositions of Sociobiological Research. Berkeley: UC Press, 1978.

LaFreniere, P.J. & Dumas, J.E. (1996). Social competence and behavior evaluation in children aged three to six: The short form (SCBE-30). Psychological Assessment, 8(4), 369-377.

Maynard Smith J (1974) The Theory of Games and the Evolution of Animal Conflicts. Journal of Theoretical Biology 47: 209-221.

Peplau LA (1985) Loneliness research: Basic concepts and findings. In: Sarason IG & Sarason BR (Hrsg.) Social Support: Theory, Research, and applications. The Hague, Netherlands: Martinus Nijhoff, 269-286.

Schreiner S (1999) Soziale Kompetenz von Jugendlichen. Diplomarbeit an der Naturwissenschaftlichen Fakultät der Univ. Wien.

Schreiner S (2002) Kleine Menschen mit großen Fähigkeiten: Soziale Kompetenz von Kindergartenkindern. Dissertation, Universität Wien.

Schropp R (1986): Interaction "Objectified": The Exchange of Play-Material in a Preschool-Group. In: Lecamus, J. & Cosnier, J. (eds.): Ethology and Psychology. Toulouse (Priv.Univ.Paul Sabatier), 77-88

Schwarz K (1989) Weniger Kinder - weniger Ehen - weniger Zukunft? Neuwied, Strüder-Verlag.

Seeman TE & Syme SL (1987) Social networks and coronary artery disease: A comparison of the structure and function of social relations as predictors of disease. Psychosomatic Medicine 49: 341-354.

Service RF (1998) New role for estrogen in cancer? Science 279: 1631-1633.

Shibasaka H (1988) The Function of Friends in Preschoolers' Lives: At the Entrance to the Classroom. J. Ethol., 6, 21-31

Singh D (1993) Adaptive Significance of Female Physical Attractiveness - Role of Waist-to-Hip Ratio. Journal of Personality and Social Psychology 65 (2): 293-307.

Stanjek K (1978) Das Überreichen von Gaben – Funktion und Entwicklung in den ersten Lebensjahren. Zeitschrift für Entwicklungspsychologie und Pädagogische Psychologie 10 (2): 103-113.

Stroebe W & Stroebe M (1996) The social psychology of social support. In: Higgins ET & Kruglanski AW (Hrsg.). Social psychology: Handbook of basic principles. New York: Guilford Press, 597-621.

Thornhill R & Gangestad SW (1993) Human facial beauty: averageness, symmetry and parasite resistance. HumanNature 4:237-269.

Vierzigmann G (1993) Beziehungskompetenz im Kontext der Herkunftsfamilie. Interpersonale Modelle von Frauen und Männern. Dissertation, Universität München.

Wilson E (1975) Sociobiology: The new synthesis. Cambridge, MA, Harvard Univ.Press.

Steinzeitbabys im Atomzeitalter – Auswirkungen der fehlenden Passung zwischen biologischen Bedürfnissen und neokulturellen Umwelten

J. Bensel

Die Umwelt der evolutionären Angepasstheit

Übersichtsarbeiten, die traditionale Gesellschaften mit westlichen Industrieländern vergleichen, kommen einheitlich zu dem selben Schluss. Die Betreuungspraktiken unterscheiden sich drastisch (Barr 1990, 1999, Keller et al. 1996, Lozoff & Brittenham 1979, Schön 1989). Als die fünf herausragenden Unterschiede in der Betreuung nennt Barr (1999): konstanten Körperkontakt, konstantes Tragen, aufrechte Haltung, kontinuierliche Fütterung und höhere Responsivität. Tabelle 1 erweiterte diese Aussagen zu den Bereichen Körperkontakt/Responsivität und Fütterungspraxis um die Domänen Geburt, Wochenbettsituation, prä- und postnatale Situation der Frauen, Rolle des Vaters und Schlafregime. Beispielsweise schlafen die Säuglinge in ursprünglichen Gesellschaften nie alleine, als Einschlafhilfe dient der Körper der Bezugspersonen und den Einschlafzeitpunkt können sie selbst bestimmen. Traditionale Gesellschaften, insbesondere die Jäger-und-Sammler-Kulturen, erlauben uns einen, wenn auch mehr oder weniger unscharfen, Blick in die stammesgeschichtliche Vergangenheit der Menschheit, bevor die neokulturelle Entwicklung vor ca. 40.000 Jahren einsetzte. Sie werden deswegen auch als evolutionsbiologische Modellkulturen bezeichnet. Dass Wildbeuterkulturen Zeugnis von einer steinzeitlichen Kultur ablegen können, wird mitunter angezweifelt, da klassische Modellkulturen wie etwa die Kung San seit 1-2 Jahrtausenden immer wieder auch als Viehzüchter lebten und auch Handel trieben, somit immer wieder in ihrer Geschichte Experimente in ihrer Lebensweise machten, um ihr Überleben zu sichern (Casimir 1993). Sicher wäre es naiv zu glauben, traditionale Gesellschaften hätten keine kulturelle Evolution durchlaufen, weswegen man auch heute nicht mehr den veralteten Begriff der Naturvölker verwendet, weil er impliziert, dass diese Stämme keine Kultur besäßen. Allerdings vollzog sich ein wesentlich langsamerer technologischer und sozialer Wandel, wie in den Ländern, in denen aufgrund wegbereitender Entwicklungen (wie Metallurgie, Maschinenbau, Buchdruck, Elektronik) tiefgehende Änderungen in wenigen Generationen zu bemerken sind. Insbesondere die Veränderung im Kontext der frühen Sozialisation, in den Interaktionsmustern zwischen Erwachsenen und Kindern, scheinen vor dem Hintergrund fehlender industrieller und informationstechnischer Wandlungen, bei traditionalen Kulturen weit geringer zu sein als in westlichen Industrienationen.

Tab. 1: Unterschiede in der prä-, peri- und postnatalen Situation von Mutter und Kind zwischen industriellen und traditionalen Gesellschaften (erweitert und verändert nach kulturvergleichenden Studien von Barry & Paxson 1971, Lozoff & Brittenham 1979, Lozoff 1983, Elias et al. 1986, Schön 1989, Schiefenhövel 1991, 1999, Siegmund et al. 1994, Kumar 1994, Trevathan & McKenna 1994, Barr 1999).

industrielle Gesellschaften	traditionale Gesellschaften
Geburt	
• häufiger Einsatz technischer Hilfsmittel zur Geburt, häufig operative Entbindungen (Kaiserschnitt) • vorwiegend passive Rolle der Gebärenden. Meist horizontale Gebärposition • vorwiegend geburtstechnische Unterstützung. Väter meist anwesend	• unbeeinflusster Geburtsverlauf ohne technische Hilfsmittel, keine operativen Entbindungen • aktive Rolle der Gebärenden. Vertikale Gebärposition • soziale und emotionale Unterstützung durch weibliche Begleiterin (Doula). Väter nicht anwesend
Wochenbett	
• Mutter und Kind zeitweilig in getrennten Räumen und Betten im Krankenhaus	• Rooming-in und Bedding-in
prä- und postnatale Situation der Frauen	
• Entbindung und Wochenbett meist in unvertrauter Umgebung mit Unterstützung von Fremden • wenig emotionale Unterstützung von Schwangeren und Wöchnerinnen, insbesondere keine Betonung der Reintegration nach der Entbindung in die soziale Umgebung • 24-Stunden-Allein-Betreuung durch die Mutter häufig. Soziale Unterstützung meist schwach • wenig oder keine Vorerfahrung von Erstgebärenden im Umgang mit Säuglingen und Kleinkindern	• Entbindung und Wochenbett in bekannter Umgebung mit Unterstützung einer vertrauten Person • Rituale („rite de passage") für werdende Mütter, bestehend aus Trennung, Veränderung des Status und Wiedereingliederung in die soziale Umgebung • Kind ist nur die Hälfte der Zeit bei der Mutter, die restliche Zeit bei erweitertem Bezugspersonenkreis (sog. „Allo-Mütter"). Starke soziale Unterstützung • ausreichend Vorerfahrung von Erstgebärenden im Umgang mit Säuglingen und Kleinkindern (hands-on-Erfahrung) durch Betreuung von Geschwisterkindern

Fortsetzung Tab. 1.

Rolle des Vaters	
• Vater meist selten und oberflächlich einbezogen in die frühe Kindheit	• Vater häufig und eng einbezogen in die frühe Kindheit
Körperkontakt und Responsivität	
• wenig Tragen und Körperkontakt des Säuglings • verzögerte oder fehlende Beruhigung bei Schreien des Säuglings • Ersatzobjekte (Kuscheltier, Schmusetuch, Schnuller) elterlicher Nähe häufig	• viel Tragen (insbesondere in aufrechter Körperhaltung) und Körperkontakt des Säuglings • sofortige Beruhigung bei Schreien des Säuglings • keine Ersatzobjekte elterlicher Nähe
Fütterungspraxis	
• Flaschenfütterung und/oder Brustfütterung • frühes Abstillen • geringe Stillfrequenz/lange Stillpausen • Füttern nach Plan	• Brustfütterung • spätes Abstillen • hohe Stillfrequenz/kurze Stillpausen • Füttern nach Bedarf (feeding on demand)
Schlafregime	
• Schlafen nach Plan • Einschlafen meist ohne körperlichen Kontakt zur Bezugsperson • getrennte Schlafplätze, meist sogar getrennte Räume, von Mutter und Kind	• Schlafen nach Bedarf (sleeping on demand) • Einschlafen meist am Körper der Mutter (z. T. mit Mund-Mamillen-Kontakt) • „co-sleeping" (meist bedsharing) von Mutter und Kind in den ersten Lebensjahren

99 % der Menschheitsgeschichte verbrachten menschliche Säuglinge in Umgebungsbedingungen, die sich radikal von den heutigen unterschieden. Während unsere Gesellschaft sich in den letzten Jahrtausenden kulturell weiterentwickelt hat, sind die angeborenen Bedürfnisse der Individuen immer noch so, wie sie waren, als sie sich in der Umwelt der evolutionären Angepasstheit, kurz EEA (Environment of Evolutionary Adaptedness) genannt (Bowlby 1969), entwickelt haben.

John Bowlby, der Urheber des Konzepts der EEA, schrieb 1969 (S. 57) in seinem Buch über Bindung folgendes „In jedem Fall existiert eine spezifische Umwelt, an welche das System – sei es von Menschen geschaffen oder biologisch – angepasst wird. Diese Umwelt will ich die »Umwelt der Angepasstheit« eines Systems nennen. Nur innerhalb seiner Adaptationsumgebung kann von einem System Leistungseffizienz erwartet werden. In jeder anderen Umwelt lässt sich diese nicht von ihm erwarten. In einigen Fällen vermag ein System in der Tat einigermaßen gut zu funktionieren, in anderen überhaupt nicht, in wieder anderen ergibt sich Verhalten, das bestenfalls ungewöhnlich und schlimmstenfalls ausgesprochen ungünstig für die Arterhaltung ist."

Die moderne Auffassung der Anthropologie über die EEA des Menschen assoziiert diese nicht mehr zwangsläufig ausschließlich mit der Lebensweise von Jäger und Sammlern. Die EEA ist keine spezifische Zeitperiode und kein spezifischer Ort (Sherman & Reeve 1997). Für jede Anpassung in unserem Verhalten oder anderen individuellen Merkmalen, die unter genetischem Einfluss stehen, kann es eine eigenständige, nur für diese Eigenschaft relevante adaptive Umwelt gegeben haben. Wir sollten also anstatt von „der Umwelt" von „vielen Umwelten der Angepasstheit" sprechen[1]. Die EEA, die anpassungsrelevant für die Entwicklung des aufrechten Gangs war, mag mehrere hunderttausend Jahre von der für die Sprachentstehung relevanten EEA entfernt gewesen sein (Crawford 1998). Tooby und Cosmides (1990) definieren die EEA folgendermaßen: „Sie ist eine statistische Komposition von anpassungsrelevanten Eigenschaften vergangener Umwelten auf die vergangene Bevölkerungsgruppen getroffen sind, gewichtet mit ihren Häufigkeiten und Fitnesskonsequenzen und gemittelt über die Zeit, in der sie Wirkung auf die Fitness unserer Vorfahren gehabt haben."

Wie immer man auch die EEA im Einzelnen auffasst und definiert, zeigt sich die für die frühe Sozialisation anpassungsrelevante Umwelt als sehr konsistent. Während Sozialstruktur und Sexualverhalten innerhalb der Primatenreihe und auch zwischen den traditionalen Gesellschaften eine deutliche Varianz zeigen, ist das Betreuungsverhalten zeit-, individuen-, kulturen- und speziesübergreifend so ähnlich, dass man von einem evolutionsbiologisch bedingten arttypischen Basismodell der frühen Sozialisation ausgehen muss (Schiefenhövel & Schiefenhövel 1996). Insbesondere das Traglings-Konzept (Hassenstein 1970, Kirkilionis 1992) kennzeichnet den menschlichen Primatensäugling als einem Jungentypus zugehörig, der darauf angelegt ist, nahezu ständigen sicherheitsgebenden Körperkontakt zu seinen Bezugspersonen zu halten, mitgenommen zu werden und reichhaltige Stimulation zu erfahren.

Aber auch die prä-, peri- und postnatale Situation der Mütter in industrialisierten Kulturen weicht in vielen Punkten von der traditionaler Gesellschaften ab. Es gibt keine dezidierten Übergangsrituale für werdende Mütter mehr, die Geburt findet meist mit Hilfe Unbekannter in einer nichtvertrauten Umgebung statt und die soziale Einbettung, vor allem in der postpartalen Phase, ist mangelhaft (Kumar 1994, Geibel-Neuberger 1995, Schiefenhövel 1995, Bensel & Haug-Schnabel 1997, Haug-Schnabel 1997). Dies sind Belastungsmomente für die Mütter, die sich wiederum auf Seiten des Interaktionspartners Säugling bemerkbar machen können.

Die mismatch-Theorie

Die „environmental mismatch theory" geht davon aus, dass sich die fehlende Passung unserer an der EEA ausgerichteten kaum veränderten biologischen Ausstattung mit der heutigen neokulturellen Umwelt in Verhaltensauffälligkeiten oder -pathologien äußern kann[2] (Bailey 1996, Trevathan & McKenna 1994).

Die mismatch-Theorie basiert auf fünf Grundannahmen:
- Die Morphologie und das Verhalten des Menschen entwickelten sich in der „Umgebung der evolutionären Angepasstheit". Diese umfasst die Lebensbedingungen in einem Zeitabschnitt der mindestens 40.000 Jahre zurückliegt.
- Die menschliche Spezies hat vor 40.000 Jahren aufgehört, sich biologisch weiterzuentwickeln, zu evoluieren.
- Massive kulturelle und Umweltveränderungen haben in den letzten 40.000 Jahren stattgefunden.
- Der rezente Mensch findet sein in der Evolution entstandenes Selbst häufig unpassend oder im Widerstreit mit der aktuellen physikalischen, sozialen und kulturellen Umwelt.
- Die Häufigkeit und das Ausmaß der fehlenden Passung für ein bestimmtes Individuum ist positiv korreliert mit dem Ausmaß körperlicher und psychischer Auffälligkeiten.

Die Forschungsfragen, die sich aus diesen stammesgeschichtlich begründeten Hypothesen ergeben, lauten: wo weicht die neokulturelle Umwelt des rezenten Menschen – insbesondere die seiner frühen Ontogenese – von der Umwelt ab, an die sich der Mensch und seine Vorfahren im Laufe von Jahrmillionen angepasst hat, und welche Konsequenzen hat dies auf sein Verhalten? Dabei geht es nicht um die Frage, ob die postulierte Ur-Umwelt, die EEA, „... auf irgendeine Weise besser war als die heutigen Formen der Umwelt oder dass der prähistorische Mensch glücklicher war als der heutige Mensch (Bowlby 1969: 68)." Um noch einmal Bowlby zu zitieren: „Es kann sich in der Tat herausstellen, dass alle Teile des menschlichen Verhaltensapparats nicht nur an die menschliche Ur-Umwelt angepasst sind, sondern auch an alle derzeitigen Arten von Umwelten. Es kann aber auch nicht so sein, und man darf es sicherlich nicht einfach annehmen. Nur die Forschung kann darauf die Antworten geben." (Bowlby 1969: 68).

Die mismatch-Theorie, die mit unterschiedlichen Schwerpunktsetzungen von Evolutionspsychologen und -biologen, wie Kent Bailey (1996), Charles Crawford (1998), John Tooby und Leda Cosmides (Barkow et al. 1992), Randy Nesse und George Williams (1997), Boyd Eaton und Melvin Konner (Eaton et al. 1988) vertreten wird, geht davon aus, dass das Verhalten des rezenten Menschen nicht immer und in allen Lebensbereichen an seine Umweltbedingungen angepasst ist. Kultur kann evolutionären Maximen folgen, aber sie kann auch zu eigenständigen Entwicklungen führen, die Umwelten hervorbringen, an die der Mensch schlecht oder gar nicht angepasst ist.

Evolutionäre Anthropologie versus Evolutionäre Psychologie

In diesem Punkt unterscheidet sich der Standpunkt der zwei großen modernen evolutionsbiologisch begründeten Strömungen, der evolutionären Psychologie und der evolutionären Anthropologie, deutlich voneinander.

Die evolutionäre Anthropologie (Darwinsche Anthropologie, Humansoziobiologie, Verhaltensökologie des Menschen) deutet auch die menschlichen Verhaltensmerkmale konsequent als in der natürlichen Selektion entstandene Anpassungen. Auch Gesellschaften und Kulturen der heute lebenden Menschen werden in enger Verbindung zu genetischen Triebfedern gesehen (Sommer 2000).

Die evolutionäre Psychologie (Evolutionspsychologie, darwinsche Psychologie), eine Synthese von Psychologie und Evolutionsbiologie, die speziell den menschlichen Verstand, sein Gehirn, aus evolutionärer Perspektive untersucht, legt viel größeren Wert auf den Unterschied zwischen der „Umwelt der evolutionären Angepasstheit" und der aktuellen Umwelt des Menschen. Es mache daher keinen Sinn, bei rezenten Kulturen Zusammenhänge zwischen Verhalten und Fortpflanzungerfolg messen zu wollen. Sinnvoll untersuchen ließen sich nur die evolvierten geistigen Mechanismen, die unserem Verhalten zugrunde liegen. Sie spiegelten jedoch Anpassungen an frühere, nicht an heutige Bedingungen wieder.

Tabelle 2 stellt die unterschiedlichen Erklärungsansätze der beiden Evolutionsdisziplinen anhand ausgewählter Beispiele gegenüber. Es werden in den nächsten Jahren interessante wissenschaftliche Streitfragen in diesem Zusammenhang zu klären sein, beispielsweise, ob es sich bei Krankheitsbildern wie Magersucht, exzessivem Schreien und kindlichen Schlafstörungen um soziobiologisch erklärbare Phänomene handelt, oder um Zivilisationskrankheiten, um Pseudopathologien (Crawford 1998) aufgrund maladaptiver moderner Umwelten.

Die mismatch-Theorie geht davon aus, dass es schon immer eine Kluft zwischen der ursprünglichen menschlichen Verhaltensausstattung und der Umwelt, in der sich der Mensch wiederfindet, gegeben hat. Dieses Problem hatte wohl in Grenzen bereits *Australopithecus*, aber die Menschen, die in modernen technologischen Kulturen leben, erfahren wohl das größte Ausmaß an Natur-Kultur-mismatch in der Geschichte der menschlichen Spezies.

Tab. 2: Erklärungsmodelle dreier ausgewählter Krankheitsbilder aus soziobiologischer bzw. evolutionspsychologischer Perspektive.

Befund	soziobiologische Interpretation	evolutionspsychologische Interpretation bzw. mismatch-Theorie
Anorexia nervosa	Fortpflanzungsverzicht junger Frauen, um als „Helferin-am-Nest" die indirekte Fitness zu steigern (Surbey 1987, Voland & Voland 1989).	Kulturgebundenes Syndrom aufgrund des westlichen Schönheitsideals eines schlanken Körpers (Prince 1985).
exzessives Säuglingsschreien	Im Rahmen des parental investment (Lummaa et al. 1998): um zusätzliche Pflege zu erpressen, durch das Androhen von Energieverlust durch Schreien bzw. dem Heranlocken von Raubfeinden, um Investment von Geschwistern abzuziehen und damit die elterliche Investition in die eigene Entwicklung zu steigern.	Nichtadaptives Zivilisationsartefakt aufgrund von Lebensbedingungen, die von unseren ursprünglichen zu weit abweichen (Barr 1999, Bensel 2002). z. B.: Moderne, distanzierte Betreuungspraktiken. Fehlende Übergangsrituale und Unterstützung der Schwangeren und Wöchnerinnen. Fehlende Hands-on-Erfahrungen der Erstgebärenden
nächtliches Aufwachen von Kleinkindern (Schlafstörungen)	Entwöhnungskonflikt: nächtliches Erwachen führt zu verlängertem und regelmäßigerem Stillen, was eine Laktationsamenorrhoe zur Folge hat, die die Geburt des nächsten Geschwisters hinauszögert (Blurton Jones & Da Costa 1987).	Nicht adaptives Zivilisationsartefakt aufgrund von Lebensbedingungen, die von unseren ursprünglichen zu weit abweichen. Nächtliches Aufwachen mit anschl. Schreien ist eine normale Reaktion auf die artifizielle Situation des Alleinschlafens von Kindern ohne Anwesenheitssignale der Bezugspersonen (Trevathan & McKenna 1994).

Die geringste Passung zwischen menschlicher Natur und seiner Umwelt sieht Kent Bailey nicht im Bereich der Physiologie, sondern auf sozialer und psychologischer Ebene. Für ihn ist es auch nicht die Frage, ob der moderne Mensch an seine Umwelt fehlangepasst ist oder nicht, sondern ob er eine ausreichende Zahl an Passungen erreichen und pathologische Fehlanpassungen vermeiden kann, um psychisch gesund zu bleiben. Die größte Herausforderung der mismatch-Theorie ist es seiner

Meinung nach, die Qualität und Quantität der Passungen zu spezifizieren, die für ein „gutes Leben" notwendig sind.

Diese Perspektive hat eine interessante Parallele zur Entwicklungspsychopathologie, einer Disziplin, die sich seit einiger Zeit damit beschäftigt, Schutzfaktoren im Leben gefährdeter Kinder zu finden, die diesen ermöglichen, trotz widriger Lebensumstände eine erfolgreiche Entwicklung hin zu einem gesunden, selbstbewussten und glücklichen Erwachsenen zu durchlaufen. Schutzerziehung ist die humanethologische Anregung für die Pädagogik, Kinder gegen Angst, Gewalt und Sucht weitgehend zu immunisieren und dabei auch unser biologisch begründetes Bedürfnis nach ursprünglichen Umwelten zu berücksichtigen (Haug-Schnabel 2002).

Aktuelle Forschungsergebnisse zu fehlenden Passungen in der Kindheit
Die frühe Kindheit ist die noch am stärksten von biologischen Programmen und Bedürfnissen gesteuerte Lebensphase. Fehlende Passungen in der Kindheitsphase können sich vor allem in Form von Verhaltensauffälligkeiten bemerkbar machen. Es folgen drei aktuelle Forschungsergebnisse zu der Frage, wie sich eine mehr oder weniger gute Passung der modernen peri- und postnatalen Umwelt mit unseren angeborenen Erwartungen auf das Verhalten von Wöchnerinnen und Säuglingen auswirkt.

Geburtsbegleitung durch eine Doula
In traditionalen Gesellschaften findet die Entbindung in Gegenwart einer vertrauten, meist verwandten Person statt. Fremde sind selten anwesend. Die Geburt läuft zudem in den allermeisten Fällen in einer vertrauten Umgebung ab (Trevathan & McKenna 1994, Trevathan 1999). Die amerikanische Pädiaterin Susan McGrath untersuchte den Effekt der kontinuierlichen emotionalen Unterstützung von schwangeren und kreisenden Frauen durch eine sogenannte Doula auf die Rate der Kaiserschnittentbindungen und auf das postnatale Elternverhalten. Sie fand in ihrer randomisierten Kontrollstudie bei 427 Erstgebärenden folgende Ergebnisse (Kennell et al. 1991, McGrath 2000):
Die durch eine Doula begleiteten Frauen hatten:
- eine kürzere Geburtsdauer
- seltener Gabe eines wehenfördernden Medikaments (25,2 % statt 42,8 %)
- weniger Zuhilfenahme von Geburtszange oder Saugglocke (12,2 % statt 17,2 %)
- bedeutend weniger Kaiserschnittentbindungen (3,2 % statt 11,6 %)
- seltener Fieber nach der Geburt (12,3 % statt 23,5 %)
- mit 2 Monaten mehr positive Mutter-Kind-Interaktionen

Die evolutionäre Geburtshilfe (Trevathan 1987, 1999) konnte damit zeigen, dass die Begleitung der Schwangeren durch eine unterstützende weibliche Begleiterin, so wie dies in traditionalen Gesellschaften üblich ist und in unserer stammesgeschichtlichen

Vergangenheit ebenfalls üblich war, die Geburt erleichtert und die Mutter-Kind-Beziehung fördert.

Schlafen im Elternbett
Ein zweites Beispiel beschäftigt sich mit dem Zusammenschlafen von Mutter und Säugling, dem sogenannten *co-sleeping* und dessen Auswirkungen auf die kindliche Physiologie. Der amerikanische Anthropologe James McKenna untersucht bereits seit vielen Jahren die Unterschiede zwischen Mutter-Kind-Paaren, die in separaten Räumen bzw. Betten schlafen (solitäres Schlafen) oder Raum (*room-sharing*) bzw. Bett miteinander teilen (*bed-sharing*)[3] (McKenna et al. 1994, McKenna & Mosko 1994, Mosko et al. 1993, Richard et al. 1998). In einer aktuellen Untersuchung an 70 Mutter-Kind-Paaren (McKenna 2000) konnte er erneut zeigen, dass *bed-sharing*:

- den Gleichklang des mütterlichen und kindlichen Rhythmus fördert (die EEG gemessenen arousal-Zeiten sind parallelisiert) und die Sensitivität für die Präsenz des Anderen erhöht. Die Anzahl der nächtlichen mütterlichen Kontrollen und Interventionen wird gesteigert.
- Mutter und Kind schlafen nachts länger.
- Die Säuglinge schreien weniger.
- Mutter und Kind sind häufiger in weniger tiefen Schlafphasen, was für Säuglinge von Vorteil ist, die Schwierigkeiten haben aufzuwachen, wenn sie im Schlaf zu lange Atempausen oder Apnoen haben. Dies wird als möglicher Schutzfaktor vor dem plötzlichen Säuglingstod diskutiert.

Co-Sleeping ist in 76 % aller traditionalen Gesellschaften und 100 % aller Jäger-und-Sammler-Gesellschaften üblich (Lozoff & Brittenham 1979).

Frühes Säuglingsschreien
Die letzten empirischen Daten kommen aus unserer eigenen Forschungsstudie an 103 Freiburger Säuglingen (Bensel 2002). Hierbei stellten wir uns die Frage, ob westliche Betreuungspraktiken und die prä-, peri- und postnatale Situation der Mütter einen Teil des Säuglingsschreiens der ersten drei Lebensmonate erklären können. Dazu wurde die Schreidauer während des ersten Trimenon von den Eltern mittels Aktogramm erfasst. Die aus vorliegenden kulturvergleichenden Studien abgeleiteten unabhängigen Variablen wurden nach dem dritten Monat in einem semistrukturierten Mütterinterview erfasst.

Ein weinender Säugling ist im Zustand des Stresses. Empfindet er Verlassenheitsangst, weil Anwesenheitsbestätigungen der Bezugspersonen fehlen, geht dies mit weitreichenden Umschaltungen im Nerven- und Hormonsystem einher (Hassenstein 2001). Steigert sich das Schreien ins exzessive, werden – vor allem bei Persistenz über die ersten drei Monate hinaus – Spätfolgen für die ganze Familie sichtbar (verringertes Gefühl elterlicher Kompetenz, beeinträchtigte familiäre Beziehungen, im Kindergartenalter gehäufte Verhaltensauffälligkeiten, im Grundschulalter schlechtere Schulleistungen, emotionale Probleme und gehäuft Aufmerksamkeitsdefizit-/Hyperaktivitätsstörungen; vgl. Bensel & Haug-Schnabel 2002).

Für ein Drittel der Varianz des Säuglingsschreiens konnten mit Hilfe u. a. von multivariaten Regressionsmodellen Zivilisationsfaktoren verantwortlich gemacht werden:
- ungeplante operative Entbindungen (vgl. Abbildung 1),
- Trennung von Mutter und Baby in der Klinik,
- stationäres Wochenbett,
- mangelnde soziale Unterstützung,
- geringe Fütterungsfrequenz/hohes Fütterungsintervall (vgl. Abbildung 2),
- Füttern nach Plan,
- mangelnde Responsivität (vgl. Abbildung 3).

Zeigen sich ursprünglichere Betreuungsbedingungen in westlichen Bevölkerungsgruppen, findet man auch hier Schreidauern, die in ihrer geringen Menge eher denen steinzeitlich lebender Jäger-und-Sammler-Völker ähneln.

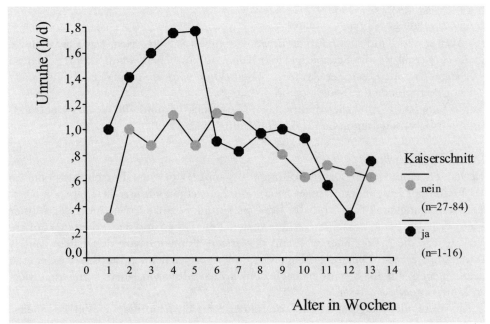

Abb. 1. Art der Entbindung und Unruheverlauf in den ersten 13 Lebenswochen. Daten aus der Freiburger Säuglingsstudie (Bensel 2002).

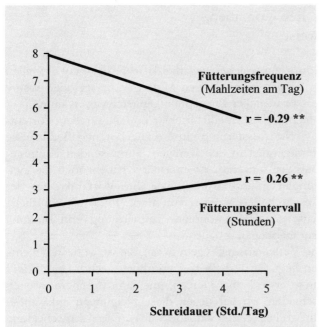

Abb. 2. Fütterungsmuster und durchschnittliche Schreidauer am Tag in den ersten 13 Lebenswochen von 103 Säuglingen. Daten aus der Freiburger Säuglingsstudie (Bensel 2002).

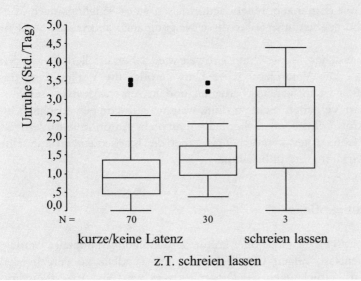

Abb. 3. Schreidauer der Säuglinge in Abhängigkeit von der elterlichen Beruhigungsbereitschaft (Responsivität). Boxplotgrafik mit Medianen und Interquartilsabständen. Daten aus der Freiburger Säuglingsstudie (Bensel 2002).

Biologie macht keine ethischen Vorgaben, aber sie gibt wichtige Hinweise

Das empirische Fundament nimmt zu, welches negative Effekte der neokulturellen Umwelt auf das Verhalten von Säuglingen und ihren Müttern aufzeigt oder positiv formuliert: förderliche Effekte ursprünglicher Pflegepraktiken nachweisen kann.

Im Gegensatz zu unserer technischen, medizinischen und kulturellen Fortentwicklung hat sich unsere biologische Ausstattung, unsere angeborenen Bedürfnisse nach Nähe, Sicherheit und Geborgenheit in den wenigen Jahrtausenden Kulturgeschichte nicht geändert. Die Babys in unserem Atomzeitalter haben noch die gleichen Bedürfnisse und Erwartungen an ihre Umwelt wie ihre Vorfahren aus der Steinzeit. Heutige westliche Gesellschaften werden von Barr (1999) als natürliche Experimente bezeichnet, ob eine normale emotionale Entwicklung und Bindung auch in alternativen Betreuungsumgebungen möglich ist.

Die Natur hält für uns keine Verhaltensmaßregeln bereit, sie ist wertefrei, nichts was in der Natur des Menschen liegt, ist deshalb von vornherein schon „gut" oder „schlecht". Aber wir sollten diese erste Natur kennen, um dann in einem zweiten eigenständigen Schritt zu entscheiden, ob wir gegen diese Neigungen ankämpfen oder sie zur Entfaltung bringen wollen (Haug-Schnabel 2001). Diese Entscheidung ist eine ethische. Unseren auch biologisch motivierten Hang zur Gruppenaggression und Bekämpfung von Außenseitern gilt es beispielsweise mit Hilfe unserer Vernunft zu bremsen und zu kontrollieren.

Aber wie sieht es mit den angeborenen Bedürfnissen eines Säuglings nach konstanter Nähe und Geborgenheit aus? Sollte diese Neigung auch adressiert werden? Geht das überhaupt?

Um eine Passung zwischen Mensch und Umwelt wieder herzustellen, bieten sich zwei Möglichkeiten an. Die Veränderung der Umwelt oder die Veränderung des Menschen. Der Säugling ist in seinem Verhalten und in seinen Motiven sehr ursprünglich, er kann sein Verhalten nicht so ohne weiteres auf jede gewünschte Kultur- und Gesellschaftsform umstellen. Sicher kann man mehr Autonomie fordern, als biologisch für dieses frühe Alter vorgesehen ist, aber die Konsequenzen auf seine sozioemotionale Entwicklung sind unbekannt.

Evolutionäre Säuglingspflege

Wenn ökologische, politische, religiöse oder kulturelle Bedingungen liberaler werden, der äußere Druck nachlässt, zeigen Gesellschaften eine Tendenz zu vergangenen Formen des Verhaltens zurückzukehren. Dieser Prozess wird als Anzestralisation („ancestralization") bezeichnet (Crawford 1998: 292).

In einigen Bevölkerungsgruppen westlicher Länder zeigen sich in den letzten Jahren in den verschiedensten Bereichen deutliche Veränderungswünsche hin zu ursprünglicheren, kind- und elterngerechten Modellen: *Rooming-in*, ambulante bzw.

Hausgeburten, Stillen nach Bedarf, Babys im Tragetuch, um nur einige Stichworte zu nennen. Auch in den USA hat eine Gegenströmung zu der von Verwöhnängsten geprägten Distanzkultur eingesetzt. Der Kinderarzt William Sears überschreibt sie mit dem Begriff „*attachment parenting*" und propagiert ursprüngliche, kontaktintensive Pflegepraktiken (Sears & Sears 2001).

Hat man unsere ursprünglichen biologischen Bedürfnisse vor Augen, sieht man die Gemeinsamkeiten in diesen gesellschaftlichen Rückbesinnungen. Denn nichts davon ist wirklich neu. Es geht um die Möglichkeit sinnvoller Wiederentdeckungen alter Errungenschaften, die unserer westlichen Betreuungskultur im Laufe der Jahrhunderte abhanden gekommen sind.

Aus anthropologischer Sicht steht die Gründung einer weiteren evolutionären Disziplin an, nach der evolutionären Anthropologie, der evolutionären Medizin, der evolutionären Psychologie, der evolutionären Psychiatrie, der evolutionären Ethik, der evolutionären Erkenntnistheorie, der evolutionären Geburtshilfe und der evolutionären Pädagogik. Eine „evolutionäre Säuglingspflege" („evolutionary infant care") könnte helfen, die von Bowlby postulierte Frage zu klären, ob der menschliche Verhaltensapparat, speziell der des Säuglings, tatsächlich an alle derzeitigen Arten von Umwelten angepasst ist.

Literatur

Bailey K (1996) Mismatch Theory 1: Basic Principles. ASCAP (Across Species Comparison and Psychopathology) Newsletter 9 (2): 7-9.

Barkow JH, Cosmides L, Tooby J (1992) (Hrsg.): The Adapted Mind: Evolutionary Psychology and the Generation of Culture. Oxford, University Press.

Barr RG (1990) The Early Crying Paradox: A Modest Proposal. Human Nature 1: 355-389.

Barr RG (1999) Infant Crying Behavior and Colic. An Interpretation in Evolutionary Perspective. In: Trevathan WR, Smith EO, McKenna JJ (Hrsg.) Evolutionary Medicine. Oxford, University Press, 27-51.

Barry H III, Paxson LM (1971) Infancy and Early Childhood: Cross-Cultural Codes 2. Ethnology 10 (4): 466-508.

Bensel J (2002) Frühe Säuglingsunruhe - Einfluss westlicher Betreuungspraktiken und Effekte auf Aktivitätsmuster und biologischen Rhythmus. Berlin, VWB, im Druck.

Bensel J, Haug-Schnabel G (1997) Wendepunkt Geburt - Unvereinbarkeit von Frau- und Muttersein als Gesundheitsrisiko in westlichen Industrieländern. In: Arbeitsgemeinschaft Ethnomedizin (Hrsg) Frauen und Gesundheit - Ethnomedizinische Perspektiven, Curare Sonderband, Vol. 11. Berlin, Verlag für Wissenschaft und Bildung, 293-302.

Bensel J, Haug-Schnabel G (2002) Exzessives Schreien. In: Keller H (Hrsg) Handbuch der Kleinkindforschung. Bern, Hans Huber, im Druck.

Blurton Jones NG, da Costa E (1987) A Suggested Adaptive Value of Toddler Night Waking: Delaying the Birth of the Next Sibling. Ethology and Sociobiology (8): 135-142.

Bowlby J (1969) Bindung - Eine Analyse der Mutter-Kind-Beziehung.

Casimir MJ (1993) Überlebensstrategien. Kulturen als Experimente. In: Schiefenhövel W, Vollmer G, Vogel C (Hrsg.) Funkkolleg - Der Mensch - Anthropologie heute - Studienbrief 5. Tübingen, Deutsches Institut für Fernstudien an der Universität Tübingen.

Crawford C (1998) Environments and Adaptations: Then and Now. In: Crawford C, Krebs DL (Hrsg.) Handbook of Evolutionary Psychology: Ideas, Issues, and Applications. Mahwah, NJ, Lawrence Erlbaum, 275-302.

Eaton SB, Shostak M, Konner M (1988) The Paleolithic Prescription. A Program of Diet & Exercise and a Design for Living. New York, Harper and Row.

Eibl-Eibesfeldt I (1994) Zuversicht. In: Schmidt H, Damaschun H (Hrsg.) Ist der Mensch paradiesfähig? Leipzig, Evangelische Verlagsanstalt, 16-30.

Elias MF, Nicolson NA, Bora C, Johnston J (1986) Sleep/Wake Patterns of Breast-Fed Infants in the First 2 Years of Life. Pediatrics 77: 322-329.

Geibel-Neuberger UW (1995) Die soziokulturelle Einbettung von sechs sich entwickelnden Elternschaften bei der Geburt des ersten Kindes in der BRD aus ethnomedizinischer Sicht. In: Schiefenhövel W, Sich D, Gottschalk-Batschkus C E (Hrsg.) Gebären - Ethnomedizinische Perspektiven und neue Wege. Berlin, VWB - Verlag für Wissenschaft und Bildung, 409-415.

Hassenstein B (1970) Tierjunges und Menschenkind im Blick der Vergleichenden Verhaltensforschung. Ber. Nat.-Med. Ver. Innsbruck 58: 35-50.

Hassenstein B (2001) Verhaltensbiologie des Kindes. Heidelberg, Spektrum Akademischer Verlag.

Haug-Schnabel G (1997) Wieviel Frau braucht's für eine gute Mutter? Zur Natur und Kultur der Mutter-Kind-Beziehung. In: Schuchard M, Speck A (Hrsg.) Mutterbilder - Ansichtssache. Heidelberger Frauenstudien 4. Heidelberg, Mattes, 17-30.

Haug-Schnabel G (2001) Die "Natur des Menschen" und die Beachtung des humanitären Völkerrechts. In: Hasse J, Müller E, Schneider P (Hrsg.) Humanitäres Völkerrecht. Baden-Baden, Nomos Verlagsgesellschaft, 178-194.

Haug-Schnabel G (2002) Wie man Kinder stark macht. So können Sie Ihr Kind erfolgreich schützen - vor der Flucht in Angst, Gewalt und Sucht. Ratingen, Oberstebrink, im Druck.

Keller H, Chasiotis A, Risau-Peters J, Völker S, Zach U, Restemeier R (1996) Psychobiological Aspects of Infant Crying. Early Development and Parenting 5 (1): 1-13.

Kennell J, Klaus M, McGrath S, Robertson S, Hinkley C (1991) Continuous Emotional Support during Labor in a US Hospital. A Randomized Controlled Trial. Journal of the American Medical Association (JAMA) 265 (17): 2197-2201.

Kirkilionis E (1992) Das Tragen des Säuglings im Hüftsitz - eine spezielle Anpassung des menschlichen Traglings. Zoologische Jahrbücher - Abteilung Allgemeine Zoologie und Physiologie der Tiere 96 (3): 395-415.

Kumar R (1994) Postnatal Mental Illness: A Transcultural Perspective. Social Psychiatry & Psychiatric Epidemiology 29 (6), 250-264.

Lorenz K (1983) Der Abbau des Menschlichen. München, Piper.

Lozoff B (1983) Birth and 'Bonding' in Non-Industrial Societies. Developmental Medicine and Child Neurology 25 (5): 595-600.

Lozoff B, Brittenham G (1979) Infant Care: Cache or Carry. Journal of Pediatrics 95 (3): 478-483.

Lummaa V, Vuorisalo T, Barr RG, Lehtonen L (1998) Why Cry? Adaptive Significance of Intensive Crying in Human Infants. Evolution and Human Behavior 19: 193-202.

McGrath SK (2000) The Effect of Doula Support on Cesarean Rates and Parenting Behavior. Poster Presented at XIIth Biennial International Conference on Infant Studies, Brighton, United Kingdom, 16-19 July.

McKenna JJ (2000) Mother-infant Co-sleeping with Breastfeeding: Mutual Physiological Regulation Contributing to Maternal and Infant Health. Poster Presented at XIIth Biennial International Conference on Infant Studies, Brighton, United Kingdom, 16-19July.

McKenna JJ, Mosko SS (1994) Sleep and Arousal, Synchrony and Independence, among Mothers and Infants Sleeping Apart and Together (Same Bed): An Experiment in Evolutionary Medicine. Acta Paediatrica Supplement 397: 94-102.

McKenna J, Mosko S, Richard C, Drummond S, Hunt L, Cetel MB, Arpaia J (1994) Experimental Studies of Infant-Parent Co-Sleeping: Mutual Physiological and Behavioral Influences and Their Relevance to SIDS (Sudden Infant Death Syndrome). Early Human Development 38 (3): 187-201.

Mosko S, McKenna J, Dickel M, Hunt L (1993) Parent-Infant Co-sleeping: The Appropriate Context for the Study of Infant Sleep and Implications for Sudden Infant Death Syndrome (SIDS) Research. Journal of Behavioral Medicine 16 (6): 589-610.

Nesse RM, Williams GC (1997) Warum wir krank werden: die Antworten der Evolutionsmedizin. München, Beck.

Prince R (1985) The Concept of Culture-bound Syndromes: Anorexia Nervosa and Brain-fag. Social Science and Medicine 21 (1): 197-203.

Richard CA, Mosko SS, McKenna JJ (1998) Apnea and Periodic Breathing in Bed-sharing and Solitary Sleeping Infants. Journal of Applied Physiology 84 (4): 1374-1380.

Schiefenhövel S, Schiefenhövel W (1996) Am evolutionären Modell - Stillen und frühe Sozialisation bei den Trobriandern. In: Gottschalk-Batschkus C E, Schuler J (Hrsg) Ethnomedizinische Perspektiven zur frühen Kindheit. Berlin, VWB - Verlag für Wissenschaft und Bildung, 263-282.

Schiefenhövel W (1991) Ethnomedizinische und verhaltensbiologische Beiträge zur pädiatrischen Versorgung. Curare 14: 195-204.

Schiefenhövel W (1995) Geburten bei den Eipo. In: Schiefenhövel W, Sich D, Gottschalk-Batschkus C E (Hrsg) Gebären- Ethnomedizinische Perspektiven und neue Wege. Berlin, VWB - Verlag für Wissenschaft und Bildung, 55-66.

Schiefenhövel W (1999) Der Mensch - Mängelwesen oder optimiertes Produkt der Evolution? In: Dörner G, Hüllemann K-D, Tembrock G, Wessel K-F, Zänker K S (Hrsg) Menschenbilder in der Medizin - Medizin in den Menschenbildern. Bielefeld, Kleine Verlag, 46-62.

Schön M (1989) Betreuung, Pflege und Ernährung des Säuglings bei Naturvölkern und die Bedeutung für das Säuglingsschreien. Dissertation, Medizinische Fakultät, Freiburg i. Br.

Sears W, Sears M (2001) The Attachment Parenting Book. A Commonsense Guide to Understanding and Nurturing Your Baby. Boston, Little, Brown and Company.

Sherman P, Reeve K (1997) Forward and Backward: Alternative Approaches to Studying Human Social Evolution. In: Betzig L (Hrsg.) Human Nature: A Critical Reader. New York, Oxford University Press, 147-158.

Siegmund R, Tittel M, Schiefenhövel W (1994) Time Patterns in Parent-Child Interactions in a Trobriand Village (Papua New Guinea). Biological Rhythm Research 25 (3): 241-251.

Sommer V (2000) Von Menschen und anderen Tieren. Essays zur Evolutionsbiologie. Stuttgart, Hirzel.

Surbey M K (1987) Anorexia Nervosa, Amenorrhea and Adaptation. Ethology and Sociobiology 8 (3, Suppl): 17-61.

Tooby J, Cosmides C (1990) The Past Explains the Present: Adaptations and the Structure of Ancestral Environments. Ethology and Sociobiology 4/5: 375-424.
Trevathan W R (1987) Human Birth - An Evolutionary Perspective. New York, De Gruyter.
Trevathan W R (1999) Evolutionary Obstetrics. In: Trevathan W R, Smith E O, McKenna J J (Hrsg.) Evolutionary Medicine. New York, Oxford University Press, 183-207.
Trevathan W R, McKenna J J (1994) Evolutionary Environments of Human Birth and Infancy: Insights to Apply to Contemporary Life. Children's Environments 11 (2): 88-104.

---

1   Auch Bowlby (1969: 57) differenziert bereits in diese Richtung: „Es ist wichtig zu verstehen, daß es nicht nur für jede Art eine Umwelt gibt, die der Angepaßtheit dieser Art entspricht, sondern auch für jedes einzelne System jeder Art ...".
2   In diesem Sinne äußerte sich Konrad Lorenz bereits 1983 (S. 146): „Trotz dieser vorhandenen Anpassung an das Vorhandensein einer menschlichen Kultur kann die weitere Anpassung des Menschen mit der wachsenden Geschwindigkeit der Veränderungen der Zivilisation und der sozialen Umwelt nicht Schritt halten; diese Diskrepanz wird von Jahr zu Jahr größer". Und an anderer Stelle (S. 146): „Die Menschenseele ist seit dem Entstehen menschlicher Kultur im wesentlichen die gleiche geblieben; es ist nicht erstaunlich, dass die Kultur sehr häufig unerfüllbare Ansprüche an sie stellt." Auch Eibl-Eibesfeldt (1994: 16f.) weist auf die fehlende Passung hin: „Wir haben uns in der uns angeborenen Aktions- und Reaktionsausstattung in den letzten 10.000 Jahren biologisch nicht geändert, wohl aber entwickelten wir mit der technischen Zivilisation, der großstädtischen Umwelt und der anonymen Großgesellschaft eine neue kulturelle Umwelt, für die wir biologisch nicht geschaffen wurden. Wir passen uns einigermaßen an die neue Situation an, aber wir haben Schwierigkeiten, denn nicht alle unsere Programme passen in die moderne Welt ...".
3   Co-sleeping umfasst zahlreiche Varianten des gemeinsamen Schlafplatzes von Eltern und Kind und ist der Überbegriff für room-sharing und bed-sharing.

Prävention und Förderung – im Spannungsfeld von evolutionärer Ausstattung und kultureller Anforderung

G. Haug-Schnabel

Die aktuellen Erziehungsziele sind trotz kaum überschaubarer Vielfalt auf drei Kernanforderungen zu reduzieren: Selbstständigkeit, Bildung und soziale Kompetenz. Diese Anforderungen stellen Eltern und Pädagogen an kindliche Entwicklungsverläufe, wenn diese als erfolgreich bezeichnet werden sollen. Den Anspruch, diese Ziele zu erreichen, haben Eltern und professionelle Entwicklungsbegleiter auch an sich und richten ihre Erziehungsanstrengungen entsprechend aus.

Diese erzieherischen Anforderungen stellen einen Teil der auf das Entwicklungsgeschehen wirkenden Impulse dar. Sie sind der Pädagogik aufgrund forschungshistorischer Tradition zugänglich, und ihre Diskussion ist vertraut. Erst der interdisziplinäre Austausch machte es möglich, in diese Überlegungen auch Besonderheiten unserer evolutionären Ausstattung mit einzubeziehen, die gleichermaßen auf den Entwicklungsverlauf Einfluss nehmen. Es geht um die Berücksichtigung angeborener Bedürfnisse und um die Frage, inwieweit auch diese zum Erreichen möglicher Entwicklungsziele notwendig sein können.

Der Begriff Schutzerziehung etabliert sich im Moment für die Beschreibung von Erziehungsvorstellungen, die sowohl evolutionär geschaffene Bedürfnisse und Verhaltensstrategien berücksichtigen, als auch kulturelle Ansprüche und deren Ziele im Auge behalten. Die Schutzerziehung hat es sich zur Aufgabe gemacht, beide Einflussbereiche zu überdenken und eine zu große Diskrepanz zwischen ihren jeweiligen Zielvorstellungen zu vermeiden, um ein „mismatch", eine fehlende Passung zu verhindern. Wir wissen heute, dass bestimmte menschliche Verhaltenstendenzen durch Impulse der Natur mitbedingt sind. Hier gilt es zwischen aktuell noch wichtigen und daher zu stärkenden Faktoren aus unserem evolutionären Rucksack und mit unseren heutigen Lebensvorstellungen nicht mehr zu vereinbarenden biologischen Erbstücken zu unterscheiden. Die aktuell wichtigen Faktoren müssen, um ein aktives, motiviertes und außerdem gruppenfähiges Individuum heranreifen zu lassen, durch entsprechenden Input zur Entfaltung kommen, während gefährliche biologische Erbstücke vor allem im Hinblick auf ein humanes Zusammenleben nach Weltbürgernormen kognitiv bearbeitet und im Laufe der Sozialisation kulturell überformt werden müssen. Das Wissen über die Herkunft unserer Verhaltenstendenzen gibt uns die Möglichkeit, sie zu differenzieren und sie gezielt mit kulturellen Mitteln zu beeinflussen.

In der Schutzerziehung stimmen Eltern und andere am Kind interessierte Bezugspersonen ihr Betreuungs- und Erziehungsengagement auf das Kind und seine Entwicklungsvoraussetzungen ab. Sie arrangieren ihm bewusst seine Lern- und Erfahrungsfelder so, dass sie einladende Entwicklungsanreize bieten, von sich aus aktiv zu werden. Innere Zugewandtheit und Wissen über das individuelle Kind, seinen altersgemäßen Entwicklungsstand und seine evolutionäre Ausstattung sind bei dieser Form der Förderung wesentlich. Stimmen diese Voraussetzungen, ist Schutzerziehung mit Primärprävention vor Angst, Gewalt und Sucht identisch. Der Erziehungsalltag hat dann alle Chancen, ein Kinderleben reicher und elterliche wie institutionelle Erziehung nachhaltiger wirksam werden zu lassen. Eltern gestalten den Erstkontakt mit dem Leben. Eltern bieten beim Zusammensein in der Familie die Voraussetzungen, die nötig sind, damit ein Kind ein selbstbestimmtes Leben führen und seinen Weg gehen kann, geschützt vor übermäßiger Angst, unkontrollierter Gewalt und ohnmächtig machenden Abhängigkeiten.

Schutzerziehung, also nicht, weil ein Kind schwach, defizitär und deshalb immer schutz- und förderungsbedürftig ist, man eine tickende Risikobombe vor Augen hat, sondern weil Erwachsene dem kompetenten Kind mit eigenen Impulsen, kindgemäßen Fähigkeiten und selbstgeregelten Lösungswegen ein Umfeld bieten möchten, in dem es die Chance hat, diese, seine Potenzen zu realisieren.

Wir kennen heute entwicklungsförderndes Elternverhalten, zu dem Wissen über kindliche Entwicklung, aber auch Zutrauen in sich als Eltern und in die Entwicklungsfähigkeit der Kinder gehören. Kinder brauchen keine perfekten Eltern, ErzieherInnen oder PädagogInnen, aber liebevoll zugewandt und offen für die kindliche Eigenart sollten sie sein. Am eigenen Leib verspürte Beziehungsfreude macht beziehungsfähig. Erlebte Zuwendung, erfahrene eigene Möglichkeiten und Freiräume, aber auch befriedigend gespürte Passung und Gemeinsamkeit machen stark und unabhängig und für andere interessant. Diese Erlebnisse geben das Gefühl, für jemanden wichtig zu sein, wirken zu können, nicht übersehen zu werden und Spuren zu hinterlassen.

An den drei bereits genannten pädagogischen Anforderungen Selbstständigkeit, Bildung und soziale Kompetenz sollen kulturelle Beweggründe, sie als Erziehungsziele zu präferieren, und eingeschlagene Wege, sie pädagogisch durchzusetzen, genannt werden. Das eigentliche Spannungsfeld wird aber erst dann sichtbar, wenn die Beteiligung biologischer Impulse und ihre Bedeutung angesichts dieser Anforderungen herausgearbeitet werden. Wie könnte die genetische Bedarfsposition eines Kindes bezüglich dieser Entwicklungsziele aus dem Blickwinkel der Evolution aussehen?

Erziehungsziel „Selbständigkeit"

Der Trend zu einer möglichst frühen Autonomie ist weit verbreitet, vor allem in den USA, aber auch in Europa, beispielsweise in den Niederlanden (Super et al. 1996). Füttern, Kommunizieren, Spielen und selbst Schmusen nach Plan sollen das Kind rhythmisieren, ihm hilfreiche und verlässliche Strukturen vorgeben, die ihm seine Orientierung erleichtern. Der Leitgedanke ist, dass eine möglichst frühe Selbstständigkeit das Risiko für zu viel Kontakt und Abhängigkeit verringere. Das Kind soll in die Lage versetzt werden, sich vergleichsweise früh allein zu beruhigen, allein beschäftigen zu können, sich allein anzuziehen, selbstständig zu essen, sich problemlos zeitweilig von den Eltern zu trennen und mit anderen Kontakt aufzunehmen, die ihm neue Anreize bieten. Frühe Selbständigkeit macht sicher, ist die Idee.

Das Schlafen nach Plan wird aufgrund vergleichbarer Intention durchgeführt, doch kommen hier spezielle Verwöhnängste hinzu, dass ein Kind, erst einmal auf den falschen Weg gebracht, nun zu lange in den Schlaf begleitet werden muss. Zu festen Zeiten im eigenen Bett allein einschlafen zu können, seine Erregung also selbst, ohne Hilfe von Körperkontakt, ohne Stillen und Trostsaugen, ja sogar ohne Anwesenheitssignale der Bezugsperson herunterregeln zu können, wird angestrebt. Verhaltenstherapeutische Konditionierungsgedanken spielen in diesem Zusammenhang eine herausragende Rolle.

Auf völlig anderem Wege steuert das sogenannte Attachment Parenting das Ziel kindlicher Selbstständigkeit an. Das Lebenswerk von William und Martha Sears (2001) basiert auf der Bindungstheorie und geht von einem bewusst aufeinander abgestimmten kontaktintensiven Beziehungsaufbau zwischen Kind und Eltern behutsam geführt in die vom Kind selbstinitiierte Selbstständigkeit über. Der Lebensstart ist durch viel Nähe, wenige Trennungen, Stillen, Tragen, gemeinsames Schlafen, kurze Beruhigungslatenz, emotionale Ansprechbarkeit und eine zugewandte liebevolle Erziehung geprägt. Nicht das unabhängige Kind wird angestrebt, sondern das interdependente, das die Bedeutung von Gemeinsamkeit erlebt, die Kraft der Interaktion und des Dialogs kennt und deshalb gegenseitige Abhängigkeit zu schätzen weiß. Über eine gute Bindung zu verfügen, wird nicht als einschränkende Abhängigkeit verstanden, sondern genossen und als gestaltbarer Freiraum gesehen, der erst Aktivwerden und Autonomie möglich macht.

Eine lange behütete Zeit, um zu lernen und herauszufinden, wie die Welt beschaffen ist und wie man darin seinen Platz findet, ist vorgesehen. Gopnik, Kuhl und Meltzoff, drei führende amerikanische Entwicklungspsychologen, schreiben in ihrem Buch ‚Forschergeist in Windeln': „Die neue Entwicklungsforschung deutet darauf hin, dass unser einzigartiger evolutionärer Trick, unser wichtigstes Anpassungsinstrument, unsere beste Waffe im Überlebenskampf eben unsere verblüffende Fähigkeit ist, zu lernen, wenn wir Babys sind, und zu lehren, wenn wir erwachsen sind" (Gopnik et al. 2001).

In den letzten Jahren mehren sich die wissenschaftlichen Nachweise für ein intuitives Elternprogramm und hierauf abgestimmte Säuglingskompetenzen als evolutionsbiologische Anpassungsleistung, vollbracht während der gesamten Menschheitsgeschichte. Enger Kontakt und gegenseitige Kontaktsuche sind von Natur aus angelegt. Den Start bilden einfühlsame, für die jeweilige erwachsene Person typische, also eine immer etwa gleichartige und prompte Antwortreaktion auf kindliche Verhaltenssignale.

Eine gelungene Interaktion zwischen Eltern und Säugling ist dadurch gekennzeichnet, dass die elterlichen Verhaltensweisen zeitlich auf die des Säuglings bezogen sind, zuverlässig und mit hohem Wiedererkennungswert erfolgen sowie auf den

Entwicklungsstand des Kindes und sein momentanes Befinden abgestimmt sind. Im Normalfall stößt ein Kind bei seinen Dialogversuchen auf die passende Resonanz seitens seiner Eltern. Mikroanalysen zeigen, dass ein Drittel aller Interaktionen zwischen Mutter und Kind bereits sofort optimal koordiniert ablaufen. 70% aller nicht sofort passenden Interaktionen, also Missverständnisse werden innerhalb von 2 Sekunden bemerkt und repariert (Tronick 1989). Bereits mit wenigen Wochen kann ein Säugling so eine Verbindung zwischen seinem Verhalten und den spannungsmildernden, beruhigenden Verhaltensweisen der Bezugspersonen feststellen (Dornes 1998). Es ist sicher für Selbständigkeitsgefühle wichtig, Spannungs- und Interaktionsregulierung als erfolgreiches Ergebnis eigener Bemühungen zur Kenntnis zu nehmen.

Die Babywatcher haben im Säugling einen beeindruckenden Interaktionspartner entdeckt, mit einem reichen Verhaltensrepertoire zum sozialen Austausch ausgestattet sowie mit einer fast grenzenlosen Lernkapazität versehen, vorausgesetzt, die "Umwelt" bietet die für einen Erfahrungsgewinn nötigen Sinneseindrücke liebevoll zugewandt und angemessen. Die Passung und beeindruckende Dialogstruktur der Interaktionen zwischen Säugling und Eltern sollten aber nicht vergessen lassen, dass die Beziehungsqualität in überwiegendem Maße von den erwachsenen Interaktionspartnern bestimmt wird (Chasiotis & Keller 1992).

Michael Tomasello und Mitarbeitern (Carpenter et al. 1995, Tomasello et al. 1993) gelang der Beweis, dass mit 9 Monaten eine besondere Art kopernikanischer Wende im Entwicklungsgeschehen stattfindet. Während bis 9 Monate die Feinfühligkeit der Bezugsperson, ihre Sensibilität bei der Wahrnehmung, Spiegelung und sprachlichen Wiedergabe kindlicher Emotionen für den Entwicklungsfortgang ausschlaggebend ist, startet zwischen dem 9. und dem 12. Lebensmonat ein völlig neuartiges Geschehen, von dem zu vermuten ist, dass es zum ersten Mal die Bezeichnung spezifisch „menschlich" verdient. Bis auf neurophysiologischer Ebene nachweisbar findet im Entwicklungsgeschehen keine Trennung von Emotion und Kognition statt. „Gemeinsame Aufmerksamkeit" (joint attention) ist der Begriff, der diese Sensation bezeichnet. Es handelt sich um vom Kind aktiv betriebene vorsätzliche emotionale Informationsabfrage und -verarbeitung. Hier startet die Übernahme sämtlicher kultureller Fähigkeiten:

Das Kind
- richtet nun bewusst sein Verhalten am Verhalten eines anderen Menschen aus,
- sein Blick folgt der Blickrichtung eines anderen Menschen,
- sein Blick folgt dem Fingerzeig eines anderen Menschen,
- es imitiert die Aktionen anderer Menschen an Objekten,
- es zeigt auf erwünschte Objekte oder Aktivitäten,
- deutet, um Aufmerksamkeit auf Objekte oder Aktivitäten zu lenken,
- und hält Gegenstände hoch, um sie anderen zu zeigen.

Das Kind wird selbstständig, es begibt sich aktiv auf die Suche nach Bewertungen von Gegenständen und Handlungen durch die Menschen, zu denen es eine enge Beziehung aufgebaut hat.

Zweites Erziehungsziel „Bildung"

Die Bildung, die Förderung kognitiver Entwicklung ist ein hochaktuelles Erziehungsziel, der Bildungsanspruch steht als eigenständiger Wert. Die Entwicklungszeit drängt, man hat Angst etwas zu versäumen, seit Zeitfenster und sensible Phasen die Entwicklungspotenzen einzuschränken scheinen.

Die emotionale Förderung lag bislang unangefochten in der Familie, die kognitive Förderung in den Institutionen. Im Kindergarten, aber spätestens in der Schule, ist themenbezogene Motivationsarbeit zu finden, die Vermittlung von Informationen und Techniken und die Überprüfung ihrer Verarbeitung und Durchführung. Angesichts der vorrangigen Suche nach Lerntypen und kognitiven Strategien trat die Funktion des Informationsvermittlers, des Lehrenden immer mehr in den Hintergrund.

Dieses Bild muss angesichts der neuen Forschungsergebnisse ins Wanken kommen: es gibt keine Trennung zwischen Emotion und Kognition. Der Startimpuls für kognitive Leistungen ist emotional. Ein Prototyp für derartige Erkenntnisleistungen ist der Spracherwerb. Die Charakteristika des von den Eltern gesprochenen Babytalks sind trotz großer Unterschiede zwischen den Sprachen in allen Kulturen sprachmelodisch identisch. Elementare Botschaften werden beim Babytalk ausgetauscht, die erst heute als Beginn des Sprachverständnisses begriffen werden. Bei diesen Sprachmelodien wird das Kind aufmerksam, einmal wird es zur aktiven Teilnahme am Dialog aufgefordert, ein anderes Mal liebevoll begrüßt oder bestätigt, genauso aber auch getröstet und beruhigt. Das vertraute Gesicht vermittelt ihm Emotionen, die mit Sprachlauten verbunden sind; mütterliche Mimik und die akustische Wahrnehmung bereiten den Säugling auf den Spracherwerb vor. Es ist die mit dem Säugling aufgebaute Gefühlsbeziehung, die ihn veranlasst, auf den Sprechenden zu achten und schließlich selbst zu sprechen. Und es ist die Bindungsqualität, die das Entfaltungsausmaß angeborener Strategien zum Erfahrungserwerb bestimmt – das betrifft das Erkunden, Spielen, Nachahmen und phantasievolle Gestalten.

Der Entwicklungspsychologe Klaus Grossmann fordert angesichts dieser Ergebnisse, eine Revision des psychologischen Aufmerksamkeitsbegriffs vorzunehmen. Aufmerksamkeit wird bislang als „fehlende Ablenkbarkeit" beschrieben, während eigeninitiativ gestartete emotionale Ansprechbarkeit weit mehr der Tatsache entspricht, dass in diesen Momenten Begabung, Interesse, Konzentration und Ausdauer „auf den Punkt genau" gebündelt werden, mit Konsequenzen auf die Informationsspeicherung und ihre effiziente Wiederabrufbarkeit.

Bei der Analyse kindlicher Selbstbildungsprozesse ist man auf Grund der Befunde von evolutiv geschaffenen, angeborenen Lerndispositionen immer überzeugter. Das

Kind ist aktiv auf der Suche nach Antworten, nach Informationen, am meisten erfreut über ein ausgeglichenes Maß an Innovation und Bestätigung, das ist neu und das kenne ich schon. Es sucht nach Invarianten, Konsequenzen und Kausalzusammenhängen, alles, um die Bedeutung von Urheberschaft und Wirksamkeit zu verstehen, um Teil seiner Umgebung zu werden und diese mitgestalten zu können (Haug-Schnabel & Schmid-Steinbrunner 2000).

Selbst beim Denken sind diese aktiven selbstgesteuerten Arbeitsprozesse nachweisbar. Man attestiert Kindern eine angeborene Theoriefähigkeit, denn zu allem, das sie wahrnehmen und erfahren, stellen sie eine momentan aktuelle Theorie auf, die sie bei neuen andersartigen Erfahrungen abwandeln oder verwerfen, sobald bessere Erklärungsmöglichkeiten eine andere Theorie wahrscheinlicher erscheinen lassen. Weich, klein, rund und bunt ist ein Ball. O, es gibt auch große, weiche, runde, bunte Bälle. Nein, hart und braun ist ein Ball. Aha, es gibt weiche und harte Bälle, kleine und große, bunte und einfarbige. Aber rund ist jeder Ball.

Leistungsfähige Lernmechanismen, jederzeit reversibel und höchst variabel, sind hierfür nötig, mit deren Hilfe Wissen spontan revidiert, umgeformt und vor einem Neueinsatz umstrukturiert werden kann. „Papa, was fällt dir ein, wenn du an letzten Sonntag denkst?" fragt ein vierjähriges Mädchen seinen Vater und ist höchst verblüfft, dass er an die herrliche Wanderung denkt, während ihr die tollen Pommes frites einfallen, die es an der Raststätte bei der Heimfahrt gab. Die eigenen mentalen Aktivitäten werden mit denen anderer Menschen in Beziehung gesetzt, das „theory of mind – Konzept" beschreibt diese Phänomene. Vorschulkinder akzeptieren bei ihren Interaktionspartnern eigene Bewusstseinsvorgänge. Sie verstehen, dass ihre Bewusstseinsinhalte das Ergebnis von eigenen Denkvorgängen und eigenen Wahrnehmungsakten sind und dies für das Bewusstsein anderer genauso zutrifft. Deshalb können beim Vergleich mit den Vorstellungen anderer Menschen individuelle Unterschiede und Fehlannahmen aufgrund eines partiellen Informationsdefizits auftreten. Empathiefähigkeit ist hier die Voraussetzung, eine emotionale Wahrnehmungsleistung, die allein durch frühe mit Bewertungen versehene Interaktionserfahrungen geschult wird (Bischof-Köhler 2000).

Soziale Kompetenz

Babytreffs sind als wirkungsvolles soziales Netz für junge Mütter und qualitativ hochwertige Kinderkrippen als Betreuungseinrichtungen für Kleinstkinder erwerbstätiger Eltern anerkannt. Sind beide Institutionen jedoch vor allem dazu gedacht, unter Gleichaltrigen möglichst früh soziale Kompetenzen zu wecken, so können sie sich in dieser Funktion nicht bewähren. Auf diesem Weg werden Kinder nicht schneller sozial aktiv oder gar sozial kompetent. Erst die Sicherheit im Umgang mit vertraut gewordenen Erwachsenen bereitet die Ansprechbarkeit und Motivation für Kinderkontakte vor. Die erwachsene Bezugsperson als Katalysator für eine Erweiterung und Spezialisierung auf Peerkontakte. Vertraut mit der Erzieherin werden andere

Kinder und ihre Tätigkeiten attraktiv. Jetzt kann man mitlachen, mitspielen und dann sogar mitplanen. Diese Erkenntnisse bringen erste Früchte: das individuelle Bezugspersonensystem, die behutsame Eingewöhnung eines Kindes durch seine Erzieherin, zeigt positive Auswirkungen, das Kind kommt schneller in die Gruppe der Gleichaltrigen.

Das Kind begibt sich aktiv auf die Suche nach Verhaltensmodellen, nach Einflussmöglichkeiten und Handlungsspielraum. Hierher gehören auch aktiv betriebene aggressive Vorstöße als wichtiger Teil des sozialen Lernens während der kindlichen Entwicklung. Das Kind nimmt am Sozialleben teil, indem es die hier geltenden Normen abfragt, um sich in dieser Welt einnischen zu können. Wenn ein Kind sich zeitweilig aufdringlich und aufmüpfig verhält, erhöht es die Chancen auf eine schnelle und zweifelsfreie Antwort. Die braucht es, um die Verhältnisse klar zu sehen und wieder zur Ruhe zu kommen. Nicht nur seine Umgebung, auch seine Beziehungen gestaltet ein Kind nach Möglichkeit aktiv, um wohltuende Grenzen um einen Freiraum zu erfahren.

Rangordnungskämpfen und Besitzkonflikten wird man eher gerecht, wenn sie als Grenzsuche, Machttest und Beziehungscheck verstanden werden. Über intensiven Erwachsenenkontakt bewusst in die erweiterte Sozialgruppe eingeführt, präsentieren Kinder von sich aus Koordinations- und Synchronisationsleistungen höchster Perfektion, die von ihnen das gesamte Spektrum der Verhaltensweisen eines Gruppenmitglieds abverlangen, von klug geschmiedeten Allianzen bis beabsichtigten Zwischenfällen (Haug-Schnabel 2001).

Evolutionäre Impulse bereiten *Selbstständigkeit*, *Bildung* und *Sozialkompetenz* vor.

Sich aktiv auf die Suche nach Bewertung von Reaktionen, Handlungen und Situationen zu begeben. Sich aktiv auf die Suche nach Wissen, Können und Verstehen zu begeben, sich aktiv auf die Suche nach Modellen, nach Möglichkeiten der Einflussnahme und eigenen Handlungsspielräumen zu machen, bedeutet nach heutigem Wissenstand, seine Schutzfaktoren vor einer Flucht in Angst, Gewalt oder Sucht zu aktivieren und seine Ressourcen kennen zu lernen.

Das Angebot des Originals, bevor die Suche nach Ersatz beginnt, heißt die Zauberformel moderner Suchtprävention. Menschen, die vom Lebensanfang an ihre Originalquellen für Wohlbefinden, gewaltfreie Wirksamkeit und Angstbeseitigung spüren und erleben, sind mit Erfahrungen und Ressourcen ausgestattet, die sie kritischer auf Kurzschlussreaktionen und resistenter auf Verlockungen eines Ersatzwohlbefindens reagieren lassen, denn sie kennen ihre echten Bedürfnisse und verfügen über erfolgreiche Wege zu deren Befriedigung, für die sie sich auch stark machen werden (Haug-Schnabel & Schmid-Steinbrunner 2001).

Zusammenfassung

Elterliche und pädagogische Erziehungsansprüche sollten auf ihre kulturellen und evolutionären Vorgaben überprüft werden. Besonders aussagekräftig ist die Beobachtung, in welchen Punkten sich aktuelle kulturelle und uralte evolutive Ziele decken, und wo die Positionen unvereinbar erscheinen. Zur Nicht-Deckung kommt es, wenn kulturelle Ansprüche und der Weg, sie durchzusetzen, außerhalb des biologischen Möglichkeitsrahmen liegen und deshalb massive Defizite zurücklassen, die eine gefährliche Suche nach Ersatzbefriedigung, bis hin zur Sucht, notwendig werden lassen. Aber genauso beachtenswert und kulturell „überholungsbedürftig" sind Diskrepanzen zwischen Natur und Kultur, bei denen beobachtbare biologische Verhaltenszusammenhänge nicht mehr mit von Menschen entwickelten Werten und Normen des Zusammenlebens übereinstimmen.

Literatur

Bischof-Köhler D (2000) Kinder auf Zeitreise. Hans Huber, Bern.
Carpenter M, Tomasello M & Savage-Rumbaugh S (1995) Joint attention and imitative learning in children, chimpanzees, and enculturated chimpanzees. Social Development 4: 18-37.
Chasiotis A & Keller H (1992) Zur Relevanz evolutionsbiologischer Überlegungen für die klinische Psychologie. Psychoanalytische und interaktionistische Ansätze im Lichte der Kleinkindforschung. Integrative Therapie 1-2: 74 - 100.
Dornes M (1998) Müssen wir Margaret Mahlers Theorie revidieren? In: Burian W (Hrsg.) Der beobachtete und der rekonstruierte Säugling. Vandenhoeck & Ruprecht, Göttingen, S. 41-76.
Gopnik A, Kuhl P, Meltzoff A (2001) Forschergeist in Windeln. Wie ihr Kind die Welt begreift. Ariston, Kreuzlingen.
Haug-Schnabel G & Schmid-Steinbrunner B (2000) Suchtprävention im Kindergarten. Praxisbuch Kita. Herder, Freiburg.
Haug-Schnabel G & Schmid-Steinbrunner B (2001) Wie man Kinder stark macht. So können Sie Ihr Kind erfolgreich schützen – vor der Flucht in Angst, Gewalt und Sucht. ObersteBrink, Ratingen.
Haug-Schnabel G (2001) Aggressionen im Kindergarten. Praxisbuch Kita. Herder, Freiburg.
Sears W & Sears M (2001) The Attachment Parenting Book. A commonsense guide to understanding and nurturing your baby. Little, Brown and Company, Boston.
Super C M, Harkness S, Tijen N van, Vlugt E van der, Fintelman M, Dijkstra J (1996) The Three R's of Dutch Childrearing and the Socialization of Infant Arousal. In: Harkness S & Super C M (Hrsg.) Parents' Cultural Belief Systems. The Guilford Press, New York, S. 447-466.
Tomasello M, Savage-Rumbaugh S, Kruger A (1993) Imitative learning of actions on objects by children, chimpanzees, and enculturated chimpanzees. Child Development 64: 1688-1705.
Tronick E (1989) Emotions and emotional communication in infants. American Psychologist 44: 112-119.

Muttermilch – Lebenselixier unserer Gene?

A. Schmelter

Die derzeitige Stillsituation in Deutschland

Lange Zeit hing das Überleben der Menschheit vom Stillen ab. Mit Aussagen wie dieser bewirbt man seit einigen Jahrzehnten hierzulande wieder die Brusternährung. Die Förderung des Stillens ist ein nationales gesundheitspolitisches Ziel, für dessen Durchsetzung man sich heutzutage gerne auf die Argumente der „Natur" und „Biologie" beruft (z. B. Lothrop 1982, Köhler 1995). Das war nicht immer so: In vielen westlichen Industrienationen galten stillwillige Mütter Mitte des letzten Jahrhunderts als rückständig und unmodern. Zwar hatte es in Deutschland wohl bereits zu früheren Zeiten Regionen mit nur sehr geringer Stilltätigkeit gegeben (Fildes 1986), doch vor ca. 50 Jahren sanken die Stillquoten dann flächendeckend auf ein Rekordtief. Starre Stillschemata, unpraktikable Hygienevorschriften – vor allen Dingen aber der Glaube an perfekte, industriell gefertigte Säuglingsmilch ließen das Fläschchen zum Symbol moderner Babyernährung werden.

Heute, eine Müttergeneration weiter, spricht man von Stillboom und Stillrenaissance. Initiale Stillquoten von über 90% belegen dies (Schöch 2000). Doch es werden nicht nur mehr Kinder überhaupt gestillt, sondern es zeichnet sich auch ein deutlicher Trend in Richtung mehr Muttermilch pro Kind ab. In vielen aktuellen Empfehlungen rückt man beispielsweise von festen Stillabständen (alle 4 Stunden) ab und rät zum Stillen ad libitum. Die große Bedeutung exklusiver Muttermilchernährung in den ersten Lebensmonaten wird stärker denn je propagiert und sowohl der Zeitpunkt des ersten Zufütterns als auch der der kompletten Entwöhnung von der Brust werden sukzessive nach hinten verschoben (z. B. Köhler 1995).

Die Weltgesundheitsorganisation (1999: 6) empfiehlt: *„All women should be enabled to practice exclusive breastfeeding and all infants should be fed exclusively on breast-milk from birth to 4-6 months of age. Thereafter, children should continue to be breastfed, while receiving appropriate and adequate complementary foods, for up to 2 years of age or beyond."* Die folgende Abbildung zeigt, dass solche Empfehlungen auch auf das tatsächliche Stillverhalten durchschlagen: es werden mehr Kinder länger gestillt.

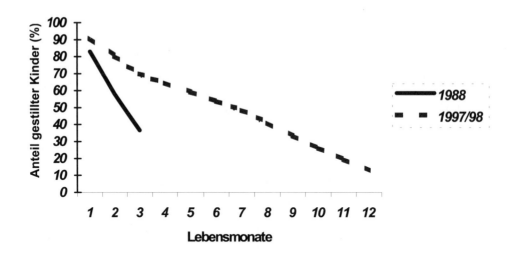

Abb. 1: Anteil gestillter Kinder nach Lebensmonaten in den Jahren 1988 und 1997/98 in Deutschland (Daten aus: Hormann & Nehlsen 1997; Schöch 2000).

Angesichts der sich ständig verbessernden Qualität von Muttermilchersatzprodukten und zumindest hierzulande guten hygienischen und medizinischen Rahmenbedingungen für eine muttermilchfreie oder -reduzierte Ernährung scheint dieser Trend zunächst paradox. Welche Faktoren wiegen so schwer, dass das Pendel wieder stärker zugunsten des Stillens ausschlägt? Welche Berechtigung haben Argumente, die sich auf die Natur und Biologie des Menschen berufen? Lassen sich aus der Wissenschaft Erklärungen für aktuelles Stillverhalten oder gar Stillempfehlungen ableiten?

Die Evolution der Laktation

Moderne biologische Ansätze betrachten auch tierliches und menschliches Sozialverhalten aus einer evolutiven Perspektive, d.h. die Entstehungsbedingungen eines Merkmals stehen im Fokus des Interesses. Es gilt die Frage zu beantworten, inwieweit ein bestimmtes Verhalten zum Zeitpunkt seiner Herausbildung einen Selektionsvorteil bot und damit biologisch angepasst war (Voland 1993).

Die Anfänge der Laktation vermutet man heute bei einem eierlegenden, brütenden Reptil, das zufällig ein Sekret absonderte, welches aufgrund seiner ernährungsphysiologischen und/oder antibakteriellen Eigenschaften die Überlebenschancen des Nachwuchses verbesserte. Im Laufe der Evolution entwickelte sich dieses Sekret dann zur exklusiven Anfangsnahrung aller Säugetierkinder, die über diese Quelle relativ unabhängig vom aktuellen

Nahrungsangebot der Umwelt und vergleichsweise gefahrlos mit den für sie wichtigen Nährstoffen versorgt werden konnten (Hrdy 1999). Als nach 65 Millionen Jahren Säugetierevolution schließlich die ersten Hominiden die Weltbühne betraten, war die Laktation wohl längst zur conditio sine qua non ihrer Reproduktion geworden. Entwürfe evolutionärer Szenarien, die auf Beobachtungen in traditionalen Gesellschaften oder bei nicht menschlichen Primaten beruhen, legen nahe, dass es zur Ernährung mit arteigener Milch wohl keine Alternative gab, zum Stillen durch die eigene Mutter hingegen vermutlich schon. In der weiblichen Fähigkeit zur Relaktation, der Wiederaufnahme des Stillens nach eingeleiteter oder abgeschlossener Entwöhnung, und der Fähigkeit zur Lactatio agravidica, der Milchproduktion ohne jemals geboren zu haben (Föllmer 1996), finden sich wichtige Hinweise auf die enorme Bedeutung menschlicher Milch für das Überleben des Nachwuchses.

Evolutionsbiologisch betrachtet, wirkt die Frage nach den mit der Laktation verbundenen Selektionsvorteilen absurd: Pleistozäne Hominide hatten, wie ihre Nachfahren der nächsten fünf Millionen Jahre, keine Alternativen zur Ernährung mit Muttermilch. Stillen war nicht ein Merkmal, dass sich noch im darwinischen Wettbewerb zu bewähren hatte, sondern es war quasi die notwendige Eingangsbedingung für die Teilnahme daran. Reproduktionserfolg und Laktation waren über nahezu die gesamte Menschheitsgeschichte hinweg untrennbar miteinander verbunden, auch wenn, wie die Soziobiologie postuliert, letztendlich die Replikation der Gene und nicht die der Individuen die ultimative Maßeinheit des Erfolges ist.

Mit altem Erbe in neue Zeiten

Diese Verbindung hat Spuren hinterlassen. Zweifelsohne sind Mutter und Kind auch heute noch von Natur aus auf das Stillen programmiert: Will eine Frau ihr Neugeborenes nicht mit Muttermilch ernähren, bedarf es massiver Eingriffe medikamentöser Art, um die Laktation zu unterbinden. Babys versuchen direkt nach der Geburt zur mütterlichen Brust zu robben, angeborene Such- und Saugbewegungen sowie weitere Reflexe prädisponieren sie für das Stillen (Righard & Alade 1990). Doch nicht nur *dass* gestillt werden sollte, legt unsere biologische Ausstattung nahe, auch das *Wie* scheint bis zu einem Grade vorgezeichnet. Die Zusammensetzung menschlicher Milch, psychische und physische Merkmale von Mutter und Kind, aber auch Beobachtungen bei nicht-menschlichen Primaten und in traditionalen Gesellschaften geben Hinweise auf ein evolviertes Grundmodell des Stillens. Dieses „alte" oder „traditionale" Muster ist gekennzeichnet durch:

- Stillen ab der Geburt,
- Stillen nach Bedarf rund um die Uhr (d.h. tagsüber meist mehrmals stündlich relativ kurze Saugepisoden von nur wenigen Minuten Dauer),
- Stillen in nutritiver und nicht-nutritiver Funktion,
- Zufüttern von Nahrung im ersten Lebenshalbjahr des Kindes,

- komplette Entwöhnung von der Brust im 2.-3. Lebensjahr oder noch später (Dettwyler 1995; Ellison 1995; Gottschalk-Batschkus & Batschkus 1996; Micozzi 1995).

Unsere aktuellen, hiesigen Lebensbedingungen erlauben nicht nur eine Abweichung von diesem Muster, sondern erzwingen sie sogar zum Teil: Eine berufstätige Mutter, die das Familieneinkommen maßgeblich erwirtschaftet, wird die WHO-Empfehlung des 6-monatigen, exklusiven Stillens, das gemäß den evolutionären Vorgaben optimalerweise auch noch „nach Bedarf" organisiert ist, vor dem Hintergrund des in Deutschland nachgeburtlich nur acht Wochen währenden Mutterschaftsurlaubes vermutlich als nicht realisierbar bewerten. Das Beispiel illustriert das zugrunde liegende Problem: Unsere Umwelt hat sich verändert. Merkmale, die den Menschen zu pleistozänen Bedingungen einen Selektionsvorteil boten, müssen dies nicht notwendigerweise auch heute tun.

Ein theoretischer Rahmen zur Erklärung des aktuellen Stillverhaltens

Mit dem Ansatz „selection in progress" trägt die Humansoziobiologie dieser Situation Rechnung. Als biologisch angepasst gilt eine Verhaltensweise hiernach dann, „wenn sie unter den gegebenen Bedingungen und im Vergleich zu allen realisierbaren Alternativen mit der höchst möglichen Netto-Fitneß für den Akteur verbunden ist" (Voland 1993: 16). Es interessieren somit die aktuellen reproduktiven Erfolge eines Merkmals und nicht die seiner evolutionären Vergangenheit.

Als Maßeinheit des Erfolges definiert die Soziobiologie die Gesamtfitness, eine relative Größe, die sich auf den Anteil der Genreplikate eines Individuums innerhalb einer Population bezieht. Die natürliche Selektion fördert Merkmale, die zur Maximierung dieser Größe beitragen, d.h. sie orientiert sich an dem Prinzip des genetischen Eigennutzes. Genetisch eigennützig handeln Individuen sowohl dann, wenn sie über eigene Fortpflanzung ihre Gene replizieren, wie auch wenn sie die Reproduktion genetisch Verwandter unterstützen (Vogel 1989).

Die Frage, ob das Stillen des Nachwuchses im Vergleich zum Nichtstillen unter den aktuellen Lebensbedingungen in Deutschland biologisch angepasst ist, sollte sich nach diesem Ansatz mit einer Analyse der Fitness aus eigener Fortpflanzung beantworten, da via Laktationsamenorrhoe das persönliche Reproduktionspotential unmittelbar beeinflusst wird.

Die „Kostenseite" der Laktation

In der Soziobiologie wird Laktation als eine Form von Elterninvestment betrachtet. Dieses ist nach Trivers (1972: 139) definiert als „any investment by the parent in an individual offspring that increases the offspring´s chance of surviving (and hence reproductive success) at the cost of the parent´s ability to invest in other offspring".

Diesem Konstrukt inhärent ist die Vorstellung von elterlichem Verhalten, das an einer letztendlich genzentrierten Kosten-Nutzen-Bilanz ausgerichtet ist. In den Augen vieler Soziobiologen ist Laktation dafür ein Beispiel par excellence. Einerseits erhöht Stillen die Fitness, indem sich die Überlebens- und damit Reproduktionschancen des mit Muttermilch ernährten Kindes erheblich verbessern, andererseits entstehen durch die Ovulationsunterdrückung aber auch Fitnesseinbußen, da weniger Kinder als theoretisch möglich gezeugt werden. Vor diesem Hintergrund wurde der bei vielen Säugetieren zu beobachtende Entwöhnungskonflikt als Folge divergierender elterlicher und kindlicher Reproduktionsinteressen gedeutet. Für Säugerweibchen ergibt sich demnach aus dem Kosten-Nutzen-Verhältnis der Laktation ein Zeitpunkt x, ab dem es für ihre Fitness günstiger ist den Nachwuchs zu entwöhnen und weitere Kinder zu gebären. Auch für die gestillten Kinder gibt es nach diesem Konzept einen Punkt y, ab dem es bezogen auf ihre Gesamtfitness günstiger ist, die mütterlichen Reproduktionspotentiale nicht länger durch das Säugen zu binden und die Zeugung von Geschwistern, die einen Teil der eigenen Gene tragen, zuzulassen. Da x zeitlich vor y liegt, markieren die beiden Punkte die Phase eines Konfliktes, bei dem die Mutter bestrebt ist, die Laktation zu beenden, während der Nachwuchs sich noch nicht abstillen lassen will (Voland 1993).

Sind die „Kosten" wirklich „Kosten"?

Im Sinne dieses Modells wurden eine ganze Reihe tierlicher und auch menschlicher Verhaltensweisen interpretiert. Andererseits gab es immer einige kritische Stimmen und Beobachtungen, etwa die konfliktfreie Entwöhnung bei manchen Säugetieren, die den Ansatz in Frage stellten (Paul 1997).

Auch die aktuellen Tendenzen im menschlichen Still- und Reproduktionsverhalten lassen sich mit diesem Modell kaum erklären. Die hierzulande seit einigen Jahrzehnten mögliche relativ risikolose Ernährung der Kinder mit Muttermilchersatzprodukten hat, entgegen soziobiologisch ableitbarer Prognosen, nicht zu einer Erhöhung der Nachkommenzahl durch das Ausschöpfen frei werdender reproduktiver Potentiale geführt. Im Gegenteil, die Geburtenziffer sank in diesem Zeitraum kontinuierlich auf heute 1,4 Kinder pro Frau (Statistisches Bundesamt 1998) und der Anteil der Ehen und Familien mit drei und mehr Kindern ging ab Ende der 50er Jahre deutlich zurück (Statistisches Bundesamt 1980, 2000).

In einer modernen Kosten-Nutzen Kalkulation der Fitness scheint der Faktor „laktationsbedingte Infertilität" kein Gewicht zu haben und eine genaue Analyse des Verhältnisses von Laktation und Ovulation wirft die Frage auf, ob er das überhaupt jemals und wenn ja, unter welchen Bedingungen und mit welchem Vorzeichen hatte.

Entgegen den Annahmen des soziobiologischen Entwöhnungsmodells lässt sich die Beziehung Stillen/weitere Reproduktion nämlich nicht auf ein einfaches entweder/oder reduzieren, vielmehr verweisen aktuelle Forschungsergebnisse auf ein vielfach rückgekoppeltes, komplexes System, über das diese Variablen miteinander verbunden sind: Zunächst sorgt die Stimulation der Brustwarze durch das Saugen oder, wie man es bei vielen stillenden Kindern beobachten kann, auch durch das Berühren der Mamillen mit den Händen – bei der Mutter zur Ausschüttung des Hormons Prolaktin. Prolaktin spielt eine wichtige Rolle bei der Milchbildung, steht aber auch im Zusammenhang mit elterlichem Fürsorgeverhalten und der Unterdrückung des Eisprungs.

Anovulation ist dann wahrscheinlich, wenn die Prolaktinkonzentration auch zwischen den Saugepisoden auf einem erhöhten Niveau bleibt. Die sicherste Methode dies zu erreichen, sind kurze Abstände zwischen den Stillereignissen (Hrdy 1999; Johnson et al. 1998). Zeitliche Präzisierungen dazu findet man kaum, Pausen von mehr als vier Stunden gelten jedoch in populären Stillratgebern bereits als kritisch für die kontrazeptive Wirkung der Laktation (Lothrop 1982).

Neben dem Stillmuster beeinflussen aber auch Ernährungsstatus, Alter und physische Aktivität der Mutter die Dauer der Laktationsamenorhoe und damit letztendlich die Dauer postpartaler Infertilität. Je älter die Mutter, je schlechter ihr Ernährungsstatus und je höher ihre physische Belastung, desto weniger Stillen reicht aus, um die Ovulation zu unterdrücken (Hrdy 1999; Ellison 1995; Tracer 1996). Das heißt aber auch: Laktation und weitere Reproduktion schließen sich nicht aus. Im Gegenteil, ihre differenzierte, mit vielfältigen Umweltfaktoren rückgekoppelte, dynamische Beziehung resultiert offensichtlich in äußerst fitnessförderlichen Geburtenintervallen.

Das Beispiel der !Kung, deren Lebensweise nach Ansicht vieler Anthropologen durchaus pleistozäne Verhältnisse modellhaft widerspiegeln könnte, verdeutlicht das. Die karge Umwelt der Kalahari verlangt auch den Müttern dieser Jäger-Sammler-Population bei der Nahrungssuche das Zurücklegen großer Distanzen ab. Die Frauen nehmen dabei ihren Nachwuchs mit, tragen ihre Kinder so in den ersten vier Lebensjahren täglich im Mittel über 5 km weit. Die kontinuierliche Nähe der Mutter, gepaart mit dem freien Zugang zur Brust, sind Voraussetzungen eines Stillverhaltens, das auch im Alter von 18-24 Monaten im Schnitt durch 4 Saugepisoden pro Stunde im Abstand von 13 Minuten gekennzeichnet ist. Die hohe Saugfrequenz sorgt für eine Prolaktinkonzentration, die in Kombination mit der hohen physischen Belastung durch das Tragen der Kinder und dem Ernährungsstatus der Mütter die Ovulation über Jahre hinweg unterdrückt und Geburtenabstände von durchschnittlich 44 Monaten bewirkt (Hrdy 2000; Ellison 1995; Grohs 1990).

Angesichts der nomadischen Lebensweise scheinen diese langen Intergeburtenintervalle durchaus biologisch angepasst. Eine !Kung-Frau wäre wohl mit zwei Kindern im Traglingsalter nicht in der Lage, das gemeinsame Leben und Überleben zu meistern.

Neue Perspektiven für die Entwöhnung

Für andere Gesellschafts- und Wirtschaftsformen in anderen Umwelten können kürzere Geburtenabstände fitnessförderlicher sein. Das vielfach rückgekoppelte System lässt diesen Spielraum. Geburtenabstände deutlich unter zwei Jahren scheinen allerdings bei einem Stillverhalten, wie wir es aus traditionalen Gesellschaften kennen, kaum möglich. Werden die Kinder Tag und Nacht sowohl nutritiv wie auch nicht-nutritiv ad libitum gestillt, so ist die Saugfrequenz im ersten Lebensjahr des Kindes konstant sehr hoch.

Im letzten Jahr durchgeführte Interviews mit in Deutschland lebenden Müttern, die ihren Nachwuchs weitgehend analog diesem Muster gestillt hatten, bestätigten das auch für unsere Kultur. Kinder, die keine Mutter-Ersatzobjekte wie Beruhigungssauger, Kuscheltier, Fläschchen etc. nutzten, wurden oft weit ins Kleinkind- und Kindesalter hinein noch zum Trost und zur Beruhigung gestillt (Schmelter in Vorb.). Insbesondere aufgrund dieser zweiten, nicht-nutritiven Funktion des Stillens sind wohl die zeitlichen Abstände zwischen den Mamillenstimulationen so gering, dass die Wiederaufnahme voll fruchtbarer Zyklen im ersten Lebensjahr des Kinder unwahrscheinlich ist, solange tatsächlich nach Bedarf gestillt wird.

Interessanterweise existieren in vielen Ethnien Normen und Bräuche, die häufig primär im ersten Jahr postpartum, ergänzend zur Laktation, eine erneute Schwangerschaft verhindern helfen sollen. Weit verbreitet sind Sexualtabus unterschiedlichster Terminierung, z.B. bis das Kind laufen kann oder bis zum Ende der Stillzeit, aber auch orale Kontrazeptiva sind bekannt (Paul 1990).

Auch hieran wird deutlich, wie wichtig den Menschen in verschiedensten Kulturen und zu unterschiedlichsten Zeiten die Einhaltung bestimmter Mindestabstände zwischen den Geburten war.

Insgesamt kann man sagen, Laktation ist, entgegen dem soziobiologischen Entwöhnungsmodell alles andere als ein Zankapfel im Reproduktionsgeschehen. Im Gegenteil: in ihrer Funktion als umweltsensibles Regulativ für Geburtenabstände fördert sie die Fitness der Dyade wie auch nachfolgender Kinder. Konflikte sind in einem ungestörten Verbund der Variablen Laktation, Reproduktion und Umwelt auf ultimater Ebene nicht gegeben und sollten daher auch auf der Ebene proximater Wirkmechanismen, etwa beim Zusammentreffen psychischer und körperlicher Bedürfnisse von Mutter und Kind, nicht auftreten. Empirische Befunde scheinen dem jedoch zunächst zu widersprechen. Entwöhnung wird nahezu uniform für alle Kulturen als kritische Phase beschrieben, die für das Kind wie auch häufig für die Mutter mit negativen Erfahrungen verknüpft ist. In der Regel geht in diesen Fällen die Abstillinitiative von der Mutter aus. Durch das Bestreichen der Brust mit bitteren oder scharfen Substanzen oder durch räumliche Distanz zum Kind, manchmal verreist die Mutter für einige Zeit, wird der Nachwuchs abrupt und offensichtlich gegen seinen Willen entwöhnt (Gottschalk-Batschkus & Schuler 1996). Es gibt aber auch Quellen, die die Existenz einer konfliktfreien Entwöhnung beim Menschen belegen (Dettwyler 1995). Auch in den oben bereits erwähnten Interviews berichteten einige Mütter von solchen Erfahrungen. Nach meist mehrjähriger Stillzeit verloren die Kinder sukzessive das Interesse an der Brust, das Stillen „schlich sich aus" (Schmelter in Vorb.). Möglicherweise war dieses selbständige Entwöhnen, wie es auch die Sichtweise der Laktation als Regulativ für fitnessmaximierte Geburtenabstände impliziert, ursprünglich die Norm. Die Konflikthaftigkeit eines von der Mutter initiierten Abstillens könnte damit auf einen hinsichtlich des gesamten Fortpflanzungsgeschehens letztendlich unpassenden, verfrühten Entwöhnungszeitpunkt hindeuten, eventuell aber auch auf ein veränderten Umweltbedingungen nicht angepasstes reproduktives System.

Da Laktation und Fertilität sich nicht ausschließen, wurde vermutlich der Großteil aller Menschen in der Stillzeit gezeugt und während einer Schwangerschaft entwöhnt. Ethnologische Daten bestätigen, dass sich Laktation und Gravidität meist einige Monate überlappen (Gottschalk-Batschkus & Schuler 1996). Auch die Interviewdaten aus Deutschland belegen bei Frauen, die ihren Nachwuchs bis ins Kleinkindalter hinein stillten, eine solche Überschneidung. Eine der Interviewpartnerinnen hatte sogar 20 Monate Tandem gestillt, d.h. auch nach der Geburt des Babys das ältere Kind nicht entwöhnt, sondern den Geschwistern parallel die Brust gegeben (Schmelter in Vorb.).

Stillen hier und heute – was bleibt an Fitness, wenn Laktation und Reproduktion weitgehend entkoppelt sind?

Tandemstillen, Lactatio agravidica, Relaktation und das gesamte umweltgekoppelte System über das Laktation und Fertilität verbunden sind, verweisen auf eine differenzierte, essentielle Rolle der Muttermilchernährung im menschheitsgeschichtlichen Reproduktionsgeschehen. Über Millionen Jahre hinweg waren Stillen und Fortpflanzungserfolg untrennbar, ein Fakt, der im Dunstkreis der Laktation koevolutive Prozesse bei Mutter und Kind gefördert hat.

Seit nur wenigen Jahrzehnten ist es in einigen Teilen der Welt möglich, gleich mehrere Funktionen des Stillens parallel zu ersetzen. Insbesondere scheint erstmals in der Kombination aus guter medizinischer Versorgung, hohen hygienischen Standards und muttermilchangepasster Säuglingsnahrung eine Alternative verfügbar, die die Überlebenswahrscheinlichkeit des Nachwuchses nicht wesentlich reduziert. Die mütterliche Option, ohne augenscheinliche direkte Fitnesseinbußen eine begrenzte Anzahl Kinder laktationsfrei groß zu ziehen, ist ein Novum in der Menschheitsgeschichte - wie weit sie sich tatsächlich auf dem Prüfstein der natürlichen Selektion bewährt, ist noch unklar.

Nur selten, etwa bei Galaktosämie, sind die Fitnessvor- bzw. -nachteile so unmittelbar, dass ein Vergleich der Verhaltensalternativen Stillen versus Nicht-Stillen, hinsichtlich ihrer reproduktiven Konsequenzen, wie es der soziobiologische Ansatz „selection in progress" vorsieht, eindeutige Ergebnisse liefert. In der Regel werden Entscheidungen im Zusammenhang mit der Laktation heute wohl nach Maßgabe einer phylogenetisch verwurzelten, proximaten Kosten-Nutzen-Bilanz getroffen. Mit der Beschränkung auf im Schnitt nicht mehr als zwei Kinder verfolgen die meisten Eltern in Deutschland eine Reproduktionsstrategie der Qualität statt Quantität, d.h. viel Investment in wenig Nachkommen (Voland 1992). Auch die Antwort auf die Frage, ob und wenn ja, wie der Nachwuchs gestillt werden soll, wird sich an dieser Vorgabe orientieren. Die Verhaltensweise, die aus elterlicher Perspektive die beste für das Kind ist, sollte damit in einer Kosten-Nutzen-Kalkulation ein starkes Gewicht haben. Im Vordergrund stehen dabei wohl Überlegungen zur sozialen Positionierung des Nachwuchses, doch nach wie vor hat das Stillen auch Einfluss auf die pure Überlebenswahrscheinlichkeit (Mc Daniel 1997; The Lancet 1994).

Muttermilch – ein Zaubertrank nach Millionen Jahre alter Rezeptur

Tatsächlich herrscht hierzulande weitgehend gesellschaftlicher Konsens, dass in den ersten Lebensmonaten Muttermilch das Beste ist. Getragen von Stillempfehlungen medizinischer Gremien, Gesetzen zur Vermarktung von Muttermilchersatzprodukten und Maßnahmen zur Förderung des Stillens spiegelt sich diese Auffassung letztendlich in zunehmenden Stillquoten (s. Abb. 1). Aktuelle Forschungen stützen diese Position. Sie beziehen sich meist auf ernährungsphysiologische oder immunologische Komponenten der Muttermilch. Die Essenz der wissenschaftlichen Befunde lautet: Muttermilch ist nach wie vor die bestverträgliche Nahrung für Säuglinge. Ersatzprodukte unterscheiden sich vom Original hinsichtlich der enthaltenen Nährstoffe, der Konzentration der Nährstoffe und der invarianten Zusammensetzung. Menschliche Milch verändert sich in Abhängigkeit von Umweltfaktoren wie Klima, Nahrung der Mutter, Alter des Kindes etc. (Menella 1995; Schroten 1994).

Der Schadstoffgehalt, mit dem bis vor kurzem einige der hiesigen medizinischen Verbände ihre Vorbehalte gegenüber einer längeren Stilldauer begründeten, führt heute aufgrund sinkender Konzentrationen und fehlender Hinweise auf eine gesundheitliche Schädigung durch Rückstände in der Muttermilch, nicht mehr zu einer Einschränkung der Stillempfehlungen (Spranger 1996).

Die immunologischen Argumente für das Stillen wiegen fast noch schwerer. Muttermilch ist überaus reich an Bestandteilen, die das gestillte Kind vor Infektionen schützen. Die protektive Wirkung beruht auf immunmodulierenden, antiinflammatorischen und antiinfektiösen Faktoren. Deren Konzentrationen in der Milch sind wiederum dem Alter und der Umwelt des Kindes angepasst (Schroten 1996).

Die gesundheitlichen Vorteile des Stillens persistieren für Mutter und Kind weit über die Phase der Laktation hinaus. Häufig korreliert die Stilldauer zudem positiv mit einer Reduktion des Erkrankungsrisikos. Bei Diabetes mellitus führt 6-12-

monatiges Stillen beispielsweise zu einer 45%igen Reduktion, eine Stillzeit von 13 Wochen verringert die Wahrscheinlichkeit für Otitis media um mehr als 50% und für Diarrhö ebenfalls um 40-50%. (Peters et al. 2000). Frauen, die nach traditionalem Muster stillen, d.h. mindestens ein Jahr, haben ein geringeres Risiko, an Brustkrebs zu erkranken (Micozzi 1995). Kontrovers diskutiert werden zur Zeit die Auswirkungen längeren Stillens auf das kardiovaskuläre System (Leeson et al. 2001). Die „American Academy of Pediatrics" empfiehlt vor dem Hintergrund dieser Vielzahl an positiven gesundheitlichen Effekten auch in den USA eine mindestens 12-monatige Stilldauer (McDaniel 1997). Positive Auswirkungen der Muttermilchernährung werden für zahlreiche weitere Krankheiten beschrieben, etwa Morbus Crohn, Multiple Sklerose, Infektionen des Respirationstraktes, Adipositas etc. (Peters et al. 2000; Pisacane et al. 1994; Kries et al.1999).

Stillen – ein Verhaltenskomplex in koevoluierter Passung

Bezieht man die gesamte Palette koevoluierter Merkmale in die Stillentscheidung ein, scheint Laktation erst recht opportun. Im Vergleich zu den Forschungen an dem Medium Muttermilch, spielen psychische Aspekte des Stillens sowohl im wissenschaftlichen wie im öffentlichen Diskurs aber oft nur eine marginale Rolle. Betrachtet man den gesamten Verhaltenskomplex des Stillens jedoch aus einer evolutionsbiologischen Perspektive, so ist die Bedeutung dieser Faktoren evident. Bereits ein kleiner Ausschnitt aus dem Spektrum illustriert das.

Beim Stillen nach traditionalem Muster ist die kontinuierliche physische Nähe der Mutter unabdingbar. Eine Vielzahl von Forschungsergebnissen deutet heute darauf hin, dass moderne Säuglinge hinsichtlich ihrer Bedürfnisse, ihrer Fähigkeiten und ihres Verhaltensrepertoires auf diese Nähe eingestellt sind.

Neugeborene sehen Dinge in einer Distanz von 18 bis 30 cm am besten und bevorzugen Formen, die dem menschlichen Gesicht ähneln.

Sie erkennen und bevorzugen schon nach wenigen Tagen Dinge, die den Körpergeruch ihrer Mutter tragen, und zeigen bei Experimenten zur auditiven Wahrnehmung eine deutliche Präferenz für die mütterliche Stimme. Menschliche Herztöne haben eine beruhigende Wirkung auf Babys. Kutane Stimulation wirkt sich positiv auf ihre Gesundheit und ihr Gedeihen aus (vgl. Haug-Schnabel 1992; Montagu 1974; Morris 1992).

Doch nicht nur als Empfänger, auch als Sender von Signalen bedürfen kleine Kinder der Nähe. Allein im Schreien und Weinen haben sie eine Ausdrucksform, die auch noch in einer gewissen Distanz wirkt. Stillen nach Bedarf bedingt ein permanentes Mitnehmen der Kinder, ein Verhalten, an das der menschliche Nachwuchs in seiner Eigenschaft als „Tragling" bestens angepasst ist (Kirkilionis 1995). Insgesamt zeichnen die Forschungsergebnisse ein dyadisch optimiertes Verhaltensfenster, in das sich das Stillen, besonders das Stillen nach traditionalem Muster, optimal einpasst.

Stillen stellt die Weichen für einen gelungenen Signalaustausch zwischen Mutter und Kind. Es sichert die physische Nähe der Interaktionspartner ohne die die Wahrnehmung und prompte Beantwortung der Signale nicht möglich wäre, es positioniert – im wörtlichen Sinn – Mutter und Kind in eine optimale Kommunikationshaltung, es versorgt alle kindlichen Sinne mit auf sie zugeschnittenen sensorischen Inputs und ist damit Basis vielfältiger kreuzmodaler Wahrnehmungen (Dornes 1993). Zusammen mit anderen Komponenten des Verhaltenkomplexes Stillen wird so letztendlich eine positive Mutter-Kind-Beziehung und die physische und psychische Gesundheit beider Interaktionspartner gefördert.

Resümee und Ausblick

Das soziobiologische Modell des Entwöhnungskonfliktes vermag aktuelles Still- und Fortpflanzungsverhalten nicht zu erklären. Die durch verkürzte oder komplett unterlassene Laktation frei gewordenen weiblichen Reproduktionspotentiale bleiben ungenutzt, selten haben Eltern in Deutschland heute mehr als drei Kinder. Die laktationsbedingte Nachkommenreduktion wird hierzulande durch freiwillige reproduktive Selbstbeschränkung ersetzt. Die Unterschreitung maximaler Fertilität kann, wie Beobachtungen in traditionalen Gesellschaften zeigen, durchaus fitnessmaximierend sein. Lange Intergeburtenintervalle erhöhen unter harschen Umweltbedingungen die Überlebenschancen bereits geborener und zukünftiger Kinder. Laktation hat in diesem Kontext eine wichtige Funktion als Regulativ für fitnessmaximierte Geburtenabstände, ein Interessenskonflikt zwischen Mutter und Kind ist damit entgegen der Annahme des soziobiologischen Entwöhnungsmodells auf ultimater Ebene nicht gegeben.

Unabhängig von der Frage, ob eine Reproduktionsstrategie reduzierter Fertilität auch unter hiesigen Lebensverhältnissen letztendlich fitnessförderlich ist oder auf evoluierten Mechanismen beruht, die heutigen Lebensverhältnissen nicht angepasst sind, Entscheidungen im Zusammenhang mit dem Stillen werden hierzulande vor dem Hintergrund einer begrenzten Nachkommenzahl getroffen. Laktation und Fortpflanzung sind weitgehend entkoppelt. Weder die Überlebenswahrscheinlichkeit des Nachwuchses noch die Fertilität werden in der Regel unmittelbar durch das Stillen beeinflusst.

Inwieweit Laktation auch unter den hiesigen Bedingungen biologisch angepasst ist, lässt sich momentan nur im Einzelfall definitiv beantworten. Tendentiell überwiegen vor dem Hintergrund einer freiwilligen Beschränkung der Nachkommenzahl jedoch die Vorteile des Stillens. Ernährungsphysiologische und immunologische Faktoren der Muttermilch sowie dem Gesamtkomplex Stillen inhärente Verhaltens- und Erlebenskomponenten resultieren in einem besseren physischen und psychischen Status gestillter Kinder. Deren insgesamt günstigere

Ausgangsposition im sozialen Wettbewerb sollte letztendlich auch Fitneßkonsequenzen haben.

Der evolutionsbiologische Ansatz verdeutlicht, dass Stillen nicht auf die Inkorporation von Muttermilch reduziert werden darf. Millionen Jahre Menschheitsgeschichte in Abhängigkeit von diesem Lebenselixier haben bei Mutter und Kind koevolutive Prozesse in Gang gesetzt, deren Produkte das Paarverhältnis auch heute noch prägen. Auf dyadische Passung angelegte Mechanismen, können durch Nicht-Stillen oder Stillen in Abweichung von einem ursprünglichen Grundmuster, in ihrer Funktionsweise beeinträchtigt sein und damit auf proximater Ebene zu suboptimalen Ergebnissen führen. Inwieweit dies unter hiesigen Lebensbedingungen ultimate Konsequenzen hat, ist zu prüfen.

Erstmals wird dieser evolutionsbiologische Ansatz derzeit in einer empirischen Studie zur Stilldauer in Deutschland berücksichtigt (Schmelter in Vorb.). Einer der auffälligsten Unterschiede zum traditionalen Stillverhalten ist sicherlich die hier und in anderen Industrienationen übliche frühe Entwöhnung. Frauen, die in Deutschland ihr Kind über das erste Lebensjahr hinaus stillen, verhalten sich normabweichend. Mit Hilfe quantitativer und qualitativer Verfahren der Sozialforschung soll geklärt werden, welche Faktoren die Stilldauer beeinflussen und wie sich die Situation langstillender Frauen hierzulande darstellt. Von besonderem Interesse ist dabei die Frage, inwieweit mütterliche Entscheidungsprozesse zur Laktation im Spannungsfeld kultureller Verhaltensanforderungen und biologischer Verhaltensdispositionen liegen.

Literatur

Dettwyler K A (1995) A Time to Wean: The Hominid Blueprint for the Natural Age of Weaning in Modern Human Populations. In: Stuart-Macadam P & Dettwyler KA (Hrsg.) Breastfeeding: biocultural perspectives. De Gruyter, New York, 39-73.
Dornes M (1993) Der kompetente Säugling. Fischer, Frankfurt am Main.
Ellison P T (1995) Breastfeeding, Fertility, and Maternal Condition. In: Stuart-Macadam P & Dettwyler K A (Hrsg.) Breastfeeding: biocultural perspectives. De Gruyter, New York, 305-345.
Fildes V A (1986) Breasts, bottles and babies. Edinburgh University Press, Edinburgh.
Föllmer W (1996) Vielgeburten und kindliches Schicksal – Frühe Kindheit in Libyen. In: Gottschalk-Batschkus CE & Schuler J (Hrsg.) Ethnomedizinische Perspektiven zur frühen Kindheit. VWB, Berlin, 15-18.
Gottschalk-Batschkus CE & Batschkus MM (1996) An den Wurzeln der Menschheit: Kulturvergleichende Perspektiven der frühen Kindheit am Fuße des Mountain Arapesh (Papua Neuguinea). In: Gottschalk-Batschkus CE & Schuler J (Hrsg.) Ethnomedizinische Perspektiven zur frühen Kindheit. VWB, Berlin, 241-254.
Gottschalk-Batschkus CE & Schuler J (Hrsg.) (1996) Ethnomedizinische Perspektiven zur frühen Kindheit. VWB, Berlin.

Grohs E (1990) Zur gesellschaftlichen Bedeutung von Mutterschaft in Afrika. In: Kroeber-Wolf G (Hrsg.) Der Weg ins Leben: Mutter und Kind im Kulturvergleich. Museum für Völkerkunde, Frankfurt am Main, 23-30.

Haug-Schnabel G (1992) Übrigens: Menschen sind auch „Medien"! Vom Signalaustausch mit personalisierten und entpersonalisierten Medien. Kindergarten heute 1: 20-29.

Hormann E & Nehlsen E (1997) Die aktuelle Stillsituation in Deutschland und europaweit. In: Siebert W, Stögmann W & Wündisch G (Hrsg.) Stillen – einst und heute. Hans Marseille, München, 7-16.

Hrdy S B (2000) Mutter Natur. Die weibliche Seite der Evolution. Berlin Verlag, Berlin.

Johnson R L , Malik, I & Berman CM (1998) On the Quantification of Suckling Intensity in Primates. American Journal of Physical Anthropology 105: 33-42.

Kirkilionis E (1995) Wahrnehmen, Erfahren und Üben beim Körperkontakt – Tragen als natürliche Art der Frühförderung. Praxis der Psychomotorik, 20: 32-37.

Köhler B (1995) Babys gesund ernähren. Südwest, München.

Leeson CPM, Kattenhorn M, Deanfield JE & Lucas A (2001) Duration of breast feeding and arterial distensibility in early adult life: population based study. British Medical Journal 322: 643-647.

Lothrop H (1982) Das Stillbuch. Kösel, München.

McDaniel C (1997) Mothers should breast feed for at least a year. British Medical Journal 315: 1487.

Mennella JA (1995) Mother's Milk: A Medium for Early Flavor Experiences. Journal of Human Lactation 11: 39-45.

Micozzi MS (1995) Breast Cancer, Reproductive Biology, and Breastfeeding. In: Stuart-Macadam P & Dettwyler KA (Hrsg.) Breastfeeding: biocultural perspectives. De Gruyter, New York, 347-384.

Montagu A (1974) Körperkontakt. Klett-Cotta, Stuttgart.

Morris D (1992) Babywatching. Heyne, München.

Paul A (1997) Die vergleichende Perspektive: Kindheit bei nicht-menschlichen Primaten. In: Keller H (Hrsg.) Handbuch der Kleinkindforschung. 2. vollst., überarb. Aufl., Huber, Bern, 97-118.

Paul S (1990) Schwangerschaftsverhütung-Abtreibung-Kindestötung in außereuropäischen Kulturen. In: Kroeber-Wolf G (Hrsg.) Der Weg ins Leben: Mutter und Kind im Kulturvergleich. Museum für Völkerkunde, Frankfurt am Main, 31-40.

Peters F, Diemer P & Flick-Filliés D (2000) Immunologische Bedeutung der Muttermilch. Frauenarzt 41: 261-262.

Pisacane A, Impagliazzo N, Russo M, Valiani R, Mandarini A, Florio C & Vivo P (1994) Breast feeding and multiple sclerosis. British Medical Journal 308: 1411-1412.

Righard L & Alade MO (1990) Effect of delivery room routines on success of first breastfeed. Lancet, 336: 1105-1107.

Schmelter A (in Vorbereitung) Empirische Untersuchung zur Stilldauer in Deutschland unter besonderer Berücksichtigung des Langzeitstillens. Dissertation in Vorbereitung, Mainz, Fachbereich Sozialwissenschaften.

Schöch G (2000) Stillen und Säuglingsernährung in Deutschland – die „SuSe-Studie. In: Deutsche Gesellschaft für Ernährung (Hrsg.) Ernährungsbericht 2000. Frankfurt am Main, 81-95.

Schroten H (1994) Immunologische Aspekte bei der Ernährung mit Muttermilch. Monatsschrift für Kinderheilkunde 142: 985-992.

Spranger J (1996) Rückstände in Frauenmilch. Gemeinsame Stellungnahme der Akademie für Kinderheilkunde und Jugendmedizin e.V., der Ernährungskommission der deutschen Gesellschaft für Kinderheilkunde und Jugendmedizin und der Nationalen Stillkommission. Monatsschrift für Kinderheilkunde 144: 315-316.

Statistisches Bundesamt (1980) Drucksache 8/4437, 14-15.

Statistisches Bundesamt (1999) Zusammengefaßte Geburtenziffern und Nettoreproduktionsraten nach Altersgruppen und Staatsangehörigkeit. Fachserie 1, Reihe1.

Statistisches Bundesamt (2000) Familien nach Familienstand der Bezugsperson. Fachserie 1, Reihe 3.

The Lancet Editorial (1994) A warm chain for breastfeeding. Lancet 344: 1239-1241.

Trivers R L (1972) Parental Investment and Sexual Selection. In: Campbell B (Hrsg) Sexual selection and the descent of man. Heinemann, London, 136-179.

Vogel C (1989) Vom Töten zum Mord. Hanser, München.

Voland E (1992) Fortpflanzung: Natur und Kultur im Wechselspiel. In: Voland E (Hrsg) Fortpflanzung: Natur und Kultur im Wechselspiel. Suhrkamp, Frankfurt am Main, 347-366.

Voland E (1993) Grundriß der Soziobiologie. Fischer, Stuttgart.

Von Kries R, Koletzko B, Sauerwald T, von Mutius E, Barnert D, Grunert V, von Voss H (1999) Breast feeding and obesity: cross sectional study. British Medical Journal 319: 147-150.

Weltgesundheitsorganisation (1999) Comparative Analysis of Implementation of the Innocenti Declaration. World Health Organization, Copenhagen.

Neanderthalerkinder: ein Modell für die evolutionäre Entwicklungsbiologie des Menschen

M. S. Ponce de León & C. P. E. Zollikofer

Die ersten Neandertaler

Im Jahr 1856 fanden Arbeiter in einem Kalksteinbruch im Neandertal bei Düsseldorf menschliche Skelettreste, deren morphologische Beschaffenheit sich stark von der des heute lebenden Menschen unterschied. Nach einer längeren wissenschaftlichen Kontroverse setzte sich die Erkenntnis durch, dass es sich bei diesem Fund nicht um ein pathologisch verändertes modernes Skelett, sondern um die Reste eines Vertreters einer fossilen Menschenart, des *Homo neanderthalensis*, handelte (King 1864). Damit war, drei Jahre vor dem Erscheinen von Darwins *Origin of Species* (1859), die Sicht auf die Tiefenzeit (Gould 1987) der menschlichen Stammesgeschichte geöffnet.

Wie sich später herausstellen sollte, handelte es sich beim namengebenden Exemplar aus dem Neandertal nicht um den ersten „Neanderthaler"-Fund. Zehn Jahre früher wurde ein vergleichsweise besser erhaltener Schädels eine Urmenschen im Kalksteinbruch „Forbes' Quarry" in Gibraltar gefunden (Busk 1864). Abgesehen von einer kurzen Notiz in einem Sitzungsprotokoll hinterliess dieses Fossil zur Zeit seiner Entdeckung keine weiteren wissenschaftlichen Spuren und geriet für längere Zeit in Vergessenheit. Der allererste Neanderthaler wurde allerdings noch früher gefunden: Im Jahr 1830 untersuchte der belgische Arzt und Anatom Philippe-Charles Schmerling die „Grotte d'Engis" in der Nähe von Liège und fand einen fragmentarisch erhaltenen Kinderschädel in einer Schicht, die auch Skelettreste von eiszeitlichen Grosssäugetieren enthielt (Schmerling 1832-1833). Damit liess sich zum ersten Mal das geologische Alter eines menschlichen Fossils abschätzen. Erstaunlicherweise wurde dieser Fund erst mehr als hundert Jahre später durch Fraipont (1936) als zur Neanderthalergruppe gehörig beschrieben.

Was sind die Gründe für diese zögerliche Erkennung und Anerkennung einer fossilen Menschengruppe und besonders deren juveniler Vertreter? Abgesehen von der Tatsache, dass die Evolutionstheorie im Allgemeinen und die Stammesgeschichte des Menschen im Besonderen aus weltanschaulichen Gründen in ihren Anfängen äusserst umstritten waren (Mayr 1991), gibt es einen zweiten Grund, der hier von besonderer Relevanz ist. Bei der Beschreibung von neuen Arten werden deren Merkmale anhand eines Typus-Exemplars (meistens des Erstfundes) beschrieben und definiert (Mayr & Ashlock 1991). Nun gilt es beinahe als Axiom, dass adulte Individuen die geeignetsten Typus-Exemplare abgeben, während Juvenile oft als „noch nicht voll entwickelt" und deshalb noch nicht ganz arttypisch betrachtet werden. Hinter dieser Ansicht steht die Auffassung, dass sich artspezifische Merkmale während der Individualentwicklung allmählich herausbilden bzw. akkumulieren, um im adulten Individuum ihre volle Ausprägung bzw. ihr volles Repertoire zu erreichen. Dieser als *Differenzierung* bezeichnete Vorgang ist allgemein bekannt; er bildet das Grundthema der Entwicklungsbiologie und führt zur naturwissenschaftlichen Frage, wie sich aus einer einzelnen Zelle ein mehrzelliger Organismus entwickelt, aber auch zur philosophischen Frage, ab welchem Entwicklungsstadium ein Mensch als „Person" bezeichnet werden kann.

Evolution und Entwicklung

Der ursprüngliche Wortsinn von „Evolution" war genau hier anzusiedeln: damit wurde die allmähliche *Entwicklung* des Individuums bezeichnet, in klarer Abgrenzung gegenüber dem Präformationismus, der postulierte, dass alle physischen Eigenschaften eines Individuums bereits im Spermium angelegt seien. Als Darwin nach einem Begriff suchte, um das neu entdeckte Phänomen der Entstehung von Arten möglichst anschaulich zu beschreiben, verwandte er „Evolution" zunächst als Analogbegriff. Bald aber setzte eine Begriffsverschiebung ein, so dass heute Evolution ein Synonym für Stammesgeschichte ist und entsprechend die *Phylogenie* (Entwicklung von Arten) der *Ontogenie* (Individualentwicklung) gegenübergestellt wird.

Bereits Haeckel (1866) hatte über einen möglichen biologischen Zusammenhang zwischen Ontogenie und Phylogenie nachgedacht. Er gelangte zur Ansicht, dass die Evolution, die ja in geologischen Zeiträumen stattfindet, während der Individualentwicklung rekapituliert wird – gewissermaßen im Zeitraffer und in Miniaturform. Dementsprechend würde ein Mensch während seiner Ontogenie die Hauptstationen seiner Phylogenie rekapitulieren, vom Fisch über das Amphibium und Reptil zum Säuger, Affen, Menschenaffen und Mensch. Dieser stark im Romantizismus verankerte Gedankengang, der Mikro- und Makrokosmos, Mikro- und Makrozeit verknüpft, ist heute experimentell weitgehend widerlegt (Raff 1996). Es stellt sich mehr und mehr heraus, dass die Ontogenie ganz eigenen Gesetzmässigkeiten gehorcht, die viel eher damit zu tun haben, dass jedes Entwicklungsstadium gewissermassen eine funktionelle Lebensform per se darstellt und nicht eine Vorbereitung auf den Adultzustand als Idealform.

Nach einer Blütezeit der Entwicklungsbiologie in der ersten Hälfte des 20. Jahrhunderts wandte sich die biologische Forschung über einen längeren Zeitraum zwei neuen Hauptrichtungen zu. Sie konzentrierte sich einerseits auf die Strukturaufklärung, zuerst makroskopisch, später mikroskopisch und schliesslich molekular. Am andern Ende der Skala beschäftigte sie sich mit dem Phänomen der natürlichen Selektion und Adaptation, d.h. der Frage, wie sich Organismen während der Evolution funktionell an spezifische Umweltbedingungen und an Umweltveränderungen anpassen. Im Lauf des letzten Jahrzehnts aber hat die Verknüpfung von Fragestellungen der Ontogenie und Phylogenie wieder starke Beachtung gefunden. Das Gebiet der *evolutionären Entwicklungsbiologie* (evolutionary developmental biology, oder kurz EvoDevo) ist zur Zeit ein „hot spot" der Biologie.

EvoDevo) ist zur Zeit ein „hot spot" der Biologie. Die Grundfragen in diesem Bereich lauten: Wie lassen sich organismische Strukturen von ihrem Entwicklungsprogramm her verstehen, und wie verändern sich Entwicklungsprogramme während der Evolution, so dass neue Arten entstehen? Es geht also um die biologischen Rahmenbedingungen, die die Ontogenie der Phylogenie setzt, wobei funktionelle Fragestellungen in den Hintergrund treten. Das Besondere an diesem Ansatz liegt darin, dass Organismen als Prozesse begriffen werden und dass deren strukturelle Veränderungen auf zwei Zeitebenen zugleich untersucht werden, der entwicklungsbiologischen und der evolutionären. Im Falle von Fossilien kommt noch eine dritte Zeitebene hinzu, die der Diagenese. Damit werden all diejenigen Vorgänge bezeichnet, die den Organismus nach seinem Tod verändern, wie Verwesung, Einbettung ins Sediment, Fossilisierung usw.

Der evolutionär-entwicklungsbiologische Ansatz stellt eine grosse Herausforderung in theoretischer und praktischer Hinsicht dar. Die Langzeitprozesse der Phylogenese lassen sich nicht direkt beobachten, und die der Ontogenese sind wegen ihrer Komplexität experimentell schwierig zugänglich. Im allgemeinen können also nur *Muster* der morphologischen Veränderung über die Zeit beobachtet werden, aus denen dann die zugrundeliegenden *Prozesse* rekonstruiert werden müssen. Fossilien sind in diesem Zusammenhang besonders wichtig, aber auch besonders komplex. Einerseits geben sie Einblick in alte Muster der Ontogenese und Phylogenese; andererseits aber sind diese Muster durch diagenetische Veränderungen oft stark gestört und müssen deshalb zuerst auseinanderdividiert werden müssen, bevor sie als Resultat von Prozessen auf verschiedenen Zeitebenen interpretiert werden können.

Neanderthaler und moderner Mensch: Ontogenese und Phylogenese

Doch zurück zum Neanderthaler: Nach heutiger Erkenntnis haben sich vor mindestens 500.000 Jahren – während der bisher letzten Phase der menschlichen Evolution – die beiden Arten *Homo sapiens* (moderner Mensch) und *Homo neanderthalensis* (Neanderthaler) aus einem gemeinsamen Vorfahr entwickelt (Stringer and Gamble 1993; Krings et al. 1997). Nach einer langen Zeit der Koexistenz starb der Neanderthaler schließlich vor ca. 30.000 Jahren aus. Die Gründe für sein Verschwinden sind ungeklärt, die Argumente reichen von Überspezialisierung in einer Zeit kurzfristiger Klimaschwankungen über das Postulat der kulturellen Unterlegenheit bis zu einer mehr archäologisch-historischen Betrachtung des Phänomens im Zusammenhang mit der „Kolonialisierung" Europas durch nahöstliche Populationen des *H. sapiens* (Bar-Yosef & Vandermeersch 1993; Stringer & Gamble 1993; D'Errico et al. 1998; Mellars 1998). Diese funktionell-adaptiven, populations- und verhaltensbiologischen Fragen können wohl nie abschliessend beantwortet werden. Mit dem evolutionär-entwicklungsbiologischen Ansatz lassen sich aber sehr wohl Unterschiede und Gemeinsamkeiten der Entwicklungsmuster und der daraus resultierenden artspezifi-

schen Morphologien untersuchen und damit Aufschlüsse über die Mechanismen der Artbildung während der menschlichen Evolution gewinnen.
Dazu gehen wir hier folgende konkrete Fragestellungen an:
- Wann während der Ontogenese erscheinen die artspezifischen Merkmale des Neanderthalers beziehungsweise des modernen Menschen?
- Wie entwickeln (bzw. entwickelten) sich diese Merkmale?
- Welche evolutionären Veränderungen des Entwicklungsprogramms führten zur Artbildung?

Menschliche Fossilien sind so selten, dass die Beantwortung dieser Fragen ein schwieriges Unterfangen ist. Im Fall der Neanderthaler allerdings ist die Entwicklung vom Neugeborenen bis zum Erwachsenen mit Fossilfunden vergleichsweise gut dokumentiert. In der Tat stammt ungefähr die Hälfte aller bekannten Neanderthaler-Überreste von Kindern (das ist nicht weiter erstaunlich, wenn man sich vergegenwärtigt, dass auch in historischen Populationen etwa 50% aller Individuen das Erwachsenenalter nicht erreicht hatten). Es gibt verschiedene Gründe, warum dieses wertvolle kindliche Fossilmaterial weit weniger Beachtung gefunden hat als das der erwachsenen Neanderthaler. Zum einen liegt es an der bereits erwähnten Tendenz, juvenilen Morphologien weniger evolutive Aussagekraft als erwachsenen zuzuschreiben, zum anderen daran, dass juvenile Skelettstrukturen wegen ihrer Fragilität während der Diagenese bedeutend stärker in Mitleidenschaft gezogen werden als die robusteren von erwachsenen Individuen und deshalb schwieriger zu interpretieren sind.

Unsere Arbeit begann dementsprechend mit der Rekonstruktion der verfügbaren Fossilreste von Neanderthalerkindern, um ein möglichst getreues Bild der Morphologie jedes Individuums zum Todeszeitpunkt zu erhalten. Bei der Präparation und Rekonstruktion von Fossilien sind den klassischen Methoden relativ enge Grenzen gesetzt, da sie das Originalmaterial erheblichen Beschädigungsrisiken aussetzen. Fossilien sind oft brüchiger als das Sediment, in das sie eingebettet sind, so dass anatomisch relevante Strukturen nicht freipräpariert werden können; viele Fragmente sind durch den Sedimentdruck so stark deformiert, dass sie sich nicht mehr in die Originalform „zurückbiegen" lassen; die vielen Einzelstücke, aus denen Fossilien zusammengesetzt wurden, lassen sich bei Fehlstellung kaum mehr neu platzieren. Und schliesslich sind viele anatomische Strukturen nur unvollständig erhalten und müssen auf die eine oder andere Weise ergänzt werden.

Mit Hilfe von nicht-invasiven virtuellen Rekonstruktionsmethoden lassen sich diese Probleme auf neue Weise angehen (Zollikofer et al. 1995; Zollikofer et al. 1998; Zollikofer & Ponce de León 2000). Mittels Computertomographie werden dreidimensionale Volumendaten der Aussen- und Innenstrukturen von Fossilien berührungsfrei aufgenommen. Auf dieser Grundlage wird mit Computergraphik-Methoden das Fossil elektronisch präpariert und danach in der virtuellen Realität rekonstruiert. Dabei lassen sich quantitative Kriterien für die anatomische Positionierung der einzelnen Fragmente und für die Ergänzung von fehlenden Teilen formulieren und systematisch anwenden. Somit kann jeder Schritt der Rekonstruktion genau dokumentiert werden; Unstimmigkeiten lassen sich ohne Beschädigungsrisiko korrigieren und verschiedene Rekonstruktionsvarianten können miteinander verglichen werden. Zur Überprüfung des Rekonstruktionsergebnisses kann schließlich das computergenerierte Fossil als stereolithographisches Kunstharz-Replikat aus der virtuellen in die physische Realität zurückgeführt werden (Zollikofer & Ponce de León 1995).

Mit diesen Methoden rekonstruierten wir eine Serie von Neanderthaler-Schädeln, die die Entwicklungsstadien vom ersten Lebensjahr über die Kindheit und Adoleszenz bis zum Erwachsenen dokumentiert. Die Serie enthält Individuen aus dem gesamten Verbreitungsgebiet des Neanderthalers (Mitteleuropa, Eurasien, Naher Osten) und umfasst einen geologischen Zeitraum von etwa 100 000 Jahren. Zudem stellten wir eine entsprechende ontogenetische Reihe von *Homo sapiens* zusammen, die neben modernen Schädeln aus den verschiedensten geographischen Regionen auch einige fossile Exemplare aus dem Nahen Osten enthält, die geologisch zeitgleich mit den Neanderthalern waren. Die kombinierte *H. neanderthalensis-sapiens* Stichprobe diente als Grundlage für eine vergleichend-morphometrische Analyse der Schädelentwicklung.

Analyse der Entwicklungsmuster

Als Datenbasis der meisten morphometrischen Analysen dienen anatomische Referenzpunkte, sogenannte Landmarken, die so gewählt werden, dass sie in allen Individuen einer Stichprobe biologisch sich entsprechende (homologe) Orte bezeichnen. Für die Analyse der räumlich-zeitlichen Formveränderung des Schädels wurden im Lauf des letzten Jahrzehnts verschiedene mathematisch-statistische Methoden entwickelt, die unter dem Fachbegriff *Geometrische Morphometrie* bekannt geworden sind. Das Besondere an diesen Methoden liegt darin, dass nicht, wie in der klassischen Morphometrie, Distanz- und Winkelmasse zwischen Landmarken als Datengrundlage dienen, sondern die dreidimensionalen Koordinaten der Landmarken selbst. Damit ist es möglich, die räumlichen Beziehungen zwischen sämtlichen Landmarken lückenlos zu dokumentieren. Wir erfassten also die Form jedes Schädels in unserer Stichprobe mit einer Serie von je 63 dreidimensionalen Landmarken. Die resultierenden Konfigurationen wurden in einen abstrakten, multidimensionalen „Gestaltraum" transformiert, in dem jedes Individuum als ein Punkt dargestellt werden kann (siehe Abb. 1A). Mit Hilfe von multivariaten Analysetechniken können schliesslich charakteristische Muster der Gestaltvariabilität in der Stichprobe als sogenannte *Gestaltfaktoren* identifiziert werden (Ponce de León and Zollikofer 2001).

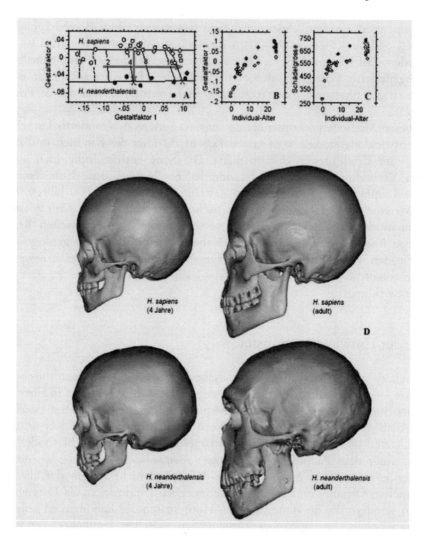

Abb. 1A-D: Vergleich der zeitlichen und räumlichen Wachstums- und Entwicklungsmuster des Schädels beim Neanderthaler (schwarze Punkte) und beim modernen Menschen (weisse Punkte/Rhomben: moderne/fossile Individuen) (nach Ponce de León & Zollikofer, 2001). A: Gestaltveränderung von der Geburt bis zum Erwachsenenalter. Beide Arten folgen parallelen Pfaden durch den Gestaltraum (die Zahlen geben das ungefähre Individualalter in Jahren an; die Pfeile beziehen sich auf die Darstellungen in Abb. 2). B, C: Entwicklung (Veränderung der Gestalt, B) und Wachstum (Veränderung der Grösse, C) als Funktion des Individualalters. Die frühen Phasen der Ontogenie sind bei beiden Arten durch hohe Veränderungsraten gekennzeichnet, Neanderthaler entwickeln sich resp. wachsen aber im Durchschnitt etwas rascher als moderne Menschen und erreichen dadurch grössere Zielwerte der Schädelgestalt und -grösse. D: Computergenerierte Schädelformen eines durchschnittlichen Neanderthalers (unten) und eines modernen Menschen (oben) im Alter von 4 Jahren und als Erwachsener. Diese Formen entsprechen den mit **x** bzw. x markierten Stellen in A und C.

Als erstes klärten wir ab, wie diese Muster mit der Artzugehörigkeit (*H. neanderthalensis* oder *H. sapiens*) und dem Lebensalter der Individuen korreliert sind. Die Resultate dieser Analysen sind im Graph der Abb. 1A dargestellt: Es fällt auf, dass Neanderthaler und *H. sapiens* morphologisch klar voneinander getrennt sind. Während ihrer Entwicklung folgen sie parallelen „ontogenetischen Pfaden" durch den Formraum, d.h. ihre morphologische Distanz bleibt, unabhängig vom Individualalter, ungefähr gleich. Die Tatsache, dass die Neanderthaler einen etwas längeren Pfad zurücklegen bedeutet, dass sie sich im Durchschnitt etwas rascher und „weiter" entwickelten als der moderne Mensch (Abb. 1B; evolutionär gesehen hat sich wohl eher die Entwicklungsgeschwindigkeit beim Menschen verlangsamt). Wenn man sich vergegenwärtigt, dass jede Position im Formraum einer bestimmten Schädelform entspricht, so lässt sich aus der gleichbleibenden Distanz zwischen den Pfaden weiter folgern, dass die relevanten Unterschiede im Schädelbau der Neanderthaler und des modernen Menschen bereits im Alter von 2 Jahren ausgebildet sind und bis ins Erwachsenenalter unverändert bleiben. Zudem bedeutet die gleiche Richtung der ontogenetische Pfade, dass das räumliche Muster der Schädelentwicklung in beiden Arten ungefähr gleich ist.

Die Schädelform lässt sich mit den Methoden der Geometrischen Morphometrie in zwei Komponenten zerlegen, Gestalt und Grösse. Wir konzentrierten uns bis jetzt (Abb. 1A und 1B) auf Gestaltveränderungen, d.h. Veränderungen der einzelnen Schädelregionen *relativ* zueinander. Während die Gestalt ein Relativmass der Form darstellt, bezeichnet die Grösse ein Absolutmass, das sich als einfacher „Skalierungsfaktor" messen lässt. Wie Abb. 1C zeigt, ist die Grössenzunahme während der Schädelentwicklung erheblich und verläuft ähnlich wie die Gestaltveränderung (Abb. 1B). Die Methoden der Geometrischen Morphometrie erlauben es weiter, diese Ergebnisse aus dem abstrakten Gestaltraum zurück in die morphologische Realität zu projizieren. In Abb. 1D sind vier solche computergenerierten Schädelformen dargestellt. Sie illustrieren die Gestalt- und Grössenveränderung beim Neanderthaler und beim modernen Menschen während der Ontogenie vom vierten Lebensjahr bis zum Erwachsenen.

Nach dieser Visualisierung von statischen Schädelformen stellt sich die Frage, wie das *räumlich-zeitliche* Entwicklungsmuster aussieht. Wie bereits erwähnt, weisen Neanderthaler und moderner Mensch dasselbe Muster der nachgeburtlichen Schädelentwicklung auf, sozusagen angewandt auf je artspezifische Schädelformen. Da es sich hier um die Veränderung einer dreidimensionalen Struktur über die Zeit, also eigentlich ein vierdimensionales Muster handelt, brauchen wir zu dessen Darstellung auf den zwei Dimensionen des Papiers verschiedene computergraphische und morphometrische Hilfsmittel (Zollikofer and Ponce de León 2002).

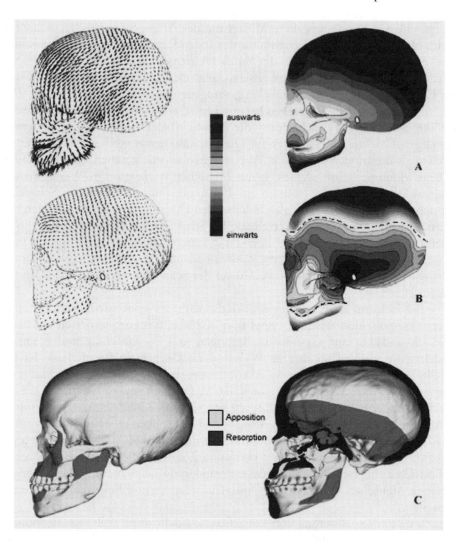

Abb. 2A-C: A: Muster der ontogenetischen Gestaltveränderung (entsprechend dem horizontalen Pfeil in Abb. 1A). Die Vektorfeld-Darstellung gibt Richtung und Betrag der Veränderungen parallel zur Schädeloberfläche an, die Grauwert-Darstellung Richtung und Betrag der Veränderungen senkrecht zur Oberfläche. B: Transformation des Schädels eines modernen Menschen in den eines Neanderthalers, unabhängig vom Individual-Alter (entsprechend dem vertikalen Pfeil in Abb. 1A). Vektorfelder und Grauwerte geben die quantitativen Gestaltunterschiede zwischen den Arten in tangentialer und vertikaler Richtung zur Schädeloberfläche an (gestichelte Linien: Grenzen zwischen Auswärts- und Einwärtsrichtung der vertikalen Vektoren). C: Wachstumsfelder des menschlichen Schädels (nach Enlow, 1990). Die Grenze zwischen Feldern mit appositorischer und resorptiver Aktivität stimmt in etwa mit der gestrichelten Grenzlinie in B überein (Interpretation siehe Text).

In Abb. 2A ist das Muster so dargestellt, dass für jeden Punkt der Schädeloberfläche gezeigt wird, um welchen Betrag und in welche Richtung er sich während eines gegebenen Zeitintervalls verschiebt. Weiter werden zur besseren Übersichtlichkeit die Positionsveränderungen in zwei Komponenten zerlegt, die senkrecht bzw. parallel zur Schädeloberfläche stehen. Zur Visualisierung der senkrechten Komponente wird eine Grauwertskala gebraucht, die angibt, um wieviel sich die entsprechende Schädelregion relativ zur Umgebung nach aussen oder innen bewegt; die tangentiale Komponente wird als Vektorfeld visualisiert, womit Verschiebungen der Schädelregionen relativ zueinander sichtbar gemacht werden können. Die resultierenden Graphiken von Abb. 2A zeigen eine klare Regionalisierung im Entwicklungsmuster des Schädels. Der Hirnschädel nimmt im Laufe des Wachstums einen immer kleineren Anteil am gesamten Schädelvolumen ein (was durch seine relative „Kontraktion" ersichtlich wird). Im Gegensatz dazu nimmt der Gesichtsschädel einen immer grösseren Anteil ein und verlängert sich stark nach vorne-unten. Die Grenze zwischen diesen Regionen liegt im Bereich der Schädelbasis.

Die hier festgestellte Unterteilung des Schädels nach dem lokalen Wachstumsmodus entspricht einem Sachverhalt, der in der klassischen menschlichen Embryologie gut dokumentiert ist: Hirn- und Gesichtsschädel entwickeln sich relativ unabhängig voneinander. Während die Zielgrösse des Hirnschädels wird bereits etwa im Alter von 4 Jahren erreicht ist, wächst der Gesichtsschädel, besonders im Zusammenhang mit dem Zahnwechsel, kontinuierlich bis ins Erwachsenenalter weiter (Larsen 1993).

Ontogenie und Phylogenie: Muster und Prozess

Die Tatsache, dass dieses vom Menschen bekannte räumliche Wachstumsmuster sich auch beim Neanderthaler beobachten lässt, hat interessante evolutionäre und entwicklungsbiologische Konsequenzen. Zum einen lässt sich daraus schliessen, dass das Muster auf den gemeinsamen Vorfahren des Neanderthalers und des modernen Menschen zurückgeht, also evolutionär relativ alt ist. Wenn sich aber Neanderthaler und moderner Mensch in der nachgeburtlichen Entwicklung nicht wesentlich voneinander unterscheiden, lässt sich weiter folgern, dass die artspezifischen Entwicklungsprozesse in der vorgeburtlichen, d.h. fötalen Entwicklung zu suchen sind. Dieser Abschnitt der Ontogenie ist beim Neanderthaler nicht direkt beobachtbar, da Fossilien aus diesem Stadium, wenn überhaupt, nur sehr fragmentarisch erhalten sind (vor allem weil die Verknöcherung des Skeletts noch nicht weit fortgeschritten war).

Gleichwohl lassen sich aus den in Abb. 1A gezeigten Daten Rückschlüsse auf das Frühstadium der Entwicklung ziehen. Wie wir bereits festgestellt haben, bleibt die Differenz zwischen der Schädelmorphologie eines Neanderthalers und der eines modernen Menschen etwa vom zweiten Lebensjahr an konstant. Diese Differenz muss also vor diesem Stadium zustandegekommen sein, d.h. sie stellt das Resultat der unterschiedlichen pränatalen Entwicklung beider Arten dar. Damit wissen wir zwar noch nicht, wie genau sich das Entwicklungsmuster des gemeinsamen Vorfahren evolutiv in das jeweilige artspezifische Muster des Neanderthalers beziehungsweise des modernen Menschen verändert hat. Aber wir erhalten ein detailliertes quantitatives Bild darüber, wie sich die pränatale Entwicklung des Neanderthalers von der des modernen Menschen unterschieden hat. Diese Unterschiede sind in Abb. 2B visualisiert; es wird gezeigt, wie der Schädel eines modernen Menschen „deformiert" werden muss, um einen Neanderthalerschädel zu erhalten. Es zeigt sich, dass der Hirnschädel des Neanderthalers wesentlich flacher ist als der des modernen Menschen. Das bedeutet aber nicht, dass das Hirnvolumen kleiner ist: der Hirnschädel ist entsprechend breiter (vor allem im Schläfenbereich) und langgestreckter (vor allem im Hinterhauptsbereich). Ebenso deutliche Unterschiede lassen sich in der Architektur des Gesichtsschädels finden: relativ zum modernen Menschen ist das Neanderthaler-Mittelgesicht (d.h. der Bereich des Oberkiefers und der Augen) stark vergrössert und nach vorn geschoben, was sich in grossen Augenhöhlen, einer weiten Nasenöffnung und geräumigen Kieferhöhlen äussert. Der Unterkiefer ist dieser speziellen Morphologie angepasst. Die Kieferäste sind stark nach aussen geneigt, so dass die Kiefergelenke in den Gelenkpfannen der breiten Schädelbasis ruhen können. Die gesamte Zahnreihe ist relativ zum Kieferkörper nach vorn verschoben. Als Folge davon erscheint die Kinnregion eher zurückgesetzt, und es bildet sich ein freier Raum (der sogenannte Retromolarraum) zwischen dem hintersten Backenzahn und dem aufsteigenden Kieferast (Franciscus & Trinkaus 1995). Die hier anhand von Abb. 2B beschriebene Folge von Merkmalen ist zusammenfassend auch aus Abb. 1D ersichtlich und entspricht weitgehend der „klassischen" Neanderthaler-Morphologie, wie sie bereits aus älteren vergleichend-morphologischen Arbeiten bekannt ist (Stringer & Gamble 1993). Mit der geometrisch-morphometrischen Analyse und der computergraphischen Visualisierung kann neu gezeigt werden, dass es sich dabei um ontogenetisch frühe Merkmale handelt und es kann quantitativ dargestellt werden, wie sich diese Merkmale gegenseitig beeinflussen und bedingen.

Bis hierhin haben wir im wesentlichen die morphologischen Unterschiede zwischen den beiden Arten als Unterschiede in den *Entwicklungsmustern* interpretiert. Was lässt sich bezüglich möglicher Unterschiede in den zugrundeliegenden *Entwicklungsprozessen* aussagen? Entsprechende Schlüsse werden immer hypothetisch bleiben, da sich ja die Entwicklung eines Fossils nicht mehr direkt beobachten lässt. Da aber die Entwicklungsdynamik des menschlichen Schädels gut bekannt ist (Enlow 1990), können zumindest Analogieschlüsse gezogen werden. Obwohl die Skelettstrukturen des menschlichen Schädels eine Stütz- und Haltefunktion ausüben, passen sie sich während der Entwicklung weitgehend dem Wachstum der sie umgebenden Weichteile an (Moss 1986). Zum Beispiel vergrössert sich der Hirnschädel, indem Knochenmaterial in den Suturen zwischen den einzelnen Knochenplatten deponiert wird. Gleichzeitig verschieben sich die Skelettelemente relativ zueinander, indem Knochenmatrix auf der Aussenfläche deponiert und auf der Innenfläche resorbiert wird;

eine grössere Knochendicke wird schliesslich durch beidseitige Deposition erreicht. Insgesamt lässt sich so der Schädel in depositorische und resorptive Felder einteilen, die während der Entwicklung relativ konstant bleiben (Abb. 2C). Mit dieser Information kann nun Abb. 2B prozessorientiert interpretiert werden. Als erstes fällt eine Koinzidenz zwischen den Mustern in Abb. 2B und 2C auf. Die Grenzen zwischen den mehr nach innen bzw. aussen gerichteten Regionen des Neanderthalerschädels stimmen weitgehend mit den Grenzlinien zwischen depositorischen und resorptiven Wachstumsfeldern im menschlichen Schädel überein. Das führt zur Vermutung, dass die zeitlichen Aktivitätsmuster dieser Felder im Neanderthalerschädel anders waren als beim modernen Menschen, während sich die beiden Arten in der räumlichen Verteilung der Wachstumsfelder kaum unterschieden haben dürften.

Epilog

Was für evolutionär-entwicklungsbiologische Folgerungen können nun aus diesen Befunden und Hypothesen gezogen werden? Oder anders gefragt: Welche Modifikationen im Entwicklungsprozess liegen der evolutionären Aufspaltung eines gemeinsamen *Homo*-Vorfahren in *H. neanderthalensis* und *H. sapiens* zugrunde? Zusammenfassend lässt sich feststellen, dass beide Arten ihr postnatales Entwicklungsmuster vom gemeinsamen Vorfahren übernommen haben; hier hat sich, abgesehen von einer generellen Verlangsamung der Entwicklung beim modernen Menschen, evolutionär wenig geändert. Im Gegensatz dazu stellen die pränatalen Entwicklungsmuster junge evolutionäre Errungenschaften dar, die für jede Art spezifisch sind. Es stellt sich aber heraus, dass auch in dieser Phase der Entwicklung die evolutionären Modifikationen vergleichsweise geringfügig waren und sich auf die zeitliche Dimension von räumlich konstanten Wachstumsfeldern beschränkten.

Unsere Resultate tragen somit dazu bei, das liebgewordene Bild der evolutionären Einzigartigkeit des modernen Menschen zu revidieren: Vom Standpunkt ihrer Individualentwicklung her betrachtet stellen *H. neanderthalensis* und *H. sapiens* Varianten desselben menschlichen Grundthemas dar. Eine kleine evolutive Veränderung von frühen Entwicklungsmustern genügte offensichtlich, um diese beiden Menschenarten entstehen zu lassen. Dieser Befund wird unterstützt durch molekulargenetischen Daten, die zeigen, dass Einzelmutationen in Genen, die frühe Entwicklungprozesse steuern, einen wesentlichen Einfluss auf sämtliche nachfolgenden Entwicklungsschritte und damit auf die resultierende Gesamtmorphologie haben (Hall 1992, Raff 1996). Die evolutionäre Modifikation der frühen Ontogenie stellt also – nach dem Motto „kleine Ursache, grosse Wirkung – einen wesentlichen Bestandteil des Artbildungsprozesses dar. Damit liegt der Schlüssel zum Verständnis der menschlichen Evolution nicht nur in der Abfolge der Fossilbelege entlang der Zeitachse der Phylogenie, sondern ebenso in der Abfolge der Fossilbelege entlang der Zeitachse der Ontogenie, also der Kindheit.

Literatur

Bar-Yosef O, Vandermeersch B (1993) Modern Humans in the Levant. Scientific American (Juni): 64 - 70.
Busk G (1864) On a very ancient human cranium from Gibraltar. Brit. Assoc. Adv. Sci. 1864: 91.
D'Errico F, Zilhão J, Julien M, Baffier D, Pelegrin J (1998) Neanderthal acculturation in Western Europe? A critical review of the evidence and its interpretation. Current Anthropology 39: 1-44.
Darwin C (1859) The Origin of Species. J. Murray, London.
Enlow DH (1990) Facial Growth. Saunders, Philadelphia.
Fraipont C (1936) Les hommes fossiles d'Engis. Archives de l'Institut de Paléontologie Humaine 16: 1 - 51.
Franciscus RG, Trinkaus E (1995) Determinants of retromolar space presence in Pleistocene *Homo* mandibles. Journal of Human Evolution 28: 577-595.
Gould SJ (1987) Time's Arrow, Time's Cycle: Myth and Metaphor in the Discovery of Geological Time. Harvard University Press, Cambridge, MA.
Haeckel E (1866) Generelle Morphologie der Organismen: Allgemeine Grundzüge der organischen Formen-Wissenschaft, mechanisch begründet durch die von Charles Darwin reformirte Descendenz-Theorie. Georg Reimer, Berlin.
Hall BK (1992) Evolutionary Developmental Biology. Chapman and Hall, New York.
King W (1864) The reputed fossil man of the Neanderthal. Quarterly Journal of Science 1: 96.
Krings M, Stone A, Schmitz RW, Krainitzki H, Stoneking M, Pääbo S (1997) Neandertal DNA sequences and the origin of modern humans. Cell 90: 19-30.
Larsen WJ (1993) Human Embryology. Churchill Livingstone, New York.
Mayr E (1991) One Long Argument: Charles Darwin and the Genesis of Modern Evolutionary Thought. Harvard University Press, Cambridge MA.
Mayr E, Ashlock PD (1991) Principles of Systematic Zoology. MacGraw-Hill, New York.
Mellars P (1998) The impact of climatic changes on the demography of late Neandertal and early anatomically modern populations in Europe. In: Akazawa T, Aoki K, Bar-Yosef O (Hrsg.) Neandertals and Modern humans in Western Asia. Plenum Press, New York, 493-507.
Moss ML (1986) Newer analytical models of craniofacial growth. Nova acta Leopoldina NF 58: 17-25.
Ponce de León MS, Zollikofer CPE (2001) Neanderthal cranial ontogeny and its implications for late hominid diversity. Nature 412: 534-538.
Raff RA (1996) The Shape of Life. University of Chicago Press, Chicago.
Schmerling P-C (1832-1833) Sur des cavernes à ossements de la province de Liège. Bulletin de la Société Géologique de France 3: 217-222.
Stringer CB, Gamble C (1993) In Search of the Neanderthals: Solving the Puzzle of Human Origins. Thames and Hudson, London.
Zollikofer CPE, Ponce de León MS (1995) Tools for rapid prototyping in the biosciences. IEEE Computer Graphics and Applications 15: 48-55.
Zollikofer CPE, Ponce de León MS (2000) Virtuelle Rekonstruktion menschlicher Fossilien. Spektrum der Wissenschaft, Dossier 3/2000: 88-90.

Zollikofer CPE, Ponce de León MS (2002) Visualizing patterns of craniofacial shape variation in *Homo sapiens*. Proceedings of the Royal Society B 269: 801-807.
Zollikofer CPE, Ponce de León MS, Martin RD (1998) Computer-assisted paleoanthropology. Evolutionary Anthropology 6: 41-54.
Zollikofer CPE, Ponce de León MS, Martin RD, Stucki P (1995) Neanderthal computer skulls. Nature 375: 283-285.

2. Rekonstruktion historischer Kinderwelten

Geschichtswissenschaftlern ist aufgrund der für sie wichtigen Relikte zunächst eine eingeschränkte Weltsicht zu eigen, da sich die Vergangenheit nur mittels toter materieller Kultur rekonstruieren lässt. Diese Beschränkung des archäologischen Blicks hat sich aber andererseits methodisch überaus produktiv ausgewirkt. Die diversen Quellengattungen, die diesem Forschungsfeld angehören, ergeben zwangsläufig Kontexte in verschiedene Richtungen und die nachfolgenden Beiträge mögen stellvertretend für diese sowohl innovativen als auch kritischen Ansätze stehen. Die norwegische Archäologin *Grete Lillehammer* gilt als eine Vorreiterin auf dem Gebiet der „Archäologie der Kindheit", einer vor allem in Skandinavien populären Forschungsrichtung. Es ist ihr und anderen Fachvertretern zu verdanken, dass Kinder in ihrer archäologisch-historischen Betrachtung nicht länger als nebengeordnete Personen, also als Akteure ohne Autorität und eigene Kultur, betrachtet werden. Im Gegenteil – die fokussierte Analyse längst vergangener Kinderwelten hat einen überaus wichtigen Beitrag für das Gesamtstudium vergangener Kulturen geliefert. Es ist dabei das besondere Verdienst der Autorin, nicht nur den historischen Weg dieser Disziplin nachzuzeichnen, sondern sich auch kritisch mit dem theoretischen Konzept – insbesondere mit dem Problem des Theoriedefizits – auseinander zu setzen. Auch *Brigitte Röder* setzt ihre Analyse über die Rekonstruktion von historischen Kinderwelten kritisch an. Ihr Anliegen ist jedoch nicht die Frage, inwiefern die archäologisch-historischen Hinterlassenschaften aus heutiger Sicht fehlinterpretiert werden könnten, sondern wie moderne „Lebensbilder", wie sie vielfältig in Museen, Lehrbüchern und populärwissenschaftlichen Werken Verwendung finden, ein Zerrbild kindlicher Alltagssphären wiedergeben. Kinder sind in derartigen Darstellung sowohl quantitativ als auch thematisch unterrepräsentiert, gleichzeitig aber scheinen Desinteresse gepaart mit unreflektierten Projektionen dieses Bild des „Statisten" in einer Erwachsenenwelt noch zu fördern. Mit ihrer semi-statistischen Auswertung entsprechender Darstellungen gelingt es der Autorin, gravierende Mängel in der Interpretation von Kinderwelten aufzuzeigen, wobei offensichtlich gerade auch das zeitgenössische Rollenverständnis gerne perpetuiert wird. Inwiefern derartige Klischees auch in der praktischen Arbeit ihren Niederschlag finden, kann dem Beitrag von *Barbara Kraus* entnommen werden. Die Autorin richtet ihr Hauptaugenmerk auf die Kompatibilität der Erkenntnisse aus Archäologie und Anthropologie und die Frage, inwiefern Analogieschlüsse aus einer der beiden Disziplinen auf die andere erlaubt sind. Ihr Referat zeigt wie wichtig die interdisziplinäre Zusammenarbeit ist, wobei ihre Quellenkritik durchaus angebracht ist. Mit dem nach folgenden Beitrag von *Ursula Verhoeven* wird das erste von zwei ägyptologischen Kapiteln eingeleitet. Das alte Ägypten liefert in Texten, Bildern, Artefakten und menschlichen Überresten eine Informationsfülle, wie sie ihresgleichen sucht, und kann daher die Materie „Kindheit in einer vergangenen Kulturwelt" besonders transparent machen. Der Aufsatz ist somit in der Lage, sich dem gewählten Thema aus zwei unterschiedlichen Perspektiven zu nähern. Zum einen werden realweltliche Indizien über die Kindheit von Jungen und Mädchen dargestellt, zum anderen widmet sich der Beitrag den altägyptischen Kindgöttern. Diese beiden Blickwinkel – die auf den ersten Blick sehr unterschiedliche Aspekte der ägyptischen Glaubens- und Lebenswelt vermitteln – sind durch den Kontext „Kind" miteinander verknüpft. Der Beitrag von *Carola Vogel* greift diesen dichotomen Aspekt noch einmal auf und kann, dank der hervorragenden Quellensituation, erstmals zum Ausdruck bringen, was Archäologen und Historiker bereits häufig angemahnt haben: Kinder sind nicht nur Statisten, sondern Akteure! Der Autorin gelingt es in ihren Ausführungen, diesen Tatbestand mit Leben zu füllen. Zutage tritt ein Totenkult in dem die Generationen auch über den Tod hinaus einen expliziten Generationenvertrag eingehen. Das Ableben der Eltern führte somit nicht zwangsläufig zum Ende der Beziehungen, sondern lässt die emotionalen Bande und sozialen Verpflichtungen der Eltern-Kind-Beziehung weiter bestehen. Geschwisterneid und Eifersucht gehörten damals wie heute zur alltäglichen Lebenssituation, ebenso wie Trauer und Hoffnung auf ein Wiedersehen im Jenseits. Vom alten Ägypten führt uns die Zeitreise schließlich in die Epoche der Merowinger. Aus methodischer Sicht geht *Brigitte Lohrke* der Frage nach, ob die Bestattungssitte von Kindern Rückschlüsse auf deren sozialen Status erlaubt, wobei Alter und Beigaben besondere Erwähnung finden. Damit wird die Thematik von Barbara Kraus nochmals aufgegriffen, jedoch mit anderen methodischen Zugängen. Hier zeigt sich, daß die kindliche Bestattungsweise in vielen Aspekten der der Erwachsenen entsprach, und somit nicht a priori von einem Sonderstatus der Kinder ausgegangen werden darf. Die dennoch vielfach beobachtbaren Unterschiede zu den Begräbnissitten älterer Individuen vermitteln uns Einblicke in soziale und religiöse Phänomene, die sich aus anderen Quellen nicht zwanglos ergeben würden.

Archäologie und Kindheit

G. Lillehammer

Die Archäologie der Kindheit hat sich mittlerweile voll und ganz innerhalb der Archäologie etabliert und stellt längst keine exotische Forschungsrichtung mehr dar. Dies ist das Verdienst einer Reihe kind-zentrierter Fragestellungen, die das Forschungsinteresse der Archäologen auf das Thema Kindheit gelenkt haben (Lillehammer 1989, Sofaer Deverenski 1996a, b, 2000, Johnsen & Welinder 1995, Welinder 1998). Kritikern zufolge steht allerdings immer noch die Frage nach kulturellen Konstrukten im Vordergrund, bzw. wird die Aufmerksamkeit alleinig auf das Vorhandensein bzw. Fehlen von Kindern im archäologischen Report gelenkt, während die archäologischen Funde und Befunde, die von Kindern zeugen, eher marginalisiert werden (Högberg 1999). Dem ist allerdings zu erwidern, daß das Thema deutlich an Konturen gewonnen hat und sich nun als separater Forschungszweig zu etablieren beginnt. Wie aber lässt sich dieses plötzliche Interesse an einer Archäologie der Kindheit erklären? Welche methodischen Zugänge wurden bislang genutzt und welche eröffnen sich zukünftig? Was hat diese spezielle Thematik zur Gesamtarchäologie beigetragen? Um auf diese Fragen eine Antwort zu finden, muss man sich zunächst mit der Geschichte dieser Forschungsrichtung auseinandersetzen. Dies setzt allerdings voraus, daß man auch die Rahmenbedingungen in Betracht zieht. Die nachfolgende Analyse soll sich in diesem Sinne einigen Herausforderungen aber auch Forschungsleistungen widmen, in dem die Beziehung zwischen der Archäologie der Kindheit und der Gender-Archäologie – gerade auch hinsichtlich der kulturellen Hinterlassenschaften von Kindern – näher beleuchtet wird.

Kinder, Kindheit und die Lebenswelt von Kindern

Kinder schreiben keine Geschichte, sie sind aktiv an ihr beteiligt! Elternschaft bedeutet somit an einer Erfahrung teilzuhaben, die mit dem familiären Neuzugang, dem Kind, zu tun hat und damit die Grenzen des gewohnten Lebensstils neu definiert. Umgekehrt bedeutet Kind zu sein, etwas diametral anderes. Es ist keine Erfahrung, die sich dem Außenstehenden objektiv erschließt. Im Gegenteil, es ist die intersubjektive Erfahrung einer Person und schließt damit immer auch eine Entwicklung ein. Aber eine Entwicklung in welche Richtung? Die Arbeitsdefinition „Kind", welche primär auf der biologischen, osteologischen und soziologischen Entwicklung rekurriert, wurde von der Archäologie zwar übernommen (Kanvall 1995:10-12, Abb. 1). Aber um sich wissenschaftlich damit auseinander setzen zu können, ist es wichtig, sich den Phänomenen Kind, Kindheit und kindlicher Lebenswelt zunächst zu nähern.

Zu einer selbständigen Person heranzureifen, ist eine lokale sowie kulturelle Selbsterfahrung, die für die Betroffenen mit einer wachsenden Erkenntnis über die Welt einhergeht. Dies umschließt auch die Erfahrung, von anderen gefördert oder gehemmt zu werden. Ein Handlungsweise, die entweder konform oder entgegen der dominanten Gesellschaftsstruktur verläuft (Moore 1994:29-35). Diese Sichtweise schließt sowohl den biologischen Akt der Zeugung, die Geburt als auch die weitere Ontogenese des Individuums ein – und darüber hinaus auch die kulturellen Erwartungen in bezug auf Konformität oder Handlungsweisen, die diesem Individuum als zukünftigem Bestandteil einer sozialen Gemeinschaft abverlangt werden (Lillehammer 2000:21). Auf subjektiver Ebene umfasst dies auch alle Erinnerungen der Erwachsenen an ihre eigene Kindheit, eine Zeitperiode in der man in einer eigenen Kinderwelt lebte und die damit endete, daß man etwas bekanntes, liebgewonnenes im Austausch für etwas neues hinter sich ließ. Exemplarisch ist dies am traditionellen Wandel in der Kleidung aufzuzeigen, der die Kindheit in vielen Ethnien von der Erwachsenenphase trennt. Der Begriff "kindliche Lebenswelt" ist grundsätzlich anders konstruiert als der der "Kindheit" (Lillehammer 2000:24, Lillehammer 1989). Während die Kinderwelt auch die räumliche Dimension beinhaltet – Orte an denen Kinder leben, sterben oder aufwachsen – ist die Bedeutung von "Kindheit" passiv und vor allem zeitlich konstruiert. Liegen keine historischen Dokumente vor, dann vergeht die Erinnerung an eine gemachte Kindheitserfahrung mit dem Tod des Individuums. Das Phänomen „Kind" ist zudem keine ausschließlich biologische Kategorie, sondern umfaßt auch alle kulturell konstruierten Verhaltensweisen. Dabei gilt es zu berücksichtigen, daß die Zuweisung zu diesem Status weniger aufgrund des chronologischen Alters erfolgt, sondern vielmehr auf einer sozialen Abstempelung als Minderheit beruht. Das Kind fristet sein Dasein mithin im Einflußbereich der Erwachsenen und seiner Umwelt. So kann es schnell zum Außenseiter werden, anstatt den sprichwörtlichen Nabel der Welt zu bilden (Lillehammer 2000). In diesem Kontext wird das Kind wie ein Objekt behandelt, welches von den Erwachsenen und der Umgebung manipuliert wird. Selbst für einige Erwachsene hört diese Erfahrung nie auf, da sie bis an ihr Lebensende wie unmündige Kinder behandelt werden. Dieses Phänomen ist z.B. aus der Frauen- oder Minderheitenforschung hinlänglich bekannt. Die Zwischenposition verweist somit auf eine soziale Entwurzelung der Kinderkultur sowie Veränderungen seitens der Erwartungshaltungen Erwachsener – je nach dem in welcher Zeit oder Generation man sich befindet. Letztlich führt dies auch zu einer spürbaren Verflechtung kindlicher und erwachsener Rollen (Lillehammer 2000:22, Meyrowitz 1985:315-17). Die Beschäftigung mit der Kindheit vergangener Zeitepochen schließt somit die Analyse erwachsener Lebenswelten und diverser Minderheiten ein und stellt gesamtgesellschaftliche Bezüge auf. Um die Lebensumstände von Kindern verstehen zu können, müssen wir uns daher auch mit Welt der Eltern und anderer wichtiger Bezugspersonen auseinander setzen. Doch wie erfolgreich sind wir bislang in dieser Hinsicht gewesen und welches ist der derzeitige Wissensstand?

Der wissenschaftliche Werdegang der Disziplin „Archäologie der Kindheit"

In der Archäologie hat sich das Thema "Kind" zunächst als Miszelle entwickelt, nachdem andere prestigeträchtigere Projekte ihren Reiz verloren hatten. Als eigenes Forschungsfeld besteht es seit etwa 10-15 Jahren. Ursprünglich aus der Gender-Archäologie hervorgegangen (Bertelsen et al. 1987 [1979]), hatten sich jedoch schnell eigene Fragestellungen etabliert und erste Pionierarbeiten gezeigt (Johnsen & Welinder 1995, Sofaer Deverenski 1996c, 2000, Moore & Scott 1997). Auch eine eigene Terminologie ließ nicht lange auf sich warten (Lillehammer 1989, 2000, Sofaer Deverenski 1996b, 1997a, 2000, Johnsen & Welinder 1995, Welinder 1998). Als Thematik durchlief die Archäologie der Kindheit eine zweiphasige, wenngleich nahtlos in einander übergehende Transition. In einigen Ländern wurde die neue Forschungsrichtung mit Begeisterung aufgenommen, während andere keinerlei Interesse für kindliche Lebenswelten in vergangenen Zeithorizonten zeigten.

Das Thema wurde bereits früh von der physischen (Rowlett & Schneider 1974) sowie der prähistorischen Anthropologie (Brothwell 1973) aufgegriffen. Der Durchbruch kam allerdings erst mit der skandinavischen Archäologie, die Unmengen an Originalbeiträgen lieferte (Chamberlain 1997:250, Finlay 1997). Ausgangspunkt dieser Initialzündung (1970-90) war eine Publikation der schwedischen Archäologin Anne-Sofie Gräslund, die sich mit den archäologischen Hinterlassenschaften von Kindern in den Wikingergräbern von Birka auseinandersetzte (Gräslund 1973). Gegen Ende der siebziger Jahre fanden zahlreiche weitere Aktivitäten statt und das Thema stand immer mehr im Begriff, sich als eigenständige Forschungsrichtung zu etablieren. 1979 feierten die Vereinten Nationen das „Jahr des Kindes". Norwegische Kuratoren nahmen dies zum Anlass, ihre musealen Sammlungen zu durchforsten und publikumswirksame Ausstellungen zu konzipieren (Lillehammer 1979a). Diverse Publikationen (Bang-Andersen 1979, Fredriksen 1979, Lillehammer 1979b, Johansen 1979, Vinsrygg 1979) und ein erster Sammelband (Myrvold 1979) erschienen. Der schwedische Archäologe Stig Welinder veröffentlichte die Resultate einer ersten Studie über die Paläodemographie Skandinaviens (Welinder 1979). Ein Symposium der Norwegischen Archäologischen Gesellschaft über Geschlechterrollen in prähistorischen Gesellschaften fragte provokant: „Lebten einst nur Männer?" (Bertelsen et al. 1987:9 [1979]). Dieses Symposium sollte nicht nur eine führende Rolle in der Etablierung der Gender-Archäologie spielen (The K.A.N. Journals Woman in Archaeology) (Sørensen 2000:3-24, Hodder 1997, Mandt 1995, Mandt & Næss 1986), sondern griff auch das Thema „Kinder" auf (Lillehammer 1987, Weber 1982).

1982 verfaßte ich eine Publikation über Kinder, um die Thematik neu aufleben zu lassen (Lillehammer 1982). Dies gab mir im weiteren Verlauf die Möglichkeit, eine

Vorlesungsreihe an der Universität von Bergen zu halten (Lillehammer 1986) und bot mir darüber hinaus die Gelegenheit, das Thema einem internationalen Publikum vorzustellen (Lillehammer 1989). Zu diesem Zeitpunkt nahm die Beschäftigung mit Kindern in der Vor- und Frühgeschichte noch marginalen Raum ein. Auch in den wissenschaftlichen und populärwissenschaftlichen Journalen fehlte die Thematik gänzlich. Daten konnten buchstäblich nur aus Fußnoten entnommen werden bzw. aus den Miszellen archäologischer Berichte. Die Beschäftigung mit dieser Thematik führte mir aber vor Augen, daß ich dieses Interessensgebiet mit anderen teile, wobei das Generalthema noch sehr willkürlich angelegt war. Einige Kollegen waren lediglich mit der Dokumentation der Befunde beschäftigt, andere saßen hingegen bereits an ersten Auswertungen (Albrethsen et al. 1976, Bang-Andersen 1976, Edgren 1988, Jensen 1987, Knutsson 1983, 1986, Kristinsdóttir 1988, Kühl 1988, Larsson 1985, Lindquist 1981, Lysdahl Jensen 1975, Nielsen 1987, Rolfsen 1978, Schultze et al. 1985, Simonsen 1988).

Eine Arbeit ragte jedoch heraus und inspirierte mich, den einmal begonnenen Weg weiterzuverfolgen. 1984 wurde der Band „Iron Age Man in Denmark" publiziert. Ein interdisziplinär angelegtes Werk, das Anthropologie und Archäologie sinnvoll verknüpfte (Sellevold et al. 1984). Diese Arbeit hatte sich zum Ziel gesetzt, nicht nur die gemachten Befunde aufzuarbeiten, sondern diese auch im Kontext einer kindlichen Sachkultur zu interpretieren. Zeitgleich mit einer dänischen Studie von Albrethsen & Brinch Petersen (1977) und einer schwedischen Untersuchung von Welinder (1979) boten sich nun Einsichten in die Lebenswelt von Kindern, vor allem aber in differentielle gesundheitliche und soziale Bedingungen, die sowohl aus biologischer als auch kultureller Sicht von großer Bedeutung waren. Darüber hinaus führten derartige Studien dazu, Skelettüberreste ebenfalls in archäologische Analysen einzubeziehen. Die gemeinsame Analyse von biologischen und sozialen Beziehungen archäologischen Artefakten und menschlichen Knochen, vor allem aber die vergleichende Analyse von erwachsenen und subadulten Skeletten, lieferte nun Erkenntnisse über die Ernährung und den Gesundheitsstatus von Kindern. Die Anzahl der Fragestellungen, die sich aus derartigen Bearbeitungen ergaben, war immens. Diese Öffnung läutete eine neue Phase ein, die letztlich zur Etablierung der Forschungsrichtung führte (1990 bis heute).

In den 80er Jahren fand ein Paradigmenwechsel in der Archäologie statt. Aus der bisherigen Archäologie, die sich traditionell Entwicklungsprozessen gewidmet hatte und sich vornehmlich mit dem Kulturprozess auseinander setzte (Johnson 1999:30), entstand die post-prozessuale Archäologie, die ihr Hauptaugenmerk auf globale Diversität legte (Johnson 1999:101-102). In den 90er Jahren durchlief diese neue Arbeitsrichtung eine Orientierungsphase, die abschließend zur Internationalisierung führte (Bolen 1992, Claasen 1992). In Skandinavien wurden empirische und systematische Studien über prähistorische und mittelalterliche Kinderbestattungen durchgeführt. So z.B. in Schweden (Andersson et al. 1995, Iregren 1988, 1991, 1992, Jonsson 1999, Knutsson 1998, Larsson 1982, 1984, 1985, 1986, 1988, Lundin & Skoglund 1995, Welinder 1995), Finnland (Söryinki-Harmo 1992, Purhonen 1996, Ylönen-

Peltonen 1999, 2000), Dänemark (Draiby 1989, Haack Olsen 1990, Trolle-Larssen 1989) und Norwegen (Sellevold 1997). Diese Studien suchten nach den Spuren von Kindern in Siedlungen, wie z.B. der endmesolithischen Ertebölle-Kultur Dänemarks (Strassburg 1995). Weiterhin kamen mehrere Sammelbände heraus, die sämtlich – bis auf eine schwedische Publikation (Johnsen & Welinder 1995) – auch auf Englisch erschienen (Sofaer Deverenski 1996c, 2000). Innerhalb kürzester Zeit war es so zu einer Vielzahl von Pionierleistungen gekommen. Mit dem Ende der 90er Jahre war der internationale Durchbruch abgeschlossen und das Thema war in der deutschen Archäologie (Lohrke 2000) genauso präsent wie in der englischen (Gilchrist 1999) oder amerikanischen (Hays-Gilpin & Whitley 1998).

Herausforderungen und Leistungen einer fokussierten Archäologie

Eine Archäologie der Kindheit basiert notwendigerweise immer auf Studien über die materielle Kultur. Die archäologischen Daten werden dafür entweder musealen Sammlungen entnommen oder durch Neugrabungen requiriert. Die chronologischen Aspekte dieses Unterfangens sind jedoch keineswegs zu unterschätzen, spannt der Zeitbogen doch vom Eiszeitalter des Paläolithikums bis zur Reformation der Neuzeit (1537 AD). Kritisch muss zusätzlich angemerkt werden, daß diese Epochen fließend in einander übergehen. In einer fokussiert orientierten Archäologie der Kindheit liegt das Hauptaugenmerk somit auf dem direkten kontextuellen Nachweis von Kindern durch ihre körperlichen Hinterlassenschaften (Moorleichen, Bestattungen) sowie auf dem Nachweis ihres Tätigkeitsspektrums. Letztere Untersuchungen nehmen sich besonders der Wechselbeziehung zwischen Kind und Umwelt an und untersuchen z.B. Werk- oder Spielzeug von Kindern. Dies legt eine Kooperation mit Fachwissenschaftlern aus anderen Disziplinen nahe. Generell aber leistet die theoretische Debatte, wie sie auch heute noch in der Archäologie vorzufinden ist, Vorgaben für eine Archäologie der Kindheit, da sie die biologischen und kulturellen Einflussmechanismen vergangener Zeiten transparent macht.

Die Erforschung des Themas Kind muss im jeweiligen archäologischen Kontext auf sehr unterschiedliche methodische Zugänge zurückgreifen (vgl. Sofaer Deverenski 2000, 1996a). Eine Vielzahl wissenschaftlicher Bestrebungen zeigt, daß Kinder elementar zum archäologischen Fundus beitragen, wenngleich wir uns dieses Faktums nicht immer bewusst sind (Chamberlain 1997, Sofaer Deverenski 1997a). Trotz anhaltender Kritik gegenüber den theoretischen Zugängen (Högberg 1999), darf die bislang erfolgte Forschungsleistung nicht ohne weiteres minimiert werden. Ergebnisse entsprechender Studien haben facettenreiche, wenngleich kleine Einblicke in die Kinderwelten vergangener Populationen gestattet. Da die Lebenssituation von Kindern durch biologische und kulturelle Einflüsse bestimmt wird, ermöglicht dies Einblicke in das differentielle Wirkgeflecht. Innerhalb der Archäologie bilden die Themenkomplexe Kind und Kindheit erfolgversprechende und interdisziplinär ausgelegte Forschungsobjekte. Rückblickend hatte dies auch Auswirkungen auf die assoziierten Arbeitsgebiete Bevölkerungsstudien, Technologiegeschichte und Gender-Archäologie.

Es wird häufig betont, daß Kinder nie als aktive Akteure oder Teilhaber an den sozialen Organisationsstrukturen betrachtet werden. Desgleichen wird ihre Rolle an der Entwicklung oder Zerstörung von Lebensräumen unterschätzt. Ebenso wird ihnen nie ein aktiver Part als Trendsetter innerhalb der gängigen Sachkultur zugeschrieben (Claassen 1992, Hammond & Hammond 1981, Lillehammer 1987, 1982, Wilk & Schiffer 1979). Die bislang vorliegenden Ergebnisse scheinen dies vordergründig zu bestätigen. Allerdings mag dies auch darin begründet liegen, daß es im archäologischen Kontext von Siedlungs- oder Bestattungsplätzen nicht immer einfach ist, Kinder von Erwachsenen zu differenzieren. Taphonomische Prozesse, die die Überlieferung kindlicher Artefakte und Hinterlassenschaften stören, sind hier besonders hervorzuheben. Ein Umstand, der sich zwar negativ auf viele Aspekte der archäologischen Analyse und Theoriebildung auswirkt, jedoch gerade bei der Diskussion um Miniaturen, Spiel- und Werkzeuge und andere Objekte abträglich wirkt. Jegliches Verständnis von Transferleistungen, Lernanteilen und Sozialisationsprozessen geht mithin unwiederbringlich verloren (Lillehammer 1989, 2000, Sillar 1996, Sofaer Deverenski 1997a, Park 1998, Crawford 2000) (Abb. 1).

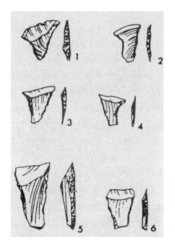

Abb. 1 : Werkzeug oder Spielzeug? Steinartefakte aus zwei Gräbern des mesolithischen Friedhofs von Skateholm, Schweden. Man vergleiche die kleinen Flintspitzen eines 10jährigen Kindes (rechts) mit den Flintspitzen eines erwachsenen Mannes (19-20 Jahre alt) (Larsson 1982:28).

Die intensive Beschäftigung mit Bestattungen hat in der Archäologie auch zu neuen Erkenntnissen über die Zusammenhänge von „Kinderwelt" bzw. dem Lebens- und Todeszyklus menschlichen Daseins geführt. Bestattungen repräsentieren einen ideologischen Kontext, in welchem soziale Phänomene von den Überlebendenden kaschiert, übersteigert aber auch gerechtfertigt werden (Lillehammer 1996, Levi-Strauss 1973:243). Trotz der generell hohen Kindersterblichkeit von etwa 50% (Chamberlain 1997:249), der ungemeinen Variabilität menschlicher Mortalitätsstrukturen (Chamberlain 2000), und trotz des Problems, den Anteil der Kindersterblichkeit in früheren Population ätiologisch klären zu wollen (Brothwell 1987), bleibt uns verborgen, wie und ob die betroffenen Kinder ihr eigenes Sterberisiko wahrgenommen haben. Altersabhängige soziale Rollen können sehr unterschiedlich konstruiert, erlebt oder neukonzipiert werden. Dies wird z.B. bei der Betrachtung prähistorischer oder mittelalterlicher Kinderbestattungen evident, wo Kinder sowohl in der Nähe ihrer Heimstätte als auch im kirchlichen Umfeld ihre letzte Ruhestätte erfuhren (Ulrich-Bochsler 1997:156-157). Die häufig vorzufindende Marginalisierung innerhalb des Friedhofsareal zeugt dabei gleichsam von ihrem sozialen Ausschluß (Finlay 2000) bzw. von ihrer gesellschaftlichen Subordinierung. In vielen prähistorischen Bestattungskontexten werden Kinder entweder ganz ausgeschlossen oder zumindest von der Bestattungswelt der Erwachsenen separiert, weil die Grablege auch Ausdruck einer sozialen Institution war (Crawford 2000:177). In anderen Friedhöfen wiederum mag die Ähnlichkeit der kindlichen und erwachsenen Artefakte, die einen Teil des Bestattungsritus bilden – im Gegensatz zu den Gegenständen des tagtäglichen Gebrauchs und Symbolen sozialer oder handwerklicher Fähigkeit – eine Idealisierung des Erwachsenstatus darstellen (Lillehammer 2000:22-23).

Aufgrund der diachronen Beobachtungen anhand norwegischer und schwedischer archäologischer Befunde vom Neolithikum bis zum Mittelalter folgert Stig Welinder, daß es zu einer immer größer werdenden Abnabelung der Kinder von ihren Versorgern kommt, bis diese schließlich selbständig werden, um selbst wieder Kinder in die Welt zu setzen (Welinder 1998:194-195). Diese Befunde werden durch die kulturvergleichenden Studien von Barry & Paxton (1971) gestützt, die Informationen zur Aufzucht von Kindern aus 186 Kulturen sammelten und herausfanden, daß Mütter zwar in 46% dieser Ethnien die Haupt- wenn nicht gar alleinigen Versorger ihrer Zöglinge darstellten, in weniger als 20% jedoch auch andere Kinder an dieser Rolle partizipieren (Claassen 1992:5). In einer relativ jungen Population mit hoher Sterblichkeitsrate – wie sie sich in den skandinavischen Analysen abzeichnet – könnten ältere Kinder somit in einer Welt der Kinder gelebt haben, jüngere Geschwister umsorgt haben und durch Kinderarbeit sogar zum allgemeinen gesellschaftlichen Wohle beigetragen haben (Lillehammer 2000:22-23).

Diese Hypothese wird durch ein aktuelles Arbeitsgebiet gestützt, das sein Forschungsinteresse auf die Zeit der „Lehrjahre" lenkt. Ziel derartiger Untersuchungen ist es, den kulturellen Übergang vom Kind zum Erwachsenen zu fassen. Artefakte wie Werkzeuge können in diesem Sinne sowohl als Sozialisationsmittel als auch als Lehrmittel gelten (Greenfield 2000). Dies – so Grimm – sichert die soziale Reproduktion und den sozialen Wandel ab, wie am Beispiel der technologischen Variabilität der Flintherstellung aufgezeigt werden kann (Grimm 2000). Gleichzeitig lassen sich aber auch Einblicke in das Sozialleben, die Handfertigkeit und die Mentalität eines Individuums gewinnen, wobei diese Aspekte auch im Kontext der gängigen Ressourcenwirtschaft zu beurteilen sind (Fisher 1990). Unabhängig von den kulturellen Mustern, die sich in vergangenen Zeitepochen wiederfinden, den Regeln, die Erwachsene Kindern aufbürden und welche von diesen imitiert werden, existieren Elemente nichtkulturell gesteuerter Ereignisse in der kindlichen Welt (Högberg 1999:102). Spiel sowie der Charakter des Spiels gehören zu diesen Prozessen (Högberg 1999). Sowohl hinsichtlich der theoretischen als auch methodischen Aspekte müssen wir uns ergo fragen, wie die materielle Welt von Kindern gestaltet war. Damit bewegen wie uns jedoch über die Grenzen der erwachsenen Welt hinaus. In einigen Sozialwissenschaften – wie z.B. der Sozialanthropologie – wird daher versucht, Kinder selbst antworten zu lassen (Goldman 1998). Doch trotz der wiederholten Versuche, die Zeitspanne zwischen Vergangenheit und Gegenwart zu überbrücken – z.B. durch die Kooperation mit der Ethno-Archäologie oder historischen Archäologie – findet dieser Ansatz in der Archäologie nur wenige Nachahmer. Sich diesen unterschiedlichen Welten der Sachkultur zu widmen, bleibt eine somit eine besondere Herausforderung für die Archäologie (Lillehammer 2000).

Kinder sind in der Regel ein nebengeordneter Teil menschlichen Lebens, eine Gruppe ohne Autorität. Sie wachsen unter Lebensbedingungen auf, die von den Erwachsenen direkt oder indirekt bestimmt werden (Lillehammer 1989, Barth 1976). Die Ethnologie konnte jedoch aufzeigen, daß ein weitgefächerter Prozess zwischen der erwachsenen und der kindlichen Kulturdimension liegt (Goldman 1998:260). Die Archäologie der Kindheit unterstreicht diese Befunde. Wenn wir uns der materiellen Kultur vergangener Epochen annähern, dann bringt der Blickwinkel des Erwachsenen jedoch gleichsam Vor- und Nachteile mit sich. Die Vorteile liegen darin begründet, daß das archäologische Wissen um die Erwachsenenwelt das Grundgerüst bildet, welches es uns ermöglicht, Kinder im archäologischen Report nachzuweisen. Aber diese Sichtweise gereicht uns auch zum Nachteil, da sie von der Welt der Kinder entfernt ist und sich zwangsläufig zunächst immer auf Erwachsene bezieht und eben nicht auf die Zielgruppe der Kinder. Bei vielen Forschungsvorhaben kann dies schnell zu Fehlinterpretationen führen (Lillehammer 2000). Daher müssen wir uns mit den Faktoren beschäftigen, die diese Wechselbeziehung zwischen Gender, Alter und materieller Kinderkultur beeinflussen.

Die kindliche Sachkultur

Das Geschlecht (Gender) – ebenso wie das Lebensalter eines Menschen – ist ein wichtiges Konstrukt innerhalb sozialer Gemeinschaften (Wilkie 2000:111). Die konzeptionellen Parallelen zwischen Alter und Geschlecht sind überaus prägnant, ebenso wie die Manifestation materieller Werte (Sofaer Deverenski 1997b). Es sind Faktoren wie diese, die die sozialen Beziehungen und Kategorien elementar bestimmen (Sofaer Deverenski 1996b, 1997c, Dommasnes 1999, Janik 2000). Auch auf dem Gebiet der Gender-Studien muß man sich fragen, was es bedeutet, in einer vergangenen Kultur heranzuwachsen. Dies gilt ebenfalls für Untersuchungen, die sich der Frage nähern, welche Konstellation natürlicher und kultureller Faktoren das Leben von Kindern negativ beeinflusst oder gar gefährdet haben könnte. Das Wissen um Kinder in vergangenen Epochen könnte somit auch zur Entwicklung einer sozialen Alterns-Theorie beitragen (Lillehammer 2000). Gleichzeitig bleibt der Blickwinkel Kind/Kindheit eine Herausforderung für viele Wissenschaften, insbesondere aber für die Gender-Studien. Jedes Kind ist gleichsam der Ausdruck für einen Neuzugang innerhalb einer Gesellschaft (Lillehammer 2000). Aus dieser Sicht ist das Kind mehr als die Teilmenge seiner biologischen und sozialen Elemente (Alter, Geschlecht und Gender). Kinder sind Erfinder ihrer eigenen Kultur, einer Kinderkultur, und haben somit das Potential für kulturelle Innovationen. Darin liegen historische Umschwünge sowie sozialer Wandel begründet. Es sind mithin Fragestellungen wie diese, die das Thema Kind/Kindheit nach wie vor für die Archäologie und Anthropologie aktuell machen.

Wie bereits erwähnt, beschäftigt sich das Studium vor- und frühgeschichtlicher Kinder mit der materiellen Kultur von Kindern, Eltern und weiteren Bezugspersonen, die bereits seit langer Zeit tot sind. Weder der Archäologe noch der Anthropologe dürfen sich dabei des Problems des Zeitsprungs verschließen. Konkret heißt das, das die Möglichkeit der direkten Beobachtung nie ein Teil des Methodeninventars sein kann. Dies trifft in vergleichbarer Weise für die historische Archäologie zu (Wilkie 2000), schriftliche Dokumente können jedoch die Befunde stützen. Der Archäologe hingegen muss daher immer vergleichende Methoden einsetzen und Schlussfolgerungen aus rezenten Populationen einfließen lassen. Ein interdisziplinärer Ansatz ist somit von grundlegender Bedeutung (Högberg 2001, Sofaer Deverenski 2000). Schlussfolgerungen über die Sachkultur von Kindern müssen darüber hinaus Theorien testen, Modellcharakter haben und aus einer Vielzahl von Quellen zusammengefügt werden. Innerhalb der Archäologie der Kindheit war man sich dieses Problems seit Anbeginn bewusst (Lillehammer 1989), was mit dem Begriff "Kinderwelten" zum Ausdruck kommt (Lillehammer 2000, Ballantyne 1996:108).

Die postmoderne Erfahrung kultureller Pluralität hat eine Vielzahl von innovativen archäologischen Zugängen und Interpretationsmodellen zum Thema Sachkultur geschaffen. Ein Teil dieser Erfahrungen hat dazu geführt, daß Fragestellungen, Daten und auch Interpretationsstränge als wertbeladen und kulturabhängig betrachtet wurden. Hinzu kommt der jeweilige theoretische bzw. geographische Standpunkt des Archäologen. In dem man die materielle Kultur als ein Medium, mittels dessen man Bedeutung, Erfahrung und Gebrauch kommunizieren kann, definiert (Hodder 1989:258-9), wird der Wert dieser Objekte als Lernmittel erkannt (Sørensen 2000:78, Bourdieu 1977). Diese Vorannahmen spiegeln sich auch in der Archäologie der Kindheit wieder, wie die Verzeichnisse zum Thema „Kind" in der archäologischen Literatur zeigen (Tab. 1 A-D). Derartige Verzeichnisse kompilieren vieles, was zum Thema Gender oder Kind als zughörig empfunden wird. Drei (Tab. 1 B-D) der vier Gruppen (Tab. 1 A-D) schließen Objektstudien und damit assoziierte Elemente ein – z.B. Bestattungen, figürliche Darstellungen, Abschlagtechniken, Fußabdrücke, Grabbeigaben und Herdstellen. Eine Gruppe, die speziell den Kindern zugeordnet wird (Tab. 1 D), besteht aus einem Themenkomplex, der sich vor allem mit den praktischen Aspekten der Sachkultur befasst und somit dem Grundgedanken archäologischer Forschung sehr nahe ist. Dies zeigt sich gerade auch daran, daß der körperliche Nachweis von Kindern nach wie vor dominiert. Anderseits beschäftigt man sich auch zunehmend mit der Frage des technologischen Transfers. Die übrigen Themenkomplexe der Gruppen A-D zielen auf den Kulturvergleich mittels anderer Disziplinen wie der physischen Anthropologie oder Sozialanthropologie ab.

Die Anwendung vergleichender Studien ist in der Gruppe der gemeinsamen Themenfelder (Tab. 1 A) wiedergegeben. Hier ist vor allem vor einer ethnozentrischen Position zu warnen, die sich zwangsläufig aus der zeitlichen und räumlichen Trennung von Vergangenheit und Jetztzeit ergibt. Diese gemeinsame Gruppe beschäftigt sich mit Unterschieden in der Haltung zu Kindern seitens der Gesellschaft, der asymmetrischen Beziehung zwischen Kindern und Älteren, oder den Spannungen, die aus dem sozialen Status der jüngeren Mitglieder einer Gemeinschaft resultieren. Am meisten aber mag der offensichtliche Mangel an Spiel und Unterhaltung in den Gruppen A-D erstaunen, gerade auch weil sich die Beschäftigung mit diesem Themenkomplex bereits als sehr konstruktiv erwiesen hat (Wilkie 2000, Sjöberg 1999). Hier ist kritisch anzumerken, das das Thema „Spiel" als selbstverständlich angenommen werden darf und somit häufig zu schnell aus dem Blickwinkel des jeweiligen Forschungsvorhabens gleitet. Oftmals sind es gerade die banalen Dinge des Alltags, die in Vergessenheit geraten. Darauf verweisen zumindest die Sozialanthropologie oder die Gender-Studien. Somit bleibt einerseits unberücksichtigt, wie sich Identität bildet; andererseits bleibt die multiple Gestalt der Subjektivität unerkannt. Die Betonung der Anthropologie auf populationsspezifische Fragen mag darüber hinaus dazu beigetragen haben, daß es bis heute an einer Theorie des Subjekts mangelt (Moore 1994:3-4). Der Zirkelschluß, die biologischen und kulturellen Eigenheiten kindlicher Identität unberücksichtigt zu lassen, führt allerdings auch dazu, daß Kinder zu Forschungsobjekten und passiven Anhängseln der Erwachsenenkultur degradiert werden. Dies mag zu einer Fehleinschätzung geführt haben, die Kinder nicht als Repräsentanten kultureller Rollen versteht, die essentielle Informationen über vergangene Lebenswelten vermitteln können (Goldman 1998:173). Warum aber ist es so wichtig, diesen Standpunkt in der Archäologie zu betonen?

In der heutigen globalen Welt tritt einem der Begriff „Identität" – gleich einem Chamäleon – in immer wieder neuen und schillernden Farben entgegen. Aufgrund der damit verknüpften Subjektivität birgt dies jedoch ein Gefahrenpotential. Position und Stellung innerhalb der Wissenschaften sind auch immer eng mit der Frage nach kulturellen Universalien bzw. Unterschieden verknüpft. Dies trifft in besonderem Maße für das Zeitfenster zu, das archäologischen Studien zwangsläufig zugrunde liegt. Wie soll man da sinnvoll zwischen „gleichem" und „anderem" unterscheiden? Geschichte geschieht keineswegs in der Vergangenheit, sondern ist ein Produkt der Gegenwart (Moore 1990:107-108). Die britische Sozialanthropologin Henrietta Moore stellte die Fragen nach Identität und Subjektivität folgendermaßen: Wen und was repräsentieren wir, wenn wir uns äußern? Wie entziehen wir uns der Falle, zwar über Menschen zu sprechen, nicht aber für sie? Dies verweist auf einen elementaren Bruch zwischen Theorie und Praxis (Moore 1994:9). Das Problem der Subjektivität in der Archäologie ist somit immer mit der Frage verknüpft, wie Aktionen einzelner Personen zu kulturellen Neuerungen und sozialem Wandel führen. Es ist daher notwendig, die Archäologie mit der Frage zu konfrontieren, wie sich der „Sachkulturschock" in Verhaltensweisen wiederspiegelt, ohne auf den Vergleich mit dem heute lebenden Kind zurückgreifen zu müssen (Sofaer Deverenski 2000).

Tab. 1: Verteilung der häufigsten General- und Spezialthemen, die mit einer gender- oder kindspezifischen Sachkultur in Verbindung gebracht werden. Alle Eintragungen entstammen archäologischen Kompendien [1990-2000] (Gero & Conkey 1991, Moore & Scott 1997, Sofaer Deverenski 2000, Sørensen 2000).

Archäologischer Index: Gender und Kinder (gemeinschaftlich, allgemein und spezifisch)	
A. gemeinschaftlich	*B. allgemein*
Wochenbett	Bestattung
Kinderfürsorge	Grabbeigaben
Kindheit	Erscheinungsbild und Identität
Krisen in der Kindheit	Kindbetttod und Mortalität
elterliche Bevorzugung	Infantizid
	Sterblichkeitsmuster
	Bevölkerungswachstum
	Einschränkungen
	Klasse
	Fischer, Sammler, Jäger
C. Gender	*D. Kinder*
Figürchen	Herstellung von Steinwerkzeugen
Geschlechtsspezifische Sozialisierung	Fußspuren
Genderkonstrukte	Kulturschock
Nahrungszubereitung	Kinderwelt
Lebensabschnitte und Ernährung	

Kinder aus der westlichen Welt haben durch Informationen, die der Öffentlichkeitsarbeit bzw. dem curricularen Rahmen entstammen (vgl. Röder in diesem Band), viele Einblicke in die Vergangenheit ermöglicht. Umgekehrt basieren kindliche Vorstellungen von vergangenen Lebenswelten auf wissenschaftlichen Fakten, welche manchmal – dem jeweiligen Zeitgeschmack entsprechend – der Mythenbildung ausgesetzt waren (Lowenthal 1998). Das Problem des „Sachkulturschocks" führt unwiederbringlich zu der Frage, wie die Sachkultur von Kindern zu definieren ist und wie die Sachkultur von Kindheit zu erkennen ist. Während letzteres eine historische Dimension beinhaltet, die die materielle Kultur mit Erinnerungen an die Kindheit verknüpft, dreht es sich bei ersterer Frage um die Erkenntnis, wie Kinder ihre Welt mittels ihrer Sachkultur erschließen. Die Differenzierung zwischen diesen beiden Ansätzen wird zu neuen Fragen führen und mithin auch zu einer Neuauswahl und Klassifikation der archäologischen Daten. Wie können Kindheitserfahrungen z.B. zum Widerstand gegenüber der Erwachsenenkultur führen bzw. zur Vermeidung derselben? Ist es also möglich, Opposition gegenüber Machtstrukturen in der Sachkultur der prähistorischen Kinder zu finden? Wie könnte eine entsprechende Nichtunterwerfung zu Innovationen und zur Entwicklung einer neuen Sachkultur beigetragen haben? Die kritische Berücksichtigung archäologischer Daten könnte uns vielleicht Antworten darauf geben, warum es zwischen Kindern, Eltern oder anderen Bezugspersonen manchmal zu Spannungen kommt.

Schlussfolgerungen

Die prähistorische Kindheit kann zwar mittels der Archäologie kenntlich gemacht werden, aber der Anteil an theoretischen und methodischen Arbeiten ist nach wie vor sehr gering. Die Archäologie der Kindheit ist immer nur punktuell zu erfassen. Grundsätzlich sollte eine entsprechende Analyse interdisziplinär angelegt sein, gerade auch hinsichtlich der Probleme, die auftauchen, wenn man theoretische Arbeiten mit wissenschaftlicher Vorgehensweise zu verknüpfen sucht. Mitunter kann es auch passieren, daß man mit den Handlungsweisen der Eltern oder anderer kindlicher Bezugspersonen nicht konform geht. Trotz des unterschiedlichen Blickwinkels ist es jedoch wichtig, alle materiellen Hinweise einbeziehen, auch die, die dem eigenen hypothetischen Standpunkt hinderlich sind. Gleichzeitig müssen neue Fragen formuliert und die archäologischen Daten herangezogen werden. Ziel aller Forschungsansätze muss es sein, Hypothesen und Interpretationsstränge direkt am Material zu testen. Dabei sollten die eigene theoretische Position und soziale Einstellung transparent gemacht werden. Beherzigt man diese Vorgaben, erweist sich die Archäologie der Kindheit als innovatives Forschungsvorhaben.

Die fokussierte Analyse der Archäologie der Kindheit ist ein neuer Ansatz für das Studium vergangener Kulturen. Derzeit scheinen die feststellbare Variabilität kindlicher Lebenswelten und die damit verknüpften materiellen Kulturen noch infinit zu sein. Das legt nahe, daß zukünftige Forschungsprojekte interdisziplinär ausgerichtet sein sollten. Die Kooperation der Archäologie mit anderen Forschungsdisziplinen bildet somit eine integrale und lohnenswerte Verbindung. Beiträge, die diese Disziplinen zu leisten vermögen, werfen außerdem neue Fragen auf, sowohl hinsichtlich der theoretischen als auch methodischen Ebene. Die Ergebnisse, die sich aus diesem weiten Feld historischer und anthropologischer Daten ergeben, vermögen dann biologische und soziale Strategien aufzuzeigen, durch die prähistorische Sachkulturen an Bedeutung gewinnen.

Literatur

Albrethsen S E & Brinch Petersen E (1977) Excavations of a Mesolithic Cemetery at Vedbæck, Denmark. Acta Archaeologca 47, 1-28.
Albrethsen S E, Alexandersen V, Brinch Petersen E & Balslev Jørgensen J (1976) De levede og døde ...for 7000 År siden. Nationalmuseets Arbejdsmark 1976, 5-23.

Andersson G, Welinder S & Westeson Å (1995) Barndommens Gränser under Mellanneolitikum. In: Johnsen B & Welinder S (Hrsg.) Arkeologi om Barn. (The Archeology of Children). Occasional Papers in Archaeology 10, Uppsala, 29-41.

Ballantyne T (1996) The Mission Station as "The Enchanter's Wand": Missionary, Maori and Notion of Household. In: Sofaer Deverenski J (Hrsg.) Perspectives on Children and Childhood. Archaeological Review from Cambridge 13/2, 97-112.

Bang-Andersen S (1976) Steinalderboplasser i Bykleheiene 1000 m.o.h. Fra Haug ok Heidni 6 (4), 92-100.

Bang-Andersen S (1979) Fra Barnets Munn til Arkeologens Hånd. AmS-Småtrykk 5, 25-27.

Barry H & Paxton L M (1971) Infancy and Early Childhood: Cross-Cultural Codes 2. Ethnology 10, 466-508.

Barth F (1976) Forskning om Barn i Sosial-Antropologien. Forskningsnytt 21(5), 43.

Bertelsen R, Lillehammer A & Næss J-R (Hrsg.) (1987) [1979] Were They all Men? An Examination of Sex Roles in Prehistoric Society. AmS-Varia 17, Stavanger.

Björkhagar V (1995) Gravskicket under Barnaåren. En Studie av Östgötska Gravar från Övergången mellan Bronålder och Järnålder. In: Johnsen B & Welinder S (Hrsg.) Arkeologi om Barn. (The Archaeology of Children). Occasiona Papers in Archaeology 10, Uppsala, 43-56.

Bolen K M (1992) Prehistoric Construction of Mothering. In: Claasen C (Hrsg.) Exploring Gender Through Archaeology. Prehistoric Press, Madison, Wisconsin, 5-62

Bourdieu P (1977) Outline of a Theory of Practice. Cambridge University Press, Cambridge.

Brothwell D (1987) The Problem of the Interpretation of Child Mortality in Earlier Populations. Anthropologia Portuguesa 4-5,1986-87,135-143.

Brothwell D R (1973) The Evidence of Osteogenesis Imperfecta in Early Egypt. In: Basu A, Gosh A K, Biswas S K, Gosh R (Hrsg.) Physical Anthropology and its Extending Horizons. S S Sarkar Memorial Volume. Orient Longman Limited, Calcutta, 45-55.

Chamberlain A (2000) Minor Concerns: A Demographic Perspective on Children in the Past. In: Sofaer Deverenski J (Hrsg.) Children and Material Culture. Routledge, London, 206-212.

Chamberlain A T (1997) Commentary: Missing Stages of Life-towards the Perception of Children in Archaeology. In: Moore J & Scott E (Hrsg.) Invisible People and Processes. Leicester University Press, London, 248-250.

Childhood. In: Sofaer Deverenski J (Hrsg.) Children and Material Culture. Routledge, London, 100-113.

Claasen C (1992) Questioning Gender: An Introduction. In: Claasen C (Hrsg.) Exploring Gender Through Archaeology. Prehistoric Press, Madison, Wisconsin, 1-9.

Crawford S (2000) Children, Grave Goods and Social Status in Early Anglo-Saxon England. In: Sofaer Deverenski J (Hrsg.) Children and Material Culture. Routledge, London, 169-179.

Dommasnes L H (1999) Om Kvinner og Barn i Forhistoriske Samfunn. Viking 1999, 7-17.

Draiby B (1989) Kvinde og Mandsgrave i Yngre Bronzealder. Regionale Variationer. In: Poulsen J (Hrsg.) Regionale Forhold i Nordisk Bronzealder. Jysk Arkæeologisk Selkabs Skrifter XXIV, 159-167.

Edgren T (1988) Om Leksaksbåtar från Vikingatid och Tidlig Medeltid. Andersen A (Hrsg.) Festskrift til Olaf Olsen 60 års Dagen. Det Kongelige Nordiske Oldskriftselskab, København, 157-164.

Finlay N (1997) Kid Knapping: the Missing Children in Lithic Analysis. In: Moore J & Scott E (Hrsg.) Invisible People and Processes. Leicester University Press, London, 203-212.

Finlay N (2000) Outside of Life: Traditions of Infant Burial in Ireland from Cillín to Cist. World Archaeology Vol 31(3), 407-422.

Fisher A (1990) A Late Palaeolithic "School" of Flint-Knapping at Trollesgave, Denmark. Results from Refitting. Acta Archaeologica Vol. 60, 33-49.

Fredriksen G (1979) Barnegraven fra Leirhol i Valdres. AmS-Småtrykk 5, 20-24.

Gero J M & Conkey M W (Hrsg.) (1991) Engendering Archaeology. Women and Prehistory. Basil Blackwell, Oxford.

Gilchrist R (1999) Gender and Archaeology contesting the Past. Routledge, London.

Goldman L R (1998) Child's Play. Myth, Mimesis and Make-Believe. Berg, Oxford-New York.

Gräslund A-S (1973) Barn i Birka. Tor 15,161-179.

Greenfield P (2000) Children, Material Culture a Weaving. Historical change and Developmental Change. In: Sofaer Deverenski J (Hrsg.) Children and Material Culture. Routledge, London, 72-86.

Grimm L (2000) Apprentice Flintknapping: relating Material Culture and Social Practice in the Upper Paleolithic. In: Sofaer Deverenski J (Hrsg.) Children and Material Culture. Routledge, London, 53-71.

Haack Olsen A-L (1990) A Bronze Age Barrow with Early Urn Graves from Thy. Journal of Danish Archaeology Vol. 9, 133-152.

Hammond G & Hammond N (1981) Child's Play: A Distorting Factor in Archaeological Distribution. American Antiquity 46, 643-636.

Hays-Gilpin K & Whitley D S (Hrsg.) (1998) Reader in Gender Archaeology. Routledge, London and New York.

Hodder I (1989) This is not an Article about Material Culture as Text. Journal of Anthropological Archaeology 8, 250-269.

Hodder I (1997) The Gender Screen. In: Moore J & Scott E (Hrsg.) Invisible People and Processes. Leicester University Press, London and New York, 75-78.

Högberg A (1999) Child and Adult at a Knapping Area. A technological Flake Analysis of the Manufacture of a Neolithic Square Sectioned Axe and a Child's Flintknapping Activities on an Assemblage excavated as Part of the Öresund Fixed Link Project. Acta Archaeologica Vol. 70, 79-106.

Högberg A (2001) Barn og Materiell Kultur - Reflexioner kring en Läsning. Meta 1, 44-47.

Iregren E (1988) Avbruten Amning blev Barnens Död? Et Forsök til Tolkning av Västerhusmaterialet. Populär Arkeologi 6/4, 22-25.

Iregren E (1991) Kvinnor och Barn under Medeltiden -ett Antropologisk Perspektiv på några Skelettmaterial. In: I. Lövkrona (Hrsg.) Kvinnospor i Medeltiden. Kvinnovetenskapliga Studier 1, 55-92.

Iregren E (1992) Scandinavian Women during the Medieval Period. Health, Childbirth and Child-Care. Coll. Anthropol. 16:1, 59-81.

Janik L (2000) The Construction of the Individual among North European Fisher-Gather-Hunters in Early and Mid-Holocene. In: Sofaer Deverenski J (Hrsg.) Children and Material Culture. Routledge, London, 117-130.

Jensen N (1987) En spændende Fladmarksgrav fra Yngre Stenalder. Fynske Minder 1987, 7-14.

Johansen A B (1979) Sandsabarn. AmS-Småtrykk 5, 18-19.

Johnsen B & Welinder S (Hrsg.) (1995) Arkeologi om Barn. (The Archaeology of Children). Occasional Papers in Archaeology 10, Uppsala.

Johnson M (1999) Archaeological Theory. An Introduction. Blackwell Publishers, Oxford.

Jonsson K (1999) Bland Barnaföderskor, Spädbarn och "Vuxna Barn" - Social och Religiös Kontroll speglad i Gravmaterialet från Västerhus. Meta 4,12-35.

Kanvall P (1995) Barn i Förhistorisk Tid. En Teoretisk Diskussion kring Begreppet "Barn". In: Johnsen B & Welinder S (Hrsg.) Arkeologi om Barn. (The Archaeology of Children). Occasional Papers of Archaeology 10, Uppsala, 7-12.

Knutsson K (1983) Barn, finns dom? Fjölnir 1983/1, 8-11.

Knutsson K (1986) Några Ord om Barn, Stötkantkärnor och Pieces Escquilles. Fjölnir 1986/1, 29-39.

Knutsson Y (1998) Bronsålderns Barn i Sydskandinavien. En Undersökning av Barnens Sociala Ställning tolkat genom Gravskick. CD-Uppsats i Arkeologi. Umeå Universitet, Institutionen för Arkeologi.

Kristinsdóttir G (1988) Kuml og Beinafundur á Austarlandi. Árbók hins Islenzka Fornleifafélags 1987, 89-95.

Kühl I (1988) Remnants of a Bronze Age Burial Hill from Ahrenviöl, North Germany, with Tusks of Wild Boar in the central Grave. Ossa 1986-1987,119-144.

Larsson L (1982) Skateholmsprojektet. Nya Gravar och ett Nytt Gravfält från Jägarstenåldern. Limhamniana 1982, 11-42.

Larsson L (1984) Gräberfelder und Siedlungen des Spätmesolithikums bei Skateholm, Südschonen, Schweden. Archaeologisches Korrespondenzblatt 14(2), 123-130.

Larsson L (1985) En Barngrav från Jägarstenåldern. Ystadiana 30, 87-103.

Larsson L (1988) The Skateholm Project I. Man and Environment. Acta Regiae Societatis Humaniorum Litterarum Lundensis LXXIV, Stockholm.

Levi-Strauss C (1973) Tristes Tropiques. (Trans. J & D Weightman). London.

Lillehammer G (1979a) Gjemt og Glemt - Barn i Fortiden. AmS-Småtrykk 5, 4-7.

Lillehammer G (1979b) Tre Små Jærbuer. AmS-Småtrykk 5,14-17.

Lillehammer G (1982) Med Barnet på Vei inn i Forhistorien. AmS-Skrifter 9, 97-102.

Lillehammer G (1986) Barna i Nordens Forhistorie. Drøft Metodegrunnlaget og Kildenes Bærekraft. K.A.N. Kvinner i arkeologi i Norge 2, 3-21.

Lillehammer G (1987) Small Scale Archaeology. In: Bertelsen R, Lillehammer A & Næss J-R (Hrsg.) Were They All Men? AmS-Varia 17, Stavanger, 33-34.

Lillehammer G (1989) A Child is Born. The Child's World in an Archaeological Perspective. Norwegian Archaeological Review Vol. 22 No. 2, 89-105.

Lillehammer G (1996) Død og Grav. Gravskikk på Kvassheimgravfeltet, Hå i Rogaland, SV Norge. Death and Grave. Burial Rituals of the Kvassheim Cemetery, Hå in Rogaland, SW Norway. AmS-Skrifter 13, Stavanger.

Lillehammer G (2000) The World of Children. In: Sofaer Deverenski J (Hrsg.) Children and Material Culture. Routledge, London, 17-26.

Lindquist M (1981) Mylingar - Offer, utsatta Barn eller Förhistoriska Barnbegravningar? Gotländsk Arkiv 1981, 7-12.

Lohrke B (2000) Kindergräber. In: Müller R (Hrsg.) Reallexikon der Germanischen Altertumskunde 16. Walter Gruyter, Berlin-New York, 540-543.

Lowenthal D (1998) The Heritage Crusade and the Spoils of History. Cambridge University Press, Cambridge.

Lundin I & Skoglund M (1995) Gravfältens Minsta. Om Barngravar under Förromersk Järnålder. In: Johnsen B & Welinder S (Hrsg.) Arkeologi om Barn. (Archeology of children). Occasional Papers in Archaeology 10, Uppsala, 57- 68.
Lysdahl Jensen P (1975) Jernalderlegetøj? Hikuin 2,113-114.
Mandt G & Næss J-R (1986) Hvem skaper og gjenskaper Vår fjerne Fortid. Struktur og Innhold i Norsk Arkeologi i Perspektivet: Hvor Mannlig er Vitenskapen? K.A.N. 3, 3-28.
Mandt G (1995) Tilbakeblikk på 10 år med K.A.N. K.A.N. 19-20, 9-21.
Meyrowitz J (1985) No Sense of Place: The Impact of the Media on Social Behaviour. Oxford University Press, Oxford.
Moore H (1990) Paul Ricoeur: Action, Meaning and Text. In: Tilley C (Hrsg.) Reading Material Culture. Structuralism, Hermeneutics and Post-Structuralism. Basil Blackwell, Oxford.
Moore H L (1994) A Passion for Difference. Polity Press, Cambridge.
Moore J & Scott E (Hrsg.) (1997) Invisible People and Processes. Writing Gender and Childhood into European Archaeology. Leicester University Press, London and New York.
Myrvold L (Hrsg.) (1979) Gjemt og Glemt - Barn i Fortiden. AmS-Småtrykk 5, Stavanger.
Nielsen J (1987) Raslefigurer. Miv 14,76-79.
Park R W (1998) Size counts: the Miniature Archaeology of Childhood in Inuit Societies. Antiquity 72, 269-281.
Purhonen P (Hrsg.) (1996) Vainionmäki - a Merovingian Period Cemetery in Laitila, Finland. Helsinki.
Rolfsen P (1978) En Barnegrav fra Romertid. Agder Historielag Årskrift 56,103-107.
Romersk Jernålder. RAÄ Rapport UV 1984:35, Stockholm.
Rowlett R M & Schneider M J (1974) The Material Expression of Neanderthal Child Care. In: Richardson M (Hrsg.) The Human Mirror. Louisiana State University Press, Baton Rouge, 41 58.
Schultze H, Beskow Sjöberg M, Broberg B & Holgersson K (1985) Et Barngravfält från. In: Scott E (Hrsg.) Invisible People and Processes. Leicester University Press, London, 192-202.
Sellevold B J (1997) Children's Skeletons and Graves in Scandinavian Archaeology. In: De Boe G & Verhaeghe F (Hrsg.) Death and Burial in Medieval Europe. Papers of the "Medieval Europe Brugge 1997" Conference Volume 2. I.A.P. Rapporten 2. Zellik, 15-25.
Sellevold B J, Lund-Hansen U & Balslev Jørgensen J (1984) Iron Age Man in Denmark. Prehistoric Man in Denmark 3. Nordiske Fortidsminner 8, Copenhagen.
Sillar B (1996) Playing with God: Cultural Perceptions of Children, Play and Miniatures in the Andes. Archaeological Review from Cambridge 13:2, 47-63.
Simonsen P (1988) På Sidelinjen i Stenalderen. Arkeologiske Skrifter Historisk Museum No 4,179-184.
Sofaer Deverenski J (1996a) Editoral. Archaeological Review from Cambridge 13:2, 1-5.
Sofaer Deverenski J (1996b) Where are the Children? Accessing Children in the Past. Archaeological Review from Cambridge 13:2, 7-20.
Sofaer Deverenski J (1997a) Engendering Children, Engendering Archaeology. In: Moore J & Scott E (Hrsg.) Invisible People and Processes. Writing Gender and Childhood into European Archaeology. Leicester University Press, London and New York.
Sofaer Deverenski J (1997b) Linking Age and Gender as Social Variables. Ethnographisch-Archäologische Zeitschrift 38, 485-493.

Sofaer Deverenski J (1997c) Age and Gender at the Site of Tiszapolgár-Basatanya, Hungary. Antiquity 71, 875-889.

Sofaer Deverenski J (2000) Material Cultural Shock. Confronting Expectations in the Material Culture of Children. In: Sofaer Deverenski J (Hrsg.) Children and Material Culture. Routledge, London, 3-16.

Sofaer Deverenski J (Hrsg.) (1996c) Perspectives on Children and Childhood. Archaeological Review from Cambridge 13:2, Cambridge.

Sørensen M L Stig (2000) Gender Archaeology. Polity Press, Cambridge.

Söyrinki-Harmo L (1992) Children's Graves of the Viking and Crusade Periods in Finland. In: Land E V & Selirand S (Hrsg.) Cultural Heritage of the Finno-Ugrians and Slavs, 142-155.

Strassburg J (1995) Barn i Mesolitikum. In: Johnsen B & Welinder S (Hrsg.) Arkeologi om Barn. (The Archaeology of Children). Occasional Papers in Archaeology 10, Uppsala, 19-27.

Trolle-Larssen T (1989) Jernaldergravpladsen ved Vogn. En Arkæologisk-Osteologisk Undersøgelse. Kuml 1987, 105-163.

Ulrich-Bochsler S (1997) Anthropologische Befunde zur Stellung von Frau und Kind in Mittelalter und Neuzeit. Soziobiologische und soziokulturelle Aspekte im Lichte von Archäologie, Geschichte, Volkskunde und Medizingeschichte. Berner Lehrmittel- und Medienverlag, Bern.

Vinsrygg S (1979) Våre "Eldste" Barn. Ottar 115, 30-34.

Weber B (1982) Leker eller? Viking 45, 81-92.

Welinder S (1995) Barnens Demografi. In: Johnsen B & Welinder S (Hrsg.) Arkeologi om Barn. (The Archaeology of Children). Occasional Papers in Archaeology 10, Uppsala, 13-18.

Welinder S (1998) The Cultural Construction of Childhood in Scandinavia 3500BC-1350AD. Current Swedish Archaeology Vol. 6, 185-205.

Welinder S (1979) Prehistoric Demography. Acta Archaeologica Lundensia, Series in 8 Minore No. 8, Lund.

Wilk R & Schiffer M B (1979) The Archaeology of Vacants Lots in Tuscon, Arizona. American Antiquity Vol. 44/3, 530-535.

Wilkie L (2000) Not merely Child's Play. Creating a Historical Archaeology of Children and Childhood. In: Sofaer Deverenski J (Hrsg.) Children and Material Culture. Routledge, London, 100-113.

Ylönen-Peltonen R (2000) Interpreting Children's Graves in Early Christian Cemeteries in Finland - Two 11th-13th Century Cemeteries in Southwestern Finland. Meta 2000:3, 46-53.

Statisten in der Welt der Erwachsenen:
Kinder auf archäologischen Lebensbildern

B. Röder

Mehr als Illustrationen

Ein Bild sagt mehr als tausend Worte. Das gilt auch für archäologische Lebensbilder, die in Publikationen und Museen ein ‚lebendiges Bild von der Vergangenheit' vermitteln sollen. In jüngster Zeit rücken Lebensbilder zunehmend in den Blickwinkel der archäologischen Forschung. Insbesondere die Urgeschichtsforschung entdeckt die Lebensbilder als neue Quellengattung, nämlich als eine Quelle zur Selbstreflexion. Verschiedene Kolleginnen und Kollegen, die Lebensbilder kritisch analysiert haben, kamen zu dem Schluss, daß die Darstellungen nur zu einem geringen Teil historische Fakten visualisieren (Allinger 1999, Gifford-Gonzales 1993, Jud & Kaenel 2002, Karlisch 1997, 1998, Owen 1999). Wesentlich größer sei der Anteil an zeitgeschichtlichen und persönlichen Vorstellungen, Klischees und Geschichtsbildern, die hier – gänzlich unreflektiert – bildlich Ausdruck fänden.

Diese Erkenntnis ist alarmierend, zumal die Wirkung der Lebensbilder im allgemeinen völlig unterschätzt wird. Laut Erkenntnissen der Kommunikationswissenschaft und der Medienforschung haben Bilder allgemein mehr Gewicht als Texte. Sie ziehen die Aufmerksamkeit wesentlich schneller und stärker auf sich. Botschaften, die über Bilder vermittelt werden, prägen sich wesentlich besser ein als solche in Textform und bleiben auf Dauer auch besser im Gedächtnis haften. Nicht nur das – die Bilder entwickeln ein Eigenleben: Ihre Botschaften werden zur Brille, durch die wir den zugehörigen Text wahrnehmen und verstehen (vgl. insbesondere Allinger 1999)

Was das für archäologische Texte mit Lebensbildern heißt, liegt auf der Hand. Die Macht ihrer plakativen Botschaften ist offenbar größer als die unserer wohlüberlegten Texte. Die Botschaft eines Lebensbildes haben die LeserInnen bereits verinnerlicht, bevor sie die erste Zeile gelesen haben. Ein Bild sagt mehr als tausend Worte – im Fall der Lebensbilder auch vieles, was nur wenige ArchäologInnen je so explizit schreiben würden.

Kinder: quantitativ und thematisch unterrepräsentiert

Es gibt also Anlaß genug, urgeschichtliche Lebensbilder auch im Hinblick auf die Darstellung von Kindern zu analysieren. Doch das ist leichter gesagt als getan, denn statistisch gesehen sind Männer das Hauptthema der archäologischen Lebensbilder. Männer und ihre Aktivitäten stehen offenbar im Brennpunkt des Interesses. In der Folge sind Kinder und Frauen auf Lebensbildern massiv unterrepräsentiert. Für die Kinder habe ich dieses Mißverhältnis quantifiziert: Auf 64% der von mir untersuchten Abbildungen wird kein einziges Kind dargestellt. Selbst auf Dorfszenen fehlen sie zuweilen völlig. Unter der Fragestellung 'Darstellung von Kindern' reduziert sich die Quellenbasis um mehr als zwei Drittel. Doch nicht nur quantitativ, sondern auch thematisch sind Kinder unterrepräsentiert: In 87% der Fälle, in denen Kinder überhaupt dargestellt werden, bestimmen Erwachsene – insbesondere Männer – das Geschehen. Kinder sind nur in Ausnahmefällen die Hauptpersonen (Abb. 1).

Abb. 1: „Mädchen aus der Jungsteinzeit beim Kornmahlen": Nur selten sind Kinder die Hauptpersonen wie bei dieser Installation im Kantonalen Museum für Urgeschichte(n) Zug (CH). (Installation: Gery Embleton)

Quellenbasis

Die Quellenbasis, die dieser Untersuchung zugrunde liegt, umfasst 412 Lebensbilder zur Urgeschichte. Die meisten von ihnen wurden in den letzten 20 Jahren veröffentlicht – sind also noch recht aktuell. Sammelschwerpunkt war die Schweiz, wo ich am Aufbau einer Bilddatenbank zum Thema Lebensbilder beteiligt war, auf deren Bestand ich zurückgreifen konnte. 10% der Bilder stammen aus Fachbüchern, d. h. ihre Zielgruppe ist das Fachpublikum. Die Masse der Lebensbilder hat jedoch die Öffentlichkeit als Zielpublikum. Im einzelnen handelt es sich dabei um Illustrationen in populärwissenschaftlichen Publikationen, in historischen Romanen und in den Heften des Schweizerischen Jugendschriftenwerkes, die sich speziell an Schulkinder richten. In die Sammlung eingegangen sind aber auch Postkarten von Bildern und Installationen aus Museen. Insgesamt ergab sich so eine Auswahl von 149 Lebensbildern, auf denen Kinder dargestellt sind.

Zum Aussterben verdammt

Schon bei der ersten Durchsicht der 149 Lebensbilder fiel mir auf, daß Kinder massiv unterrepräsentiert sind. Diese Beobachtung hat mich veranlaßt, die Verteilung der Altersklassen der dargestellten Menschen zu untersuchen. Da die künstlerische Qualität der Lebensbilder sehr unterschiedlich ist und häufig auch gar keine Feinabstufungen beim Alter der dargestellten Personen zu erkennen sind, habe ich eine grobe Einteilung vorgenommen, nämlich: Babies – Kinder – Jugendliche – junge Erwachsene – alte Menschen. Nach diesen Kategorien habe ich die abgebildeten Personen ausgezählt und dann den prozentualen Anteil jeder Altersklasse berechnet. Dabei habe ich nach den großen urgeschichtlichen Epochen unterschieden, so daß ich insgesamt auf fünf ‚Populationen' kam. Die graphische Darstellung der Ergebnisse ergibt fünf Kurven: jeweils eine für die Alt-, Mittel- und Jungsteinzeit sowie für die Bronze- und für die Eisenzeit (Abb. 2).

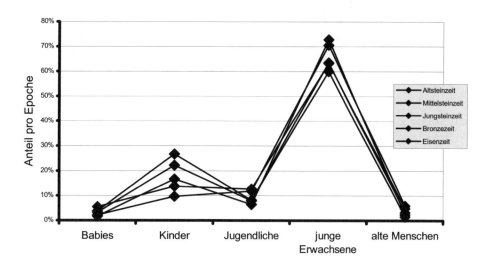

Abb. 2: Zum Aussterben verdammt: Wenn die Verteilung der Altersklassen auf den Lebensbildern die urgeschichtlichen Realität widerspiegeln würde, gäbe es uns heute nicht.

Das Erstaunliche ist, daß der Verlauf der fünf Kurven fast identisch ist. Es scheint, als wäre die Altersverteilung in urgeschichtlichen Gesellschaften mehr oder weniger konstant gewesen. Auf den Lebensbildern macht es keinen Unterschied, ob es sich um altsteinzeitliche nomadisierende Jäger und Sammlerinnen oder um jungsteinzeitliche bäuerliche Dorfgemeinschaften handelt. Dabei ist man sich in der Urgeschichtsforschung eigentlich einig, daß für die Jungsteinzeit mit dem Übergang zu Sesshaftigkeit und Landwirtschaft mit einem starken Geburtenanstieg und Bevölkerungswachstum zu rechnen ist.

Erstaunlich ist auch ein weiterer Punkt: Alle Gesellschaften sind zum Aussterben verdammt – und das vermutlich innerhalb kürzester Zeit. Wären in die Berechnungen noch die 263 Lebensbilder *ohne* Kinder eingegangen, wäre der Anteil der Erwachsenen noch viel größer geworden. Angesichts dieses eklatanten Defizits an Babies, Kindern und Jugendlichen wären selbst Kleinfamilien die ‚kinderreiche' Ausnahme gewesen (Abb. 3). Großfamilien mit mehreren Kindern und Angehörigen verschiedenster Altersstufen scheint es überhaupt nicht gegeben zu haben. An dieser Stelle noch eine Bemerkung am Rande: Im gesammelten Bildmaterial findet sich eine einzige Darstellung von einer möglicherweise schwangeren Frau; das passt natürlich gut zu der offenbar extrem niedrigen Geburtenrate...

Abb. 3: Angesichts des eklatanten Kinderdefizits auf den Lebensbildern wird selbst die Kleinfamilie zur ‚kinderreichen Ausnahme'. (Bild: Benoît Clarys)

Doch zurück zur Verteilung der Altersklassen. Was stellen diese Kurven dar? Als Spekulation möchte ich in den Raum stellen, daß sie das Interesse und die Wertschätzung widerspiegeln, die den einzelnen Altersklassen heute entgegengebracht bzw. zugesprochen wird. In diesem Punkt erinnern die urgeschichtlichen Lebensbilder an die Bilderwelt der Werbung, die ebenfalls von jungen Erwachsenen dominiert wird.

Kindheit und Jugend in der Urgeschichte

Als nächstes hat mich interessiert, was man aus den Lebensbildern über eine Kindheit und Jugend in der Urgeschichte erfährt: Was tun die Babies, Kinder und Jugendlichen? Mit welchen Situationen sind sie konfrontiert? Was ist ihre gesellschaftliche Rolle? Wie sehen ihre sozialen Beziehungen aus? Was sind die Stufen zum Erwachsenwerden? Zur Beantwortung dieser Fragen habe ich für alle abgebildeten Babies, Kinder und Jugendlichen erfaßt, wie sie dargestellt sind. Dabei zeigte sich schnell, daß die Darstellung sehr stereotyp ist und sich mit wenigen Kategorien beschreiben läßt. Aufgeschlüsselt für die drei Altersgruppen hier die wichtigsten Ergebnisse: Babies werden in erster Linie getragen – in der Regel als eine Art Accessoire von Frauen, seltener auch von Mädchen. Es gibt nur ein Bild, auf dem jemand mit einem Baby kommuniziert. Nicht überraschend wird das Stillen relativ häufig thematisiert.

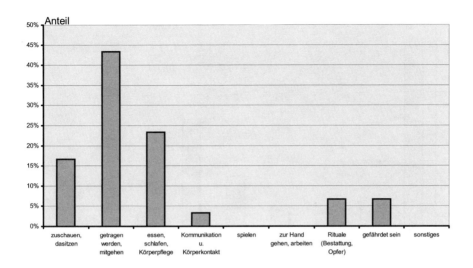

Abb. 4: Auf den Lebensbildern werden Babies (n=30) in erster Linie getragen – in der Regel als eine Art Accessoire von Frauen.

Kinder (Abb. 5): Das Zuschauen, Dasitzen oder Dastehen scheint die Hauptbeschäftigung der Kinder zu sein. Gespielt haben Kinder nur äußerst selten; entsprechend fanden sich auch nur zwei Darstellungen von Spielzeug. Wichtiger als zu spielen war es offensichtlich, den Erwachsenen zur Hand zu gehen, indem beispielsweise ein kleiner Junge dienstbeflissen die Holzschnipsel aufsammelt, die ein alter Mann beim Schnitzen produziert (Abb. 6). Kinder nahmen – zumindest als Zuschauer – auch am sozialen Leben teil, das sich offenbar hauptsächlich in Form von Bestattungsritualen vollzogen hat. Ganz selten – z. B. bei der Darstellung der Bestattung eines Kindes – klingen auf den Lebensbildern auch dunkle Seiten des Lebens an. Mit drei Fällen ebenfalls sehr selten ist die Darstellung von Situationen, in denen Kinder – beispielsweise durch einen Dorfbrand – gefährdet sind.

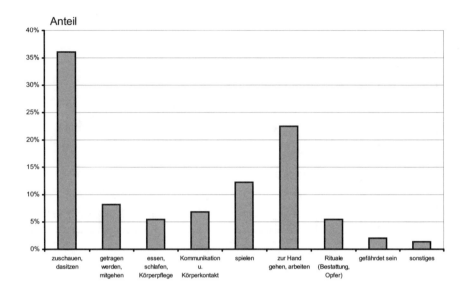

Abb. 5: Das Zuschauen oder Dasitzen scheint die Hauptbeschäftigung der Kinder (n=147) gewesen zu sein. Gespielt haben Kinder offenbar nur äußerst selten.

Abb. 6: Wichtiger als zu spielen war es offensichtlich, den Erwachsenen zur Hand zu gehen. (Bild: Sabina Nüssli) Aus: Bauer I, Schoch W H (1993) Geräte und Werkzeuge aus Holz in der Bronzezeit. Schriften des Kantonalen Museums für Urgeschichte Zug 43. Zug.

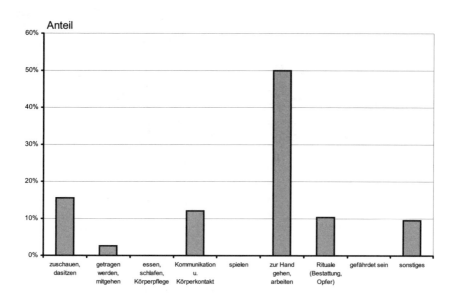

Abb. 7: Mit zunehmendem Alter verengt sich die Erfahrungswelt: Für die Jugendlichen (n=116) ist die Arbeit das bestimmende Element ihres Lebens; Arbeit scheint der Sinn und Zweck des Lebens zu sein.

Hineinwachsen in die geschlechtsspezifische Arbeitsteilung

Die Integration in den Arbeitsprozeß beginnt bereits im Kleinkindalter. Interessant ist, daß sich die Tätigkeiten der kleinen Helfer unterscheiden – und zwar je nachdem, ob es sich um Mädchen oder um Jungen handelt. Auf den ersten Blick unscheinbare Accessoires wie ein Kochtopf in der Hand eines Mädchens oder ein Bogen, den ein Junge hält, sind nicht zufällig, sondern haben System und spiegeln die Geschlechterrollen der Erwachsenen (Röder 2002) wider:

Die Welt der Frauen ist klein; sie besteht in erster Linie aus Haushalt und Kindern. Folglich haben Frauen auch einen kleinen Aktionsradius; ihr Leben spielt sich hauptsächlich im Haus und seiner unmittelbaren Umgebung ab (Abb. 8). Das Leben der Männer ist hingegen keineswegs aufs Heim beschränkt. Ihr Aktionsradius und ihr Tätigkeitsspektrum sind wesentlich größer. Unter anderem erledigen Männer auch die körperlich anstrengenden und die meisten handwerklichen Arbeiten (Abb. 9). Die Mädchen, die den Frauen bei der Hausarbeit helfen, wachsen in die geschlechtsspezifische Arbeitsteilung und ihre Geschlechterrolle ebenso hinein wie die Jungen, die den Männern bei handwerklichen Tätigkeiten zur Hand gehen.

8 9

Abb. 8 und 9: Laut Lebensbildern gab es in der Urgeschichte klar umrissene Geschlechterrollen, die sich u. a. in einer rigiden geschlechtsspezifischen Arbeitsteilung zeigten. Mädchen wuchsen schon früh in die Welt der Frauen (Abb. 8), Jungen in die Welt der Männer (Abb. 9) hinein. (Bilder: Karin Bosserdet) Aus: Arnold B (1986) Un village du Bronze final. Cortaillod-Est. Archéologie neuchâteloise 1. Saint-Blaise.

Die Vorstellung von einer absolut strikten, geschlechtsspezifischen Arbeitsteilung in der Urgeschichte ist so fest verankert, daß Abweichungen von ihr (Abb. 10) mitunter heftige Proteste auslösen. Das geschah z. B. anlässlich der Darstellung einer offenbar undenkbaren Szene, in der ein Mädchen seinem Vater in der Schmiede hilft. „Eine Frau in einer Schmiede – undenkbar!" – so der Kommentar eines Kollegen. Doch das Bild ist publiziert, und vielleicht trägt es dazu bei, verkrustete Denkgewohnheiten etwas aufzubrechen und die stereotype Darstellung von Kindern und Jugendlichen zu überwinden.

Abb. 10: Das vermeintlich Undenkbare: Ein Mädchen hilft seinem Vater in der Schmiede. (Bild: Benoît Clarys)

Statisten auf dem Weg ins Arbeitsleben

Wie stellen sich Kindheit und Jugend nun im Licht der Lebensbilder dar? Als Fazit kann man festhalten, daß der Auftakt des Lebens in der Urgeschichte eine freudlose und langweilige Kindheit ohne Höhepunkte war. Grundbedürfnisse wie Nahrung, Kleidung, Gesundheit und Schutz vor Gefahr waren zwar befriedigt, doch alles weitere – etwa enge Sozialkontakte und liebevolle Zuwendung – haben urgeschichtliche Kinder nicht erlebt. Ihr Leben war das von Statisten – Statisten in der Welt der Erwachsenen. Lebensziel war offenbar die Arbeit. Der Prozess des Erwachsenwerdens war die Integration in das Arbeitsleben.

Desinteresse und unreflektierte Projektionen – mögliche Hintergründe eines Zerrbildes

Zum Schluss einige Überlegungen zum Hintergrund dieses Zerrbildes: Die Darstellung von Kindern und Jugendlichen ist selbstverständlich im Zusammenhang mit dem allgemeinen Charakter urgeschichtlicher Lebensbilder zu sehen. Als Stichworte sind hier das insgesamt sehr schmale Themenspektrum mit seiner Fokussierung auf die Welt der Männer sowie auf Arbeit und Wirtschaft zu nennen.

Im hohen Stellenwert der Arbeit, der auf den Lebensbildern zum Ausdruck kommt, scheint sich unser aktuelles Wertesystem zu spiegeln. Wir definieren uns zu einem großen Teil über unsere Arbeit. Spätestens wenn wir arbeitslos werden, wird uns das schmerzlich bewusst. Vor diesem Hintergrund erstaunt es nicht, daß sich der Prozess des Erwachsenwerdens auf den Lebensbildern als Integration in die Arbeitswelt präsentiert.

Was die überproportionale Thematisierung von sogenannten 'Männerthemen' anbelangt – z.B. Jäger und Krieger in Aktion – so dürfte sie *eine* Ursache für das eklatante Defizit an Kindern und Jugendlichen auf Lebensbildern sein. Eine andere Ursache sehe ich in der aktuellen demographischen Entwicklung. In unserem Umfeld gibt es immer weniger Kinder. Insofern stören wir uns an den Darstellungen kinderarmer urgeschichtlicher Dörfer auch nicht – sie sind uns vielmehr vertraut.

Die Projektionen, die bei der Produktion und Rezeption von Lebensbildern stattfinden, sind vielfältig und facettenreich. Im Fall der verzerrten Darstellung von Kindern und Jugendlichen kommt neben unreflektierten Projektionen aber noch ein weiterer Faktor hinzu: pures Desinteresse. Desinteresse sowohl von Seiten der Urgeschichtsforschung als auch von Seiten der Öffentlichkeit, die nicht nach Forschungsergebnissen über Kinder nachfragt. Das Desinteresse der archäologischen Forschung an Kindern hat Grete Lillehammer in diesem Band dargelegt (in diesem Band). Die allgemein sehr geringe Neugier auf die Situation von Kindern in der Vergangenheit illustriert m. E. das folgende Beispiel sehr anschaulich: Im Eingangsbereich des Museums für Urgeschichte(n) Zug (CH) steht als Blickfang die Installation eines Mädchens (Abb. 11). Seine Größe und Gesichtszüge sind die eines Kindes. Trotzdem nehmen zahlreiche Museumsbesucherinnen und -besucher die Figur nicht als Kind wahr. Und so kommt es, daß das Personal regelmäßig gefragt wird, ob denn die Menschen früher so klein gewesen seien. Kinder erwartet man offenbar nicht in Museen – schon gar nicht als Hauptfiguren.

Abb. 11: Das gänzlich Unerwartete: Installation eines Mädchens im Eingangsbereich des Museums für Urgeschichte(n) Zug (CH). Viele BesucherInnen nehmen die Figur nicht als Kind wahr, sondern fragen das Personal, ob die Menschen denn früher so klein gewesen seien. (Installation: Gery Embleton)

Literatur

Allinger K (1999) Aspekte zur bildlichen Darstellung urgeschichtlichen Lebens in wissenschaftlichen Publikationen. Unveröff. Magisterarbeit, Mainz.

Gifford-Gonzales D (1993) You can hide, but you can't run: Representation of women's work in illustrations of palaeolithic life. Visual Anthropology Review 9,1: 23-41.

Jud P, Kaenel G (Hrsg) (2002) Lebensbilder – Scènes de vie. Actes du colloque de Zoug (13e-14e mars 2001). Documents du Groupe de travail pour les recherches préhistoriques en Suisse (GPS) N° 2. Lausanne.

Karlisch S M (1997) Eine Spur von Zweifel. Botschaften über die Fußspuren von Laetoli. In: Karlisch S M, Kästner S, Mertens E-M (Hrsg.) (1997) Vom Knochenmann zur Menschenfrau. Feministische Theorie und archäologische Praxis. agenda frauen 9 = Frauen - Forschung - Archäologie 3. Münster, 68-87.

Karlisch S M (1998) Das Mama-Papa-Kind-Syndrom - Botschaften über die Fußspuren von Laetoli. In: Auffermann B, Weniger G-Ch (Hrsg.) Frauen - Zeiten – Spuren. Mettmann, 141-160.

Owen L R (1998) Die Darstellung von Frauenrollen im Jungpaläolithikum Europas. In: Vorgeschichtliches Seminar der Philipps-Universität Marburg (Hrsg.) Frauenbilder - Frauenrollen. Frauenforschung in den Altertums- und Kulturwissenschaften? Symposion des

Vorgeschichtlichen Seminars der Philipps-Universität Marburg 30.-31. Oktober 1998. Kleine Schriften 49. Marburg, 75-87.

Röder B (2002) Botschaften aus der Gegenwart: Die Darstellung von Geschlechterrollen auf Lebensbildern zur Urgeschichte. In: Jud P, Kaenel G (Hrsg.) Lebensbilder – Scènes de vie. Actes du colloque de Zoug (13e-14e mars 2001). Documents du Groupe de travail pour les recherches préhistoriques en Suisse (GPS) N° 2. Lausanne, S. 43-51.

Das Kind im Grab: zur Methodik der Befunderhebung in Archäologie und Anthropologie

B. Kraus

In der Ur- und Frühgeschichte ist seit Mitte des vergangenen Jahrhunderts ein zunehmendes Interesse an Kindern und Kindheit als eigenständigem Forschungsgegenstand zu beobachten. Dieses Interesse scheint in der Archäologie in Deutschland durch Anregungen aus den historischen Wissenschaften, aus Pädagogik, Psychologie und fachübergreifenden Ansätzen aus diesen Disziplinen verstärkt worden zu sein. Insbesondere die Sozialwissenschaften rückten in der zweiten Hälfte des 20. Jahrhunderts die Betrachtung von Kindern und Kindheiten zunehmend in den Mittelpunkt. Damit verbunden war eine Aufarbeitung klassischer und historischer Quellen, die Erkenntnisse über Kindheiten auch in vergangenen Epochen erbringen sollte. Diese Quellensammlungen veranlassten die Ur- und Frühgeschichte, archäologische Belege für historisch bezeugte Sachverhalte im Zusammenhang mit Kindern zu erbringen. Daneben entstanden neue, hauptsächlich aus der Zusammenarbeit mit der Naturwissenschaft Anthropologie erwachsene Fragestellungen.

Der im Vergleich mit anderen Disziplinen große Nachteil der Archäologie – ihre Beschränkung auf das Materielle – ist in diesem Zusammenhang ihr größter Reiz: nur sie kann den materiellen Niederschlag menschlichen Tuns, vor allem aber menschliche Überreste selbst, seit den Anfängen der Menschwerdung erkennen, benennen[1], bergen und diese Funde damit einer inter-, trans- oder multidisziplinären Forschung[2] zur weiteren Interpretation und Rekonstruktion zur Verfügung stellen.

Gräber stellen eine außergewöhnliche archäologische Quellengattung dar, denn sie bewahren Spuren menschlichen, "rituellen" Handelns, die zusammen (das heißt gleichzeitig und am gleichen Ort) mit den physischen Überresten derjenigen, an denen ein Bestattungsritual vollzogen wurde, überliefert sind. Die Beschäftigung mit Gräbern setzt generell eine respektvolle, behutsame und reflektierte Herangehensweise voraus, die sich auch in der Wahl der Methoden ausdrücken muss. So verbieten sich invasive Methoden der Skelettbefundung in vielen Fällen von selbst. Daneben erfordert der Umgang mit dem Untersuchungsgegenstand "verstorbener Mensch" auch ein Abwägen des eigenen Erkenntnisinteresses gegenüber der Notwendigkeit einer bestimmten Anwendung.

Die Beschäftigung mit dem Phänomen Kindergrab bedingt darüber hinaus die Entwicklung von Fragestellungen und die Anwendung von Methoden, die ihm angemessen sind. Kinder unterscheiden sich nicht nur im Leben, sondern auch im Tod von Erwachsenen. Ihre Gräber sind die materialisierte Reaktion einer bestattenden Gemeinschaft auf den *paradoxen Tod am Lebensanfang* (Abb. 1). Diese Situation ist sowohl im Hinblick auf die individuellen Auswirkungen als auch auf ihre familiären

Das Kind im Grab   107

oder gesellschaftlichen Folgen mit der des Todes eines Erwachsenen nicht zu vergleichen[3].

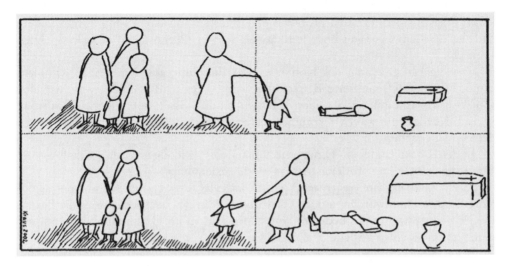

Abb. 1: Hinterbleibende Gemeinschaft (links) im Todesfall eines Kindes (oben) und eines erwachsenen Gemeinschaftsmitgliedes (unten).

Daraus ergibt sich die Notwendigkeit, für die Untersuchung von Kinderbestattungen eigene Methoden zu entwickeln, die nicht einfach Modifikationen der Verfahren sein dürfen, die bei der archäologischen Untersuchung bestatteter Erwachsener zur Anwendung kommen.

Archäologische Methodik

Der Aussagewert archäologischer Quellen richtet sich nach Methode und Herangehensweise. Nichtarchäologen schätzen die Möglichkeiten einer rein archäologischen Befunderhebung in Unkenntnis der Methoden und ihrer Probleme häufig falsch ein. Dies wird am Beispiel von archäologischen Objekten deutlich, die von vor allem aus anderen Disziplinen stammenden Kindheitsforschern herangezogen werden, um Aspekte des kindlichen Lebens zu illustrieren. Die Spanne reicht von "Spielzeug" über "Kinderwerkzeug" bis hin zu Bekleidung und "Schmuck"[4]: die einzige Voraussetzung für die Zuordnung eines beliebigen Gegenstandes ins Kinderreich scheint – überspitzt gesagt – in vielen Fällen seine geringe(re) Größe zu sein. Ob diese Stücke archäologische Einzelfunde sind, aus Sammlungen stammen oder nur noch als Abbildungen existieren, wird bei einer solch objektorientierten Herangehensweise nicht berücksichtigt.

Das Problem besteht in der ungeprüften Übernahme einer einmal vorgenommenen Interpretation, die bei Einzelfunden häufig lediglich auf der Annahme[5] "ein kleines Gerät wurde von einem kleinen Menschen benutzt" beruhte. Das Gegenargument lautet allerdings bis auf weiteres, dass eine kleine Figur, die für uns Spielzeugcharakter hat, oder ein Werkzeug in kindgerechter Größe ebenso einen kultischen oder uns unbekannten profanen Charakter gehabt haben kann. Ohne weitere Indizien bleiben Aussagen über Funktionen solcher Gegenstände deshalb Spekulation.

Erst die Einbeziehung des Kontextes, des Befundes, aus dem Funde stammen, ermöglicht eine differenzierte Betrachtungsweise. Dies wird deutlich, wenn dasselbe Objekt in einem Grab und in einer Abfallgrube oder Kloake gefunden wird: es steht, je nach Kontext, für zwei vollkommen unterschiedliche Haltungen und Handlungen des Niederlegenden.

In der Kloake landet ein Ding, weil es nicht mehr wichtig ist[6]. Als archäologischer Fund steht dieses Ding für eine materialisierte Bedeutungs*losigkeit*.

In ein Grab ist ein Gegenstand jedoch *aufgrund seiner Bedeutung* und/oder seines Wertes beigegeben worden, um die verstorbene Person – oder wenigstens die Bestattenden – aufzuwerten: er bedeutet etwas, sein Dasein im Grabkontext verweist auf einen transzendenten Aspekt.

Beide Kontexte zeigen eine spezifische Fundvergesellschaftung, die zusammen mit der Art ihrer Niederlegung für die Deutung "Bestattung" oder eben "Abfallgrube" sprechen[7]. Aufgrund der Deutungsmöglichkeiten ihres jeweiligen komplexen Zusammenhanges bilden Bestattungen eine der Hauptquellenarten der archäologischen Forschung. Ziele, Methoden, Merkmale, Potentiale und Probleme der Gräberarchäologie in ihrer Auswirkung auf die Untersuchung von Kinderbestattungen listet Tabelle 1 auf.

Durch das Vorhandensein einer Bestattung[8], also einer intentionalen Niederlegung eines Toten, ist bereits der Nachweis von "Totenfürsorge" erbracht und damit der Glaube der Bestattenden an ein Jenseits belegt. Bei der Interpretation von Grabfunden darf allerdings nicht außer acht gelassen werden, dass sie nicht die Verstorbenen selbst, sondern den materiellen Niederschlag des Verhaltens ihrer Hinterbliebenen spiegeln: diese waren es, die Tote nach bestimmten Regeln[9], die beim Anlass "Tod eines Gemeinschaftsmitglieds" galten, ausstatteten.

Ob die im Grab angetroffenen Gegenstände, Beigaben und Trachtelemente den tatsächlichen, lebenden Habitus einer Person in ihrer Tracht und Ausstattung spiegeln, ist nicht mehr feststellbar. Bestimmte Indizien (fehlende Gebrauchsspuren an Gewandnadeln etwa) können sogar dafür sprechen, dass Bestattete in ausgesprochener Totentracht, die eben keiner alltäglichen Nutzung unterlag, zur letzten Ruhe gebettet wurden – und warum sollten vorchristianisierte Gemeinschaften in diesem Punkt anders handeln als wir es heute tun?

Das Kind im Grab

Tab. 1: Archäologische Methodik bei der Analyse von Kinderbestattungen.

ZIEL	METHODE	MERKMAL	POTENTIALE	PROBLEME
Archäologische Datierung, um zeitlich vergleichbare Bestattungen zu erkennen	typologisch	Grabbeigaben	Erstellung relativer Chronologie	Evolutionärer Ansatz Vorliegen von „Grabtracht"? Verhältnis der Beigaben zu bestatteter Person?
Archäologische Abgrenzung Kinder-/ Erwachsenen-Bestattung, um gleichaltrig Verstorbene zu erkennen.	metrisch / morphognostisch (bei Körperbe-stattungen)	Größenverhältnisse (z. B. von Grabgruben, Leichenschatten, Armringen, Skelettknochen, Proportionen des Skeletts)	Feststellung von Grabbau überhaupt, Möglichkeit des Vergleichs mit anderen Gräbern	Sehr grobe Altersbestimmung der Individuen anhand der Körpergröße
s. o.	metrisch (bei Brandbestattungen)	Gewichtsverhältnisse (Leichenbrände) Größenverhältnisse (Grabgefäße)	s.o.	Mehrstufiges Totenritual: kann inhomogenen Leichenbrand bedingen: inkorrekte Altersbestimmung
s.o.	analogisch / funktional	Beigaben („Spielzeug", "Kinderarmband")	Weitere Aussagemöglichkeiten, wenn Gebrauchsspuren vorhanden; Deutungen auf Basis von Analogien möglich	Funktionszuweisungen und Bezeichnungen enthalten Analogieschluss Ungeklärtes Verhältnis der Beigaben zu bestatteter Person (Besitz, Symbol ?)

Davon unabhängig ergibt sich für die archäologische Interpretation von Grabbefunden bei einer nicht nur objekt-, sondern problemorientierten Herangehensweise die Frage, wie Kinder- und Erwachsenenbestattungen überhaupt zu unterscheiden sind. So banal es klingt: um Erkenntnisse über Kinder zu gewinnen, müssen Kontexte zunächst eindeutig Kindern zuzuordnen sein. Bei Körperbestattungen ohne erhaltene physische Überreste[10] können metrische Daten (zum Beispiel die Grabgrubengröße, Beigabengrößen, Größe der Grabgefäße, Größe des Leichenschattens) Anhaltspunkte für Kinderbestattungen liefern. Es muss aber zumindest die theoretische

Möglichkeit in Betracht gezogen werden, dass es sich auch um die Grabstätten kleiner Erwachsener handeln könnte. Werden kleine, kindgerecht erscheinende Beigaben in Gräbern geborgen, ist auch dies kein Beweis für die Bestattung eines Kindes, denn es spricht nichts dagegen, dass Erwachsenen "kleine" Gegenstände ins Grab mitgegeben werden – es gibt schließlich umgekehrt auch Fälle von eindeutigen Kinderbestattungen, die "normalgroße" Beigaben enthalten.

Anthropologische Methodik

Sind in den Bestattungen Knochen erhalten, werden sie, wenn kein Anthropologe vor Ort ist, in situ, bei oder nach der Bergung ebenfalls zunächst unter metrischen Gesichtspunkten grob altersbestimmt, wobei Messungen der Länge der Skelette oder die Begutachtung der Proportionen von Schädel zum postcranialen Skelett bereits erste Anhaltspunkte für ein relatives Lebensalter liefern können. Ein weiteres, relativ leicht und auch für Laien gut erkennbares Indiz ist der Zahnstatus[11].

Eine eingehende anthropologische Untersuchung zielt bei einem guterhaltenen oder auch nur in den bestimmungsrelevanten Teilen noch vorhandenen Skelett auf die Ermittlung des erreichten Lebensalters (Skelettalter). Diese Diagnose ermittelt eine "Reife", die vom tatsächlich erreichten Lebensalter abweichen kann, und teilt Reifestadien in verschiedene Altersklassen ein. Konventionell umfassen sie in Anlehnung an Martin 1928 (Herrmann et al. 1990) die Altersklassen (neonatus[12],) infans I: 0-6 Jahre; infans II: 7-12 Jahre und juvenis: 13-18/20 Jahre.

Die Bezeichnungen infans und juvenis/juvenil wurden jedoch auch in forschungsgeschichtlich älterer Literatur verwendet, wobei die Benennung der Altersklassen und die Vorstellungen, welches Lebensalter diese Klasse in Jahren umfasst, einen weiten „range" zeigen. Die Klasse juvenil beinhaltet im Extremfall bereits 5jährige[13], während sie nach erwähnter Konvention Individuen bezeichnet, die mindestens 13 Jahre[14] bzw. sogar erst etwa 15 Jahre (Knußmann 1996) alt sind. Da in den meisten Katalogen archäologischer Arbeiten nur die Altersklassen, nicht aber die absoluten Lebensalter angegeben sind, kann es bei ungeprüfter Übernahme der Altersklassenbezeichnungen von einer Untersuchung zur anderen zu großen Ungenauigkeiten kommen – nachträglich ist in den seltensten Fällen eine erneute Befundung möglich.

Daneben birgt die Altersbestimmung eine Reihe von Problemen, die darin wurzeln, dass ein Kind, während es älter wird, zwei weiteren Einflussfaktoren ausgesetzt ist, die seinen körperlichen Zustand beeinflussen: Erbe und Umwelt. Neben dem vererbten Geschlecht oder Erbkrankheiten wirken umweltgenerierte Einflüsse – Ernährung, Lebensbedingungen oder erworbene Krankheiten – auf das kindliche Skelett ein und hinterlassen signifikante Spuren. Allerdings ist der Auslöser einer solchen Spur nicht immer eindeutig auszumachen, was die Genauigkeit der Diagnosen entscheidend beeinträchtigen kann.

Wer sich mit Kindern im archäologischen Befund befassen muss, kommt nicht umhin, subadulte Skeletteile anthropologisch zunächst von juvenilen beziehungsweise älteren Individuen und von Feten unterscheiden zu lassen. Gerade diese beiden Randbereiche des Kindesalters sind jedoch in der Praxis nicht immer zweifelsfrei abgrenzbar. Die Knochen eines totgeborenen Säuglings lassen sich anthropologisch/morphologisch nicht von denen eines verstorbenen Säuglings unterscheiden[15]; auch eine Zahnalterbestimmung bringt in dieser Frage keine verwertbaren Ergebnisse. Auf der anderen Seite des Kindesalter-Spektrums stößt die eindeutige Abgrenzung von älteren Kindern zu den Juvenilen ebenfalls auf Schwierigkeiten, da sich eindeutige Indizien für das Erreichen des Lebensabschnitts Pubertät am Skelett nicht ausbilden.

Dasselbe gilt für morphologische und odontologische Merkmale[16], die Hinweise auf das Geschlecht bestatteter Kinder geben könnten. Außer der DNA-Analyse, die – aus erhaltungstechnischen, finanziellen oder anderen Gründen – immer noch nicht zu den Routineuntersuchungen zählt, gibt es keine sichere Methode zur Geschlechtsbestimmung subadulter Individuen. Da zwischen den Ausprägungen der Merkmale für Alter und Geschlecht eine Zusammenhang besteht, der (stark vereinfacht!) darin besteht, dass Mädchen bis zur Pubertät gegenüber gleichaltrigen Jungen vom Skelett her robuster wirken, verstärken sich die Probleme bei der Altersbestimmung, wenn das Geschlecht des untersuchten Kindes unbekannt ist. Aber auch der Gesundheitszustand spielt eine große Rolle: kranke oder schlecht ernährte Mädchen *müssen* nicht robuster wirken als gleichaltrige Jungen. Die Ausprägungen der im Hinblick auf Alter, Geschlecht, Krankheit und Ernährung befundbaren Merkmale überlagern sich demnach. Um die Sicherheit der Diagnosen zu erhöhen, ist es deshalb unbedingt erforderlich, alle (im Sinne der Erhaltung) befundbaren Merkmale im Hinblick auf diese vier genannten Fragestellungen aufzunehmen. Als fünfte kommt die Verwandtschaftsanalyse hinzu, die bei der vergleichenden Untersuchung mehrerer Individuen Anwendung finden kann. Auch ohne Erbgut-Analysen ist es über morphologische Merkmale möglich, Verwandtschaften zwischen Individuen festzustellen: nichtpathologische "Diskreta" (etwa zusätzliche Knochenkerne in den Schädelnähten) bilden sich stärker unter Verwandten aus, und in seltenen Fällen können Erbkrankheiten, die morphologisch befundbare Auswirkungen am Skelett hinterlassen, diagnostiziert werden. Es besteht also auch eine Wechselwirkung zwischen den Ausprägungen der Merkmale für Krankheit und Verwandtschaft. Abbildung 2 zeigt Merkmalsarten und die zu ihrer Befundung anwendbaren Methoden im Hinblick auf bei der Untersuchung von Kindern maßgebliche Diagnosen (unten). Links sind die zu ihrer Befundung zur Verfügung stehenden Merkmalsarten und rechts die anwendbaren Methoden aufgeführt; die Pfeile zwischen den Brückensäulen verdeutlichen die Interdependenzen der Ausprägungen der Merkmale[17].

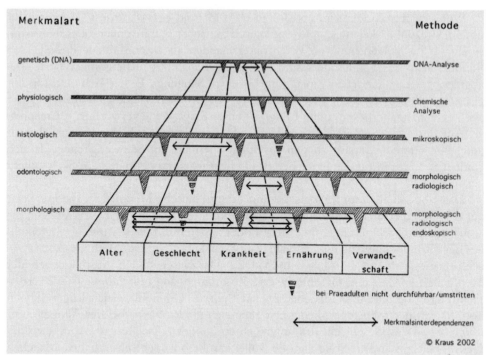

Abb. 2: Merkmalsarten und zu ihrer Befundung anwendbare Methoden bei der Untersuchung präadulter Individuen mit ihren Wechselwirkungen (Merkmalsinterdependenzen).

Die Kenntnis dieser Merkmalsinterdependenzen ist von fundamentaler Bedeutung für die Befunderhebung an kindlichen Skelettresten. Die bildliche Darstellung zeigt diese Überlagerungen. In der Konsequenz heißt das, daß eine isolierte Befundung – zum Beispiel nur auf das Alter hin – sinnlos ist, weil sie die Wechselwirkungen der Einflüsse aller fünf Faktoren ignoriert und damit zwangsläufig zu ungenauen, wenn nicht falschen Ergebnissen führt. Taucht in einer anthropologischen Diagnose der Terminus "adult, eher weiblich" auf, ist das Wort "eher" also in allen weiteren Zusammenhängen, in denen von diesem Individuum die Rede ist, beizubehalten!

Anthropologen benutzen, um die Einflüsse dieser Faktoren zu berücksichtigen, häufig Referenzserien. Dazu werden altersbekannte Serien von Knochen, die zum Beispiel von Friedhöfen mit Grabsteinen stammen, auf denen das Sterbealter der Bestatteten verzeichnet ist, mit Knochen von Individuen unbekannten Alters abgeglichen. Die Vergleichbarkeit der beiden Serien ist allerdings genau zu prüfen, denn die Einflüsse, denen die Individuen beider Serien ausgesetzt waren und die sich im Entwicklungsstand ihres Skelettes niedergeschlagen haben, variieren zeitlich stark. So sind neuzeitliche Kinderskelette aufgrund des bekannten Phänomens der Akzeleration größer (länger) als solche aus älteren Zeitabschnitten. Solche Referenzserien können also eigentlich nur für Altersbestimmungen gleichzeitiger Serien herangezogen werden. Darüber hinaus sind auch räumliche Unterschiede, die eine körperliche Anpassung an verschiedene Habitate mit sich bringen, Grund für eine Variationsbreite der Ausprägungen von Merkmalen am Skelett. Für eine realistische Einschätzung der relativen Aussagekraft einer anthropologischen Bestimmung anhand von Referenzserien ist deshalb eine kritische Durchsicht der verwendeten Daten und ihrer Herkunft hilfreich, um verwertbare Diagnosen von solchen zu trennen, die auf der sekundären (tertiären...) Verwendung räumlich, zeitlich und methodisch unpassender Serien beruhen.

Die archäologisch-anthropologische Erhebung und Untersuchung des Befundes: Kind unterliegt also einer Reihe von methodischen Einschränkungen, die es zu berücksichtigen gilt.

Daneben bergen methodisch reflektierte Untersuchungen von Kinderbestattungen aber auch Potentiale, die sowohl bei der Individualbefundung als auch bei über sie hinausgehenden Fragestellungen genutzt werden können (Tab. 2). Genetische, physiologische und serologische Analysen sind allerdings gegenüber den traditionellen morphognostischen Methoden nach wie vor mit einem gewissen technischen und damit finanziellen Aufwand verbunden.

Tab. 2: Anthropologische Methodik bei der Analyse von Kinderbestattungen.

Ziel	Methode	Merkmal	Potentiale	Probleme
Abgrenzung von inf. I/II zu Feten und juv./ adult	Altersbestimmung	histologisch	Feststellung relativen Alters	z. T. invasiv
s. o.		morphologisch	s.o.	Interdependenzen mit Geschlecht, Krankheit, Ernährung Räumliche und zeitliche Variabilität genetischer Merkmale: Verwendung von Referenzserien problematisch
s. o.		odontologisch	s.o.; große Altersvariabilität; gute Erhaltung von Zähnen.	Interdepedenzen mit Ernährung, Krankheit
Einteilung in männliche und weibliche Bestattete	Geschlechtsbestimmung	genetisch (DNA-Analyse)	Feststellung des genetischen Geschlechts auch bei Kindern möglich	Invasiv Kontaminationsgefahr Genetisches Geschlecht kann mehr als zwei Ausprägungen haben; genetisches Geschlecht muß nicht mit morphologischem übereinstimmen

Fortsetzung Tab. 2.

s. o.		morphologisch/ odontologisch		Merkmale bilden sich erst bei Juvenilen aus.
Feststellung des Gesundheitsstatus	Paläopathologie	genetisch	Erfassung pathologischer Aberrationen	Invasiv Kontaminationsgefahr Nur vererbbare Pathologien diagnostizierbar Interdependenzen mit Verwandtschaft
s. o.	Spurenelementanalyse	physiologisch	Diagnose von Schadstoffbelastungen	Invasiv Inhomogene Proben
Feststellung von Mangelerkrankungen		histologisch/ odontologisch/ morphologisch		Interdependenzen: Ernährung, Alter, Geschlecht, Verwandtschaft Abgrenzung von erworbenen Pathologien schwierig Merkmale persistieren nicht ins Erwachsenenalter
Feststellung des Entwöhnungszeitpunktes	Spurenelementanalyse	physiologisch		Invasiv Inhomogene Proben
s. o.		odontologisch		Abrasionsnachweis bei kleinen Kindern umstritten
Feststellung von Verwandtschaft	DNA-Analyse	genetisch		Invasiv Kontamination
s. o.	Blutgruppenanalyse	serologisch	Nachweis von Verwandtschaft und Nichtverwandtschaft	Invasiv Inhomogene Proben
s. o.	Morphologisch/ Odontologische Verwandtschaftsanalysen	Diskreta	Nachweis von Verwandtschaft	Erblichkeit der Diskreta tw. umstritten. Interdependenzen: mit Erbkrankheiten Diskretaausbildung tw. erst im Erwachsenenalter.

Das Kind im Grab

Analogie und Interpretation

Ein Beispiel für methodische Sorgfalt bietet die Dokumentation von Johann Georg Ramsauer, der in mehreren Kampagnen auf dem Hallstätter Gräberfeld seit 1846 auch die Kinderbestattungen dokumentierte. Auch wenn die Altersbestimmungen heute nicht mehr anthropologisch überprüft werden können, da die Skelette nicht mehr erhalten sind, können sie aufgrund von Ramsauers modern anmutender Herangehensweise (er zog sogar einen Zahnarzt als Gutachter heran (Kromer 1959)) als einigermaßen gesichert gelten. Hinzu kommt, daß dem Ausgräber als 24fachem Vater wohl ein gewisses Augenmaß bei der metrischen Altersbestimmung zugesprochen werden kann – die Erfahrung dieses Wissenschaftlers war offensichtlich stark biographisch geprägt. Das analogische Moment in seinen Altersbestimmungen ist leicht auszumachen: Ramsauer schloss vermutlich von seiner lebenden Nachkommenschaft, seiner "Referenzserie" mit bekanntem Alter und bekannter Körperhöhe, anhand vermesser Skelettreste auf die Körperhöhen und damit auf das Individualalter der hallstattzeitlichen Bestatteten.

Nicht immer ist der Zusammenhang zwischen der Analogiequelle (dem zur Deutung herangezogenen Phänomen) und dem zu untersuchenden Subjekt[18] so eindeutig nachvollziehbar wie bei Ramsauers metrischen Altersbestimmungen. Diese Transparenz ist jedoch notwendig, um den Grad der Übereinstimmung zwischen Quelle und Subjekt einschätzen zu können, der von ihrem räumlichen, zeitlichen und sachlichen Abstand bestimmt wird. Im Beispiel des Gräberfelds von Hallstatt besteht dieser Abstand räumlich aus ein paar Hundert Höhenmetern, die zwischen dem Wohnort der Familie Ramsauer und dem Gräberfeld gelegen haben[19]. Zeitlich wirkte sich möglicherweise die Mitte bzw. Ende des 19. Jahrhunderts einsetzende Akzeleration (Knußmann 1996) auf die Körpergröße der Ramsauer-Kinder und damit auf ihre Vergleichbarkeit mit eisenzeitlichen Bestattungen aus. Sachlich wirkt sich einschränkend aus, dass die "Daten" der Referenzserie an lebenden Kindern erhoben bzw. beobachtet wurden, während die Vergleichsserie aus Verstorbenen bestand.

Ein Beispiel für einen aufgrund des nicht mehr nachprüfbaren Abstands zwischen Quelle und Subjekt problematischeren Analogieschluß bietet Ramsauer mit der Dokumentation von Grab 43: "*zwey geripte Kinderarmringe*" (Kromer 1959) gelten hier als ausreichender Beleg für das Vorliegen einer Kinderbestattung. Hier wird deutlich, dass häufig bereits die sprachliche Benennung analogische Momente enthält: "Kinderarmring" ist kein neutraler, sondern ein wertender Begriff, der die Deutung des Grabes als Kindergrab vorwegnimmt. Erst die Information, dass die Ringe wegen ihres geringen Umfangs als einem Kinde zugehörig interpretiert wurden, ermöglicht die Einschätzung des Abstands zwischen Quelle und Subjekt aus heutiger Sicht.

Ein weiteres Problem bei der analogischen Deutung von Kinderbestattungen ergibt sich, wenn die Kenntnis bestimmter historisch oder ethnographisch dokumentierter Sachverhalte die Interpretation von Befunden dahingehend beeinflusst, dass sie *ausschließlich* als Beleg für diesen beschriebenen Sachverhalt angesehen werden, ohne dass alternative Deutungen in Betracht gezogen werden. Eindrücklich zeigt dies die Geschichte der Erforschung der bekannten Moorleiche des "Mädchens von Windeby", das zunächst aufgrund einer Textstelle bei Tacitus als Ehebrecherin, die zur Strafe ins Moor gejagt und dort zu Tode gekommen sei, interpretiert wurde – diese Interpretation schlug sich nach Bekanntwerden wiederum in den Kommentaren der Tacitus-Ausgaben nieder, in denen nun zu lesen war, dass "die taciteische Beschreibung der Strafe (...) durch einen Teil der sogenannten Moorleichen bestätigt" werde[20]. Aufgrund des doch offenbar liebevollen Grabbaus stellte ein späterer Bearbeiter diese Interpretation in Frage[21]; die unsichere Geschlechtsbestimmung des angeblichen Mädchens sprach zusätzlich gegen die zunächst vorgenommene Auslegung.

Dies mag als Beleg dafür gelten, dass die Kenntnis bestimmter schriftlicher oder bildlicher Quellen einen neutralen Blick auf einen archäologischen Befund verstellen kann und sich im Extremfall die Quelle und das Subjekt eines Analogieschlusses derartig miteinander verquicken können, dass sie kaum noch voneinander zu trennen sind.

Zusammenfassung

Kinderbestattungen können rein archäologisch nicht als eigene Quellengattung betrachtet werden, denn eine eindeutige Abgrenzung von Kinderbestattungen zu Niederlegungen Früh- oder Totgeborener und zu Grablegen erwachsener Individuen ist archäologisch nicht zu erbringen. Deshalb muss der Untersuchung dieser Befunde eine anthropologische Altersbestimmung vorausgehen. Die Betrachtung von Kinderbestattungen erfordert also *a priori* eine interdisziplinäre Zusammenarbeit.

Die Kenntnis der archäologischen Möglichkeiten und Grenzen und die der von anthropologischer Seite angewandten Methodik mit ihren Problemen und Potentialen ist dabei fundamental wichtig für eine effektive Zusammenarbeit zwischen diesen beiden Fächern.

Für Anthropologen ist eine Reflektion über die Herkunft und den Kontext des jeweiligen Untersuchungsgegenstandes notwendig: ein Kindergrab muss aus methodischer Sicht von Archäologen in erster Linie als der materielle Niederschlag des Umgangs Bestattender mit dem Tod am Lebensanfang betrachtet werden. Vor diesem transzendenten Hintergrund verbieten sich eindimensionale Deutungen (etwa die Bezeichnung einer Grabbeigabe als Spielzeug) von selbst, solange die Jenseits- und Glaubensvorstellungen der Bestattenden nicht durch weitere Quellen – schriftlicher oder bildlicher Natur – abgesichert werden können.

Während einerseits bei anthropologischen Diagnosen die Verwendung differierender Altersklassen und ungeeigneter Referenzserien immer noch ein Problem darstellen kann, das ein dieser Methoden unkundiger Archäologe nicht einschätzen kann, wirken sich andererseits Analogieschlüsse, deren ursprüngliche Quellen nicht mehr nachzuvollziehen sind, auf die Seriosität einer Interpretation, die die Basis für Rekonstruktionen bildet, aus.

Multidisziplinäre Ansätze erfordern deshalb die Transparenz der angewandten Methoden eines jeden beteiligten Faches – wenn Ergebnisse aus einem Fach ungeprüft in ein anderes übernommen werden, ohne dass der Kontext ihres Entstehens reflektiert werden kann, sind Ungenauigkeiten vorprogrammiert. Dabei muss insbesondere den Archäologen klar werden, dass es nicht damit getan ist, der immer noch als "Hilfswissenschaft" titulierten Anthropologie ein paar Knochen ins Labor zu schicken und die Diagnosen ohne weitere Prüfung in die eigene Argumentation einzuarbeiten. Alle an multidisziplinären Projekten Beteiligten müssen vielmehr bereit sein, sich Grundkenntnisse der Methodik anderer Fächer zumindest so weit anzueignen, dass die Erarbeitung sinnvoller Fragestellungen und eine quellenkritische Annäherung an den Befund Kind möglich wird.

Literatur

Bernbeck R (1997) Theorien in der Archäologie. Francke, Tübingen/Basel.
Fuhrmann M (1972) Tacitus: Germania. Reclam, Stuttgart.
Gebühr M (1979) Das Kindergrab von Windeby - Versuch einer Rehabilitation. In: Offa 36, 75- 104.
Haidle MN (1998) Interdisziplinarität in der Archäologie: eine Notwendigkeit?! Archäologische Informationen 21(1): 9-20.
Herrmann B et al. (1990) Prähistorische Anthropologie. Springer, Heidelberg/ Berlin.
Jankuhn H (1958) Zur Deutung der Moorleichenfunde von Windeby. In: Prähistorische Zeitschrift 36, 189-219.
Knußmann R (1996) Vergleichende Biologie des Menschen. 2. Auflage. Fischer, Stuttgart.
Kraus B (2000) Befund: Kind. Überlegungen zu archäologischen und anthropologischen Untersuchungen von Kinderbestattungen. Unveröffentlichte Magisterarbeit Archäologisches Institut der Universität Hamburg.
Kromer K (1959) Das Gräberfeld von Hallstatt. Florenz.
Orschiedt J (1998) Anthropologie und Archäologie: Interdisziplinarität: Utopie oder Wirklichkeit? Archäologische Informationen 21(1): 33-39.
Scott E (1999) The Archaeology of Infancy and Infant Death. BAR International Series 819. Archaeopress, Oxford.
Wahl J (1994) Zur Ansprache und Definition von Sonderbestattungen. In: Kokabi M & Wahl J (Hrsg.) Beiträge zur Archäozoologie und Prähistorischen Anthropologie. Forschungen und Berichte zur Vor- und Frühgeschichte in Baden- Württemberg 53. Theiss, Stuttgart, 85-106.

---

1   εν αρχη εν ο λογος...
2   Zur Definition Haidle M N (1998), 10ff.
3   Individuelle Auswirkungen, etwa psychischer Natur, bleiben für die Vorgeschichte Spekulation. Zur Rekonstruktion "gesellschaftlich" relevanter Folgen kann unter bestimmten Voraussetzungen auf demographische Methoden zurückgegriffen werden.

4   Diese sprachlichen Benennungen enthalten bereits analogische Elemente. Ein solches Problem besteht immer dann, wenn archäologische Objekte unbekannter Funktion mit Gegenständen bekannter Funktion gleichgesetzt werden; da die Gleichheit aber im Auge des Betrachters liegt, ist genau zu prüfen, ob weitere Indizien einen bestimmten Analogieschluß rechtfertigen (vgl. Anm. V).

5   Zur Bildung von Analogieschlüssen vgl. Anm. XXI. Zu Definitionen: Angeli W (1997) Archäologisches Erkennen. In: Mitteilungen der Anthropologischen Gesellschaft Wien 127, 21-31. Eggert M K H (1998) Archäologie und Analogie: Bemerkungen zu einer Wissenschaft vom Fremden. In: Mitteilungen der Anthropologischen Gesellschaft Wien 128, 107-124.

6   Oder sein ehemaliger Besitzer den Gegenstand nicht des Suchens nach ihm für wert genug erachtete.

7   Diese Deutung ist unabhängig vom Nachweis menschlicher Skelettreste. Es gibt sowohl bestattungsähnliche Niederlegungen von nicht-menschlichen Überresten (Tieren oder Booten etwa) als auch Verlochungen von Toten, die im archäologischen Befund an Abfallgruben erinnern. Vgl. Anm. VIII.

8   Definitionen des Begriffs Bestattung: Wahl J (1994), 89. Kraus B (2000), 11-14.

9   Da von archäologischer Seite vorausgesetzt wird, dass eine bestattende Gemeinschaft ähnliche Gräber hinterläßt, können Tote mit ähnlichen Grabausstattungen bestimmten Kulturen zugeordnet werden: bronzezeitliche Kulturen werden zum Beispiel nach Grabsittenkreisen differenziert. Dies macht die Bedeutung der Grabform für die archäologische, relative Datierung deutlich (siehe Tabelle 1).

10 Bestattungen ohne physische Überreste können aus Erhaltungsbedingungen resultieren. Daneben können sie auf weitere Phänomene verweisen: sie können Kenotaphe sein, also nur als "stellvertretende" Gräber dienen oder beispielsweise Teil eines Grabrituals sein, bei dem die Knochen wieder aus der Grabstätte entfernt wurden. Bei Brandbestattungen kann die Größe des Grabgefäßes allein nicht als Beweis für das Vorliegen einer Kinderbestattung gelten, solange nicht der in ihm enthaltene Leichenbrand vollständig ein und demselben subadulten Individuum zugewiesen werden kann.

11 In der Regel zählen Zahnkronen zu den Skelettregionen, die sich am besten erhalten.

12 Die Auflistungen nach Martin (1928) in Herrmann B et al (1990), 52 sowie die bei Knußmann R (1996), 168 und Szilvássy J (1988) Altersdiagnose am Skelett. In Knußmann R (1988) Anthropologie Bd. 1, Gustav Fischer, Stuttgart/ New York, 421 nennen neonatus nicht als eigene Klasse.

13 Scott E (1999), 92.

14 Herrmann B et al.(1990), 52 in Anlehnung an Martin R (1928).

15 Die Bestimmung des Entwicklungsalters ermöglicht keine sichere Unterscheidung von Lebend- und Totgeborenen; allerdings ist die Wahrscheinlichkeit einer Totgeburt höher, je niedriger der Entwicklungsstand im Hinblick auf die Geburtsreife ist. Vgl. Grefen-Peters S (1999) Zur Altersbestimmung prä - und postnataler Skelettindividuen unter besonderer Berücksichtigung aktueller methodischer Aspekte. Anthropologischer Anzeiger Jg. 57/2, 123-146.

16 Ein Merkmal ist im "genetischen Sinne eine gengesteuerte morphologische, physiologische oder biochemische Eigenschaft, die als Endprodukt von Genwirkketten ausgebildet wird (...) Die Merkmalsausprägung ist abhängig vom Zusammenspiel eines oder mehrerer Gene mit dem genotypischen Milieu und den Umweltfaktoren, wobei meist keine einfache Zuordnung von Gen und Merkmal besteht. Das Merkmal als solches wird nicht vererbt, sondern die genetisch festgelegte Reaktionsnorm des Organismus auf die wirksame Umwelt

(...) Ferner gibt es stark durch Umwelteinflüsse beeinflussbare, umweltlabile, und wenig durch sie modifizierbare, umweltstabile, Merkmale". Fachlexikon ABC Biologie (1986), Harri Deutsch, Thun / Frankfurt.

17 Beispiele für Merkmalsinterdependenzen: Interdependenz verwandtschafts- und krankheitsgenerierter Merkmale: Ausbildung eines "Kahnschädels". Interdependenz alters- und krankheitsbedingter Merkmale: "Harris- Linien", die sich im Alter wieder rückbilden können. Interdependenz krankheits- und ernährungsbedingter Merkmale: Zahnkaries. Interdependenz alters-, geschlechts- und ernährungsbedingter Merkmale: relative Skelettrobustizität.

18 Zur Definition: "Der Analogieschluss selbst beruht auf der Annahme, dass feststellbare Ähnlichkeiten zwischen Quelle und Subjekt auch auf die (...) Merkmale ausgeweitet werden können, die nur in der Quelle beobachtbar sind ". Bernbeck R (1997), 85.

19 Falls die Bestatteten im Tal gelebt haben oder Familie Ramsauer in Höhe des Gräberfeldes, reduziert sich der Abstand entsprechend.

20 Fuhrmann M (1972) Tacitus: Germania. Reclam, Stuttgart, S. 75 in der Anmerkung zu Kap. 12.

21 Gebühr M (1979) Das Kindergrab von Windeby - Versuch einer Rehabilitation. In: Offa 36, 75- 104. Jankuhn H (1958) Zur Deutung der Moorleichenfunde von Windeby. In: Prähistorische Zeitschrift 36, 189-219.

Kinder und Kindgötter im Alten Ägypten

U. Verhoeven

Einleitung

Das Alte Ägypten liefert in Texten, Bildern, Artefakten und menschlichen Überresten eine Fülle an Informationsmaterial über Kinder[1] und zur Verehrung von Kindgöttern[2], die man für verschiedenste Fragestellungen heranziehen kann. Allerdings ist besondere Vorsicht bei der Interpretation angebracht: Die Darstellung und Nennung von Kindern steht wie vieles andere in Ägypten stets in einem Funktionszusammenhang für das Gesamtdenkmal oder den Gesamttext, den es jeweils zu berücksichtigen gilt. Die Primärquellen von kindlichem Knochenmaterial sollen in diesem Beitrag unberücksichtigt bleiben – sie gehören in das Gebiet der Anthropologie. Der Blick soll vielmehr auf sekundäre Zeugnisse und die gesellschaftlichen Konstrukte gelenkt werden, die das Phänomen Kindheit in der Realwelt und in der Götterwelt der Alten Ägypter betreffen, damit die Hintergründe und Funktionen von Bild- und Textquellen zumindest teilweise erkennbar werden. Im Rahmen dieses Beitrags kann dies selbstverständlich nur in einer kleinen Auswahl geschehen.

Realweltliche Indizien über die Kindheit von Jungen und Mädchen

Geburt und Bedeutung von Nachwuchs

Bei der hohen Frauen- und Kindersterblichkeit[3] im Alten Ägypten war eine glückliche Geburt ein Ereignis, das sowohl in der Literatur als auch in profanen Texten erwähnt, durch Votivgaben und magische Riten erbeten und von der Zeugung bis zur Pubertät des Kindes mit verschiedenen schützenden oder apotropäischen Mitteln begleitet wurde. Es werden mehrfach Szenen aus dem Wochenbett dargestellt: zumindest die vornehmen Mütter verbrachten die ersten Wochen demnach mit Dienerinnen in einer Art Laube. Hierbei werden immer Knaben gezeigt, die im Schoß der Mutter liegen, denn dies ist der Idealfall, der das Wunschbild der Mütter und Väter repräsentiert. Die patriarchalische Gesellschaft und die geschlechtliche Hierarchie boten nur für männliche Kinder, besonders aus höheren Gesellschaftsschichten, Ausbildungsmöglichkeiten und damit Aufstiegschancen im Tempelbereich oder am Hof. Auch die Familien der einfachen Bevölkerung benötigten essentiell die Körperkraft der jungen Männer für Arbeiten in Landwirtschaft, Handwerk und auf der Jagd, während Mädchen – nach den Quellen zu urteilen – im Haushalt, auf dem Feld und bei der Aufsicht der kleineren Geschwister halfen, in gewissen Perioden der Geschichte aber auch als Musikantinnen und Priesterinnen am Tempel dienen konnten.

Die Rolle der Ehefrau und Mutter („Herrin des Hauses") war naturgemäß die wichtigste und scheint bei den Ägyptern im Rahmen der gesamtgesellschaftlichen vertikalen Solidarität überwiegend positiv konnotiert gewesen zu sein[4].

Darstellungsprinzipien

Kinder beiderlei Geschlechts werden normalerweise nackt dargestellt. Dies bedeutet aber nicht, daß die Kinder tatsächlich immer nackt herumliefen, ebensowenig wie die Männer immer mit bloßen Oberkörper oder die Frauen im schmalen Trägerhemd. Einerseits lassen die verschiedenen Jahreszeiten dies nicht ganzjährig bzw. ganztägig zu, andererseits sind auch Kleidungsstücke für Kinder erhalten geblieben, darunter das älteste überhaupt aus einem Grab in Tarkhan aus der 1. Dynastie um 2800 v. Chr.: ein Hemd für ein etwa zehnjähriges Kind mit langen Ärmeln und V-Ausschnitt (Janssen & Janssen 1990). Nacktheit ist in der Darstellung der Kinder (wie bei besiegten Feinden) vielmehr Ausdruck der Status- und Macht-Losigkeit (Staehelin 1986, Behrens 1982). Spätestens mit Eintritt der Pubertät, Übernahme eines Amtes, eines Berufs oder durch die Stellung als Ehefrau sind die Jugendlichen „Wer" und werden mit den entsprechenden Kleidungsstücken dargestellt. Ein besonderes Zeichen der ägyptischen Knaben ist ein einzelner seitlicher Zopf, auch „Jugendlocke" genannt[5], während die Mädchen vielfach einen dünnen Pferdeschwanz am Hinterkopf tragen[6]. Kinder im Stillalter werden außerdem – symbolhaft – stets mit dem Zeigefinger im oder am Mund dargestellt, so auch in dem Determinativ, d.h. dem Kategoriezeichen für „Kind" und ähnliche Begriffe in der Hieroglyphenschrift: . Die sitzende Haltung zeigt die eingeschränkte Bewegungsfähigkeit und den angestammten Platz des Kindes auf dem Schoß der Mutter an, wie es kombinierte Schriftzeichen wie z.B. [8], aber auch entsprechende Statuen, vor allem die der *Isis lactans* zeigen[9]. In der Darstellung von Kindern sind darüber hinaus die Größenverhältnisse kennzeichnend, die sich allerdings mit dem in Ägypten gültigen Bedeutungsmaßstab vermischen können: Der Sohn steht oft, viel kleiner als sein Vater, zu dessen Füßen, fasst aber an dessen Stab und deutet mit dieser Geste bereits die eigene geplante Nachfolge im Amt des Vaters an[10]. Auch in größeren Gruppen von Personen unterschiedlichen Alters treten die kleinen Kinder durch ihre Nacktheit und geringere Größe hervor. Der bereits um 2500 v. Chr. gefestigte Darstellungskanon im Alten Ägypten sah für alle Altersgruppen die gleichen geschlechtsspezifischen Hautfarben vor: Männer und Knaben rötlich-braun, Frauen und Mädchen gelblich[11]. Im Neuen Reich (1550-1070 v. Chr.) wird diese Unterscheidung in den Grabmalereien allerdings zeitweise aufgehoben[12].

Säuglings- und Kleinkindstadium

Die Säuglinge werden zunächst ausschließlich in der Nähe der Mutter oder größerer Geschwister gezeigt. Verschiedentlich wird in Privatgräbern des Alten Reiches dargestellt, wie bei Alltagsarbeiten gestillt wird[13]. Dies sind allerdings Szenen, die sicher keine Realitätsnähe besitzen: einmal geschieht es direkt neben dem Erhitzen eines Stapels von Brotformen, während die Mutter sich wegen der Hitze die Hand vors

Gesicht hält und ein Mann auf der anderen Seite eine heiße Form mit Topflappen und Stäbchen wegbalanciert, einmal neben einem großen Standmörser, an dem ein Mann mit Wucht zu Gange ist, einmal neben der Schlachtung eines Opferrindes[14]. Da solche Szenen ihre Funktion letztendlich immer nur in der Versorgung des Grabherrn haben, müßte man die Rolle der Säugung hier so verstehen, daß die Kinder sozusagen mit der Muttermilch das Handwerk der Eltern aufsaugen und in der Zukunft für den Grabherrn bereitstehen werden[15]. Im Neuen Reich werden kleine Kinder beim Verlesen von Früchten sowie mehrmals bei Trauerzügen von Müttern oder größeren Schwestern in Schultertüchern vor der Brust oder einmal auf dem Rücken getragen[16]. Die Funktion solcher Szenen auf Grabwänden ist darin zu sehen, daß einerseits fruchtbare Frauen und große Familien für die Fortexistenz im Diesseits wie im Jenseits als entscheidend angesehen wurden, andererseits der gesamte Haushalt bzw. das ganze Dorf von Trauer ergriffen ist, da der Verstorbene – nach Aussage der Idealbiographien - für Jung und Alt, für Witwen und Waisen Fürsorge trug. Dass Kinder bei der Vogel- oder Fischjagd des Vaters im Papyrusdickicht mit an Bord des kleinen Nachens waren, in dem auch regelmäßig die fein gekleidete Hausherrin gezeigt wird[17], entspricht hingegen wieder sicher nicht den realen Gepflogenheiten: die Szene ist rituell zu verstehen und eindeutig erotisch konnotiert. Die anwesenden Kinder bezeugen die Fruchtbarkeit und Fortpflanzungsfähigkeit des Grabherrn[18].

Das ideale Verhältnis von Mutter und Sohn, ihre langjährige alleinige Fürsorge und das daraus erwachsende Ansehen der Mütter werden in einem Erziehungswerk der 18. Dynastie (1550-1292 v. Chr.), den Lehren des Ani, beschrieben und bewertet. Unter heutigen Gesichtspunkten könnte man diesen Passus als ein frühes kulturelles Konstrukt zur Akzeptanz der gegenseitigen Generationen- und Geschlechterverpflichtung ansehen:

„*Erstatte vielfach das Brot, das dir deine Mutter gegeben hat.*
Trag sie, wie sie dich getragen hat.
Sie mühte sich ab, beladen mit dir,
Ohne daß sie sagte „Hör mir auf!"
Du wurdest nach deinen Monaten geboren.
Sie unterjochte sich erneut.[19]
Drei Jahre war ihre Brust in deinem Mund,
indem sie ausharrte.
Dein Kot war ekelhaft, aber das Herz ekelte sich nicht,
sagend: was soll ich machen?
Sie gab dich in die Schreiberschule,
als du in den Schriften unterrichtet wurdest,
indem sie täglich über dich wachte
mit Brot und Bier aus ihrem Haus."[20]

Ausländische Kinder in Ägypten

Kleine Kinder fremder Länder werden auf den Grabwänden auch im Beutezug eines Grabherrn oder im Rahmen einer Gesandtschaft gezeigt: In einem Grab um 1400 v. Chr. bringen syrische Fürsten Goldgeschenke nach Ägypten, darunter als besondere Beigabe ein junges Mädchen[21], das möglicherweise als Dienerin eingesetzt werden soll. Bei den ausländischen Frauen, die nach Ägypten kommen, scheint die große Rückenkiepe aus Fell als Tragweise der Kinder typisch und daher darstellenswert gewesen zu sein[22], es gab offensichtlich Modelle für ein oder zwei Kinder[23], in Nubien auch für Viererguppen[24]. Als Schicksale solcher Kinder in Ägypten sind Weihung als Tempelsklaven, Ansiedlung in Befestigungen, Dienst bei Hof oder Privatleuten zu belegen. Fürstenkinder wurden mitunter auch zu ägyptischen Vasallen erzogen[25].

Heranwachsende Jungen und Mädchen

Als Indizien für ägyptische Kinderspiele können einige Spielgeräte wie Bälle und Holztiere angesehen werden, die sich erhalten haben[26]. Andererseits werden an Grabwänden mehrfach Geschicklichkeitsspiele von Jugendlichen dargestellt, wobei Mädchen und Jungen getrennte Gruppen bilden[27].

Die Beschneidung der Jungen[28] fand zwischen dem 10. und 14. Lebensjahr, vor oder während der Pubertät statt, ebenfalls wohl im Rahmen von Initiationsriten, ein Text erwähnt bei diesem Ereignis eine Gemeinschaft von 120 Kameraden[29]. Obwohl heute die Bezeichnung „pharaonische Beschneidung" für die der Mädchen im afrikanischen Raum kursiert, ist nichts dergleichen im altägyptischen Material belegbar: weder die ansonsten ausführlichen gynäkologischen Papyri, noch die Mumienuntersuchungen, noch die detailfreudigen erotischen Papyri, juristische oder sonstige Quellen liefern einen Hinweis, aber auch keinen Gegenbeweis. Die einzige, manchmal bemühte Textstelle aus einem Jenseitskontext könnte ebenso „Jungfrau" wie „unbeschnittenes Mädchen" bezeichnen. Erst die griechischen Schriftsteller berichten über diese Sitte in Ägypten[30].

Die Ausbildung der Söhne wird sich in den verschiedenen Gesellschaftsschichten methodisch nicht grundlegend unterschieden haben. Sie folgen dem Vater und lernen so nach und nach, was der Bauer, Handwerker oder der König zu tun hat. Den Söhnen höherer Beamter wird die Ausbildung als Schreiber empfohlen. Sie wird im Vergleich zu allen anderen Berufen als vornehmste gelobt. Über die strenge Erziehung an den Beamtenschulen sind wir gut unterrichtet, sie verlief nach dem ägyptischen Motto: *„Das Ohr eines Jungen befindet sich auf seinem Rücken, er hört, wenn man ihn schlägt"*[31]. Wie Brunner formuliert hat, wurde an diesen Schulen „das Gedächtnis höher geschätzt" als der „kritische Geist", „das Auswendiglernen höher als das Verstehen"[32]. Vor allzu ausschweifender Freizeitgestaltung im Bierhaus und mit leichten Mädchen wird eindringlich gewarnt, demnach gab es natürlich genügend Schüler, die sich dort ihre Freiheiten nahmen.

Über die Erziehung der Mädchen wissen wir hingegen wenig. Sie bekamen vor allem Funktionen im Haushalt zur Aufsicht der kleineren Kinder. Auf dem Felde fungieren sie als Ährenleserinnen bei der Ernte, und dabei kann es dann auch mal zu kindlichen Raufereien kommen[33]. Als Dienerinnen sind sie häufig am Tisch oder bei der Toilette der vornehmen Damen zu sehen[34]. Historisch faßbar ist die Ausbildung der Prinzessin Nefrure, einziges Kind der Königin Hatschepsut (Regierungszeit von 1479-1458 v. Chr.). Sie hatte mehrere Erzieher, darunter vor allem den berühmten Baumeister Senenmut. Er trägt in diesem Zusammenhang den Titel „große männliche Amme" und hat sich mehrfach mit dem Mädchen in ungewöhnlichen Statuenkompositionen darstellen lassen[35]. In der Amarnazeit – ebenfalls eine historische Ausnahme – finden sich unter dem Reformer-König Echnaton erstmals Familienszenen, in denen das Königspaar mit seinen Töchtern (Söhne von Echnaton und Nofretete sind nicht belegt) in kindlicher Weise schmust und spielt[36]. Solche Szenen waren ansonsten nicht konform mit dem königlichen Dekorum.

Aus der Liebesdichtung erfahren wir einige Details über die Kontaktmöglichkeiten der Jugendlichen, wobei mehrfach auch die weibliche Perspektive eingenommen wird: die Mädchen flirten mit den Jungen, die wie Playboys bei ihren Streitwagen herumstehen, und versuchen, die Blicke zu wechseln, ohne daß die Mutter oder die Familie etwas bemerkt. Andererseits soll der Geliebte sich bei der Mutter melden, um sein Interesse zu bekunden. Treffpunkte an geheimen Orten werden ebenfalls erwähnt[37].

Kindgötter in ägyptischer Mythologie und Religion

Bei Kindern in der Götterwelt ist zu unterscheiden zwischen Kindern, die das dritte Glied einer Triade und somit den immer männlichen Nachwuchs eines göttlichen Paares darstellen, und Göttern, deren kindlich-knabenhafte Gestalt eine bestimmte Funktion symbolisiert.

Söhne innerhalb von Göttertriaden
Der Götterknabe Horus hat ein besonders schweres Schicksal erfahren, von dem im Mythos der Götterlehre von Heliopolis erzählt wird. Vier Götter leben danach miteinander: Osiris als Götterkönig, Isis, seine liebende Schwestergattin, Seth, der kraftprotzende und neidische Bruder, und Nephthys, die ihre Funktion erst in ihrer Tantenrolle finden wird. Seth ermordet Osiris, allerdings schafft es die magisch begabte Isis, ihn kurzfristig wiederzubeleben und noch einen Knaben zu empfangen, während der „böse" Onkel Seth versucht, den nach der Vater-Sohn-Erbfolgeregel legitimen Knaben zu vernichten. Isis verbirgt sich in den Sümpfen und gebiert den Sohn Horus. Sie ist sozusagen die erste allein erziehende Mutter, die zudem die Rechte ihres Kindes auf Nachfolge und Erbschaft der väterlichen Rechte durchzusetzen hat. Das Gedeihen des Horusknaben und sein letztlicher Erfolg sind der ägyptische Präzedenzfall für das für besondere Aufgaben befähigte Kind, das unter schwierigen Verhältnissen aufwächst, aber am Ende triumphiert. Jeder regierende König in Ägypten ist dann ein Horus, die Doppelkrone weist ihn als Herrscher ganz Ägyptens aus.

Das Prinzip der idealen Herrscherfamilie – Vater, Mutter, Sohn – wird an vielen Orten Ägyptens in den lokalen Tempeln reproduziert bzw. als Vorbild für legitime Thronfolge propagiert und angestrebt. Um 400 v. Chr. erweitert ein neuer Gebäudetyp die Tempelarchitektur: fast regelmäßig quer zur Hauptachse des Tempels wird ein kleineres Heiligtum errichtet, das den Namen per-mesw, koptisch *mammisi*, d.h. „Geburtshaus" erhält. Hier wird mit zahlreichen Bildern und Texten die Geburt des örtlichen Kindgottes festgehalten und zu bestimmten Festtagen rituell aktualisiert[38]. Die Namen der Kindgötter variieren von Ort zu Ort, z.B. Ihi in Dendera, Chons in Karnak, Heka in Esna, Harsomtus in Edfu, Panebtaui in Kom Ombo, Harpokrates im Delta aber auch auf Philae. Wahrscheinlich ist dieses separate Geburtshaus die steinerne Umsetzung der alltagsweltlichen Wochenlauben in die Dimension der Götterwelt.

Der knabengestaltige Sonnengott
In seinem morgendlichen Aspekt wird der Sonnengott häufig nach dem Jünglingsschema dargestellt: nackt, mit Finger am Mund und Jugendlocke[39]. Der tägliche Kreislauf der Sonne findet nach ägyptischer Vorstellung im Körper der Himmelsgöttin statt, die die Sonne jeden Morgen im Osten gebiert und abends im Westen verschlingt, während die Sonne nachts durch ihren sternenbesäten Körper wandert, um dann wieder geboren zu werden[40]. Dieses Bild wird verschmolzen mit einem anderen Vergleich aus der Natur: die Sonne geht zu Beginn der Schöpfung hervor aus dem Urozean wie eine Blüte des ägyptischen blauen Lotos, in deren Mitte beim Öffnen ein gelber Stempel sichtbar wird. Die junge Sonne kann dann als ein Kind auf der Lotosblüte dargestellt werden[41]. Eine berühmte Komposition aus dem Grab des Tutanchamun hat dieses Thema aufgegriffen, um so den jungen König mit dem Sonnengott gleichzusetzen[42]. Beim Sonnengott ist die Jugendlichkeit also nur ein Stadium, das er am Morgen durchläuft, um am Abend ein gebeugter Greis zu werden und sich im Verlauf der Nacht wieder zu verjüngen[43].

Der knabengestaltige „Horus-der-Retter"
Einen schützenden Aspekt hat ein anderer Knabengott namens (Horus-)Sched „(Horus) der Retter", der seit dem Neuen Reich verehrt wird und durch zahlreich erhaltene, meist kleinformatige Stelen bekannt ist: hier wird er regelmäßig mit Krokodilen, Schlangen, Skorpionen, einem Löwen und einer Antilope dargestellt – Tieren, die „sowohl schützende und übelabwehrende als auch regenerative Kräfte symbolisieren"[44]. Wurden solche „Horusstelen" zunächst in die Tempel geweiht, wo sie in Nischen aufgestellt wurden, erhielten sie ab dem 2. Jh. v. Chr. Amulettcharakter, und man erhoffte sich durch religiöse Praktiken wie Berühren oder Benetzen der Kindgott-Figur Schutz und Verjüngung bei alltäglichen Gefahren oder Krankheiten[45].

Darstellungsprinzipien
Die Darstellung der Kindgötter in den Tempeln und auf den „Horusstelen" folgt dem symbolhaften Hieroglyphenschema: Jugendlocke, Finger am Mund, meist nackt, eventuell mit einem Umhang bekleidet. Die Göttlichkeit des Kindes wird durch verschiedene Kronen, Schmuck und Attribute charakterisiert, über die Identität und die spezielle Funktion im Ritual informieren die Beischriften. Unter griechischem Einfluß entstehen in Ägypten ab dem 4. Jh. v. Chr. aber auch andere Darstellungen von Kindern, zumeist in Terrakotta: Die Körpergestaltung ist dabei realistischer und kindgemäßer als die, die in den traditionellen ägyptischen Szenen benutzt wird: Babyspeck an Bauch und Beinen, kindliche Proportionen in Gesicht und Körper sowie lebhafte Bewegungen bei typisch kindlichen Tätigkeiten wie Liegen, Naschen aus einem Topf, Strampeln oder Spielen mit Tieren. Ägyptische Kronen und andere Attribute kennzeichnen aber auch hier die Göttlichkeit der Kinder. Da die Terrakotta-Figuren niemals Inschriften mit Götternamen aufweisen, ist die Identität hier nur ikonographisch herauszuarbeiten. Normalerweise werden sie in der Forschung pauschal als Harpokrates (griechische Form der ägyptischen Bezeichnung Herpachered „Horus-das-Kind"[46]) benannt, obwohl an den verschiedenen Orten Ägyptens unterschiedliche Götterkinder verehrt wurden (siehe oben). Der Typenkatalog ist hier so vielfältig, daß eine genauere Untersuchung der Kombinationsmöglichkeiten der Attribute und der religiösen Bedeutung ihrer Symbolik noch aussteht[47].

Während die letzten Jahrhunderte vor Christi Geburt gemeinhin als Absterben der altägyptischen Kultur interpretiert werden, in denen überwiegend Rückbesinnung auf die Vergangenheit, Archaismus und Traditionalismus stattgefunden haben sollen, könnte die starke Ausbreitung der Kindgötter-Kulte in eben dieser Zeit ein Indiz dafür sein, daß der Blick des multikulturellen Ägyptens sehr stark auf die nachfolgenden Generationen und die damit einhergehenden Veränderungen und Verjüngungen ausgerichtet war[48]. Propagiert wurde diese Tendenz sicherlich durch die verschiedenen Fremdherrscher im 1. Jahrtausend v. Chr., die durch die Gleichsetzung mit dem göttlichen Erben ihre eigene Thronübernahme legitimieren wollten.

Wenn wir auch aus den Quellen verschiedene Einblicke in die Kindheit der Alten Ägypter und die Verbreitung kindgestaltiger Gottheiten gewinnen können, so zeigt die Berücksichtigung der Quellenkontexte, daß Darstellungen von Kindern stets bestimmte mit ihnen verbundene Aspekte wie Fruchtbarkeit, Kontinuität, Verjüngung oder Legitimation ausdrücken sollen, die sowohl innerhalb der Gesellschaft, als auch im Bereich der Religion und der Jenseitsvorstellungen eine fundamentale Rolle spielen.

Literatur

Behrens P (1982) Stichwort: Nacktheit. In: Helck W & Westendorf W (Hrsg.) Lexikon der Ägyptologie IV, 292-294.

Brunner H (1977) Stichwort: Götter, Kinder-. In: Helck W & Westendorf W (Hrsg.) Lexikon der Ägyptologie II, Wiesbaden, 648-651.

Brunner-Traut E (1986) Stichwort: Wochenlaube. In: Helck W & Westendorf W (Hrsg.) Lexikon der Ägyptologie VI, Wiesbaden, 1282-1284.

Feucht, E (1980) Stichwort: Kind. In: Helck W & Westendorf W (Hrsg.) Lexikon der Ägyptologie III, Wiesbaden, 424-437.

Feucht E (1986) Geburt, Kindheit, Jugend und Ausbildung im Alten Ägypten. In: Martin J & Nitschke A (Hrsg.) Zur Sozialgeschichte der Kindheit, Historische Anthropologie IV, Freiburg/München.

Feucht E (1995) Das Kind im Alten Ägypten. Die Stellung des Kindes in Familie und Gesellschaft nach altägyptischen Texten und Darstellungen, Frankfurt-New York.

Fischer-Elfert H-W (2001), Kindheit im Alten Ägypten. In: Forster J & Krebs U (Hrsg.) Kindheit zwischen Pharao und Internet, Bad Heilbrunn.

Franke D (1985) Zum Ausstellungskatalog „Nofret – Die Schöne" – Alles schön und gut? In: Göttinger Miszellen 84, 81ff.

Janssen R M & Janssen J (1990) Growing Up in Ancient Egypt, London.

Meeks D (1977) Stichwort: Harpokrates. In: Helck W & Westendorf W (Hrsg.) Lexikon der Ägyptologie II, Wiesbaden, 1003-1011.

Nofret – Die Schöne. Die Frau im Alten Ägypten – „Wahrheit" und Wirklichkeit. (1985) Roemer- und Pelizaeus-Museum Hildesheim.

Rösing F W (1990) Qubbet el-Hawa und Elephantine, Zur Bevölkerungsgeschichte von Ägypten, Stuttgart.

Staehelin E (1986) Stichwort: Tracht. In: Helck W & Westendorf W (Hrsg.) Lexikon der Ägyptologie VI, Wiesbaden, 726-737.

---

1   Als Einstieg in die reichhaltige Literatur seien zwei jüngere Monographien genannt, in denen auch umfangreiches Bildmaterial enthalten ist: Janssen R M & J J (1990); Feucht E (1995). Drei Beiträge in Sammelwerken sind für die interdisziplinäre Sichtweise ebenfalls zu empfehlen: Feucht E (1980), Feucht E (1986), Fischer-Elfert H-W (2001).

2   Zum Einstieg mögen genügen: Brunner H (1977); Meeks D (1977). Weitere Literatur siehe unten.

3   Einige Daten liefert Rösing (1990: 195). Diesen Hinweis verdanke ich Stephan Seidlmayer.

4   Nofret – Die Schöne. Die Frau im Alten Ägypten – „Wahrheit" und Wirklichkeit. (vgl. Franke 1985)

5   Schönes Beispiel ist die Gruppenstatue von Nikare mit Frau und Sohn (Brooklyn 49.215): L'art égyptien au temps des pyramides (1999) Paris, 293f. (Nr. 125).

6   Z.B. Janssen R M & J J (1990) Growing Up in Ancient Egypt, London, 43, fig. 18.

7   Gardiner A H (31982) Egyptian Grammar, Oxford, 443, Sign-List A 17.

8   Ebd., Sign-List B 6.

9   Das Stillen dürfte allerdings nur bei göttlichen, königlichen oder höher gestellten Frauen auf einem Stuhl oder Thron stattgefunden haben, die Mutter hält ihr Kind ansonsten am Boden hockend auf dem Arm.

10 Siehe z.B. Feucht E (1995) Das Kind im Alten Ägypten, Frankfurt/New York, 200, Abb. 11.

11   Staehelin E (1977) Stichwort: Hautfarbe. In: Helck W & Westendorf W (Hrsg) Lexikon der Ägyptologie II, Wiesbaden, 1068-1072. Auf Seite 1069 liest man (mit Verweis auf S. Morenz): „diese Farben charakterisieren gleichzeitig das dunklere Wesen des Mannes und das hellere der Frau", eine Einschätzung, die in ägyptischen Quellen aber nicht belegt werden kann.
12   Man denke an die Familienszene im Grab des Inherchaui (TT 349), die z.B. bei Feucht E (1995) Das Kind im Alten Ägypten, Frankfurt/New York, 138, Abb. 3 zu sehen ist und alle Personen mit gelber Hautfarbe zeigt. In der Amarna-Zeit hingegen besitzen alle Personen einen rötlichen Hautton, auch die Berliner Nofretete: Tutanchamun (1980), Berlin, 37.
13   Feucht E (1995) Das Kind im Alten Ägypten, Frankfurt/New York, 151ff.
14   Ebd., Abb. 4-6.
15   Diesen Hinweis verdanke ich Michael van Elsbergen.
16   Belege und Abb. ebd., 344-352.
17   Feucht, ebd., 355ff. spricht von „Familienausflügen".
18   Siehe dazu Martin K (1986) Stichwort: Vogelfang. In: Helck W & Westendorf W (Hrsg) Lexikon der Ägyptologie VI, Wiesbaden, 1052 mit weiterer Literatur in seiner Anm. 19.
19   Fischer-Elfert H-W (2001) „Kinder des Nackens" oder „Wunschkinder" in Admonitions 4,3-4 resp. 5,6: Ein rein textkritisches Problem? In: Zeitschrift für Ägyptische Sprache und Altertumskunde 128, 87f.
20   Quack J F (1994) Die Lehren des Ani. Orbis Biblicus et Orientalis 141, Freiburg/Ch-Göttingen, 108-111 (Kol. 20,17-21,1).
21   Dziobek E & M Abdel Raziq (1990) Das Grab des Sobekhotep – Theben Nr. 63. Archäologische Veröffentlichungen 71, Mainz, Tf. 3c. Vgl. auch die Szene im Grab des Mencheperreseneb (TT 86): Champdor A (1957) Die altägyptische Malerei, 183.
22   Davies N M (1954) Egyptian Paintings I, London, Tf. 39.
23   Davies N de Garis (1926) The Tomb of Huy, Viceroy of Nubia in the Reign of Tutankhamun (No. 40), TTS 4, London, Tf. 30.
24   Dziobek E & M Abdel Raziq (1990) Das Grab des Sobekhotep – Theben Nr. 63. Archäologische Veröffentlichungen 71, Mainz, Tf. 2a und Frontispiz.
25   Feucht E (1990) Kinder fremder Völker in Ägypten I. In: Festschrift Jürgen von Beckerath, Hildesheimer Ägyptologische Beiträge 30, 29-48; Feucht E (1990) Kinder fremder Völker in Ägypten (II). In: Studien zur Altägyptischen Kultur 17, 177-204.
26   Die zahlreichen Gegenstände, die von Brunner-Traut E (1984) Stichwort: Spielzeug. In: Helck W & Westendorf W (Hrsg) Lexikon der Ägyptologie V, Wiesbaden, 1152-1156 aufgelistet werden, dürften jedoch nicht alle für Kinder hergestellt worden sein. Die Reproduktion der Alltagswelt in Modellen für die Ausstattung der Gräber geschah vielfach nach ähnlichen Prinzipien wie die von heutigem Spielzeug. Die Beweglichkeit von Dienerfiguren ist allerdings kein ausreichendes Indiz für Spielfunktion.
27   Decker W & Herb M (1994) Bildatlas zum Sport im Alten Ägypten, Leiden/New-York/Köln, Teil 1: 618-633, Teil 2: Tf. 338-354, u.a. auch Ballspiele.
28   Um 2300 v. Chr. (6. Dynastie) dargestellt im Grab des Anchmahor in Saqqara. Siehe dazu zuletzt jedoch Spigelman M (1997) The Circumcision Scene in the Tomb of Ankhmahor: The First Record of Emergency Surgery? In: Bulletin of the Australian Centre of Egyptology 8, 91-100.
29   Bailey E (1996) Circumcision in Ancient Egypt. In: Bulletin of the Australian Centre of Egyptology 7, 15-28.

30   Naguib S-A (1982) L'excision pharaonique – une appellation eronnée? In: Bulletin de la Société d'Egyptologie, Genève 7, 79-82.
31   Brunner H (1957) Altägyptische Erziehung, Wiesbaden, 56 (P. Anastasi III aus dem Neuen Reich).
32   Brunner H (1975) Stichwort: Ausbildung. In: Helck W & Westendorf W, Lexikon der Ägyptologie I, Wiesbaden, 574.
33   So im Grab des Menena, TT 69.
34   Z. B. im Grab des Djeserkareseneb (TT 38): Champdor A (1957) Die altägyptische Malerei, 94.
35   Dorman P (1988) The Monuments of Senenmut, London/New York, 118-125; Meyer Ch (1982) Senenmut – Eine prosopographische Untersuchung, Hamburger Ägyptologische Studien 2, 76ff.
36   Berlin 14145, z.B. abgebildet in: Tutanchamun (1980) Berlin, 34.
37   Guglielmi W (1996) Die ägyptische Liebespoesie. In: Loprieno A (Hrsg) Ancient Egyptian Literature. History and Forms, Probleme der Ägyptologie 10, Leiden/New-York/Köln, 335-347; Mathieu B (1996) La Poésie amoureuse de l'Égypte Ancienne. Recherches sur un genre littéraire au Nouvel Empire, Bibliothèque d'Etudes 115, Kairo.
38   Das Dekorationsprogramm dieser Mammisi wird z. Zt. im Rahmen der Habilitationsschrift von Dagmar Budde in Mainz erarbeitet.
39   Z. B. Piankoff A & Rambova N (1957) Mythological Papyri. Bollingen Series 40/3, New York, 22, fig. 3.
40   Mehrmals dargestellt auf den Decken der königlichen Sargkammern im Tal der Könige, siehe z.B. Hornung E (1982) Tal der Könige, Zürich/München, 116f. mit Abb.
41   Zwei schöne Beispiele bei Lessing E & Vernus P (1998) Les Dieux de l'Egypte, Paris, 60f.
42   Kairo JE 60723, z.B. abgebildet in: Tutanchamun (1980) Berlin, 140f. (Nr. 40).
43   Z.B. Piankoff A & Rambova N (1957) Mythological Papyri. Bollingen Series 40/3, New York, Papyrus Nr. 22 (der Skarabäus = junge Sonne und der gebeugte widderköpfige Gott = alte Sonne gemeinsam in der Sonnenscheibe).
44   Sternberg-El Hotabi H (1999) Untersuchungen zur Überlieferungsgeschichte der Horusstelen. Ein Beitrag zur Religionsgeschichte Ägyptens im 1. Jahrtausend v. Chr., 2 Bde., Ägyptologische Abhandlungen 62, Wiesbaden, 18.
45   Ebd., 188.
46   In einer Mainzer Doktorarbeit untersucht Sandra Alt z. Zt. die relativ späten Anfänge dieses Gottes und seine Entwicklung im 1. Jt. v. Chr.
47   Innerhalb des Mainzer Sonderforschungsbereichs 295, der sich interdisziplinär dem Thema „Kulturelle und sprachliche Kontakte – Prozesse des Wandels in historischen Spannungsfeldern Nordostafrikas/Westasiens" widmet, läuft unter der Leitung der Autorin seit Januar 2000 ein Forschungsprojekt zum Thema „Religiöse Interaktion zwischen Ägyptern und Griechen am Beispiel der Kindgötter".
48   Alt S, Budde D, Verhoeven U (2002, im Druck) Kulturkontakt am Nil. Die griechisch-ägyptischen Kindgötter – Kinder ihrer Zeit? In: Bisang W, Verhoeven U, Hgg., Kulturelle und sprachliche Kontakte. Interdisziplinäre Fragestellungen und Methoden, Sammelband des SFB 295, Mainz.

„Wer wird dann Wasser für dich ausgießen?"[1]
Zur Rolle des Kindes im Totenkult der Eltern / Fallbeispiele
aus dem alten Ägypten

C. Vogel

Vorbemerkungen zum Bau eines ägyptischen Privatgrabes

Im pharaonischen Ägypten zeichnete das männliche Familienoberhaupt für den Bau seines Grabes, das in der Regel auch zur letzten Ruhestätte seiner Frau wurde, verantwortlich. Sobald die materiellen Voraussetzungen gegeben waren, begann er mit der Errichtung seiner Grabanlage, deren Lage, Größe und Ausstattung nicht zuletzt von der Gunst des Königs abhingen[2]. Die Kinder des Grabinhabers traten in diesem Planungsstadium selten in Erscheinung. Doch mit dem Tod des Vaters oder auch der Mutter übernahmen sie nicht nur wichtige Aufgaben in den Bestattungszeremonien, sondern waren im Anschluss auch maßgeblich an der Aufrechterhaltung des nach ägyptischen Vorstellungen für eine Jenseitsexistenz unverzichtbaren Totenkultes beteiligt. Die unterschiedlichen Funktionen und Rollen, die Kinder im Rahmen der Bestattung und im Totenkult der Eltern übernehmen konnten, fanden häufig Aufnahme in das Bildprogramm der elterlichen Gräber und reflektieren ein Beziehungsgeflecht, das – im Idealfall – weit über den Tod eines Elternteiles hinaus Bestand haben sollte.

Wenn im folgenden dem Auftreten von Kindern im Grab der Eltern nachgegangen wird, geschieht dies ohne eine engere Eingrenzung des Alters der Kinder. Vielmehr werden diese hier in ihrer Gesamtheit als Nachfolgegeneration betrachtet. Altersspezifische Aussagen sind allein auf der Grundlage des ikonographischen Befundes kaum möglich, da die Ägypter keine individualisierte Wiedergabe von Personen bzw. Personengruppen kannten. Wie sich ein solcher Darstellungstopos auf den Personenkreis der Kinder auswirkte, sei anhand einiger grundlegender Charakteristika zusammengefasst: Das signifikanteste Merkmal der typisierten Darstellung von ägyptischen Kindern ist sicherlich der sogenannte Jugendzopf bzw. die Jugendlocke. (Abb. 1)

Hierbei handelt es sich um einen straff geflochtenen Zopf, der vorwiegend seitlich getragen wurde. Er konnte entweder vom restlichen Haar abgeteilt werden oder zierte den ansonsten kahl rasierten Kopf des Kindes. Anstelle eines einzelnen Zopfes sind auch mehrere Zöpfe oder separate Haarbüschel belegt.

Abb. 1: Ein Kalksteinrelief aus dem Louvre in Paris (Inv. Nr. N522) zeigt den Pharao Ramses II. als Kind mit kunstvoll geflochtenem Jugendzopf und Finger-am-Mund-Gestus. Neues Reich, 19. Dynastie, 1279-1213 v. Chr. Nach Lacaud (1995).

Kinder wurden in aller Regel kleiner als ihre Eltern abgebildet. Das Größenverhältnis von Erwachsenen und Kindern entsprach dabei selten den wahren Gegebenheiten, da die ägyptischen Künstler Personen unter dem Blickwinkel der Bedeutungsgröße bzw. des Bedeutungsmaßstabes darstellten³. (Abb. 2) Dementsprechend konnten Ehefrauen wie Kinder – je nach ihrer Relevanz für die fragliche Szene – die gleiche Größe wie ihr Partner bzw. Vater besitzen oder aber als winzige Figur gerade noch Kniehöhe erreichen.

Abb. 2: In einer Familienszene im Grab des Meni aus Giza kommen die zentralen Phänomene ägyptischen Kunstschaffens, Bedeutungsgröße und Aspektive, zur Anwendung. Während die verstorbenen Eltern gleich groß, und damit „gleichwertig" dargestellt werden, sind die fünf Kinder in Relation zu den Eltern zu klein wiedergegeben. Um die unterschiedlichen Altersstufen der Kinder zu illustrieren, variierte der ägyptische Künstler zwar die Größe der einzelnen, behielt aber gleichzeitig den auch für Erwachsene gültigen Proportionskanon bei. Altes Reich, 4. Dynastie.

Besonders jüngere Kinder wurden vorzugsweise nackt dargestellt (Abb. 3); der durch den Horusknaben so berühmte Finger-am-Mund-Gestus ist ebenfalls ein Kennzeichen für ein Kleinkind. Während Kleinkinder sowie halbwüchsige bis erwachsene Kinder durchaus charakterisierende Details aufweisen konnten – so etwa der Brustansatz und die Schambehaarung als Hinweis für einsetzende Weiblichkeit bei Mädchen, existierte für Säuglinge und Babys kein eigener Darstellungskanon. Ob dieses

Phänomen mit der uralten und heute stärker denn je diskutierten Frage des Zeitpunktes der Menschwerdung in Verbindung gebracht werden darf, kann hier nur als These in den Raum gestellt werden[4].

Abb. 3: Selbst in der Kunst der Amarna-Zeit, die in hohem Maße eigenen Regeln unterworfen war, lassen sich die wichtigsten Prinzipien in der Darstellung von Kindern fassen. So auch in einer stark ergänzten Szene aus dem Grab No. 25 des Eje in Amarna, in der das königliche Ehepaar Echnaton und Nofretete sowie drei seiner Töchter im Palastfenster erscheinen, um den Grabbesitzer und seine Ehefrau für besondere Verdienste mit der Vergabe von Goldkrägen zu ehren. Die in Relation zu ihren Eltern viel zu kleinen Prinzessinnen sind nackt dargestellt und weisen kahl rasierte Schädel, teils mit charakteristischem Jugendzopf auf. Neues Reich, 18. Dynastie, 1353-1336 v. Chr.

Kinder im Kultvollzug

Betrachten wir nun zunächst das Auftreten von Kindern im Kultvollzug. Ein für alle Epochen des pharaonischen Ägypten bezeugtes Bildmotiv ist das Kind beim Darreichen von Opfergaben. Hierunter lässt sich unter anderem das einfache Trankopfer fassen, das Kinder ihren verstorbenen Eltern spenden: Als Beispiel hierfür kann eine Grabstele dienen, die sich heute im Pelizaeus-Museum in Hildesheim befindet (Inv.-Nr. 1896) (Eggebrecht 1990). Der Stifter der Stele, der Beamte Nacht, lebte im Neuen Reich und widmete den Gedenkstein seinem gleichnamigen Großvater, dem Sohn des Hor-iut, sowie seinem Vater, dem Priester Kawi. Nacht führt auf der Stele ein Trankopfer vor seinen verstorbenen Vorfahren aus. Die Opferformel lautet: *„Ein Opfer, das der König gibt für den Horus von Edfu, den Großen Gott, den Herrn des Himmels, und für Osiris, der in Edfu wohnt, den Herrn der Ewigkeit und Herrscher der Unendlichkeit, damit sie ein Totenopfer geben an Brot, Bier, Rindern, Geflügel und allen guten und reinen Dingen, von denen ein Gott lebt. Für den Ka des Wab-Priesters Nacht, Sohn des Hor-iut, und für seinen Sohn, den*

Wab-Priester Kawi. (Gestiftet) von seinem Sohn, der ihre Namen belebt, dem Wab-Priester Nacht!"[5]

Die Fixierung des Opfervollzugs durch die eigenen Kinder geht weit über bloßes Wunschdenken hinaus. Nach ägyptischen Vorstellungen kamen Bild und Text magische Bedeutung zu. Sie stellten somit auch eine Absicherung für den Fall dar, daß der Totenkult zu einem unbekannten Zeitpunkt durch Nachfahren oder professionelle Totenstiftungen nicht mehr ausgeführt werden sollte.

Im vorliegenden Fall ist es allerdings nicht der Vater selbst, der mittels seines Dekorationsprogramms dem Wunsch nach Kultvollzug durch die eigenen Kinder Ausdruck verleiht. Hier ist es der Sohn, der mit der Stiftung des an Vater und Großvater gerichteten Denksteins seiner Fürsorgepflicht nachkommt.

Als gänzlich uneigennützig ist diese Stiftung allerdings nicht zu betrachten. Mit seiner eigenen Darstellung im Kultvollzug vor den Ahnen erreicht der Sohn die Einbindung in die Generationenfolge. Diese und die Nennung seines eigenen Namens dienen auch der Fortdauer seiner eigenen Jenseitsexistenz.

Teilnahme am Gastmahl

Eine eher passive Rolle übernehmen Kinder im Bildprogramm des elterlichen Grabes innerhalb der Darstellung von Gastmahlszenen[6]. Hierzu zählen nicht nur die Feierlichkeiten im Rahmen der Beisetzung selbst, sondern auch die verschiedensten Festtage im Jahreskreis. Die Vorstellung vom gemeinsamen Feiern über den Tod hinaus ist Ausdruck des Wunsches, selbst nach dem Tod die Eckdaten des religiösen Lebens in der Gemeinschaft der Familie verbringen zu können. Das Bildmotiv des Gastmahls spiegelt dabei einen tatsächlich praktizierten Brauch wider: insbesondere in Verbindung mit den Feierlichkeiten zum „Schönen Fest vom Wüstental"[7] auf der thebanischen Westseite wissen wir von Zusammenkünften in den Vorhöfen und eventuell auch in den oberirdischen Räumlichkeiten der Felsgräber, die dem gemeinschaftlichen Feiern dienten.

Kinder in Priesterfunktion

Die Übernahme der Priesterfunktion, speziell die des Sem-Priesters, gehörte nach Ausweis des ikonographischen Befundes zu den bedeutendsten Aufgaben der Kinder im Totenkult der Eltern. Einschränkend ist hierbei anzumerken, daß nur männliche Nachkommen dieses wichtige Amt übernehmen konnten. Da nicht in jeder Familie ein leiblicher Sohn vorhanden war, der die Rolle des Sem-Priesters hätte übernehmen können, kamen auch andere, dem Toten nahestehende Personen für dieses Amt in Betracht. Damit ist klar, daß der Sem-Priester eine reine Funktionsrolle darstellt. D. h., die nach ägyptischen Jenseitsvorstellungen so wichtige Einbindung der Nachfolgegeneration in den Ritualablauf war zwar die wünschenswerte, aber keineswegs zwingende Voraussetzung, um das Weiterleben des verstorbenen „Osiris" zu gewährleisten. Mit dieser Hilfskonstruktion zeigt sich einmal mehr, daß die alten Ägypter als Meister der „Realitätsschaffung" zu betrachten sind! Im Grab des Sennedjem ist es sein 2. Sohn, Bunachtef, der in die Rolle des Sem-Priesters schlüpft (Shedid Abdel 1994). Leicht zu erkennen am charakteristischen Ornat, dem Leopardenfell, führt Bunachtef eine Libation aus einer hez-Vase über einem neben Sennedjem befindlichen Opfer durch. Die Beischrift lautet: *„Ein Opfer aus allen guten und reinen Dingen für Deinen Ka, aus Broten, Kuchen, Bier, Rindern, Geflügel, kühlem Wasser auf dem Opfertisch, andere Opfer aus der Hand deines Sohnes Bunachtef, gerechtfertigt."*

Was hier wie eine einfache Libation aussieht, stellt die verkürzte Fassung des wichtigsten Rituals im Rahmen der Bestattung dar: die sogenannte Mundöffnung. Sie diente zur Belebung des Toten oder seiner Statue, die als Stellvertreter oder Ersatzkörper des Toten galt. Erst durch das Berühren des Mundes der Mumie oder Statue mit einem Dechsel erhielt der Verstorbene – so die Vorstellung – die Gewalt über seine Sinnesorgane und damit über seinen Körper zurück. Wenn für dieses wichtige Ritual, das in seiner Gesamtheit nicht weniger als 75 Szenen aufweist, der eigene Sohn verantwortlich zeichnet, wird der Symbolgehalt der Auswahl deutlich. Hier wird ein Vertrauensverhältnis zwischen den Generationen erkennbar, das nur einem im realen Leben praktizierten Fürsorge- und Treuebekenntnis entlehnt sein kann. Auch das Zufächeln von Atemluft, das im Grab des Sennedjem durch ein Windsegel chiffriert wiedergegeben ist, ist dahingehend zu interpretieren[8].

Kinder als Mitempfänger im Totenkult der Eltern

Seit dem Alten Reich haben Darstellungen von Kindern als Mitempfänger im Kult der Eltern ihren festen Platz im Bildprogramm des elterlichen Grabes. Besonders häufig ist ihre Präsentation im Zusammenhang mit den sogenannten Speisetischszenen, welche die Versorgung der Verstorbenen mit den wichtigsten Dingen des täglichen Bedarfs garantieren sollten. Üblicherweise wurde nur der Grabbesitzer – alleine oder mit seiner Ehefrau – an einem mit Langbroten bedeckten Tisch sitzend dargestellt. Doch gibt es auch Beispiele, bei denen Kinder am Tisch des Vaters bzw. der Eltern sitzen dürfen oder gar über einen eigenen kleinen Tisch verfügen (Feucht 1995). Eine weitere Variante stellt die Wiedergabe von Kindern vor einem Opferaufbau dar, die ihnen die Teilnahme an einem für die Eltern gedachten Brandopfer sichern sollte. Ein Relief aus dem frühen Mittleren Reich, das in einem Grab in Theben-West entdeckt wurde, kann hier exemplarisch vorgestellt werden[9]. Zu sehen ist der Grabbesitzer Amenemhet, der seiner Ehefrau Iji auf einer Bank gegenüber sitzt. Zwischen dem Paar hat der Sohn Intef Platz genommen, der von seinen Eltern liebevoll umarmt wird. Ein überhäufter Opfertisch dient der Versorgung der Verstorbenen, die auch inschriftlich gesichert ist. An den Rand des Geschehens gerückt ist (die als Schwiegertochter gedeutete) Hapi, die wohl nicht als Kultempfängerin, sondern als kultausführend betrachtet werden muss.

Wenngleich jugendliche wie erwachsene Kinder häufig am Kult der Eltern partizipieren, erlauben die Beischriften keine eindeutige Klärung der Frage, ob sie deshalb auch als Verstorbene zu gelten haben. Die naheliegende Schlussfolgerung, Kinder, die sich im Grab ihrer Eltern unter die Kultempfänger einreihen, müssten zum Zeitpunkt der Dekoration bereits verstorben gewesen sein und hätten deshalb am Kult ihrer Eltern teilhaben dürfen, erscheint verlockend. Eine solche Realitätsnähe lässt sich aber nur in den seltensten Fällen auch historisch fassen und ist nach ägyptischen Jenseitsvorstellungen auch keine Voraussetzung für die magische Wirksamkeit des Bildprogramms.

Als Indiz für einen möglichen Toten-Status wird gerne der Terminus „maa(t)-heru" angeführt, mit dem die Ägypter ihre Verstorbenen, die das Totengericht glücklich überstanden hatten, als „gerechtfertigt" zu kennzeichnen pflegten. Doch scheint dieser Terminus nicht nur Tote charakterisiert zu haben, womit ihm keine große Beweiskraft zugeschrieben werden kann. Ein besserer Hinweis für ein als tot angenommenes Kind wäre seine Bezeichnung als "Osiris" (und als imachu/Versorgter), da diese ausschließlich Verstorbenen vorbehalten war. Bedenkt man aber, daß die Dekoration eines Grabes erst mit dem Tod sämtlicher in ihr erwähnten Personen voll in Kraft tritt, erscheint eine Identifizierung von eventuell vor der Dekorationsanbringung verstorbenen Familienmitgliedern müßig. Schließlich sollte allen Familienangehörigen mit ihrer Darstellung und Nennung ihrer Namen ein Leben im Jenseits ermöglicht werden, so daß natürlich auch von der Wiedergabe eines fiktiven Idealzustandes ausgegangen werden kann[10]. Das Grab mit seiner textlichen und bildnerischen Ausgestaltung stellte für seinen Besitzer und dessen Familie eine konkrete Form der Zukunftssicherung dar, ohne daß damit der Anspruch eines historisch verläßlichen status quo verbunden gewesen wäre.

Bei aller gebotenen Vorsicht im Umgang mit ägyptischen Vorstellungen von „Wirklichkeit" sollen hier zwei Gräber nicht unerwähnt bleiben, deren Bildprogramme Hinweise auf ein zum Zeitpunkt seiner Ausführung bereits verstorbenes Kind zu enthalten scheinen. In den beiden Gräbern des Dhehutinefer (TT 104 und TT 80) aus der Regierungszeit Amenophis' II. fällt das mehrfache Auftreten einer Tochter namens Neferetiri innerhalb von Szenen auf, die den Opfervollzug für ihre Eltern zum Inhalt haben (Shedid 1988). Dieses Phänomen ist zwar – wie bereits erwähnt – keineswegs singulär, doch insofern interessant, als daß die Tochter hier fast gleichrangig neben ihren Eltern auftritt. Zumindest in diesem konkreten Fall darf man wohl davon ausgehen, daß die Tochter zum Zeitpunkt der Ausgestaltung der Gräber bereits verstorben war und daß ihre Eltern mit ihrer hervorgehobenen Darstellung ihre Jenseitsexistenz zu sichern suchten.

In einem kleinen Exkurs soll nun der Frage nachgegangen werden, wann Kinder im Grab der Eltern mitbestattet wurden. Für diese Fragestellung bietet sich wieder das Grab des Sennedjem in Deir el-Medineh an, das bereits in bezug auf die Darstellung eines Sohnes als Sem-Priester Erwähnung fand[11]. In Sennedjems Grabanlage stieß man auf über 20 Mumien von Familienmitgliedern, die teilweise mit namentlich bekannten Personen im Bildprogramm identifiziert werden konnten. Da sich unter ihnen auch erwachsene Nachkommen befanden, gleichzeitig aber für den Sohn Chabechenet mit TT 2 eine eigene Ruhestätte bezeugt ist, möchte man annehmen, daß einem eigenen Grab der Vorzug vor einer Mitbestattung gegeben wurde[12].

Demnach dürften im elterlichen Grabkomplex vorrangig in jungen Jahren verstorbene Kinder sowie erwachsene Kinder bzw. Schwiegerkinder, Enkelkinder, Geschwister u.a. beigesetzt worden sein, die sich (noch) keine eigene Begräbnisstätte leisten konnten[13].

Diese These findet Unterstützung durch die Bemerkung eines Mannes, der die Tatsache, im Grab seines Vaters beigesetzt zu werden, für besonders erwähnenswert erachtet: *„Es war, damit ich an einem Ort mit ihm zusammen bin – nicht, weil ich keine Genehmigung hatte, zwei Gräber zu bauen, sondern ich habe das getan, damit ich (meinen Vater) Djau alle Tage sehe und mit ihm an einem Ort weile"* (Doret 1976).

Die besondere Hervorhebung der engen emotionalen Verbindung zum eigenen Vater als Grund für die gemeinsame Grablegung unter Negierung gesellschaftlich vermeintlich weniger anerkannter Motive weckt Misstrauen und spricht meines Erachtens gegen die Glaubwürdigkeit dieser Argumentation! Doch selbst wenn man ein eigenes Grab einer Mitbestattung vorzog, blieb eine kultische und räumliche Anbindung an die Ruhestätte der Eltern unerlässlich[14].

Kommunikation mit den toten Eltern

Der Tod der Eltern führte im alten Ägypten nicht zwangsläufig zu einem Ende der Beziehungen zwischen den Generationen, wie uns neben den bildlichen Darstellungen auch die Textgattung der sogenannten „Briefe an die Toten" sehr eindrucksvoll bezeugt[15]. In ihnen wenden sich lebende Familienmitglieder aus den unterschiedlichsten Gründen an ihre verstorbenen Verwandten. Dabei wird deutlich, daß man den Toten die Möglichkeit einer intensiven Einflussnahme auf die diesseitige Welt unterstellte.

In bezug auf die Eltern-Kind-Bindung ist ein aus dem Ende des Alten Reiches erhaltenes Tongefäß von Bedeutung, das auf seiner Innenseite den Brief eines Sohnes an seinen verstorbenen Vater und auf seiner Außenseite das Schreiben des Sohnes an die verstorbene Mutter trägt: *„Es ist Shepsi, der an seine Mutter Eje schreibt: Dies soll Dich daran erinnern, daß Du Deinem Sohn sagtest: 'Bring mir Wachteln, ich will sie essen!' Siehe, Dein Sohn brachte sieben Wachteln. Du aßest sie. Nun lässt Du es zu, daß mir Unrecht widerfährt und meine Kinder verdrossen sind und ich krank. Wer wird dann Wasser für Dich ausgießen? Wenn du Dich doch entscheiden könntest zwischen mir und Sobekhotep, den ich aus einer anderen Stadt überführt habe, um ihn in seiner eigenen Stadt unter Seinesgleichen in der Nekropole zu bestatten, nachdem ich ihn mit Leinen versorgt hatte. Warum behandelt er mich so ungerecht, wo ich doch nichts gesagt oder getan habe. Zu Unrecht behandelt zu werden missfällt den Göttern!"*

Das Schreiben dokumentiert zweierlei: Zum einen die enge emotionale Verbundenheit, die auch nach dem Tod der Mutter ihre Intensität nicht verloren zu haben scheint und dann die überaus menschlichen Züge des Sohnes, die hier transparent werden: Hat Shepsi nicht alles für seine Mutter getan, sie reichlich mit Speisen versorgt und doch scheint sie – wie schon zu Lebzeiten – den offensichtlich wenig geliebten Bruder ihm vorzuziehen.

Der Generationenvertrag, der das Leben der Ägypter im Diesseits und im Jenseits so entscheidend prägte, stieß trotz stark ritualisierter Strukturen an seine Grenzen: Eifersucht und Neid machen auch vor Hochkulturen nicht halt. Und so bleibt die fast hilflos klingende Warnung des Sohnes *"Wer wird dann Wasser für Dich ausgießen"*, mit der er seiner Mutter noch ins Jenseits nachzurufen scheint, daß schließlich er es ist, der ihren Totenkult aufrecht erhält!

Literatur

Assmann J (1989) Der schöne Tag. Sinnlichkeit und Vergänglichkeit im altägyptischen Fest. In: Haug W, Warning R (Hrsg.) Das Fest. Poetik und Hermeneutik XIV. Fink, München, 3–28.

Brunner-Traut E (1996) Frühformen des Erkennens. Aspektive im Alten Ägypten. Wissenschaftliche Buchgesellschaft, Darmstadt.

Bruyère B (1959) Le Tombe No. 1 de Sennedjem à Deir el Medineh. Mémoires publiés par les membres de l'Institut Francais d'archéologie orientale du Caire 88.

Doret E (1976) The Narrative Verbal System of Old and Middle Egyptian. Genf, 79

Eggebrecht A (Hrsg.) 1990, Suche nach Unsterblichkeit. Totenkult und Jenseitsglaube im Alten Ägypten. Philipp von Zabern, Mainz, 98 (=Katalog-Nr. T 37).

Feucht E (1995) Das Kind im Alten Ägypten. Die Stellung des Kindes in Familie und Gesellschaft nach altägyptischen Texten und Darstellungen. Campus Verlag, Frankfurt, 124ff.

Gardiner A H & Sethe K (1928) Egyptian Letters to the Death, Mainly from the Old and Middle Kingdoms. London, 4.

Green L (1990/91) Wearer of the Royal Uraeus: Ankhesen-amun. A "Lost Queen" of Ancient Egypt, King's Daughter, King's Great Wife. KMT vol. 1, no. 4: 24.

Kampp F (1995) Zur Konzeption doppelter Bestattungsanlagen. In: Assmann J, Dziobek E, Guksch H, Kampp F (Hrsg.) Thebanische Beamtennekropolen. Studien zur Archäologie und Geschichte Altägyptens 12, 205-218.

Kampp F (1996) Die thebanische Nekropole – zum Wandel des Grabgedankens von der XVIII. bis zur XX. Dynastie. Philipp von Zabern, Mainz, 90-92.

Lacaud R (1995) Magie et initiation en Egypte pharaonique. Editions Dangle, St-Jean-de-Braye.

Saleh M & Sourouzian H (1986) <Offizieller Katalog>. Die Hauptwerke im Ägyptischen Museum Kairo, Philipp von Zabern, Mainz, No. 79.

Seiler A (1995) Archäologisch faßbare Kultpraktiken in Grabkontexten der frühen 18. Dynastie in Dra' Abu el-Naga/Theben. In: Assmann J, Dziobek E, Guksch H, Kampp F (Hrsg.) Thebanische Beamtennekropolen. Studien zur Archäologie und Geschichte Altägyptens 12, 185–203.

Seyfried K-J (1995) Generationeneinbindung. In: Assmann J, Dziobek E, Guksch H, Kampp F (Hrsg.) Thebanische Beamtennekropolen. Studien zur Archäologie und Geschichte Altägyptens 12, 219–231.

Shedid A G (1988) Stil der Grabmalereien in der Zeit Amenophis' II. Untersucht an den thebanischen Gräbern Nr. 104 und Nr. 80. Archäologische Veröffentlichungen 66. Z. B., für Grab 104: Taf. 6f und 26b; für Grab 80: Taf. 16e und 54.

Shedid A G (1994) Das Grab des Sennedjem. Ein Künstlergrab der 19. Dynastie in Deir el Medineh. Philipp von Zabern, Mainz, 69.

Wiebach S (1986) Die Begegnung von Lebenden und Verstorbenen im Rahmen des thebanischen Talfestes. In: Studien zur altägyptischen Kultur 13: 263–291.

---

1   Auszug eines Briefes, mit dem ein Sohn seiner verstorbenen Mutter deutlich zu verstehen gibt, daß nur er für die Fortdauer ihres Trankopfers garantieren kann. Übersetzung nach Gardiner A H und Sethe K (1928). Zum vollständigen Text dieses Briefes s. weiter unten. Aus dem alten Ägypten sind zahlreiche solcher Dokumente überliefert, die vermuten lassen, daß man den Verstorbenen eine Einflußnahme über den Tod hinaus zurechnete. Man wird in diesem Zusammenhang nicht falsch liegen, wenn man die in den Quellen zum Ausdruck kommenden Spannungen zwischen lebenden und toten Familienmitgliedern auf deren ungelöste Konflikte zu Lebzeiten überträgt.

2   Wenn hier versucht wird, einige allgemeingültige Aussagen zum altägyptischen Grabbau und Totenkult zu treffen, erfolgt dies vor folgendem Hintergrund: Im Laufe der 3000jährigen Geschichte Ägyptens, beginnend mit der Reichseinigung um 3000 v. Chr. bis hin zur Eroberung des Landes durch die Römer unter Kaiser Augustus im Jahr 30 v. Chr., begegnen uns eine Vielzahl unterschiedlicher, teilweise parallel verlaufender Entwicklungen im Grabbau und natürlich auch im Totenkult, die im Rahmen eines solchen Beitrags in ihrem Facettenreichtum nicht dargestellt werden können. Der hier wiedergegebene „Idealfall" orientiert sich daher vorrangig an den aussagekräftigen Befunden des Neuen Reiches, dem Zeitraum von ca. 1550–1070 v. Chr., der als einer der Höhepunkte ägyptischen Grabbaus angesehen werden darf.

3   Wichtige Informationen zu den Charakteristika ägyptischen Kunstschaffens und -betrachtens finden sich bei Brunner-Traut E (1996).

4   Die Frage nach der „Menschwerdung", d. h. der Wahrnehmung einer Person als ein mit einer eigenen Identität ausgestattetes Individuum durch die Sozialgemeinschaft, lässt sich in Ägypten wie in anderen Kulturen u. a. im Umgang mit verstorbenen Säuglingen und Kindern fassen. So sind die unterschiedlichen Bestattungsformen von Früh- und Totgeburten, von Säuglingen und Kleinkindern auch als Ausdruck der Identitätsbildung zu verstehen. Als Beispiel sei hier auf die prädynastische Siedlung von Maadi verwiesen. Dort wurden Foeten und Neugeborene innerhalb, Kinder von mehreren Monaten aber außerhalb der Siedlung beigesetzt. Vgl. Feucht E (1995) spez. 125 mit Anm. 615.

5   Übersetzung nach Rainer Hannig. In: Eggebrecht A (Hrsg) 1990, op. cit.

6   Allgemein zu Gastmahlszenen s. Assmann J (1989).

7   Aus Anlass dieses Festes wurde eine Barke mit der Kultstatue des Hauptgottes des Tempels von Karnak, Amun, ab der 19. Dynastie auch die Kultstatue seines weiblichen Gegenparts Amaunet, seiner göttlichen Gemahlin Mut, sowie die des gemeinsamen Sohnes Chons und des regierenden Königs, von der Ostseite des Nils auf das thebanische Westufer gebracht, um dort in einer großen Prozession die Totentempel der verstorbenen Könige aufzusuchen. Zu den privaten Totenfeiern in Zusammenhang mit dem Talfest s. Wiebach S (1986). Von archäologischer Seite sind die Forschungen der jüngsten Zeit hinzuzuziehen, die

den Nachweis erbrachten, daß sich das in Privatgräbern zutage geförderte keramische Material bei genauester Beobachtung seines Fundortes durchaus einem unterschiedlichen Verwendungszweck zuordnen lässt. Dabei erlaubt insbesondere das Differenzieren in Beigabenkeramik, d. h. im direkten Zusammenhang mit der Beisetzung rituell deponierte Gefäße – und Opferkeramik – d. h. im späteren Totenkult verwendete Tonware – wertvolle Einblicke in Umfang und Dauer der Kultpraktiken am Grabbau. Vgl. Seiler A (1995)

8   Shedid Abdel G unter Mitarbeit von Shedid Anneliese (1994) op. cit., 68
9   Kairo JE 45626. Theben, Assasif, Grab R. 4. Saleh M und Sourouzian H (1986)
10 Dies konnte soweit gehen, daß auch Paare, die zum Zeitpunkt des Grabbaus noch keine Kinder hatten, potentielle Nachkommen in ihre Grabdekoration aufnahmen, wie auch Paare, deren Familienplanung noch nicht abgeschlossen war, etwaige weitere Kinder in ihr Bildrepertoire integrierten, um so allen Eventualitäten gerecht zu werden!
11 Hauptpublikation: Bruyère B (1959). Die beste Wiedergabe des Bildprogramms findet sich bei Shedid Abdel G unter Mitarbeit von Shedid Anneliese (1994) op. cit.
12 Sowohl Chabechenet als auch Chonsu scheinen zu einem unbekannten Zeitpunkt in das Grab ihres Vaters umgebettet worden zu sein. In ihrem eigenen Interesse dürfte diese Maßnahme kaum gewesen sein, da sich sonst die Anlage der aufwendigen und teuren eigenen Gräber kaum gelohnt hätte.
13 So im bereits erwähnten Grab des Sennedjem in Deir el-Medina (TT 1) aus der Regierungszeit Sethos' I. und Ramses' II., wo neben dem Grabbesitzer und seiner Frau insgesamt 18 Verwandte, darunter mehrere Kinder des Paares, beigesetzt wurden.
14 Sennedjems Sohn Chabechenet ließ mit TT 2 sein Grab in unmittelbarer Nachbarschaft zu dem seiner Eltern errichten.
Eine räumliche Nähe zur Vorgängergeneration scheint sich auch in dem Phänomen von gleichzeitig konzipierten doppelten Bestattungsanlagen in thebanischen Gräbern zu manifestieren, die in Verbindung mit einem möglichen Ka-Grab sowie einem Ahnenkult stehen könnten. S. Kampp F (1995) und dies. (1996) sowie Seyfried K-J (1995), spez. 230f.
15 Die Briefe verfügen häufig über einen gleichförmigen aus fünf Teilen bestehenden Aufbau: Adressat/Absender, Grußformel, Lob des Toten bzw. Hervorhebung der Taten des Absenders, Mitteilung des Unrechts, Bitte um Einflußnahme durch den Toten.

«Und zuerst befiel diese Krankheit, die im Monat August ausbrach, die Kinder und raffte sie fort. Wir verloren die süßen, teuren Kleinen, die wir auf unserm Schoß gehegt, in unsern Armen gewiegt, mit eigner Hand genährt und mit ängstlicher Sorge erzogen hatten, aber wir trockneten unsere Tränen und sprachen mit dem heiligen Hiob: „Der Herr hat es gegeben, der Herr hat es genommen, wie es Gott gefiel, so ist es geschehen.»
Greg. Tours, *Historiarum V, 34* (Buchner 1967).

Kinder in der Merowingerzeit

B. Lohrke

Frühere Kindheit – Himmel oder Hölle?

Während bei den Historikern seit dem Erscheinen der "Geschichte der Kindheit" von Philippe Ariès (1960) eine Tradition in der Darstellung der Kindheit besteht, sind von archäologischer Seite erst in jüngster Zeit Ansätze zur Erforschung vor- und frühgeschichtlicher Kindheiten unternommen worden[1]. Ariès These, Kindheit sei erst in der Neuzeit erfunden worden, hat in vielen Bereichen Eingang gefunden. Nicht nur für die Merowingerzeit typisch ist eine Bewertung und Einstufung der Kindheit in früherer Zeit von positiv bis extrem negativ[2]. So betonen einige Historiker eine große Entwicklung mit Einfluss des Christentums, die sich in einer positiveren Einstellung Kindern gegenüber äußert[3]. Als heidnische Tradition wird z.B. die Kindesaussetzung und -tötung beschrieben, die aber auch im Hochmittelalter (Findelhäuser) praktiziert wurde. Ob sich durch eine neue Einstellung zu Kindern auch die Lebensbedingungen für Kinder verbesserten, ist unklar. Die Problematik der Erforschung der Kindheit des frühen Mittelalters liegt in den vorhandenen Schriftquellen. Bemerkungen zu Kindern und Säuglingen wurden meist nur beiläufig erwähnt, wobei die Identifizierung der hinter "Kind" stehenden Altersgruppe oft schwierig ist[4]. Kindheiten werden auch in Heiligenviten beschrieben, allerdings wurden gerade die frühesten Lebensjahre späterer Heiliger derart idealisiert dargestellt, dass sie als regelrechte Gegendarstellungen der realen Kindheit dienen können[5]. Auch Gregor von Tours schrieb im 6. Jahrhundert nicht als neutraler Beobachter sein Geschichtswerk, sondern stellte die Geschichte in pädagogischer Art und Weise dar und verfolgte durchaus politische Ziele in seiner Darstellung[6] (siehe Eingangszitat). Konkrete Angaben über die Sterblichkeit von Kindern liegen erst für das Spätmittelalter, nicht aber für das frühe Mittelalter vor. Weitere Hinweise auf Lebensphasen von Kindern können den frühmittelalterlichen Gesetzestexten (Leges) entnommen werden.

Im Folgenden soll eine Annäherung an die Kindheit der Merowingerzeit anhand archäologisch-anthropologischer Daten vorgenommen werden. Scheint der Begriff der Kindheit sehr komplex, so existiert gerade in der Ur- und Frühgeschichte neben Objekten von und für Kinder, durch die Bestattungen ein direkter Zugang zu subadulten Individuen. Mit einer anthropologischen Altersbestimmung können kindliche Individuen eindeutig identifiziert werden. Sterblichkeit, alters- und geschlechtsspezifische Bestattungsweise und Beigabensitte können untersucht werden. Allerdings stellen auch die archäologischen Quellen kein direktes Spiegelbild der früheren Gesellschaft dar, sondern sind ebenso wie die historischen Quellen kritisch zu hinterfragen.

Bei der Erforschung früher Kindheiten beeinträchtigt unsere heutige Sichtweise von Kindheit die Interpretation. So erscheinen uns Kinder zunächst als klein und hilflos. Dies zeigt sich auch in der archäologischen Literatur, so z.B. bei der Beschreibung kindlicher Bestattungen: *"Das zarte, kleine Skelett bis auf Schädelreste vergangen."*[7] Ethnologische Beschreibungen und mittelalterliche Quellen belegen hingegen eine große Selbständigkeit auch von jungen Kindern. Die Betrachtung verschiedener Formen von Kindheit kann helfen, unsere kulturelle Voreingenommenheit zu verringern. Dennoch bleibt schon die Fragestellung nach früheren Lebensbedingungen von Kindern und Jugendlichen ein Ergebnis unserer heutigen Gesellschaft.

Untersuchungsraum und -material

In dem von den Alemannen von der Mitte des 5. bis Anfang des 8. Jahrhunderts besiedelten Raum liegen große Gräberfelder und kleine Gräbergruppen, die sich in mehrfacher Hinsicht besonders für die Analyse einer Altersgruppe eignen. In den sogenannten Reihengräberfeldern sind inzwischen Tausende von Bestattungen aus der Merowingerzeit bekannt und erlauben so Untersuchungen auf einer größeren Datenbasis. In ihnen wurden Männer, Frauen und Kinder bestattet. Datierung und chronologische Einordnung ist durch die noch übliche Beigabensitte gewährleistet. Aus den zum Teil reich und individuell ausgestatteten Gräbern lassen sich die Kleidung und die Bewaffnung der Bestatteten rekonstruieren. Als „echte Beigaben" wurden Keramik- und Glasgefäße sowie Speisen in den Gräbern deponiert.[8]

Grundlage der folgenden Untersuchung sind 28 Nekropolen aus Südwestdeutschland und den angrenzenden Gebieten der Schweiz (siehe Liste). Die Auswahl berücksichtigt Gräberfelder, bei denen sowohl archäologische als auch anthropologische Daten vorliegen. Die Bestattungsplätze decken einen Zeitraum von Mitte des 5. Jh. bis zu Beginn des 8. Jh. ab. Neben Gräberfeldern, die fast den gesamten Zeitraum hindurch belegt wurden, existieren auch Friedhöfe mit einer kurzen Belegungszeit.

Mittelpunkt der Untersuchung sind alle nicht erwachsenen Individuen der Gräberfelder, d.h. die Altersstufen Infans I (0-6 Jahre), Infans II (7-14 Jahre) und Juvenil (15-20 Jahre). Die Grenze zu den erwachsenen Individuen wurde nach biologisch-anthropologischen Kriterien ohne Berücksichtigung des sozialen Alters gezogen. Insgesamt waren es 989 Individuen, die untersucht wurden. Diesen Kindern standen über 4000 Erwachsene gegenüber. Der Anteil an Kindern und Jugendlichen bezogen auf alle bestatteten Individuen beträgt somit fast 20% (19,2%). Eine hohe Kleinkindersterblichkeit vorausgesetzt, wäre eine weitaus höherer Anteil an Kindern und vor allem an Kleinkindern zu erwarten[9].

Tab. 1: Prozentuales Vorkommen der subadulten Individuen auf den Gräberfeldern, bezogen auf die Gesamtanzahl der Bestatteten.

Gräberfeld	%	Gräberfeld	%
Giengen a.d. Brenz, Lkr. Heidenheim	6,9	Dirlewang, Lkr. Unterallgäu	20,0
Schwangau, Lkr. Ostallgäu	9,2	Merdingen, Lkr. Freiburg	20,3
Donaueschingen, Schwarzwald-Baar-Kreis	13,3	Oberderdingen, Lkr. Karlsruhe	20,5
Weingarten, Lkr. Ravensburg	13,7	Neresheim, Ostalbkreis	20,8
Berghausen, Lkr. Karlsruhe	14,3	Klepsau, Hohenlohekreis	21,2
Elgg, Kt. Zürich	14,6	Sontheim a.d. Brenz, Lkr. Heidenheim	21,3
Basel-Bernerring, Kt. Basel	15,6	Unterthürheim, Bayrisch-Schwaben	22,3
Fridingen a.d. Donau, Lkr. Tuttlingen	16,3	Kirchheim a. Ries, Ostalbkreis	24,0
Donzdorf, Lkr. Göppingen	16,4	Stetten a.d. Donau, Lkr. Tuttlingen	26,0
Marktoberdorf, Bayrisch-Schwaben	16,9	Westheim, Lkr. Weißenburg-Gunzenhausen	27,5
Hemmingen, Lkr. Ludwigsburg	17,0	Niederstotzingen, Lkr. Heidenheim	28,6
Basel-Kleinhüningen, Kt. Basel	18,0	Kösingen, Ostalbkreis	36,7
Heidenheim-Großkuchen, Lkr. Heidenheim	20,0	Augsburg, St. Ulrich u. Afra	37,5
Schelklingen, Alb-Donau-Kreis	20,0	Stein a. Rhein, Burg, Kt. Schaffhausen	68,8

Wie in Tabelle 1 ersichtlich, differieren die prozentualen Anteile der Kinder und Jugendlichen an den Bestattungsgemeinschaften mit 7 bis 70% erheblich. Prozentual wurden mit Abstand die meisten Kinder und Jugendlichen in der Kirche Burg, in Stein am Rhein (Kt. Schaffhausen) bestattet. Die Bestattungen in dieser Kirche fallen außerdem durch einen besonders hohen Anteil an Säuglingsbestattungen auf.

Altersverteilung

Nach dem Sterbealter können die meisten Individuen der Altersstufe Infans I (n = 409) zugeordnet werden; deutlich geringer sind die Anteile in den Altersstufen Infans II (n = 264) und Juvenil (n = 229). Dies wird durch 87 Individuen, die entweder ohne anthropologische Bestimmung als Kind eingestuft wurden oder nur als Infans bestimmt wurden, erweitert. Eine hohe Sterblichkeit in der Altersstufe Infans I im

Vergleich zu Infans II und die geringste Sterblichkeit unter den Juvenilen entspricht einem "natürlichen" Bevölkerungsaufbau[10].

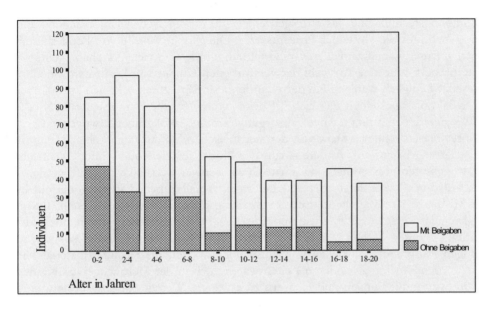

Abb. 1: Altersverteilung der subadulten Individuen mit und ohne Beigaben.

Bei insgesamt 630 Individuen wurde eine Altersbestimmung mit Jahresangaben vorgenommen. Die Altersverteilung (Abbildung 1) zeigt, daß die meisten der beerdigten Kinder im Alter von 6-8 Jahren (107 Individuen) und fast ebenso viele Individuen im Alter von 2-4 Jahren (97 Individuen) verstorben sind. Erstaunlich ist dabei die geringere Anzahl der Kinder (n = 85) in der Gruppe von 0-2 Jahren. Bei den hohen Anteilen an verstorbenen Kindern im Alter von 2-4 und von 6-8 Jahren könnten sich besondere Belastungen, risikoreiche Zeiten oder Streßphasen abzeichnen. Eine erhöhte Sterblichkeit bei Kleinkindern liegt meist im Zeitraum des Abstillens vor. Nach ethnologischen Belegen, Schriftquellen und anthropologischen Untersuchungen kann mit langen Stillzeiten bis zu zwei oder mehr Jahren gerechnet werden[11]. Für den hier untersuchten Raum wäre ebenfalls ein Zeitraum des Stillens von ca. zwei bis drei Jahren zu postulieren. Im Alter von sechs bis acht Jahren könnte, wie in Schriftquellen (für spätere Zeiten) belegt, eine stärkere körperliche Belastung und Integration ins Arbeitsleben (Arbeitsunfälle) zu einer höheren Sterblichkeit geführt haben[12].

Das Kleinkinderdefizit

Wie oben schon erwähnt, wäre bei einer hohen (Klein-)Kindersterblichkeit mit weitaus mehr Bestattungen von Kindern und Jugendlichen zu rechnen. Allgemein werden Prozentsätze zwischen 45 und 60% subadulter Individuen auf einer Nekropole erwartet. Als Erklärung für die „fehlenden Kinder" werden u.a. die schlechte Erhaltung kindlicher Knochen und die geringe Grabgrubentiefe angeführt. Weiterhin sind die Grabungstechnik und das Erfolgen einer anthropologischen Untersuchung ausschlaggebend für die Höhe des Prozentsatzes. Die geringe Anzahl von Kinderbestattungen auf merowingerzeitlichen Gräberfeldern wurde von vielen Archäologen sozial interpretiert: Nur eine Auswahl der verstorbenen Kinder wurde auf dem Friedhof beigesetzt. Lediglich wenigen Kindern wurde diese Ehre zuteil, z.B. den Sprößlingen von sozial höher gestellten Familien[13]. Ebenso wurde für die nichtbestatteten Kinder ein "Wegwerfen", im Sinne einer Entsorgung, z.B. in Abfallgruben erwogen[14]. Diese Interpretationen scheinen stark von den europäischen Vorstellungen einer pietätvollen Bestattung beeinflußt. Andere – von der Norm abweichende – altersspezifische Bestattungssitten müssen nicht automatisch als weniger wertvoll eingestuft werden[15]. Ein „Entsorgen" von verstorbenen Kindern in Abfallgruben, Latrinen oder auf einem Misthaufen müßte theoretisch im Siedlungsmaterial nachweisbar sein. Belege für „irregulär verscharrte"[16] Kleinkinder stehen im Untersuchungsraum noch aus. Allerdings wurden bisher wenige Siedlungen großflächig ausgegraben, so daß bei künftigen Ausgrabungen vielleicht auch Kinderknochen im Siedlungsmaterial entdeckt werden. Analog zu anderen Zeiten wären auch in der Merowingerzeit Kinderbestattungen in Siedlungen und Häusern zu erwarten. Wenige Säuglingsbestattungen neuerer Grabungen im Untersuchungsraum deuten dies an[17].

Die Bestattungssitte

Auch für Kinder war die uniforme Bestattungssitte der Merowingerzeit die Regel. Üblich waren Einzelkörperbestattungen in gestreckter Rückenlage. Die Toten wurden in WO-Richtung beerdigt, wobei der Blick nach Osten gerichtet war.

Ca. 20% der Kinder und Jugendlichen wurden allerdings nicht alleine in einer Grabgrube angetroffen. Einige der Individuen wurden gleichzeitig mit anderen Personen beerdigt, ein hoher Anteil der Kinder wurde zeitlich versetzt, z.B. als Nachbestattung in ein schon bestehendes Grab eingebracht (Tabelle 2). Die große Beteiligung von Kindern in Mehrfachbestattungen wird von Lüdemann als Zeichen für eine sozial niedrige Stellung der Kinder gewertet[18]. Die hohe Zahl von Kindern innerhalb der Mehrfachbestattungen könnte aber ebenso mit sozialen, familiären oder emotionalen Umständen erklärt werden. Häufig wurden die Gräber der Kinder und Jugendlichen in schon bestehende Bestattungen eingetieft (Tabelle 2). Hierin kommt eher eine Bezugnahme zur Familiengrablege zum Ausdruck, als ein geringerer Arbeitsaufwand bei einem „seichten" Eintiefen.

Tab. 2: Bestattungsart der subadulten Individuen (n = 989). Als „zusätzliche Individuen" werden Individuen bezeichnet, die entgegen der archäologischen Dokumentation erst bei der anthropologischen Bestimmung entdeckt wurden. Erklärungen hierfür sind während der Ausgrabung nicht erkannten Mehrfach- oder Nachbestattungen, Störungen, Überschneidungen oder Beraubungen.

Bestattungsart der subadulten Individuen	n
gleichzeitige Doppel- und Mehrfachbestattungen	35
zeitlich versetzt (Haupt- u. Nachbestattungen)	59
zeitliche Reihenfolge nicht geklärt	26
Als "zusätzliche" Individuen	44
"zusätzliche" Individuen belegt	47
mehrere Individuen in einer Grabgrube (Summe)	= 211
Einzelbestattungen	778

Die Bestattungen mit und ohne Beigaben

Beigabenlos wurden ca. zwei Drittel der kindlichen und jugendlichen Individuen bestattet. Werden nur die ungestörten Bestattungen berücksichtigt, liegt der Anteil der Kinderbestattungen mit Beigaben etwas höher, bei ca. 74%. Kinder und Jugendliche wurden insgesamt häufiger ohne Beigaben bestattet als dies bei Erwachsenen der Fall war.

Die jüngsten Kinder wurden besonders oft beigabenlos beerdigt (Abb. 1). Insgesamt nimmt in der Merowingerzeit gegen Ende des 7. Jh. und am Anfang des 8. Jh. die Anzahl der beigabenlos bestatteten Individuen zu. Dies betrifft auch die Bestattungen der Kinder.

In der Merowingerzeit ist eine geschlechtsspezifische Beigabensitte üblich. Die archäologische Geschlechtsbestimmung der Merowingerzeit setzt voraus, daß die Toten das Recht auf eine Ausstattung der Lebenden hatten. Bei Frauen war eine Ausstattung mit Schmuck und ein am linken Bein getragenes Gürtelgehänge üblich. Männern wurden außer ihren Waffen auch Taschen ins Grab gelegt. Von beiden Geschlechtern wurden Gürtel als Verschluß der Kleidung getragen. Eine Zuordnung der Männer zu "ihren" Waffen (und Pferden) und der Frauen zu "ihrem" Schmuck wird fast in der gesamten Ur- und Frühgeschichte einhellig vorausgesetzt. Eine Unterteilung in Schmuck- und Waffengräber wie bei den Erwachsenen ist auch bei den Kindern möglich. Diese archäologische Geschlechtsbestimmung kann bei den Kindern und Jugendlichen nur durch wenige anthropologische Geschlechtsbestimmungen überprüft werden; sie bestätigen die bei Erwachsenen übliche Zuordnung[19].

Die Geschlechtsverteilung nach archäologischer Zuweisung (Abb. 2) zeigt in den Altersstufen einen hohen Anteil an geschlechtsunspezifischen Beigaben in den Altersstufen Infans I mit Abnahme nach Infans II und Juvenil. Insgesamt häufiger und in früherem Alter wurden typisch „weibliche" Beigaben in die Gräber gelegt als dies bei den „männlichen" Beigaben der Fall ist. Ein hoher Anteil geschlechtsunspezifischer Beigaben lässt sich mit einer Art "neutraler" Kleidung für kleine Kinder erklären. Dies ist sowohl im europäischen Mittelalter als auch bei vielen außereuropäischen Ethnien belegt: Erst mit zunehmendem Alter wird Kindern typisch männliche und typisch weibliche Kleidung angezogen. Die endgültige Erwachsenenkleidung wird häufig erst nach einer vollendeten Initiation getragen. Oft ist der Zeitpunkt der Geschlechtsreife der Moment für den gesellschaftlichen Eintritt in die Erwachsenenwelt[20].

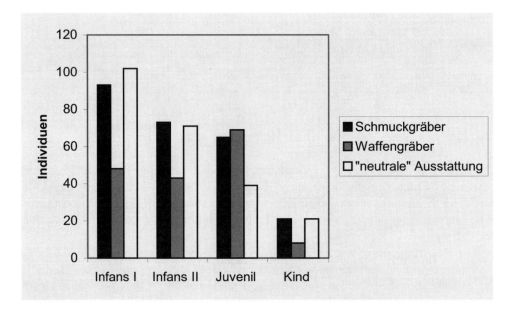

Abb. 2: Vorkommen von Schmuck- und Waffengräber der Kinder und Jugendlichen mit einer Beigabenausstattung.

Bei dem hohen Anteil an Schmuck in der Altersstufe Infans I kommt die Frage auf, ob z.B. Perlenketten vielleicht doch auch von kleinen Jungen getragen wurden, bzw. ob der „Wert" einer Waffenausstattung mit Pfeilspitzen höher war als die Schmuckausstattung mit Perlenketten und Ohrringen und deshalb seltener erfolgte. Nach den Gräbern zu urteilen, fand eine Anpassung an die weibliche Kleidung (bzw. Grabausstattung) bei den Mädchen früher statt und scheint nicht an den Beginn der Pubertät gebunden zu sein. Bei den Jungen ist ein deutlicher Einschnitt in der Grabausstattung erst im juvenilen Alter festzustellen: Das Tragen von Waffen ist dabei als Ausdruck einer Zugehörigkeit zu den Erwachsenen denkbar.

Kinder in der Merowingerzeit

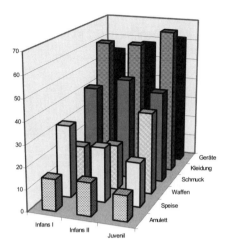

Abbildung 3: Prozentuales Vorkommen der Funktionsgruppen in den Altersstufen Infans I, Infans II, Juvenil und Kind.

Die Beigaben der Kinder und Jugendlichen wurden in Funktionsgruppen aufgeteilt. Das prozentuale Vorkommen dieser Gruppen in den Altersstufen zeigt charakteristische Unterschiede (Abb. 3): Geräte, Waffen und Gürtel zeigen eine häufigeres Vorkommen mit zunehmendem Alter. Bemerkenswert ist ein besonders hohes Vorkommen der Speisebeigaben[21] in den Altersstufen Infans I und II. Auch im Vergleich mit der Ausstattung Erwachsener fällt ein hoher Anteil der subadulten Individuen mit Speisebeigaben auf [22]. Hinweise auf ehemalige Speise- und Trankbeigaben treten gehäuft in den Altersstufen Infans I und II auf. In diesen Altersstufen ist auch eine besondere Reichhaltigkeit der Speisen, die sich in Knochen mehrerer Tierarten und in verschiedenen Gefäßarten äußert, zu vermerken. Bei verstorbenen Kindern wurde offensichtlich der Ausstattung mit Speisen eine besondere Bedeutung zugemessen. Eine Untersuchung der Topfgröße zeigt, dass kleine Kinder tendenziell eher mit kleineren Töpfen ausgestattet wurden, besonders häufig sind handgeformte Töpfe belegt.

Ein hoher Prozentsatz an Säuglings- und Kinderbestattungen ist im Untersuchungsraum nur in Stein am Rhein belegt (Tab. 1). Ähnlich gut untersuchte zeitgleiche Fundorte existieren kaum. Hohe Anteile an Säuglingsbestattungen deuten auch einige karolingische Befunde an[23]. Offensichtlich ist zum Ende des 7. und zu Beginn des 8. Jahrhunderts eine neue Bestattungssitte der Kinder zu fassen: sie ist charakterisiert durch einen hohen Anteil an Säuglingsgräbern sowie das Fehlen von Doppelbestattungen. Diese Befunde stehen im Zusammenhang mit den frühen Kirchen und weisen so in Richtung des sich etablierenden Christentums. Es scheint hier eine Parallelisierung dieses neuen Bestattungsritus mit der von Historikern beschriebenen veränderten positiveren Einstellung zu Kindern möglich. Trotzdem ist eine Art

"Bewertung" der merowingerzeitlichen Kindheit durch eine Unterteilung in eine "schlimme" Kindheit, (nicht) repräsentiert durch die Bestattungen der Reihengräberfelder und eine "gute" Kindheit, wiedergespiegelt durch die kindlichen Bestattungen in den Kirchen nicht gerechtfertigt.

Zusammenfassung

Nach dem hier nur schlaglichtartig beleuchteten Bestattungsritus und der Beigabensitte der merowingerzeitlichen Kinder und Jugendlichen lässt sich Folgendes zusammenfassen.

- Kinder sind wie in vielen anderen ur- und frühgeschichtlichen Zeiten auch in der Merowingerzeit zu geringeren Anteilen auf den Friedhöfen vertreten als erwartet, davon sind besonders die Säuglinge und Kleinkinder betroffen.
- Die Sterbealter der Kinder zeigen zwei Höhepunkte (2-4 und 6-8 Jahre). Diese lassen sich mit der Abstillphase und eventuell mit einer stärkeren Integration in die Arbeitswelt verbinden.
- Die Bestattungsart und -weise der Kinder gleicht grundsätzlich der der Erwachsenen, entgegen der oft erwähnten Sonderbehandlung von Kindern entsprechen die meisten Kinderbestattungen der Norm. Allerdings wurden Kinder häufiger als Erwachsene nicht alleine in einer Grabgrube angetroffen.
- Je jünger die Kinder verstorben sind, desto häufiger wurden sie beigabenlos beerdigt. Persönlicher (Grab-)Besitz wurde offensichtlich erst im Laufe der Zeit erworben.
- Nach den Beigaben wurden Kleinkinder wurden besonders häufig geschlechtsneutral ausgestattet. Die dem weiblichen Bereich zugeordneten Beigaben (Schmuck und Gürtelgehänge) sind bei jüngeren Kindern und wesentlich häufiger in Gräbern belegt als "typisch männliche" Beigaben wie Waffen und Tascheninhalte.
- Kinder (Infans I und II) wurden besonders oft mit Keramikgefäßen (und ehemals vorhandenen Nahrungsmitteln) ausgestattet.
- Entgegen dem üblichen Kleinkinderdefizit belegen einzelne Kirchen der jüngeren Merowingerzeit einen hohen Anteil an Kindern und Säuglingen; diese Tendenz scheint sich in der Karolingerzeit fortzusetzen.

Liste der untersuchten Gräberfelder:

1. Augsburg, St. Ulrich und Afra (Werner 1977).
2. Basel-Bernerring (Martin 1976).
3. Basel-Kleinhüningen (Giesler-Müller 1992).
4. Berghausen, Lkr. Karlsruhe (Koch 1982).

5. Dirlewang bei Mindelheim, Lkr. Unterallgäu (Christlein 1971).
6. Donaueschingen "Am Tafelkreuz", Schwarzwald-Baar-Kreis (Buchta-Hohm 1996, Röhrer-Ertel 1991).
7. Donzdorf, Flur "Vorschwärz", Lkr. Göppingen (Neuffer 1972).
8. Elgg-Ettenbühl, Kt. Zürich (Windler 1994).
9. Fridingen an der Donau "Spital", Lkr. Tuttlingen (v. Schnurbein 1987, Muth 1987).
10. Giengen an der Brenz, Lkr. Heidenheim (Paulsen/Schach-Dörges 1978).
11. Heidenheim-Großkuchen, Lkr. Heidenheim (Heege 1987).
12. Hemmingen, Lkr. Ludwigsburg (Müller 1976).
13. Kirchheim am Ries, Ostalbkreis (Neuffer-Müller 1983).
14. Klepsau, Hohenlohekreis (Koch 1990).
15. Kösingen, Ostalbkreis (Knaut 1993).
16. Marktoberdorf, Bayrisch-Schwaben (Christlein 1966).
17. Merdingen, Lkr. Freiburg (Fingerlin 1971).
18. Neresheim, Ostalbkreis (Knaut 1993).
19. Niederstotzingen, Lkr. Heidenheim (Paulsen 1967).
20. Oberderdingen, Lkr. Karlsruhe (Banghard 1992, Frauendorfer 1994).
21. Schelklingen, Alb-Donau-Kreis (Schmid 1992).
22. Schwangau, Lkr. Ostalgäu (Bachran 1993, Bärwald 1981).
23. Sontheim a.d. Brenz, Lkr. Heidenheim (Neuffer-Müller 1966).
24. Stein am Rhein, Burg, Kt. Schaffhausen (Burzler 1993).
25. Stetten an der Donau, Lkr. Tuttlingen (Weis 1999).
26. Unterthürheim, Bayrisch-Schwaben (Grünewald 1988).
27. Weingarten, Lkr. Ravensburg (Roth/Theune 1995).
28. Westheim, Lkr. Weißenburg-Gunzenhausen (Reiß 1994).

Literatur

Arnold K (1980) Kind und Gesellschaft in Mittelalter und Renaissance. Beiträge und Texte zur Geschichte der Kindheit. Sammlung Zebra, Reihe B 2. Schöningh, Paderborn.

Bachran W (1993) Das alamannische Reihengräberfeld von Schwangau, Landkreis Ostallgäu. Dissertation, Mainz.

Banghard K (1992) Frühmittelalterliche Grab- und Siedlungsfunde bei Oberderdingen. Magisterarbeit Marburg.

Bärwald R (1981) Anthropologische Untersuchungen an den Skeletten des Alamannisch-Bajuwarischen Reihengräberfeldes von Schwangau, Kr. Füssen. Diplomarbeit, Mainz.

Buchta-Hohm S (1996) Das alemannische Gräberfeld von Donaueschingen (Schwarzwald-Baar-Kreis). Forsch. u. Ber. zur Vor- u. Frühgesch. in Baden-Württemberg 56.

Buchner R (1967) Gregorii episcopii turonensis, Historiarum libri decem. Gregor von Tours, Zehn Bücher Geschichten. Aufgrund der Übersetzung W. Giesbrechts neubearbeitet von Rolf Buchner. Ausgewählte Quellen zur deutschen Geschichte des Mittelalters. Freiherr vom Stein-Gedächtnisausgabe. Band 1 und 2. Wiss. Buchgesellschaft, Darmstadt.

Burzler A (1993) Die frühmittelalterlichen Gräber aus der Kirche Burg. In: Höneisen M (Hrsg.) Frühgeschichte der Region Stein am Rhein. Archäologische Forschungen am Ausfluss des Untersees. Antiqua 26: 191-231.
Christlein R (1966) Das alamannische Gräberfeld von Marktoberdorf im Allgäu. Materialh. Bayer. Vorgesch. 21.
Christlein R (1971) Das alemannische Gräberfeld von Dirlewang bei Mindelheim. Materialh. Bayer. Vorgesch. 25.
Christlein R (1978) Die Alemannen. Archäologie eines lebendigen Volkes. Theiss, Stuttgart.
Creel N (1966) Die Skelettreste aus dem Gräberfeld Sontheim an der Brenz. In: Neuffer-Müller C, Ein Reihengräberfriedhof in Sontheim an der Brenz, Kr. Heidenheim. Veröffentl. d. Staatl. Amts f. Denkmalpfl. Stuttgart Reihe A 11, 73-103.
Czarnetzki A (1995) Das Kleinkinderdefizit der Merowingerzeit in Südwestdeutschland im Spiegel medizinhistorischer Ergebnisse. Bulletin Societé Suisse Anthropologie 2: 89-103.
Deißmann-Mertens M (1986) Zur Sozialgeschichte des Kindes in Griechenland. in: Martin J, Nischke A (Hrsg.) Zur Sozialgeschichte der Kindheit, Veröffentl. D. Inst. F. Hist. Anthropologie e.V. Bd. 4, Alber, Freiburg, München, 267-316.
deMause L (1997^9) (Hrsg.) Hört ihr die Kinder weinen? Eine psychogenetische Geschichte der Kindheit. Suhrkamp TB, Frankfurt.
Dette C (1994) Kinder und Jugendliche in der Adelsgesellschaft des frühen Mittelalters. Archiv für Kulturgeschichte 76: 1-34.
Die Alamannen (1997) Begleitband zur Ausstellung „Die Alamannen" Stuttgart, Zürich, Augsburg. Theiss, Stuttgart.
Feucht E (1995) Das Kind im Alten Ägypten: die Stellung des Kindes in Familie und Gesellschaft nach altägyptischen Textilien und Darstellungen. Campus, Frankfurt, New York.
Fingerlin G (1971) Die alamannischen Gräberfelder von Güttingen und Merdingen in Südbaden. Germ. Denkmäler d. Völkerwanderungszeit, Ser. A 12.
Frauendorf E (1994) Die Nekropole von Oberderdingen (Lkr. Karlsruhe). Anthropologische Untersuchungen einer frühmittelalterlichen Bevölkerung. Diplomarbeit, Mainz.
Giesler-Müller U (1992) Das frühmittelalterliche Gräberfeld von Basel-Kleinhüningen. Katalog und Tafeln. Basler Beitr. zur Ur- u. Frühgesch. 11 B, 1992.
Goetz H (1995) Frauen im frühen Mittelalter. Frauenbild und Frauenleben im frühen Frankenreich. Böhlau, Weimar.
Grünewald C (1988) Das alamannische Gräberfeld von Unterthürheim, Bayrisch-Schwaben. Materialh. Bayer. Vorgesch. Reihe A 59.
Heege A (1987) Grabfunde der Merowingerzeit aus Heidenheim-Großkuchen. Materialh. zur Vor- u. Frühgesch. in Baden-Württemberg 9.
Heinzelmann M (1994) Gregor von Tours (538-594), „Zehn Bücher Geschichte". Historiographie und Gesellschaftskonzept im 6. Jahrhundert. Darmstadt.
Herrmann B (1990) (Hrsg.) Prähistorische Anthropologie. Leitfaden der Feld- und Labormethoden. 1990.
Knaut M (1993) Die alamannischen Gräberfelder von Neresheim und Kösingen, Ostalbkreis. Forsch. und Ber. zur Vor- u. Frühgesch. in Baden-Württemberg 48.
Koch U (1982) Die fränkischen Gräberfelder von Bargen und Berghausen in Nordbaden. Forsch. u. Ber. zur Vor- u. Frühgesch. in Baden-Württemberg 12.
Koch U (1990) Das fränkische Gräberfeld von Klepsau im Hohelohekreis. Forsch. u. Ber. zur Vor- u. Frühgesch. in Baden-Württemberg 38.
Kokkotidis K (1995) Belegungsablauf und Bevölkerungsstruktur auf dem alamannischen Gräberfeld von Fridingen an der Donau in Südwestdeutschland. Fundberichte Baden-

Württemberg 20: 737-802.
Kuefler M & Wryer A (1991) Existence: Attitudes Toward Children in Anglosaxon England. Journal Social History: 823-834.
Lillehammer G (1989) A Child is Born. The Child's World in an Archeological Perspective. Norwegian Archaeological Review 22: 89-105.
Lohrke B (1999) Kinder in der Merowingerzeit. Dissertation, Freiburg i. Breisgau.
Lüdemann H (1994) Mehrfachbelegte Gräber im frühen Mittelalter. Ein Beitrag zum Problem der Doppelbestattungen. Fundberichte Baden-Württemberg 19/1: 421-590.
Lyman RB (1997) Barbarei und Religion: Kindheit in spätrömischer und frühmittelalterlichen Zeit. In: deMause L (Hrsg.) Hört ihr die Kinder weinen? Eine psychogenetische Geschichte der Kindheit. 112-146.
Martin M (1976) Das fränkische Gräberfeld von Basel-Bernerring. Archäologischer Verlag, Basel.
Martin M (1988) Das frühmittelalterliche Grabgebäude unter der Kirche St. Pankratius in Hitzkirch. Archäologie der Schweiz 11: 89-101.
Meyer-Orlac R (1982) Mensch und Tod: Archäologischer Befund – Grenzen der Interpretation. Diss. Freiburg i. Br.
Meyer-Orlac R (1997) Zur Problematik von "Sonderbestattungen" in der Archäologie. In: Rittershofer K (Hrsg.) Sonderbestattungen in der Bronzezeit im östlichen Mitteleuropa. West- und Süddeutscher Verband für Altertumsforschung Jahrestagung vom 5.-20. Juni 1990 in Pottenstein, 1-10.
Müller H (1976) Das alamannische Gräberfeld von Hemmingen (Kreis Ludwigsburg). Forsch. u. Ber. zur Vor- u. Frühgesch. in Baden-Württemberg 7.
Müller KE (1992) Kindheitsvorstellungen. In: Müller K E, Treml A K (Hrsg.) Ethnopädagogik – Sozialisation und Erziehung in traditionellen Gesellschaften: eine Einführung. D. Reimer, Berlin, 11-30.
Muth H (1987) Osteologie und Sozialanthropologie. Anthropologische Untersuchungen an den Skelettresten aus dem Reihengräberfeld von Fridingen, Kreis Tuttlingen. Diplomarbeit, Hamburg.
Neuffer E (1972) Der Reihengräberfriedhof von Donzdorf (Kr. Göppingen). Forsch. u. Ber. zur Vor- u. Frühgesch. in Baden-Württemberg 2.
Neuffer-Müller C (1966) Ein Reihengräberfriedhof in Sontheim an der Brenz (Kreis Heidenheim). Veröffentl. d. Staatl. Amtes f. Denkmalpfl. Stuttgart. Reihe A 11.
Neuffer-Müller C (1983) Der alamannische Adelsbestattungsplatz und die Reihengräberfriedhöfe von Kirchheim am Ries (Ostalbkreis). Forsch. u. Ber. zur Vor- u. Frühgesch. in Baden-Württemberg 15.
Nitschke A (1989) Beobachtungen zur Kindersterblichkeit im Mittelalter. Schwierigkeiten und Möglichkeiten der historischen Forschung. Anthropologischer Anzeiger 47: 51-55.
Ottinger I (1974) Waffenbeigaben in Knabengräbern. In: Kossack G (Hrsg) Studien zur vor- und frühgeschichtlichen Archäologie (Festschr. J. Werner) Teil 2. Beck, München, 388-410.
Pauli L (1978) Heidnisches und Christliches in Bayern. Bayer. Vorgeschichtsbl. 43, 1978, 147-157.
Paulsen P (1967) Alemannische Adelsgräber von Niederstotzingen (Kreis Heidenheim). Veröffentl. d. Staatl. Amts f. Denkmalpfl. Stuttgart 12/I+II.
Paulsen P & Schach-Dörges H (1987) Das alamannische Gräberfeld von Giengen an der Brenz (Kr. Heidenheim). Forsch. u. Ber. zur Vor- u. Frühgesch. in Baden-Württemberg 10.

Reiß R (1994) Der merowingerzeitliche Reihengräberfriedhof von Westheim (Kreis Weißenburg-Gunzenhausen). Forschungen zur frühmittelalterlichen Landesgeschichte im südwestlichen Mittelfranken. Wissenschaftliche Beibände zum Anzeiger des Germanischen Nationalmuseums 10.

Röhrer-Ertl O (1991) Das alemannische Reihengräberfeld Donaueschingen-Tafelkreuz (6. bis 8. Jahrhundert n. Chr.). Anthropologische Fallstudie zu Bevölkerungsbiologie und Bevölkerungsgeschichte. Schriften des Vereins der Geschichte der Baar 37: 127-214.

Rösing FW (1975) Die fränkische Bevölkerung von Mannheim-Vogelstang (6. – 7. Jh.) und die merowingerzeitlichen Germanengruppen Europas. Dissertation, Hamburg.

Roth H & Theune C (1995) Das frühmittelalterliche Gräberfeld bei Weingarten (Kr. Ravensburg). Katalog der Grabinventare. Forsch. u. Ber. zur Vor- u. Frühgesch. in Baden-Württemberg 44/1.

Salat J (1988) "Initation". In: Hirschberg W (Hrsg.) Neues Wörterbuch der Völkerkunde. D. Reimer, Berlin, 231f.

Schmid D (1992) Das alamannische Gräberfeld von Schelklingen, Alb-Donau-Kreis. Fundberichte Baden-Württemberg 17/1, 441-520.

Schwidetzky I (1965) Sonderbestattungen und ihre paläodemographische Bedeutung. Homo 16: 230-247.

Schwarz KW (1994) Der Schutz des Kindes im Recht des frühen Mittelalters. Eine Untersuchung über Tötung, Mißbrauch, Körperverletzung, Freiheitsbeeinträchtigung, Gefährdung und Eigentumsverletzung anhand von Rechtsquellen des 5. und 9. Jhdts. Bonner Hist. Forsch. 56 Schmitt, Siegburg.

Siemoneit B (1997) Das Kind in der Linienbandkeramik. Befunde aus Gräberfeldern und Siedlungen in Mitteleuropa. Internat. Arch. 42.

Stork I (1992) Totenhäuser und Kreisgräber - ein neues fränkisches Gräberfeld in Beihingen, Stadt Freiberg am Neckar, Kr. Ludwigsburg. Archäologische Ausgrabungen Baden-Württemberg 1992: 243-246.

Ucko P J (1970) Ethnography and Archaeological Interpretation of Funerary Remains. World Archeology 1: 262-277.

Ulrich-Bochsler S (1990) Von Traufkindern, unschuldigen Kindern und Wöchnerinnen. Anthropologische Befunde zu Ausgrabungen im Kanton Bern. In: Schiebler J (Hrsg) Beiträge ur Archäozoologie, Archäologie, Anthropologie, Geologie und Paläontologie. Festschr. H. R. Stampfli. Helbing und Lichtenhah, Basel, 309-318.

Ulrich-Bochsler S (1997) Anthropologische Befunde zur Stellung von Frau und Kind in Mittelalter und Neuzeit. Soziobiologische und soziokulturelle Aspekte im Lichte von Archäologie, Geschichte, Volkskunde und Medizingeschichte. Schriftenreihe der Erziehungsdirektion des Kanton Berns 1997. Berner Lehrmittel- und Medienverlag, Bern.

von Schnurbein A (1987) Der alemannische Friedhof bei Fridingen an der Donau (Kreis Tuttlingen). Forsch. u. Ber. zur Vor- und Frügesch. in Baden-Württemberg 21.

Wahl J, Wittwer-Backofen U, Kunter M (1997) Zwischen Masse und Klasse. Alemannen im Blickfeld der Anthropologie. In: Die Alamannen. Ausstellungskatalog Stuttgart, Zürich, Augsburg, 337-348.

Weis M (1999) Ein Gräberfeld der späten Merowingerzeit bei Stetten a. d. Donau. Materialh. Arch. In Baden-Württemberg 40.

Welinder S (1998) The Cultural Construction of Childhood in Scandinavia. 3500 BC-1350 AD. Current Swedish Archaeology 6: 185-204.

Werner J (1977) (Hrsg.) Die Ausgrabungen in St. Ulrich und Afra in Augsburg 1961-1968. Münchner Beitr. Vor- u. Frühgesch. 23.

Wittwer-Backofen U (1987) Überblick über den aktuellen Stand paläodemographischer Forschungen. Homo 38: 151-160.

Windler R (1994) Das Gräberfeld von Elgg und die Besiedlung in der Nordostschweiz im 5.-7. Jh.. Zürcher Denkmalpfl. Arch. Monogr. 13.

---

1   Lillehammer 1989: 89f. Siemoneit 1997, Ulrich-Bochsler 1997, Welinder 1998: 12f.
2   Evolutionstisch bei deMause 1997: 12.
3   z.B. Lyman 1997: 113 u. 130.
4   Dette 1994: 5, Arnold 1980: 20, Schwarz 1994: 4.
5   Goetz 1995: 140ff, Arnold 1986: 457.
6   Heinzelmann 1994: 32f. u. 179ff.
7   Beschreibung von Grab 99 des Gräberfeldes Kirchheim/Ries. Neuffer-Müller 1986: 134.
8   Christlein 1978. Die Alemannen 1997.
9   Zur Diskussion um das sogenannte „Kleinkinderdefizit" sei verwiesen auf: Wittwer-Backofen 1987: 154, Kokkotidis 1995: 773f, Ulrich-Bochlser 1997: 93f, Czarnetzki 1995: 89ff.
10   Herrmann 1990: 308. Die Sterblichkeit der Juvenilen ist unter "Normalbedingungen" niedriger als die der Neugeborenen und die Sterblichkeit der 10-14jährigen ist geringer als die von Jugendlichen. $Q0 > Q15$ und $Q10 < Q15$.
11   Für die Antike, das Mittelalter und für viele traditionelle Gesellschaften sind lange Stillzeiten belegt. z. B. Feucht 1995: 149, Deißmann-Mertens 1986: 289, Müller 1992: 21.
12   Nitschke 1989: 52, Arnold 1980: 21f, Kuefler 1991: 830. Eine erhöhte Sterblichkeit wurde z.B. auch in Mannheim-Vogelstang festgestellt. Rösing 1975, Abb. 2: 40 u. Taf.2.
13   Z.B. Stork 1992, Ottinger 1974, Martin 1988, Pauli 1978: 154.
14   Creel 1966: 82.
15   Grundlegend für die Frage der Sonderbestattungen: Schwidetzky 1965: 233, Ucko 1969: 270, Meyer-Orlac 1982: 81f, Meyer-Orlac 1997: 2ff. und Schaubild, 10.
16   Christlein 1978: 61.
17   Ulrich-Bochsler 1998: 98, Wahl, Wittwer-Backofen, Kunter 1997: 340.
18   Lüdemann 1993: 463, 475, 515 u. 512.
19   Die Geschlechtsbestimmung der Kinder steckt noch in den „Kinderschuhen". So wurden nur auf drei Gräberfeldern eine anthropologische Geschlechtsbestimmung (fast) aller Kinder vorgenommen. Häufiger erfolgte eine Geschlechtsbestimmung der juvenilen Individuen. Wie auch bei den Erwachsenen stimmten in den überwiegenden Fällen archäologische und anthropologische Geschlechtsbestimmung überein, Differenzen bestanden bei 13 Individuen. Lohrke 1999.
20   Arnold 1980: 456, Müller 1992: 21f u. 61f, Salat 1988: 231f.
21   Als Hinweise auf ehemalige Speisebeigaben wurden Gefäße (Keramik, Glas und Holz) sowie Tierknochen und Eierschalen gewertet. Eine Seltenheit stellen botanische Reste dar. Eventuelle Inhalte wie Salben oder Parfums wurde in der folgenden Zusammenstellung nicht weiter berücksichtigt. Dazu: Hauser 1996: 442f.
22   Die Beigabe von Keramikgefäßen ist häufiger bei subadulten Individuen (14,4%) als bei Erwachsenen (9,9%).
23   Lohrke 1999.

3. Ständige Aussichten auf einen frühen Tod: Kindersterblichkeit

Wenngleich der Titel dieses Kapitels zunächst theatralisch und überspitzt klingen mag, so verweisen die mannigfaltigen Quellen, die Anthropologen, Geschichtswissenschaftlern, Archäologen oder Historiker-Demographen zur Verfügung stehen, doch sämtlich auf einen, allen gemeinsamen, traurigen Aspekt: die ungemein hohe Kindersterblichkeit vergangener Epochen. „Jedes zweite Kind wurde geboren um zu sterben...." so lautet allenthalben die Einschätzung vieler Historiker. Aber welches multikausale Geschehen letztendlich hinter dem Phänomen Übersterblichkeit steckt, kann nur durch Mikroanalysen dargestellt werden. Dies vermögen die nachfolgenden Referate zu leisten, wobei die primäre Ordnungskategorie die zeitliche Abfolge der zugrundliegenden Kulturepochen darstellt. Den Auftakt macht *Thomas Becker*, der sich der Kindersterblichkeit des antiken Roms nähert. Dort wo widrige Erhaltungsbedingungen die Überlieferung von anthropologischen Befunden verhindern, sind statistisch-demographische Informationen um so willkommener. Als Quellengattung liegen ihm die in großer Zahl überkommenen Grabinschriften vor, die eine Kopplung der altersspezifischen Sterbegipfelverteilung mit Veränderungen der gesellschaftlichen Stellung von Kindern erlauben und so Einblicke in die Höhen und Tiefen der römischen Kindheit gewähren, die sich aus dem anthropologischen Kontext nur bedingt ergeben würden. Auch der Beitrag von *Barbara Hölschen* bleibt im Zeitrahmen der römischen Antike. Wenn fast provokant „wohin mit den toten Kindern?" gefragt wird, so soll damit zum Ausdruck gebracht werden, daß Kindern aufgrund ihres besonderen gesellschaftlichen Status durchaus unterschiedliche Bestattungsmodi zugedacht werden konnten, wobei uns heute der sozio-kulturelle Kontext dieser Begräbnissitten oftmals nur schwer zugänglich ist. Gerade die Dichotomie zwischen Bestattung auf dem Friedhof bzw. in der Siedlung ist hier zu erwähnen. Neben morphognostischen und molekulargenetischen Befunden werden daher auch antike Quellen bemüht, um die aufgeworfene Frage zu klären. Mit *Dirk Krause* wird nun zum ersten Mal ein besonderer Aspekt der Kindersterblichkeit beleuchtet. Während die Mehrheit der bislang vorgestellten Beiträge die Übersterblichkeit der Subadulten als Faktum der natürlichen Absterbeordnung darstellte, widmet sich dieses Kapitel dem Phänomen des Infantizids. Kindestötung ist in den Bräuchen und Sitten früherer und gegenwärtiger Völker weitverbreitet, wobei eine Reihe von unterschiedlichen Motiven anzunehmen sind. Dem Autor gelingt es in seiner Übersichtsarbeit, diesen vielfältigen Handlungssträngen vorurteilsfrei nachzuspüren. Mit dem Einstieg in das Frühmittelalter und die Frühe Neuzeit stehen dem Anthropologen schließlich auch eine Reihe von weiteren Quellengattungen zur Verfügung, die gerade auch über religiöse Motive Auskunft geben können. Auf glänzende Weise gelingt *Susi Ulrich-Bochsler* diese interdisziplinäre Verknüpfung von Skelettbefunden und historischen Aspekten der Volksfrömmigkeit. Gerade die Wahl des Bestattungsortes liefert sachdienliche Einblicke in die Glaubensvorstellungen und in das vermeintliche Schicksal der ungetauft verstorbenen Kinder. Neben Schriftzeugnissen stehen dem Historiker aber auch andere Belege zur Verfügung. Die Untersuchungen

Ständige Aussichten auf einen frühen Tod: Kindersterblichkeit

von *Klaus Arnold* beziehen sich auf ein in den Geschichtswissenschaften offenbar lange vernachlässigtes Quellenmaterial: die sog. Kindertotenbilder. Diese Gedächtnistafeln alteingesessener Familien – oftmals leider den Bilderstürmern der Reformation anheim gefallen – liefern einen wertvollen Beitrag zum Thema, wenngleich der Aspekt der „Bilderfindung" nicht unkritisch erwähnt bleiben darf. Eine zweite Quellengattung, die der sog. Kinderlisten, sei hier ebenfalls genannt. Derartige Quellenzeugnisse ermöglichen wichtige Einsichten in eine Reihe von demographischen Kennwerten (Geschlechterverteilung, Kindersterblichkeit, Geburtenintervalle) bis hin zu kulturell gesteuerten Verhaltensweisen wie Stillgewohnheiten. Gerade dem letztgenannten Aspekt widmet sich *Kurt W. Alt* exemplarisch. Grundlegend geht es in seinem Beitrag darum, inwiefern die Stillgewohnheiten historischer Zeiten zur Übersterblichkeit der betroffenen Kinder beigetragen haben mochten. Die Frage nach Schicksal oder Versagen bringt allerdings auch zum Ausdruck, wie die aus heutiger Sicht neuentflammte Wertschätzung für das Stillen in früheren Zeiten durchaus kulturellen Einflussfaktoren unterworfen war. Der Autor beleuchtet sowohl aus kulturhistorischer als auch aus medizinischer Sicht die natürliche Ernährung durch die Mutter, das Ammenwesen sowie die künstliche Ernährung von Säuglingen, wobei er zu dem Schluss kommt, das vielen Kindern der Tod hätte erspart werden können, wenn das Ursachengeflecht aus nicht-adäquater Ernährung, mangelnder Hygiene und Fürsorge bekannt gewesen wäre. Am Schluss dieser Betrachtungen zur Kindersterblichkeit steht nun ein Beitrag, der sich speziell dem Aspekt der differentiellen Sterblichkeit widmet. Mit Bedacht wurde ein Thema gewählt, das bei Historikern schon seit einiger Zeit Beachtung findet: die Übersterblichkeit der unehelich geborenen Kinder. Die Autorin *Ariane Kemkes-Grottenthaler* ist allerdings nicht gewillt, lediglich sozio-kulturelle Gegebenheiten zur Verantwortung zu ziehen, sondern beleuchtet daneben eine Reihe von medizinisch-epidemiologischen Wirkfaktoren. Es zeigt sich, daß das Sterbegeschehen illegitimer Nachkommen neben sozio-ökonomischen oder konfessionell motivierten Aspekten auch entscheidend von biologischen Faktoren mitbestimmt wurde – die auch im rezentdemographischen Kontext fassbar sind – und somit ein multikausales Geschehen annehmen lassen.

Juvenes Roma – Beobachtungen zur Kindersterblichkeit im antiken Rom

T. Becker

Einführung

Die vorherrschende Bestattungssitte bei den Römern war seit der Republik (ab dem 3. Jahrhundert vor Christus) bis ins 3. Jahrhundert nach Christus die Verbrennung der Verstorbenen und die Bestattung der Überreste in Urnen. Hier liefert die weitentwickelte Methode der anthropologischen Untersuchung von Leichenbränden die Möglichkeit, Aussagen zur Lebenserwartung der Bevölkerung dieses Zeitabschnitts in den römischen Provinzen nördlich der Alpen zu treffen (Wahl 1988). Keine archäologische Auswertung von Gräberfeldern dieser Zeitstellung verzichtet mehr auf die Aussagemöglichkeiten, die durch die Anthropologie im Hinblick auf die Altersstruktur, Geschlechterverteilung oder Krankheitsbilder von Bestatteten bzw. Bevölkerungsausschnitten getroffen werden können. Aspekte im übrigen, zu denen von Seiten der Archäologie durch Analyse von Bestattungs- und Beigabensitten gar nicht oder nur selten Aussagen möglich sind.

Voraussetzungen für eine weitreichende Leichenbrandanalyse bilden selbstverständlich gute Erhaltungsbedingungen der kalzinierten Knochen im umgebenden Sediment und eine optimale Bergung der vorhandenen Überreste bei der Grabung. Beide Faktoren treffen im Normfall auf Serien aus dem mitteleuropäischen Raum zu, die nach der Mitte des 20. Jahrhunderts geborgen wurden. Vor diesem Zeitpunkt betrachtete man Grabfunde rein nach dem antiquarischen Wert ihrer Beigaben und grub diese entsprechend aus. Diese Tatsache entzieht uns bei manchen alt gegrabenen Friedhöfen etliche Aussagemöglichkeiten, doch kann dies durch einen reichen Bestand modern geborgener Serien ausgeglichen werden.

Anders präsentiert sich uns die Situation für Rom, die Hauptstadt des Römischen Reiches. Die Nekropolen der antiken Stadt, deren Einwohnerzahl auf über 1 Million Menschen geschätzt wird, liegen an den Ausfallstraßen und umfassen einen weit ausgedehntes Areal, was bei der genannten Einwohnerzahl auch zu erwarten ist (Weiss 1994). Aus unterschiedlichen Gründen gibt es bisher kaum eine analysierte Leichenbrandserie aus den in großer Zahl bekannten Gräberfeldern der Metropole. Lediglich die Arbeit von A. Sperduti (1995) stellt erstmals eine anthropologische Untersuchung am Material vor. Ursachen hierfür sind vor allem die relativ frühe Aufdeckung großer Teilbereiche im 16. und 17. Jahrhundert, noch bis in jüngste Zeit unterschiedliche Schwerpunkte der Archäologie vor Ort, die sehr wenig auf naturwissenschaftliche Methoden setzte, und eine teilweise praktizierte Urnendeponierung in sogenannten Columbarien. Hierbei handelt es sich um Bestattungshäuser, bei denen die Urne nicht dem Boden übergeben, sondern in Nischen aufbewahrt wurde und sich somit kaum über einen längeren Zeitraum erhält.

Material

Die geschilderte Situation entzieht die Bevölkerung des antiken Rom scheinbar einer modernen demographischen Untersuchung, da entsprechende Daten durch naturwissenschaftliche Untersuchungsmethoden nicht zu erlangen sind. Nun hat die Stadt Rom aber den Vorzug einer sehr großen Zahl an erhaltenen Grabinschriften aus römischer Zeit.

Abb.1: Grabinschrift eines einjährigen Kindes mit Angabe des Lebensalters in der dritten Zeile: VIXIT ANNO I MESIBUS VI DIEB XXV.

Auf diesen Inschriften findet sich zum Teil die Angabe des Sterbealters der Bezugsperson. Die Publikationslage dieser Inschriften ist ausgesprochen gut (CIL VI), so dass aufgrund dieser Sitte bei der Grabkennzeichnung demographische Daten erhoben werden können (Abb. 1). Das erhobene Material umfasst insgesamt 9838 Einzelinschriften mit Altersangaben. Davon verteilen sich 54% (5316) auf die subadulten Individuen. Schlüsselt man die Zahlen nach Altersklassen auf, so zeigt sich ebenfalls deutlich das Übergewicht der jüngeren Individuen unter 20 Jahre an der Gesamtmenge (Infans I (0-6 Jahre) 20,6%, Infans II (7-14 Jahre) 15,8%, Juvenil menge (Infans I (0-6 Jahre) 20,6%, Infans II (7-14 Jahre) 15,8%, Juvenil 17,6%). Die adult verstorbenen Römer stellen die größte Einzelgruppe dar (33,5%), wobei hier der Schwerpunkt bei den frühadulten Individuen liegt (21,5% der Gesamtmenge).

Quellenkritik

Bevor weitere Schlüsse aus diesem Material gezogen werden, bedarf es einer quellenkritischen Überprüfung des Kollektivs auf seine Repräsentanz. Die vorliegenden Inschriften datieren in der Masse vom 1. bis ins 3. Jahrhundert n. Chr. Die durchschnittliche Lebenserwartung bei den Verstorbenen beträgt hier 22,55 Jahre.

Andere Autoren haben ebenfalls am Material aus Rom demographische Untersuchungen durchgeführt, die sich teils auf das gleiche Material stützen, teils aber auch auf Ausschnitten dieses Materials basieren oder andere Inschriftengruppen umfassen. Szilágyi (1963) legte erstmals mit 9980 Inschriften ein umfangreiches Kollektiv vor, das zeitlich zu dem hier untersuchten korrespondiert. Er konnte ein durchschnittliches Lebensalter von 22,6 Jahren ermitteln. Nordberg (1963) dagegen beschränkt seine Untersuchungen auf die frühchristlichen Grabinschriften aus Rom, womit er eine Stichprobe von 3890 Individuen erhält. Bei diesen ergibt sich eine Lebenserwartung von 23,4 Jahren im Durchschnitt. Diese Zusammenstellung zeigt bei allen genannten Untersuchungen eine ähnliche Lebenserwartung zum untersuchten Kollektiv. Dies überrascht bei der von Szilágy vorgestellten Zahl nicht, da sein Material die gleiche Grundlage hat wie das vorliegende. Zu Nordbergs Untersuchungen ist sicherlich eine gewisse Schnittmenge vorhanden, doch ist diese Übereinstimmung dahingehend bemerkenswert, da Nordberg durch chronologische Abgrenzung einen Teilbereich von diesem Material herausarbeitet. Die annähernden Übereinstimmungen bestätigen daher die Relevanz der hier vorgelegten Stichprobe.

Nun gilt es, die Verteilung des Materials aus Rom mit Zusammenstellungen aus anderen Teilen des römischen Reiches zu vergleichen, damit die Anteile der einzelnen Altersbereiche beurteilt werden können. Auch hier mag die durchschnittliche Lebenserwartung als Parameter verwendet werden. Diese Art der Überprüfung führte M. Clauss (1973) erstmals durch, so dass seine Beobachtungen hier kurz referiert werden sollen. Clauss konnte belegen, dass nur Stichproben mit einer Anzahl von über 500 Inschriften statistische Repräsentanz haben können. Dabei muss auch Rücksicht auf den Lebensraum des Kollektivs genommen werden, so dass hier nur Inschriftenmaterial aus größeren Städten des Römischen Reiches Verwendung findet. Der von Clauss durchgeführte Vergleich ergibt, dass sich sehr unterschiedliche Lebenserwartungen für verschiedene Bereiche des Reiches ermitteln lassen. So liegt diese in den afrikanischen Provinzen für einzelne Städte zwischen 33 und 60 Jahren und damit deutlich höher als in Rom selbst (Szilágyi 1965). Clauss sieht hierin zurecht einen Unterschied in der Sitte der Inschriftensetzung und konstatiert für Rom, dass vornehmlich die Nichterwachsenen eine solche Kennzeichnung erhielten. Folglich kann die Altersverteilung bei den Grabinschriften aus Rom nur für die subadult Verstorbenen als repräsentativ gelten.

Altersverteilung

Trägt man die 5316 Inschriften nach ihrem Alter auf, so entsteht die in Abbildung 2 zu sehende Verteilung. Dabei wurde einerseits die Gesamtzahl aufgetragen, andererseits eine Unterteilung nach geschlechtsbestimmbaren Individuen vorgenommen. Hier fallen diverse Peaks und charakteristische Verläufe ins Auge. Zunächst sei auf Peaks bei den Altersangaben 5, 10 und 15 Jahre hingewiesen, die sich nicht nur bei der Gesamtzahl, sondern auch bei den männlichen (für Fünf-, Fünfzehn- und Zwanzigjährige) und weiblichen Individuen (für Zehn- und Zwanzigjährige) getrennt belegen lassen.

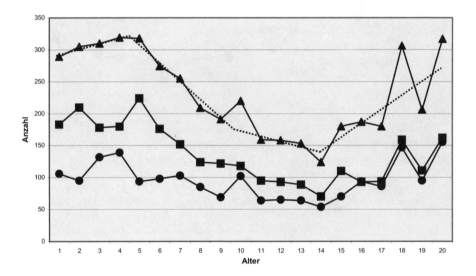

Abb. 2: Altersverteilung der in Rom gefundenen Grabinschriften. Dreiecke = Gesamtzahl. Kreise = weibliche Individuen. Quadrate = männliche Individuen. Gestrichelte Linie = Verlaufstendenz.

Dieser Effekt findet sich auch bei erwachsenen Individuen und deutet auf einen gewissen Grad an fehlender Zähl- bzw. Rechenfähigkeit hin, der in der Literatur schon besprochen wurde (Duncan-Jones 1977). Die Sterblichkeit bei den Kindern in Rom scheint vor allem vom ersten bis vierten und beim achtzehnten Lebensjahr sehr hoch gewesen zu sein. Interessanterweise lässt sich dieses sehr einheitliche Bild bei der Gesamtzahl der Inschriften durch die nach Geschlechtern getrennte Verteilung für die ganz jung Verstorbenen nicht bestätigen. Die Verteilung scheint konträr zueinander zu laufen. Ab dem fünften Lebensjahr fällt die Anzahl der Todesfälle kontinuierlich ab, um ihr Minimum bei vierzehn Jahren zu erreichen. Hiernach steigt die Zahl wieder an.

Bei den Zahlen der nach dem Geschlecht trennbaren Inschriften findet sich eine starke Diskrepanz zwischen den beiden Geschlechtern. Bis auf eine Altersgruppe überwiegt die Anzahl der männlichen Individuen, wobei sich im ersten Abschnitt der Unterschied sehr deutlich abzeichnet. Erst ab dem sechzehnten Lebensjahr nähern sich die beiden Geschlechter stark an.

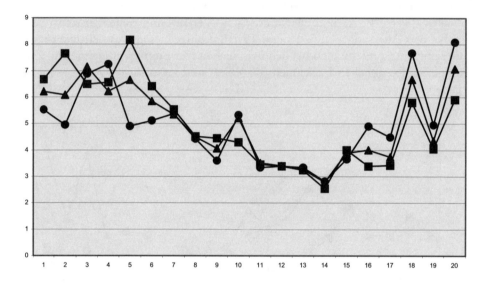

Abb. 3: Altersverteilung der in Rom gefundenen Grabinschriften. Prozentuale Anteile im Bezug auf die Gesamtzahl. (Kreise= % weiblich, Vierecke= % männlich, Dreiecke= % Gesamt)

Für einen aussagekräftigen Vergleich der Verteilungen müssen die realen Anzahlen der Inschriften als beeinflussender Faktor eliminiert werden. Hier eignet sich eine Gegenüberstellung der prozentualen Altersanteile im Bezug auf die Gesamtzahl der Stichprobe (Abb. 3). Unterschiede zum vorher vorgestellten Diagramm finden sich vor allem bei den ganz jungen Individuen und den kurz vor dem Eintritt ins Erwachsenenalter Verstorbenen. Während Jungen häufiger in den ersten beiden Lebensjahren versterben, tritt der frühe Tod bei den Mädchen während des dritten und vierten Lebensjahres verstärkt ein. Bemerkenswert ist ferner, dass sich bei den weiblichen Individuen nach dem allgemeinen Tiefpunkt der Sterblichkeit bei 14 Jahren der Anstieg deutlich steiler vollzieht. Maxima werden bei beiden Geschlechtern für die Altersangaben 18 und 20 erreicht, wobei zweitgenanntes sicherlich in der bereits oben erwähnten Vorliebe für gerade Altersangaben zu suchen ist.

Erklärungen für den Kurvenverlauf

Die vorab beschriebene Verteilung der verstorbenen Nichterwachsenen entspricht sicherlich nicht einer zufälligen Verteilung über die einzelnen Altersangaben. Zur Entstehung des Kurvenverlaufs sollen im Folgenden einige Erklärungsansätze gegeben werden.

Die in den ersten vier Lebensjahren verstorbenen Individuen machen ein Viertel des untersuchten Kollektivs aus. Der stärkere Anteil der Jungen unter den Verstorbenen der ersten beiden Lebensjahre repräsentiert jedoch nicht zwingend eine höhere Sterblichkeit dieses Geschlechts. Jungen wurden in der römischen Gesellschaft als Neugeborene den Mädchen vorgezogen, was sich beispielsweise in der Aussage des antiken Schriftstellers Dionysios von Harlikarnassos (30-8 v. Chr.) wiederspiegelt (2,15), nach der in Rom das Recht der Kindesaussetzung dahin beschränkt wurde, dass alle Söhne und die erstgeborenen Töchter erzogen werden sollten (Marquardt 1886). Hieraus lässt sich eine bevorzugte Grabsteinsetzung für die Jungen erschließen, deren früher Verlust die Eltern aufgrund der genannten Gesellschaftsstruktur mehr schmerzen musste.

Der Sterbezeitpunkt des dritten Lebensjahres ist bei beiden Geschlechtern zu annähernd gleichen Anteilen vertreten. Bei den Römern fällt in diesen Zeitraum die endgültige Umstellung von der Milch- auf die feste Ernährung, also das sogenannte Abstillen. Der antike Medizinschriftsteller Soranos (um 100 nach Christus) charakterisiert diesen Zeitpunkt folgendermaßen (Gyn. II, 47): *„Wenn [...] das Hervorkommen der Zähne eine vollkommene Zertheilung der festeren Speisen verspricht, welches in der Regel erst nach anderthalb oder zwei Jahren eintritt, so mus man es unmerklich und allmählich gänzlich der Brust und der Milch entwöhnen, [...]"* (Lüneburg 1891 85, §116). In der modernen Medizin wird das Abstillen für einen deutlich früheren Zeitpunkt empfohlen, da die alleinige Ernährung mit Muttermilch im 2. Lebenshalbjahr eine Verringerung der Wachstumsgeschwindigkeit und eine Anfälligkeit für Infektionen hervorruft. Die vollständige Umstellung sollte zu Beginn des 2. Lebensjahres vollzogen sein (Niessen 1993). Folglich wird es nachvollziehbar, dass dieser Punkt in der Entwicklung des Kleinkindes ein Risiko birgt und darin die erhöhte Sterblichkeit begründet liegt.

Ab dem Alter von vier Jahren sinkt die absolute und die relative Häufigkeit der Todesfälle allmählich ab. Dies setzt sich bis zum Alter von 14 Jahren fort, wobei der Abfall zwischen dem 4. und dem 10. Lebensjahr noch deutlich steiler ist, während er sich danach langsamer vollzieht. Dies korrespondiert annähernd mit der modernen Kindersterblichkeit, bei der das Minimum im Alter von 12 Jahren erreicht wird (Niessen 1993). Es ist durchaus vorstellbar, dass sich dieses Minimum in den vergangenen 2000 Jahren um die beobachtete Differenz von zwei Jahren nach unten verschoben hat.

In diesen Zeitraum verändert sich auch die gesellschaftliche Stellung des Kindes in Rom. Durch die Annahme der *toga virilis* ab dem Alter von 14 Jahren werden die Jungen heiratsfähig. Zu diesem Zeitpunkt setzt nach römischer Vorstellung die Pubertät bei den Jungen ein. Allerdings war die Annahme der *toga virilis* im Leben eines

Jungen nicht fest an das 14. Lebensjahr gebunden. Untersuchungen an Personen aus dem antiken Rom, deren Lebensverlauf exakt bekannt ist – meist handelt es sich hierbei um spätere Kaiser – haben gezeigt, dass sich dieser Vorgang durchschnittlich um zwei Jahre auf das Alter von 16 Jahren verschob. Bei den Mädchen setzte die Pubertät nach römischer Vorstellung bereits deutlich früher im Alter von 12 Jahren ein, so dass sie auch ab diesem Zeitpunkt heiratsfähig waren (Marquardt 1886). Der endgültige Austritt aus dem Kindesalter vollzog sich für die Jungen mit dem Vollenden des 17. Lebensjahres, mit welchem das Mannesalter und die Verpflichtung zum Kriegsdienst beginnt (Marquardt 1886).

Dass mit der Schließung einer Ehe auch der Wunsch nach Nachwuchs einhergeht, ist nicht nur für die römische Zeit typisch. Schwangerschaft und Geburt bringen allerdings für die Frau Gefahren mit sich, aufgrund derer die Schwangeren während der Geburt oder im Wochenbett verstarben (Jackson 1988). Dieses erhöhte Sterberisiko müsste sich in der Kurve der weiblichen Individuen bemerkbar machen. Tatsächlich können wir ab dem Alter von 14 Jahren einen Anstieg in den Zahlen der Verstorbenen feststellen (Abb. 3). Dabei setzen sich die weiblichen deutlich von den männlichen Individuen ab. Interessant ist hier vor allem der späte Zeitpunkt des Anstieges, da eigentlich schon zum Beginn der Heiratsfähigkeit im Alter von 12 Jahren mit einer größeren Zahl zu rechnen wäre. Allerdings scheint dieses verspätete Ansteigen mit der erst später einsetzenden Fruchtbarkeit in Zusammenhang zu stehen, die wohl erst im Alter von 14 Jahren aufkommt (von Harnack 1977).

Die deutlichen Schwankungen zwischen den Anteilen der Altersstufen 17, 18 und 19 scheinen dagegen weniger mit biologischen oder gesellschaftlichen Aspekten begründbar, sondern haben ihre Ursache wohl wiederum in der Inschriftentradition Roms und seiner Bewohner.

Literatur

Clauss M (1973) Probleme der Lebensaltersstatistik aufgrund römischer Grabinschriften. Chiron 3: 395-417.

Corpus Inscriptionum Latinarum (1974) Vol. VI, Pars VII Fasc. I. De Gruyter, Berlin.

Duncan-Jones R P (1977), Age-rounding, Illiteracy and Social Differentiation in Roman Empire. Chiron 7: 333-353.

Harnack G-A von (1977) Kinderheilkunde. Springer-Verlag, Berlin/Heidelberg/New York 1977.

Jackson R (1988) Doctors and diseases in the Roman Empire. British Museum Press, London.

Lüneburg H (1891) Die Gynäkologie des Soranus von Ephesus. J.F. Lehmann's Verlag, München.

Marquardt J (1886) Das Privatleben der Römer. Handbuch der römischen Altertümer VII. WBG, Leipzig/Darmstadt (Nachdruck1975).

Niessen K-H (1993) Pädiatrie. VCH Verlagsgesellschaft, Weinheim.

Nordberg H (1963) Biometrical notes. The information on ancient christian insciptions from Rome concerning the duration of life and the dates of birth and death. Acta Inistuti Romani Finlandiae Vol. II:2. Tilgmann, Helsinki.

Scheidel W (1996) Measuring sex, age and death in the roman empire. Journal of Roman Archaeology Supplementary Series 21. Cushing-Malloy, Ann Arbor.

Sperduti A (1995) I resti scheletrici umani della necropoli di età romano-imperiale di Isola Sacra (I-III sec. d.C.): analisi paleodemografica. Doktorarbeit Rom.

Szilágyi J (1963) Die Sterblichkeit in den Städten Mittel- und Süd-Italiens sowie in Hispanien in der römischen Kaiserzeit. Acta Archaeologica Academiae Scientarum Hungaricae 15: 129-224.

Szilágyi J (1965) Die Sterblichkeit in den nordafrikanischen Provinzen I. Acta Archaeologica Academiae Scientarum Hungaricae 15: 309-334.

Wahl J (1988) Osteologischer Teil A: Die Menschenknochen. In: Wahl J, Kokabi M (Hrsg.) Osteologische Untersuchung der Knochenreste aus dem Gräberfeld Stettfeld. Forschungen und Berichte zur Vor- und Frühgeschichte in Baden-Württemberg 29. Theiss, Stuttgart, 46-223.

Weiss P (1994) Die Stadt im Imperium Romanum. In: Martin J (Hrsg.) Das alte Rom – Geschichte und Kultur des Imperium Romanum. Bertelsmann, Gütersloh, 195-229.

Wohin mit den toten Kindern?
Kinderbestattungen im Siedlungs- und Gräberfeldareal der römischen Siedlung Sontheim/Brenz „Braike", Kreis Heidenheim

B. Hölschen

In den Jahren 1982 bis 1994 wurde in Sontheim/Brenz, Kreis Heidenheim, eine römische Siedlung mit zwei zugehörigen Gräberfeldern von der Abteilung für Provinzialrömische Archäologie der Universität Freiburg archäologisch untersucht[1]. Die Siedlung erstreckt sich entlang der römischen Fernstraße Cannstatt-Faimingen in der Provinz Raetien und umfasst ein Areal von rund 3,25 ha Größe (Abb. 1).

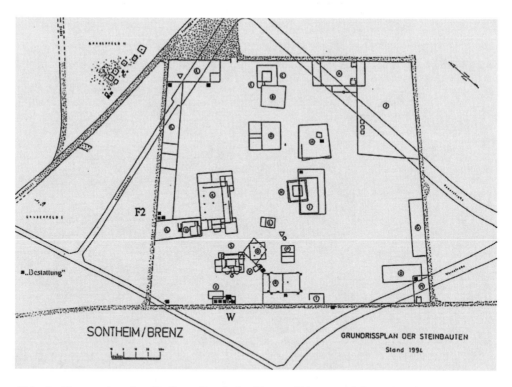

Abb. 1: Gesamtplan der Siedlung Sontheim/Brenz. Die ausgefüllten Quadrate zeigen die Fundpunkte der Säuglingsbestattungen.

Die Anlage erfüllte mehrere Funktionen, da es sich um eine Mischung aus Straßenstation, landwirtschaftlichem Betrieb und sakralem Platz handelt. Um etwa 100 n. Chr. wurde die Siedlung gegründet und bis in die Mitte des 3. Jahrhundert hinein genutzt. Wie in anderen römischen Fundplätzen barg man auch hier eine Anzahl von unverbrannten Säuglingen, also Kinder unter einem Jahr, die archäologisch und anthropologisch untersucht werden konnten.

Kinderbestattungen werden in der Literatur oft als Sonderbestattungen angesprochen, da sie meist außerhalb der Gräberfelder auftreten, wie z. B. in Siedlungsbereichen. Dabei stellt der Ort Sontheim/Brenz den Idealfall dar, denn hier konnten sowohl im Siedlungs- als auch im Gräberfeldareal Kinderbestattungen nachgewiesen werden.[2]

Aus den bekannten Zitaten der römischen Schriftsteller Plinius und Juvenal wissen wir, daß bis zum Durchbruch der ersten Zähne, also bis etwa zum 6. Lebensmonat, die Leichname der Kinder unverbrannt niedergelegt wurden.[3] Danach erst trat die allgemein übliche römische Sitte der Brandbestattung ein. Wichtig war vor allem nach dem Tod eines Menschen, daß er aus dem Stadtbereich hinaus gebracht, und vor den Toren niedergelegt werden musste. Eine Beschreibung über den Umgang mit verstorbenen Kindern finden wir bei Servius[4]: *„In Rom pflegte man die Kinder bei Fackelschein aus der Stadt zu tragen, damit nicht durch das Begräbnis unerwachsener Nachkommen das Haus befleckt werde. Dies war vor allem für die Kinder derjenigen von Bedeutung, die ein öffentliches Amt bekleideten."*

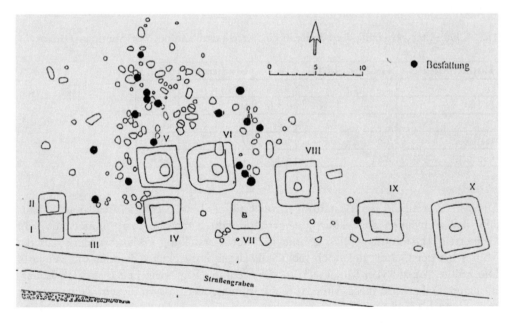

Abb. 2: Gesamtplan des Gräberfeldes II von Sontheim/Brenz. Die ausgefüllten Kreise zeigen die Fundpunkte der Säuglingsbestattungen.

Dass die Kinder außerhalb der Siedlung bestattet wurden, belegen die 22 körperbestatteten Säuglinge aus dem Gräberfeld II der Siedlung Sontheim/Brenz, die zum Teil in Holzkisten und mit Beigaben ausgestattet niedergelegt wurden. Die Abbildung 2 zeigt die genaue Verteilung der Kleinstkinder innerhalb des Areals, wobei keine Bevorzugung eines bestimmten Bereiches zu erkennen ist.

Es wurden aber auch Säuglinge über den gesamten Bereich innerhalb der Siedlung zerstreut niedergelegt, was auf eine Art Sonderbestattung schließen lässt. Ausgenommen werden auf den ersten Blick die sakralen Bauten in der Mitte (Abb. 1). Bei der Positionierung der insgesamt 18 Säuglinge im Siedlungsbereich lassen sich zwei Fundkonzentrationen feststellen, zum einen in Gebäude F2, zum anderen in Gebäude W. Zur Deutung dieser Bauten lässt sich sagen, daß der Bau F2 wohl einen großen Hallenbau darstellt, der eine Nutzung als Stallung sehr wahrscheinlich macht.

Der Bau W wird als Wasserbecken angesprochen. Dieses Reservoir wurde wohl zugunsten des kleineren Beckens X im 3. Jh. aufgegeben und systematisch mit Stampflehm und einer Kalksteinschicht abgedeckt.Die Bestattungen innerhalb der Gebäude liegen oft in der Nähe von Wänden bzw. Mauern, wobei bevorzugt Eckbereiche ausgewählt wurden.[5]

Tabelle 1 zeigt die Säuglingsbestattungen zum einen im Gräberfeld II zum anderen im Siedlungsareal. Bei einer Gesamtmenge von 40 Kindern fällt auf, daß zu etwa gleichen Teilen kindliche Individuen am jeweiligen Ort bestattet wurden.Um dieses Phänomen erklären zu können, sollte auf die verschiedenen Altersstufen der Kinder eingegangen werden.[6]

Tab. 1: Die Altersverteilung der Kinder in Gräberfeld und Siedlung von Sontheim/Brenz.

Lunarmonate	Gräberfeld II	%	Siedlung	%
6	2	9,1	0	0
8-10	3	13,6	9	50
> 10	5	22,7	2	11,1
Unbest.	12	54,6	7	38,9
Gesamt	22	100	18	100

Die Altersverteilung der Bestattungen im Gräber- bzw. Siedlungsareal macht deutlich, daß zum einen die beiden jüngsten Individuen mit 6 Lunarmonaten aus dem Gräberfeld II stammen. Dies könnte mit der Vorstellung erklärt werden, daß die Mutter bei der Geburt des noch nicht vollständig entwickelten Kindes mit verstarb. Die größte Anzahl von Säuglingen in der Siedlung liegt zwischen 8 und 10 Lunarmonaten. Dabei wird diese Altersstufe zusammengefasst, da zu diesem Zeitpunkt die Individuen biologisch vollends entwickelt sind und bei der Geburt überleben können. Wann genau der Tod bei dem jeweiligen Säugling eintrat, ob kurz vor, während oder kurz nach der Geburt, oder aber erst nach wenigen Tagen, kann nicht geklärt werden. Dazu ist die Variabilität von Körperlänge und Körpergewicht kindlicher Individuen zu groß, wie entsprechende Daten rezenter Populationen belegen.[7]

Da in beiden Arealen von Sontheim/Brenz etwa gleich alte Individuen vorkommen, ist zu fragen, welche Gründe für diese unterschiedlichen Bestattungsorte von Ausschlag waren. In älterer Literatur werden Bestattungen von kindlichen Individuen in Siedlungen als bequeme Beseitigung von Totgeburten angesprochen, die in bestimmten Arealen „entsorgt" wurden. Ebenso taucht der Begriff Kindstötung immer wieder auf, weil z. B. fehlgebildete Kinder nicht den Normen entsprachen. Hierzu schreibt Seneca[8]: *„Mißgeburten merzen wir aus und Kinder, wenn sie zu schwächlich und mißgestaltet sind, ertränken wir. Nicht Zorn, sondern Vernunft bewegt uns dazu, das Unnütze vom Gesunden zu trennen."* Solche Mißbildungen, die sich im Knochenmaterial widerspiegeln, konnten für die Säuglingsbestattungen von Sontheim/Brenz nicht festgestellt werden.[9]

An pathologischen Erscheinungen sind hier einige Mittelohrveränderungen zu erwähnen, die auf schwere Entzündungen in diesem Bereich zurückzuführen sind. Treten zu solch einem Krankheitsbild noch feuchte Wohnverhältnisse und ein schwaches Immunsystem auf, so kann dies für ein Kind zum Tode führen. Neben diesen Entzündungen tauchen keine weiteren Pathologica auf, die eine Hinweis auf die unterschiedlichen Bestattungsareale geben könnten.

Eine andere Erklärung könnte das Geschlecht des Kindes liefern, das sich mit morpholgischen Merkmalen vereinzelt feststellen lässt. Voraussetzung hierfür ist allerdings, daß das Knochenmaterial gut erhalten ist, was in Sontheim/Brenz nicht der Fall war. Die am besten erhaltensten 14 Kinderbestattungen wurden molekulargenetisch auf ihr Geschlecht hin untersucht. Schieferecke stellte von den insgesamt 14 Individuen (jeweils sieben aus dem Gräberfeld und sieben aus dem Siedlungsareal) bei acht Individuen mit Hilfe der Amplifikation der Amelogeninsequenz das Geschlecht fest. So sind im direkten Vergleich der beiden Bestattungsorte fünf Jungen in der Siedlung niedergelegt worden sowie ein Mädchen. Im Gräberfeld dagegen konnten zwei Mädchen und ein Junge bestimmt werden. Bei diesen Ergebnissen ist Vorsicht geboten, da eben nur ein knappes Drittel aller Individuen beprobt werden konnten, doch kann von keiner geschlechtsspezifischen Ortswahl für die Bestattungen ausgegangen werden.

Beleuchten wir mit Hilfe der Schriftquellen den Zeitraum von der Geburt eines Kindes und seinen ersten Lebenstagen. Hierzu schreibt der Arzt Soranus von Ephesos, der um 100 n. Chr. in Rom lebte und praktizierte in seinem Werk über die Gynäkologie folgendes: *„Die Hebamme hat das Kind unmittelbar nach der Geburt zunächst auf den Boden zu legen, zu unterscheiden, ob es männlich oder weiblich sei und das Ergebnis dieser Untersuchung nach Weibersitte zu verkünden (...) Wenn sich das Kind ein wenig von dem durch die Geburt verursachten Schock erholt hat, soll man es aufheben und die Trennung der Nabelschnur vornehmen.(...) Nach dem Waschen erfolgt das Wickeln des Kindes. (...) Nachdem man den Säugling gewickelt und gelagert hat, soll er ruhen, und in den ersten zwei Tagen soll ihm keine Nahrung gereicht werden."* Die Quelle spricht die kritischen Stunden bzw. Tage kurz nach der Geburt an, in denen es zum Tod des Kindes kommen kann. Verstreicht diese Spanne, ohne daß Komplikationen auftreten, erfolgt das Ritual der Namensgebung. Macrobius[10] berichtet dazu folgendes: *„Bei den Römern gibt es eine Göttin Nundina. Ihr Name wird abgeleitet vom neunten Tag der Neugeborenen, der dies lutricus heißt. Dieser Tag der Reinigung ist nämlich der Tag, an dem die Kinder gewaschen werden und ihren Namen erhalten. Bei den Jungen ist es der neunte, bei den Mädchen der achte Tag."* Es wäre also nach dem Bericht von Macrobius möglich, daß der Sterbezeitpunkt vor den *dies lutricus*, den Tagen vor der Namensgebung, eine Rolle gespielt hat, an welchem Ort der Säugling niedergelegt wurde. Die Kleinkinder, die also noch keine wirkliche Identität durch einen Namen besaßen, wurden im Siedlungsareal bestattet. Die Kinder mit einem Namen bestattete man auf dem Gräberfeld, wahrscheinlich oberirdisch gekennzeichnet.

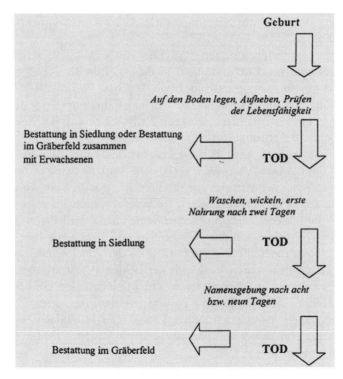

Abb. 3: Der römische Geburtsritus im Schema dargestellt. Tritt der Tod bei einer Stufe ein, ergeben sich daraus die verschiedenen Bestattungsorte. Diese Einteilung in verschiedene Stationen von der Geburt an, soll in diesem Schaubild deutlich werden.

Zwei Individuen aus der Siedlung, die über 10 Lunarmonate wurden, fallen aus dieser „Formel" heraus.[11] Eine Erklärung hierfür ist schwer zu finden, aber es wäre möglich, daß es sich hierbei um Spätgeburten handelt, die überlang im Mutterleib verblieben obwohl sie biologisch vollständig entwickelt waren. Statistisch gesehen treten solche Phänomene beim zweiten und dritten Kind einer Frau auf.

Abschließend sei darauf hingewiesen, daß diese Überlegungen lediglich für den Fundplatz Sontheim/Brenz gemacht werden können und auf andere römische Siedlungsplätze nur schwer übertragbar sind. Es bleibt zu wünschen, daß das Phänomen der Kinderbestattungen aus beiden Bereichen, Siedlung und Gräberfeld zu weiteren Überlegungen anregt.[12]

Literatur

Berger L (1993) Säuglings- und Kinderbestattungen in römischen Siedlungen der Schweiz – ein Vorbericht. In: Römerzeitliche Gräber als Quellen zur Religion, Bevölkerungsstruktur und Sozialgeschichte. Mainzer Schr. Ur- und Frühgesch. Joh. Gutenberg-Universität 3, 319-328

Cueni A (1997) Die Säuglingsbestattungen. In: Fetz H, Meyer-Freuler C, Triengen, Murhubel (Hrsg.) Ein römischer Gutshof im Suretal. Archäologische Schriften 7, Luzern, 415-418

Dedet B, Duday H, Tillier A M (1991) Inhumations de foetus, nouveau-nés et nourrisons dans les habitats protohistoriques du Languedoc: l'exemple de Gailhan (Gard). Gallia 48: 96f.

Etter HF (1991), Zu den Säuglingsbestattungen im Vicus Vitudurum-Oberwinterthur. In: Ber. Zürcher Denkmalpfl. Arch. Monogr. 10. Beitr. z. röm. Oberwinterthur 5, Zürich, 179-184

Exner E (1990) Normalwerte in der Kinderorthopädie.

Fellmann R (1993) Texte zum Grabrecht und Grabbrauch. In: Römerzeitliche Gräber als Quellen zur Religion, Bevölkerungsstruktur und Sozialgeschichte. Mainzer Schr. Ur- und Frühgesch. Joh. Gutenberg-Universität 3, 11-15.

Grefen-Peters S (1999) Zur Altersbestimmung prä- und postnataler Skelettindividuen unter besonderer Berücksichtigung aktueller methodischer Aspekte. Anth. Anz. 57 (2), 123-146.

Hosemann H (1949) Schwangerschaftsdauer und Neugeborenengröße. Archiv f. Gynäkologie 179: 124-134.

Kokabi M (1988), Viehhaltung und Jagd im römischen Rottweil. Mit Beiträgen von Klee M und Wahl J. In: Arae Flaviae IV. Forsch. u. Ber. Vor- u. Frühgesch. Baden-Württemberg 29, Stuttgart, 218-225

Nuber HU, Schaub A (1992) Fortsetzung der Ausgrabungen im römischen Gräberfeld Sontheim/Brenz „Braike", Kr. Heidenheim. Archäologische Ausgrabungen in Baden-Württemberg 1991: 174-177.

Nuber HU, Kokabi M (1993) Mensch und Tier im römischen Gräberfeld von Sontheim/Brenz „Braike", Kr. Heidenheim. Archäologische Ausgrabungen Baden-Württemberg 1992: 198-203.

Nuber HU, Seitz G (1995) Straßenstation Sontheim/Brenz „Braike", Kr. Heidenheim. Archäologische Ausgrabungen Baden-Württemberg 1994: 156-164.

Schieferecke A (2000) Möglichkeiten molekularbiologischer Identifikationshilfen bei bodengelagerten Skelettfunden. Ungedr. Dipl.-Arbeit, München.

Schultz M (1979) Zeichen akuter und chronischer Entzündungen des Mittelohres an frühgeschichtlichem Skelettmaterial. Hals-Nasen-Ohren 27: 77-85.

Schutkowski H (1990) Zur Geschlechtsbestimmung von Kinderskeletten. Morphologische, metrische und diskriminanzanalytische Untersuchungen, Göttingen.

Scott E (1989) Animal and Infant burials in Romano-British Villas. A revitalization Movement. J. Theor. Arch. 1: 115-121.
Scott E (1990) A critical review of the interpretation of infant burials in Roman Britain, with particular reference to villas. J. Theor. Arch. 1: 30-40.
Struck M (1993), Kinderbestattungen in romano-britischen Siedlungen – der archäologische Befund. In: Römerzeitliche Gräber als Quellen zur Religion, Bevölkerungsstruktur und Sozialgeschichte. Mainzer Schr. Ur- und Frühgesch. Joh. Gutenberg-Universität 3: 313-318.
Templin O (1993) Die Kinderskelette von Bettingen im Kanton Basel-Stadt. Eine paläopathologische Untersuchung, Göttingen
Wahl J (1991) Die Menschenknochen. In: Frey S (Hrsg.) Bad Wimpfen I. Osteologische Untersuchungen. Forsch. u. Ber. Vor- und Frühgesch. Baden-Württemberg, Stuttgart: 160-167.
Wahl J (1994) Menschliche Knochenreste. In: Gaubatz-Sattler A, Die Villa rustica von Bondorf, Lkr. Böblingen. Forsch. u. Ber. Vor- und Frühgesch. Baden-Württemberg, Stuttgart: 327-332.
Watts DJ (1989) Infant burial in Romano-British Christanity. Arch. J. 146: 372-383.

---

1   Für die Möglichkeit, die Säuglinge der Siedlung Sontheim/Brenz zu bearbeiten, danke ich Herrn Prof. Dr. H. U. Nuber (Universität Freiburg).
2   Es gibt bisher keinen weiteren untersuchten Fundplatz, bei dem solche Untersuchungen durchgeführt wurden, da entweder nur das Gräberfeld oder nur die Siedlung entdeckt und ausgegraben wurde.
3   Plin. Nat. hist. 7, 15.72; Juv. 15, 139/140. Vgl. hierzu auch Etter H F (1991) 179-184; Cicero, de leg. 2, 22.55 schreibt über Kinder, die verbrannt werden, wobei er nicht das Alter dieser Individuen erwähnt.
4   Serv. ad Verg. Aen. 11, 143.
5   Berger und Struck erhielten ähnliche Ergebnisse.
6   Die Altersbestimmung erfolgte nach M. D. Kósa und I. G. Fazekas, Forensic Fetal Osteology (Budapest 1978).
7   Auf der Grundlage der Skelettentwicklung und der absoluten Dimensionen der Langknochen ist jedoch ein noch unreifer Fetus von einem bereits neugeborenen oder geburtsreifen Säugling unterscheidbar. Siehe hierzu Grefen-Peters S (1999).
8   Sen. De ira 1, 15.2; Liv. Ab urbe cond. 15, 2.37.5.
9   Bei der Torsion eines linken Femurs handelt es um einen Geburtsfehler, der sich durch das natürliche Wachstum des Knochens aber regulieren kann. Dies bedeutet also, daß das Kind nicht an dieser Fehlstellung gestorben ist. Ob es deswegen getötet wurde, kann nicht gesagt werden. Mein Dank gilt hier Herrn Prof. Dr. Th. Böni (Universität Zürich), der mir hierzu die passende Literatur nannte: Exner E (1990).
10   Macrobius 1,16, 36.
11   Es sind biologisch gesehen Kinder, die mehrere Tage bzw. einige Wochen alt wurden bevor sie starben.

Kinder als Opfer – Kinderopfer. Zur Interpretation antiker und prähistorischer „Sonderbestattungen" von Säuglingen und Kleinkindern

D. Krausse

Unter Infantizid wird in der Verhaltensökologie die Tötung noch nicht entwöhnter Kleinkinder, also von Säuglingen, verstanden, während die Tötung älterer Kinder als "Pädizid" bezeichnet wird (Voland 2000). Die soziologisch bzw. ethnologisch am häufigsten belegte Form der Säuglingstötung ist der elterliche Infantizid. Regelmäßig ist ein Geschlecht stärker von Infantizid betroffen, zumeist (aber nicht immer) das weibliche (vgl. Cronk 1989, Voland 1984). Infantizid liegt auch dann vor, wenn ein Kind nicht durch aktive Gewalteinwirkung getötet, sondern mit Tötungsabsicht ausgesetzt wird (Schiefenhövel 1990). In den meisten Gesellschaften, die dieses Verhalten tolerieren, geschieht der elterliche Infantizid unmittelbar nach der Geburt, noch bevor es durch Stillen und sonstige Interaktion zu einer vertiefenden emotionalen Bindung der Eltern an das Kind kommt. Spätere Tötung wird andererseits dadurch erschwert, dass es auch in Kulturen, die Infantizid tolerieren, zeitliche Fristen gibt, nach deren Überschreitung die Tötung von Säuglingen verboten ist.

Eine andere, weitaus seltener belegte Form von Infantizid und Pädizid sind religiös bzw. rituell motivierte Kinderopfer, die in unterschiedlichen Formen in einzelnen ethnographischen und historischen Kulturen ausgeübt wurden.

Von diesen intrafamiliären und intragesellschaftlichen Verhaltensweisen ist die Tötung von Kindern im Rahmen von Konflikten und Kriegen zwischen verschiedenen Gesellschaften zu unterscheiden. Nicht nur die ethnographischen, auch die archäologischen und althistorischen Quellen liefern Belege für diese Formen der Kindstötung. Im folgenden sollen ein Überblick über die betreffenden prähistorischen und antiken Quellen gegeben und Möglichkeiten ihrer Interpretation aufgezeigt werden.

Kinder als Opfer von ur- und frühgeschichtlichen Kriegen und Massakern

Die althistorischen Quellen liefern eine erdrückende Zahl von Belegen für die Tötung von Kindern aller Altersgruppen im Rahmen von Kriegen und Massakern. Kinder waren insbesondere von genozidartigen Konflikten regelmäßig betroffen. Chalk und Jonassohn (1990) haben die entsprechenden antiken Quellen zusammengestellt und verschiedene Formen des Genozids unterschieden. Die verheerendsten Folgen für die Kinder hatte demnach der „typ I genocide" (Chalk & Jonassohn 1990: 58ff.), der auf die vollständige kulturelle und genetische Auslöschung gegnerischer ethnischer Gruppen zielte. Als Beispiel kann etwa auf die alttestametarische Schilderung des Völkermords an den Midianitern hingewiesen werden: *„Und der Herr sprach zu Mose: Räche die Kinder Israels an den Midianitern – und sie führten das Heer wider die Midianiter, wie der Herr dem Mose geboten hatt, und erwürgten alles, was männlich war. – Und die Kinder Israels nahmen gefangen die Weiber der Midianiter und ihre Kinder und brachten sie zu Mose – und Mose ward zornig über die Hauptleute des Heeres – und sprach zu ihnen: Warum habt ihr alle Weiber leben lassen? – So erwürgt nun alles, was männlich ist unter den Kindern, und alle Weiber, die Männer erkannt und beigelegen haben; aber alle Kinder, die weiblich sind und nicht Männer erkannt haben, die laßt für euch leben"* (4. Buch Mose 31).

Eine entsprechende Motivation wird auch in der homerischen Schilderung der trojanischen Kriegsereignisse sichtbar. So in der Anweisung Agamemnons, Menelaos möge die Trojaner nicht schonen, sondern alle einschließlich der ungeborenen Knaben töten, damit das ganze Volk aus der Geschichte verschwinde (Illias VI, 50-60). Das Motiv der Tötung trojanischer Kinder durch die siegreichen Griechen findet sich auf zahlreichen ägäischen Vasenbildern seit dem frühen 7. Jh. v. Chr. (Blome 2001).

Weitere antike Beispiele für die systematische Tötung von Kindern in Kriegen und Massakern ließen sich in großer Zahl anschließen (Chalk & Jonassohn 1990, Geiß 1990). Diese Form der Kindstötung war aber nicht auf die antiken „Hochkulturen" beschränkt. Sie findet sich gleichermaßen in hochkomplexen staatlichen Systemen wie in sozio-ökonomisch einfach strukturierten Jäger-Sammler-Gesellschaften. Als Beispiel für letztere kann auf die traditionellen Fehden zwischen Inuit und Indianern hingewiesen werden, die bis ins 19. Jh. an den territorialen Grenzen beider Gruppen in Alaska und Nordkanada stattfanden (van der Dennen & Falger 1990, Bandi 1991). Ethnographisch überliefert sind Überfalle von Indianern auf Inuitgruppen, bei denen alle Männer, Frauen und Kinder ermordet wurden. Bei ihren Vergeltungsaktionen gingen die Inuit etwas „differenzierter" vor: *„They killed all they could of the males of the opposite site, even including infants, to prevent them from growing up as enemies ... the females were commonly spared from death, but were taken as slaves"* (Bericht von 1899; zitiert nach van der Dennen & Falger 1990: 191).

Eine systematische Analyse der ethnographischen und historischen Belege – die hier nicht geleistet werden kann – würde sehr wahrscheinlich zu dem Ergebnis führen, dass es sich um ein nahezu universales Phänomen handelt. Aber bereits eine kursorische Betrachtung lässt erkennen, dass Kinder bei genozidartig geführten Kriegen und Massakern nicht auf Schonung hoffen konnten und dass insbesondere Knaben unbarmherzig getötet wurden. Mädchen und junge Frauen wurden dagegen häufig als „Beute" betrachtet und in die Gemeinschaft der Sieger

Kinder als Opfer

integriert. Wie das Beispiel der indianischen Massaker an den Inuit lehrt, gab es jedoch auch von dieser Regel Ausnahmen.

Es ist anzunehmen, dass es entsprechende Formen der Kindstötung bereits im europäischen Jungpaläolithikum und Mesolithikum gab. Eindeutige Befunde liegen aber erst aus dem frühen Neolithikum vor.

Der jüngeren Bandkeramik, d.h. dem frühen 5. Jahrtausend v. Chr., gehört das bekannte Massengrab von Talheim an, das Skelette bzw. Skelettteile von insgesamt 34 Individuen, darunter 13 Kinder der Altersgruppen Infans I und II, enthielt (Wahl & König 1987; Alt et al. 1995). Die anthropologische Analyse legt den Schluss nahe, dass es sich um Bewohner einer Siedlung handelte, die während eines Angriffs einer gegnerischen Gruppe gleichzeitig ums Leben kamen. Die Skelette aller Kinder weisen Spuren von Gewalteinwirkungen, zumeist tödliche Schädelverletzungen durch sog. Flachhacken auf (Wahl & König 1987, Siemoneit 1997). Wie die Erwachsenen wurden die meisten Kinder offensichtlich von hinten erschlagen, als sie wehrlos vor den Angreifern standen oder knieten. Die Brutalität der Geschehnisse zeigt der Befund eines ca. 3 Jahre alten Kindes, dessen Hinterkopf von zwei oder mehr Schlägen mit einer Flachhacke zertrümmert wurde. Auf das am Boden liegende, sterbende Kind wurde wahrscheinlich ein weiterer Hieb mit demselben Werkzeug geführt (Wahl & König 1987). Die paläodemographische Analyse der Talheimer Skelette ergab ein leichtes Kinderdefizit, wobei insbesondere Neugeborene und Kinder zwischen 1 und 4 Jahren unterrepräsentiert sind. Auch für frühadulte Frauen könnte sich ein leichtes Defizit abzeichnen. Der Befund von Talheim erlaubt aber keine weiterreichenden Schlüsse, etwa auf eine Schonung von Mädchen und jungen Frauen entsprechend den antiken und ethnographischen Analogien.

Tab. 1: Alters- und Geschlechtsverteilung der Skelette aus dem neolithischen Massengrab von Asparn/Schletz (nach Teschler-Nicola et al. 1996, S.6, Tab. 2)

Altersgruppe	N (GES)	Männl. (%)	Weibl. (%)
Infans I	12,5		
Infans II	8,5		
juvenil	5,5	2,9	2,2
adult	22,5	24,6	7,5
matur	18,0	14,2	12,7
total	67,0	41,8	22,4

In diese Richtung weisen jedoch die etwa synchronen Befunde von Asparn/Schletz in Niederösterreich. Dort wurden in den Gräben eines jüngerbandkeramischen Erdwerks Skelettteile von 67 Individuen gefunden (Windl 1999, Teschler-Nicola et al. 1996). In diesem Zusammenhang ist allerdings zu berücksichtigen, das bisher nur 5% der Gräben freigelegt wurden. Die geborgenen Schädel zeigen ähnliche traumatische Einwirkungen wie jene von Talheim, also Hiebverletzungen durch Flachhacken und sog. Schuhleistenkeile. Allerdings finden sich in Asparn die meisten Hiebverletzungen nicht am Hinterhaupt, sondern an den Seitenwänden der Schädel (Teschler-Nicola et al. 1996). Während für die maturen Individuen eine ausgeglichene Geschlechterrelation (Tab. 1) nachgewiesen ist (Männer 14,2%; Frauen 12,7%), überwiegen in der adulten Altersklasse die Männer um mehr als das Dreifache (24% : 7,5%). Die Bearbeiter vertreten die Thesen, dass es sich bei den in Asparn zu Tode gekommenen um Opfer eines Massakers handelt und dass die Angreifer insbesondere frühadulte Frauen verschonten (Windl 1999). Allerdings sind auch Jugendliche unterrepräsentiert; Neugeborene und Säuglinge fehlen gänzlich.

Die archäologisch-anthropologischen Befunde aus Talheim und Asparn weisen z.T. verblüffende Übereinstimmungen mit Ausgrabungsergebnissen auf, die in den letzten Jahrzehnten in Nordamerika erzielt worden sind. Da diese Analogien von der europäischen Forschung bisher kaum zur Kenntnis genommen wurden, seien sie im folgenden kurz zusammengefasst.

Besonders aufschlussreich ist die Fundstelle „Crow Creek" in South Dakota, die in den 1950er Jahren und nach 1978 großflächig ausgegraben wurde (Bamforth 1994, Willey & Emerson 1993). Es handelt sich um eine befestigte Siedlung des 14. Jh., also vorkolonialer Zeit, mit mindestens 50 Häusern, einer Palisade mit Bastionen und Befestigungsgräben. Im nördlichen Befestigungsgraben wurde ein Massengrab gefunden, das die Reste von mindestens 486 menschlichen Individuen enthielt. Die Lage der Skelettteile und Fraßspuren von Karnivoren weisen darauf hin, dass die Leichname über einen längeren Zeitraum an der Oberfläche gelegen hatten, bevor sie in dem Graben „bestattet" wurden. Die Ergebnisse der paläopathologischen Analyse sind erschreckend und lassen keinen Zweifel daran, dass es sich um einen Massakerbefund handelt: 40% der Schädel weisen unverheilte Schlag- bzw. Hiebverletzungen auf, 90% Spuren von Skalpierungen. Neben dem Abtrennen der Köpfe, lassen sich das Abschneiden von Händen und Füßen und andere Verstümmelungen bzw. Folterungen nachweisen, darunter *„slitting the nose"* und *„removal of the tongue by pulling it out through a cut in the throat"* (Bamforth 1994: 107). Diese Gewalteinwirkungen finden sich bei beiden Geschlechtern und in allen Altersklassen. Selbst Säuglinge wurden offensichtlich skalpiert (Willey & Emerson 1993). Unter den Toten sind alle Altersklassen vertreten, lediglich sehr alte, über 60jährige Individuen fehlen (Tab. 2). 156 Individuen waren unter 14 Jahre alt. Relativ am stärksten vertreten sind die 5 bis 9jährigen Kinder (n = 79); leicht unterrepräsentiert scheinen dagegen die 0 bis 4jährigen zu sein (n = 48). In den juvenilen und frühadulten Altersgruppen lässt sich ein deutliches Überwiegen des männlichen Geschlechts beobachten: In den Kohorten 15 bis 34 Jahre finden sich 64 Männer, aber nur 29 Frauen. In der maturen Altersgruppe kehrt sich die Geschlechterrelation um. Die Bearbeiter gehen davon aus, dass in Crow Creek die Bevölkerung eines Dorfes gefunden wurde, die bei einem kriegerischen Überfall von einer gegnerischen Gruppe massakriert wurde. Lediglich ein Teil der jungen

Kinder als Opfer   175

Frauen überlebte; entweder durch Flucht oder weil sie von den Angreifern verschont wurden (Willey & Emerson 1993).

Tab. 2: Alters- und Geschlechtsverteilung der Skelette aus dem präkolonialen Massengrab von Crow Creek (South Dakota) (nach Willey & Emerson 1993: 247, Tab.7).

Altersintervall (Jahre)	Männl. (n)	Weibl. (n)	Gesamt (n)
0-1	-	-	10
1-4	-	-	38
5-9	-	-	79
10-14	-	-	29
15-19	24	12	36
20-24	19	7	26
25-29	11	4	15
30-34	10	6	16
35-39	11	11	22
40-44	4	3	7
45-49	6	13	19
50-54	7	12	19
55-59	7	14	21

Einen weitgehend identischen Befund lieferten die Ausgrabungen der Fundstelle „Larson Site", ebenfalls in South Dakota gelegen (Owsley et al. 1977, Willey & Emerson 1993, Bamforth 1994). Diese mit einem doppelten Graben-Palisaden-System befestigte Siedlung der Arikara war zwischen ca. 1750 und 1785 besiedelt. Innerhalb der Befestigung lagen wenigstens 29 Häuser, drei von ihnen wurden ausgegraben. Obwohl die Arikara von Larson Site ihre Toten auf regulären Nekropolen außerhalb der Siedlung bestatteten (Willey & Emerson 1993), wurden auf den Fußböden der Häuser Skelette bzw. Skeletttorsi von 61 Menschen gefunden. Alle Skelette weisen Spuren von Gewalteinwirkungen auf, darunter Zertrümmerung der Schädel, Köpfung, Skalpierung sowie das Abhacken von Händen und Füßen. Das Sterbealter der Toten liegt zwischen 4 und 50 Jahren; das Geschlechterverhältnis ist annähernd ausgeglichen. Lediglich frühadulte Frauen sind wiederum unterrepräsentiert, *„possibly because they were taken as prisoners rather than killed"* (Bamforth 1994: 101). Anders als in Crow Creek fehlen in der Larson Site Säuglinge und Kleinkinder gänzlich.

Die genannten Massengräber des mitteleuropäischen Altneolithikums und des vorkolonialen bzw. kolonialen Nordamerikas zeigen, dass sich die Tötung von Kindern im Rahmen ur- und frühgeschichtlicher Zwischengruppenkonflikte unter günstigen archäologischen Erhaltungsbedingungen in drastischer Anschaulichkeit rekonstruieren lässt. Die US-amerikanische Forschung hat inzwischen weitere

Belege für die These zusammengetragen, dass junge Frauen bei entsprechenden Massakern und Kriegen selektiv geschont und in die Gruppe der Sieger integriert wurden (Wilkinson & Van Wagenen 1993). Eine plausible Erklärung für die Tatsache, dass Neugeborene und Kleinkinder in den alteuropäischen und den altamerikanischen Massakerbefunden statistisch ebenfalls unterrepräsentiert sind, steht dagegen noch aus.

Aus den jüngeren Epochen der europäischen Prähistorie liegen bisher nur wenige Befunde vor, die mit den bandkeramischen Massengräbern von Talheim und Asparn qualitativ vergleichbar sind. Dies lässt sich jedoch keinesfalls dahingehend deuten, dass genozidartige Massaker und die Tötung von Kindern durch gegnerische Sozialverbände in den nachfolgenden Jahrtausenden seltener waren. Viel wahrscheinlicher ist, dass hier eine Forschungslücke vorliegt. Darauf deutet das 1987 ausgegrabene Massengrab von Wassenaar nördlich von Den Haag hin, das in die frühe Bronzezeit, in die Zeit um 1700 v. Chr., datiert wird (Louwe Kooijmans 1993, Smits & Maat 1993). Es enthielt die schlecht erhaltenen Skelette von zwölf Menschen (Tab. 3; Abb. 1), die – wie unverheilte Kampfverletzungen zeigen – offensichtlich gleichzeitig getötet und vergraben worden waren. Die anthropologische Analyse ergab, dass adulte Männer überwiegen. Als sicher weiblich konnte lediglich ein spätjuveniles Individuum bestimmt werden. Die Überreste von drei Kindern, deren Sterbealter mit 1,5-2, 3-3,5 und ca. 10 Jahre angegeben wird, zeigen, dass Kinder auch bei diesem bronzezeitlichen Massaker prinzipiell nicht geschont wurden.

Tab. 3: Alter, Geschlecht, Körperhöhe und paläopathologisch nachweisbare Gewalteinwirkung an den Skeletten aus dem bronzezeitlichen Massengrab von Wassenaar in den Niederlanden (nach Smits & Maat 1993, S.23, Tab. 1).

Ind.	Alter (Jahre)	Geschlecht	Körperhöhe	Vermutliche Todesursache
1	20-30	männl.	167	
2	30-30	männl.	182	Hiebverletzung
3	30-40	männl.	176	Hiebverletzung
4	3,0 – 3,5	-		
5	30-40	männl.	169	Hiebverletzung
6	>19	weibl.?	170	
7	15-16	-	ca. 170	
8	ca. 10	-		
9	>22	männl.	176	
10	19-21	männl.	177	Pfeilspitze
11	ca. 18	weibl.	182	
12	1,5 – 2,0	-		

Kinder als Opfer

Aus der Bronzezeit und der vorrömischen Eisenzeit liegen weitere Befunde vor, die auf die Tötung von Kindern bei Massakern hinweisen könnten. Hier sei nur exemplarisch auf die Befunde von Tormatron (Aldhouse-Green 1996, Osgood & Monks 2000); Kettlasbrunn (Winkler & Schweder 1991), Stillfried (Szilvássy & Kritscher 1990), Eprave „Trou de l'Ambre" (Marien 1970; 1972) und die verschiedenen latènezeitlichen Massengräber Englands (Whimster 1981) hingewiesen. Die Deutung dieser Befunde ist aber durchweg umstritten, weil es sich auch um Reste von komplexen Bestattungsritualen bzw. um religiös motivierte Menschenopfer handeln könnte.

Freilich wird man sich ur- und frühgeschichtliche Massaker, insbesondere die Tötung von Kindern, ohnehin nicht als vollkommen rationale, profane Handlungen vorstellen dürfen. Bereits die oben zitierte Bibelstelle zeigt, dass Krieg und Genozid in prähistorischen und antiken Gesellschaften vielfach rituell verbrämt und religiös legitimiert wurden. Folgt man dem oben zitierten Text (4. Buch Mose 31 ff.) ein Stück weiter, so liest man, dass die midianitischen Jungfrauen als „Siegesbeute" zwar vom eigentlichen Massaker verschont blieben, 32 von ihnen überlebten aber dennoch nicht, weil sie anschließend feierlich geopfert wurden.

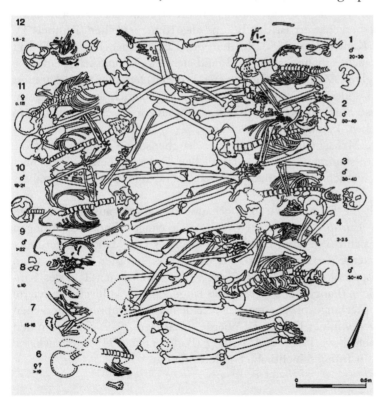

Abb. 1: Massengrab von Wassenaar, frühe Bronzezeit (1700 v. Chr.).

Religiös motivierte Kinderopfer in Antike und Prähistorie

Die religiöse Opferung von Kindern in ur- und frühgeschichtlichen Gesellschaften ist archäologisch schwer nachzuweisen. Nur selten sind die Befunde so eindeutig wie im Falle der vor wenigen Jahren in den Anden entdeckten Kindermumien der Inka-Kultur (Reinhard 1999). Aus Europa liegen bisher keine entsprechend aussagekräftigen Befunde vor. Allerdings konnten im Südosten der iberischen Halbinsel bei planmäßigen Ausgrabungen von Siedlungen und Kultplätzen in den letzten Jahrzehnten eine große Zahl von Feten- und Säuglingsbestattungen des 6. bis 2. Jh. v. Chr. dokumentiert werden (Dedet et al. 1991). In Anlehnung an das historisch überlieferte phönizische bzw. punische Kinderopfer (zusammenfassend: Gras et al. 1989, Scott 1999) werden diese Befunde von der spanischen Forschung als Zeugnisse periodischer Opfer, bei denen Neugeborene oder Säuglinge – in Form von Substitutionen auch Tiere – einer Gottheit im Rahmen agrarischer Fruchtbarkeitskulte geweiht worden seien (Gusi Jener 1989).

Eindeutigen Bezug zum Kult von Gottheiten weisen auch Kinderbestattungen aus vorrömischen und provinzialrömischen Heiligtümern und Tempeln Britanniens auf. E. Scott (1999) hat diese archäologischen Belege kürzlich zusammengestellt. Besonders bemerkenswert ist der Befund des römerzeitlichen Tempels IV von Springhead in Kent (Scott 1999). In den vier Ecken einer Tempelcella mit Fundament für ein nicht erhaltenes Kultbild fand sich jeweils ein Skelett eines ca. 6 Monate alten Säuglings. Zwei der Kinder waren vor der Deponierung dekapitiert worden. Einzelne Fundobjekte aus dem Umfeld des Tempels könnten darauf hindeuten, dass diese Bestattungen von Kindern mit einem Fruchtbarkeitskult in Zusammenhang stehen. Fraglich bleibt allerdings, ob es sich im Falle von Springhead um regelrechte Menschenopfer handelt. Es ist ebenso gut möglich, dass die Skelette von Kindern stammen, die eines natürlichen Todes starben und anschließend hier bestattet wurden. Das Enthaupten der Leichname kann postmortal erfolgt sein.

Fraglich ist auch die Deutung vieler sogenannter Bauopfer aus dem ur- und frühgeschichtlichen Europa, unter denen sich auch einige Kinderbestattungen finden. So muss es sich bei dem im Bereich des Osttores von Manching gefundenen Kinderskelett keineswegs zwingend um ein Menschenopfer handeln (Van Endert 1987). Paläopathologische Hinweise auf einen gewaltsamen Tod des Kindes ergaben sich nicht (Lange 1983). Auch die lange Zeit als kultisch motivierte Bau- bzw. Kinderopfer angesprochenen kaiserzeitlichen bis frühmittelalterlichen Siedlungsbestattungen von der Feddersen Wierde (Haarnagel 1979) sowie von den Wurten Hessens (Schlabow 1953) und Tofting (Bantelmann 1955) stellen keine eindeutigen Belege für frühgeschichtliche Kinderopfer dar.

Elterlicher Infantizid in Römerzeit und Eisenzeit

Elterlicher Infantizid konnte für die prähistorischen Epochen Europas bisher nicht zweifelsfrei belegt werden (Krausse 1998). Günstiger sind Quellen- und Forschungsstand für die römische Zeit. Eine große Zahl von althistorisch-demographischen Spezialuntersuchungen belegen, dass sowohl im antiken Griechenland als auch im römischen Kulturbereich Infantizid (in erster Linie anscheinend durch Aussetzung) in nicht geringen Ausmaßen praktiziert wurde, wobei Mädchen offensichtlich im Durchschnitt stärker betroffen waren (vgl. Harris 1982, Brulé 1992, Boswell 1990, Parkin 1992, Pittau 1991, Schmidt 1983/84, de Mause 1977, Scott 1999). Die Überlebenswahrscheinlichkeit von Neugeborenen hing aber nicht nur vom Geschlecht, sondern auch vom Geburtsrang und vom Gesundheitszustand ab.

Die Tötung von behinderten Kindern scheint in der Antike eine lange Tradition gehabt zu haben (Edwards 1996). So ist für Sparta überliefert, dass schwächliche und behinderte Kinder auf Ältestenentscheid hin in die Apotheten, einer Schlucht des Taygetesgebirges, geworfen wurden (Plutarch, Lyc. 16; vgl. kritisch zur historischen Relevanz dieser Textstelle Schmidt 1983/84). In Athen wurde die Entscheidung, ein behindertes Kind aufzuziehen, offensichtlich auf familiärer bzw. privater Ebene vom Vater getroffen (Schmidt 1983/84).

Für Rom ist sowohl die staatlich verfügte als auch die privatrechtlich geregelte Form des Infantizids behinderter Kinder überliefert. Die Quellen sprechen dafür, dass in republikanischer Zeit immer wieder körperlich von der Norm abweichende Kinder auf Senatsbeschluss nach den Regeln der etruskischen Priester ertränkt und so beseitigt wurden, dass sie keinen Kontakt mit römischer Erde haben konnten (Schmidt 1983/84). Diesen Riten lag wahrscheinlich die – auch ethnologisch weit verbreitete (Müller 1996) – Vorstellung zugrunde, behinderte Kinder brächten Unheil über die Gruppe (Schmidt 1983/84). Jüngere, kaiserzeitliche Schriftquellen sprechen dafür, dass nicht nur offensichtlich stark behinderte Kinder unmittelbar nach der Geburt getötet bzw. ausgesetzt wurden, sondern auch nach modernem Verständnis gesunde Neugeborene, die aufgrund spezifischer Merkmale und Umstände nicht angenommen wurden. Die detaillierteste diesbezügliche Beschreibung stammt von Soranos von Ephesos (Gynäkologie Abs. 79). Eine solche Praxis galt offensichtlich nicht als Kindstötung, sondern als Konsequenz der schwächlichen oder in einem oder mehreren Merkmalen ungewöhnlichen Konstitution des Kindes. H. Graßl hat darauf hingewiesen, dass dennoch zahlreiche von Geburt an behinderte Menschen während der römischen Antike überlebten, weil *"die Entscheidung über Annahme oder Aussetzung ... zu einem Zeitpunkt zu treffen [war], zu dem sich nur eine verschwindend geringe Anzahl von Mißbildungen klar erkennen ließen"* (Graßl 1986, 121). Neben behinderten scheinen auch uneheliche Kinder in erhöhtem Maße von Infantizid und Aussetzung betroffen gewesen zu sein (vgl. Bühler 1990, Opelt 1984/85). Dies ist auch für nichtantike Populationen belegt (vgl. Kemkes-Grottenthaler in diesem Band).

Die Tötung und Aussetzung Neugeborener sind somit durch die Schriftquellen für die griechische und römische Antike zweifelsfrei belegt. Wie steht es nun aber um die archäologische bzw. anthropologische Nachweisbarkeit von Infantizid in Italien und den römischen Provinzen?

Tab. 4: Altersverteilung der perinatal verstorbenen Individuen aus römischen Siedlungen und Gräberfeldern Britanniens und einem mittelalterlichen Friedhof Englands (nach Mays 1993, S.884 Tab. 1)

Alters-intervall (Woche)	Romano-britische Villen/Siedlungen (n)	Romano-britische Gräberfelder (n)	Mittelalterlicher Friedhof Wharram Percy (n)
26-28	1	0	1
29-31	1	0	2
32-34	1	2	6
35-37	13	12	14
38-40	52	46	10
41-43	8	16	10
44-46	1	7	12
47-49	1	3	6
Total	78	86	61

Für das römische Britannien glaubt S. Mays (1993), Infantizid nachweisen zu können. Basis seiner Untersuchung ist das Skelettmaterial aus zwei Gräberfeldern und zwei Siedlungen romano-britischer Zeit. Es handelt sich fast ausschließlich um perinatal verstorbene Individuen, in der Mehrzahl höchstwahrscheinlich um Neugeborene, die unmittelbar nach der Geburt starben. Aufgrund eines demographischen Vergleichs mit mittelalterlichen Skelettserien, der rezenten Altersverteilung von Todgeburten und der rezenten Mortalität von Lebendgeburten gelangt Mays zu dem Ergebnis, dass die Altersverteilung des romano-britischen Skelettmaterials demographisch höchstwahrscheinlich aus Kindstötung an Neugeborenen resultiert (Tab. 4). Auffällig ist allerdings, dass von den auf den Gräberfeldern bestatteten Kindern (n=86) immerhin 16 in die 41. bis 43. Schwangerschaftswoche fallen und 10 Individuen sogar älter als 44 Wochen sind. Demgegenüber entfallen von den in den Siedlungen gefundenen Kindern (n=78) nur 8 auf die 41. bis 43. Schwangerschaftswoche und lediglich 2 besitzen ein höheres biologisches Alter. Daraus lässt sich mit aller gebotenen Vorsicht schließen, dass es sich im Falle der Gräberfelder zu einem hohen Prozentsatz um Kinder handelte, die ihre Geburt um einige Wochen, evtl. auch um ein bis zwei Monate überlebten, während die Siedlungsfunde fast ausschließlich Neugeborene repräsentieren. Ob man diese Beobachtungen dahingehend interpretieren darf, dass wir mit den Siedlungsbestattungen in erster

Linie unmittelbar nach der Geburt getötete Kinder, also Infantizid fassen, während auf den Gräberfeldern primär an natürlichen Ursachen verstorbene Individuen bestattet wurden, bleibt fraglich. Mays hat mit seiner Studie methodisch sicherlich den richtigen Weg gewiesen und seine Interpretation ist die wahrscheinlichste, einen wirklich zwingenden Beweis für Infantizid im römerzeitlichen Britannien blieb er jedoch schuldig (vgl. zu den romano-britischen Belegen auch: Struck 1993, Watts 1989, Scott 1991).

Überzeugender sind die Ergebnisse von P. Smith, G. Kahila und M. Faerman (Smith & Kahila 1992, Faerman & Kahila 1998), die am Beispiel eines spätrömisch-frühbyzantinischen Befundes aus Israel eindrucksvoll demonstriert haben, dass sich Infantizid unter günstigen archäologischen Quellenbedingungen und unter Anwendung moderner anthropologischer Methoden zweifelsfrei nachweisen lässt. Bei den Ausgrabungen eines Badehauses des 4. bis 6. Jahrhunderts n. Chr. in Ashkelon wurden in einem Abwasserkanal die Skelettreste von etwa 100 Neugeborenen gefunden. Der paläopathologische Befund ist eindeutig: Es handelt sich um Kinder, die unmittelbar nach der Geburt erstickt worden waren. Dies zeigen eingelagerte Eisenoxidkonzentrationen im Zahnschmelz, die nicht liegebedingt sein können (Smith & Kahila 1992). Die Ausgräber nahmen zunächst an, dass es sich um Mädchen handelte, weil die Tötung von weiblichen Neugeborenen durch die antiken Schriftquellen belegt ist. Die DNA-Analysen revidierten diese These jedoch: Von 43 beprobten linken Femura erbrachten 19 verwertbare DNA. 14 Individuen erwiesen sich dabei als Jungen, nur fünf als Mädchen (Faerman & Kahila 1998). Einige archäologische Indizien könnten darauf hindeuten, dass das Badehaus von Ashkelon u.a. als „Bordell" diente. Die Bearbeiter halten es für wahrscheinlich, dass die getöteten Kinder von Frauen geboren wurden, die hier als Prostituierte arbeiteten (Faerman & Kahila 1998). Weiterreichende Interpretationen dieses Befundes, etwa im Sinn der soziobiologischen Trivers-Willard-Hypothese (Voland 2000) als elterliche Strategie zur Optimierung der *inclusive fitness* sind jedoch abzulehnen, weil die gesellschaftlichen Rahmenbedingungen, die in diesem Fall zur Bevorzugung weiblichen Nachwuchses führten, nicht hinreichend bekannt sind.

Anthropologisches „Material", das allein aufgrund des perinatalen Alters der Verstorbenen und aufgrund der archäologischen Befundsituation als "infantizidverdächtig" gelten muss, liegt auch aus den römischen Provinzen Germaniens und Galliens vor. Skelette von Neonaten sind in großer Zahl aus zahlreichen römischen Kastellen, Dörfern und Gutshöfen bekannt (Coulon 1994, Etter 1991, Berger 1993, Langenegger 1996, Zanier 1992) bekannt. Sie entziehen sich jedoch bisher einer eindeutigen Interpretation.

Dies gilt auch für die zahlreichen Neugeborenen- und Säuglingsskelette aus hallstatt- und latènezeitlichen Siedlungen Mittel- und Westeuropas (8. bis 1. Jh. v. Chr.) (Endlich 1997, Krausse 1998, Berger 1993, Wahl 1995). Entsprechend schwierig gestaltet sich zum Beispiel die Deutung der Befunde aus der frühlatènezeitlichen (5.-4. Jh. v. Chr.) Siedlung von Gailhan (Dep. Gard, Frankreich) (Dedet

1990, Dedet u.a. 1991). Hier fanden sich die Skelette von 18 Neugeborenen, zwei Feten (7.-8. Monat), zwei wenigen Wochen alten Säuglingen und von einem ca. sechs Monate alten Säugling. Die gut dokumentierten Befunde vermitteln den Eindruck, dass die Feten, Neugeborenen und Säuglinge ohne Sorgfalt in unterschiedlicher Körperhaltung (Seiten-, Bauch- und Rückenlage jeweils mit stark angewinkelten, z.T. unnatürlich verdrehten Extremitäten) in flüchtig ausgehobenen Gruben und engen Felsspalten bestattet wurden. Bemerkenswert ist, dass sich die Funde gleichmäßig über das untersuchte Areal verteilen und jedem nachgewiesenen Haus Reste eines oder mehrerer Individuen zugewiesen werden können. Dies könnte darauf hindeuten, dass die Beerdigung der Kinder keine öffentliche, sondern eine innerfamiliäre Angelegenheit der Hausgemeinschaft war. Eine ergänzende Bearbeitung des Materials unter Heranziehung der DNA-Geschlechtsbestimmung könnte wesentlich zur Klärung beitragen und sollte unbedingt das umfangreiche hallstatt- und latènezeitliche Vergleichmaterial aus der Provence und dem Laguedoc-Roussillon miteinschließen (Dedet et al. 1991). Eine größere Zahl von Skeletten von Feten und Neonaten, die in mehreren Fällen zerstückelt deponiert wurden, stammen aus den kürzlich von H. Parzinger (Parzinger et al. 1995) zusammengestellten hallstattzeitlichen "Opferhöhlen" Mitteleuropas. Vergleichbare Befunde sind auch aus bronzezeitlichen Höhlen bekannt (Rind 1998). Da bisher eine systematische Zusammenstellung und Bearbeitung der hallstatt- und frühlatènezeitlichen Säuglingsbestattungen fehlt, lassen sich diese verstreuten Belege in ihrer sozialhistorischen Bedeutung zur Zeit noch nicht eingehender beurteilen.

Zahlreiche Hinweise auf Infantizid liegen aus den spätlatènezeitlichen und frührömischen Siedlungen Englands vor (Zusammenstellung bei Watts 1989, Wilson 1981). So wurden in Rotherley, Berwick St. John, in den Gräben einer befestigten spätkeltischen Siedlung die Skelette von 13 Neugeborenen in zwei Gruppen gefunden (Whimster 1981). In Gussage All Saints, Dorset, wurden 7 Skelette von Neugebornen beobachtet, die ebenfalls im Graben einer befestigten mittel- bis spätlatènezeitlichen Siedlung lagen (Whimster 1981). Ähnliche Befunde sind in Yarnbury Castle, Wiltshire, beobachtet worden (Whimster 1981)

Behinderte Kinder im archäologisch-anthropologischen Befund

Dass unter ur- und frühgeschichtlichen Lebensbedingungen auch erhebliche Behinderungen wie starke Kiefer-Gaumen-Spalten nicht in allen Fällen zum Tod durch Infantizid oder medizinische Komplikationen führten, belegen vereinzelte anthropologische Befunde aus der frühen Bronzezeit Mitteleuropas (Bach 1993), aus dem antiken Ägypten und aus Nordamerika (Ortner & Putschar 1981, Roberts & Manchester 1995). Anthropologisch extrem selten nachgewiesen, und somit statistisch stark unterrepräsentiert, ist das Down-Syndrom (Roberts & Manchester 1995). Ein unsicherer Befund stammt aus dem späthallstattzeitlichen Gräberfeld von Tauberbischofsheim (Roberts & Manchester 1995). Weitere unsichere Nachweise liegen aus jüngerkaiserzeitlichen und alamannischen Gräberfeldern vor (Hahn 1993). D. Brothwell (1960) beschreibt den Fall eines ca. 9jährigen Kindes mit Down-Syndom aus dem angelsächsischen Gräberfeld des 6. Jh. von Bredon-on-the-Hill (Leicestershire, Großbritannien), dem er keine sicheren Parallelen aus dem "vorchristlichen" Britannien zur Seite stellen kann. Er vermutet, dass Kinder mit Down-Syndom erst durch die mit der Christianisierung eingeleitete veränderte Einstellung zum Schicksal Behinderter eine Chance hatten, das Säuglings- bzw. Kleinkindalter zu überleben und bringt den Befund von Bredon mit der Tätigkeit des örtlichen Klosters in Verbindung (Brothwell 1960).

Das Skelett eines wahrscheinlich geistig behinderten, ca. zehnjährigen Kinds mit Microkephalie aus dem provinzialrömischen Gräberfeld von Stettfeld beschreibt J. Wahl (Wahl & Kokabi 1988). Interessant an diesem Befund ist, dass die anthropologische Diagnose eine Bestätigung im außergewöhnlichen archäologischen Erscheinungsbild der Bestattung findet: Das Grab weicht durch die Körperbestattung und durch die Beigaben (u.a. ein Amulett in Form eines Äffchens) deutlich vom Üblichen ab (Wahl & Kokabi 1988).

Dass erhebliche kongentitale Missbildungen der Gliedmaßen auch während des Frühmittelalters nicht in allen Fällen zum Tod, sei es durch Infantizid oder mangelnde hygienisch-medizinische Versorgung führten, deutet eine Bestattung des angelsächsischen Gräberfeldes von Worthy Park, Hampshire, an (Hawkes & Wells 1976, Härke 1992). Das in der zweiten Hälfte des 6. oder im frühen 7. Jh. angelegte Grab barg das Skelett eines adulten, ca. 28 bis 30 Jahre alten Mannes, dem aufgrund einer angeborenen Entwicklungsstörung der linke Arm mitsamt dem Schulterblatt und dem Schlüsselbein fehlte. Einen ähnlicher Befund stammt aus dem angelsächsischen Gräberfeldes von Finglesham (Härke 1992).

Was tragen diese paläopathologischen Befunde nun zur Klärung der Frage nach dem Infantizid behinderter Kinder in ur- und frühgeschichtlicher Zeit bei? Zunächst belegen sie, dass unter ur- und frühgeschichtlichen Lebensbedingungen auch stark behinderte Kinder prinzipiell überleben konnten, wenn sie durch ihr soziales Umfeld eine adäquate Versorgung und Pflege erhielten. Aus diesen verstreuten Belegen im Umkehrschluss zu folgern, dass elterliche Fürsorge für behinderte Kinder in der Ethik antiker und ur- und frühgeschichtlicher Kulturen verankert war, wie dies etwa C. Roberts und K. Manchester (1995) vertreten, ist jedoch nicht statthaft.

Literatur

Aldhouse-Green S (1996) Suspicious deaths at Tormaton: a Bronze Age murder mystery. In: Aldhouse-Green S (Hrsg) Explaining the unexplainable: Art, ritual and death in prehistory. National Museum and Galleries of Wales, Cardiff.

Alt KW, Vach W, Wahl J (1995) Verwandtschaftsanalyse der Skelettreste aus dem bandkeramischen Massengrab von Talheim, Kreis Heilbronn. Fundberichte aus Baden-Württemberg 20: 195-217.

Bach A (1993) Die Bevölkerung Mitteleuropas vom Mesolithikum bis in die Latènezeit aus anthropologischer Sicht. Alt-Thüringen 27: 7-52.

Bamforth DB (1994) Indigenous people, indigenous violence: precontact warfare on the North American Great Plains. Man 29: 95-115.

Bandi H-G (1990) Archäologische Beobachtungen auf der St.-Lorenz-Insel, Alaska, zu ethno-historisch belegten kriegerischen Auseinandersetzungen im Gebiet der Beringstraße. Saeculum 42: 29-43.

Bantelmann A (1955) Tofting, eine vorgeschichtliche Warft an der Eidermündung. Offa-Bücher 12. Wacholtz, Neumünster.

Berger L (1993) Säuglings- und Kinderbestattungen in römischen Siedlungen der Schweiz - ein Vorbericht. In: Struck M (Hrsg) Römerzeitliche Gräber als Quellen zur Religion, Bevölkerungsstruktur und Sozialgeschichte. Archäologische Schriften des Instituts für Vor- und Frühgeschichte der Johannes Gutenberg-Universität Mainz 3, 319-328.

Blome P (2001) Der Mythos in der griechischen Kunst. Der Troianische Krieg findet statt. In: Troia: Traum und Wirklichkeit. Theis, Stuttgart, 118-153.

Boswell E (1988) The kindness of strangers: the abandonment of children in western Europe from Late Antiquity to the Renaissance. Pantheon Books, New York.

Brothwell D (1960) A possible case of mongolism in a Saxon population. Annual Human Genetics 24: 141-150.

Brulé P (1992) Infanticide et abandon d'enfants. Pratiques grecques et comparaisons anthropologiques. Dialogues d'histoire ancienne 18/2: 53-90.

Bühler G (1990) Das Kind und seine Umwelt im Laufe der Zeiten. 1 Die Antike. Rohr, Zürich.

Chalk F & Jonassohn K (1990) The history and sociology of genocide. Analyses and case studies. Yale University Press, New Haven / London.

Coulon G (1994) L'enfant en Gaule romaine. Editions Errance, Paris.

Cronk L (1989) Low socioeconomic status and female-biased parental investment: The Mukogodo example. American Anthropologist 91: 414-429.

De Mause L (1977) Hört ihr die Kinder weinen? Eine psychogenetische Geschichte der Kindheit. Suhrkamp, Frankfurt/Main.

Dedet B (1990) Répartition spatiale des inhumations de périnataux sur l'oppidum protohistorique de Gailhan (Gard): Démographie et société. Bulletin et Mémoires de la Société Anthropologique Paris N.S. 2/Nr. 3-4: 99-104.

Dedet B, Duday H, Tillier A-M (1991) Inhumations de foetus, nouveau-nés et nourrissons dans les habitats protohistoriques du Languedoc: l'example de Gailhan (Gard). Gallia 48: 59-108

Edwards ML (1996) The cultural context of deformity in the Ancient Greek world. The Acient History Bulletin 10/3-4: 79-92.

Endlich C (1997) Studien zu Kindergräbern der Späthallstatt- und Frühlatènezeit. Ungedr. Magisterarbeit, Kiel.

Etter HE (1991) Zu den Säuglingsbestattungen im vicus Vitudurum-Oberwinterthur. Beiträge zum römischen Oberwinterthur-Vitudurum 5, 179-183.

Faerman M & Kahila G (1998) Determining the sex of infanticide victims from the late roman era through ancient DNA analysis. Journal of Archaeological Science 25: 861-865.

Geiß I (1990) Massaker – eine historische Bestandsaufnahme von den ersten Hochkulturen bis in die neuere Zeit. Jahrbuch Extremismus und Demokratie 2: 37-57.

Gras M, Rouillard P, Teixidor J (1989) L'univers phenicien. Arthaud, Paris.

Graßl H (1986) Behinderte in der Antike. Bemerkungen zur sozialen Stellung und Integration. Tyche 1: 118-126.

Gusi Jener F (1989) Possibles recintos necroláticos infantiles ibéricos en Castellón. In: Inhumaciones infantiles en el ámbito mediterráneo español (siglos VII a. E. all II d. E.). Cuadernos de Prehistoria y Arqueologia Castellonenses 14: 19-42.

Haarnagel W (1979) Die Grabung Feddersen Wierde. Feddersen Wierde 2.

Hahn R (1993) Die menschlichen Skelettreste aus den Gräberfeldern von Neresheim und Kösingen. Ostalb. In: Knaut M (Hrsg) Die alamannischen Gräberfelder von Neresheim und Kösingen. Forschungen und Berichte zur Vor- und Frühgeschichte in Baden-Württemberg 46, 357-428.

Härke H (1992) Angelsächsische Waffengräber des 5. bis 7. Jahrhunderts. Zeitschrift für Archäologie des Mittelalters, Beiheft 6.

Harris WV (1982) The theoretical possibility of extensive infanticide in the Graeco-Roman world. Classical Quarterly 32: 114-116.

Hawkes SC & Wells C (1976) Absence of the upper limb and pectoral girdle in a unique Anglo-Saxon burial. Bulletin of the New York Academy of Medicine 52: 1229-1235.

Krausse D (1998) Infantizid. Theoriegeleitete Überlegungen zu den Eltern-Kind-Beziehungen in ur- und frühgeschichtlicher und antiker Zeit. In: Müller-Karpe A, Brandt H, Jöns H, Krausse D, Wigg A (Hrsg) Studien zur Archäologie der Kelten, Römer und Germanen in Mittel- und Westeuropa [Festschrift Alfred Haffner]. Leidorf, Rahden/Westfalen, 313-352.

Lange G (1983) Die menschlichen Skelettreste aus dem Oppidum von Manching. Die Ausgrabungen in Manching 7.

Langenegger E (1996) "Hominem priusquam genito dente cremari mos genitum [!] non est". Zu den Neonatengräbern im römischen Gutshof von Neftenbach ZH. Archäologie der Schweiz 19: 156-158.

Louwe Kooijmans LP (1993) An Early/Middle Bronze Age multiple burial at Wassenaar, the Netherlands. Analecta Praehistorica Leidensia 26: 1-20.

Marien ME (1970) Le Trou de l'Ambre au Bois de Wérimont Eprave. Van Thournout, Bruxelles.

Marien ME (1972) Massacre et sacrifice humain: deux cas d'interpretation. In: Anati E (Hrsg.) Les religions de la préhistoire. Bollettino del Centro Camuno di Studi Preistorici [Actes du Valcamonica symposium 1972]. Brescia.

Mays S (1990) Infanticide in Roman Britain. Antiquity 67: 883-888.

Müller KE (1996) Der Krüppel. Ethnologia passionis humanae. Beck, München.

Opelt I (1984/85) Die Wasserprobe der keltischen Kinder im Rhein. Romanobarbarica 8: 63-73.

Ortner DJ & Putschar WG J (1981) Identification of pathological conditions in human skeletal remains. Smithsonian Contributions of Anthropology 28.

Osgood RH & Monks S (2000) Bronze Age warfare. Sutton, Stroud.

Owsley DW, Berryman HE, Bass WM (1977) Demographic and osteological evidence for warfare at the Larson Site, South Dakota. Plains Anthropologist. Journal of the Plains Anthropological Society 13: 119-131.

Parkin T G (1992) Demography and Roman society. John Hopkins University Press, Baltimore.

Parzinger H, Nekvasil J, Barth FE (1995) Die Byci Skála-Höhle. Ein Hallstattzeitlicher Höhlenopferplatz in Mähren. Römisch-Germanische Forschungen 54.

Pittau M (1991) Geronticidio, eutanasia e infanticidio nella Sardegna antica. In: L'Africa romana. Atti dell' VIII Convegno di Studi 1,2. Sasari, 703-711.

Reinhard J (1999) Das eisige Grab. Wo die Inka Menschen opferten. National Geographic Deutschland, November 1999: 78-97.

Rind MM (1998) Menschenopfer. Vom Kult der Grausamkeit. Universitätsverlag, Regensburg.

Roberts C & Manchester K (1995) The archaeology of disease. Cornell University Press, Ithaca/New York.

Schiefenhövel W (1990) Ethnologisch-humanethologische Feldbeobachtungen zur Interaktion mit Säuglingen. In: Pachler MJ, Straßburg H-M (Hrsg.) Der unruhige Säugling. Lübeck, 25-40.

Schlabow K (1953) Leichtvergängliche Stoffe aus der Wurtengrabung Hessens. In: Probleme der Küstenforschung im Gebiet der südlichen Nordsee 5, 26-43.

Schmidt M (1983/84) Hephaistos lebt – Untersuchungen zur Frage der Behandlung behinderter Kinder in der Antike. Hephaistos 5: 133-161.

Scott E (1991) Animal and infant burials in Romano-British villas: a revitalization movement. In: Garwood P, Jennings D, Skeates R, Toms J, R. Skeates, J. Toms (Hrsg.) Sacred and profane. Oxford University Committee of Archaeology Monographs. 32, 115-121.

Scott E (1999) The archaeology of infancy and infant death. British Archaeological Reports, International Series 819.

Simoneit B (1997) Das Kind in der Linienbandkeramik. Internationale Archäologie 42.

Smith P & Kahila G (1992) Identification of infanticide in archaeological sites: A case study from the late Roman-early Byzantine Periods at Ashkelon, Israel. Journal of Archaeological Science 19: 667-675

Smits E & Maat G (1993) An Early/Middle Bronze Age common grave at Wassenaar, the Netherlands. The physical anthropological results. Analecta Praehistorica Leidensia 26: 21-28.

Struck M (1993) Kinderbestattungen in romano-britischen Siedlungen. Der archäologische Befund. In: Struck M (Hrsg.) Römerzeitliche Gräber als Quellen zur Religion, Bevölkerungsstruktur und Sozialgeschichte. Archäologische Schriften des Instituts für Vor- und Frühgeschichte der Johannes Gutenberg-Universität Mainz 3, 313-318.

Szilvássy J & Kritscher H (1991) Preparation, reconstruction and interpretation of seven human skeletons from a late Bronze Age (urn-field-culture) found at a storage pit in Stillfried/March, Lower Austria. Anthropologischer Anzeiger 49: 303-324.

Teschler-Nicola M, Gerold F, Kanz F (1996) Anthropologische Spurensicherung. Die traumatischen und postmortalen Veränderungen an den liniarbandkeramischen Skelettresten von Asparn/Schletz. Archäologie Österreichs 7/1: 4-12.

Van der Dennen J & Falger V (Hrsg) Sociobiology and conflict - Evolutionary perspectives on competition, cooperation, violence and warfare. Chapman and Hall, London.

Van Endert D (1987) Das Osttor des Oppidums von Manching. Steiner, Stuttgart.

Voland E (1984) Human sex ratio manipulation: Historical data from a German parish. Journal of Human Evolution 13: 99-107.

Voland E (2000) Grundriss der Soziobiologie. Spektrum Akademischer Verlag, Berlin.

Wahl J (1995) Die Menschenknochen von der Heuneburg bei Hundersingen. In: Gersbach E (Hrsg) Baubefunde der Perioden IVc-IVa der Heuneburg. Römisch-Germanische Forschungen 9, 365-383.

Wahl J & Kokabi M (1988) Das römische Gräberfeld von Stettfeld I. Forschungen und Berichte zur Vor- u. Frühgeschichte in Baden-Württemberg 29.

Wahl J & König H G (1987) Anthropologisch-traumatologische Untersuchung der menschlichen Skelettreste aus dem bandkeramischen Massengrab bei Talheim, Kreis Heilbronn. Fundberichte aus Baden-Württemberg 12: 65-193.

Watts DJ (1989) Infant burials and Romano-British christianity. Archaeological Journal 146: 372-383.

Whimster R (1981) Burial practices in Iron Age Britain. British Archaeological Reports, British Series 90.

Wilkinson RG & Van Wagenen KM (1993) Violence against women: prehistoric skeletal evidence from Michigan. Midcontinental Journal of Archaeology 18: 190-216.

Willey P & Emerson TE (1993) The osteology and archaeology of the Crow Creek massacre. In: Tiffany J A (Hrsg) Prehistory and human ecology of the Western Prairies and the Northern Plains. Plains Anthropologist - Journal of the Plains Anthropological Society 38/Nr. 145, Memoir 27: 227-269.

Wilson CW (1981) Burial within settlements in southern Britain during the pre-Roman Iron Age. Bulletin of the Institute of Archaeology (London) 18: 127-169.

Windl HJ (1999) Makabres Ende einer Kultur? Archäologie in Deutschland 15/1: 54-57.

Winkler E-M & Schweder B (1991) Die Skelette aus der frühbronzezeitlichen Siedlungsgrube von Kettlasbrunn in Niederösterreich. Kriminalfall, Hinrichtung, Menschenopfer oder soziales Außenseitertum. Archaeologia Austriaca 75: 79-105.

Zanier W (1992) Das römische Kastell Ellingen. Limesforschungen 23.

Zur Stellung der Kinder zwischen Frühmittelalter und Neuzeit – ein exemplarischer Exkurs

S. Ulrich-Bochsler

Im Mittelalter und weit bis ins 19. Jahrhundert hinein bedeutete der Todesfall eines Kindes von der statistischen Wahrscheinlichkeit her kein ausserordentliches Ereignis, sondern stellte eine fest in den Alltag und den Lebensablauf der Menschen integrierte Grösse dar. Infolge der hohen Kindersterblichkeit erreichte nur jedes zweite bis dritte Lebendgeborene das Erwachsenenalter: *„Qui n'en a qu'un n'en a aucun"*[1] (Loux 1983). Über die Reaktion der betroffenen Angehörigen gegenüber solchen Schicksalsschlägen sagen die Sterbestatistiken *a priori* nichts aus. Solche gehen jedoch aus einem ganzen Ensemble von schriftlichen Überlieferungen hervor, die anscheinend kontroverse Auffassungen vermitteln.[2] In diesem Kontext stellt sich die Frage, ob auch aus dem biohistorischen Quellenmaterial, den Skeletten, Rückschlüsse auf die soziokulturelle Stellung der Kinder, beim einen oder anderen Fund auch nur auf den Individualfall Kind, zu gewinnen sind.

Ausgangslage

Die archäologischen Ausgrabungen im Kanton Bern haben seit 1975 ein reiches Gräbermaterial aus der Zeit zwischen dem Frühmittelalter (ab 6./7. Jh.) und dem 19. Jahrhundert hervorgebracht, deren konventionell daran erhobenen anthropologischen Befunde sich auf das Thema Kind fokussieren lassen.[3] Anhand einiger ausgewählter Kriterien wird untersucht, welche Tendenzen für die Stellung des Kindes im chronologischen Ablauf relevant und für bestimmte Altersklassen exemplarisch sind. Hintergrund dieser Fragestellung bilden mehrere historische Fakten:
 Anders als heute war das Bestatten Verstorbener früher nicht uniform geregelt. Bestattungsort und Bestattungsweise waren von der gesellschaftlichen Stellung, von Armut respektive Wohlstand der Angehörigen abhängig. Ferner beeinflussten die Jenseitsvorstellungen und die kirchliche Bestimmungen sowie die lokalen Totenbräuche den Bestattungsritus in hohem Maße. Zwischen der Lebensdauer eines Kindes und den Umweltgegebenheiten wie Ernährung und wirtschaftlichen Verhältnissen bestand ein enger kausaler Zusammenhang. *„Der Tod im Säuglings- und Kindesalter trat keineswegs schicksalshaft auf, sondern war auch Ausdruck elterlichen (Nicht)handelns"* (Voland 1984), was unter anderem die Bedeutung der elterlichen Zuneigung für das Wohlbefinden des Kindes unterstreicht. Die Grösse des Elterninvestments in früheren Zeiten ist auf direktem Weg an Skelettfunden nicht zu bestimmen, selbst wenn das Umfeld eines Kinderbegräbnisses im Sinne einer letzten persönlichen Zuwen-

dung der Eltern zum toten Kind verstanden wird und damit zumindest in einzelnen Fällen die gesellschaftliche Wertung und Stellung des Kindes und die Intensität des elterlichen Fürsorgeverhaltens widerspiegeln könnte. Andere Verhaltensweisen hinterlassen an den biologischen Bodenfunden besser beobachtbare Spuren, je nach Ort und äusseren Gegebenheiten mehr oder weniger deutlich. Verzerrungen in der Relation von Erwachsenen zu Kindern oder atypische Strukturen in der Altersgliederung der Kinder[4] können Ausdruck soziokultureller Einflüsse sein, besonders wenn ein Bezug zwischen dem Alter der Kinder und der topographischen Lage der Gräber und/oder Differenzierungen zwischen den einzelnen Zeitepochen vom Frühmittelalter bis zur Neuzeit sowie zwischen Innen- und Friedhofsgräbern erkennbar sind.

Der Schwerpunkt des ausgewerteten Materials liegt bei den Gräbern aus Kirchen und Kirchenfriedhöfen. Dabei gelten vor allem für die Friedhöfe dieselben Einschränkungen und Ungewissheiten wie bei jeder anthropologischen Spurensuche, falls nur Teile des Gräberfeldes freigelegt werden. Bei Kindergräbern, die aus dem Inneren von Kirchen stammen, ist die Ausgangslage diesbezüglich günstiger (mindestens in unseren Fundkomplexen), weil diese Grablegen sehr oft vollständig erfasst werden. Im Gegensatz zu Friedhöfen repräsentieren die Kircheninnengräber nicht die durchschnittliche Bevölkerung, sondern lediglich eine Auswahl aus bestimmten Personenkreisen, was für die Kinderproblematik jedoch eher eine Chance als ein Nachteil ist.

Bernische Fundsituationen im Überblick

Das Frühmittelalter

Im Innern vieler frühmittelalterlicher Gründungskirchen liessen sich Angehörige der Stifterfamilien begraben. Unter ihnen finden sich auch Kinder, allerdings in meist niedrigen Anteilen. Vertreten sind alle Altersklassen, nur Frühgeburten fehlen bis anhin und Neugeborene kommen selten vor. Sind solche aber vorhanden, zeichnen sich ihre Gräber oft durch sehr gute Lagen wie etwa in der ersten Reihe vor dem Altarhaus aus.

In den Friedhöfen ist die Ausgangslage – und dies gilt für alle Zeitepochen – ungünstiger, weil meist nur Teile, häufig die nähere Umgebung der Kirche, freigelegt werden. Die ausgegrabenen Bevölkerungsstichproben sind deshalb öfters nicht repräsentativ und untereinander schwer vergleichbar, was durch die stark schwankenden Kinderanteile veranschaulicht wird. Ähnlich wie im Kircheninneren findet man nur vereinzelt Neugeborene, höchst selten auch Frühgeburten. Am besten repräsentiert sind die Ein- bis Sechsjährigen. Auch im Chorbereich, einem beliebten Bestattungsort für Kinder, kommen die Neugeborenen selten vor.

Hoch- und Spätmittelalter
Ab dem 9. Jahrhundert bis über die Jahrtausendwende ist das Bestatten durch kirchliche Erlasse im Kircheninneren verboten. Eine neue Bestattungswelle folgt ab dem

12./13. Jahrhundert und diese hält bis zur Reformation von 1528 an. Vor allem in den stadtnahen Regionen werden die Kirchen nun mit Gräbern angefüllt. Die Kinder weisen wiederum unterschiedlich hohe Anteile auf. Im ausgehenden Mittelalter treffen wir dann in den ländlichen Kirchen auf äusserst auffällige Fundsituationen: Gehäuft werden Früh- und Neugeborene nachgewiesen, während Erwachsene nur vereinzelt und ältere Kinder gar nicht vorkommen. Diese Kinder, deren Gräber vielfach nicht geostet sind, liegen meist in kleinen Ansammlungen an bestimmten Stellen des Kirchenraums, etwa beim Eingang oder beim Taufstein oder bei einem Seitenalter – also an Stellen, die als besonders heilsfördernd galten, wo viel gebetet wurde und wo man Fürbitte für die Toten leistete. Oftmals sind es Kirchen, die nicht einmal ein Bestattungsrecht besassen. Im Fall *einer* solchen Kirche[5] konnte man gar nachweisen, dass die Kinder heimlich und wahrscheinlich in grosser Hast begraben worden waren; man hatte ihre Leichen – ohne eine Grube auszuheben – einfach unter den Bretterboden geschoben.

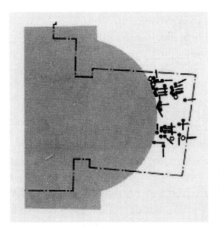

Abb. 1: Der Bereich aussen am Chor war ein beliebter Bestattungsplatz für Kinder. Hier finden sich nach der Jahrtausendwende gehäuft auch Früh- und Neugeborene wie im Beispiel der Kirche von Biel-Mett (Gräber des 11.-13. Jh., Plan ADB).

In den Friedhöfen sind die Kinderanteile nach der Jahrtausendwende zum Teil sehr hoch, was aber gerade bei den aussen am Chor freigelegten Bezirken verfälschte Resultate gibt, da dieser Friedhofsbereich bevorzugt für Kinderbegräbnisse verwendet wird. Dieser Bezirk enthält nun, anders als im Frühmittelalter, viele Neugeborene und häufiger auch Frühgeburten (Abbildung 1). Chronologisch können wir den Beginn ihres Auftretens etwa ins 10.-12. Jahrhundert legen. In den übrigen Friedhofsteilen machen wie im Frühmittelalter die Kinder zwischen einem und sechs Jahren den höchsten Anteil aus; er entspricht recht gut den demographischen Erwartungen, während der Neugeborenenanteil zu klein ist.

Die Neuzeit
Im Kircheninneren finden wir – wiederum ausgeprägt in den ländlichen Kirchen – viele Kleinstkinder, d.h. Früh- und Neugeborene. Überraschenderweise besteht die

gleiche Situation wie im Spätmittelalter, obwohl die Reformation von 1528 das ganze Bernbiet erfasst hatte und eine neue Glaubensrichtung eingeschlagen worden war. In den stadtnahen Zentren herrschen andere Strukturen, welche mit unserem ungenügend grossen Material aber zuwenig präzisiert werden können.

In neuzeitlichen Friedhöfen beobachten wir in Kirchennähe grosse Ansammlungen von Früh- und Neugeborenengräbern. Bei ihnen handelt es sich um Traufgräber. Abseits der Kirchenmauern im Friedhof, wo auch die Erwachsenen liegen, finden sich die älteren Kinder.

Zusammenfassung

Fassen wir die Befunde zur chronologischen Abfolge zusammen: Im Frühmittelalter ist der Anteil der Kinder bezogen auf die Gesamtzahl der Bestatteten deutlich zu niedrig, beruhend auf einer Untervertretung der Kleinstkinder. Nach der Jahrtausendwende kommt es zu einer massiven Zunahme sowohl im Kircheninneren wie in den Friedhöfen, wobei sich diese Tendenz in der Neuzeit noch verstärkt. Parallel zur Zunahme des Kinderanteils vom Frühmittelalter bis zur Neuzeit ist eine Verschiebung in den Altersklassen festzustellen, die in erster Linie die perinatal verstorbenen Kinder betrifft. Diese vor, bei oder kurz nach der Geburt Gestorbenen verbindet eine Gemeinsamkeit, durch die sie sich in ihrer Stellung von den übrigen Kindern absetzen. Besondere Bestattungsplätze und öfters besondere Bestattungslagen lenken die Aufmerksamkeit auf sie. Kleinstkinder und ältere Kinder sind demzufolge als getrennte Altersklassen zu betrachten.

Die perinatal[6] Verstorbenen: Umfeld und Stellung

Für die nach der Jahrtausendwende nahezu explosionsartige Zunahme von Gräbern Früh- und Neugeborener in Verbindung mit ihrer möglicherweise veränderten soziokulturellen Stellung stehen verschiedene Erklärungsmodelle zur Diskussion. Für ihr seltenes Vorkommen im Frühmittelalter wird von einer Seite gefragt, ob die Neugeborenen, wenigstens in Einzelfällen, nur deshalb fehlen, weil sie nicht starben (Herrmann 1987). Blieben sie im Frühmittelalter häufiger am Leben, weil sie von einem guten Lebensumfeld, insbesondere von einem hohen Stand der medizinischen Betreuung profitierten? Nach Czarnetzki (1995) ist von einer Versorgung der Gebärenden und der Geborenen auszugehen, die so ausgezeichnet war, dass Sterbefälle von Neonaten aufgrund des Geburtsvorganges weitestgehend auszuschliessen seien. Eine weitere und wohl die bekannteste Hypothese zum Neugeborenendefizit im Frühmittelalter bezieht sich auf die Abkehr von der Neugeborenentötung, speziell der Tötung unerwünschter Mädchen, die mit der Verbreitung des Christentums einhergegangen sein soll (Etter & Schneider 1982). Diese im einen oder anderen Fall bestimmt zutreffende Möglichkeit lässt sich anthropologisch erst dann verifizieren oder ablehnen, wenn sichere Geschlechtsbestimmungen am Skelett der perinatal Verstorbenen durchführbar sind. Dass die Kindstötung wie auch die anderen Hypothesen aber nicht alleinige Ursache der Untervertretung der Kleinstkinder im Frühmittelalter sein können, ergibt sich schon aus der Tatsache, dass auch Frühgeborene in dieser Zeit kaum zu beobachten sind. Zu Totgeburten kam es aber in allen Zeitepochen. Plausibel erklären lässt sich der Wandel vom frühmittelalterlichen Kindermanko zum exzessiven Auftreten der perinatal Verstorbenen nach der Jahrtausendwende hingegen mit Änderungen in der Glaubens- und Vorstellungswelt unserer Vorfahren. In diesem Aspekt sind die anthropologische Befunde mit den Aussagen anderer Quellen in zahlreichen Punkten kongruent. Für die perinatal Verstorbenen spielt das zeitspezifische Umfeld eine wichtige Rolle (Pfister 1986), weshalb vorerst detailliert auf einige geschichtliche Hintergründe ihrer Sonderstellung eingegangen werden soll.

Die Taufe im Ablauf der Zeit[7]

Im Urchristentum war die Kindertaufe noch nicht üblich. Unter den frühen Kirchenvätern herrschte zudem Uneinigkeit über den Zeitpunkt der Taufe. Die einen stellten sich gegen die Taufe der Säuglinge, die anderen rieten, die Neugeborenen nur bei dringender Gefahr zu taufen, sonst erst im Alter von drei Jahren. Die Anschauung, dass schon der Säugling die Sünde als verderbende Macht in sich trage, weitete sich erst später langsam aus. Nach einer Bestimmung der Synode von Mainz im Jahre 813 lag der Termin der Taufe an der Oster- und Pfingstvigil; noch im 11. Jahrhundert fanden Taufen nur an diesen zwei Tagen des Jahres statt. Erst im 12. Jahrhundert änderte man die Praxis allmählich und taufte im 13. bis 14. Jahrhundert häufiger. Angesichts der hohen Neugeborenensterblichkeit und wegen der Konsequenzen, die das Ungetauftsein im späteren Mittelalter hatte, war dies unbedingt notwendig. Eine weitere gravierende Änderung brachte schliesslich die Reformation von 1528 im ganzen Berner Raum. Nach der neuen Lehre war es nicht mehr möglich, ein lebensschwaches Kind durch Laien nottaufen zu lassen; die Taufe musste durch den Pfarrer in der Kirche gespendet werden. Und so kam es, dass viele Kinder, vor allem in den ländlichen Gebieten, die bereits Tage oder Wochen alt waren, als Ungetaufte starben. Auffallend an diesem Ablauf ist, dass sich vom 12. Jahrhundert an eine erste und mit der Reformation eine zweite Änderung in der Handhabung der Taufe einstellte, die von einer veränderten Sicht auf das Jenseits begleitet war.

Übersetzt man diese historischen Fakten ins Anthropologische, ist damit zu rechnen, dass wir im christlichen Frühmittelalter Ungetaufte nicht nur unter den Früh- und Neugeborenen, sondern auch unter den älteren Säuglingen vermuten müssen. In der reformierten Neuzeit können sich unter den jüngeren Säuglingen ebenfalls noch vereinzelt Ungetaufte befinden. Dagegen sind im Mittelalter, speziell ab dem 13./14. Jahrhundert bis zur Reformation, in der Regel nur Totgeborene auch Ungetaufte. Im Kontext mit den für die einzelnen Zeitepochen typischen Jenseitsvorstellungen kann diese Einteilung anhand des Jenseits- und Diesseitsschicksals

Das Schicksal der Ungetauften im Jenseits[8]

Bereits Augustinus, Bischof von Hippo (354-430), scharfsinniger Philosoph und bis heute eine grosse theologische Autorität, hielt es für ausgeschlossen, dass ungetaufte Kinder ins Paradies oder auch nur in eine intermediäre Stätte der Ruhe und Glückseligkeit eingehen könnten. Für Otto, Bischof von Freising (gest. 1158), ist es denkbar, dass Gott die Seelen der ungetauft verstorbenen Kinder und die der weniger Bösen nach dem Gericht entweder im dann verlassenen Läuterungsort oder in der richtigen Hölle verwahre, wo er sie auf wunderbare Weise vor dem Feuer beschützen könne. 1268 beschreibt der Dominikaner Hugo Ripelin von Strassburg in einer eigentlichen Jenseitsgeographie, dass der *Limbus puerorum*, die Lokalität, wo die ungetauft verstorbenen Kinder aufbewahrt würden, sich örtlich über der Hölle der Verdammten befände. Sie erlitten dort zwar den Ausschluss von der beseligenden Gottanschauung, sässen auch in innerer und äusserer Finsternis, erlitten aber keine sinnlichen Qualen. Noch zur Zeit des Konzils von Trient (1545 bis 1563) lautete die Schulauffassung: Für verstorbene Seelen kommen fünf Aufenthaltsorte in Betracht. Davon ist einer der *Limbus puerorum*, der Aufbewahrungsort der Seelen unmündiger, in der Erbsünde verstorbener Kinder. Er befindet sich in der Finsternis unter der Erde. In der Nähe liegt das Fegefeuer. Tief unter der Erde befindet sich die Hölle. Eine Rückkehr aus der Hölle und aus dem *Limbus puerorum* ist für alle Zeiten nicht möglich.[9] Für die im *Limbus* weilenden Kinder gibt es keine Hilfe und keine Aussicht, jemals ins Himmelreich zu gelangen, denn die Lebenden können ihr Schicksal nicht beeinflussen, während den Seelen im Fegefeuer mit Fürbitte, Almosen und Messen geholfen werden kann. Damit hatten die ungetauften Kinder – abgesehen von den sowieso von der christlichen Gemeinschaft Ausgeschlossenen, und den in der Hölle Weilenden – die ungünstigste Ausgangslage. Durch ihre Fixierung im *Limbus puerorum* werden die Ungetauften zu Geistern, Irrlichtern, Wiedergängern oder schadenbringenden Wesen, wodurch den Eltern solcher Kinder eine Schuld zugewiesen wird, die ihre eigene Stellung in der Gesellschaft problematisch macht.

In den reformierten Gebieten war die Taufe nicht mehr eine unbedingte Voraussetzung zur Erlangung des Seelenheils. Das Volk wurde belehrt, *„das die säligkeit nit an dem Wassertouff stande"* (Brüschweiler 1926). Trotz dieser Belehrungen blieben die alten Vorstellungen tief verwurzelt: *„Wenn es nur getauft gewesen wäre, so wollte ich nichts sagen..."*. *„Es sind mir auch vier Kinder gestorben, gottlob; aber gottlob keines vor der Taufe... Em liebe Gott ma me se wohl gönne, aber em Tüfel de nadischbott nit, vor dem gruset mr, u wen ih zweu Dotze King müesst bhalte. Mi seyt zwar, si chöme nit i di hingeristi Höll, aber es wird vornache o no heiss gnue sy. Die arme Tröpf."* So spricht eine Frau in Jeremias Gotthelfs Roman „Die Leiden und Freuden eines Schulmeisters".[10] Gotthelf war Schriftsteller und Pfarrer, aber auch ein genau beobachtender Volkskundler und lebte im 19. Jahrhundert im Kanton Bern ganz in der Nähe unserer Ausgrabungsorte. Von ihm können wir eine 1:1 Wiedergabe der Nöte der ländlichen Bevölkerung im Emmental erwarten.

Das Schicksal der Ungetauften im Diesseits und die Hilfsmaßnahmen

„Kinder, die ohne Taufe aus diesem Leben geschieden sind, dürfen nicht in geweihtem Grund begraben werden"[11]. Nichtgetaufte Kinder gehörten nicht zur christlichen Gemeinschaft sondern zu den Heiden, da sie nicht durch das Sakrament der Taufe von der Erbsünde befreit waren. Nach einer Vorschrift aus dem 13. Jahrhundert[12] sollten sie an einem *locus secretus* ausserhalb des Friedhofs begraben werden. Wie aber verfuhr man im Frühmittelalter mit ihnen? Bestattete man sie im oder beim Haus, wie dies spätestens ab der Latènezeit traditionell war für die perinatal Verstorbenen? Im Mittelalter kam es als Folge obiger Regelung zu illegal vorgenommenen heimlichen und „wilden" Bestattungen. Um solch heidnischem, aber seit altersher gebräuchlichem Tun vorzubeugen, wurde die Praxis im Verlaufe der Zeit liberalisiert und man schuf ungeweihte Plätze – häufig an der Innenseite der Friedhofsmauern – für das Bestatten Ungetaufter. In den Bezeichnungen „Heidenkirchhof", „unschuldiger Kinder-Friedhof", „elendiger Friedhof" trifft man Bestattungsplätze solch Ungetaufter an. In einigen Fundkomplexen sind sie auch zu identifizieren (vgl. Abbildung 2 b). Den getauft verstorbenen Säuglingen stand der „Engelgarten" zur Verfügung.

Neben der heimlichen Bestattung an einem geschützten Ort – etwa im Kircheninnern beim Taufstein – waren die Nottaufe, der Kaiserschnitt an der gestorbenen Mutter und die Taufe im Mutterleib, aber auch die Wallfahrt mit Totgeburten Hilfsmaßnahmen, die es in vorreformatorischer Zeit (und nach der Reformation weiterhin in den katholischen Gebieten) ermöglichten, ein Kind nicht ungetauft begraben und es dadurch einem ungewissen Schicksal überlassen zu müssen.

Die Nottaufe durfte bei schwächlichen Neugeborenen bedingungsweise vorgenommen werden, sei es durch den Vater, die Hebamme oder einen sonst anwesenden Christen. Noch im 19. Jahrhundert war sie durchaus gängig in katholischen Gebieten. Das veranschaulicht ein im Jahre 1827 von einem Gemeindepfarrer im Wallis abgefasstes Lehrbuch für Hebammen (Vouilloz Burnier 1994). Darin wird eine Nottaufe selbst dann empfohlen, wenn man keineswegs sicher war, ob die „Fehlgeburt" tatsächlich ein Embryo sei oder nicht, selbst wenn die Grösse der Frucht nicht mehr als ein Weizenkorn betrage.

Die Taufe des ungeborenen Kindes erscheint uns heute ziemlich absonderlich, war aber in katholischen Gegenden ebenfalls noch im 18. Jahrhundert verbreitet. Die Hebammen wurden instruiert: *„Bei allen Geburten wider die Natur muss man dem Kind, sobald man im Geburtsgang eines Fusses habhaft wird, die Taufe erteilen, bevor man noch den zweiten Fuss holt. Die Zeit, die man braucht, um ihn zutage zu fördern, könnte das Kind um die ewige Seligkeit bringen"* (Loux 1983).

Gemäss der Synode von Trier 1310 soll einer Frau, die während des Gebärens stirbt, sofort der Leib geöffnet werden, damit das Kind, falls es noch lebt, getauft werden könne (Zglinicki v. 1983). In einem Hirtenschreiben[13] von 1788 beklagt der Bischof von Lausanne, man scheue sich nicht einmal, eine schwangere Frau zu beerdigen, bevor ihr Leib geöffnet sei, um das Kind zu taufen. Er ordnete deshalb an, dass keine Einsegnung oder Beerdigung vorgenommen werden dürfe, bevor nicht der Kaiserschnitt durchgeführt sei.

Selbst für Totgeburten gab es im Mittelalter – in katholischen Gebieten bis zum 19. Jahrhundert – noch eine Taufmöglichkeit: man brachte totgeborene Kinder an spezialisierte Wallfahrtsorte, wo sie angeblich für kurze Zeit zum Leben erweckt und anschliessend getauft werden konnten. Solche Wallfahrtsorte, überwiegend Marienwallfahrtsorte, kannten weite Teile Europas. Ihre Blütezeit lag in der zweiten Hälfte des 15. Jahrhunderts. In den katholisch gebliebenen Gebieten folgte im Zuge der Gegenreformation ein weiterer Höhepunkt im 16. und 17. Jahrhundert (Vasella 1966, Gélis 1993). Zu den berühmtesten solcher Wallfahrtsorte der Schweiz zählte Oberbüren im Kanton Bern.

Nach der Reformation von 1528 hatte ein ungetauft verstorbenes Kind dieselben Rechte wie ein getauftes. Ihm stand ein christliches Begräbnis zu. Es durfte (oder sollte) nicht mehr abseits der Christen begraben werden. Die Schriftquellen wie etwa das oben wiedergegebene Zitat von Gotthelf machen aber die Ambivalenz der Angehörigen unmissverständlich klar. Gotthelf zeigt mit seiner minutiöse Beschreibung einen Weg aus dem Dilemma: *„Je näher der Kirche man begraben werde, desto sicherer sei man vor den bösen Erdgeistern, und da ungetaufte Kinder nicht durch die Taufe vor ihnen geschützt würden, so tue man sie an die Kirche, um durch die Kirche selbst beschützt zu werden. Dann tue man sie ins Dachtrauf, damit sie noch hier getauft würden"*.[14] Dass man diesen Rat befolgte, zeigen die sogenannten Traufkinder, die wir im reformierten Gebiet bis zum Ende des 19. Jahrhunderts finden.

Die frappante Übereinstimmung zwischen Schriftquellen und archäologisch-anthropologischem Befund bezieht sich auf eine ganze Reihe von Komplexen: Dazu gehören die mittelalterlichen Totgeborenen von Oberbüren, die heimlichen Bestattungen von Früh- und Neugeborenen in Kircheninnenräumen (Abbildung 2 a) sowie auf bestimmten Bezirken der Friedhöfe (Abbildung 2 b) und schliesslich die Traufgräber der Neuzeit (Abbildung 2 c). Weiterhin im Dunkeln bleiben die frühen Jahrhunderte des christlichen Frühmittelalters, für die die alt tradierte Hausbestattung in Frage kommt.

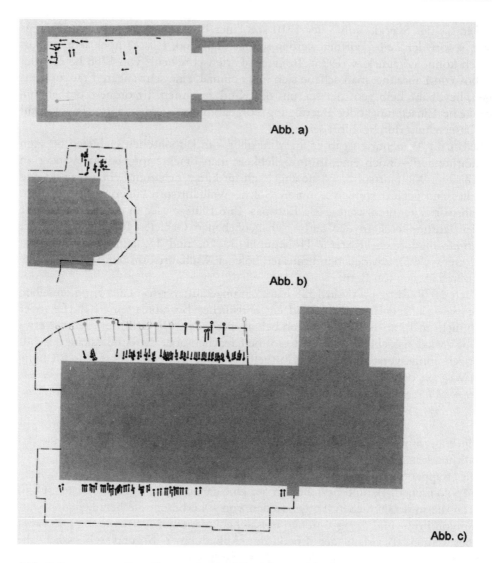

Abb. 2: Bestattungsplätze Ungetaufter im Mittelalter und in der Neuzeit.
a: Kircheninnenraum von Bleienbach. Im ausgehenden Spätmittelalter wurden neben einem einzigen Erwachsenen nur Früh- und Neugeborene begraben, wahrscheinlich heimlich.
b: Auf der Nordseite der Kirche Walkringen fand sich ein Bezirk mit Früh- und Neugeborenen in unterschiedlicher Orientierung. Nur Getaufte mussten im Mittelalter nach Osten orientiert werden, denn Ungetaufte würden am Jüngsten Tag sowieso nicht an der Gottesschau teilnehmen können.
c: Auf der Nord- und auf der Südseite der Kirche von Aegerten lagen die Traufkinder der Neuzeit (alle Pläne ADB).

Ausblick in die Moderne und Rückblick: die Zahlen

Die totgeborenen oder namenlosen Kinder haben heute noch soviel Aktualität wie im Mittelalter und in der Neuzeit. Allerdings tut man sich in der Moderne noch schwer mit Hilfeleistungen, die das Mittelalter und die frühe Neuzeit anboten, wenn auch nach zeitgenössischen Vorstellungen. Eltern von totgeborenen Kindern, deren Körperlänge unter 30 cm beträgt, stehen immer noch vor Schwierigkeiten in bezug auf die Bestattung. *„Erst war es neun Monate in mir, dann war es tot"*, berichtet eine Frau in der Zeitschrift „Der Beobachter" im Herbst 1994 (Flückiger 1994). Es folgten traumatische Erfahrungen: Als Totgeborenes hatte ihr Kind kein Anrecht auf ein eigenes Grab, es durfte nur namenlos im Familienbüchlein eingetragen werden. Das Kind hätte dem nächsten Menschen, der beerdigt würde, mit ins Grab gelegt werden können; aus Datenschutzgründen hätten die Eltern aber nicht erfahren, bei wem und wo ihr Kind dann läge. Seit der Revision der Zivilstandsverordnung von 1953 und der Neuregelung vom 1. Januar 1996 ist es den Eltern nun erlaubt, dem Kind einen Namen zu geben, und eine Bestattung auf bestimmten Feldern der Friedhöfe ist ebenfalls möglich. Allerdings sind folgende Einschränkungen zu beachten: Alle Kinder mit einer Körperlänge von 30 cm und weniger gelten als Abort oder Fehlgeburt, und zwar unabhängig davon, ob sie sogenannte Lebenszeichen von sich geben oder nicht. Über diese Ereignisse sind keine Meldungen zu erstatten (keine Bestattung, das Kind wird entsorgt). Bis zu diesem Zeitpunkt hat das Kind keinerlei Rechte. Für sein Begräbnis ist man abhängig von Goodwill der Gemeinde.[15] Anders ein Kind, welches mit einer Körperlänge von mehr als 30 cm ohne Lebenszeichen auf die Welt kommt. Dieses Totgeborene hat ein Recht auf eine Bestattung und kann auf Wunsch der Eltern mit Vornamen ins Familienbüchlein eingetragen werden mit dem Vermerk Totgeburt.[16] Nach vollendeter 24. SSW ist die Todesfallmeldung gesetzlich vorgeschrieben (Eintragung nur ins Geburtenregister, nicht ins Todesregister).[17] Stirbt ein lebend geborenes Kind über 30 cm Länge innerhalb der ersten 28 Tage nach der Geburt, müssen ihm die Eltern einen Namen geben und es wird standesamtlich ins Geburten- und Sterberegister sowie ins Familienbüchlein eingetragen.

Richten wir unseren Blick zurück ins Mittelalter zu den totgeborenen Kindern. Ihre Skelettreste findet man beispielsweise in abgesonderten (und nicht geweihten) Friedhofsteilen, aber auch im Kircheninnern an stets denselben bevorzugten Stellen. Neben diesen Funden, von denen wir aufgrund ihres Lebensalters, ihrer topographischen Grablage und der Graborientierung vermuten müssen, es seien ungetaufte und damit eben totgeborene, gibt es einen Fundkomplex, dessen Skelette sicher von totgeborenen Kindern stammen. Gemeint ist der ehemalige Marienwallfahrtsort von Oberbüren im Kanton Bern (Ulrich-Bochsler & Gutscher 1998). Pilger hatten diese Kinder im ausgehenden Mittelalter zum wundertätigen Marienbild gebracht. *„... sogar bisweilen solche, welche noch nicht ausgebildete Glieder haben, sondern nur Klumpen bilden ...".* Sie wurden dort auf wundersame Weise vom Tode zum Leben erweckt und zwar auf folgende Art: *„... Gewisse von den weltlichen Behörden bestimmte Frauen erwärmen die toten Kinder zwischen glühenden Kohlen und hingestellten Kerzen. Dem warm gewordenen Kind wird* *dann eine ganz leichte Feder über die Lippen gelegt und wenn sich die Feder bewegt, erklären die Weiber, die Kinder und Frühgeburten atmeten und lebten und sofort lassen sie dieselben taufen unter Glockengeläute und Lobgesängen. Der Körper der lebendig gewordenen und sofort wieder verstorbenen Kinder lassen sie dann kirchlich beerdigen ..."*.[18] Mit diesen Funden, Skelettresten von rund 250 Kindern, können wir recht gut definieren, was Totgeborene im Mittelalter waren. Rund 40% der Kinder wiesen eine Körperlänge von unter 45 cm auf und waren nach unserer Definition[19] Frühgeburten.

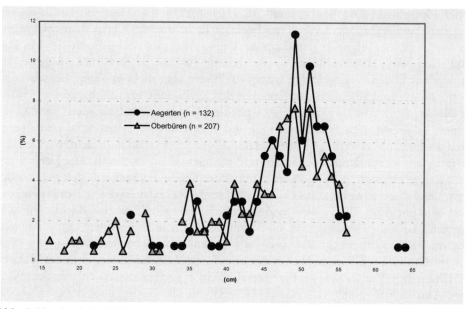

Abb. 3: Vergleich der Körperhöhen der mittelalterlichen Totgeburten von Oberbüren und der neuzeitlichen Traufgräber von Aegerten.

Die jüngsten Entwicklungsstadien unter ihnen hatten eine Körperlänge von nur 16 bis 17 cm! Den größten Anteil machen die Kinder aus, die eine Körperlänge zwischen 45 und 55 cm erreicht hatten und damit geburtsreif waren. Diese Totgeborenen (die allerdings angeblich wieder zum Leben erweckt und getauft worden waren) repräsentieren die Stichprobe der Ungetauften des Mittelalters. Selbst die Kleinsten unter ihnen bekamen das Recht auf eine Wiederbelebung, auf die Taufe und damit schließlich auf ein christliches Begräbnis. Sind die Ungetauften des Mittelalters in der Regel nur Totgeborene, so sind die Ungetauften der Neuzeit infolge der neuen Glaubensvorschriften in den reformierten Landesteilen wie im Bernbiet nicht nur Totgeborene, sondern zu ihnen gehören auch lebendgeborene Kinder, die bei oder Tage bis höchstens Wochen nach der Geburt starben, aber noch nicht getauft waren (beispielsweise weil in ländlichen Gegenden die langen Wege zur Kirche im Winter nur schwer begehbar waren). Sie finden wir mancherorts in den sogenannten Traufgräbern, ebenso aber in Gräbern, die heimlich in den Kirchen angelegt wurden.

Zur Stellung der Kinder zwischen Frühmittelalter und Neuzeit

Bis ins 19. Jahrhundert hat man Ungetaufte auch illegal im oder in der Nähe des Hauses begraben.

Vergleicht man die Körperlängenverteilung (und damit indirekt die Altersverteilung) der mittelalterlichen Totgeborenen (Oberbüren) mit den neuzeitlichen Traufkindern (Aegerten), geht im Gesamtbild des Kurvenverlaufs (Abbildung 3) eine große Ähnlichkeit hervor, was auf ein Quellenmaterial mit biologisch vergleichbarer Provenienz hindeutet. Am Kurvenbeginn und am -ende fallen jedoch Abweichungen zwischen der mittelalterlichen und der neuzeitlichen Stichprobe auf. Bei den mittelalterlichen Totgeborenen kommen nämlich sehr viel kleinere Körperlängen vor als bei den neuzeitlichen Ungetauften. Diese umfassen dagegen mehr Individuen mit größeren Körperlängen. Beide Feststellungen sind mit dem historischen Umfeld plausibel erklärbar: Nach Oberbüren brachte man totgeborene Kinder „deren Körper nur Klumpen bildeten", also sehr frühe Stadien, die in unserem Material ab 16 cm vorhanden sind (Abbildung 4). Nach dieser Schriftquelle müssen sogar noch kleinere Totgeburten an diesen Wallfahrtsort gebracht worden sein. Sie haben sich aber nicht erhalten können, da die Überreste solcher Kinder noch zuwenig verknöchert sind. Das Vorkommen vereinzelt größerer Neugeborener in der Neuzeit lässt sich ebenfalls problemlos mit den Quellen vereinbaren, denn infolge der geänderten Taufvorschriften konnten Kinder sogar noch Wochen nach der Geburt als Ungetaufte sterben.

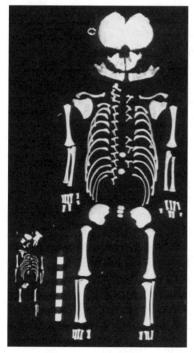

Abb. 4: Die Skelettreste eines der kleinsten Totgeburten von Oberbüren (links im Bild, Länge gegen 17 cm) im Vergleich mit einem normal grossen Neugeborenen.

Der Frühgeborenenanteil, das heißt die Anzahl unter 45 cm grosser Kinder bezogen auf die Gesamtgruppe der Kinder liegt bei Oberbüren mit 40% etwas höher als bei Aegerten (25.4%). Weit mehr als die Hälfte dieser Kinder starb demzufolge um den Geburtstermin herum. In der Schweiz der Jahre 1982-85 waren 66.7% aller Totgeburten totgeborene Frühgeburten (Ackermann-Liebrich et al. 1990[20]). Zählt man den totgeborenen Frühgeburten die neonatal gestorbenen hinzu, beträgt der Anteil der Frühgeburten an allen (totgeborenen und neonatal) gestorbenen Kindern (inkl. Totgeburten) 64.4%. Nach denselben Schweizer Daten machen die Todesfälle der unter 2.5 kg schweren Kinder und Totgeburten also den größten Anteil an der Sterblichkeit aus. Bezogen auf alle Geburten unter 2.5 kg starben 11.0% in dieser Altersklasse, dagegen waren nur 0.3% Todesfälle bei den über 45 cm großen Kindern zu verzeichnen (Tabelle 1).

Um einen Einblick in die Hintergründe der damaligen und heutigen Totgeburtlichkeit zu erhalten, wäre ein Vergleich mit Daten moderner Kinder wichtig. Einmal davon abgesehen, dass sich die Begriffe, die für Lebende gültig sind, nicht unmittelbar auf das Skelettmaterial übertragen lassen, stehen wir vor erheblichen methodischen Problemen. Für unsere historischen Stichproben beziehen sich diese einerseits auf die Bezugsdaten, das sind Werte moderner Kinder. Gezwungenermaßen gehen wir von der Prämisse aus, dass die untersuchte historische Bevölkerung die gleichen Wachstumsabläufe aufwies wie die heutige, dies zwar im Wissen, dass die modernen Daten durch die säkulare Akzeleration beeinflusst sein könnten.[21] Obschon die Größen- und besonders die Gewichtsentwicklung während des intrauterinen Lebens vom Gesundheitszustand der Mutter weniger abhängig sind als später, beeinflussen längere Hungerphasen, ebenso der Sozialstand, das Lebensalter der Mutter, die Zahl der vorangegangenen Geburten und die der überlebenden Kinder die fetale Entwicklung. Solche Stressfaktoren müssen für den mittelalterlichen Menschen relevant gewesen sein. Aus diesen Gründen dürften die historischen Kinder altersmäßig eher über- als unterschätzt werden. Für die Totgeburten von Oberbüren dürfte dies speziell zutreffen, weil bei ihnen mit einem gewissen Anteil an Kindern zu rechnen ist, deren Entwicklung abnorm verlaufen ist. Bei der Umrechnung von der am Skelett bestimmten Körperlänge auf das Entwicklungsalter spielt dieses methodische Handicap ebenfalls eine Rolle. Kinder mit einer Körperlänge zwischen 45 cm und 48 cm können beispielsweise Kinder sein, die etwas zu früh geboren wurden oder aber, es können Kinder sein, die eine normale Entwicklungsdauer hinter sich hatten, aber klein gewachsen waren, sogenannte „Small for Date Babies". Ein ähnliches methodisches Problem liegt bei der Umrechnung der Körperlänge auf das Gewicht. Bei heutigen Totgeborenen wird die Sterblichkeit in der Regel für die Gewichtsklassen angegeben. Schwierigkeiten betreffend der Vergleichbarkeit stellen sich zudem für unsere historischen Stichproben in bezug auf die Gesamtgeburtenzahl, die sich nicht benennen und auch nicht schätzen lässt. Sterblichkeitsraten sind demzufolge nicht bestimmbar, es kann nur mit den absoluten Werten gearbeitet werden.

Tab. 1: Altersverteilung der Totgeburten in der Schweiz (1982-85) und in Oberbüren (Mittelalter).

	Alter in SSW	Umgerechnet auf Länge	Alle Geburten CH 1982-85	Totgeburten CH 1982-85	Neonatal gestorbene	Totgeburten und neonatal gestorbene CH 1982-85	Oberbüren
500 – 1499 g	26.-30.	Bis 39 cm	2237	481 = 34.4%	548 = 39.9%	1029 = 37.1%	54 = 26.1%
1500 – 2499 g	31.-37.	40-44 cm	14018	452 = 32.3%	303 = 22.0%	755 = 27.3%	28 = 13.5%
2500 +	ab 38.	über 45 cm	282839	465 = 33.3%	523 = 38.1%	988 = 35.6%	125 = 60.4%
Total			299094	1398 = 100%	1374 = 100%	2772 = 100%	207 = 100%

Quelle: Rohdaten aus Tab. 2 von Ackermann-Liebrich et al. 1990: 49.

Die heute zu früh geborenen Kinder weisen die höchste Sterblichkeit bei den jüngsten Entwicklungsstadien auf, bei einem Geburtsgewicht von 500 g besteht aber bereits eine Überlebenschance (Sidiropoulos 1984), was im Mittelalter kaum der Fall war. Beträgt das Körpergewicht eines Frühgeborenen heute über 1000 g, sinkt die Sterblichkeit drastisch ab und liegt bei einem normalen Geburtsgewicht zwischen 3000 g bis 3500 g nahe bei Null (0.1%). Bei den „übergewichtigen" Neugeborenen liegt die Sterblichkeit leicht höher. Dieser letzte Befund scheint mit Blick auf die Totgeborenen von Oberbüren aufschlussreich. Auch in Oberbüren gelangten einige wenige groß gewachsene Totgeborene (56-57 cm) zur Beobachtung. Möglicherweise sind sie als pathologische Fälle zu interpretieren, beispielsweise als übertragene Kinder, allenfalls auch als Kinder diabetischer[22] Mütter.

Obwohl die Sterblichkeitsrate der „normalgewichtigen" Kinder von Oberbüren nicht determiniert werden kann infolge fehlender Gesamtgeburtenanzahl, könnten die bei den über 45 cm großen Totgeburten liegende größten Häufigkeiten auf eine Änderung im Ursachenspektrum der Totgeburtlichkeit hinweisen. In erster Linie ist an die Auswirkungen der modernen Medizin zu denken. Überlebt heute eine große Zahl der Frühgeborenen dank der medizinisch-technischen Möglichkeiten der Geburtshilfe (pränatale Diagnostik, intrauterine Therapie, Sectio caesarea) und Neonatologie (Isolette, Medikamente), endeten vergleichbar schwierige Geburtsumstände früher wohl häufig mit dem Tod des Kindes, nicht selten auch der Mutter.

Zusammenfassend hatten die perinatal verstorbenen Kinder nach unseren Beobachtungen im Berner Raum eine Stellung, in der sie sich von den anderen Kindern unterschieden. Gut belegbar ist dies mit den Beobachtungen zur Sonderbehandlung in bezug auf das Begräbnis. Ihr innerhalb der Gesellschaft herausragender Status stand vor allem unter dem Leitgedanken der Erlangung des Seelenheils. Bemerkenswert ist, wie wenig sich im Laufe der Zeit veränderte: Trotz Diskontinuität im Glauben blieb eine Kontinuität in der Behandlung dieser Kinder erhalten. Mit Ausnahme des Frühmittelalters, für die noch Befundlücken existieren, besteht seit mindestens der Latènezeit bis heute eine lückenlose Kette an aussagekräftigen Beispielen, die die Ambivalenz und Tabuisierung der Ungetauften, Totgeborenen und Namenlosen veranschaulicht.

Die älteren Kinder: exemplarische Beispiele

Für die älteren Kinder lassen sich in unserem Material keine vergleichbaren Trends etwa aus der Bestattungsweise oder aus dem Bestattungsort feststellen. Sie hat man normal im Friedhof begraben, meist inmitten der Erwachsenen. Anhand von Skelettfunden lässt sich ihre Stellung in der Gesellschaft besser für den Individualfall als für die Gesamtgruppe „ältere Kinder" rekonstruieren. Als aussageträchtige Indikatoren kommen beispielsweise ins Grab mitgegebene persönliche Gegenstände des Kindes oder spezielle Bestattungsarten in Frage, da sie letzte für uns heute erkennbare Zeichen einer ehemals engen Eltern-Kind-Beziehung, allenfalls aber auch nur einer Jenseitsfürsorge gewesen sein können. In jedem Fall vermitteln sie Hinweise auf die Mentalität der Bevölkerung.

Der Individualfall Kind und die elterliche Fürsorge

Einblicke in die persönliche Fürsorge der Angehörigen gehen öfters aus der Bestattungsform hervor, so etwa aus der Art des Grabbaus. Exemplarisch seien zwei solche Funde aus dem Bernbiet vorgestellt, die nicht aufsehenerregend sind, aber vielleicht gerade wegen ihrer Normalität den gewünschten Einblick gewähren. Der eine stammt aus dem frühmittelalterlichen Gräberfeld von Kallnach, in dem verschiedene Grabformen wie Steinplattengräber, Gräber mit Steineinfassungen und reine Erdgräber vorkamen. In einer der Steinkisten waren nacheinander und relativ sorgfältig drei nahezu gleichaltrige Kinder gelegt worden, wobei die Grösse der Kiste dem erstbestatteten und ältesten Kind angepasst war. Mit Absicht begrub man die drei auch morphologisch ähnlichen Kinder im gleichen Grab; es handelt sich also um eine Art Kinderfamiliengrab. Im zweiten Beispiel (Fundort Aegerten) wurden zwei Kleinstkinder nebeneinander im Sarg bestattet. Um sie gemeinsam begraben zu können, wurde ein extra breiter Holzsarg angefertigt – in einem Friedhof übrigens, in dem fast alle Kinder in Holzkistchen begraben worden waren. Die Verwendung eines Sarges ist also nichts Besonderes, die Sargform hingegen schon.

Beobachtungen dieser Art dürfen allerdings nicht unbedacht mit persönlicher Fürsorge der Angehörigen interpretiert werden. Denkbar wäre ja auch, dass man Zeit resp. Holz und Zeit sparen wollte und aus diesem Grund zu einer Mehrfachbestattung in der Steinkiste resp. zu einem breiter als üblich angefertigten Sarg griff. Die beim Tod eines Kindes aufgebrachte Zuwendung und die materiellen Leistungen, also die für die ganze Dorfgemeinschaft öffentlich sichtbare (oder absichtlich demonstrierte) Fürsorge, muss zudem nicht in jedem Fall der zu Lebzeiten ausgeübten entsprechen. Welche der Möglichkeiten im Einzelfall tatsächlich zutraf, ist in der Retrospektive nicht mehr bestimmbar.

Besser interpretierbare Befunde bieten Beobachtungen von Kinderbegräbnissen in Kombination mit Krankheiten. Dabei ist in erster Linie auf diejenigen pathologischen Veränderungen zu achten, die das Kind zu etwas Besonderem in der Gesellschaft machten. Das trifft etwa auf ein elfjähriges Kind aus dem frühmittelalterlichen Gräberfeld von Ins zu, welches über lange Zeit an einer Knochenmarksentzündung litt. Entstanden ist ein ossärer Endzustand, welcher heute in unserem Raum kaum mehr vorkommt: Am rechten Unterschenkel ist das rechte Schienbein von einem neugebildeten Knochenmantel, einer sogenannten Totenlade, umhüllt und an verschiedenen Stellen sind Fistelgänge und Kloaken ausgebildet. Dieses Kind muss über lange Zeit an Fieberschüben und Schmerzen gelitten haben. Sein versehrtes Bein eiterte und sonderte ein übel riechendes Sekret ab. Hätte man das Kranke nicht sorgsam gepflegt, die Wunden immer wieder gewaschen und verbunden, wäre das Kind wahrscheinlich an einer Sepsis viel früher gestorben. In diesem Individualfall darf man annehmen, dass das Kind trotz seiner Krankheit eine beachtete (nicht gleichbedeutend mit geachteter) Stellung in dieser ländlichen Gesellschaft einnahm und man ihm nicht gleichgültig gegenüberstand.

Ein zweites Beispiel einer möglichen Aussage zur Stellung des Kindes aufgrund des paläopathologischen Bildes und des Bestattungsortes dient der Fund eines Zwergwüchsigen aus der Neuzeit. Dieses Kind mit seiner ausgeprägten Achondroplasie muss in seinem Erscheinungsbild auffällig gewesen sein, nicht nur durch die zu geringe Körperlänge, sondern auch durch die Körperproportionen mit den zu kurzen Extremitäten. Dennoch bestattete man diesen Säugling in derselben Art und Weise wie die übrigen „gesunden" Kinder des Friedhofs; für ihn galt offensichtlich nicht, dass er als „Missgeburt" ein gesondertes Grab abseits der Gemeinschaft bekam. Seine Diskriminierung aus Furcht vor den körperlichen Mängeln lässt sich hier nicht erkennen. Mancherorts sollen solche Kinder – wie auch die unehelichen – ausserhalb der Predigt zur Taufe gebracht und bei ihrem Tod auch möglichst unauffällig bestattet worden sein (Welti 1967). Abschliessend zu diesem Exkurs sei wieder ein Blick auf moderne Verhältnisse geworfen, um der „früheren Zeit" den ihr zustehenden Stellenwert einzuräumen. Im Verhaltensbereich zeigt sich noch heute häufig ein unterschiedliches elterliches Verhalten: Behinderte sind einer überdurchschnittlichen Gefahr ausgesetzt, von ihren Eltern vernachlässigt, misshandelt oder umgebracht zu werden. Für die USA ist ein solches Risiko für Kinder mit angeborenen Fehlbildungen wie etwa Spina bifida, Kiefer-Gaumen-Spalte und Down-Syndrom rund doppelt so hoch wie für die körperlich unauffälligen Kinder (Voland 1993).

Fallbeispiele wie die obigen sind in vielen historischen Fundkomplexen zu finden, und sie sind nicht auf eine bestimmte Zeitepoche oder Region oder Sozialgruppe beschränkt. Allerdings erlauben solche Individualschicksale nie Rückschlüsse auf die Gesamtbevölkerung, sondern sind höchstens Mentalitätseinblicke in die nächste Umgebung.

Zusammenfassung

Kirchengräber aus dem Kanton Bern wurden für eine chronologische Übersicht ausgewertet. Aus ihr ging für das Frühmittelalter, bezogen auf die Gesamtzahl der Bestatteten, ein deutlich zu niedriger Kinderanteil hervor, der auf einer Untervertretung der Kleinstkinder beruht. Eine massive Zunahme von Kindergräbern folgt nach der Jahrtausendwende.

Obwohl die Datengrundlagen nicht für alle Zeitepochen adäquat sind, lassen sich mit den anthropologisch-archäologischen Befunden verschiedene kausale Zusammenhänge aufzeigen. Sie betreffen vor allem den Status der Frühverstorbenen im Diesseits und der von ihrer Umgebung praktizierten Jenseitsvorsorge.

Die Triage zwischen den perinatal verstorbenen und den älteren Kindern äussert sich in speziellen Bestattungsplätzen und -umständen. Trotz dem Wandel im Glauben blieb eine Kontinuität in der Behandlung dieser Kindern bestehen.

Für die älteren Kindern bilden Beobachtungen zum Begräbnis und Begräbnisaufwand sowie zum physischen Zustand des Kindes Kriterien, aus denen punktuelle Einblicke in die Individualfürsorge der Angehörigen hervorgehen. Die Problematik der Früh- und Totgeburten sowie der namenlosen Frühverstorbenen zieht sich nahtlos bis in unsere Zeit.

Literatur

Ackermann-Liebrich U, Bodenmann A, Martin-Béran B, Paccaud F, Spuhler Th (1990) Totgeburten und Säuglingssterblichkeit in der Schweiz 1982-1985. Statistische Berichte 14, Bundesamt für Statistik, Bern.

Aland K (1971) Taufe und Kindertaufe. Gütersloher Verlagshaus Gerd Mohn, Gütersloh.

Arnold K (1980) Kind und Gesellschaft im Mittelalter und Renaissance. Beiträge und Texte zur Geschichte der Kindheit. Sammlung Zebra Reihe B, Bd 2, Schöningh. Paderborn.

Arnold K (1986a) Die Einstellung zum Kind im Mittelalter. In: Herrmann B (Hrsg.) Mensch und Umwelt im Mittelalter. Deutsche Verlags-Anstalt, Stuttgart, 53-64.

Arnold K (1986b) Kindheit im europäischen Mittelalter. In: Martin J, Nitschke A (Hrsg.) Zur Sozialgeschichte der Kindheit. Veröffentlichungen des Instituts für Historische Anthropologie e.V., Bd 4: Kindheit, Jugend, Familie II. Verlag Karl Alber, Freiburg, München, 443-467.

Brüschweiler A (1926) Jeremias Gotthelfs Darstellung des Berner Taufwesens, volkskundlich und historisch untersucht und ergänzt. Verlag Dr. Gustav Grunau, Bern.

Czarnetzki A (1995) Das Kleinkinderdefizit der Merowingerzeit in Südwestdeutschland im Spiegel medizinhistorischer Ergebnisse. Bulletin der Schweizerischen Gesellschaft für Anthropologie 1: 89-103.

Etter H-U, Schneider J E (1982) Zur Stellung von Kind und Frau im Frühmittelalter. Eine archäologisch-anthropologische Synthese. Zeitschrift für Schweizerische Archäologie und Kunstgeschichte 39: 48-56.

Flückiger E (1994) Erst war es neun Monate in mir, dann war es tot. Der Beobachter 20: 106-107.

Gélis J (1993) Les sanctuaires „à répit" des Alpes françaises et du Val d'Aoste: espace, chronologie, comportements pélerins. Archivio Storico Ticinese 30, numero 114: 183-222.

Gotthelf J (Ausgabe 1948) Leiden und Freuden eines Schulmeisters. Werke in 20 Bänden, Bd 3, Birkhäuser Verlag, Basel.

Herrmann B (1987) Anthropologische Zugänge zu Bevölkerung und Bevölkerungsentwicklung im Mittelalter. In: Herrmann B, Sprandel R (Hrsg.) Determinanten der Bevölkerungsentwicklung im Mittelalter. Acta humaniora, VCH, Weinheim, 55-72.

Illi M (1994) Begräbnis, Verdammung und Erlösung. Das Fegefeuer im Spiegel von Bestattungsriten. In: Jezler P (Hrsg.) Himmel, Hölle, Fegefeuer: Das Jenseits im Mittelalter. Katalog zur Ausstellung des Schweizerischen Landesmuseums in Zusammenarbeit mit dem Schnütgen-Museum und der Mittelalterabteilung des Wallraf-Richartz-Museums der Stadt Köln, Verlag Neue Zürcher Zeitung, Zürich, 59-68.

Jeremias J (1958) Die Kindertaufe in den ersten vier Jahrhunderten. Vandenhoeck und Ruprecht, Göttingen.

Knussmann R (1980) Vergleichende Biologie des Menschen. Lehrbuch der Anthropologie und Humangenetik. Fischer Verlag, Stuttgart.

Le Goff J (1990) Die Geburt des Fegefeuers. Vom Wandel des Weltbildes im Mittelalter. dtv / Klett-Cotta, Stuttgart.

Loux F (1983) Das Kind und sein Körper: Volksmedizin - Hausmittel - Bräuche. Ullstein-Taschenbuch, Frankfurt/Main, Berlin, Wien.

Ott L (1970) Grundriss der katholischen Dogmatik. 8. Auflage. Herder, Freiburg, Basel, Wien.

Pfister Ch (1986) Grauzonen des Lebens. Die aggregative Bevölkerungsgeschichte des Kantons Bern vor dem Problem der totgeborenen und ungetauft verstorbenen Kinder. Jahrbuch der Schweizerischen Gesellschaft für Familienforschung: 21-44.

Schwidetzky I (1965) Sonderbestattungen und ihre paläodemographische Bedeutung. Homo 16: 230-247.

Sidiropoulos D (1984) Mortalität und Morbidität der Frühgeborenen. Gynäkologische Rundschau 24 (suppl. 1): 122-130.

Ulrich-Bochsler S (1997) Anthropologische Befunde zu Frau und Kind in Mittelalter und Neuzeit unter besonderer Berücksichtigung der Stellung der Früh- und Neugeborenen – Soziobiologische und soziokulturelle Aspekte im Lichte von Archäologie, Geschichte, Volkskunde und Medizingeschichte. Lehrmittelverlag, Bern.

Ulrich-Bochsler S, Gutscher D (1998) Wiedererweckung von Totgeborenen. Ein Schweizer Wallfahrtszentrum im Blick von Archäologie und Anthropologie. In: Schlumbohm J, Duden B, Gélis J, Veit P (Hrsg.) Rituale der Geburt. Eine Kulturgeschichte. Beck'sche Reihe 1280, 244-268.

Vasella O (1966) Über die Taufe totgeborener Kinder in der Schweiz. Zeitschrift für Schweizerische Kirchengeschichte 60: 1-70.

Voland E (1984) Bestimmungsgrössen für differentielles Elterninvestment in einer menschlichen Population. Anthropologischer Anzeiger 42: 197-210.
Voland E (1993) Grundriss der Soziobiologie. Fischer Verlag, Stuttgart, Jena.
Vorgrimler H (1993) Geschichte der Hölle. Verlag Neue Zürcher Zeitung, Zürich.
Vouilloz Burnier M-F (1994) Un manuel empirique pour la formation des sages-femmes valaisannes. Gesnerus 51: 66-83.
Welti E (1967) Taufbräuche im Kanton Zürich. Eine Studie über ihre Entwicklung bei Angehörigen der Landeskirche seit der Reformation. Gotthelf-Verlag, Zürich.
Zglinicki F v (1983) Geburt und Kindbett im Spiegel der Kunst und Geschichte. Unas Verlag, Aachen.

1   „Wer davon nur eines hat, hat keins"
2   Siehe vor allem Arnold 1980: 29 ff, 1986a: 53 ff, 1986b: 443 ff.
3   Eine detaillierte Datenvorlage findet sich bei Ulrich-Bochsler 1997.
4   Das Kriterium „Geschlecht" musste trotz seiner enormen Wichtigkeit aus methodischen Gründen leider ausgeklammert werden.
5   Ursenbach im Kanton Bern.
6   Für das historische Material verstehen wir unter den perinatal verstorbenen alle vor und um die Geburt herum gestorbenen Kinder, da sich die am Lebenden angewendete Defintion (Anzahl Totgeburten und vor dem Ende der ersten Lebenswoche Gestorbene: nach Ackermann-Liebrich et al. 1990: 11) nicht genau auf das Skelettmaterial übertragen lässt.
7   Zusammengestellt nach Aland 1971: 33 ff, Ott 1970, Jeremias 1958: 110 f.
8   Zusammengestellt nach Le Goff 1990: 94, Vorgrimler 1993: 118 ff.
9   Die Meinung, dass ungetaufte Kinder in den Limbus kämen, ist bis heute ein Grundbestandteil der katholischen Lehre.
10 Gotthelf, Bd III, Ausgabe 1948: 174.
11 Noch im Jahre 1860 wird in der Schweizerischen Kirchenzeitung die Verordnung des aargauischen Regierungsrats, „dass todtgeborne oder vor der Taufe verstorbene Kinder mit demselben Ritus beerdigt werden sollen, der für die Beerdigung getaufter Kinder geschrieben ist" als Eingriff in den Glaubensbereich der katholischen Kirche gewertet.
12 Durandus von Mende, gest. 1296: Rationale divinorum officiorum, zitiert nach Illi 1994: 61.
13 Bischof von Lausanne, Manuskript „Aux sujets des Sages Femmes (de foetibus)", 1788.
14 Zitat aus Gotthelf, Ausgabe 1948: 179 f. Schwidetzky spricht in ihrer Arbeit von 1965 von Dachtraufkindern.
15 Bestattungsmöglichkeiten bei Totgeburten vor dem 6. Schwangerschaftsmonat oder von 30 cm und weniger müssen beim Bestattungsamt des Wohnortes der Eltern des verstorbenen Kindes angefragt werden. Einzelne Friedhöfe gestatten heute ein Begräbnis solcher Kinder; diesbezüglich ist für die letzten Jahre eine positive Entwicklung zu vermerken.
16 ZGB Art. 46.
17 ZBG Art. 46 Abs. 1, Art 67 Abs. 1 Ziff. 3, Eidg. ZStV Art. 147b/c.
18 Gerafft zitiert aus der Bittschrift des Konstanzer Bischofs Otto (von Waldburg) an den Papst, übersetzt von Türler 1909. Zitat aus Blätter für bernische Geschichte, Kunst und Alterstumskunde 5, 1, 91 f.
19 Gemäss der in unserem Institut benutzten Konvention bezeichnen wir Kinder mit einer Körperlänge unter 45 cm als Frühgeburten. Das entspricht insofern der medizinischen Ter-

minologie, als vor der vollendeten 37. SSW geborene Kinder als preterm bezeichnet werden. Wenn die Schwangerschaftsdauer nicht bekannt ist, nimmt man ein Gewicht von unter 2500 g als gleichwertig mit der 37. SSW an.
20   Umgerechnete Rohdaten für die Zeit von 1982 bis 1985 aus Tab. 2 von Ackermann-Liebrich et al. 1990: 49.
21   Die Akzeleration ist vor allem für die vergangenen Jahrzehnte auch für Neugeborenenlänge nachgewiesen, s. z.B. Knussmann 1980: 167.
22   Ob eine Diabetikerin damals ein adultes Alter hätte erreichen können, ist allerdings fraglich.

Kindertotenbilder – Neue Zugänge zu Leben und Tod von Kindern im späten Mittelalter und in der frühen Neuzeit

K. Arnold

Dieser Beitrag versucht aus geschichtswissenschaftlicher und kunsthistorischer Sicht möglichst exakte Ergebnisse zu den Themenkomplexen Geburtenabstände, Stillgewohnheiten und Lebenserwartung von Kindern, der Trauer bei ihrem Tod, über Grabbrauch und Totengedächtnis darzustellen. Die herangezogenen Quellengattungen umfassen spätmittelalterliche Bildepitaphien, einige archäologische Befunde und vor allem textliche Selbstzeugnisse des Mittelalters bis ins 16. Jahrhundert.

Die etwas ungewöhnliche Formulierung des Titels variiert ein Werk der Musikliteratur, das vor genau einhundert Jahren erschienen ist: die „Kindertotenlieder" von Gustav Mahler – und will damit andeuten, daß Historiker eher Düsteres zur Thematik beizutragen vermögen. Im gleichen Jahr 1901 hat im übrigen die Amerikanerin Ellen Key das „Jahrhundert des Kindes" ausgerufen; ob das vergangene Saeculum derartige Hoffnungen erfüllt hat, mag jede oder jeder für sich selbst entscheiden.

Weit wirkungsmächtiger für die Beschäftigung der Historiker mit dem Thema Kindheit wurde ein Buch, das der französische Bevölkerungsforscher Philippe Ariès zuerst 1960 unter dem Titel „*L'enfant et la vie familiale sous l'ancien régime*" erscheinen ließ. Das Werk bedeutet eine „Wasserscheide" für die Einschätzung der Kindheit in der Vergangenheit: Während ein Teil der Forschung mit Ariès die Kinder „als kleine Erwachsene" ansah und eine „Entdeckung der Kindheit" erst im 18. Jahrhundert annahm, waren Zweifel und Widerspruch gegen Ariès' Thesen zugleich Anstoß weiterer Forschung.

So steht am Beginn unserer Überlegungen nicht zufällig ein Bild, das bereits in Ariès' „Geschichte der Kindheit" – wie der deutsche Titel des Buchs lautet – erscheint: Das Gemälde von Hans Holbein dem Jüngeren, das die Familie des Baseler Bürgermeisters Jakob Meyer zeigt und heute im Schlossmuseum Darmstadt aufbewahrt wird.

Diese Tatsache relativiert etwas den Untertitel, der ja „neue Zugänge" verheißt und gleichwohl Hinweisen folgt, die schon Ariès – wenn auch mehr en passant – gegeben hat. Die bildliche Tradition des Lebens und Todes von Kindern im späteren Mittelalter und im 16. Jahrhundert bildet den ersten Hauptteil des Nachfolgenden. Im Mittelpunkt stehen Epitaphien, Bildgrabsteine und gemalte Memorialzeugnisse aus Deutschland, vor allem aus den bürgerlichen Oberschichten süddeutscher Reichsstädte. Einen (knappen) zweiten Teil, die archäologischen und paläodemographischen Funde und Befunde, die Neues zum Thema beizutragen vermögen, habe ich auf wenige methodische Anmerkungen von sozialhistorischer Seite beschränkt. Der Schlußteil wird sich mit einer bislang allgemein – und insbesondere zu Leben und Tod von Kindern in der Vergangenheit – nur wenig herangezogenen Quellengattung befassen: den autobiographischen Aufzeichnungen, den Familienchroniken oder schriftlichen Selbstzeugnissen des Spätmittelalters in einem weiteren Sinn. Sie vermögen eine Reihe neuer Einsichten zu bieten – und auch, was in den historischen Disziplinen für frühere Zeiten eher selten anzutreffen ist, Daten und Fakten zu Geburt und Tod von Kindern, zu innerehelichen Geburtenabständen, Geschlechterdifferenz, Mortalitätsraten und Namengebung bis hin zu Stillgewohnheiten beizutragen. Doch muß bei dieser Gelegenheit auch darauf hingewiesen werden, daß aufgrund des zur Verfügung stehenden Quellenmaterials nur ein sehr kleiner Teil der Bevölkerung erfaßt wird: ausschließlich nämlich Familien der städtischen Oberschichten und des Adels, die ihrer Mit- und Nachwelt schriftliche oder bildliche Zeugnisse ihres Lebens und Sterbens hinterlassen haben.

Ein solches Selbstzeugnis stellt ohne Zweifel auch das Gemälde dar, das der Basler Bürgermeister Jakob Meyer im Jahr 1526 bei Hans Holbein in Auftrag gab. Die Familie ist kniend vor einer unter einem halbrunden Baldachin stehenden Schutzmantelmadonna mit Kind dargestellt: links, vom Betrachter aus gesehen, der Vater mit zwei Knaben, rechts zwei Frauen und eine Tochter. Das heutige ist freilich nicht mehr das ursprüngliche Erscheinungsbild. Denn wie eine Röntgenaufnahme zeigte, hat der Künstler (wohl 1528) die Malerei der rechten Bildhälfte dadurch verändert, daß er hinter Meyers zweiter Ehefrau Dorothea Kannegießer nachträglich dessen bereits 1511 verstorbene erste Gemahlin Magdalena Baer hinzufügte, sowie die Haartracht der jugendlichen Tochter Anna in den Kopfputz einer Verlobten veränderte. Somit wurde das Familienbildnis zum einen aktualisiert, zum anderen um die bildliche Erinnerung an die erste Ehefrau ergänzt. Diese Deutung als Memorialbild läßt die Annahme zu, in der Gestalt des nackten Knaben, der von Meyers Sohn zärtlich umfangen wird, nicht einen heiligen Johannes, sondern dessen früh verstorbenen – ansonsten jedoch nicht dokumentierten – jüngeren Bruder zu sehen. Um einer solchen Deutung näher zu treten, bieten sich Vergleiche mit weiteren Beispielen solcher Bildepitaphien an. Als Beleg will ich auf Beispiele aus einer Stadt und von einer Familie hinweisen: Bildtafeln der Nürnberger Familie Imhoff aus dem 15. Jahrhundert. Ihre Aufgabe war es, das Bild der Gottesmutter Maria oder eines anderen Heiligen als Schutzheiliger oder Fürbittenden für eine Familie in einem Bild mit den Auftraggebern zu vereinen. Daher waren diese Bildepitaphien häufig an den Pfeilern oder in Kapellen städtischer Pfarrkirchen nahe den Grablegen der Stifterfamilien angebracht.

Daß es sie gegeben hat, ist heute freilich weitgehend in Vergessenheit geraten: Denn diese Gedächtnistafeln sind häufig den Bilderstürmern der Reformationszeit oder den Purifizierungen der Kirchenräume im 19. Jahrhundert zum Opfer gefallen. Was überlebte, verschwand zumeist in den Depots der Museen, da es sich bei diesen Artefakten nicht immer um ästhetisch ansprechende und erstrangige Kunstwerke handelt – wie schon Ariès angemerkt hatte: *„… von denen sich in den Nürnberger Kirchen* *noch mehrere am alten Platz befinden. Viele oft naive und ungeschickte Gemälde haben den Weg in die regionalen Museen Deutschlands und der alemannischen Schweiz genommen."*

Eine dieser Tafeln, eine geschnitzte und ursprünglich an einem Pfeiler angebrachte Marienkrönung erinnert an den 1486 verstorbenen Konrad Imhof und seine Frau Katharina († 1494), die im unteren Bildfeld zusammen mit ihren Kindern und einer Inschrift dargestellt sind; das Bildwerk wird heute in der Fränkischen Galerie Kronach, einem Zweig der Bayerischen Staatsgemäldesammlungen, aufbewahrt.

Selbst wenn diese Bildepitaphien in den musealen Sammlungen gezeigt werden, wird bei ihrer Beschriftung und Beschreibung kaum je auf ihre ursprüngliche Funktion hingewiesen. Weit schlimmer für sozialhistorische Recherchen ist jedoch, daß Beispiele für diese Bildgattung zumeist in den Magazinen von Museen und damit für die Forschung gemeinhin unzugänglich aufbewahrt werden. Beim Epitaph für Christian Imhoff und Anna Thürler aus dem 2. Viertel des 15. Jahrhunderts ist der Aufbewahrungsort jedoch einst wie heute die Nürnberger Lorenzkirche. Unter der Madonna mit dem Kind ist das Ehepaar mit seinen elf Söhnen und vier Töchtern dargestellt.

Ein weiteres Bild des Germanischen Nationalmuseums mit der Geburt Christi ist durch den Tod der Nürnbergerin Klara Imhoff auf das Jahr 1438 datiert. Im unteren Bildfeld ist hier ein Ehepaar dargestellt, am Rand begleitet von ihren Wappenschildern, und zwischen ihnen aufgereiht ihre Kinder. Hierbei gibt es eine geschlechtsspezifische Zuordnung oder Festlegung der „Geschlechtersphären": Auf der „vornehmeren", vom Bild her gesehen „rechten" Seite ist auf diesen Epitaphien, wie auch auf anderen mittelalterlichen Grabmälern, die männliche Linie dargestellt oder durch ihre Wappen repräsentiert. So auch hier auf dem um 1504 entstandenen Altar des Nürnbergers Georg Fütterer mit seinen vier Söhnen; die heraldisch linke – vom Beschauer rechte – Seite ist den Frauen vorbehalten. In der Nürnberger Egidienkirche findet sich noch ein weiteres Zeugnis, das im unteren Register einer Gregorsmesse den 1447 verstorbenen Konrad Zingel mit den erwachsenen Söhnen und Töchtern seiner Familie zeigt.

In Ulm, einer gleichfalls bedeutenden süddeutschen Reichsstadt, finden sich weitere Beispiele, die den Familiengedanken bis zur Hypertrophie ausgestalten, wie das Votivbild des Ulrich Schwarz vom älteren Hans Holbein von 1508 mit seinen drei Ehefrauen, 17 Söhnen und 14 Töchtern.

Diese Bilderfindung erweist sich noch steigerungsfähig – wie im Gedächtnisbild für die weiblichen Verwandten des Ulmer Bürgermeisters Wilhelm Besserer von 1499. Analog einem ebenfalls erhaltenen Pendant im dortigen Museum mit dessen männlichen Nachkommen sind hier in der oberen Reihe von links neben vier – noch? – unverheirateten Töchtern des Auftraggebers dessen Ehefrau sowie die beiden Schwiegertöchter mit ihrem weiblichen Nachwuchs dargestellt; in der unteren Reihe dann die fünf verheirateten Töchter Besserers mit ihren Töchtern.

Wir kehren zu unserem eigentlichen Gegenstand, den Kindertotenbildern zurück, um Holbeins Darmstädter Madonna oder andere Zeugnisse – wie das Bernhard Strigel zugeschriebene Fragment eines Epitaphs der Familie Funk aus ihrer Memminger Familienkapelle von etwa 1513 (heute im Schaffhauser Museum Allerheiligen) –

besser in die Thematik einordnen zu können; es geht in diesem Zusammenhang insbesondere um die Bedeutung der nackten bzw. oft weißgewandeten kleinen Figuren unter der Kinderschar.

Betrachten wir zuerst eindeutigere Zeugnisse, die als Bildgrabsteine vor allem des 16. Jahrhunderts in vielen Kirchen des deutschen Sprachraums erhalten geblieben sind und nahezu stets das Bild des Gekreuzigten zeigen, zu dessen Füßen die Stifterfamilien mit ihrem männlichen und weiblichen Nachwuchs im Orantengestus kniend angeordnet sind. Ich beschränke mich auch hier vornehmlich auf Bildzeugnisse aus Nürnberg, um deutlich zu machen, in welcher Art die Lebenden von den Toten unterschieden wurden: indem man den inzwischen verstorbenen Dargestellten einen Totenkopf oder ein Kreuz hinzufügte. So kennzeichnete ein relativ spätes Zeugnis aus dem Besitz der Patrizierfamilie Haller die verstorbenen Familienangehörigen durch ein hinzugefügtes rotes Kreuz, fünf frühverstorbene Kinder erscheinen darüberhinaus verkleinert und weißgewandet. Daß dieser Bildtypus die Reformation nahezu unverändert überstanden hat, zeigen Epitaphien der Nürnberger Patrizierfamilie Ayrer von 1551 sowie die etwa gleichzeitige Auferstehung Christi von Lucas Cranach dem Jüngeren für den Leipziger Universitätsprofessor Leonhard Badehorn von 1559: Hier erscheinen fünf weißgekleidete kleine Mädchen durch schwarze Kreuze als jungverstorbene Kinder des Ehepaares.

Wenn wir zum Memminger Epitaph der Familie Funk zurückkehren, so erkennen wir auch ohne die verlorenen Beischriften, daß das Ehepaar vom Künstler mit je zwei überlebenden und je vier früh verstorbenen Söhnen und Töchtern dargestellt werden wollte.

Auch ein skulpiertes Werk der folgenden Jahrhundertwende kann angeführt werden, ein Bildstein, der nicht, wie noch vor wenigen Jahren der Ausstellungskatalog „Stadt im Wandel" glauben machen wollte, den Tod von „Siebenlingen" um 1605 dokumentiert, sondern das Lebensschicksal eines Ehepaares, das neben zwei männlichen und drei weiblichen Lebendgeburten nicht weniger als sieben Totgeburten betrauerte.

Somit haben wir vorerst Indizien gewonnen für eine hohe Mortalität bei Säuglingen und Kleinkindern – und könnten diesen Grabsteine aus dem vorangegangenen 14. Jahrhundert addieren: Aus der Zeit um 1360 die Grabplatte einer adligen Frau aus dem Dom von Halle mit einem Kind in ihrem Arm, welche ihr Leben, so steht zu vermuten, im Kindbett verloren hat; oder: den Grabstein des nur fünfjährigen Grafen von Castell vom Jahr 1315, der uns das Kind beim Spiel mit Hunden und Vögeln zeigt.

Wir könnten auch noch weiter zurückgehen zu spätantik-frühchristlichen Grabinschriften von Kindern, wie sie in großer Zahl aus römischer Zeit zwischen Köln, Trier und Mainz gefunden worden sind. Ein Beleg sei angeführt: *„Hier ruht Vector, der elf Monate gelebt hat. Den Grabstein hat seine Mutter Leosa gesetzt. In Frieden"*. Die Archäologie vermag in großer Zahl Realien und medizinisch-anthropologisches Zahlenmaterial zu liefern, wie es Historiker des frühen und hohen Mittelalters ansonsten schmerzlich entbehren müssen. So konnte die archäologische Forschung vielfach Bestattungsbräuche für Kinder in sorgfältigen Steinsetzungen oder in eigenen kleinen Baumsärgen aus alemannischer Zeit dokumentieren. Wo ein Gräberfeld vollständig oder doch weitgehend vollständig ergraben werden kann, vermag die Archäologie zumindest für den ländlichen Bereich das Zahlenmaterial zu liefern, wie es für das Hochmittelalter auch die subtilste Auswertung schriftlicher Quellen nicht hergibt. Der warnende Hinweis auf möglichst vollständige Erfassung resultiert aus der Existenz älterer Publikationen über Stadtkerngrabungen, welche selbst aus den Arealen mittelalterlicher Domsepulturen auf den Anteil von Frauen und Kindern bei mittelalterlichen städtischen Populationen schließen wollten. Methodisch besser abgesicherte Untersuchungen für das Früh- und Hochmittelalter jedoch liefern erschreckendes Zahlenmaterial: Um die Hälfte oder sogar mehr als die Hälfte der Bestatteten erreichten das 14. Lebensjahr nicht; bereits die Säuglingssterblichkeit lag zwischen 12,7 und 31 %, wie dies Gejvalls Graphik (1960) für das südschwedische Westerhus für die Zeit des 11. bis 14. Jahrhunderts ausweist.

Am Beginn des abschließenden Teils soll ein Zitat stehen; es entstammt dem wohl frühesten deutschen bürgerlichen Selbstzeugnis, das der Nürnberger Ulman Stromer als *„püchel von meim geslecht und von abentewr"* – also in der Volkssprache – um 1360 eigenhändig aufzuzeichnen begonnen hat. Der Autor war als das 12. von 18 überlebenden Kinder des Nürnberger Handelsherrn Heinrich Stromer geboren und selbst zweimal verheiratet. Aus seiner ersten, 1358 geschlossenen Ehe mit Anna Hegnein ging als einziges Kind die am 9. September 1364 geborene (gleichnamige) Tochter Anna hervor, die im Jahr 1378 vierzehnjährig mit Sebald Vorchtel verheiratet wurde und 1413 verstarb. Über ihr Lebensschicksal schrieb der Vater Folgendes nieder: „*Mein tochter Anna gelobt ich zu der e dem Sebolt Vorchtel anno domini 1378. Anno domini 1380 do genazz mein tochter ayner tochter, haist Anna, di hub* – als Patin – *aus der tauwff di Heczelsdorferin. Item anno 81 do genazz si eins suns, der hiess Herman und starb. Item anno 82 do genazz si ainer tochter, hiess Gredel, die starb. Item anno 83 do het si ain sun, hiess Sebot, der starb. Anno 84 do gewan main tochter Anna ain sun, haist Pawlus, und hub aus der tawff der Heczelsdorfer. Item mein tochter gewan ain tochter, hiess Margret, anno 86, die starb. Anno 87 do genazz mein tochter ayner tochter, hiez Barbara. Anno 88 ... genass si ayner tochter ..., und hiess Elz und starb ...*" Im Alter von vierzehn Jahren verheiratet, hat Anna Stromer in den folgenden neun Jahren acht Kinder auf die Welt gebracht – „das Leben geschenkt" wäre wohl der falsche Ausdruck, denn fünf von diesen neun Kindern sind früh verstorben: zwei von drei Söhnen und drei von fünf Töchtern. So überlebten lediglich zwei Töchter, Anna und Barbara, und der 1384 geborene Paulus, der als alleiniger Stammhalter das Geschlecht bis 1449 fortführte.

Eine derart hohe Mortaliät innerhalb einer Familie ist, wie wir noch sehen werden, freilich ebenso singulär wie die Geburtenfolge im jährlichen Abstand. Ziehen wir die 1366 geschlossene zweite Ehe des Vaters Ulman Stromer mit Agnes Groland hinsichtlich der intergenetischen Intervalle zum Vergleich heran, so ergeben sich hier zwischen den sieben Geburten durchschnittliche Abstände von 23 Monaten – knapp zwei Jahren; lässt man eine „Babypause" von 4 ½ Jahren nach dem 5. Kind außer Betracht, so betragen die Intervalle zwischen den Geburten etwa 17 Monate.

Um weiteres Vergleichsmaterial zu gewinnen, halten wir Ausschau unter den städtischen Oberschichten der spätmittelalterlichen Reichsstadt Frankfurt am Main. Dort hat die durch Weinhandel zu Reichtum gekommene Patrizierfamilie Rorbach mit dem älteren Heinrich Rorbach und dessen Sohn Bernhard detaillierte familiengeschichtliche Aufzeichnungen hinterlassen. Ein direkter Anknüpfungspunkt: Die „Babypause" nach fünf zwischen 1432 und 1438 geborenen Kindern des älteren Rorbach vor der Geburt des „Nachzüglers" Bernhard am 11. März 1446 hat es auch dort gegeben; sie betrug hier sogar gut sieben Jahre. Dies hat dazu geführt, daß sich der Geburtenabstand von zuvor 21 auf im Schnitt dann 33 Monate ausdehnte. Bernhard, der Spätgeborene, heiratete 1466 und hatte bis 1481 mit Eilgin Hulzhusen neunfachen Nachwuchs, fünf Söhne und vier Töchter, welche im Abstand von 19 Monaten, gut eineinhalb Jahren, zur Welt kamen. Drei davon verließen sie wieder im Alter von 4 Monaten 2 Tagen bzw. 2 Monaten 8 Tagen und 10 Monaten 10 Tagen. Zwei von ihnen, der Sohn Job und die Tochter Anna, wurden unmittelbar nach ihrem Tod in ihren Namen durch nachgeborene Geschwister ersetzt – was, wie hier nur angemerkt werden kann, im gesamten mittelalterlichen Europa der Brauch gewesen ist.

Man hat solcher verstorbener Kinder im Frankfurt des 16. Jahrhunderts auch bildlich gedacht, wie ihre Darstellung im Familienbuch der dortigen Patrizierfamilie Melem ausweist; selbst wenn sie erst im späteren Lebensalter gestorben sind und mit den ihren Porträts beigefügten Kreuzzeichen gekennzeichnet wurden.

Den vielleicht eindrücklichsten Niederschlag hat das Familienbewußtsein in der ersten Hälfte des 16. Jahrhunderts im gemalten „Stammbaum" der Nachkommen des Ehepaars Magdalena und Wolfgang Kappler aus Krems an der Donau gefunden. Auf der Rückseite eines Porträts der Mutter sind acht dem Schoß des Vaters – wie in Darstellungen der Wurzel Jesse – entwachsende Sprößlinge auf den Ästen eines mächtigen Rebstocks sitzend dargestellt und in Beischriften mit ihrem Namen und Geburtsdatum gekennzeichnet; „der Allerhöchste wird für sie sorgen" besagt die vom Vater gehaltene Banderole.

Kurios erscheint die Wahrung der Geschlechtersphären (Söhne links, Mädchen rechts), was bedingt, daß sich in der Geburtenfolge stets Jungen und Mädchen ablösten. Auch eine auffällige „Babypause" von 75 Monaten (d. h. mehr als sechs Jahren) hat es zwischen dem dritten Kind David (1530) und der am 12. November 1536 geborenen Tochter Barbara gegeben; als einziges der Kappler-Kinder verstarb sie früh im Alter von 26 Monaten und 12 Tagen. Dies hat zur Folge daß die intergenetischen Intervalle der acht innerhalb von 17 ½ Jahren geborenen Kinder exakt 30 Monate betragen.

Abschließend sei noch eine Auswahl von sog. „Kinderlisten" vorgestellt, die sich unter dem Material eines langfristigen Hamburger Forschungsprojekts „ABS – Autobiographien – Briefe – Selbstzeugnisse des späteren Mittelalters und der Frühen Neuzeit" befinden. Die uns hier interessierenden Quellenzeugnisse des 14.-16. Jahrhunderts sind in ihrer Mehrheit keine Autobiographien, die auf das Leben eines Einzelnen zurückblicken, sondern Aufzeichnungen von – durchwegs männlichen – Autoren über sich und ihre Familien, die zumeist auch für deren nachfolgende Generationen bestimmt waren. Solche „Selbstzeugnisse" finden sich als Bestandteile städtischer Chroniken, Einträge in Familienbibeln, Kalender oder Almanache sowie als zwischen Familienangehörigen gewechselte Privatbriefe. Neben den Bildepitaphien stellen sie besonders wertvolle Zeugnisse für die historische Anthropologie und Demographie dar.

Die Reihe dieser Quellen setzt für den deutschen Sprachraum mit dem Jahr 1335 ein und soll für uns in der Mitte des 16. Jahrhunderts enden. Die fünf für den nachfolgenden ersten Überblick ausgewählten Autoren erlauben in ihren Aufzeichnungen Einblicke in das private Leben ihrer von unserer heutigen Welt so weit entfernten Familien.

Diese fünf Väter – und ihre Ehefrauen natürlich – hatten mehr als 50 Nachkommen, deren größerer Teil, um das Ergebnis (vgl. hierzu die beigegebene Tab. 6) vorwegzunehmen, freilich schon im Säuglingsalter verstorben sind. Das besondere Augenmerk der Analyse ist, wie schon erwähnt, auf die Kinderzahl der Familien, die Geschlechterverteilung, Kindersterblichkeit, Geburtenintervalle und Stillgewohnheiten sowie den Einsatz von Ammen gerichtet.

Friedrich von Aichach, ein tirolischer Adliger und Notar, hat aus dem zweiten Viertel des 14. Jahrhunderts die früheste bekannte Kinderliste hinterlassen. Sie dokumentiert zwischen 1335 und 1348 in lateinischer Sprache in exakten Daten Geburt und Tod seiner acht Kinder (Tab. 1). Fünf Jungen und drei Mädchen werden so zusammen mit ihren Patinnen und Paten aufgelistet – während ihre Mutter keiner Erwähnung wert erschien ... Zwei Knaben und ein Mädchen sind früh verstorben, dazu später noch zwölfjährig der Erstgeborene, zusammen mit der jüngsten Tochter und wohl auch dem Vater oder beiden Eltern, an der Pestepidemie von 1348. Das durchschnittliche Sterbealter der Kinder lag somit bei 5 Jahren und 3 Monaten, die Geburtenabstände betrugen 18 Monate.

Unser zweiter Berichterstatter aus dem ersten Drittel des 15. Jahrhunderts bleibt anonym; wahrscheinlich war er Handwerker oder Münzmeister in Wien und gehörte somit zur dortigen städtischen Elite (Tab. 2). Er erwähnt den Zeitpunkt seiner Eheschließung am 19. Dezember 1402 sowie den Tod der Ehefrau Katharina am 30. März 1417; innerhalb der Ehedauer von 14 Jahren und 4 Monaten wurden dem Paar 8 (möglicherweise auch 9) Kinder geboren. Ein grausames Schicksal hat ihnen alle wieder genommen; obgleich drei den Tod der Mutter überlebten, starben auch sie im Herbst des Jahres 1419 innerhalb Monatsfrist und ließen den Witwer einsam in der Welt zurück. Ihr durchschnittliches Sterbealter waren zwei Jahre und zehn Monate; da interessiert kaum noch, daß sie in einem Abstand von 22 Monaten, knapp zwei Jahren, geboren wurden.

Tab. 1: Hausbuch des Friedrich von Aichach (1335-1348)

1335 V 31	Sub anno domini m°. CCCXXXV die ultimo Mai natus est Engelinus filius meus. (Compatres ...)	Geburt des 1. Kindes Engelin (Zusatz von späterer Hand: mortuus est in Inspruka millesimo CCCXLVIII) Tod 1348; Alter: ca. 12 Jahre
1336, VI 23	Sub anno m°. CCCXXXVI natus fuit Johannes filis meus in vigilia Johannis Baptistae;	Geburt des 2. Kindes Johannes
1336 (ca. IX Ende)	mortuus fuit in decima septimana post suam nativitatem	Tod des 2. Kindes Johannes; Alter: weniger als zehn Wochen
1337 VII 14	Sub <anno> m°. CCCXXXVII in vigilia divisionis apostolorum natus fuit mihi Allexius	Geburt des 3. Kindes Allexius
1341 VIII 20	Obiit vero m°. CCCXLI die XX. Augusti idem filius meus et erat in quinto anno.	Tod des 3. Kindes Allexius; Alter: 4 Jahre 1 Monat 6 Tage
1338 XI 22	Sub anno domini millesimo CCCXXXVIII in die beate Cecilie videlicet die XXII Novembris nata est filia mea Katerina.	Geburt des 4. Kindes Katerina
1340 IV 25	Sub anno domini m. CCCXL in die beati Marci ewangeliste natus est filius meus Syfrid	Geburt des 5. Kindes Syfrid
1342 II 17	Sub anno domini m°. CCCXLII in dominica Invocavit videlicet in quarta die post Valentini martiris in Februario natus est filius meus Fridericus	Geburt des 6. Kindes Friedrich
1343 VII 19	Sub anno domini m°.CCCXLIII die sabbati post Alexii nata est filia mea Alhaidis	Geburt des 7. Kindes Adelheid
1344 XI 17	Sub anno domini m°. CCCXLIIII die Mercurii post festum sancti Martini nata est filia mea Margareta;	Geburt des 8. Kindes Margarete
1348	et mortua est anno domini m°. CCCXLVIII.	Tod des 8. Kindes Margarete; Alter: knapp 4 Jahre.

Tab. 2: Wiener Anonymus (1402-1434)

1402 XII 19	1402. Item duxi uxorem meam tertia[m] <feria> ante Thomae;	Hochzeit
1403 I 21	et coniacui Dominica Adorate	Beilager
1404 II 14	1404. Item natus est puer meus quinta feria Dominica Esto mihi, media nocte	Geburt des 1. Kindes Katharina
1404 XI 25	1404. Item in die S. Elizabeth obiit puer meus Katherina	Tod des 1. Kindes Katharina; Alter: 9 Monate, 18 Tage
1405 II 1	Anno 1405 natus est puer meus Fridericus in Vigilia Purificationis Mariae, de nocte hora quasi decima; et festum Purificationis fuit secunda feria.	Geburt des 2. Kindes Friedrich
1405 IX 10	Item obiit quinta feria post Nativitatem Mariae	Tod des 2. Kindes Friedrich; Alter: 7 Monate, 9 Tage
1407 II 13	Item anno septimo <Dominica> Invocavit media nocte natus est tertius puer meus nomine Elizabeth	Geburt des 3. Kindes Elizabeth
1411 I 2	Item anno undecimo sequenti die post Circumcisionem Domini, haec fuit sexta feria, hora quasi septima, obiit puer meus Elizabeth piae memoriae; et festum Circumcisionis fuit illo anno quinta feria.	Tod des 3. Kindes Elizabeth; Alter: 3 Jahre, 10 Monate, 20 Tage
1409 II 3	Item anno <1409> natus est puer meus Stephanus in die S. Blasii; et festum s. Blasii fuit Dominica	Geburt des 4. Kindes Stephan
1410 X 29	Item anno decimo obiit idem puer Stephanus in die S. Thomae Cantuariensis; haec fuit secunda feria post Nativitatem Christi, et festum Nativitatis fuit quinta feria	Tod des 4. Kindes Stephan; Alter: 1 Jahr 10 Monate 27 Tage
-	-	(5. Kind: Elisabeth?, s. u.)
1412 VI 27	Anno duodecimo item natus est sextus puer, nomine Stephanus, secunda feria ante Petri & Pauli; & festum Sanctorum Apostolorum fuit quarta feria;	Geburt des 6. (!) Kindes Stephan
1412 VII 4	& obiit secunda feria postea in die S. Udalrici.	Tod des 6. Kindes Stephan; Alter: 7 Tage

Fortsetzung Tab. 2.

1416 VIII 23	Anno decimo sexto natus est octavus puer meus, nomine Agnes, Dominica ante Bartholomaei; & festum S. Bartholomaei fuit secunda feria.	Geburt des 8. Kindes Agnes
1417 III 30	Item anno decimo septimo ist gestorben mein liebe hawsfraw Katherina, der Got gnädig sey mit seiner parmherzigkeit und geb ir die ewig rue, Amen, am eritag Judica in der vasten.	Tod der Ehefrau Katherina
1419 IX 21	Item eodem anno <1419> in die S. Matthaei starb mein Kind Agnes, und ward der lauff sterbens groß.	Tod des 8. Kindes Agnes; Alter: 3 Jahre, 29 Tage
1419 X 2	Item darnach an sand Ironimo tag, der was am Samstag, ward mein Kind Paulus chranckh zu der achten stund, und starb am montag decimo nono anno.	Tod des 7. Kindes Paulus; Alter: 4 Jahre, 4 Monate, 20 Tage
1419 X 26	Item am pfinztag vor Simonis & Judae starb mein anders <kind> Elspeten zu der newnten stund, requiescant in pace.	Tod des (5.?) Kindes Elisabeth; Alter: etwa 8 (?) Jahre.

Der aus Memmingen stammende Ulmer Bürger Burkard Zink ist dreimal zum Witwer geworden (Tab. 3). Insgesamt 18 Kinder hat er mit vier Ehefrauen und –zwischen diesen Ehen – mit Dienstmägden seines Haushalts gezeugt. Die erste dieser Ehen dauerte mehr als 20 Jahre, die anderen über sieben bzw. fünf Jahre. Sieben Jungen und elf Mädchen wurden geboren, vier Jungen und sieben Mädchen sind gestorben, so daß nur sieben Sprößlinge den Vater überlebten. Im Durchschnitt erlebten sie nicht das sechste Lebensjahr.

Tab. 3: Burkard Zink (1396-1474), Chronik (1420-1467)

1420 VI 2	Heirat mit Elisabeth Störklerin
1421 VII 4	Geburt des 1. Kindes Anna
1423 IV 4 (10)	Geburt des 2. Kindes Johannes
1425 XII 21	Geburt des 3. Kindes Dorothea
1429 I 25	Geburt des 4. Kindes Konrad
1429 XII 24	Tod des 1. Kindes Anna; Alter: 8 Jahre 6 Monate 20 Tage
1431 (vor XI 18)	Tod des 3. Kindes Dorothea; Alter: ca. 6 Jahre
1431 XI 18	Geburt des 5. Kindes Dorothea
1432 IX 4	Geburt des 6. Kindes Anna
1432 XI 9	Tod des 6. Kindes Anna; Alter: 2 Monate 5 Tage
1434 V 23	Geburt des 7. Kindes Wilhelm
1436 VII 22	Geburt des 8. Kindes Jakob
1436 VII 24	Tod des 8. Kindes Jakob; Alter: 2 Tage
1438 XI 3	Geburt des 9. Kindes Barbara

Fortsetzung Tab. 3.

1438 XII 12	Tod des 4. Kindes Konrad; Alter: 9 Jahre 10 Monate 12 Tage
1440 XI 20	Tod der 1. Ehefrau Elisabeth
1441 VI 11	(2.) Heirat mit Dorothea Kuelinbeckin
1443 X 16	Tod des (wohl illegitimen 10.) Kindes Burkard
1449 III 19	Tod der 2. Ehefrau Dorothea
1450 XI 24	Tod des 9. Kindes Barbara; Alter: 12 Jahre 21 Tage
1451 VIII 24	Geburt des (illegitimen 11.) Kindes Georg
1453 I 6	Geburt des (illegitimen 12.) Kindes Hildegard
1453 I 7	Tod des (illegitimen 12.) Kindes Hildegard
1454 I 30	(3.) Heirat mit Dorothea Münstlerin
1454 XI 6	Geburt des 13. Kindes Anna
(vor 1456 II 21)	Tod des 2. Kindes Johannes; Alter: unbestimmt
1456 II 21	Geburt des 14. Kindes Johannes
1457 IX 25	Geburt des 15. Kindes Barbara
1459 II 14	Geburt des 16. Kindes Elisabeth
1459 II 28	Tod der 3. Ehefrau Dorothea
1459 II 28 (ca.)	Tod des 16. Kindes Elisabeth; Alter: 2 Wochen
1460 VII	(4.) Heirat
1462 (ca.)	Geburt des 17. Kindes Ursula
1467 X 4 (-10)	Tod des 17. Kindes Ursula; Alter: 5 Jahre
1467 XI (ca. Ende)	Geburt des 18. Kindes Ursula

Ein viertes Beispiel ist der fränkische Ritter Michel von Ehenheim, Richter am Würzburger Landgericht (Tab. 4). Seine Familienchronik verzeichnet in den Jahren 1502 bis 1516, also im Vorfeld der Reformation, aus der einzigen Ehe mit Margarethe von Kollen neun Kinder, zwei Söhne und sieben Töchter, von denen nur ein Junge und drei Mädchen überlebten. Den anderen war nur ein kurzer Erdenaufenthalt von durchschnittlich vier Monaten vergönnt.

Tab. 4: Michel von Ehenheim, Familienchronik (1502-1516)

1502 VIII 7		Heirat mit Margaretha von Kollen
1503 I 7		Geburt des 1. Kindes Anna
		Geburt des 2. Kindes Sebastian Tod des 2. Kindes Sebastian; Alter: 10 Stunden
		Geburt des 3. Kindes Katherina Tod des 3. Kindes Katherina; Alter: 13 Tage
1506 V 21		Geburt des 4. Kindes Barbara
1507 10 22		Geburt des 5. Kindes Jeringus

Fortsetzung Tab. 4.

1511		Geburt des 6. Kindes Bertha Tod des 6. Kindes Bertha; Alter: 1 Jahr
1513 III 9		Geburt des 7. Kindes Bertha
1514		Geburt des 8. Kindes Anastasia
	Also haben wir miteinander erobert und geboren von unser beder leib zwen sune und sechs dochter; und ist ein sun und drei dochter gestorben, und lebet ein sun und drei dochter derzeit, got geb lang!	
1516		Geburt des 9. Kindes Dorothea Tod des 9. Kindes Dorothea; Alter: 13 Wochen

Als Säuglinge hat auch unser letzter Gewährsmann, Johannes Beringer, vier seiner fünf Söhne verloren; sie wurden kaum älter als elf Monate. Beringer war der erste lutherische Schulmeister nach der Einführung der Reformation im fränkischen Kitzingen am Main, wo er im Jahr 1523 26-jährig seine 17-jährige Braut Margarethe geehelicht hatte. Ihre Kinder kamen in Abständen von durchschnittlich eineinhalb Jahren zur Welt (Tab. 5).

Tab. 5: Johannes Beringer, Hauschronik (1523-1532)

1523 IX 23 (XII 2)	Heirat mit Margaretha Zeubelriedin
1525 VI 13	Geburt des 1. Kindes Theophilus
1526 V 26	Tod des 1. Kindes Theophilus; Alter: 11 Monate 13 Tage
1526 X 27	Geburt des 2. Kindes Christophilus
1528 VI 13	Geburt des 3. Kindes Johannes
1529 X 4	Tod des 3. Kindes Johannes; Alter: 1 Jahr 3 Monate 21 Tage
1529 IX 25	Geburt des 4. Kindes Hieronymus Tod des 4. Kindes Hieronymus; Alter: 1 Tag
1530 X 1	Geburt des 5. Kindes Hieronymus
1532 IV 15	Tod des 5. Kindes Hieronymus; Alter: 1 Jahr 6 Monate 14 Tage

Es scheint an der Zeit, ein Fazit zu ziehen: Wie gesagt, alle Quellentexte entstammen den Oberschichten der Städte oder dem Adel, alle wurden von Männern aufgezeichnet, die häufig ebenso genaue Chronisten städtischer Ereignisse wie des eigenen wirtschaftlichen Erfolgs gewesen sind. Sie waren in keinem Fall auf Öffentlichkeit berechnet, sondern für die nachfolgenden Generationen ihrer eigenen Familien bestimmt.

Ein erster Blick auf die Gesamtheit der gewählten Beispiele (siehe Tab. 6) gilt den Kinderzahlen. Sie liegen mit nahezu zehn Geburten pro Paar – zumindest für gegenwärtige Verhältnisse – ungewöhnlich hoch. Doch starben auch, wie mehrfach berichtet, eine große Zahl von ihnen bereits in ihren frühen Jahren. In unserer Auswahl waren es 32 von 48 Geborenen; und nur 16, ein Drittel, überlebten.

Tab. 6: Gesamtheit der Daten.

Autoren (1335 - 1532)	Ehe	Kinderzahl	m.	w.	verst. männl	verst. weibl	verst. [überl.] Kinder	durchschn. Sterbealter	Intergen. Intervalle
Friedrich von Aichach (1335-1348)	unb.	8	5	3	3	1	4 [4]	5J 3M	18M
Wiener Anonymus (1402-1434)	14J 4M	8 (9)	4	4 (5)	4	4 (5)	8 (9) [-]	2J 10M	22M
Burkard Zink (1420-1467)	20J 5M 7J 4M	18	7	11	4	7	11 [7]	<~ 5J 5M> 4M	a) 23M b) — c) 19M ?
Michel von Enheim (1502-1516)	5J 1M	9	2	7	1	4	5 [4]	11M	18M
Johannes Beringer (1523-1532)	unb. unb.	5	5	—	4	—	4 [1]		
		48 (49)	23	25 (26)	16	16 (17)	32 (33) [16]	2J 10M	20M (1J 8M)

Blicken wir als nächstes auf die Geschlechterverteilung, so halten sich männliche und weibliche Geburten in etwa die Waage; mit 25 zu 23 werden – entgegen dem zu erwartenden Wert – geringfügig mehr weibliche Kinder geboren als männliche. Jedoch halten sich die Verluste (mit je 16 Verstorbenen) dann wieder bei jeweils 50 %. Ihr durchschnittliches Sterbealter betrug zwei Jahre und 10 Monate. Doch was heißt hier „durchschnittlich"? Bei genauem Hinsehen erkennt man die Unterschiede und schreckliche Wahrheiten: Michel von Ehenheims und Johannes Beringers Säuglinge wurden „im Durchschnitt" nur elf oder vier Monate alt.

Daneben gibt es noch den Tod der Väter und Mütter. In unseren Beispielen haben wir hierzu nur Hinweise: So betrauerte Burkard Zink drei Ehefrauen.

Ein letzter Blick auf die Tabelle, in deren rechte Spalte die jeweiligen Geburtenabstände während der Ehedauer ausgewiesen sind. Deren Durchschnitt beträgt 20 Monate oder ein Jahr und acht Monate. Das erste und das letzte der Beispiele zeigt kürzere Intervalle von lediglich eineinhalb Jahren. Diese Beobachtung wirft zum einen die Frage auf, ob die hier erfassten Paare in irgendeiner Form Empfängnisverhütung praktizierten, was angesichts der recht kurzen Geburtenabstände mehr als unwahrscheinlich erscheint. Die historische Demographie nimmt hierfür Intervalle von mehr als 31 Monaten als Indiz an.

Unter diesen Umständen erhebt sich schließlich die Frage, weshalb die Abstände zwischen den Geburten derart gering sein konnten; konkret, ob hierfür ein Verzicht auf das Selbststillen durch die Mütter dieser Kinder und der Einsatz von Ammen verantwortlich waren. An dieser Annahme führt nach unserem Zahlenmaterial kein Weg mehr vorbei: Derart kurze Geburtenabstände sind angesichts der Laktationsamenorrhoe nur denkbar durch den Einsatz von fremden Säugammen (vgl. dazu auch Alt, in diesem Band). Hier kann nur pauschal darauf verwiesen werden, daß sie – entgegen auch meiner eigenen, früheren Annahme – außerhalb der romanischen Länder ebenfalls in Deutschland beim Adel und in den städtischen Oberschichten eine wichtige Rolle spielten. Das lässt sich beispielsweise für die Städte Hildesheim und Nürnberg – und nicht zuletzt mithilfe der hier dokumentierten kurzen Geburtenabstände – zweifelsfrei nachweisen.

Auch hierfür existieren eine Reihe von Bildzeugnisse aus Italien (Domenico di Bartolo hat eine solche Amme (*balia*) 1443 im Saal der Ammen des Ospedale von Siena in einem Fresko dargestellt; und im Bargello findet sich eine lebensgroße Plastik aus der Zeit um 1500) wie aus Deutschland, wie ein Blick in die Kinderstube des Augsburgers Veit Konrad Schwarz in dessen „Trachtenbuch" mit der Amme, die das Kind stillt sowie im gleichen Selbstzeugnis die Zeichnung der Amme, die das Kind ohne Beisein eines anderen Familienmitglieds allein zum kirchlichen Familienbegräbnis bringt, wo in der Kirche außer ihr nur der Totengräber anwesend ist.

Literatur

Ariès Ph (1960/1975) L'enfance et la vie familiale sous l'ancien régime. Plon, Paris; dt. Geschichte der Kindheit. Hanser, München

Arnold K (1980) Kind und Gesellschaft in Mittelalter und Renaissance. Beiträge und Texte zur Geschichte der Kindheit. Schöningh, Paderborn

Arnold K (1986a) Die Einstellung zum Kind im Mittelalter. In: Hermann B (Hrsg.) Mensch und Umwelt im Mittelalter. Deutsche Verlags-Anstalt, Stuttgart, 53-64.

Arnold K (1986b) Kindheit im europäischen Mittelalter. In: Martin J & Nitschke A (Hrsg.) Zur Sozialgeschichte der Kindheit. Alber, Freiburg, 443-467.

Arnold K (1987) Mentalität und Erziehung – Geschlechtsspezifische Arbeitsteilung und Geschlechtersphären als Gegenstand der Sozialisation im Mittelalter. In: Graus F (Hrsg.) Mentaliäten im Mittelalter. Thorbecke Sigmaringen, 257-288.

Arnold K (1991) Mutter-Kind- und Familiendarstellungen in der Kunst des späten Mittelalters und der Renaissance. In: Rittelmeyer C & Wiersing E (Hrsg.) Bild und Bildung. Harrassowitz Wiesbaden (Wolfenbütteler Forschungen, Bd. 49), 173 - 185.

Arnold K (1996) Familie – Kindheit – Jugend. In: Hammerstein N (Hrsg.) Handbuch der deutschen Bildungsgeschichte. Band 1. C. H. Beck, München, 135-152.

Arnold K (2000) Familie, Kindheit und Jugend in pommerschen Selbstzeugnissen der frühen Neuzeit. In: Buchholz W (Hrsg.) Kindheit und Jugend in der Neuzeit. Franz Steiner, Stuttgart, 17-32.

Bach H & Dušek S (1971) Slawen in Thüringen. Geschichte, Kultur und Anthropologie im 10.-12. Jahrhundert nach den Ausgrabungen bei Espenfeld. Weimar

Bätschmann O & Griener P (1997) Hans Holbein. Dumont, Köln

Beer M (1990) Eltern und Kinder des späten Mittelalters in ihren Briefen. Familienleben in der Stadt des Spätmittelalters und der frühen Neuzeit mit besonderer Berücksichtigung Nürnbergs (1400-1550). Nürnberg

Biget JL &Tricard J (1981) Livres de raison et démographie familiale en Limousin au XVe siècle. Annales de démographie historique, 321-363.

Boockmann H (1986) Die Stadt im späten Mittelalter. C. H. Beck, München

Fink A (1963) Die Schwarzschen Trachtenbücher. Berlin

Gejvall NG (1960) Westerhus. Medieval Population and Church in the Light of Skeletal Remains. Lund

Maschke E (1980) Die Familie in der deutschen Stadt des späten Mittelalters. Winter, Heidelberg

Spiess KH (1993) Familie und Verwandtschaft im deutschen Hochadel des Spätmittelalters (13. bis Anfang des 16. Jahrhunderts). Franz Steiner, Stuttgart

Wohlfeil R & Wohlfeil T (1985) Nürnberger Bildepitaphien. Versuch eine Fallstudie zur historischen Bildkunde. Zeitschrift für historische Forschung 12, 129-180.

« Stillen ist die natürlichste und beste Ernährungsform für den Säugling »
W. Siebert et al., *Stillen – einst und heute*, 1997

« Nothing is so common as the rent breasts for children to suck »
W. Cobbet, *Rural rides*, 1830

« *Die Ziege als beste und wohlfeilste Säugamme* »
K.A. Zwierlein, 1817

« Inefficient artificial feeding methods may have been the principal reason for the death of so many dry nursed infants, but the lack of any affection for an unknown child taken in only for gain must also have been a significant factor, particularly in those parishes where women took in large numbers of parish children each year »
V. A. Fildes, *Breast, bottles and babies*, 1986

Die Übersterblichkeit der Säuglinge und Kleinkinder in der frühen Neuzeit – Unberechenbares Schicksal oder menschliches Versagen?

K. W. Alt

Einführung

Unabhängig davon, ob Erwachsener, Kind oder Säugling, wurden Krankheit und Tod im Späten Mittelalter und „in der Frühen Neuzeit weitgehend durch die Natur gesteuert" (Pfister 1994: 35). Das Schrifttum der Historischen Demographie gibt uns Auskunft über die Sterblichkeit in dieser Zeit. Es weist für die Säuglinge erschreckend hohe Mortalitätsraten aus; durchschnittlich überlebte nur jedes zweite bis dritte Kind sein erstes Lebensjahr. Allerdings treten dabei deutliche regionale Unterschiede in der Häufigkeit der Sterblichkeit auf, die sich erst in der Altersgruppe der drei- und vierjährigen Kinder langsam abzuschwächen beginnen. Die extreme Säuglingssterblichkeit ist zweifellos von den wirtschaftlichen und sozialen Verhältnissen der Zeit mit geprägt und stellt nach Kloke (1998) ein multikausales Problem dar. Nach Imhof (1996) sind daher bei der Analyse und Interpretation des Mortalitätsgeschehens grundsätzlich alle Einflussfaktoren auf die Sterblichkeit zu hinterfragen. Wissenschaftliche Studien belegen seit langem, dass der Relation zwischen Ernährung und Mortalität möglicherweise eine zentrale Bedeutung bei der Analyse der Säuglingssterblichkeit zukommt (Knodel & van de Walle 1967; Knodel 1977, 1988;

Kintner 1982, 1994; Pfister 1994). Den folgenden Betrachtungen liegt die Knodel-Hypothese zugrunde, dass die Säuglingsübersterblichkeit in historischen Zeiten primär eine Funktion der Ernährungsart ist, die abhängig von wirtschafts- und sozialgeschichtlichen Rahmenbedingungen auch in der Mentalitätsgeschichte wurzelt.

Kaum ein Motiv hat Künstler in der Vergangenheit häufiger zur Darstellung angeregt wie eine stillende Mutter mit Kind (Donahue 1996). Fast 8000 Jahre zurück in die Urgeschichte datieren kleine Tonplastiken schwangerer, gebärender und stillender Frauen aus dem neolithischen Hacilar, Anatolien (Schicht VI) (Abb.1). Das Spektrum der dort ausgegrabenen Stillmotive umfasst interessanterweise aber nicht nur Frauen die menschliche Säuglinge stillen, sondern auch Frauen, die junge Tiere auf dem Arm halten und säugen (Müller-Karpe 1968). Nach Anatolien gehört auch die erste bekannte Bronzestatuette einer stillenden „Mutter mit Kind" (Horoztepe; ca. 2200 v.Chr.).

 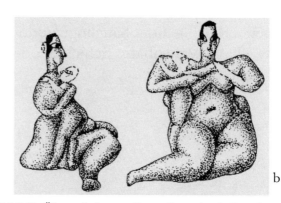

Abb. 1a,b: Hacilar Anatolien (5600 BC). Älteste bekannte Darstellung des Stillens bei Mensch (b) und Tier (a); Müller-Karpe (1968), Bd. 2, Tafel 125.

Seit etwa 1300 v.Chr. wurden Bildnisse der Göttermutter Isis beim Stillen des Horus-Knaben ein beliebtes Darstellungmotiv (Siebert et al. 1997: 66). Während Stillszenen in den frühen Hochkulturen relativ verbreitet waren, besaßen sie in der Antike kaum eine Bedeutung. Zwischen dem 11. und 17. Jh. fand die den Jesusknaben stillende Darstellung der Maria weite Verbreitung, vor allem während des sog. Marienzeitalters in der Gotik (13./14 Jh.; Leiste 1983).

Die Wertschätzung des Stillens in der Gegenwart sowie Vorstellungen, dass es in der älteren aber auch jüngeren Menschheitsgeschichte an geeigneten Alternativen dazu gefehlt hätte, nährten lange Zeit die Ansicht, dass in früheren Zeiten fast ausnahmslos gestillt worden sei. Fraglos spielt das mütterliche Stillen für das Überleben und für die Weiterentwicklung der Gattung *Homo* im Verlauf der menschlichen Evolution eine unverzichtbare Rolle. Aus welcher Notwendigkeit heraus Menschen aber schon vor Jahrtausenden versuchsweise dazu übergingen, ihre Säuglinge ganz oder teilweise ohne Muttermilch aufzuziehen, darüber kann man nur spekulieren. Dies vollzog sich nach Siebert et al. (1997) geographisch und zeitlich sehr unterschiedlich und scheint vor allem von religiösen, kulturellen und sozioökonomischen Lebensbedingungen diktiert. Das vorhandene Quellenmaterial, das Hinweise auf solche Verhaltensänderungen liefert, ist vielfältig, aber eindeutig in seiner Aussage (Fildes 1986, 1988; Shalah 1993). Zum einen handelt es sich um archäologische Hinterlassenschaften in Form von Säuglingstrinkgefäßen, die mindestens 5000 Jahre zurück datieren (Klebe & Schadewaldt 1955; Eibner 1973), zum anderen um Schriftquellen zur frühkindlichen Ernährung, die für die Antike jedoch vornehmlich das Ammenwesen betreffen (z.B. Galen, tr. Green 1951). Der berühmteste Frauenarzt der Antike Soranus von Ephesos (A.D. 98-138) hat sich in seinem Buch *Über die Frauenkrankheiten* in 7 von 23 Kapiteln mit der Ernährung des Säuglings sowie mit dem Ammenwesen beschäftigt (tr. Temkin 1991).

Möglichkeiten der Säuglings- und Kleinkinderernährung

Fragen wir uns zunächst, welche grundsätzlichen Möglichkeiten zur Ernährung von Neugeborenen und Säuglingen gegeben sind. Das maternale Stillen hat im Verlauf der Menschheitsentwicklung bis vor wenigen tausend Jahren ohne Zweifel die Hauptrolle in der Ernährung des Nachwuchses gespielt. Doch wenn hin und wieder Mütter während bzw. kurz nach der Geburt im „Wochenbett" starben, wenn Krankheiten das Stillen einschränkten oder gar verhinderten, wird gelegentlich Ersatz für die Muttermilch nötig gewesen sein (Uflacker 1956). Wenngleich die Kindbettsterblichkeit in (prä)historischen Zeiten nur um die 1% pro Kind betragen haben soll, lag bei 5-7 Geburten das Gesamtrisiko für die Frauen relativ hoch. In Zeiten, „in denen man keine Alternativen zur Muttermilch kannte, war [daher; KWA] Ammenmilch die einzige Rettung für Kinder", deren Mütter sie aus irgendwelchen Gründen nicht oder nicht mehr stillen konnten (Thurer 1995,134). Vermutlich haben in solchen Fällen weibliche Mitglieder der Verwandtschaftsgruppe bzw. des Sippenverbandes die mütterliche Stillverpflichtung als „Notamme" übernommen. Derartige Handlungsweisen legen Beobachtungen nahe, welche Ethnologen in vielen Teilen der Welt machten (z.B. Papua Neuguinea, Südafrika). In Papua Neuguinea übernehmen Frauen aus der Familie (Tanten etc.) beim Tod der Mutter deren Rolle und stillen die von ihnen „adoptierten" Kinder. Milchhaustiere sind dort unbekannt; kleine Schweine, die dort sehr wertvoll sind (z.B. als Brautgabe) werden hin und wieder von den Frauen mitgestillt (pers. Mitt. Ch. Gottschalk-Batschkus). Bei den !Kung San dürfen Kinder sogar wann immer sie wollen und an welcher Brust auch immer trinken. Bei Campgrößen von lediglich 30-40 Personen und relativ großen Geburtenabständen von 3-4 Jahren „*most children are nursed for at least 3 years and sometimes longer if the mother does not become pregnant*" (Lee & DeVore 1976: 215).

Dass über das notorganisierte Fremdstillen hinaus bereits (künstliche) Ersatznahrung eine wesentliche Rolle gespielt haben könnte, ist zeitlich vor Beginn des Neolithikums, d.h. vor Beginn der Domestikation von Rind, Schaf und Ziege zu bezweifeln. Im Kontext der Nutzung der Milch früher Haustiere könnte schon bald der Gedanke aufgetaucht sein, diese in Notsituationen zur künstlichen Ernährung von Säuglingen und Kleinkindern zu verwenden, wozu sich zwei Nutzungsmöglichkeiten anboten. Da ist zum einen das direkte Anlegen der Kinder am Tiereuter. Tiere als Ammen begegnen uns häufig in den klassischen Mythen: Zeus soll von der Ziege Amaltheia, Telephos, Sohn des Herakles von einer Hirschkuh, Pelias, der Sohn des Poseidon von einer Stute und Kyros von einer Hündin gesäugt worden sein (Fildes 1986). Zum anderen ist an die indirekte Verwendung der Milch von Tieren und an Milchbreie zu denken, wobei die Handfütterung durch Sauggefäße (z.B. römischen *gutti* = enghalsige, flaschenartige Gefäße, die den Inhalt nur tropfenweise heraus lassen), durchbohrte Trinkhörner, Schnabeltassen und mittels anderer Behältnisse möglich war. Da die künstliche Ernährung von Säuglingen mit Tiermilch – gleichwohl ob direkt oder indirekt zugeführt – wesentlich risikoreicher als das Stillen durch die Mutter oder eine Amme ist, hat sie zunächst wohl nur in Notfällen eine Rolle gespielt. Dies wird zumindest vermutet, doch was diese Einschätzung problematisch macht, ist die Tatsache, dass aus der Urnenfelderzeit Gefäße die zur künstlichen Ernährung der Kinder benutzt worden sein sollen, in großer Anzahl vorliegen (Eibner 1973). Bereits in den frühen Hochkulturen kommt das kommerzielle Stillen durch Ammen in Mode; allerdings primär nur in den vornehmen Familien. Seit der Antike sind dann alle frühen Arten von Ersatznahrung für Säuglinge im zeitgenössischen Schrifttum belegt (vgl. tr. Temkin 1991). Zusammengefasst stand für die Säuglings- und Kleinkinderernährung folgende Möglichkeiten zur Verfügung:

- mütterliches Stillen
- Ammenwesen
- künstliche Ernährung
- maternale Handfütterung
- Trockenammen
- Tiere als Ammen

Die natürliche Ernährung durch die Mutter

Mütterliches Stillen stellt die natürlichste und effektivste Form der Ernährung für einen Säugling dar. Die Zusammensetzung der Muttermilch gewährleistet eine hohe Bioverfügbarkeit der Nährstoffe, belastet den Stoffwechsel nur minimal und geht mit einer guten Verdaulichkeit einher. Säuglinge profitieren beim maternalen Stillen in mehrfacher Hinsicht: physiologisch von der artgerechten Ernährung (es mangelt einzig an Vit D und K), dem Immunschutz (Antikörpern) gegen eine Reihe von Erkrankungen (z.B. Darm-, Ohr- und Atemwegsbeschwerden) und der Allergieprophylaxe (Newman 1996), sowie psychologisch von der für eine gesunde Entwicklung notwendigen körperlichen Nähe und Zuwendung, welche die emotionale Bindung zwischen Mutter und Kind stärkt (Hassenstein 2001). Verhaltens- und entwicklungsbiologisch gilt die Stillzeit als „laktierende Tragzeit ... in der die engen Bande zwischen Mutter und Kind nicht mit der Durchtrennung der Nabelschnur" enden (Siebert et al. 1997: 92). Der Säugling erfährt in dieser Phase nach der Geburt weiterhin die ursprüngliche Geborgenheit, wie er sie hinreichend aus dem Mutterleib kennt.

Dennoch war und ist mütterliches Stillen keineswegs selbstverständlich und bereitet den Frauen offensichtlich nicht nur Freude (Hrdy 2000). Über den Tod und Krankheiten der Mutter hinaus sollen soziale Tabus – z.B. kein Sex während der Stillzeit sowie weiterer Kinderwunsch ohne Wartezeit zwischen zwei Geburten häufige Gründe für das Nichtstillen darstellen. Da allgemein die Ansicht bestand, dass eine Frau während der Laktation nicht schwanger werden könne, musste früh abgestillt werden, wenn eine schnelle weitere Empfängnisbereitschaft nach einer Geburt gewünscht war. Nachlassendes Eltern-Investment durch Nichtstillen oder frühes Abstillen wurde in historischen Zeiten bei hoher Kinderzahl quer durch alle Stände beobachtet. Dagegen spielten Faktoren wie die Bequemlichkeit der Mutter, deren Sorge um den Verlust der körperlichen Attraktivität sowie gesellschaftliche Zwänge (es galt als unfein selbst zu stillen) nur in den höheren Ständen eine Rolle, wo die gesellschaftlichen Verpflichtungen der Frauen generell ein stärkeres Engagement in der Aufzucht der Kinder verhinderten. Da die protektive Qualität der Muttermilch in der Vergangenheit unbekannt war, konnten sich das Ammenwesen sowie die künstliche Ernährung weit verbreiten.

Für das spätantike, früh- und mittelalterliche Europa ist davon auszugehen, dass die Mehrzahl der Frauen selbst stillte, wobei die Stillzeit zwei Jahre oder sogar länger währte. Die Gründe dafür waren nicht allein die empfängnisverhütende Wirkung des Stillens, wie man unwissentlich dachte, sondern in erster Linie der Mangel an Ersatznahrung. Die Zufütterung von Brei war in dieser Zeit nur in einzelnen ländlichen Regionen verbreitet. Im ausgehenden Mittelalter und zu Beginn der Renaissance wurden in den hohen und mittleren Ständen Traditionen der Antike aufgegriffen. Diese erstreckten sich auch auf das Stillen und führten zu einer starken Verbreitung des kommerziellen Ammenwesens. Eine zeitgenössische Stellungnahme zu der weit verbreiteten negativen Einstellung der Frauen zum Stillen findet sich in Thomas Murner`s Narrenbeschwörung von 1512: *„Das Kind seigt ihr ein ander wib, uf das die brüst an irem lib zart und rein beliben stan"* (Niemeyer 1894: 16). Dies galt mit Sicherheit nicht für die niederen sozialen Schichten. Dort blieb den Frauen als Alternative zum Stillen nur die künstliche Ernährung mit den bekannten Folgen für die Kinder. Mit Beginn der Industrialisierung verschärfte sich die Situation für diese Mütter noch mehr. Nun schränkten vor allem sozioökonmische Faktoren das Stillen ein. Die Mütter in der Frühen Neuzeit konnten sich nicht den Luxus leisten, Tag und Nacht für ein Kind da zu sein. Sie standen stets vor dem Problem, wie sie ihre für das tägliche Brot notwendigen Arbeitsverpflichtungen mit dem Aufziehen der Kinder vereinbaren konnten.

Das Ammenwesen

Die Erfahrung, dass Frauenmilch der künstlichen Ernährung von Säuglingen überlegen ist, reicht vermutlich weit in die Vergangenheit zurück. Schon in den frühen Hochkulturen Ägyptens und Mesopotamiens wurden diese mütterlichen Pflichten häufig hierfür bezahlten Frauen (=Ammen) überlassen (Tönz 1997: 98). Eine der frühesten schriftlichen Quellen ist ein sumerisches Wiegenlied aus dem 1. Jt. v.Chr., wo die Mutter dem Kind verspricht, ihm eine gute Amme zu besorgen (Fildes 1988: 6): *"Come sleep, come sleep, Come to my son, / ... In my song of joy, I will give him a wife, ... I will give him a son ! / The nursemaid, joyous of heart, will sing to him; ...will suckle him."* Es scheint allerdings schwer vorstellbar, dass das kommerzielle Ammenwesen zunächst über die oberen Stände hinaus Verbreitung fand. Dort nahmen die Patrizier, *„sobald sie einem freudigen Familienereignis entgegensahen, eine junge Sklavin, die Mutter war, in das Haus, diese stillte dann zusammen mit ihrem eigenen Kind das Kind des Patriziers (Milch-Geschwister!); die Plebejer-Mütter hingegen versammelten sich am Forum oblitorum um die Colonna lactaria herum und brachten ihre überflüssige Milch auf den Markt, in dem sie gegen Entgelt fremde Kinder an die Brust nahmen"* (Bókay 1928: 280). Während der griechischen und römischen Antike stand das bezahlte Ammenwesen in voller Blüte, erlebt während der Renaissance in Europa eine Hochphase und war dann bis zum Ende des 19. Jh. weit verbreitet (Fildes 1988). Erst zu diesem Zeitpunkt hatte sich die Flaschennahrung zu einer sicheren Alternative entwickelt (Dick 1987). Die Auswahl der Ammen geschah in den oberen Ständen mit größter Sorgfalt. Streng wurde auf körperliche Vorteile, diätetische Vorschriften und guten Leumund geachtet, weil die Ansicht bestand, dass sowohl die guten als auch die schlechten Eigenschaften einer Amme beim Stillen auf das Kind übertragen werden (Rippmann 2001). Aus diesen Gründen bevorzugte man ländliche Ammen, die als ordentlich, sympathisch sowie charakterlich ausgeglichen galten (Soranus von Ephesus: 91). Das damalige Anforderungsprofil an Saugammen ist heute aus ernährungsphysiologischer, gesundheitlicher und psychologischer Sicht nachvollziehbar. In den Städten bildeten sich regelrechte Ammenmärkte, die Frauen vom Land die Möglichkeit zu einem Nebenverdienst boten. Die starke Verbreitung des Ammenwesens in der Antike und die gleichzeitige Zunahme der künstlichen Ernährung hat berühmte Zeitgenossen wie Cicero, Cäsar, Tacitus oder Plutarch dazu bewogen, sich für das Selbststillen der Mütter einzusetzen, weil sie befürchteten, dass die Kinder sonst an Leib und Seele Schaden erlitten (Neumann 1950/51). Jedoch weder Stillprämien noch Proklamationen wie *quae lactat, mater magis quam quae genuit* (eine Mutter die selbst stillt, ist mehr wert als die Mutter die nur gebiert) durch Kaiser Marc Aurel änderten etwas an der Situation während der römischen Kaiserzeit. Ein besonders gutes Zeugnis stellt Tacitus den Germanen aus: *„Jedes Kind wird von der eigenen Mutter gestillt und nicht Mägden und Ammen übergeben"* (tr. Ammon 1913: 22).

Da die Ammen in den höheren Ständen z.T. unter sozialer Kontrolle standen, wenn die Kinder im eigenen Elternhaus betreut wurden, waren sowohl diese als auch die sog. „Hausammen" privilegiert. Die Ammen wohnten im Haus der Auftraggeber, verrichteten keine schwere Arbeit, wurden gut ernährt und kümmerten sich primär um die anvertrauten Säuglinge, was deren Entwicklung sehr positiv förderte. Daher ist zu vermuten, dass das Hausammenwesen nicht mit einer höheren Mortalität der anvertrauten Kinder einherging. Das Hausammenwesen war jedoch eher die Ausnahme. Für viele Neugeborene wohlhabender Schichten begann ihr Leben damit, dass sie zu einer Amme gegeben wurden, die häufig weit entfernt von den Eltern wohnte (Thurer 1995). Die Mehrzahl der Kinder wurden nur selten von ihren Eltern besucht. Die Sterblichkeit der Kinder in der Obhut von Ammen außerhalb des Elternhauses lag deutlich über der allgemeinen Säuglingsmortalität, wenn die eigene Mutter stillte. Wenn die Kinder nicht starben, wurden sie oft schwer vernachlässigt. „Wie hätte es auch anders sein können? Die Amme handelte aus rein wirtschaftlichen Motiven. Sie musste das Kind an ihrer Brust durch ein fremdes Kind ersetzen.

Abb. 2a,b: Ammenbilder: a: Prinz Ludwig, der spätere „Sonnenkönig" Louis XIV, wird von einer reich gekleideten Amme gestillt (Schloß Versaille, 1643 [unbekannter Maler]); Siebert (1997) S.99. b: Jean-Baptiste Greuze, The Nursemaids, spätes achtzehntes Jahrhundert. Öl auf Leinwand, ungefähr 31,8 x 39,37cm. (Copyright 1990 Nelson-Atkins Museum of Art, Kansas City, Missouri [Nelson Fund].)

Was mit dem eigenen Kind geschah, blieb oft unbekannt" (Thurer 1995,208). Mit der Ausbreitung des Ammenwesens auch auf die mittleren und niederen Stände stieg die im ersten Lebensjahr generell hohe Mortalität der Säuglinge noch einmal stark an. Mit der Weggabe zu Ammen waren die Säuglinge der ständigen Kontrolle ihrer Eltern entzogen und den Ersatzmüttern nolens volens ausgeliefert. Neben der Still- oder Fütterungstätigkeit der Ammen, die oft zu wünschen übrig ließ, war es das Fehlen einer zuverlässigen Bindung der Kinder an eine feste Bezugsperson als Ersatz für die mütterliche Liebe und Fürsorge, die eine gedeihliche Entwicklung verhinderten (Hrdy 2000; Shalah 1993). Da Ammen meist mehrere Ziehkinder in Pflege hatten und z.T. noch eigene Kinder stillten, konnten oder wollten sie sich oftmals nicht so um die anvertrauten Säuglinge kümmern, wie es für deren Überleben nötig gewesen wäre.

Die verheerendsten Auswirkungen im Hinblick auf die Säuglingsmortalität zeitigte das Ammenwesen in Frankreich. Dort war im 18./19 Jh. das sog. Fernammenwesen in Mode. Vor allem in den großen Metropolen wurden bis zu 90% der Säuglinge zu Ammen auf das Land gegeben, was einem Todesurteil für diese Kinder gleichkam. Hrdy (2000,356f) vertritt dazu folgende Meinung: „Wenn Mutterliebe etwas Instinktives ist, dann sollten ....Mütter liebevoll sein. Wenn aber die große Mehrheit der Mütter im Frankreich des 18. Jh. sich dafür entschied, die eigenen Säuglinge nicht großzuziehen, sondern ihre Betreuung an ungeeignete Ammen zu delegieren, so waren dies zu viele Mütter, um das ganze noch als Abweichung von der Regel abzutun." Beim Fernammenwesen lag die Mortalität der Säuglinge und Kleinkinder z.T. noch höher als in den städtischen Findelhäusern. Dies war vor allem dann der Fall, wenn die Fernammen als Trockenammen agierten, d.h. die übergebenen Kinder nicht stillten, sondern künstlich ernährten. In die Findelhäuser gelangten nicht nur ausgesetzte oder elternlose Kinder, sondern auch Kinder, deren Eltern Angst hatten, weder sich noch ihr Kind ernähren zu können. Dass die Trennung von den leiblichen Eltern für die Kinder generell ein enormes Lebensrisiko darstellte, war nur wenigen Eltern bewusst.

Die künstliche Ernährung

Der Gebrauch von Tiermilch zur künstlichen Ernährung von Säuglingen ist vermutlich eine der Begleiterscheinungen der Domestikation. Bei einem Mangel an stillfähigen Frauen oder in sonstigen Notfällen war man nunmehr in der Lage Säuglingen die Milch von Haustieren zu verabreichen. Dies war ein erster bedeutender Schritt in Richtung künstliche Ernährung von Säuglingen. Zugleich barg dieser Schritt aber auch erhebliche Risiken für die Kinder, da die Tiermilch grundsätzlich nicht zur direkten Verwendung für Säuglinge geeignet ist. Aussagen über die künstliche Ernährung von Säuglingen mit Tiermilch sind allerdings solange reine Spekulation, wie entsprechende Quellen fehlen; auch der Zeitpunkt der frühesten Nutzung der Milch von Tieren ist umstritten. Nach Sherrat (1981,275) soll eine über die reine Fleischhaltung hinausgehende Nutzung von Haustieren erst mehrere Jahrtausende nach Einführung der produzierenden Wirtschaftsweise (secondary products revolution) aufgekommen sein. Vorausgegangen sei ein Stadium, in dem zunächst vergorene Milch verarbeitet und genossen wurde. Bökönyi (1994) hingegen vertritt die Meinung, dass Milch zu den ersten Produkten gehört, die nach der Domestikation Tieren entnommen wurde und dass man die Gerinnung der Milch bald nach Beginn ihres Gebrauchs entdeckt habe.

Nach Legge (1989) ist die Haltung von Rindern zur Milchproduktion, kalorisch gesehen und als Eiweißlieferant, 3-5 mal effektiver als zur Fleischproduktion. Daher seien Rinder wahrscheinlich schon bald nach der Neolithisierung nicht ausschließlich zur Fleischgewinnung gehalten worden. So weisen Pflugspuren auf Arbeitstiere hin und der Nachweis von siebartigen Gefäßen seit der ältesten Bandkeramik lässt zumindest indirekt auf eine frühe Nutzung von Milch schließen (Bogucki 1984; Pinsker 1993; Vosteen 1994). Verschiedene Autoren vertreten im Zusammenhang mit dem Ursprung der Domestikation die Auffassung, dass dies über die Aufzucht von Jungtieren geschah und dabei Frauen die Mutterrolle resp. das Stillen dieser Jungtiere übernommen hätten (z.B. Benecke 1994).

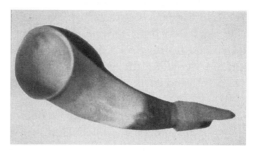

Abb. 3 a-d: Gefäße zur künstlichen Kinderernährung: a: Altägyptischer Saugtopf aus dem Alten Reich um 2.500 v.Chr. b: Gefäß in Tiergestalt Zypern ca. 3.000 v.Chr. c: Römisches Glasgefäß des 1.Jh.n.Chr. d: Kuhhorn mit aufgebundenem Sauger aus der Frühen Neuzeit. (nach Fildes 1986, Klebe und Schadewaldt 1955)

Dass solche Ansichten durchaus ihre Berechtigung haben, zeigen weltweite Belege über Frauen als Ammen von Tieren. Diese Belege reichen von der Urgeschichte bis in die Gegenwart (vgl. Müller-Karpe 1968). Wenn also das Stillen von Tieren überall in der Welt gebräuchlich war und ist, dann könnte diese Form des Ammenwesens tatsächlich eine wesentliche Rolle bei der Domestikation der ersten Haustiere gespielt haben (Simoons & Baldwin 1982).

Nach archäologischen Funden keramischer Kleingefäße war die künstliche Ernährung schon lange vor der Antike verbreitet (Abb. 3a-d). Ältestes Beispiel ist ein ägyptischer Saugtopf mit Tülle, der um 2500 v.Chr. im sog. Alten Reich entstand (Abb. 3a). Ab der späten Bronzezeit um 1500 v.Chr. (sog. Urnenfelderzeit) treten Säuglingstrinkgefäße in immer größerer Anzahl auf, wobei sich sukzessive Aussehen und technische Ausgestaltung verbessern (Eibner 1973). Etwa um 1000 v.Chr. existieren dann Gefäßtypen, die schon aufgrund ihrer Form und Verzierungsmuster auf ihre Nutzung für die Säuglingsernährung schließen lassen. Bei Ausgrabungen in Pompeji (zerstört 79 n.Chr.) entdeckte Sauggefäße in Kindergräbern belegen, dass die künstliche Ernährung von Säuglingen im 1. Jh. n.Chr. bereits ausgedehnte Verwendung gefunden hatte. Das Schrifttum der Antike liefert dagegen kaum Hinweise auf die künstliche Ernährung von Säuglingen, berichtet aber ausführlich über das Ammenwesen, was damit zusammenhängt, dass die antiken Ärzte primär die begüterte Stadtklientel versorgten. Erst nach der Zeitenwende findet die künstliche Ernährung von Säuglingen häufiger Eingang in das antike Schrifttum und im verschwenderischen und bequemen Rom des 2. Jh. n.Chr. hatte die künstliche Ernährung das maternale Stillen in den Hintergrund gedrängt. Zu der großen Zahl an Saugammen gesellten sich bei der raschen Zunahme der künstlichen Ernährung jetzt die Trockenammen (*assae nutrices*), welche die Säuglinge mittels Sauggefäßen, durchbohrten Hörnern, speziellen Löffeln etc. fütterten (Abb.3c). Die schlichte Einfachheit aller frühen Sauggefäße soll dafür sprechen, dass diese primär von den niederen Ständen benutzt wurden, die sich keine Ammen für ihre Kinder leisten konnten. Die Funde von Pompeji widerlegen diese Ansicht. Dort finden sich diese Gefäße zuhauf in Kindergräbern der Oberschicht, was die vorausgehenden Aussagen relativiert. Auf dem Land ist das maternale Stillen wegen fehlender Alternativen auch während des Mittelalters noch die Option der Wahl. Erst mit Beginn der Frühen Neuzeit, als sich durch den Einfluss wirtschaftlicher, religiöser, konfessioneller und traditioneller Fakten die Mentalität für die Wertschätzung und Hingabe zum Kind ändert, setzt auch auf dem Land ein regelrechter Trend zur künstlichen Säuglingsernährung ein (Imhof 1981).

Als Alternativen zum Stillen standen Biersuppen, Fleischbrühen, Mehlbreie (sog. Paps) und in günstigen Fällen Tiermilch zur Verfügung (Klebe & Schadewaldt 1955). Bei den Suppen und Breien darf man ihre generelle Eignung zur Säuglingsernährung anzweifeln. Auf dem Land und in den Findelhäusern bekamen die Kinder vor allem Mehlpap gereicht, der billig und einfach herzustellen war: Mehl wird mit Wasser oder Milch zu Brei vermischt. Geeignetere Milch-Schleim-Zuckermischungen kamen erst im späten 19. Jh. in Mode. Unverdünnte Tiermilch bereitet unabhängig davon, von welchem Tier sie stammt, erhebliche gesundheitliche Probleme bei der künstlichen Ernährung der Kinder. Kuhmilch z.B. enthält etwa dreimal soviel Eiweiß wie die Muttermilch und hat hohe Mineralgehalte. Der überschüssige Proteingehalt kann von der Niere des Säuglings nicht ausgeschieden werden, so dass es zu Nierenfunktionsstörungen kommen kann. Der hohe Calciumgehalt der Kuhmilch kann zur Bildung unlöslicher Kalkseifen führen, was die Entstehung von Fettstühlen begünstigt und die Calciumresorption hemmt. Muttermilch enthält darüber hinaus stickstoffhaltige Kohlenhydrate, die bestimmten Bakterien als Nährstoff dienen. Diese bilden daraus Milchsäure, welche über ihren Einfluss auf den Darm-pH das Wachstum pathogener Keime hemmt. Bei der nicht seltenen Kuhmilchallergie werden vor allem gastro-intestinale (z.B. persistierende Diarrhöen), dermatologische (Ekzeme) und Atmungsprobleme (chronische Bronchitis, Asthma) beobachtet.

Aber auch mit verschiedensten Flüssigkeiten (z.B. Hopfen- oder Weizenwasser) verdünnte Tiermilch oder die in den niederen Schichten beliebten Mehlbreie brachten vielen Säuglingen einen frühen Tod. Den Kindern fehlten zum einen die in den ersten Lebensmonaten so außerordentlich wichtigen und nur in der Muttermilch vorhandenen Immunglobuline zur Stärkung ihrer Abwehr, zum anderen führten die unhygienischen Standardbedingungen der Zeit über kurz oder lang vor allem zu Magen-Darm-Infektionen (akuten Diarrhöen), die kaum ein Kind verschonten. Säuglinge sind von einer konstanten Zufuhr an in Relation zum Körpergewicht großen Mengen an Flüssigkeits- und Nährstoffen extrem abhängig. Daher kann jede Ernährungsstörung schwere Folgen hervorrufen: Bereits kurze Durchfälle, die bei Kleinkindern häufig von Erbrechen begleitet sind, können zu erheblichen Flüssigkeits- und Elektrolytverlusten führen (Dehydratationsgefahr, Toxikose). Stellen sich chronische Diarrhöen ein, bedeutet dies für vor allem für geschwächte Kinder das Todesurteil. Die Infektionsgefahr lauerte damals überall: die Nahrungsmittel wurden nicht entsprechend (gekühlt) aufbewahrt, die gereichte Milch war häufig nur lauwarm zubereitet und ungekocht, die Sauggefäße und Saugtüllen wurden kaum gereinigt, geschweige denn abgekocht und steril aufbewahrt Auch der Gesundheitszustand der Melktiere war oftmals schlecht, die Qualität des Futters nicht hoch, die Stallhygiene und die Behandlung der Milch nach dem Melken ungenügend. Unter diesen Umständen galt die künstliche Ernährung, unabhängig davon, ob Tiermilch oder sonstige Ersatznahrung verwendet wurde, bis weit ins 19. Jh. hinein generell als lebensbedrohlich für Säuglinge. Nachdem Ende des 19. Jh. die Sterilisierung der Milch eingeführt worden war, verbesserten sich schlagartig die Überlebenschancen der Kinder.

Ziegenmilch besitzt einzigartige physiologische und stoffwechselrelevante Eigenschaften, die sie von der Kuhmilch unterscheidet. Bedeutsam für die Säuglingsernährung ist ihr hypoallerger Charakter. Nahrung auf Ziegenmilchbasis stellt eine diätetische Alternative für solche Säuglinge dar, die an Überempfindlichkeit, Atemwegserkrankungen oder Verdauungsproblemen leiden, weil sie keine Kuhmilch oder andere Nahrung vertragen (Biggart 1996). Dass man in der Antike oder auch im frühen 19. Jh. bereits über die Vorteile der Ziegenmilch informiert war, ist kaum anzunehmen. Wahrscheinlich gediehen Kinder, die mit Ziegenmilch aufgezogen wurden im Vergleich mit Kindern, die Kuhmilch erhielten, einfach besser, weshalb man dann in verschiedenen Ländern dazu überging, Babys mit Ziegenmilch zu füttern oder sogar sie direkt am Euter der Tiere anzulegen (Abb.4a,b). Die Initiative für die Verwendung von Ziegen zum Stillen geht auf einen deutschen Dorfarzt zurück, der sich für die Ziege überall dort einsetzte, wo die Mutter nicht selbst stillen konnte (Zwierlein 1817). Als besonders geeignet schienen zweijährige Kaschmirziegen, deren Milch völlig geruchlos ist (Bókay 1928). Wegen der erwähnten gesundheitlichen Probleme bei der Verwendung von tierischer Vollmilch war auch dem Einsatz von Ziegen als Ammen nur ein relativer Erfolg vergönnt.

Abb. 4a,b: Künstliche Ernährung, wie sie in Findelhäusern verschiedener Länder praktiziert wurde: Direktes Trinken der Säuglinge am Euter von Tieren a: Ziegen wurde zum Säugen von Findelkindern besonders ab dem späten 18. Jh. eingesetzt. b: Esel wurden im *Hospice des enfants malades*, Paris, bis zum frühen 20. Jh. als Ammen eingesetzt (nach Fildes 1986).

Eselsmilch hat als erster der französische Pädiater *Parrot* zur Ernährung syphylitischer Findelkinder benutzt, die wegen ihrer ansteckenden Krankheit nicht durch Ammen ernährt werden konnten. Durch das direkte Anlegen der Säuglinge am Tiereuter war die Infektionsgefahr reduziert und die hohe Sterblichkeit der syphilitischen Kinder konnte erheblich gesenkt werden. Eselsmilch hat darüber hinaus den Vorteil, dass ihr Proteingehalt geringer ist als der von Ziegen- oder Kuhvollmilch, so dass die Säuglinge diese besser vertrugen. Was die Säuglingsdiätetik angeht, waren dem Arzt Konrad von Eichstätt (gest. 1342) schon im 14. Jh., folgende Qualitätsabstufungen bei der Milch bekannt: *„das frawen milch die pest ist, darnach die esels milch und darnach die geyß milch...aber schaffmilch, die ist grober art und grimmet schier in dem magen. Darnach ist rinderine milch aller grobest und ist auch schmalzreicher"* (Hagenmeyer 1995: 212). Das Überleben eines Kindes, das mit Kuhmilch aufgezogen wurde, grenzte daher fast an ein Wunder. Ein Vergleich der Zusammensetzung der Milch beim Menschen und verschiedenen Haustieren (Kuh, Ziege, Esel) macht deutlich, dass die Differenzen vor allem den Eiweißgehalt, die Mineralien und die Lactose betreffen. Der Proteingehalt von Kuh- und Ziegenmilch ist mehr als doppelt so hoch wie derjenige von Muttermilch (bei Eselsmilch geringfügig höher), der Mineralgehalt der Milch doppelt (Esel) bis 4mal so hoch (Ziege) und der Lactosegehalt bei allen Haustieren deutlich niedriger als in Muttermilch (Fauve-Chamoux 2000: 627).

Ernährung und Säuglingssterblichkeit

Nachdem bisher die Möglichkeiten erörtert wurden, wie ein Säugling ernährt werden kann, wollen wir uns nun der Frage zuwenden, auf die der Beitrag fokussiert: Hat die Sterblichkeit von Säuglingen etwas mit der Art ihrer Ernährung zu tun? Vergegenwärtigt man sich die aktuellen Zahlen zur Säuglingssterblichkeit, die in den 10 Industrieländern mit der niedrigsten Mortalitätsrate zwischen 1-4,1‰ liegen, in Ländern mit der höchsten Säuglingssterblichkeit zwischen 15-20% (Angola 198‰, Afghanistan 154‰, Sierra Leone 153‰), so zeigt sich darin das Ausmaß der „sozialen Ungleichheit vor dem Tod" (www.prb.org). Die am häufigsten genannten Gründe für hohe Sterblichkeitsziffern in der heutigen Zeit (Entwicklungsländer) dürften z.T. auch für das 18./19. Jh. als relevant gelten: langandauernde Subsistenzkrisen und epidemische Krisen (Pfister 1994). Diese gehen u.a. einher mit Unterernährung, katastrophalen hygienischen Bedingungen, hohem Infektionsrisiko und Epidemien. Bei solchen Lebensbedingungen hatten und haben Säuglinge, die nicht gestillt werden, kaum Überlebenschancen. Im Deutschland des 18./19. Jh. galten Sterblichkeitsziffern von durchschnittlich 20% als normal, auch wenn mütterlicherseits gestillt wurde; dort, wo nicht oder nur wenig gestillt wurde (z.B. in Teilen Süddeutschlands und der Schweiz) waren gar Mortalitätsraten von 30-40% und mehr keine Seltenheit. Eine wesentliche Rolle spielte auch die konfessionsspezifische Einstellung zum Leben. So war in katholischen Gegenden die Mortalität der Säuglinge stets höher: einmal weil es hier mehr Geburten gab und das sog. Himmeln bei fünf und mehr Kindern erwünscht und durch bewusste Vernachlässigung im Pflegeverhalten und durch unzureichende oder Fehlernährung herbeigeführt worden sei (Ulrich-Bochsler 1997).

Welche validen Quellen existieren, um den Zusammenhang zwischen Ernährungs- und Stillgewohnheiten auf der einen und der Säuglingsmortalität auf der anderen Seite zu stützen? Das eigentliche statistische Zeitalter beginnt in Westeuropa mit dem 19. Jh.; davor fehlen ähnlich verlässliche Statistiken zur Säuglingssterblichkeit. Das heißt aber nicht, dass Säuglingssterbeziffern aus der „vorstatistischen Epoche" (Rödel 1989) gänzlich zu verwerfen sind. Nach Kloke (1998,5) sind allerdings deutliche Abstriche zu machen: die älteren Statistiken zur Mortalität der Säuglinge unterschieden sich „hinsichtlich der Repräsentativität der Datensätze..., ... der Zuverlässigkeit der ...Quellen und hinsichtlich der Methode, mit der die Ziffern ermittelt wurden. Besonders gravierend sind jedoch die Differenzen im interpretatorischen Ansatz."

Zur Untermauerung der Hypothese einer positiven Korrelation zwischen der Säuglingssterblichkeit und der Art der Säuglingsernährung wird nachfolgend primär auf Untersuchungsergebnisse aus der zweiten Hälfte des 19. Jh. zurückgegriffen, als zunehmend mehr Mediziner und Demographen über die Ursachen der Säuglingssterblichkeit forschen (von Mayr 1870, Würzburg 1887/88, Bernheim 1888, Prinzing 1899). Sie stützten sich dabei auf staatlich angeordnete statistische Erhebungen, die noch heute eine der wichtigsten Quellen für die Erforschung der Säuglingssterblichkeit darstellen (Knodel 1974, Imhof 1981). Es spricht einiges dafür, dass die

Übersterblichkeit der Säuglinge in den Jahrhunderten davor nicht wesentlich anders gewesen sein kann.

Ab dem 16. Jh. macht sich in den Städten, aber auch in verschiedenen ländlichen Bereichen Europas zunehmend eine Stillunfreudigkeit breit, die nunmehr auch die niederen Stände umfasst und national und regional außerordentlich große Unterschiede aufweist. Die deutlichen Differenzen in der Stilltätigkeit (Stillfrequenz/Stilldauer) halten in Ausmaß und regionaler Verteilung bis zum Ende des 19. Jh. an (Siebert et al. 1997). Nicht ungewöhnlich war, dass dabei innerhalb benachbarter Regionen einerseits das mütterliche Stillen fast völlig zum Erliegen gekommen war und andererseits eine hohe Stillfrequenz bestand. Die Unterschiede zwischen denjenigen Ländern und Regionen, in denen gut gestillt wurde und jenen, in denen die Säuglinge vorwiegend künstlich (Mehlbrei, Grütze, fette Suppen) ernährt wurden, machten sich in einer höheren Mortalität der Neugeborenen und Säuglinge bemerkbar (Tab. 1). Die hohe Säuglingssterblichkeit im Deutschen Reich um die Mitte des 19. Jh. war im wesentlichen durch die kolossale Sterblichkeit der Säuglinge im Süden Deutschlands bedingt (Bernheim 1888). Württemberg, Bayern und Baden wiesen die höchste Säuglingssterblichkeit in Europa auf; nordeuropäische Länder wie Norwegen, Schweden und Schottland sowie norddeutsche Länder wie Schleswig-Holstein und Oldenburg die niedrigste.

Tab. 1: Säuglingssterblichkeit in ausgewählten europäischen Ländern (n. von Mayr 1870).

Land	Zeitraum	Mortalität in Prozent
Norwegen	1856 - 1865	10,4
Schottland	1855 – 1864	11,9
Schleswig-Holstein	1855 – 1859	12,4
England	1851 – 1860	15,4
Frankreich	1851 – 1860	17,3
Preußen	1859 – 1864	20,4
Italien	1863 – 1868	22,8
Österreich	1856 – 1865	25,1
Bayern	1827 – 1869	30,7
Württemberg	1858 – 1866	35,4

Nach Bernheim (1888: 575) klagten noch Anfang der 80er Jahre des 19.Jh. – als es andernorts aufgrund gesundheitspolitischer Maßnahmen bereits zu einem Umdenken in der Stillfrage kam – die praktischen Ärzte in Bayern und Schwaben, wo maximal ein Drittel der Mütter stillte, „über die grosse Abneigung, die unbesiegbaren Vorurtheile, welche gegen das Selbststillen der Mütter bestehen... – von denselben melden schon Berichte aus dem Jahre 1524," also Jahrhunderte zuvor. In benachbarten Regionen wie Franken und der Pfalz war gleichzeitig eine gute Stillmoral (80-90%) der Mütter zu beobachten. Es verwundert daher nicht, dass die Säuglingssterblichkeit in Bayern und Schwaben nahezu doppelt so hoch lag wie in der Pfalz oder in Franken, wo die Mehrzahl der Mütter etwa 18 Monate stillte (Tab. 2).

Tab. 2: Kindersterblichkeit in Bayern 1882 in Gebieten mit schlechter° und guter* Stilltätigkeit (n. Bernheim 1888)

	1. Lj.		2.-5. Lj.		6.-10. Lj.		0-10 Jahre
Oberbayern°	43,8		10,3		2,6		
Niederbayern°	44,5	44,0	10,8	9,8	3,4	2,9	56,7
Schwaben°	43,8		8,7		2,7		
Pfalz*	27,6		15,2		3,6		
Oberfranken*	26,3	26,3	15,4	14,5	4,5	4,1	44,9
Unterfranken*	25,0		13,0		4,1		

Nach der Auswertung von Stilldaten und Angaben zur Säuglingsmortalität aus 108 bayerischen Bezirken zwischen 1900-1906 kam Knodel (1977,1112) zu dem Schluss: „A 10 percent reduction in the percentage of mothers who breast-fed is associated with an increase of 21 infant deaths per 1000 births; according to the regression equation, with 100 percent breast-feeding the infant mortality rate would have been 148, and in the total absence of breast feeding von 355." Siebert et al. (1997) sowie Knodel und van de Walle (1967) vermuteten, dass die in Bayern höhere Sterblichkeit im Vergleich zu Franken und der Pfalz neben der Stillabstinenz durch einen höheren Anteil unehelicher Kinder, einen geringeren Bildungsgrad der Bevölkerung und die Konfessionszugehörigkeit mitverursacht sei. Was den Anteil unehelicher Kinder betrifft, so liegt der Durchschnitt für die Pfalz und Franken bei 9,8%, für Bayern und Schwaben bei 15,5% (Oberbayern 18,9%). Dies scheint ein nicht zu unterschätzender Faktor zur Erklärung der Differenzen in der Säuglingssterblichkeit zu sein, doch sicher nicht der entscheidende. Das Analphabetentum lag in der protestantischen Bevölkerung z.T. deutlich niedriger als in der katholischen Bevölkerung (z.B. in Preussen), greift jedoch nicht beim Vergleich Bayern/Schwaben versus Pfalz/Franken (Bernheim 1888). Der Einfluss der Konfession auf die Sterblichkeit wird damit begründet, dass die duldende Hingabe irdischer Schicksalsschläge als gottgewollte Fügung in der katholischen Mentalität stärker vertreten war als in der protestantischen (Imhof 1981). Dafür, dass katholische Mütter durch Mangel- und Fehlernährung, unzureichende Hygiene und allgemeine Vernachlässigung den frühen Tod ihrer Kinder zumindest billigend in Kauf genommen haben, finden sich eindeutige Hinweise in der zeitgenössischen Literatur: „Sogar das zärtlichste Mutterherz wird für das fünfte Kind gleichgültig, und dem sechsten wünscht sie laut den Tod, dass das Kind, wie man sich hier ausdrückt, himmeln sollte" (Hazzi 1801,182).

Die augenscheinlichsten Hinweise auf einen Zusammenhang mit der Sterblichkeit ergeben sich aus dem geradezu entgegengesetzten Verhalten bezüglich der Ernährung der Kinder in Bayern und Schwaben einerseits sowie der Pfalz und Franken andererseits. In der Pfalz und in Franken erfolgte die Ernährung der Kinder fast ausnahmslos durchschnittlich 18 Monate an der Mutterbrust, während in Bayern und in Schwaben meist nur kurz gestillt und bereits in den ersten Lebenstagen Milchbrei zugefüttert wurde, so dass diese Säuglinge häufig Verdauensstörungen, Allergien und andere schwerwiegende Begleitsymptomen entwickelten. Die Folgen dieser Verhaltensmaßnahmen sind bekannt: „Wo den Kindern die Mutterbrust versagt wird und an Stelle der natürlichen die künstliche Ernährung tritt, da erreicht die Kindersterblichkeit eine erschreckende Höhe" (Bernheim 1888,553). Diese Aussage bezog sich keinesfalls nur auf das Deutsche Reich. In ganz Europa waren die Hauptursachen für die differentielle Säuglingssterblichkeit eindeutig mit der Stilltätigkeit und der allgemeinen Fürsorge für die Kinder korreliert. Überall dort, wo das mütterliche Stillen stärker verbreitet war (z.B. England, Dänemark, Schweden), lag die Säuglingssterblichkeit um ein vielfaches niedriger als in Frankreich, Holland und Deutschland. Bei städtischen Handwerkerfamilien in Paris und Lyon betrug die Säuglingssterblichkeit legaler Kinder im 1. Lebensjahr 25%. Als man in Lyon den Frauen ab 1780 Geld für die Brustfütterung der eigenen Kinder zahlte, sank die Sterblichkeit um knapp 10% auf 15%. Wurden Kinder zu Ammen gegeben, verdoppelte sich ihre Sterblichkeit. Zum Beispiel starben in Rouen 40% legitimer Kinder, wenn sie zu Ammen gegeben wurden. Bei den von ihren Müttern gestillten Kindern dagegen betrug die Sterblichkeit „nur" 20%. In Paris und Lyon kamen sogar nur ein Drittel der zu Ammen gegebenen legitimen Kindern lebend zu ihren Eltern zurück (Bardet 1973).

Auf einen bevölkerungsbiologisch interessanten Aspekt ist bei genauerer Datenanalyse der Tabelle 2 noch hinzuweisen. Die im Säuglingsalter erhöhte Sterblichkeit der Kinder in Bayern und Schwaben, wo kaum gestillt wurde, wird im weiteren Verlauf der Kindheit durch eine geringere Mortalität als in den Gebieten, wo viel gestillt wurde (Pfalz/Franken), teilweise kompensiert. Dieser Sachverhalt ist nur dadurch zu erklären, dass die „Überlebenden" nichtgestillten Kinder einer biologischen Selektion unterlagen und ihre weiteren Lebensabschnitte offenbar konstitutionell besser überstanden.

Erst das sich Ende des 19. Jh. entwickelnde Gesundheitswesen erkannte die Zusammenhänge zwischen Stillfrequenz und Säuglingsmortalität und propagierte – durch teils recht drastische Darstellungen – wieder das mütterliche Stillen (Siebert et al. 1997). Diese Entwicklung hielt jedoch nicht lange an. Daher ist ein Wechsel zwischen regelrechten Stillrenaissancen und Stillabstinenzen die Regel (Abb.5a,b). Auch in der Gegenwart zeigen sich große Unterschiede in der Stilltätigkeit zwischen einzelnen europäischen Ländern. In Deutschland wird ein Stillboom seit den siebziger Jahren beobachtet. Gegenwärtig stillen in Deutschland etwa 55% der Mütter nach der Geburt voll, 28% teilweise. Echte Stillkulturen finden sich heutzutage in Schweden (95%) und in Lettland (90%). Die Schlusslichter bilden derzeit Irland und Italien mit 30% voll stillenden Müttern (Siebert et al. 1997,13). Einzig ernsthaftes Argument gegen das Stillen kann eine hohe Schadstoffbelastung der Muttermilch sein: „Babys sind, ökologisch gesehen, das Endglied einer Nahrungskette, bei der in jeder Stufe

Die Übersterblichkeit der Säuglinge und Kleinkinder in der frühen Neuzeit

gesundheitsgefährdende Chemikalien [z.B. Hexachlorbenzol (HCB), polychlorierte Biphenyle (PCB); Dioxinen (DDT) KWA] angereichert werden" (Broll 1998, 105). Noch bis in die achtziger Jahren wurden von Toxikologen daher Empfehlungen ausgesprochen, Säuglinge nur kurz zu stillen, da die Gefahr der Anreicherung schädlicher Industriechemikalien hoch war.

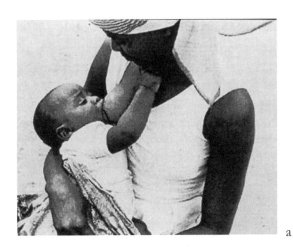
a

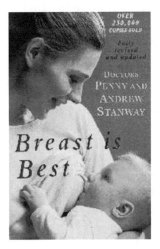
b

Abb. 5a,b: Seit der Antike sind Stillkampagnen gegen die nachlassende Stilltätigkeit der Frauen bekannt. a: WHO-Kampagne gegen die zunehmende künstliche Ernährung in der sog. 3.Welt, Sambia um 1960. (Siebert et al. 1997) b: Cover von „Breast is best" (Stanway & Stanway, 1996). http://www.transatlanticpub.com/cat/health/breast.html

Zur Situation der Findelkinder

Am dramatischsten in der Frühen Neuzeit war die Situation illegitimer Kinder, deren Anzahl aufgrund der restriktiven Heiratspolitik des Staates hoch war. Sie wurden vernachlässigt, ausgesetzt oder landeten in Findelhäusern, wo sie Säug- und Trockenammen zur Betreuung übergeben wurden (Hrdy 2000). Die Sterblichkeit der Säuglinge war dort in der Regel so hoch, dass nur wenige Kinder die ersten Lebensmonate überlebten. Außer karitativen Stellen schien kaum jemand ein wirkliches Interesse an diesen Kindern zu haben. Aufgrund andauernder finanzieller und personeller Engpässe waren die karitativen Stellen aber nicht in der Lage, die hohe Säuglings- und Kindersterblichkeit in den Findelhäusern Europas zu senken (Tab. 3). Die Regelernährung in den Findelhäusern war die künstliche Ernährung, da es bei weitem nicht genügend Ammen in den Heimen gab, um alle Kinder zu stillen.

Tab. 3: Sterblichkeit von Säuglingen in französischen Findelhäusern (n. Chamoux 1973)

	Hotel-Dieu Paris*	Pariser Vororte	Franz. Provinz	Total
Findelkinder	6.523	14.552	9.039	30.114
Tod im 1. Lebensmonat	5.395	10.650	5.854	21.899
Tod im 1. Lebensjahr	5.892	12.185	7.180	25.257
Tod im 1. Lebensmonat	82,7%	73,1%	64,7%	72,7%
Tod im 1. Lebensjahr	90,3%	83,7%	79,4%	83,8%

*weithin berüchtigtes Findelhaus

Neben illegitimen gelangten auch legitime Kinder in die Findelhäusern, wenn ihre Eltern Angst hatten, weder sich noch ihr Kind ernähren zu können. Ziegen und Esel wurden eine Zeitlang vor allem in Findelhäusern Frankreichs und Hollands als Ammen für Säuglinge gehalten. Die Säuglinge erhielten so sterile Milch, genau wie aus der Mutterbrust, auch wenn diese Vollmilch für sie ungeeignet war (s. Kap. Die künstliche Ernährung).

Schlussbetrachtungen

Die Relation zwischen Sterblichkeit und Ernährung fokussiert im Kern auf die Stellung des Kindes in früheren Gesellschaften. Nach Ariès (1975) hat die mittelalterliche und frühneuzeitliche Gesellschaft kein bewusstes Verhältnis zur Kindheit und die Einstellung dazu schwanke zwischen Ignoranz, Indifferenz und Ablehnung; eine Ansicht, der heute vehement widersprochen wird. Arnold (1980) beispielsweise sieht die Kinder keinesfalls als ungeliebte Wesen, sondern diesen kam sehr wohl eine eigene Identität zu. Nitschke (1989) zweifelt nicht daran, „dass die Kindersterblichkeit mit Krankheiten, speziell mit Epidemien, mit der Ernährung und mit der wirtschaftlichen Situation der Familie eng zusammenhängt" und dass es wenigen Kindern vergönnt war, die ersten Lebensjahre zu überleben. Wie Dittmann und Grupe (2000,346) belegen, barg selbst der Lebensabschnitt der Entwöhnung noch ein hohes Sterberisiko für die Kinder früherer Zeiten: „...and the lack of appropriate milk substitutes in an environment with potentially unstable dietary support at least permits the hypothesis that also in history, a relationship between weaning and infant mortality should have existed). Bei von ihnen untersuchten frühmittelalterlichen Kindern wurde im Alter von 3-4 Jahren eine erhöhte Sterblichkeit beobachtet, deren Ursachen eindeutig in den Kontext des Abstillens gestellt werden können (vgl. Hühne-Osterloh & Grupe 1989). Um wie viel schwerwiegender muss sich ein frühes Abstillen und eine Umstellung auf künstliche Ernährung bei Säuglingen ausgewirkt haben. Neuere Zugänge zum Verständnis der Kindersterblichkeit machen aber auch deutlich, dass es über die Art der Ernährung hinaus essentiell für die Gesundheit der Kinder war, welche persönliche Fürsorge und Zuneigung ihnen zuteil wurde. Vorschnell hatte man aus der Existenz des Fernammenwesens in Frankreich auf die generell fehlende Mutterliebe in der traditionellen Gesellschaft geschlossen. Doch dieses Fernammenwesen existierte in Deutschland und anderen Ländern kaum in dieser Form.

Kulturübergreifend stellt maternales Stillen wohl die wichtigste Form der Säuglingsernährung dar. Die getroffenen Aussagen und die vorgelegten Ergebnisse unterstützen uneingeschränkt die Hypothese, dass die Säuglingssterblichkeit mit den Still- und Ernährungsgewohnheiten positiv korreliert ist. Darüber hinaus nahm der rechtliche Status (legitim versus illegitim) der Säuglinge sowie eine Vielzahl weiterer Determinanten (z.B. Konfession, Sozioökonomie, Geschlechtspräferenz, Geburtsrang) Einfluss auf die Sterblichkeit (vgl. dazu auch Kemkes-Grottenthaler, in diesem Band). Das Überleben eines Säuglings war damit abhängig von der Tatsache, ob er gestillt oder künstlich ernährt wurde, ob das Stillen maternal oder kommerziell erfolgte, ob das Fremdstillen oder die künstliche Ernährung im Hause der Eltern oder außerhalb stattfand, welcher Art die künstliche Ernährung war, ob die Handfütterung durch die Eltern oder durch Trockenammen erfolgte, welche rechtliche Stellung der Säugling besaß und im Falle illegitimer Säuglinge, ob sie in der Obacht der Mutter verblieben oder in Findlingshäusern abgegeben wurden. Grundsätzlich kann festgestellt werden, das jegliche Alternative zur mütterlichen Brusternährung – mit Ausnahme des Hausammenwesens – einen deutlichen Anstieg der Säuglingsmortalität nach sich zieht. Das Hausammenwesen hat sich wohl deshalb kaum auf die Sterblichkeit der anvertrauten Kinder ausgewirkt, weil hier wirksame Kontrollmöglichkeiten durch die Eltern bestanden. Verwertbare Daten darüber existieren jedoch nicht. Die Sterblichkeit stieg immer dann deutlich im Vergleich zum maternalen Stillen an, wenn das Fremdstillen außerhalb des eigenen Hauses stattfand. Erwähnt wurde bereits, dass die Saugammen aus sozialer Not häufig mehrere fremde und z.T. noch eigene Kinder stillten. Ohne jegliche soziale Kontrolle waren die Säuglinge den Ammen, armen Frauen, die mit wenig Enthusiasmus fremde Säuglinge stillten, um damit ihren Lebensunterhalt zu verdienen, völlig ausgeliefert. Daher verwundert es auch nicht, dass die Säuglingsmortalität bei dem in Frankreich weit verbreiteten Fernammenwesen z.T. noch höher als in den städtischen Findelhäusern lag. Die Frage, ob die Säuglingssterblichkeit etwas mit der Art und Weise der Ernährung der Kinder zu tun hat, muss eindeutig mit ja beantwortet werden. Wie ein Säugling ernährt wurde, war entscheidend mit dafür verantwortlich, ob ein Kind allein die bereits hohe Mortalität von 20-25% zu fürchten hatte, die noch Anfang des 20.Jh. Bestand hatte, wenn es die eigene Mutter stillte oder ob es beim Fremdstillen bzw. bei künstlicher Ernährung mit doppelt so hohen und beim Vorliegen von besonderen Umständen (z.B. als Findelkind) sogar mit bis zu über 90%igen Mortalitätsraten nur geringe Aussichten hatte, seine frühe Kindheit zu überleben. Da den Menschen in historischen Zeiten die Zusammenhänge zwischen der Sterblichkeit und der Ernährung von Säuglingen weitgehend unbekannt waren, ist den Eltern ihr Versagen in der Aufzucht der Kinder primär wohl kaum bewusst gewesen (Alt 2002). Generelle Schuldzuweisungen im Kontext der Säuglings- und Kleinkindersterblichkeit wären daher fehl am Platze. So war der Tod für diejenigen Kinder, welche im Rahmen der allgemein hohen Sterblichkeit von 20-40% kein Überleben vergönnt war, unberechenbares Schicksal. Über die zeitgenössischen Frequenzen in der Sterblichkeit hinaus beginnt die Übersterblichkeit. Deren Ursachen betreffen vor allem das Ammenwesen in den weniger begüterten Familien, die Situation von Findelkindern sowie das Fehlen adäquater künstlicher Ernährung. Es muss konstatiert werden, dass die möglicherweise fatalen Folgen für nicht gestillte Säuglinge zumindest teilweise von den Eltern billigend in Kauf genommen wurden. Den häufig mit der Betreuung von mehreren Kindern überforderten Ammen, darf auf keinen Fall die alleine Verantwortung zufallen. Auch wenn persönliche Schuldzuweisungen schwierig sind, was die Übersterblichkeit betrifft; der Tod eines jeden Kindes ist letzlich auf menschliches Versagen zurückzuführen.

Danksagung

Mein Dank gilt V. Fildes; U. Töllner, Fulda; O. Tönz, Luzern; der C.H. Beck'schen Verlagsbuchhandlung München und dem Nelson-Atkins Museum of Art, Kansas, Missouri, für die freundliche Genehmigung zur Reproduktion von Abbildungen.

Literatur

Alt KW (2002, i.Dr.) Lebensbedingungen und Lebensumstände von Kindern im Mittelalter am Beispiel einer Bergbaubevölkerung. Festschrift Gerhard Fingerlin. Herausgegeben von C. Bücker, M. Hoeper, N. Krohn, J Trumm. Verlag Marie Leidorf, Rahden.
Ammon G (1913) Germania von Cornelius Tacitus. Übersetzung mit Einleitung und Erläuterungen. Buchners Verlag, Bamberg.
Ariès P (1975) Geschichte der Kindheit. Hanser, München.
Arnold K (1980) Kinder und Gesellschaft in Mittelalter und Renaissance. Schöningh, Paderborn.
Bardet JP (1973) Enfants abandonnés et enfants assistés. Sur la population française du XVIIe et XVIIIe siécles, 19-48. Paris.
Benecke N (1994) Der Mensch und seine Haustiere. Die Geschichte einer jahrtausendealten Beziehung. Theiss, Stuttgart.
Bernheim H (1888) Die Intensitäts-Schwankungen der Sterblichkeit in Bayern und Sachsen und deren Factoren. Zeitschrift für Hygiene und Infektionskrankheiten 4, 525-581.
Biggart TJ (1996) Goat milk for the allergic child. Paediatrics today 4 (Dec), 104-105.
Bökönyi S (1994) Über die Entwicklung der Sekundärnutzung. In: Kokabi M, Wahl J (Hrsg.) Beiträge zur Archäozoologie und Prähistorischen Anthropologie. Forschungen und Berichte zur Vor- und Frühgeschichte in Baden Württemberg, Bd. 53, S. 21-28.
Bogucki PI (1984) Ceramic sieves of the Linear Pottery Culture and their economic implications. Oxford Journal of Archaeology 3, 15-30.
Bókay J von (1928) Über die Geschichte der künstlichen Ernährung der Säuglinge. Z Kinderheilk 46, 280-285.

Broll C (1998) Stillen. Der einzig gesunde Schluck. Geo-Wissen 3, 104-105.
Dick D (1987) Yesterday's babies: A history of baby care. Bodley Head, London.
Dittmann K, Grupe G (2000) Biochemical and palaeopathological investigations on weaning and infant mortality in the early Middle Ages. Anthropologischer Anzeiger 58: 345-355.
Donahue MP (1996) Nursing. The finest art. An illustrated history. 2ed. Mosby, St. Louis.
Eibner C (1973) Die urnenfelderzeitlichen Saugefäße. Ein Beitrag zur morphologischen und ergologischen Umschreibung. Prähist Z 48, 144-190.
Fauve-Chamoux A (2000) Breast milk and artificial infant feeding. In: Kiple KF, Coneè Ornelas K (Hrsg.) The Cambridge World History of Food. Vol 1. Cambridge University Press, pp. 626-634.
Fildes VA (1986) Breasts, bottles and babies. A history of infant feeding. Edinburgh University Press, Edinburgh.
Fildes VA (1988) Wet Nursing. A history from antiquity to the present. Basil Blackwell, Oxford.
Green RM (1951) A translation of Galen's Hygiene. Charles C. Thomas, Springfield Ill.
Hagenmeyer C (1995) Das Regimen Sanitatis Konrads von Eichstätt. Quellen, Texte, Wirkungsgeschichte. Sudhoffs Archiv, Beihefte 35. Steiner, Stuttgart.
Hassenstein B (2001) Verhaltensbiologie des Kindes. 5. Aufl. Spektrum Akademischer Verlag, Heidelberg.
Hazzi J (1801) Statistische Aufschlüsse über das Herzogtum Baiern. Steinsche Buchhandlung, Nürnberg. Bd.2.
Hrdy SB (2000) Mutter Natur. Die weibliche Seite der Evolution. Berlin Verlag, Berlin.
Hühne-Osterloh G, Grupe G (1989) Causes of infant mortality in the Middle Ages revealed by chemical and palaeopathological analyses of skeletal remains. Zeitschrift für Morphologie und Anthropologie 77: 247-258.
Imhof AE (1981) Unterschiedliche Säuglingssterblichkeit in Deutschland, 18.-20. Jahrhundert. – Warum ? Zeitschrift für Bevölkerungswissenschaft 7, 343-384.
Imhof AE (1996) Die Zunahme unserer Lebensspanne seit 300 Jahren und ihre Folgen. Schriftenreihe des Bundesministeriums für Familie, Senioren, Frauen und Jugend, 110). Kohlhammer, Stuttgart.
Kintner HJ (1982) The determinants of infant mortality in Germany from 1871 to 1933. Phil Diss, Michigan.
Kintner HJ (1994) Infant mortality decline in Germany, 1871-1925: The roles of changes in variables and changes in the structure of relations. Genus 50 (3,4), 117-134.
Klebe D, Schadewaldt H (1955) Gefäße zur Kinderernährung im Wandel der Zeit. Schirmer und Mahlau, Frankfurt.
Kloke IE (1998) Säuglingssterblichkeit in Deutschland im 18. und 19. Jahrhundert - sechs ländliche Regionen im Vergleich. Phil Diss, Berlin.
Knodel J, van de Walle E (1967) Breast feeding, fertility and infant mortality: an analysis of some early German data. Population studies 21, 109-131.
Knodel J (1977) Breast-feeding and population growth. Science 198, 1111-1115.
Knodel J (1988) Demographic behavior in the past. A study of fourteen German village populations in the 18th and 19th centuries. Cambridge Studies in Population, Economy and Society in Past Time, 6. University Press, Cambridge (Mass.)
Lee R, DeVore I (Hrsg.) (1976) Kalahari Hunter Gatherers: Studies of the !Kung San andtheir neighbors. Harvard University Press, Cambridge, Mass.
Legge AJ (1989) Milking the evidence. In: Milles A et al. (Hrsg.) The beginnings of agriculture. BAR International Series 496. Oxford. 217-241.

Leiste S (1983) Studien zur Darstellung des Kindes und der Kindheit in der bildenden Kunst des ausgehenden Mittelalters und der frühen Neuzeit. Phil Diss, Erlangen.

Mayr G von (1870) Die Sterblichkeit der Kinder während des 1. Lebensjahres in Süddeutschland. Zeitschrift des Königlich Bayerischen statistischen Büreaus, München, 2 (Heft 4) 207-208.

McLaren A (1990) A history of contraception: from antiquity to the present day. Basil Blackwell, Oxford.

Müller-Karpe H (1968) Handbuch der Vorgeschichte. Bd 2, Jungsteinzeit. Text und Tafeln. Beck, München.

Neumann F (1950/51) Stillfragen in der Antike. Zeitschrift für Geburtshilfe 134, 303-317.

Newman J (1996) Immunschutz durch Muttermilch. Spektrum der Wissenschaft. 2, 76-79.

Niemeyer H (Hrsg., 1894) Neudrucke deutscher Literatur des 16. und 17. Jahrhunderts. Niemeyer, Halle.

Nitschke A (1989) Beobachtungen zur Kindersterblichkeit im Mittelalter. Schwierigkeiten und Möglichkeiten der historischen Forschung. Anthropologischer Anzeiger 47, 51-55.

Pfister C (1994) Bevölkerungsgeschichte und Historische Demographie 1500-1800. Enzyklopädie Deutscher Geschichte Bd 28. Oldenbourg, München.

Pinsker B (1993) Die Siedlungskeramik der mittleren Bronzezeit am nördlichen Oberrhein. Materialien zur Vor- und Frühgeschichte Hessens. Wiesbaden.

Prinzing F (1899) Die Entwicklung der Kindersterblichkeit in den europäischen Staaten. Jahrbuch für Nationalökonomie und Statistik 72, 577-635.

Rippmann D (2001) Konvivialität im Zeichen der Geburt und erste kulinarische Erfahrungen von Kleinkindern im Mittelalter. Rosa 23, 22-25.

Rödel WG (1989) Die demographische Entwicklung in Deutschland 1770-1820. In: Berding H, Francois E, Ullmann HP (Hrsg.) Deutschland und Frankreich im Zeitalter der Französischen Revolution. Suhrkamp, Frankfurt/M, S. 21-41.

Shalah S (1993) Kindheit im Mittelalter. Rowohlt, Reinbek.

Sherratt AG (1981) Plough and Pastoralism: aspects of the secondary products revolution. In: Hodder I, Isaac G, Hammond N (Hrsg.) Pattern of the Past: Studies in honour of David Clarke. Cambridge University Press, S. 261-316.

Siebert W, Stögmann W, Wündisch GF (Hrsg.) (1997) Stillen – einst und jetzt. Marseille Verlag, München.

Sigler M, Töllner U (1997) Stilldarstellungen in der Kunstgeschichte. In: Siebert W et al. (Hrsg.) Stillen – einst und heute. Marseille Verlag, München, S. 65-90.

Simoons FJ, Baldwin JA (1982) Breast-feeding of animals by women: its socio-cultural context and geographic occurrence. Anthropos 77, 421-448.

Temkin O (1991) Soranus' Gynecology, tr. by O. Temkin, Johns Hopkins University Press, Baltimore.

Thurer S (1995) Mythos Mutterschaft. Wie der Zeitgeist das Bild der guten Mutter immer wieder neu erfindet. Droemer Knaur, München.

Tönz O (1997) Stillen in der guten alten Zeit. In: Siebert W et al. (Hrsg.) Stillen – einst und heute. Marseille Verlag, München, S. 91-111.

Uflacker H (1956) Mutter und Kind. Praktischer Ratgeber. 4.Aufl. Bertelsmann, Gütersloh.

Ulrich-Bochsler S (1997) Anthropologische Befunde zur Stellung von Frau und Kind in Mittelalter und Neuzeit. Berner Lehrmittel und Medienverlag, Bern.

Vosteen M (1994) Unter die Räder gekommen. Untersuchungen zu Sherrats „secondary products revolution." Archäologische Berichte 7. Holus, Bonn.

Würzburg A (1887,1888) Die Säuglingssterblichkeit im Deutschen Reiche während der Jahre 1875 bis 1877. Arbeiten aus dem Kaiserlichen Gesundheitsamte 2, 208-222 und 4, 28-108.

Zwierlein KA (1817) Die Ziege als beste und wohlfeilste Säugamme. Franzen & Grosse, Stendal.

www.prb.org (2001) DSW-Datenreport Weltbevölkerung 2001

"Hie töfft man ain kind und der tod wirt gefatter".
Die Übersterblichkeit unehelich geborener Kinder
in der Frühen Neuzeit.

A. Kemkes-Grottenthaler

Illegitimität ist ein kulturspezifisches Konzept und kann aus einer Vielzahl von Umständen und Beziehungsmustern entstehen (Adair 1996). Aus soziologischer Sicht kann „Illegitimität" erst dann auftreten, wenn eine bestimmte Ordnung besteht, diese anerkannt und von Institutionen, die mit Definitionsmacht ausgestattet sind, durchgesetzt wird. Damit ergeben sich eine aktive und eine passive Komponente – wobei erstere auf ein Handeln abzielt, das gegen die gesetzte Ordnung verstößt; während letztere die Zuschreibung eines Status ohne eigenes Zutun beinhaltet. Dies trifft in besonderem Maße für die Unehelichkeit zu (Hoffmann-Novotny 1994), da die normative Regelung der Ehe, die im europäischen Raum als einzig anerkannte „sexuelle" Lebensform Einzug hielt, zwischen „legitimer" und „illegitimer" Nachkommenschaft hochgradig differenzierte.

Während die Ehe im Mittelalter noch ausschließlich kirchliche Angelegenheit war, wurden durch die Reformation und Gegenreformation auch städtische und landesherrliche Ehe-Ordnungen auf den Plan gerufen. War es zunächst Anliegen der Obrigkeit mittels der Ausweitung der Ehehindernisse die sittlich-moralische Reglementierung der Untertanen zu forcieren, standen später mehr und mehr rationale Interessen im Vordergrund, wie die Eindämmung von Unehelichkeit bei Dienstleuten oder Soldaten. Ausdruck dieser weitreichenden Sittengesetzgebung war – neben der Verdrängung institutionalisierter Formen nicht-ehelicher Sexualität (Prostitution, Konkubinat) – die strafrechtliche Verfolgung des vor- und außerehelichen Geschlechtsverkehrs, was letztlich in der Kriminalisierung der nicht-ehelichen Schwangerschaft kulminierte (Meumann 1995). Erst ab etwa 1730 ist eine schrittweise Lockerung der Sexualmoral evident, bis der Code Napoleon (1808-1811) schließlich die Zivilehe einführte.

Aus historischer Sicht ist die Illegitimenübersterblichkeit bereits ausführlich beschrieben (vgl. Adair 1996, Laslett et al. 1980, Meumann 1995, Schmugge & Wiggenhäuser 1994). Die Frage nach der Quantifizierung von Illegitimität ist für historische Zeiten jedoch generell problematisch, da die statistischen Grundlagen über die entsprechende Aussagen getroffen werden könnten (Pfarrregister, Schwangerschaftserklärungen, Testamente, Leichenpredigten), nicht für jede Zeitepoche bzw. jeden geographischen Raum im selben Umfang zugänglich sind. Ausgangsbasis für die vorliegende Mikroanalyse bildet ein Ortsfamilienbuch (Seelinger 1994), da diese Art des Datenkonvoluts auch Einblicke in das familiäre Umfeld erlaubt, die andere Datensammlungen nur ungenügend berücksichtigen. Im Gegensatz zu den bereits genannten soziologisch oder historisch motivierten Studien, wird der Interessensschwerpunkt der vorliegenden Analyse auf den biologisch-anthropologischen Erkenntnissen zur Illegitimensterblichkeit ruhen.

Diachrone Trends in den Illegitimen-Geburtenraten

Die diachrone Betrachtung unehelicher Geburten (vgl. Tabelle 1) spiegelt die aus der Literatur hinlänglich bekannten Beobachtungen wider, wobei sich die aufgezeigten Trends als statistisch signifikant erweisen ($p < 0.01$).

Tab. 1: Fluktuationen in der Anzahl der unehelichen Geburten im Vergleich zu den ehelich geborenen Kindern

Epoche	Eheliche Geburten		Uneheliche Geburten	
	N	%	N	%
1650-1699	19	100	0	0
1700-1749	117	94,4	7	5,6
1750-1799	184	82,9	38	17,1
1800-1849	378	85,3	65	14,7
1850-1899	244	79,7	62	20,3

Auffällig ist zunächst, dass das Auftreten unehelicher Kinder in der vorliegenden Stichprobe erst mit dem Eintritt in das 18. Jh. erfolgte. Dies entspricht keineswegs den aus dem Vergleichszeitraum bekannten europäischen Studien (Pfister 1994). Ursächlich ist dies wohl weniger auf ein anderes moralisches Verständnis von Illegitimität zurückzuführen, sondern vielmehr ein Hinweis auf eine unsichere Quellenlage und die bewegte Geschichte der ansässigen Bevölkerung. Der 30jährige Krieg (1618-1648) führte z.B. zu einem Auflassen der Dörfer, nachdem verschiedene Kriegsparteien die Region wiederholt geplündert und gebrandschatzt hatten. Auch im Jahre 1673 und im darauf folgenden Pfälzischen Erbfolgekrieg (1689/97) musste sich die Dorfbevölkerung immer wieder vor anrückenden Truppen in Sicherheit bringen (vgl. Seelinger 1994). Darüber hinaus legen historische Dokumente wie ein Erlass der Mannheimer Kurpfälzischen Regierung vom 9. April 1767[1] nahe, dass das Delikt der unehelichen Schwangerschaft – insbesondere aber des Kindsmords – ein ernstzunehmendes gesellschaftliches Problem darstellte. So wird den Dorfobrigen befohlen, dem „*Bastard-Fall*" folgendermaßen zu begegnen: „*wo dergleichen Weibs-Personen sich bei ihnen aufhalten, und sie nur den mindesten Verdacht einer Schwängerung wahrnehmen, sie zuerst das Weibs-Bild darum befragen, durch gute Wort und Ermahnungen die Wahrheit zu erkundigen sich befleissen, wo diese aber entweder aus Schaam, oder Vermessenheit ihren Fehler nicht eingestehen, sondern verdecken wolte, als dann der Haus- oder Dienst-Herr, oder auch ein jeder, wer davon einig-wahrscheinliche Kundschaft besitzet, seinen Zweifels-Anstand in geheim dem Orths-Vorstehern anzeigen, dieser hiernächst sich der Beschaffenheit unter der Hand verläßiger erkundigen, die geschwängerte Person zu sich kommen lassen, über alle, und jede Umstände scharf examinieren, auch befindenden Dingen nach, selbige durch die beschworne Heeb-Amme besichtigen lassen, und wand die Anzeig gegründet, den Bericht zum Amt erstatten, sonsten aber die Sach verschwiegen halten, und der Person ihre Ehr und guten Nahmen nicht verunglimpfen solle."*

Wie sich der Tabelle außerdem entnehmen lässt, nimmt der Prozentsatz unehelicher Geburten nach 1700 stetig zu, insbesondere aber zwischen 1749-1799, was ursächlich zu dem zitierten Erlass geführt haben mag. Der nochmalige Anstieg zu Ende des 18. Jh. ist dem gegenüber wohl auf die Lockerung staatlicher Sanktionen zurückzuführen. Mit der Einführung der Zivilehe und dem Wegfall althergebrachter Heiratsbarrieren sinkt der Anteil unehelicher Geburten in den Jahren 1800-1849. Denn obwohl die ehelichen Geburten ansteigen, sinken die unehelichen.

Multifaktorielles Erklärungsmodell für die erhöhte Sterblichkeit unehelicher Kinder

Um den Negativeinfluss zu geringer intergenetischer Abstände auf die Sterblichkeit auszuschalten, wurde die Analyse auf die Erstgeborenen beschränkt. Aus den insgesamt 3019 Eintragungen wurden alle Daten verarbeitet, die a) auf eine außereheliche Geburt verwiesen [N=172[2]; 93 Töchter, 79 Söhne] und b) ein Geburts- und Sterbedatum der ehelich gezeugten Erstgeborenen enthielten [N=943[3]; 492 Töchter, 448 Söhne; drei Totgeburten ohne Geschlechtszuweisung]. Detaillierte Angaben zum Sterblichkeitsgeschehen sind den Abbildungen 1 und 2 zu entnehmen. Über die gesamte Zeitspanne betrachtet, verstarben von den unehelichen Kindern 1,2 % am Tag der Geburt, 30.8% innerhalb der ersten sechs Monate und insgesamt 37,2% im ersten Lebensjahr. Für eheliche Kinder lagen die entsprechenden Werte bei 1,5%, 26.3% und 30,5%.

Da es sich bei den untersuchten Daten nur um einen Ausschnitt der Bevölkerung handelt, wurde auf eine Berechnung der Illegitimitätsrate[4] sowie der Illegitimenquote[5] (vgl. Adair 1996, Bulst 1994) verzichtet.

Eine Überprüfung auf Unterschiede mittels Mann-Whitney-Test erbrachte, dass in bezug auf das Mortalitätsspektrum für eheliche und uneheliche Kinder signifikante Unterschiede vorlagen ($p<0.05$). Das durchschnittlich erreichte Lebensalter unehelich Geborener lag bei 31,7 Jahren (Söhne: 31,8 Jahre/Töchter: 31,7 Jahre), das der unehelich geborenen hingegen bei 24,5 Jahren[6] (Söhne: 25,2 Jahre; Töchter: 24,0 Jahre). Dieser differentielle Trend spiegelt sich auch in der demographischen Größe der durchschnittlichen Lebenserwartung in der Altersklasse der 0-5jährigen wider, die bei ehelich Geborenen 33 Jahre betrug, während sie bei den unehelichen Kindern lediglich bei 14 Jahren lag.

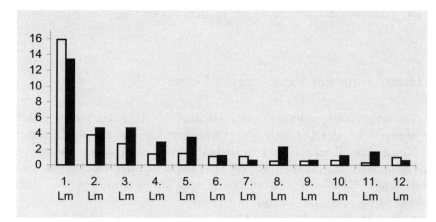

Abb. 1: Detaillierte Betrachtung der differentiellen Sterblichkeit zwischen unehelichen (schwarze Balken) und ehelichen (weiße Balken) Kindern im 1. Lebensjahr.

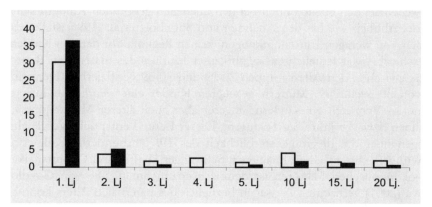

Abb. 2: Detaillierte Betrachtung der differentiellen Sterblichkeit zwischen unehelichen (schwarze Balken) und ehelichen (weiße Balken) Kindern bis zum jungen Erwachsenenalter.

Wie lässt sich diese differentielle Mortalität der unehelich geborenen Kinder gegenüber ihren ehelich gezeugten Zeitgenossen erklären? Anzunehmen ist hier ein Netzwerk sozialer und biologischer Verflechtungen. Die uneheliche Geburt war für die Mutter eine Schande, für das Kind bedeutete es jedoch die rechtliche und soziale Marginalisierung. Eine Randgruppenbildung, die sich insbesondere in einer eklatanten Chancenungleichheit vor dem Tode äußerte. Rezentdemographische Daten legen nahe, dass zwei Faktoren erheblich zu diesem Tatbestand beitragen. Einerseits die zumeist geringen Einkommensverhältnisse der werdenden Mutter und andererseits das Faktum der ungewollten Schwangerschaft (Zuravin 1991). In Anlehnung an Imhof (1981) wurde daher keine Monokausalität vorausgesetzt, sondern ein multifaktorielles Erklärungsmodell angenommen, wobei biomedizinische gegenüber den herkömmlichen sozio-historischen Aspekten in den Blickwinkel der Betrachtung rücken sollen.

Alter der Mutter/ Alter des Vaters bei der Geburt

Gravrilov & Gavrilova (2001) konnten feststellen, dass das Alter des Vaters – nicht aber das der Mutter – bei der Geburt einen erheblichen Einfluss auf die Lebenserwartung des Kindes hat. Dieser Effekt ist insbesondere bei Mädchen ausgeprägt, wobei sowohl jüngere als auch ältere Väter die Lebensspanne ihrer Töchter um mehrere Jahre reduzieren. Als Kausalzusammenhang wird ein X-chromosomaler Erbgang zugrundegelegt.

Die Mütter ehelicher Kinder waren im Durchschnitt 25,4 Jahre (12-49 Jahre), die Väter im Mittel 29,0 Jahre (18-64 Jahre) alt. Für die nichtehelich geborenen Kinder ergaben sich ähnliche Werte (Mütter: 25,5/13-49 Jahre; Väter: 33,9 Jahre/19-65 Jahre). Eine Analyse mittels Mann-Whitney-Test belegte, dass das Alter der Eltern bei der Geburt weder bei den ehelich noch bei den unehelich geborenen Kindern signifikant variierte. Ähnlich wie bei den Analysen von Sponholz et al. (1996) stellte das maternale Alter, mit wenigen Einschränkungen, keinen Risikofaktor dar. Bei Kindern beiderlei Geschlechts war lediglich ein signifikanter Einfluss des maternalen Reproduktionsalters zwischen den Altersgruppen 20-29 und 30-39 verifizierbar. Demnach hatten die von 30-39jährigen Müttern gezeugten Kinder eine deutlich reduzierte Lebensspanne im Vergleich zu Kindern jüngerer aber auch älterer Mütter [um 9,8 Jahre bei Söhnen bzw. 8,5 Jahre bei Töchtern]. Dieser Befund entspricht Vergleichsuntersuchungen über die Illegitimensterblichkeit des 19. Jahrhunderts (Kok et al. 1997). Ein Wirkgeflecht aus altersabhängigen Schwangerschafts- und Geburtsrisiken sowie sozio-ökonomischen Faktoren ist demnach anzunehmen. Die von Gavrilov und Gavrilova (2001) gemachten Aussagen bezüglich des paternalen Alters konnten indes nicht repliziert werden.

Geschlecht des Kindes

Generell muss bei der geschlechtsspezifischen Mortalität zwischen biologischen und sozialen Einflussfaktoren unterschieden werden. Gerade aber für historische Zeiten ist oftmals ein weiblicher Sterbeüberschuß zu beobachten, wobei die Kausalzusammenhänge sehr unterschiedlich und meist in der Sphäre unterschiedlicher Wertschätzung für Mädchen diskutiert werden (vgl. Übersicht bei Pinelli & Mancini 1997).

Erwartungsgemäß fiel die postnatale Knabensterblichkeit höher aus. Im ersten Lebensjahr verstarben 36% der Jungen gegenüber 30% der Mädchen. Insgesamt muss dieser Umstand primär auf biologische, denn soziale Faktoren zurückgeführt werden (vgl. Gissler et al. 1999). Diese Zahlen erwiesen sich jedoch als nicht statistisch signifikant. Weder Jungen noch Mädchen waren somit, im Falle der Unehelichkeit, einem erhöhten Sterberisiko ausgesetzt. Das dies keineswegs immer der Fall ist, zeigen die Untersuchungen von Kok et al. (1997), die nachweisen konnten, dass unehelich geborene Mädchen eine geringere Überlebenschance hatten als Jungen.

Saisonale Effekte

Der Geburtsmonat ist ein wichtiger Einflussfaktor in bezug auf die allgemeine Lebenserwartung, wobei der Effekt beim weiblichen Geschlecht eindrucksvoller hervortreten soll (Gavrilov & Gavrilova 1999). Für Österreich und Dänemark konnte z.B. an Rezentdaten aufgezeigt werden, dass Wintergeborene eine höhere Lebenserwartung haben als Sommergeborene (Doblhammer 1999). Untersuchungen an historischen Bevölkerungen zeigen aber auch, dass diese saisonalen Schwankungen in der Geburtlichkeit keineswegs durch Varianzen der umweltbeeinflussten Überlebenswahrscheinlichkeit gesteuert werden. Für agrarische Bevölkerungen wäre demnach ein Geburtengipfel im Herbst (August-Oktober) vorteilhaft, dennoch lassen sich oftmals Geburtenhäufungen für das Frühjahr feststellen (Lummaa et al. 1998).

In Anlehnung an diese Studien wurde zunächst die Lebenserwartung in Abhängigkeit vom Geburtsmonat eruiert, dabei zeigten sich zwischen unehelichen und ehelichen Kindern signifikante Unterschiede (p<0.05). Ähnlich den Untersuchungen von Doblhammer (1999) zeigten die Wintergeborenen die höchste Langlebigkeit. Die geringsten Werte ergaben sich hingegen in der Frühjahrssaison. Dies galt aber ausschließlich für die ehelichen Kinder[7]. Bei den unehelich geborenen Kinder wurden hingegen die im Herbst geborenen am ältesten, während Wintergeborene die geringsten Durchschnittswerte aufwiesen.

Werden die Kinder bezüglich der saisonalen Verteilung ihrer Sterbegipfel untersucht, so ergeben sich für beide Gruppen im Kleinstkindalter ebenfalls signifikante Unterschiede (Mann-Whitney-Test, p<0.05). Insgesamt betrachtet, erwies sich der Sterblichkeitsverlauf der unehelichen Kinder – trotz der genannten saisonalen Häufungen – als relativ uniform. Im Gegensatz dazu ist bei den ehelich geborenen Kindern eine deutliche Anhäufung der Todesfälle zwischen Juli und Oktober anzutreffen. Ein Phänomen, das aus anderen Untersuchungen historischer Daten bekannt ist und mit dem Aufkommen gastroenteritischer Infektionen in Zusammenhang steht (z.B. Armenian et al. 1993). Diese Unterschiede im Sterblichkeitsverlauf belegen, dass die Risiken unehelicher Kinder nicht ausschließlich umweltbedingt gesteuert wurden. Saisonal abhängige Infektionsrisiken bzw. Schwankungen im Ernährungsangebot mögen die Überlebenschancen aller Kinder beeinflusst haben, doch scheinen die unehelichen Kinder weiteren Negativfaktoren ausgesetzt gewesen zu sein, die nur wenige Parallelen in der Lebenswelt der ehelichen Kinder hatten.

Mangelnde „pränatale" Versorgung

Die Neugeborenensterblichkeit wird in erheblichem Maße durch schwangerschaftsvorsorgende Maßnahmen reduziert (Shakya & McMurray 2001). Interessanterweise zeigen rezentepidemiologische Studien, dass unverheiratete Mütter pränatale Vorsorgemaßnahmen in einem viel geringeren Umfang nutzen als verheiratete Frauen, wobei Bildungsmangel und geringes Einkommen offenbar eine dominierende Rolle spielen (Emerick et al. 1986, Hein et al. 1990, Srinivasa & Pankajam 1980). Ähnliches darf auch für historische Zeiten angenommen werden, wobei der Aspekt der Vertuschung – gerade unter dem bereits angesprochenen Druck sozialer Sanktionen – offenbar noch hinzukommt.

Da die Schwangerschaft nicht gewollt, zumeist verheimlicht bzw. nicht antizipiert wurde, konnten keinerlei Schutzmaßnahmen für das ungeborene Kind oder die Mutter greifen. Wenngleich in historischen Zeiten von keiner pränatalen Versorgung im medizinisch-diagnostischen Sinne die Rede sein kann, so lassen sich doch eine Reihe von Maßnahmen und Hilfeleistungen belegen, die zur Schonung, Behandlung und Betreuung der Mutter-Kind-Dyade beitrugen. Die Niederkunft war meist Frauensache und im Gegensatz zu heute ein öffentliches Ereignis. „Schwanger gehen" bedeutete somit einen Sonderstatus innehaben, der einerseits mit Regeln und Pflichten verbunden war, andererseits aber auch Schutz und Privilegien in Form von Nahrungsbezuschussung und Arbeitsentlastung mit sich brachte. Diese Vorzüge und Sonderrechte wurden allerdings nur schwangeren Ehefrauen gewährt (Labouvie 1998), so dass bereits von einer intrauterinen Benachteiligung des unehelichen Kindes auszugehen ist.

Nachwirkungen eines missglückten Aborts?

Die Geschichte der Empfängnisverhütung und Abtreibung ist bis in die Antike dokumentiert. Grundsätzlich wurde zunächst mittels sexueller Abstinenz oder *Coitus interruptus* eine Schwangerschaft zu verhindern gesucht. Daneben waren diverse Mittel, die dazu dienten die Frucht abzutreiben, bekannt: Spülungen, Purgationen, die Einnahme von dubiosen Elixieren, aber auch giftigen Substanzen (Blei, Mutterkorn) bis hin zu operativen Eingriffen. Aus heutiger Sicht ist eine Grenzziehung zwischen kontrazeptiven und abortiven Maßnahmen jedoch nicht immer möglich (Anderson & Zinsser 1988, Kammeier-Nebel 1986).

Aus der medizinischen Kasuistik sind, je nach Art des Eingriffs, unterschiedliche Häufigkeiten und Arten fetaler Defekte bei missglücktem Schwangerschaftsabbruch bekannt. In 0,02% bis 1% aller Eingriffe muss darüber hinaus nicht nur mit einem Weiterbestehen der Frucht, sondern auch mit fetalen Läsionen (insbesondere Extremitätendefekten) gerechnet werden (Pöhls et al. 2000). Bemerkenswert sind in diesem Zusammenhang die relativ häufigen Prävalenzen eines ansonsten selten auftretenden Symptomkomplexes. Das Möbius-Syndrom[8] zeichnet sich in erster Linie durch bleibende Lähmungen im Gesicht aus. Diese Fazialislähmungen führen zu schweren mundmotorischen Störungen, die vor allem das Saugen, Kauen und Schlucken erschweren und somit sowohl bei der Nahrungsaufnahme als auch bei der Spracherlernung Probleme bereiten. In schweren Fällen kann die Ernährung eines Säuglings nicht mehr gewährleistet werden, da zwangsläufig alle Stillversuche scheitern. Auch Flaschennahrung oder Beifütterung bieten keine Alternative (Lin &Wang 1997). Da kränklichen Kindern manchmal aus fatalistischer Einstellung weniger Fürsorge zugetragen wurde (Hendrick 1997), waren die Überlebenschancen der betroffenen Kinder entsprechend gemindert. Gerade für historische Zeiten ist anzunehmen, dass ein Großteil bereits in den ersten Lebenswochen elendiglich verhungert ist.

Die Umstände der Geburt

In den größeren Städten begann die Professionalisierung der Hebammentätigkeit bereits im späten Mittelalter. In den ländlichen Regionen war es jedoch bis in das 19. Jh. Pflicht der Nachbarinnen, einer Schwangeren bei der Niederkunft beizustehen. In der Regel handelte es sich um ehrbare verheiratete Frauen, die aufgrund ihrer eigenen Gebärerfahrung tatkräftig zur Seite standen. Die nachbarschaftliche Hilfe hatte einerseits rituell-sozialen Charakter, wurde aber andererseits von der Landesobrigkeit gewünscht und hatte die Funktion der Zeugenschaft – gerade auch was die uneheliche Geburt betraf (Labouvie 1998, Wunder 1992). Vielerorts war jedoch die Annahme verbreitet, dass die Unterstützung unehelich schwangerer Frauen wider die öffentliche Moral liefe und dem Tatbestand der gesellschaftlich nicht-sanktionierten Reproduktion nur Vorschub leisten würde (Ashby 1997).

Nahte die Geburt, wurden eine Stube hergerichtet und die Helferinnen verständigt (Utrio 1987). Von diesem Procedere waren uneheliche Mütter keineswegs ausgeschlossen, da jedoch viele Frauen darum bemüht waren, ihren Zustand möglichst lange geheim zu halten, waren sie in der schweren Stunde der Niederkunft oftmals auf sich allein gestellt. Aus Kindsmordprozessen (Ullbricht 1993) und Unzuchtsverfahren (Gleixner 1994) ist eindeutig zu ersehen, dass viele der Beschuldigten vorgaben, von der Niederkunft überrascht worden zu sein und ihr Kind auf dem Acker, im Stall oder im Wald geboren zu haben. Das Szenario der „heimlichen" oder nicht antizipierten Geburt an einem ansonsten nicht für eine Niederkunft prädestinierten Ort sowie die mangelnde Erstversorgung dürften somit eine nicht unwesentliche Rolle gespielt haben (Kemkes-Grottenthaler 2000/2001). In diesem Kontext ist auch die sog. „Schwangerschaftsverdrängung" von Bedeutung. Gemeint ist dabei eine Gravidität, welche von der Schwangeren nicht auf der Bewusstseinsebene realisiert wird und somit von der verheimlichten Schwangerschaft deutlich abzugrenzen ist (Wille 1996). In einer von Wessel 1998 durchgeführten Studie gaben etwa 20% der befragten Frauen an, ihr Kind zu Adoption freigeben zu wollen, da sie aufgrund der nicht bewusst oder mit Freude durchlebten Schwangerschaft keine emotionale Bindung zu dem Kind aufbauen konnten. Häufig ist diese Verdrängung jedoch auch mit Kindesvernachlässigung bis zum Infantizid gepaart.

Angst vor den Konsequenzen und fehlende emotionale Bindung

Die hohen kirchlichen und landesrechtlichen Strafen dienten dem Zweck, die Zahl der nichtehelichen Schwangerschaften einzudämmen. Insbesondere das Strafmaß bei erfolgter Kindstötung sollte abschreckende Wirkung haben, denn seit der Carolina, der Halsgerichtsordnung Kaiser Karls V. (1532), stand Kindsmord unter Todesstrafe und wurde mit Ertränken oder Lebendigbegraben geahndet (Ullbricht 1993, Wunder 1992). Ein Erlass des für Dannstadt und Schauernheim zuständigen Pfalzgrafen aus dem Jahre 1760 bezeugt in diesem Sinne, dass eine für schuldig befundene Kindsmörderin nach der kurpfälzischen Malefiz- und peinlichen Hals-Gerichts-Ordnung (Titel 22, Artikel 131) *„in einem Sack durch das Wasser vom Leben zum Tod ohnnachlässig hingerichtet"* werden solle. Unter Mittäterschaft standen zudem alle, die von dieser Tat *„Nachricht gehabt"*, wobei letzteres Delikt mit *„Leibs- oder anderer ohnausbleiblichen schwehren Straff"* geahndet wurde.

Lag lediglich eine uneheliche Schwangerschaft vor, kam es nach der zeitgenössischen Gesetzeslage zu einem Unzuchtsverfahren, da nichtehelicher „Beyschlaf" richterlich geahndet wurde. Die für Männer aus diesen Verfahren erwachsenen Strafen waren zwar nominell höher, da der Mutter letztlich die Fürsorge für das Kind oblag, realiter wurden Männer aber offenbar seltener bestraft (Meumann 1995). Neben den von der Obrigkeit verordneten Strafen standen der ledigen Mutter darüber hinaus eine Reihe von sozialen Sanktionen bevor. Vielfach bedeutete es für die Kindsmutter, dass sie und ihr Kind solange sie in der angestammten Dorfgemeinde verblieben, der sozialen Ächtung unterworfen waren. Dies mag letztlich auch nicht unbeträchtlich zum Bruch der Mutter-Kind-Beziehung beigetragen haben (vgl. Armengaud 1975).

Aus der modernen Medizinstatistik ist bekannt, dass Kinder, deren Mütter ungewollt schwanger wurden, in ihrem allgemeinen Gesundheitsstatus häufig elementare Defizite aufweisen, die primär auf eine pränatale, aber auch postnatale Vernachlässigung zurückzuführen sind (Joyce et al. 2000). Die erhöhten Sterbeziffern, die mit diesem Phänomen assoziiert sind, reflektieren dies ebenfalls. Einen interessanten Erklärungsansatz bietet in diesem Zusammenhang Hagen (1999), der im Sinne einer soziobiologischen Kosten-Nutzen-Analyse, einen Zusammenhang zwischen postpartaler Depression und Kindesvernachlässigung respektive Kindsmord sieht. Demnach rekapituliert eine junge, alleinstehende Mutter ihre Situation und entscheidet sich in Ermangelung sozialer Anknüpfungspunkte (Partnerlosigkeit, defizitäre Familienanbindung) gegen das Kind, wobei der Tod des Kindes offenbar in Kauf genommen wird.

Nachgeburtliche Versorgung von Mutter und Kind – die Rolle des Vaters

Das Fehlen des Vaters bedeutete aus ökonomischer Sicht eine enorme Doppelbelastung für die alleinerziehende Mutter. Einerseits musste sie aufgrund ihrer wirtschaftlichen Misere ihren Unterhalt selbst bestreiten, was dazu führen mochte, dass sie das Kind in die Obhut anderer entlassen musste. Im besten Falle konnten dies nahe Anverwandte, wie die Großeltern des Kindes sein. Jedoch war die Familie nicht in jedem Fall bereit, sich dem sozialen Makel eines unehelichen Kindes auszusetzen. Während die Fürsorge von Ammen (vgl. Meumann 1995, Alt in diesem Band) noch eine reelle Überlebenschance für das Kind garantieren mochte, waren Findelhäuser oftmals durch eine überhohe Sterblichkeit ihrer Schützlinge gekennzeichnet, da Infektionskrankheiten ungehindert grassieren konnten (vgl. Higgins & Sirianni 1995). Wollte oder konnte die Mutter ihre Zöglinge nicht Dritten überlassen, war sie gezwungen, diese in ihre täglichen Arbeitsvorrichtungen einzubeziehen, wo sie letztlich einer Reihe von Gefahren (z.B. im Stall, auf dem Feld, in der Küche) ausgesetzt waren.

Eine Analyse der unverheirateten Mütter zeigt, dass zwischen denen, die einen putativen Vater angeben (N= 28) und denen, die ohne diesen Zusatz vermerkt sind (N=144), deutlich differenziert werden muss. So wurden uneheliche Kinder „mit Vater" durchschnittlich 27.5 Jahre alt, Kinder ohne Namenseintrag des Vaters hingegen nur 10,6 Jahre. Diese Unterschiede erwiesen sich als signifikant (Mann-Whitney und t-Test, $p<0.05$) und werden durch die Analysen von Stephan (2000) gestützt.

Zunächst sei vorbemerkt, dass die Tatsache der urkundlichen Belegung nicht mit einem eheähnlichen Verhältnis gleichzusetzen ist. Nur in einem Fall ist eine spätere Ehe beurkundet. Allerdings darf die namentliche Nennung wohl mit einer wie auch immer gearteten Verantwortlichkeit für das Kind gleichgesetzt werden (vgl. Gleixner 1994). Ein Phänomen, das auch heute noch anzutreffen ist (Gaudino et al. 1999).

Nachgeburtliche Versorgung von Mutter und Kind – das familiäre Netz

Von den im Ortssippenbuch aufgeführten unverheirateten Müttern stammten 113 aus Dannstadt-Schauernheim, 50 waren zugezogen und von weiteren 9 Frauen fehlten entsprechende Angaben. Die Tatsache, dass knapp 66% heimisch waren, lässt eine Analyse familiärer Support-Systeme zu. In erster Linie ist hier die Frage, ob die Eltern oder Geschwister der Frau einen Beitrag leisten konnten von großem Interesse. Gerade der Aspekt des Großelterninvestments und insbesondere der Rolle der maternalen Großmutter ist evolutionsbiologisch von enormer Bedeutung (Alvarez 2000). Der Gesundheitsstatus und die Überlebenschancen werden offensichtlich durch großmütterliche Fürsorge im besonderen Maße gesteigert. Dies geschieht vor allem über die Wirkgrößen Betreuung und Verköstigung, wie aus Studien ruraler Populationen bekannt ist (Hawkes et al. 1998, Sear et al. 2000).

Trotz der hervorragenden Bedeutung der familiären Unterstützung in vielen Lebensbereichen, zeigte eine detaillierte Betrachtung der Dannstädter Bevölkerung in bezug auf die Herkunft der Mutter bzw. das Vorhandensein von Großeltern keinen positiven Einfluss auf die Überlebenswahrscheinlichkeit des Zöglings. Uneheliche Kinder, deren Mutter ortsansässig war, wurden zwar im Schnitt älter (14,2 Jahre) als die Nachkömmlinge von zugereisten Frauen (8,3 Jahre), aber diese Unterschiede erwiesen sich als nicht signifikant.

Die vorliegenden Daten können darüber hinaus auch keinen positiven Zusammenhang zwischen der Lebenserwartung und der Anzahl der zum Zeitpunkt der Geburt lebenden Großeltern feststellen. Eine Berechnung des Durchschnittsalters zeigte vielmehr, dass Kinder ohne Großeltern im Mittel ein höheres Alter erreichten, als jene bei denen noch beide Großelternpaare lebten bzw. vor Ort waren. Dieser Umstand war bei ehelichen und unehelichen Kindern gleichermaßen zu beobachten und ist möglicherweise auf ökonomische Faktoren zurückzuführen.

Religionszugehörigkeit

Der Ausschnitt der Dannstadt-Schauernheimer Bevölkerung, der dieser Untersuchung zugrunde lag, war zu 39,2 % katholisch, zu 31,1% evangelisch-lutherisch, zu 25,4% reformiert[9] und zu 0,4% jüdisch. Von 3,9% der Individuen lagen keine Angaben zur Konfessionszugehörigkeit vor.

Zum einen zeigte sich in bezug auf den Familienstand bei Geburt des Kindes, dass Katholiken einen überproportional hohen Anteil an unverheirateten Müttern stellten (55,7% gegenüber 34,1% Protestanten), während die Frauen reformierten Glaubens lediglich zu 10,1% uneheliche Geburten zu verzeichnen hatten. Diese Unterschiede erwiesen sich als signifikant ($p<0.01$). In der historischen Betrachtung lässt sich feststellen, dass der Protestantismus (z.B. in Schweden) eine schärfere Grenzziehung zwischen ehelichen und unehelichen Geburten vornahm. So musste eine unverheiratete Mutter evangelisch-lutherischen Glaubens noch bis 1855 erst einem „Reinigungsritual" unterzogen werden (Brandström 1997).

Ein zweiter Befund, der sich abzeichnete und ebenfalls statistisch signifikant ist ($p<0.01$) verweist auf eine differentielle Sterblichkeit in Abhängigkeit von der Konfession. So lag das durchschnittliche Lebensalter katholischer Kinder bei 25,7 Jahren, das der protestantischen bei 27,1 Jahren und das der reformierten sogar bei 41,8 Jahren. Ähnliche Befunde sind auch aus anderen Studien bekannt (Sponholz et al. 1996, Wolleswinkel-van den Bosch et al. 2000). Offenbar haben unterschiedlich religiös geprägte Vorstellungen von Mitverantwortlichkeit eine Rolle gespielt. Der Kalvinismus ist in diesem Sinne durch eine eigenverantwortliche Haltung gegenüber der Aufzucht von Kindern gekennzeichnet. Dies galt insbesondere gegenüber Maßnahmen zur Reduzierung der Säuglingssterblichkeit (Imhof 1981).

Zusammenfassende Betrachtung

Die durchgeführte Mikroanalyse spiegelt die – unter Berücksichtigung regionalhistorischer Bezüge – bekannten Trends der Illegitimenübersterblichkeit wider. Der multifaktorielle Ansatz zeigt darüber hinaus, das die hohe Sterblichkeit unehelicher Kinder auf eine Vielzahl unterschiedlichster Faktoren zurückzuführen ist, wobei das Hauptaugenmerk der vorliegenden Studie primär auf die biologisch- anthropologischen Faktoren gerichtet war.

Keinen Einfluß hatten biologische Parameter wie das Alter der Eltern zum Zeitpunkt der Geburt oder das Geschlecht des Kindes. Demgegenüber zeigten die beobachteten saisonalen Trends bezüglich Geburtlichkeit bzw. Sterblichkeit, dass das Sterbegeschehen unehelicher Kinder von sowohl sozio-ökonomischen als auch biologischen Faktoren geprägt war. Während die biologischen Einflussgrößen für eheliche und uneheliche Kinder gleichermaßen zutrafen, verweist das Übermaß der differenziellen Sterblichkeit auf die Dominanz sozialer Faktoren (insbesondere Vernachlässigung). Dieses Szenario der Benachteiligung in allen Lebenslagen setzt offenbar schon vorgeburtlich ein und ist auch postpartal zu fassen. Was das weitere familiäre Umfeld betrifft, ist die Rolle eines bekennenden Vaters von enormer Bedeutung, da die wie auch immer gelagerte Unterstützung offensichtlich eine Erhöhung der Überlebenschancen mit sich brachte. Für die Versorgung durch Großeltern lässt sich dieser Trend hingegen nicht fassen. Ein weiterer Faktor, der sich auf das Sterblichkeitsgeschehen auswirkte, war die Konfessionszugehörigkeit der Mutter. Unterschiedliche Sexualmoralvorstellungen sowie Abstufungen in bezug auf die Mitverantwortlichkeit bei der Eindämmung der Kindersterblichkeit sind hier in Betracht zu ziehen.

Danksagung

Mein besonderer Dank gilt Herrn Winfried Seelinger, dem Verfasser des dieser Analyse zugrundeliegenden Ortsfamilienbuchs, der mir durch seine kompetente Sachkenntnis eine große Hilfe war.

Literatur

Adair R (1996) Courtship, illegitimacy and marriage in early modern England. Manchester University Press, Manchester.

Alvarez HP (2000) Grandmother hypothesis and primate life histories. American Journal of Physical Anthropology 113(3):435-50.

Anderson BS & Zinsser JP (1988) Eine eigene Geschichte. Frauen in Europa. Frühgeschichte bis 18. Jahrhundert. Fischer, Frankfurt.

Armengaud A (1975) La famille et l'enfant en France et en Angleterre du XVIe au XVIIIe siecle. Paris.

Armenian HK, McKarthy JF, Balbanian SG (1993) Patterns of infant mortality from Armenian parish records; a study from 10 countries of the diaspora, 1737-1982. International Journal of Epidemiology 22(3):457-462.

Ashby L (1997) Endangered children. Dependency, neglect, and abuse in American history. Twayne Publishers, New York.

Brandström A (1997) Life histories of lone parents and illegitimate children in Nineteenth-Century Sweden. In: Corsini CA & Viazzo PP (Hrsg..) The decline of infant and child mortality. The European experience. M Nijhoff Publishers, Den Haag, 173-191.

Bulst N (1994) Illegitime Kinder – viele oder wenige? Quantitative Aspekte der Illegitimität im spätmittelalterlichen Europa. In: Schmugge L, Wiggenhäuser B (Hrsg..) Illegitimität im Spätmittelalter. Schriften des Historischen Kollegs 29, Oldenbourg Verlag, München, 21-39.

Doblhammer G (1999) Longevity and month of birth: evidence from Austria and Denmark. Demographic Research [online] 1(3):1-22. Unter: http://www.demographic-research.org/Volumes/Vol1/3/default.htm

Emerick SJ, Foster LR, Campbell DT (1986) Risk factors for traumatic infant death in Oregon, 1973 to 1982. Pediatrics 77(4):518-22.

Gaudino JA, Jenkins B, Rochat RW (1999) No father's names: a risk factor for infant mortality in the State of Georgia, USA. Social Science and Medicine 48(2):253-265.

Gavrilov LA & Gavrilova NS (1999) Season of birth and human longevity. Journal of Anti-Aging Medicine 2(4):365-366.

Gavrilov LA & Gavrilova NS (2001) Human longevity and parental age at conception. In: Robine J-M, Kirkwood TBL & Allards M (Hrsg.) Sex and longevity: sexuality, gender, reproduction, parenthood. Research and perspectives in longevity. Springer Verlag, Berlin, 7-32.

Gissler M, Jarvelin MR, Louhiala P, Hemminki E (1999) Boys have more health problems in childhood than girls: follow-up of the 1987 Finnish birth cohort. Acta Paediatrica 88(3):310-4.

Gleixner U (1994) "Das Mensch" und „der Kerl". Konstruktion von Geschlecht in Unzuchtsverfahren der Frühen Neuzeit (1700-1760). Campus Verlag, Frankfurt.

Hagen, EH (1999) The Functions of Postpartum Depression. Evolution and Human Behavior 20:325-359.

Hawkes K, O'Connell JF, Jones NG, Alvarez H, Charnov EL (1998) Grandmothering, menopause, and the evolution of human life histories. Proceedings of the National Academy of Sciences 95(3):1336-9

Hein HA, Burmeister LF, Papke KR (1990) The relationship of unwed status to infant mortality. Obstetrics and Gynecology 76(5/1):763-8.

Hendrick H (1997) Children, childhood and English society, 1880-1990. Cambridge University Press, Cambridge.

Higgins RL & Sirianni JE (1995) An assessment of health and mortality of nineteenth century Rochester, New York using historic records and the Highland Park skeletal Collection. In: Grauer AL (Hrsg.) Bodies of evidence. Reconstructing history through skeletal analysis. Wiley-Liss, New York, 121-138.

Hoffmann-Novotny H-J (1994) Soziologische Marginalien zur Marginalisierung durch „illegitime" Geburt. In: Schmugge L, Wiggenhäuser B (Hrsg.) Illegitimität im Spätmittelalter. Schriften des Historischen Kollegs 29, Oldenbourg Verlag, München, 11-20.

Imhof AE (1981) Unterschiedliche Säuglingssterblichkeit in Deutschland, 18. bis 20. Jahrhundert – warum? Zeitschrift für Bevölkerungswissenschaft 7(3):343-382.

Joyce TJ, Kaestner R, Korenman S (2000) The effect of pregnancy intention on child development. Demography 37(1):83-94.

Kammeier-Nebel (1986) Wenn eine Frau Kräutertränke zu sich genommen hat, um nicht zu empfangen... Geburtenbeschränkung im frühen Mittelalter. In: Herrmann B (Hrsg.) Mensch und Umwelt im Mittelalter. Fischer, Frankfurt, 65-73

Kemkes-Grottenthaler A (2000/2001) Andere Umstände? Biologische, historische und psychosoziale Aspekte der Schwangerschaftswahrnehmung. Mitteilungen der Anthropologischen Gesellschaft Wien 130/131: 1-11.

Kok J, van Poppel F, Kruse E (1997) Mortality among illegitimate children in Mid-Nineteenth-Century The Hague. In: Corsini CA & Viazzo PP (Hrsg..) The decline of infant and child mortality. The European experience. M Nijhoff Publishers, Den Haag, pp. 193-212.

Labouvie E (1998) Andere Umstände. Eine Kulturgeschichte der Geburt. Böhlau Verlag, Köln.

Laslett P, Oosterveen K, Smith RM (Hrsg.) (1980) Bastardy and its comparative history. Studies in the history of illegitimacy and marital nonconformation in Britain, France, Germany, Sweden, North America, Jamaica and Japan. Harvard University Press, Cambridge.

Lin KJ & Wang WN (1997) Moebius syndrome: report of a case. Journal of Dentistry for Children 64(1):64-7.

Lummaa V, Lemmetyinen R, Hautkoija E, Pikkola M (1998) Seasonality of births in Homo sapiens in pre-industrial Finland: maximisation of offspring survivorship? Journal of Evolutionary Biology 11:147-157.

Meumann M (1995) Findelkinder, Waisenhäuser, Kindsmord. Unversorgte Kinder in der frühneuzeitlichen Gesellschaft. Oldenbourg Verlag, München.

Pfister C (1994) Bevölkerungsgeschichte und historische Demographie 1500-1800. R Oldenbourg Verlag, München.

Pinelli A & Mancini P (1997) Gender mortality differences from birth to puberty in Italy, 1887-1940. In: Corsini CA & Viazzo PP (Hrsg..) The decline of infant and child mortality. The European experience. M Nijhoff Publishers, Den Haag, 73-93.

Pöhls UG, Steck T, Dietl (2000) Fetale Komplikationen nach misslungenem Schwangerschaftsabbruch im ersten Trimester. Zeitschrift für Geburtshilfe und Neonatologie 204:153-157.

Schmugge L & Wiggenhäuser B (Hrsg.) (1994) Illegitimität im Spätmittelalter. R Oldenbourg, München.

Sear R, Mace R, McGregor IA (2000) Maternal grandmothers improve nutritional status and survival of children in rural Gambia. Proceedings of the Royal Society of London, Series B, Biological Science 267(1453):1641-1647.

Seelinger W (1994) Familien in Dannstadt und Schauernheim 1480 bis 1880. Ortssippenbuch Reihe B, Nr. 86 der Deutschen Ortssippenbücher der Zentralstelle für Personen- und Familiengeschichte. Berlin, Frankfurt/M.

Shakya K, McMurray C (2001) Neonatal mortality and maternal health care in Nepal: searching for patterns of association. Journal of Biosocial Science 33(1):87-105.

Sponholz G, Baitsch H, Schmidt HD (1996) Ansätze zur Risikoanalyse der Säuglingssterblichkeit im 19. Jahrhundert in zwei benachbarten ländlichen Gemeinden Süddeutschlands. Anthropologischer Anzeiger 54(1):45-55.

Srinivasa DK, Pankajam R (1980) A study of out-of-wedlock pregnancies: outcome and utilization of maternal/child health services. International Journal of Gynaecology and Obstetrics 18(5):368-71.

Stephan P (2000) Analysis of differences in frequency and mortality of illegitimate children in Ditfurt (Germany) in the time period from 1595 to 1939. Homo 51(2-3):163-179.

Ullbricht O (1993) Kindsmörderinnen vor Gericht. Verteidigungsstrategien von Frauen in Norddeutschland 1680-1810. In: Blauert A & Schwerhoff G (Hrsg.) Mit den Waffen der Justiz. Zur Kriminalitätsgeschichte des späten Mittelalters und der frühen Neuzeit. Fischer, Frankfurt, 54-86.

Utrio K (1987) Evas Töchter. Die weibliche Seite der Geschichte. VMA-Verlag, Wiesbaden.

Wessel J (1998) Die nicht wahrgenommene (verdrängte) Schwangerschaft. Eine prospektive Untersuchung aus geburtsmedizinischer Sicht unter Berücksichtigung endokrinologischer, psychosomatischer und epidemiologischer Aspekte. Habilitationsschrift, Charité, Berlin.

Wille R (1996) Die verdrängte Schwangerschaft. In: Schneider HPG (Hrsg.) Klinik der Frauenheilkunde und Geburtshilfe 2. Endokrinologie und Reproduktionsmedizin II. Urban & Schwarzenberg, München, Wien.

Wolleswinkel-van den Bosch JH, van Poppel FW, Looman CW, Mackenbach JP (2000) Determinants of infant and early childhood mortality levels and their decline in the Netherlands in the late nineteenth century. International Journal of Epidemiology 29(6):1031-40.

Wunder H (1992) "Er ist die Sonn', sie ist der Mond". Frauen in der Frühen Neuzeit. C Beck, München.

Zuravin SJ (1991) Unplanned childbearing and family size: their relationship to child neglect and abuse. Family Planning Perspectives 23(4):155-161.

---

1   Einzusehen im Gemeindearchiv der Verbandsgemeinde Dannstadt-Schauernheim, Dannstadt [A 63]

2   Von den 172 aufgeführten Fällen hatten 22 der Frauen noch ein weiteres Kind und sechs, zwei und eine Frau sogar drei, vier und fünf uneheliche Kinder. Die Analyse umschloss jedoch nur die Erstgeburten.

3   Von den 943 ehelich geborenen Kindern wurden 174 außerehelich gezeugt (pränuptiale Konzeption). Da in diesen Fällen jedoch eine eheähnliche Partnerschaft mit anschließender (während der Schwangerschaft oder kurz darauffolgender) Eheschließung vorlag, wurden diese nicht den unehelichen, sondern den ehelichen Geburten zugerechnet. Im Einzelfall konnten auch längere Zeitabstände bis zu 10 Jahren zwischen Geburt und Hochzeit liegen.

4   Verhältnis illegitimer Geburten pro 1000 Frauen in gebärfähigem Alter zwischen 15 und 44 Jahren

5   Anteil der Illegitimen an der Gesamtzahl aller Geburten

6   In 60 Fällen (35%) war die Mutter nach der Geburt jedoch aus dem Ort weggezogen, so daß hier kein Sterbedatum des Kindes vorliegt. Dieser Umstand mag nicht unerheblich zu den geringen Alterskennwerten beigetragen haben.

7   Im Gegensatz zu den Berechnungen von Doblhammer (1999), die auf rezentem Datenmaterial basieren, wurde das Durchschnittsalter aufgrund der geringeren Lebenserwartung zugrundegelegt.

8   Das Möbius-Syndrom beruht auf einem Gen-Defekt und ist ätiologisch gesehen nicht ausschließlich auf einen Abort zurückzuführen.

9   1818 schlossen sich Lutheraner und Reformierte in der Pfalz zur Kirchenunion zusammen. Für die Mikroanalyse wurden die Konfessionen jedoch als separate Einheiten betrachtet.

Teil II: Kindheit in der Gegenwart

1. Vom Kinderwunsch zum Wunschkind

Der Wunsch nach einem eigenen Kind darf heutzutage nicht mehr als selbstverständlich hingenommen werden. Die sich aktuell abzeichnende „demographische Transition" macht sich nicht nur durch niedrigere Geburtenraten, sondern auch durch einer erhöhten Anteil an kinderlosen Paaren bemerkbar. Die ersten Kapitel widmen sich speziell diesem Thema – wobei der Blickwinkel nicht primär dem eines Demographen entspricht, sondern das Fachwissen der Anthropologie konsequent integriert. Themenschwerpunkt ist somit nicht das Kind an sich, sondern die Entscheidung gegen das Kind und die daraus erwachsenden gesellschaftlichen Konsequenzen. Einen Kontrapunkt setzt demgegenüber der letzte Beitrag, der sich gezielt der Problematik des verfrühten Einstiegs in die reproduktive Phase widmet. Auch in diesem Kontext kann also keineswegs vom Wunschkind die Rede sein. Ist das Wunschkind also lediglich Utopie?

Der Kanon der Beiträge wird von *Ursula Wittwer-Backofen* eröffnet, die dem Leser Einblicke in Aspekte der Fertilität gewährt, die im Rahmen demographischer aber auch biologischer Forschung von Bedeutung sind. Besonders die Interventionsmöglichkeiten angesichts der bestehenden Trends zur Kinderlosigkeit und die Aussichten auf Erfolg sind im Rahmen der Life-History-Forschung zu hinterfragen. Auch *Winfried Henke* widmet sich biologisch bzw. sozio-biologischen Aspekten der Kinderlosigkeit, wobei aber auch die Frage nach dem Ausmaß sowie den besonderen Entscheidungsstrukturen, die Kinderlosigkeit bewirken im Vordergrund stehen. Dabei zeigt sich einerseits, daß Kinderlosigkeit durch (aber nicht ausschließlich) die Interessenkollision von Familie, Beruf und Selbstverwirklichung zurückgeführt werden kann und somit letztlich auch ein Phänomen einer sich zunehmend pluralistisch entwickelnden Gesellschaft ist. Andererseits wird aber auch offenbar, daß dieser Trend nicht erst in jüngster Zeit zu beobachten ist, sondern bereits eine längere Entwicklungsgeschichte hinter sich hat. Mit dem folgenden Beitrag von *Wolfgang Lengsfeld* wird auf die gesellschaftlichen Konsequenzen des sich allmählich anbahnenden Überalterungsprozesses eingegangen. Doch das Einläuten dieser demographischen Zeitenwende, die sich zwangsläufig aus der zunehmenden Langlebigkeit der älteren Generation und der Abnahme der Geburtentrends ergibt, wird nicht als Zündstoff für einen wie auch immer gearteten Generationenkonflikt begriffen, sondern vielmehr als Impetus für eine neue Solidarität zwischen Alt und Jung. Selbst wenn man die vorgenannten Beiträge als stilles Plädoyer für eine kinder- bzw. elternfreundlichere Politik verstehen möchte, so muss man jedoch auch konstatieren, daß nicht jede Schwangerschaft willkommen ist. Die österreichische Anthropologin *Sylvia Kirchengast* befasst sich in ihrem Beitrag mit der Problematik der Teenagerschwangerschaft. „Wenn Mädchen Mütter werden" lässt erahnen, daß aus medizinischer Sicht zwei Aspekte Berücksichtigung finden müssen – das medizinische Wohl der Gebärenden sowie das ihres ungeborenen Kindes. Die Ergebnisse der Wiener Studie zeigen, daß es bei guter Betreuung keine erhöhten medizinischen Risiken zu vermelden gibt. Gleichwohl können Nachteile, die durch die biologische Unreife der Mutter entstehen, nicht ausgeschaltet werden. Dennoch lässt sich aus diesem Beitrag ersehen, daß Teenagerschwangerschaften keine optimale Strategie zur Maximierung des individuellen Reproduktionserfolgs darstellen.

Kinderreich und kinderarm – Aspekte der Fertilität zwischen biologischer und demographischer Forschung

U. Wittwer-Backofen

Den demografischen Prozessen der Bevölkerungsentwicklung wird zunehmend Interesse beigemessen. So spiegelt sich die drastischen Veränderungen unterworfene Mortalität in dem Bild der zunehmenden Alterung der Bevölkerung wider. Dieses Phänomen ist weltweit zu beobachten, wobei die Erhöhung der Lebenserwartung in den Ländern in unterschiedlichem Tempo voranschreitet. Die Bevölkerungszusammensetzung prägt ein zweiter wesentlicher demographischer Parameter, die Fertilität. Während die Mortalität einen weltweiten absinkenden Trend zeigt, klafft die Variationsbreite unterschiedlichen Reproduktionsverhaltens weiterhin sehr stark. Man kann dabei Länder unterscheiden, deren Fortpflanzungsaktivität unter der der Bevölkerungsreproduktion liegt, von solchen, in denen ein Bevölkerungsüberschuss resultiert. Als dritter, die Bevölkerungszusammensetzung formender Prozess, wird das Migrationsverhalten wirksam. Durch Wanderungsprozesse spezifischer Bevölkerungsteilgruppen setzen sich Bevölkerungen in unterschiedlichen Konstellationen neu zusammen.

Mit dem vorliegenden Beitrag soll anhand einiger relevanter Beispiele die Verknüpfung zwischen Demographie, Anthropologie und Soziologie verdeutlicht werden. Anhand demographischer Parameter lässt sich das Fertilitätsverhalten im Zusammenspiel mit anderen, die Bevölkerungszusammensetzung beeinflussenden Verhaltensweisen aufzeigen. Anthropologische Überlegungen liefern darüber hinaus Interpretationsansätze zum Zusammenspiel zwischen Geburtenverhalten und Sterblichkeit, die auf evolutionsbiologischen bzw. soziobiologischen Aspekten beruhen.

Fertilität und Mortalität

Unter den zahlreichen demographischen Parametern, die zur Beschreibung des Mortalitäts- und Fertilitätsniveaus dienen, sind nur wenige für einen länderübergreifenden Vergleich geeignet. Dies liegt zum Teil an den länderspezifisch definierten Erfassungssystemen sowie deren Umsetzbarkeit, was sich in der Reliabilität der Ergebnisse ausdrückt. Eines der am besten geeigneten Merkmale zur internationalen Erfassung von Fertilität ist die „Total Fertility Rate". Der Parameter „Total Fertility Rate" ist die Summe der altersspezifischen Fertilitätsraten, die sich für jedes Alter x berechnen aus der Anzahl der Lebendgeborenen von Müttern im Alter x geteilt durch die durchschnittliche Anzahl aller Frauen im Alter x. Dadurch wird eine altersspezifische Wichtung gemäß der quantitativen Besetzung der Frauengeburtsjahrgänge erreicht.

Im weltweiten Vergleich ist ein deutlicher Zusammenhang zwischen der durchschnittlichen Lebenserwartung von Frauen und der TFR zu erkennen (Abb. 1). Gekoppelt mit den niedrigsten Lebenserwartungen von überwiegend weniger als 55 Jahren herrscht in den afrikanischen Ländern ein ungebrochen hohes Geburtenniveau von drei bis fünf Kindern pro Frau. Dies erscheint zunächst nicht außergewöhnlich hoch. Berücksichtigt man jedoch, daß das Maß diejenigen Kinder beinhaltet, die eine risikobehaftete Kindheit überlebt haben und damit ihrerseits zur Generationenreproduktion beitragen, dann wird vorstellbar, wie hoch die Belastung von Frauen durch Schwangerschaften, Geburten, Stillzeiten und den Tod von Kindern sein muss. Das andere Ende der Verteilung wird von den europäischen Ländern gebildet, bei denen hohe Lebenserwartungen mit extrem niedrigen Geburtenraten unterhalb des Reproduktionsniveaus gekoppelt sind. Fügt man die dazwischen rangierenden asiatischen, lateinamerikanischen und vorderasiatischen Länder hinzu, ergibt sich ein deutlicher linearer Zusammenhang. Mit steigender Lebenserwartung sinkt die Geburtenrate. Für Männer stellt sich ein analoges Bild dar.

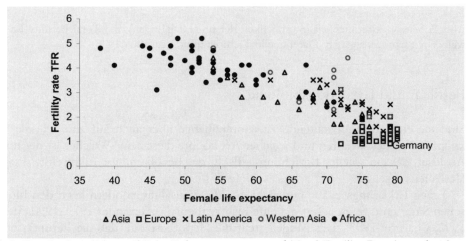

Abb.1: Durchschnittliche weibliche Lebenserwartung und Total Fertility Rate im weltweiten Ländervergleich (Datenquelle: Demographic Yearbook 1996)

Fokussiert man innerhalb des Mortalitätsgeschehens auf die spezielle Situation der Säuglingssterblichkeit (Sterblichkeit der Lebendgeborenen im ersten Lebensjahr), dann wird die oben erwähnte Mütterbelastung auch im internationalen Vergleich deutlich (Abb. 2). Die afrikanischen Länder nehmen auch hier mit bis zu 14% Säuglingssterblichkeit eine traurige Spitzenführung ein. Mit absinkenden Fertilitätsraten reihen sich die Länder bei sinkender Säuglingssterblichkeit ein. Am entgegengesetzten Ende der Verteilung stehen wiederum die hochentwickelten Industrieländer, in denen die Säuglingssterblichkeit noch maximal 0.6% beträgt (United Nation 1996).

Eine Erklärung dieser Zusammenhänge liefert die im folgenden vorgestellte Forschungsrichtung der „Life History".

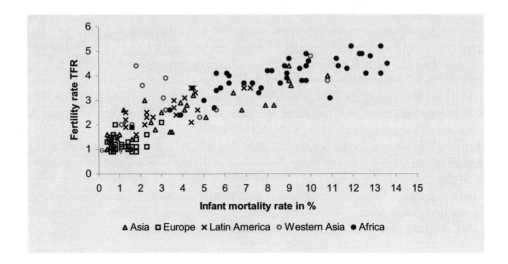

Abb. 2: Säuglingssterblichkeit (Sterblichkeit der unter 1-jährigen) und Total Fertility Rate im weltweiten Ländervergleich (Datenquelle: Demographic Yearbook 1996)

Fertilität und Evolutionsbiologie

Sind dieserart zu beobachtende Zusammenhänge aber auch auf eine kausale Verknüpfung zurückzuführen und welcher Art könnte diese sein? Welches ist der initiale Auslöser, der ein solches Beziehungsgeflecht des bevölkerungsstrukturell wirksamen Verhaltens erzeugt?

Einen Erklärungsansatz, der nicht nur die Kausalität, sondern auch den biologischen Sinn hinterfragt, liefert die „life history theory" (Alexander 1979, 1990, Stearns 1992, Charnov 1993). Das Modell stellt die Hypothese auf, daß die Fertilität neben der Mortalität eine Hauptdeterminante der bei Säugetieren beobachteten Variationen von Merkmalen in der Lebensgeschichte darstellt. Es erfordert für eine umfassende Beschreibung eines Organismus über deterministische Parameter wie das Geburtsalter o.ä. hinaus die Betrachtung des gesamten Lebenszyklus. Altersspezifische Mortalitäts- und Fertilitätsmuster werden ebenso berücksichtigt wie deren Ergebnisse bezüglich Lebensspanne oder Eintrittsalter in die Fertilitätsphase, Schwangerschafts- und Stilldauer, sowie Intergeburtenabstände bzw. biologische Merkmale, die kausal mit ihnen verknüpft sind wie ontogenetische Entwicklungsmuster oder Körpergröße (Bonner 1965). Der methodische Ansatz ist die Analyse der Evolution von genetischen Fitnesskomponenten (Roff 1992).

Derartige Untersuchungen der Evolution von Lebenslauf und Lebensgeschichte fußen damit auf der Darwinschen Evolutionstheorie. Erfolgreiche Adaptationsmechanismen erfordern im Sinne der genetischen Fitnessmaximierung neue Genkombinationen, die einem ständigen Test ihrer Überlebensfähigkeit ausgesetzt sind. Dies spricht zunächst einmal für die Notwendigkeit von Altern und Tod, nachdem ein Organismus für die Weitergabe seines Genbestandes gesorgt hat. Eine solche Beziehung zwischen der Lebenszeit und dem reproduktiven Geschehen wurde bereits mehrfach untersucht (Harris & Ross 1987, Caldwell 1982, Cain 1985). Im Vordergrund der Betrachtung stehen in diesen Studien vor allem Beobachtungen zur Kindersterblichkeit (Ware 1977, LeVine 1977, 1983, Scheper-Hughes 1987, Promislow & Harvey 1990, 1991), die in einer Erweiterung der ursprünglichen „life history theories" auch die Entwicklungspsychologie integrieren (Belsky et al. 1991, Chisholm 1993).

Als eines der Hauptpostulate der aktuellen soziobiologischen Betrachtungsweise gilt die Feststellung, daß alle Organismen biogenetisch primär auf ihre eigene Reproduktion programmiert sind. Sinn wäre es demnach, möglichst viele Genkopien in die nächste Generation einzuschleusen. Dies impliziert die Notwendigkeit, sich gegenüber Mitkonkurrenten einen Wettbewerbsvorteil zu verschaffen. Unter diesen Gesichtspunkten liegt die Vermutung nahe, daß ein positiver Selektionsmechanismus in Richtung auf eine möglichst lang andauernde reproduktive Phase und Lebensspanne wirkt. Das Gegenteil ist jedoch der Fall: Die Selektion fördert eine Verkürzung sowohl der reproduktiven Lebensphase als auch der gesamten Lebensspanne, da nur mit einer limitierten Generationenlänge und damit schnellen genetischen Anpassung die zum Überleben der Art notwendige Umweltadaptation gewährleistet werden kann.

Die Begrenzung der natürlichen Lebensspanne hat sich demgemäß evolutionsbiologisch derart eingependelt, daß zumindest die Weitergabe der genetischen Information an Nachkommen gewährleistet ist. Im Vergleich zu zahlreichen Tierarten, deren Lebensspanne eine abhängige Variable des Fortpflanzungsaktes darstellt, betreibt der Mensch aufgrund eines aufwendigen Reparaturapparates und Schutzmechanismus einen relativ großen Energieaufwand auf das postreproduktive Überleben. Je größer nun dieser Aufwand ist, desto weniger Energie kann in Nachkommen investiert werden, entsprechend dem Grundsatz der Lebensgeschichtsforschung, nach dem analog dem Prinzip der Thermodynamik die für einen Zweck eingesetzte Energie für einen anderen nicht mehr zur Verfügung steht. Es resultiert eine geringe Zahl an Nachkommen, die aber optimal versorgt werden kann und damit eine große Chance hat, selbst in das reproduktive Geschehen eintreten zu können. Damit kann ein relativ hohes Energiereservoir zur Verfügung gestellt werden, um ein hohes Alter zu erreichen. Zudem ermöglicht eine lange Lebensspanne, einen zusätzlich verstärkten Aufwand für die Betreuung des Nachwuchses zu erbringen.

Dies entspricht in einem zwischenartlichen Vergleich im Tierreich der sogenannten k-Strategie, (konservierend im Sinne von erhaltend), die für Lebewesen in einem konstanten, gesicherten Ökotop typisch ist. Außer dem Menschen wenden zahlreiche Tier- und Pflanzenarten (z.B. Elefant, Mammutbaum) diese Strategie an. In einer Umwelt unsicherer Lebensbedingungen wird es günstiger sein, Stoffwechselenergie vermehrt in Nachkommen zu investieren, um den Reproduktionserfolg dadurch zu gewährleisten, daß aus einer großen Anzahl von Nachkommen in günstigen Situationen mehr überleben, um hohe Sterblichkeit in ungünstigen Phasen kompensieren zu können. Dies sind die Grundprinzipien der r-Strategie (reproduktiv), die vor allem bei Arten mit vielen Fraßfeinden (Beispiel Maus) bzw. stark schwankendem Nahrungsangebot realisiert werden (Dandekar 1996). Viel Energieaufwand in eine hohe Lebensspanne zu investieren, wäre in solchen Situationen mit zu hohem Risiko verbunden.

Vor allem der Aspekt der menschlichen Fertilitätsstrategien, denen eine Relevanz in Bezug auf die vorliegende Fragestellung zukommt, lassen sich auf diesen zwischenartlichen Vergleichsmodellen aufbauen:

Die „life history theory" liefert Erklärungsansätze für das scheinbare Paradoxon, daß Menschen langfristige Verhaltenskonsequenzen zugunsten kurzfristiger Vorteile ignorieren.

Das Modell von Hill (1993) beinhaltet die Überlegung, daß ein geringer Fitnessvorteil früh im Leben hohe Kosten im späteren Leben verursacht. Damit wird ein Entscheidungsprozeß notwendig, einen kleinen Gewinn gleich anzustreben oder einen größeren Gewinn in der Zukunft abzuwarten. Demgegenüber steht die Kostenrechnung: jetzt wenig zu investieren, um später höhere Kosten zu vermeiden. Als Determinanten für zukünftige Kosten können die extrinsische Mortalität und die Wachstumsrate einer Population angesehen werden. Ist die Mortalität aufgrund äußerer Faktoren hoch, wird eine frühe Entscheidung der Fertilitätsinvestition favorisiert, da ein Abwarten die Realisierung späterer Ziele zunichte machen könnte. In diesem Fall werden Energien sinnvollerweise nicht auf Erreichen eines hohen Alters ausgerichtet sein. Ist zudem die Fertilitätsrate hoch und mit einem Bevölkerungswachstum verknüpft, ist es günstiger, sich früh für Nachwuchs zu entscheiden, da dieser eine um so bessere Position in einem wachsenden Genpool hat, je früher er in die Reproduktion eintreten kann.

Der postulierte enge Zusammenhang von Fortpflanzungsstrategien und Lebenserwartung interpretiert aufgrund unterschiedlicher Fortpflanzungsstrategien zwischen den Geschlechtern auch die unterschiedliche Lebenserwartung von Männern und Frauen.

Die biologischen Grenzen der Fertilität bei Frauen sind mit der Menopause bestimmt. Der Zeitpunkt dieses Funktionsverlustes, im Durchschnitt um die Mitte des 5. Lebensjahrzehnts anzusetzen, ist demzufolge nach etwa zwei Dritteln der weiblichen Lebensspanne zu erwarten. Damit stellt sich die unter evolutionsbiologischen Gesichtspunkten bedeutsame Frage nach dem biologischen Sinn des menopausalen Zeitpunktes und des postreproduktiven Überlebens, das entsprechend der durchschnittlichen Lebenserwartung ein Drittel der gesamten Lebenszeit umfasst.

Ein theoriegeleitetes evolutionsbiologisches Konzept, das bereits vor vier Jahrzehnten entwickelt wurde, begründet diese Einteilung der Lebensphasen mit Überlegungen zum altersdifferentiell abhängigen Reproduktionserfolg. Mit zunehmendem Alter der Mutter häufen sich Erbdefekte. Hinzu kommt die geringere Wahrscheinlichkeit einer älteren Mutter, ein Kind bis zu dessen Erreichen des Erwachsenenalters zu versorgen, da sie selber einer erhöhten Sterbewahrscheinlichkeit unterliegt. Alle diese Einflussfaktoren führen zur altersabhängigen Verringerung der Chancen genetischer Plazierung eigener Kinder in der Folgegeneration. Unter diesem Gesichtspunkt ist es ab einem gewissen Alter sinnvoller, für bereits vorhandene Nachkommen zu sorgen und deren Fortpflanzung zu unterstützen, als selbst in weitere Kinder zu investieren (Williams 1957). Die Soziobiologie stellt hierzu ein Rechenexempel bereit, das im Sinne genetischer Fitnessmaximierung den Reproduktionserfolg mit der Tradierung des eigenen genetischen Materials misst: Jedes Kind trägt zur Hälfte mütterliche Gene, jedes Enkelkind ein Viertel. Es erscheint ab dem Zeitpunkt nicht mehr opportun, Investitionsaufwand für ein weiteres Kind zu betreiben, wenn dessen Chance, selber in die Reproduktivität zu kommen, gerade etwas weniger als halb so groß ist wie die eines Enkelkindes (Vogel & Sommer 1992). Die evolutionsbiologische Konsequenz gemäß dieser Theorie ist, daß sich zu diesem Zeitpunkt, ab dem bei gleichem genetischen Reproduktionserfolg weiterer eigener Nachwuchs mit höheren Kosten verbunden ist als die Investition in vorhandenen Nachwuchs, sinnvollerweise die Menopause selektiv eingependelt hat.

Vor diesem Hintergrund evolutionsbiologisch geprägter Mechanismen haben sich in den verschiedenen Gesellschaftsformen die Determinanten der Fertilität (s.u.) als modellierend erwiesen. Dadurch haben sich spezifische Muster entwickelt, unter denen diejenigen mit extrem niedrigen Fruchtbarkeitsraten im folgenden vorgestellt werden sollen.

Das Muster der Niedrig-Fertilität

Im europäischen Vergleich fallen vor allem Spanien und Italien, die klassischen kinderreichen Länder Europas, durch die mittlerweile niedrigsten Geburtenraten (TFR) von durchschnittlich unter 1,3 Kindern auf (Dorbritz 2000). Die höchsten Geburtenraten weisen mittlerweile die nordeuropäischen Länder auf (Hoem & Hoem 2000, Frejka & Calot 2001, Andersson 2002). Wie hat sich nun das Geburtenverhalten im Laufe der letzten Jahrzehnte in den Industrieländern entwickelt?
Bis 1965 hielten sich die europäischen Ländergruppen auf einem relativ konstanten Niveau mit leichten Unterschieden, bis der „Pillenknick" ab den späten 60er Jahren einen schnellen Effekt in den west- und nordeuropäischen Ländern erzeugte: Die Fertilität sank innerhalb von zehn Jahren um 40% ab (Abb. 3). Während es in diesen Ländern zu einer ebenso abrupten Beendigung dieser Entwicklung kam, wie sie eingesetzt hatte, waren die Auswirkungen in den südeuropäischen Ländern und in den Reformstaaten, zu denen vor allem viele osteuropäische Länder mit politischen Neuordnungen in den 90er Jahren zählen, drastischer. Bei ihnen beginnt ebenso wie in den west- und nordeuropäischen Ländern ein Absinken der Fertilität, allerdings

deutlich zögernder. Das führte dazu, daß um 1975 ein maximaler Unterschied der länderspezifischen Geburtenraten beobachtet wurde. Von einem zu dieser Zeit immer noch relativ hohen Niveau hielt das Absinken der Geburtenrate aber in diesen Ländergruppen weiterhin an und kam erst zu Beginn der 90er Jahre auf einem niedrigeren Niveau als in den westeuropäischen Ländern zum Stillstand. In den europäischen Reformstaaten haben die politischen Umwälzungen von sozialistischen zu demokratischen Staaten zu einer tiefen Verunsicherung der Bevölkerung in den betroffenen Ländern mit der Folge der beobachteten nachhaltigen Reduzierung der Kinderzahlen beigetragen (Dorbritz 1998, 2000). Es ist jedoch zu erwarten, daß es sich dabei dort nach einem Verzögerungseffekt eine Kompensationsreaktion einstellt, wodurch zumindest das Fertilitätsniveau der südeuropäischen Länder wieder erreicht wird. Diese zeigen eine klare Entwicklung, die mit tiefgreifenden Veränderungen in der Familienstruktur, verbunden mit dem Auflösen der Großfamilien und wachsender wirtschaftlicher Unsicherheit, zu interpretieren ist.

In Deutschland stellt sich das Muster der westeuropäischen Länder durch die Wiedervereinigung heterogen dar. In der DDR fiel zunächst das Absinken der Geburtenrate deutlich schwächer aus als in Westdeutschland, was sich in den Kinderzahlen von Frauen der Geburtsjahrgänge 1950 bis 1960 ausdrückt, die um bis zu 15% über der der gleichaltrigen westdeutschen Frauen lag (Abb. 4).

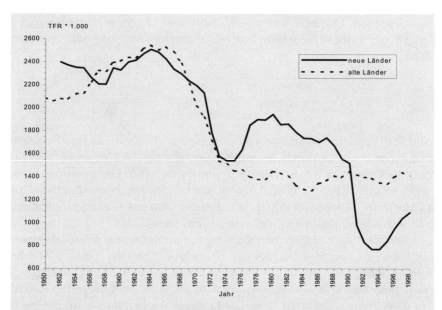

Abb. 3: Entwicklung der Total Fertility Rate in Deutschland, 1950-1998 (aus Luy, Wittwer-Backofen 2001; Datenquelle: Statistisches Bundesamt, Grünheid und Roloff 2000)

Mit der deutschen Wiedervereinigung aber wird eine Entwicklung eingeleitet, die sich bei den ostdeutschen Frauen ab dem Geburtsjahrgang 1960 in einer deutlichen Reaktion zeigt: Die Kinderzahlen sinken unter das westdeutsche Niveau und passen sich in den letzten Jahren aufgrund eines Entwicklungen abwartenden Aufschubs allmählich wieder an. Vieles in dieser Dynamik ist jedoch noch ungeklärt (Hullen 1998, Dorbritz 1998, Kreyenfeld 2001).

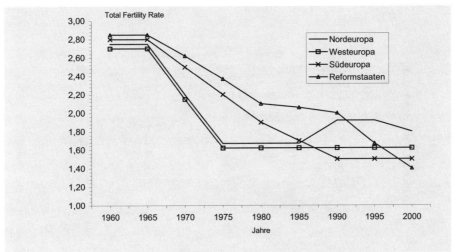

Abb. 4: Geburtenrückgang in den europäischen Ländergruppen (Datenquelle: Council of Europe, Recent demographic development in Europe, 1999; nach Dorbritz 2000)

Die Frage, ob sich die demographisch wirksamen niedrigen Kinderzahlen in Europa durch eine verzögerte Entscheidung zur Familienbildung ergibt, ist nicht ohne weiteres zu beantworten. Ein derartiger Zusammenhang würde niedrige Kinderzahlen bei einem hohen Erstgeburtsalter der Frauen zeigen. Dies ist aber im Vergleich der europäischen Länder nicht durchgehend der Fall. In einigen Staaten wie Bulgarien, Weißrussland oder der russischen Föderation sind niedriges Erstgeburtsalter mit einer niedrigen Gesamtkinderzahl gekoppelt. Das erste Kind wird zwar von recht jungen Müttern geboren, deren Entscheidung zum zweiten oder dritten Kind wird aber immer seltener gefällt.

Aus dem Bild fällt völlig die Türkei heraus, die bei dem niedrigsten Erstgeburtsalter der Frauen im europäischen Vergleich die mit Abstand höchste Gesamtkinderzahl von durchschnittlich 2,4 Kindern aufweist. Die westeuropäischen Länder zeigen allesamt mit einem hohen Alter der erstgebärenden Mütter niedrige Gesamtkinderzahlen. Allein die nordeuropäischen Länder vermögen bei ähnlich hohem Alter der Mütter bei Geburt der ersten Kinder auch höhere Kinderzahlen zu erreichen.

In anderen Ländern wie in Spanien, Italien, in Deutschland und in der Schweiz (Abb. 5) ist ein hohes Erstgeburtsalter der Frauen mit niedriger Kinderzahl gekoppelt. Hier setzt die Familienbildung erst spät ein, wodurch die Kinderzahl aus biologischen Gründen nicht immer in ihrer geplanten Höhe oder überhaupt nicht mehr realisierbar ist. Es ist bezeichnend, daß der Anteil ungewollt kinderloser Paare insbesondere in diesen Ländern im Ansteigen begriffen ist. Aber das Aufschieben des Kinderwunsches führt in zunehmendem Maße auch zu dem Effekt, daß er völlig aufgegeben wird bzw. in der eigenen Biographie der Frauen gar nicht erst vorgesehen ist.

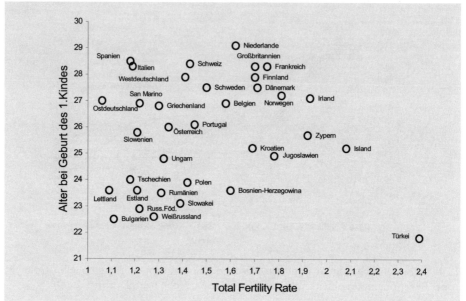

Abb. 5. Total Fertility Rate und Alter der Mutter bei Geburt des ersten Kindes (Datenquelle: Council of Europe, Recent demographic development in Europe, 1999; nach Dorbritz 2000)

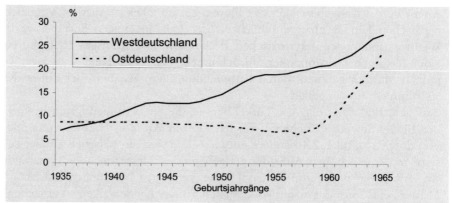

Abb. 6: Anteile kinderloser Frauen der Geburtsjahrgänge 1935-1966 in Deutschland (Datenquelle: Statistisches Bundesamt; nach Dorbritz 2000)

Der Anteil kinderloser Frauen steigt dementsprechend zunehmend. In Deutschland bleibt etwa jede dritte Frau der Geburtsjahrgänge 1965 oder jünger kinderlos (Abb. 6).

Im europäischen Kohortenvergleich der Frauen des Geburtsjahrganges 1955 sind in Westdeutschland neben der Schweiz und Österreich die höchsten Anteile kinderloser Frauen zu verzeichnen – bei niedrigen endgültigen Kinderzahlen dieser Frauen (Abb. 7). Damit zeigt sich, daß die niedrige Fertilität einerseits durch die gedrosselte Entscheidung zu hohen Kinderzahlen verursacht wird. Einen größeren Anteil an dem Effekt hat aber die wachsende Zahl kinderloser Frauen. Das bedeutet, daß die Last der Bevölkerungsreproduktion sich auf immer weniger Frauen bzw. Paare konzentriert. Dadurch, dass sich eine nennenswerte Teilbevölkerung gebildet hat, die eine Lebensform ohne Kinder gesellschaftlich etabliert hat, wird auch kaum eine schnelle Änderung dieser demografischen Situation in Sicht sein.

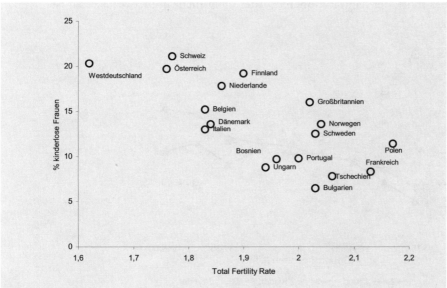

Abb. 7: Total Fertility Rate und Anteil kinderloser Frauen des Geburtsjahrganges 1955 in europäischen Ländern (Datenquelle: Council of Europe, Recent demographic development in Europe, 1999; nach Dorbritz 2000)

Wachsen dann aber zunehmend mehr Kinder als Einzelkinder auf? Am Beispiel Deutschlands kann gezeigt werden, daß dies nicht der Fall ist (Abb. 8). Der Anteil der Einzelkinder hat sich über die letzten 60 Jahre hinweg nicht nennenswert geändert. Etwas weniger als jedes dritte Kind wächst ohne Geschwister auf. Neben dem zunehmenden Anteil der kinderlosen Frauen ist der Effekt der sinkenden Fertilität durch die gegenläufige Entwicklung der 2-Kind- und 3-Kind-Familien bedingt. Hatten die um 1900 geborenen Mütter in den dreißiger Jahren noch größtenteils drei Kinder, so änderte sich dies nach dem zweiten Weltkrieg. Seitdem wurde in zunehmendem Maße die 2-Kind-Familie bevorzugt. In den siebziger Jahren entschied sich nur noch jede fünfte Familie für ein drittes Kind (Schwarz 1997).

Bisher ist im Zusammenhang mit der Elterngeneration lediglich die Fertilität von Frauen angesprochen worden. Dies hat mehrere Gründe. Einerseits stellen Frauen den biologisch limitierenden Faktor für die Bevölkerungsreproduktion dar. Die Anzahl der Frauen im reproduktiven Alter entscheidet über die maximale biologische Fortpflanzungskapazität der Bevölkerung. Dieses Limit ist aber weitestgehend irrelevant, da vor allem die von gesellschaftlichen und individuell-biografischen Faktoren abhängige Entscheidung zum Kind eine entscheidende Rolle für die Realisierung und partielle Ausschöpfung biologischer Möglichkeiten spielt. Diese biologischen Grenzen erlangen vielmehr heute eine neue Dimension: Mit der modernen fortpflanzungsmedizinischen Technik können die biologischen Grenzen aufgeweicht werden. Der größte Effekt dabei dürfte in dem Vertrauen in diese Technik gesehen werden, das zu einer biografischen und damit auch altersspezifischen Fixierung des Kinderwunsches führt, der dann in höherem Alter nicht mehr immer realisierbar ist.

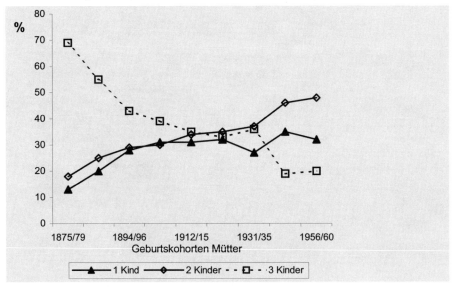

Abb. 8: Entwicklung der Kinderzahlen in den Familien in Deutschland (Datenquelle: Schwarz 1997)

Welche Rolle spielen aber die Männer im Fertilitätsgeschehen? Die zunehmende Auflösung der klassischen Familienkonstellation rückt die Männer zunehmend aus dem Blickfeld der demografischen Erfassung. In Deutschland ist lediglich die statistische Erfassung beider Elternteile der Geburt eines ehelichen Kindes vorgeschrieben, nicht aber die des Vaters bei nichtehelichen Geburten. Zudem ist bei Kindern bevölkerungsstatistisch gesehen nur eine Verknüpfung zu dem Haushalt gegeben, in dem sie leben (Gesetz über die Statistik der Bevölkerungsbewegung und die Fortschreibung des Bevölkerungsstandes). Da dies bei getrennten Familien in der Regel die Mutter ist, besteht hier eine deutliche Datenlücke. Aber auch die großen Surveys wie beispielsweise das Family and Fertility Survey (FFS) der achtziger und neunziger Jahre (Kreyenfeld 2001) oder die LBS-Familien-Studie (Fthenakis et al. 2001) erlauben aufgrund ihrer Datenstruktur kaum die nur eine eingeschränkte Analyse der Väterrolle (Pohl 2000). Ebenso ist wenig bekannt über die paardynamische Entscheidung für oder gegen Kinder (Roloff und Dorbritz 1999, Literatur s. Luy und Wittwer-Backofen 2001) oder die Dynamik in Familien-trennungen (Oláh 2001).

Determinanten der Fertilität

Ökonomische und biographische Kosten

Als ein Erklärungsfaktor für das starke Absinken der Geburtenrate in Ostdeutschland nach der Wiedervereinigung wird die Einschränkung der Möglichkeiten zur Kinderbetreuung gesehen, die in der ehemaligen DDR ein hohes Maß an institutionalisierter Betreuung in Kinderkrippen und Kindergärten einnahm. Durch diese mit nur geringen ökonomischen Kosten verbundene Kinderbetreuung war das Einkommen der Eltern ein in wesentlich geringerem Maße ausschlaggebendes Kriterium für die Entscheidung zum Kind als dies in Westdeutschland der Fall war und mittlerweile für Gesamtdeutschland zur Realität geworden ist. Die Kinderbetreuung ist oftmals ein finanzielles Problem, das den Wiedereinstieg der Mütter in die Berufstätigkeit erschwert (Dorbritz et al. 1998).

Neben den damit verknüpften reinen materiellen Einbußen sind die biographischen Kosten der Eltern zu sehen, die eine Unterbrechung bzw. Einschränkung der beruflichen Karriere und des privaten Lebensstils beinhalten. Diese beiden Determinanten der ökonomischen und biographischen Kosten der Fertilität sind in ihrer Auswirkung demnach in besonderem Maße von der institutionalisierten Kinderbetreuung und Kindererziehung abhängig. Die niedrigen Geburtenzahlen finden daher in den westlichen Industrienationen, insbesondere in Deutschland, unter anderem in diesbezüglich geringen staatlichen Investitionen einen Erklärungsfaktor. Dies ist allerdings ein sehr komplexes Thema, dessen Interaktionen und Verknüpfungen mit anderen Determinanten der Fertilität stark diskutiert wird (Birg et al. 1991). Vielfach wird auch die hohe Bewertung der biographischen Kosten bei einer Entscheidung gegen Kinder als ausschlaggebend angeführt, so dass eine nur auf die Verbesserung der Kinderbetreuung angelegte Intervention nur in geringem Maße zur Erhöhung der Geburtenrate beitragen würde.

Soziale Determinanten

Ein weiterer Komplex fertilitätsbestimmender Determinanten ergibt sich aus sozialen Interaktionen gesellschaftlicher Prägung, die im regionalen Kontext wirksam werden (Hank 2002). Hierbei bilden sich gesellschaftliche Normen aus, deren Wertigkeit sich von den jeweiligen Umweltsituationen abhängig einpendelt. Aber oft ist auch nur bedingt der individuelle Wunsch nach einem Lebensstil mit oder ohne Kindern relevant für den weiteren Lebenslauf. Rückkoppelungen, die sich aus der Gesellschaftsstruktur ergeben, prägen einen Weg, der die individuelle Einstellung überformt:

- So ist eine sozialstrukturell geprägte Auswahl aus dem Partnermarkt ein „Nadelöhr", das einer Entscheidung zum Kind vorgelagert ist. Ein zusätzlich einschränkender Rückkoppelungseffekt eines individuellen Filtersystem auf der Suche nach einem „geeigneten" Partner ergibt sich durch gesellschaftliche Normen. Selbst bei geringer Orientierung an derartige Normen wie Bildungshomogenität, Altersdifferenz oder unterschiedliche Religionen sind nicht normgerechte Bindungen oft einer großen gesellschaftlichen Belastung ausgesetzt, die einer Realisierung des Kinderwunsches entgegenstehen. So ist in vielen Umfragen eine typische Erklärung für Kinderlosigkeit, dass man „prinzipiell Kinder haben möchte, aber mit dem richtigen Partner".

- Weiterhin wirkt sich ein soziales Feedback durch konkurrierende Lebensinhalte aus. Der zunehmende Anteil kinderloser Paare oder partnerungebundenen Alleinlebens führt den jungen (noch) Kinderlosen alternative und als attraktiv gewertete Lebensinhalte mit beruflicher Karriere (bei Paaren zumeist Doppelverdiener) ohne den mit Kindern verbundenen Einschränkungen vor Augen. Aber auch hier sind Einschränkung durch gesellschaftliche strukturelle Vorgaben wirksam, die beispielsweise bei ungünstiger Ausbildungs- bzw. Arbeitsmarktsituation keine realisierbaren Alternativen darstellen. In wirtschaftlich benachteiligten Regionen weichen Frauen dann in Ermangelung entsprechender Arbeitsplätze in die klassische Hausfrauen- und Mutterrolle aus (Kreyenfeld 2001).

- Als weitere Determinanten der Fertilität ist der Zeitpunkt der Geburten zu nennen. Der *gewünschte* Zeitpunkt bzw. Zeitraum ist aber nicht alleinig von zahlreichen biographischen Faktoren abhängig. Soziale Einflüsse steuern beispielsweise das Alter der Mütter bei Geburt der Kinder. In den westlichen Industrienationen unterliegen beispielsweise die Phänomene „Teenager-Schwangerschaften", teilweise auch noch „ledige Mütter", einem derartigen gesellschaftlichen Filter, der in anderen Gesellschaften fehlt.

- Der gesellschaftsspezifisch *optimale* Zeitpunkt für die Geburt eines Kindes unterliegt einem Prozess des sozialen Lernens. Die Einbettung des Kinderwunsches in die Lebenslaufgestaltung (Ausbildung, beruflicher Werdegang, Alter) oder die Partnerschaftsdauer bzw. -intensität werden vorgelebt und fördern einen Lernprozess, der in einer Erkenntnis des optimalen Timings mündet. Damit wird der individuell gewünschte Zeitpunkt überformt.

- Der gesellschaftliche Einfluss auf die Kinderzahl ist vielschichtig. Durch die Abkoppelung der individuellen Kinderzahl vom sozialen Sicherungssystem wird die gesellschaftliche Belastung der niedrigen Geburtenzahlen auf die gesamte Bevölkerung umgelegt. Somit werden auch diejenigen belastet, auf deren Schultern sich die Geburtenlast konzentriert. Kinderreichtum unterliegt mittlerweile gesellschaftlichen Sanktionen, während Kinderlosigkeit in einigen sozialen Gruppen inzwischen mit einem neuen positiven Lebensstil verbunden wird.

Interventionsmöglichkeiten und Erfolg – Eine biologische Erklärungsebene

Die Einbettung der fertilitätsbestimmenden Faktoren in Entscheidungen des Lebenslaufes, wie sie die Life History postuliert, lässt einen engen Zusammenhang zu Mensch-Umwelt-Beziehungen vermuten. Derartig prägende Einflussfaktoren sind aber bislang nicht bei der Umsetzung politischer Bemühungen zur Bremsung des Bevölkerungsschwundes berücksichtigt worden. Die sinkenden Kinderzahlen sind vor allem aus dem Grund alarmierend, da sie das Konzept der von Generation zu Generation weitergereichten Verantwortung für diejenigen, die nicht in den Wirtschaftsprozess eingebundenen sind, zunichte machen. In Diskussion ist insbesondere die Sicherung der zukünftigen Renten, die durch die nachfolgende Kindergeneration nicht mehr gewährleistet werden kann. Das Problem verstärkt sich durch zunehmende Hochaltrigkeit in der Bevölkerung, wodurch die zunehmende Last der (finanziellen und sozialen) Verantwortung auf immer weniger Schultern verteilt werden muss. Dass das nicht mehr realisierbar ist, zeigt sich in den punktuellen Auflösungsprozessen des Generationenvertrages. Signale gesetzt wurden dabei einerseits durch Bemühungen, in der Bevölkerung das Bewusstsein für eine private Altersversorgung zu schaffen sowie durch eine Entscheidung des Bundesgerichtshofes aus dem Jahr 2001. Grundlage für dieses Urteil ist die nicht verfassungskonforme Mehrfachbelastung von Familien für die Sicherung der sozialen Gesamtlast, die die Bevölkerung zu erbringen hat.

Mit der Entscheidung werden Familien von einer Verpflichtung in die staatliche Pflegeversicherung freigesprochen. Dies führt zu der Frage, ob Kinder demzufolge erneut zu einer sozio-ökonomischen Versicherung für ihre Eltern werden. Oder wird dies gar ein Schritt zu einem historischen Muster des Reproduktionsverhaltens, in der ein soziales Netzwerk eine familiäre Eigenverantwortung übernimmt?
Dies ist wohl angesichts der sich auflösenden Familienstrukturen kaum zu erwarten. Aber auch die Schaffung von Anreizen zur Förderung des Geburtenverhaltens ist derzeit kaum erfolgversprechend. Kleinere finanzielle Anreize decken einerseits bei weitem nicht die hohen finanziellen Mehrbelastungen von Familien. Zudem sind in unserer Gesellschaftsform die hohen biographischen Kosten anzurechnen, die nur partiell mit einem gut funktionierenden Betreuungs- und Erziehungssystem reduziert werden könnten. Dies ist aber nicht in Sicht und scheint auch angesichts der hohen damit verbundenen Kosten nicht realisierbar. Die Kalkulation dieser Kostenrechnung wird unter der Berücksichtigung der in der Life history und Soziobiologie aufgezeigten Einbindung des Fertilitätsverhaltens in den gesamten Mensch-Umwelt-Komplex aufgestellt. Solange eine entsprechende Kostenrechnung in einem derartigen Ungleichgewicht im individuellen Kalkül resultiert, wie dies heute in den europä-

ischen Ländern der Fall ist, wird sich wohl kaum mit den bislang angebotenen Interventionen eine Erhöhung der Kinderzahlen erwirken lassen.

Ausblick – Sind Prognosen der Geburtenraten realistisch?

Die Entwicklung der Fertilitätsraten, wie sie mit diesem Beitrag aufgezeigt wurden, dokumentieren die innerhalb kurzer Zeit drastischen Veränderungen als Spiegel der gesellschaftlichen Strukturen. Durch die kurzen Zeitspanne, in denen sich Veränderungen abgezeichnet haben, sind für die zukünftige Entwicklung mehr Fragen zu formulieren, als Prognosen gestellt werden können (Birg 1998). Eine der wesentlichen Aspekte des weiteren zeitlichen Verlaufs ist mit der Frage verknüpft, ob die Niedrig-Fertilität als Übergangsphänomen zu verstehen ist oder ob sie sich auf einem permanent niedrigen Stand einpendelt. Auch die Ausmodelierung auf dem heutigen niedrigen Stand der Geburtenraten ist nicht absehbar. Ist der niedrigste Stand bereits erreicht oder schreitet die Abnahme der Kinderzahlen weiter fort? Die bisher nicht Geborenen scheiden als spätere Elterngeneration aus. Welcher langfristige Effekt ergibt sich dadurch?

Betrachtet man die europaweiten Variationen, so ist zu fragen, ob die extrem niedrigen Geburtenraten der süd- und osteuropäischen Länder sich auch auf andere europäische Länder ausbreiten werden. Verknüpft mit den sinkenden Geburtenraten ist das zunehmende Geburtsalter der Mütter zu betrachten. Es stellt sich hierbei die Frage, ob diese Fertilitätsverzögerung bereits die maximale Altersgrenze erreicht hat oder ob eine weitere Ausschöpfung der biologischen Kapazität bis an deren Grenzwerte zu erwarten ist. All diesen Fragen wird in der demographischen Literatur große Aufmerksamkeit gewidmet, da die Entwicklung der Geburtenraten in vielerlei Hinsicht einen wesentlichen Beitrag zu unserer Gesellschaftsstruktur liefert.

Literatur

Alexander RD (1979) Darwinism and Human Affairs. University of Washington Press, Seattle.

Alexander RD (1990) Epigenetic rules and Darwinian algorithms. Ethology and Sociobiology 11, 241-303.

Andersson G (2002) Fertility developments in Norway and Sweden since the early 1960s. Demographic Research 6/4, 67-86.

Belsky J, Steinberg L, Draper P (1991) Childhood experience, interpersonal development, and reproductive strategy: An evolutionary theory of socialization. Child Development 62, 647-670.

Birg H (1998) Demographisches Wissen und politische Verantwortung. Zeitschrift für Bevölkerungswissenschaft 23, 221-251.

Birg H, Flöthmann EJ, Reiter I (1991) Biographische Theorie der demographischen Reproduktion. Frankfurt, New York.

Bonner JT (1965) Size and Cycle. Princeton University Press, Princeton.
Cain M (1985) Fertility as an adjustment to risk. In: Rossi A (Ed.), Gender and the Life course. Aldine, New York.
Caldwell J (1982) Theory of fertility decline. Academic Press, New York.
Charnov EL (1993) Life-History Invariants. Oxford University Press, Oxford.
Chisholm JS (1993) Death, Hope, and Sex: Life-History Theory and the Development of Reproductive Strategies. Current Anthropology 34/1, 1-24.
Council of Europe (1997) Recent demographic developments in Europe.
Dandekar T (1996) Warum altern wir? Biologische Aspekte des Älterwerdens. Funkkolleg Altern, Studienbrief 2, Studieneinheit 6. Deutsches Institut für Fernstudienforschung, Tübingen.
Dorbritz J (1998a) Der Wandel der generativen Entscheidung in Ostdeutschland – Ein generationsspezifischer Prozess In: Dorbritz J, Häder M, Häder S (Hrsg) Sozialer Wandel in Ostdeutschland: theoretische und methodische Beiträge zur Analyse der Situation seit 1990. xxx , 123-155.
Dorbritz J (1998b) Trends der Geburtenhäufigkeit in Niedrig-Fertilitäts-Ländern und Szenarien der Familienbildung in Deutschland. Zeitschrift für Bevölkerungswissenschaft 23, 179-210.
Dorbritz J (2000) Europäische Fertilitätsmuster. Zeitschrift für Bevölkerungswissenschaft 25, 235-266.
Frejka T, Calot G (2001) Cohort reproductive patterns in the Nordic Countries. Demographic Research 5/5, 125-186.
Fthenakis W, Kalicki B, Peitz G (2001) Paare werden Eltern: die Ergebnisse der LBS-Familien-Studie. Leske und Budrich, Leverkusen.
Grünheid E, Roloff J (2000) Die demographiscje Lage in Deutschland mit dem Teil B „Die demographische Entwicklung in den Bundesländern – ein Vergleich". Zeitschrift für Bevölkerungswissenschaft 25, 3-150.
Hank K (2002) Eine Mehrebenenanalyse regionaler Einflüsse auf die Familiengründung westdeutscher Frauen in den Jahren 1984 bis 1999. MPIDR Working Paper WP 2002-021, Max-Planck-Institut für demografische Forschung Rostock.
Harris M, Ross E (Eds) (1987) Death, sex, and fertility: Population regulation in preindustrial and developing societies. Columbia University Press, New York.
Hill K (1993) Life History Theory and Evolutionary Anthropology. Evolutionary Anthropology 2, 78-88.
Hoem B, Hoem J (2000) Fertility Trends in Sweden up to 1996. Population Bulletin of the United Nations 40/41 1999, 318-333.
Hullen G (1998) Die ostdeutsche Geburtenentwicklung nach der Wende – aufschub unter Unsicherheit. In: Fleischhacker J und Münz R (Hrsg) Gesellschaft und Bevölkerung in Mittel- und Osteuropa im Umbruch. Demographie aktuell 13, 112-122.
Kreyenfeld M (2001a) Employment and fertility: East Germany in the 1990s. Diss. Universität Rostock.
Kreyenfeld M (2001b) Work/Family Processes and Socioeconomic Outcomes: Timing of first Births in East Germany after Reunification. Vierteljahreshefte zur Wirtschaftsforschung 70, 74-79.
LeVine R (1977) Child rearing as cultural adaption. In: Leidermann P, Tlukin S, Rosenfeld A (Eds.). Culture and Infancy. Academic Press, New York.

LeVine R (1983) Fertility and Child development: An anthropological approach. In: Wagner D (Ed.). Child development and international development: Research-policy interfaces. Jossey-Bass, San Francisco.

Luy M, Wittwer-Backofen U (2001) FFS2-Male reproductive behaviour and female consequences. Projektskizze des ZAG Universität Freiburg, unveröff.

Oláh L (2001) Gender and family stability: Dissolution of the first parental union in Sweden and Hungary. Demographic Research 4/2, 29-96.

Pohl K (2000) Fatherhood in East and West Germany: Results of the German FFS. In: Bledsoe C, Lerner S, Guyer I (eds) Fertility and the male Life-cycle in the era of fertility decline. Oxford University Press, Oxford.

Promislow D, Harvey P (1990) Living fast and dying young: A comparative analysis of life-history variation among mammals. Journal of the Zoological Society of London 220, 417-437.

Promislow D, Harvey P (1991) Mortality rates and the evolution of mammal life histories. Acta Osteologica 12, 119-137.

Roff DA (1992) The Evolution of Life Histories: Theory and Analyses. New York.

Roloff J, Dorbritz J (Hrsg) (1999) Familienbildung in Deutschland Anfang der 90er Jahre: demographische Trends, individuelle Einstellungen und sozio-ökonomische Bedingungen; Ergebnisse des deutschen Family and Fertility Survey. Schriftenreihe des Bundesinstituts für Bevölkerungsforschung 30. Leske und Budrich, Wiesbaden.

Scheper-Hughes N (1987) The cultural politics of child survival. In: Scheper-Hughes N (Ed.). Child survival. D Reidel, New York.

Schwarz K (1997) 100 Jahre Geburtenentwicklung. Zeitschrift für Bevölkerungswissenschaft 22, 481-491.

Stearns S (1992) The Evolution of Life Histories. Oxford University Press.

United Nations (1996) Demographic Yearbook. New York.

Vogel Ch, Sommer V (1992) Drum prüfe, wer sich ewig bindet... In: Deutsches Institut für Fernstudienforschung an der Universität Tübingen (Hrsg.), Funkkolleg Der Mensch. Studienbrief 3, Studieneinheit 8. Tübingen, 5-58.

Ware H (1977) The relationship between infant mortality and fertility: Replacement and insurance effects. Proceedings of the International Population Conference, 1. International Union for the Scientific Study of Population, Belgium.

Williams GC (1957) Pleiotropy, Natural Selection and the Evolution of Senescence. Evolution 11, 398-411.

Kinderlosigkeit in Deutschland – Aspekte eines Massenphänomens

W. Henke

Kinderlosigkeit als demographisches Problem

Der Schweizer Demograph Markus Mattmüller verglich einst das breite Interesse an der Demographie mit dem an Hedwig Courths-Mahlers Trivialromanen - in beiden ginge es um Geburt, Partnerwahl, Heirat, Krankheit und Tod. In der Tat zielt die Bevölkerungswissenschaft auf die Daseinsbewältigung von Lebensformen, wenn auch nicht – wie der Schicksalsroman – mit einem emotionalen Anspruch, sondern mit einer analytischen und prognostischen Zielsetzung. Diese unmittelbare Nähe der demographischen Forschung zum 'täglichen Leben' der Einzelnen bringt einerseits den Vorteil mit sich, keine lebensferne Wissenschaft zu sein, weist aber andererseits das Manko auf, daß voreilig geschlossen wird, man brauche nicht Spezialist zu sein, um über diese Fragen mitreden zu können (BMFS 1993, Schmid 1976, Statistisches Bundesamt 2000).

Das generative Verhalten, d.h. jene Verhaltensweisen, die die Geburtenhäufigkeit in einer Gesellschaft in einem gegebenen Zeitraum beeinflussen, zählt gegenwärtig neben der Überalterung unserer Gesellschaft und der aktuellen Migrationsproblematik zu den zentralen bevölkerungswissenschaftlichen Fragestellungen von hoher bevölkerungspolitischer Brisanz (Gans 2001a, b, Roloff 2000, Roloff u. Dorbritz 1999, Schwarz 1999). Dabei geht es in der gesellschaftlichen Argumentation vorwiegend um die sozialen und ökonomischen Funktionen von Kindern. Die Prognose einer dauerhaft oder gar zunehmend kinderarmen Gesellschaft wird als Gefährdung der Kontinuität bestehender gesellschaftlicher Strukturen gesehen. Nicht nur zu viele Kinder, was das Thema einer globalen 'Überbevölkerung' und 'Bevölkerungsexplosion' ist, sondern auch zu wenig Nachwuchs ist wirtschaftlich und sozial gesehen problematisch (vgl. Süssmuth 1983).

Im Folgenden soll daher der demographisch relevante, zunehmend als bedrohlich wahrgenommene Aspekt der Kinderlosigkeit in unserer Gesellschaft näher beleuchtet werden. Die Öffentlichkeitsrelevanz des Themas spiegelt sich in den zahlreichen Schlagzeilen der Politik-, Gesellschafts- und Feuilleton-Rubriken der Medien wider. Die Prognosen sind vorurteilsbeladen und düster: *„Der Weg in die Risikogesellschaft."* – *„Die Deutschen sterben aus!"* – *„Familie - ein aussterbendes Modell"* – *„Die geschwisterlose Gesellschaft." – „Trend zum kollektiven Egoismus."*

Eigentlich sollte man meinen, daß die demographischen Eckdaten bekannt und die bevölkerungsstatistischen Grundlagen für z.B. bildungs-, sozial- und bevölkerungspolitische Entscheidungen in unserer Republik unstritig seien. Das ist offenbar nicht der Fall, wie u.a. der Internet-Aufsatz des Bielefelder Pädagogen Peter nicht der Fall, wie u.a. der Internet-Aufsatz des Bielefelder Pädagogen Peter Kraft deutlich macht, der von der „*Mär vom Geburtenrückgang*" und dem „*Mythos von der Vorherrschaft der Ein-Kind-Familie*" handelt (Kraft 2000). - Dramatisieren aber diejenigen wirklich, die einen Weg in eine kinderarme Gesellschaft prognostizieren, in der die Ein-Kind-Familie neben kinderlosen Paaren und Singles zur Regel wird? Sind wir wirklich auf dem Weg in eine geschwisterlose Gesellschaft? Werden solche Prognosen durch die demographischen Fakten gestützt oder nur suggeriert?

Die öffentliche Verunsicherung über die zukünftige demographische Entwicklung gebietet es dringend, medienwirksame Thematisierungen der Geburtlichkeit kritisch zu beleuchten. Nachfolgend soll anhand der demographischen, soziologischen und anthropologischen Literatur und Fakten zur Kinderlosigkeit in Deutschland eine sachliche Bilanzierung vorgenommen und eine bevölkerungswissenschaftliche Prognose gestellt werden, wobei diese aufgrund aller Erfahrungen mit Problemen des demographischen Wandels natürlich nur eine Annäherung sein kann.

Zunächst bedarf es einer Definition von 'Kinderlosigkeit', da es sich um ein mehrdimensionales Problem handelt. Nach Bien et al. (1996) weist der Begriff 'Kinderlose', sofern er bislang überhaupt bestimmt wurde, eine erhebliche Unschärfe auf. Der gravierendste Mangel ist, daß er in der amtlichen Statistik, z.B. im Mikrozensus, an die Erfassung von Haushalten gebunden ist. Man erfährt nur etwas über das Zusammenleben ohne und mit Kindern in einem Haushalt, über die Differenzierung, ob die Kinder den Haushalt schon verlassen haben, ob es sich um eigene oder aber um Stiefkinder handelt, ist in der Regel nicht möglich. Da die Lebendgeborenenfolge in der amtlichen Statistik nur für die verheirateten Frauen in einer bestehenden Ehe ermittelt wird, liegen für Unverheiratete und im Falle von Zweit- oder Mehrfachheiraten nur Schätzungen vor, z.B. über den Family and Fertility Survey (FFS I vgl. Birg u. Flöthmann 1993, Dorbritz u. Gärtner 1999, Dorbritz u. Schwarz 1996, Institut für Länderkunde/Leipzig 2001, Roloff u. Dorbritz 1999).

Im sozialwissenschaftlichen Kontext lassen sich drei grundsätzliche Formen von Kinderlosigkeit unterscheiden:
- Noch-Kinderlose (Phase vor der Elternschaft).
- Eltern ohne Kinder im Haushalt (nach Auszug des letzten Kindes).
- Dauerhaft bzw. lebenslang Kinderlose.

Zwei weitere Differenzierungen von Kinderlosigkeit sind üblich:
- Biologische Kinderlosigkeit (d.h. niemals ein Kind geboren oder gezeugt zu haben).
- Soziale Kinderlosigkeit (d.h. niemals mit einem Kind unter 18 Jahren in einer Haushaltsgemeinschaft gelebt oder niemals ein Kind erzogen zu haben).

Nach Jürgens u. Pohl (1975) sind im individuellen Verhalten drei Dimensionen zu unterscheiden, die jeweils einen Gestaltungsbereich des generativen Verhaltens betreffen (Tab. 1).

Tab. 1: Generatives Verhalten und persönlicher Gestaltungsbereich (vgl. Jürgens & Pohl 1975, S. 18); *kursiv*: Hervorhebung des hier relevanten Aspekts).

Dimensionen des generativen Verhaltens	vom Individuum her gesehene Gestaltungsbereiche seines generativenVerhaltens
dem physiologischen Rahmen	das biologische Können,
dem sozio-institutionellen Rahmen	das soziale Dürfen,
dem Bereich der individuellen Lebensgestaltung	das persönliche Wollen

Hier soll weder die *ungewollte* Kinderlosigkeit (Winkler 1994, Strowitzki 1998), d.h. das mangelnde biologische Können thematisiert werden, das immerhin nach dem FFS I regional differenziert 9 - 15% der fortpflanzungswilligen Paare betrifft (Roloff u. Dorbritz 1999), noch die in der heutigen Gesellschaft nur wenig bedeutungsvolle Beschränkung des sozialen Dürfens, sondern es geht ausschließlich um die *gewollte* Kinderlosigkeit. Die Abgrenzung von gewollter gegenüber ungewollter Kinderlosigkeit ist jedoch nur über gesonderte Stichprobenerhebungen möglich und selbst im Einzelfall nicht immer eindeutig entscheidbar. Nach Schneider (1996) versteht man unter gewollter Kinderlosigkeit, jene Willensentscheidung, die sowohl auf prinzipieller Ablehnung der Elternschaft als auch auf einem ständigen, zur Kinderlosigkeit führenden Aufschub des Kinderwunsches beruht. Da die Realisierung des Kinderwunsches an soziale, ökonomische und biologische Rahmenbedingungen und traditionell auch an eine vorher erfolgende Partnerwahl gebunden ist (Rückert et al. 1979), deren Erfolg wiederum mit Attraktivitätsmustern korreliert (Grammer 2000), weist die willentliche Entscheidung zur Realisierung eines Kinderwunsches in unserer postindustriellen Informationsgesellschaft ein hohes Maß an Imponderabilien für die Biographie des Einzelnen auf.

Die Komponenten des Entscheidungsprozesses im generativen Verhalten haben sich seit den klassischen Einstellungsanalysen von Jürgens u. Pohl (1972) und Pohl (1980) – wie u.a. die Studien von Herter-Eschweiler (1998) oder Roloff u. Dorbritz (1999) zeigen – prinzipiell nicht geändert, sondern nur einem veränderten Wertekanon angepaßt. Die wesentlichen Komponenten sind in Abb. 1 modellhaft wiedergegeben. Die Entscheidung für ein Kind (bzw. ein weiteres Kind) unterliegt einer Kosten-Nutzen-Abwägung der Partner, die sich wesentlich an der sozioökonomischen Lebenslage, der situativen Einstellung und der individuellen Wertestruktur entscheidet. Die gegenüber den frühen Jahren der Bundesrepublik Deutschland drastisch veränderten gesellschaftlichen Rahmenbedingungen haben schließlich zu Kinderlosigkeit als Massenphänomen geführt, d.h., trotz normaler Alters- und Geschlechtsproportionen unserer Bevölkerung ist sie zu einem weit verbreiteten und sozial verfestigten Verhaltensmuster geworden.

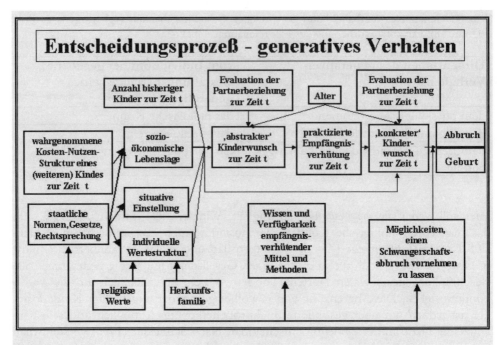

Abb. 1: Der Entscheidungsprozeß generativen Verhaltens (nach Herter-Eschweiler 1998, S. 254, umgezeichnet).

Das Ausmaß der Kinderlosigkeit in Deutschland – gestern, heute, morgen

Seit Mitte der sechziger Jahre wird in der öffentlichen Diskussion in unserer Republik wie auch in anderen Industrieländern ein dramatischer Geburtenrückgang beklagt. In Korrelation mit den veränderten Mortalitätsstrukturen, d.h. dem enormen Anstieg des Anteils älterer Bürger aufgrund erhöhter Lebenserwartungen (vgl. Baltes & Mittelstrass 1992; Dittmar & Henke 1998, Maretzke 2001), zeichnet sich gegenwärtig eine zunehmende Polarisierung unserer Gesellschaft in Junge und Alte ab. Die auf moderne Gesellschaften zukommenden Subsidiaritätsprobleme (u.a. Rentenlasten, Gesundheitskosten) sowie mangelndes soziales Humankapital sind heute heiß umstrittener Gegenstand der politischen Diskussion. Dass diese reichlich spät kommt und unter massivem Zugzwang erfolgt, kann als Beleg dafür gesehen werden, daß die Dynamik demographischer Prozesse bevölkerungspolitisch in ihrer Bedeutung nicht hinreichend erkannt und ernst genommen wurde. Nachfolgend wird zu zeigen sein, daß sich die besondere bevölkerungspolitische Herausforderung in Deutschland erst aus dem Wechselspiel spezifischer neuartiger Muster der Geburtlichkeit und Sterblichkeit ergibt. Langzeitanalysen zeigen nämlich, daß Kinderlosigkeit in Deutschland kein neues Phänomen ist – im Gegenteil: Seit wir über demographische Zahlen und Ziffern verfügen, ist sie für Frauen und Paare belegt, wobei gewöhnlich nach bekannten und vermuteten Ursachen unterschieden wird. Während im Zuge des 1. Weltkriegs die Geburtlichkeit drastisch zurückging, kam es nach mehr oder weniger schwachen Schwankungen der Total Fertility Rate (TFR; zusammengesetzte Geburtenziffer), die fast ausnahmslos einen Bestand der Bevölkerung oberhalb des Nullwachstums garantierte, nach dem Jahr 1965 erneut zu einem dramatischen Einbruch (Abb. 2a).

Der – hier nicht wiedergegebene – Vergleich der Bevölkerungspyramiden von 1910 (Deutsches Reich), 1950 (Bundesgebiet) und 2000 (alte und neue Bundesländer) belegt einen eindrucksvollen Wandel von einer regelmäßigen Bevölkerungspyramide mit breiter Basis, die auf einen hohen Kinderanteil und eine geringe Besetzung der älteren Jahrgänge – vor allem der Männer – hinweist, zur sog. Bienenkorbform. Letztere ist nicht nur durch eine sich abzeichnende Verschlankung der Basis gekennzeichnet, sondern auch durch deutliche Einschnitte bei älteren Kohorten verzerrt, die Indikatoren für die wechselhafte deutsche Geschichte, für die Krisen und Katastrophen während der ersten Hälfte des vergangenen Jahrhunderts, sind. Nach einem weiteren halben Jahrhundert lassen sich einschneidende Besonderheiten in der Altersverteilung feststellen. Der Grundtyp hat sich zur Jahrtausendwende abermals verändert, nun in Richtung einer Urnenform mit sehr geringer Besetzung der jüngeren Alterskohorten und Tendenzen zu einer gravierenden, bislang nie gekannten Überalterung der Gesellschaft.

Betrug der Kinderanteil im Jahre 1871 im Deutschen Reich noch 34,3% gegenüber einem Altenanteil von nur 4,6%, verringerte er sich infolge des Geburtenrückgangs nach dem 1. Weltkrieg spürbar, so daß im Jahre 1925 der Anteil der unter 15-jährigen nur noch 25,7% ausmachte und 1950 in der Bundesrepublik nur bei 23,2% lag (Altenquote 9,3%). Der drastische Geburtenrückgang nach 1964 führte dann im Jahr 1980 zu einer weiteren Reduktion des Kinderanteils auf 17,8%, d.h. er halbierte sich in gut 100 Jahren.

Im vereinten Deutschland des Jahres 1999 ist der Kinderanteil von 15,7% bereits niedriger als der älterer Menschen ab 65 Jahre (16,2%). Der sinkende Anteil der Kinder und der steigende Anteil Älterer an der Gesamtbevölkerung liegen aber seit langem auf deutlichem Kollisionskurs, der gegenwärtige Generationenkonflikt war absehbar, wie die Graphen zeigen (Abb. 2b). Innerhalb nur eines Jahrhunderts hat sich die demographische und ökonomische Belastung stark gewandelt, das hohe Übergewicht der Kinderanteile hat heute aufgrund der gesunkenen Geburtenraten und der gestiegenen Lebenserwartungen zu einem Gleichstand der Anteile von Kindern und Älteren geführt. In Zukunft ist mit einem eindeutigen Übergewicht der Älteren mit schwerwiegenden sozialen und ökonomischen Folgen für viele Lebensbereiche zu rechnen.

Die zusammengefassten Geburtenziffern, wie sie in Abb. 2c dargestellt sind, ließen nach dem rapiden Wechsel vom Babyboom im Jahre 1963/64 zum anschließenden steilen Geburtenrückgang die unzweifelhafte Prognose einer dramatischen Verschiebung der Altersproportionen in unserer Bevölkerung zu. Das dadurch signalisierte immanente Risiko einer 'zweiten demographischen Transformation' – wie man den Geburtenrückgang zwischen 1965-1975 auch nennt – besteht in der zu prognostizierenden breiten Renteneintrittswelle ab 2020. Der 'demographische Zündstoff' liegt darin, daß über lange Zeit bevölkerungspolitisch nichts Beunruhigendes passiert. Erst in rd. 18 Jahren kommt es zu einer überproportional hohen und langfristig andauernden Belastung der jüngeren Generation. Sofern keine eklatant erhöhte Zuwanderung jüngerer Migranten erfolgt, lassen Prognosen für das Jahr 2050 ein Schrumpfen der Bevölkerung Deutschlands von derzeit 82 Millionen Einwohnern auf rund 50 Millionen annehmen.

Auf politischer Ebene wurde die Brisanz dieser Entwicklung in den späten sechziger Jahren und danach vielfach verkannt. Es herrschte nicht nur bei Politikern, sondern auch bei Demographen weitgehend die Ansicht vor, daß Kinder von alleine kämen, wenn man die Leute nur machen ließe. Daher rührte auch die Auffassung, daß der seit 1964/65 beobachtete Geburtenrückgang in Deutschland von der zu Beginn dieses Jahrzehnts eingeführten Antibabypille „verursacht" sei oder doch mit ihr in engstem Zusammenhang stehe. Man sprach deshalb vom „Pillenknick" in den Graphen zur Geburtlichkeit und rechnete fest damit, daß dieses Phänomen nach einiger Zeit von alleine der Vergangenheit angehören würde. Offenbar hatte man sich in der Ursachenbeurteilung getäuscht, denn die oralen Kontrazeptiva waren nicht die Ursache des Geburtenrückgangs, sondern offenbar nur ein probates und willkommenes Mittel zum Zweck der gezielten, zuverlässigen Familienplanung. Im Rahmen eines allgemeinen sozialen Wandels und Lebensgefühls, einer neuartigen 'Bevölkerungsweise' (*sensu* Mackenroth 1953), wurde nicht nur der Zeitpunkt der Geburten nach eigenen Vorstellungen geplant und die Anzahl der eigenen Kinder reduziert, sondern vielfach auch eine dauerhafte Geburtenbeschränkung praktiziert, d.h. die Nachwuchsplanung wurde zunehmend auch auf Kinderlosigkeit angelegt. In dem gegebenen Umfang zweifellos ein *novum* – ein Massenphänomen.

In den Bundesrepublik Deutschland (bzw. den alten Bundesländern einschließlich West-Berlin) sank die Zahl der Lebendgeburten von 1 065 000 im Jahr 1965 auf den historischen Tiefstand von 576 468 im Jahr 1978. 1990 erreichte sie mit 727 199 Lebendgeburten einen neuen Höchststand. Da es sich dabei aber z.T. um einen Kohorteneffekt aufgrund der Reproduktion der geburtenstarken sechziger Jahrgänge handelt, sollte dieser jedoch nicht als Indikator für eine langfristig wieder steigende Fertilität gewertet werden, denn die Entwicklung der TFR ist in dem früheren Bundesgebiet weiter eingebrochen und die Anzahl der Geburten lag 1999 bei nur 664 000.

Der diachrone Verlauf der TFR in der ehemaligen DDR zeigt, daß die Transformation völlig anders als im früheren Bundesgebiet verlief (Abb. 2c). So erfolgte in den sechziger Jahren ebenfalls ein deutlicher Rückgang der Geburtenziffer. Diese erreichte niemals ein so tiefes Niveau wie in West-Deutschland, sondern die TFR erholte sich rasch, um dann erst im Zuge der Wende auf einen historischen Tiefstand von unter einer Lebendgeburt auf 1000 Frauen abzusinken. Wurden in den neuen Bundesländern einschließlich Berlin-Ost 1960 noch 293 000 Geburten gezählt, waren es 1970 nur noch 237 000 und 1990 gar 178 000. In dem darauffolgenden Jahr wurden nur 108 000 Geburten gezählt, 1992 nur noch 88 000, 1993 81 000 und 1994 wurde mit nur 79 000 Geburten der historische Tiefststand von 5,4 Geburten auf 1000 Einwohner erreicht. Bis zum Jahr 1999, in dem 107 000 Geburten in den neuen Bundesländern inkl. Berlin-Ost gezählt wurden, erfolgte ein deutlicher Anstieg. - Langfristig ist für Gesamtdeutschland das Schrumpfen unserer Bevölkerung vorprogrammiert und durch wie auch immer geartete Geburten fördernde Programme sowie realisierbare Zuwanderung nicht aufzuhalten.

Abb. 2a: Der Verlauf der totalen Fertilitätsrate in Deutschland seit Ende des 19. Jahrhunderts (nach Statistisches Bundesamt, Wiesbaden in Institut für Länderkunde, Leipzig 2001).

Abb 2b: Diachroner Verlauf des Prozentanteils unter 15jähriger und über 64jähriger in Deutschland (nach Institut für Länderkunde, Leipzig 2001).

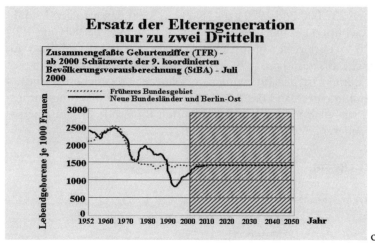

Abb 2c: Totale Fertilitätsraten der Bevölkerungen des früheren Bundesgebiets sowie der neuen Bundesländer inklusive Berlin-Ost von 1952-2000 und Schätzwerte der 9. koordinierten Bevölkerungsvorausberechnung ab 2000 (nach Statistisches Bundesamt, Wiesbaden in Institut für Länderkunde, Leipzig 2001).

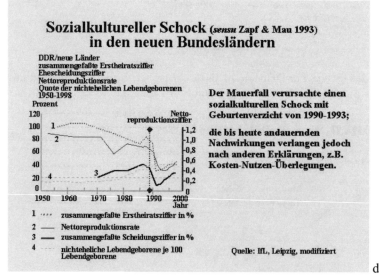

Abb 2d: Diachroner Verlauf der zusammenfaßten Erstheiratsziffer, der Nettoreproduktionsrate, der zusammengefaßten Scheidungsziffer und des Anteils der nichtehelichen Lebendgeborenen je 100 Lebendgeborenen in der ehemaligen DDR bzw. den neuen Bundesländern (nach Institut für Länderkunde, Leipzig 2001).

Aufgrund der vorstehend beschriebenen demographischen Ergebnisse ist festzuhalten, daß die Kinderlosigkeit in Deutschland ebenso wie in vielen anderen europäischen Staaten auch (vgl. Roloff 2000) zu einem Massenphänomen geworden ist. Zwar war in Deutschland 1999 gegenüber den Vorjahren noch kein als dramatisch zu wertender Geburtenrückgang zu verzeichnen, was u.a. bildungspolitisch von Interesse wäre, da kurzfristig noch mit gleichbleibenden Schülerzahlen zu rechnen ist. Da sich die TFR offenbar – so die Prognosen – auf gleichbleibend niedrigem Niveau einpendeln wird (Abb. 2c), bedeutet das, daß unsere Bevölkerung langfristig abnimmt, sofern dieses Bevölkerungsdefizit nicht durch Zuwanderungen gemindert wird. Simulationsrechnungen von Birg et al. (1999) lassen bei einer zusammengefaßten Geburtenziffer von 1,4 unter Berücksichtigung leicht gestiegener Lebenserwartung und selbst bei einem jährlichen Wanderungssaldo von 225 000 Zuwanderern bis 2050 ein weiter wachsendes Geburtendefizit erkennen.

Wer bleibt kinderlos – und warum?

Die Ursache der diachronen Entwicklung der Geburtlichkeit in Deutschland bedarf - wie schon deutlich wurde – einer differenzierten vergleichenden Betrachtung der demographischen Verhältnisse in der Bundesrepublik Deutschland und der ehemaligen DDR bzw. der Entwicklungen in den alten und neuen Bundesländern. Besteht seit dem Absinken der TFR unter das die Elterngeneration ersetzende Niveau wirklich ein Trend zur Ein-Kind-Familie und damit zur Geschwisterlosigkeit? Oder ist es vielmehr so, daß eine Schere aufgeht. Mehr und mehr Frauen in Deutschland verzichten auf Mutterschaft, während andere eine traditionelle oder auch nichteheliche Familienbildung verfolgen bzw. verstärkt andere Lebensformen mit Kindern praktizieren?

Die Anzahl der Familien in Deutschland, wozu auch kinderlose Ehepaare und Alleinerziehende zählen, lag beim Mikrozensus 2000 bei 22,4 Millionen und damit gegenüber 1991 um 400 000 Familien höher. Der Anteil der Ehepaare mit ledigen Kindern war dagegen im Zeitraum 1991 bis 2000 von 11,1 auf 9,8 Millionen gesunken, während der Anteil der Ehepaare ohne Kinder von 8,4 auf 9,6 Millionen anstieg und damit nahezu auf gleichem Niveau mit dem der Ehepaare mit ledigen Kindern lag.

Beachtenswert ist, daß der Anteil der Alleinerziehenden innerhalb einer Dekade von 2,5 auf 2,9 Millionen zugenommen hat. Ebenfalls deutlich angestiegen ist auch der Anteil der nichtehelichen Lebensgemeinschaften. Diese Lebensform mit Kindern nahm im Vergleichszeitraum um die Hälfte von 400 000 auf 600 000 zu. Im selben Maße stieg auch die Anzahl der nichtehelichen Lebensgemeinschaften ohne Kinder von 1,0 auf 1,5 Millionen an.

Die Vergleichszahlen machen deutlich, daß eheliche und nichteheliche Lebensgemeinschaften keineswegs ein Auslaufmodell gegenüber Singles sind. Der Verlust an traditionellen Lebensgemeinschaften mit Kindern wird durch den gestiegenen Anteil Alleinerziehender sowie nichtehelicher Lebensgemeinschaften mit Kindern jedoch keineswegs kompensiert. Da der Anteil der Ehepaare und der nichtehelichen Lebensgemeinschaften ohne Kinder relativ stark gestiegen ist, stellt sich die Frage, ob und im welchem Umfang sich dieser Trend fortsetzen wird.

Betrachten wir in diesem Kontext den seit dem Jahr 1945 gestiegenen Anteil kinderloser Frauen, so zeichnet sich ein steigender Trend zu dauerhaft reproduktivem Verzicht ab. Während nach Dorbritz & Schwarz (1996) der Anteil kinderloser Frauen in der Bundesrepublik Deutschland beim Geburtsjahrgang 1950 nur 14,9% betrug, stieg er beim Jahrgang 1955 auf 19,4% an und lag beim Jahrgang 1960 bereits bei 23,2%. Schätzungen für den Jahrgang 1965 liegen sogar bei 33,3%. Das bedeutet, jede dritte Frau dieses Jahrgangs dürfte kinderlos bleiben (Tabelle 2). Die Vermutung, daß Spätgebärende den bislang ermittelten Kinderlosenanteil noch etwas mindern könnten, ist zwar prinzipiell berechtigt. Wird jedoch nur in sehr begrenztem Umfang eintreten, wie biologische Parameter und auch die Schätzungen von Birg & Flöthmann (1992) nahelegen.

Tab. 2: Steigender Anteil kinderloser Frauen in Deutschland (Daten laut Statistisches Bundesamt, Wiesbaden).

Anteil kinderloser Frauen im früheren Bundesgebiet nach Geburtsjahrgängen	Anteil kinderloser Frauen in der DDR bzw. den neuen Bundesländern nach Geburtsjahrgängen
Jahrgang 1945 13,3%	Jahrgang 1945 8,5%
Jahrgang 1955 19,4%	Jahrgang 1955 6,0%
Jahrgang 1960 23,2% (geschätzt)	Jahrgang 1960 10,6%
Jahrgang 1965 33,0% (geschätzt)	

Vergleichsdaten für die ehemalige DDR bzw. die neuen Bundesländer liegen für den Geburtsjahrgang 1955 bei 6% und für 1960 bei 10,6%, sind also gegenüber denen der früheren Bundesrepublik deutlich niedriger. Für die neuen Bundesländer ist aufgrund des späteren demographischen Übergangs noch nicht sicher, auf welchem Niveau sich die TFR schließlich einpegeln wird, aber der allgemeine Trend zu steigendem Geburtenverzicht wird sich wohl kaum gravierend umkehren, wie u.a. familiensoziologische Befunde nahelegen, z.B. folgender: je niedriger die Kinderzahl der Mutter, desto niedriger die Kinderzahl der Tochter/Töchter. Bezogen auf Kinderlosigkeit bedeutet dies, daß Frauen, die als Einzelkinder aufgewachsen sind, häufiger kinderlos bleiben als diejenigen, die in Mehrkindfamilien aufwuchsen (Roloff & Dorbritz 1999).

Diese Befunde sind jedoch nicht unwidersprochen (Schneider 1996), da offenbar die stark gestiegene Ausnutzung der Bildungsressourcen sowie die relevante ökonomische Situation die Haupteinflüsse darstellen. Betrachtet man nämlich den Anteil 35-40jähriger Frauen mit Fachhochschul- und Hochschulabschluß, so haben 40% keine Kinder im Haushalt (alte Bundesländer), während nur 21% der gleichaltrigen Frauen mit Hauptschulabschluß kinderlos sind. (vgl. dazu auch Kemkes-Grottenthaler 2002, im Druck)

Was die Entwicklung der zusammengefaßten Ersthreirats- und Scheidungsziffern sowie die Nettoreproduktionsraten und den Anteil nichtehelicher Lebendgeborener je 100 ehelich Lebendgeborener in der DDR bzw. den neuen Bundesländern betrifft

(Abb. 2d), so zeichnet sich hier ein eigenständiger, historisch einmaliger Verlauf ab. Der soziokulturelle Schock (*sensu* Zapf & Mau 1993) ist durch einen rigorosen Geburtenverzicht zwischen 1990-1993 gekennzeichnet, während die bis heute andauernden Nachwirkungen nach anderen Erklärungen, z.B. singulären Kosten-Nutzen-Überlegungen, verlangen (vgl. Sackmann 1999). Folgende Komponenten des Geburtenverzichts in den neuen Bundesländern werden diskutiert:

Krisensituationen wie Arbeitslosigkeit, finanzielle Schwierigkeiten, Benachteiligung von Frauen auf dem Arbeitsmarkt, Schließung von Kinderbetreuungsstätten u.a.;

Alternativen zu früher Heirat und Mutterschaft, Aufhebung der Fixierung der Lebenswege auf Berufstätigkeit und Mutterschaft;

Wertewandel, wodurch der Arbeitsplatz und die materielle Lebenssicherung vor der Familie an die erste Position rücken (vgl. Gans 2001a, b).

Der FFS I-Studie zufolge fallen die relevanten generativen Entscheidungen in der Bundesrepublik Deutschland gegenwärtig im Spannungsfeld der Lebensbereiche *Familie - Beruf - Selbstverwirklichung* und *Wohlstand*. Dabei ist die Interessenkollision von "Partnerschaft - Familie - Kinder" *versus* "Selbstverwirklichung - Beruf" offensichtlich. Regionalspezifische Aspekte des soziokulturellen Milieus widersprechen einer vereinfachenden Polarisierung nach der Formel 'Kind *versus* Karriere', denn die Situation in den neuen Bundesländern ist mit der in den alten Bundesländern nur bedingt vergleichbar, wie u.a. Grünheid & Roloff (2000), Nauck (1995) und Bertram (1996) gezeigt haben. Die relative Abgeschlossenheit der DDR-Gesellschaft führte zu einer Fixierung der Lebenswege auf Berufstätigkeit und Mutterschaft, die nach dem Mauerfall einer potentiellen Pluralität der Lebensformen wich. Die Verwirklichung von Alternativen wurde aber durch die Arbeitsmarktsituation bzw. mangelnden Wohlstand allzu häufig gebremst und wird sich wohl nur ganz allmählich dem westlichen Niveau anpassen. Die übergeordneten, aber in den alten und neuen Bundesländern noch nicht durchgehend gültigen Motive für gewollte Kinderlosigkeit werden einerseits im "*Karrieremilieu*" und andererseits im "*Milieu der konkurrierenden Optionen*" gesehen:

- unter erstem versteht man, daß sich höher qualifizierte Frauen mit hohem Einkommen bewusst zugunsten der Berufsorientierung und gegen Ehe und Kinder entscheiden,
- unter zweitem versteht man, daß nicht verheiratete Frauen mit niedrigem Einkommen zugunsten der Bedürfnisse der eigenen Lebensgestaltung auf Kinder verzichten.

Aufgrund der generell niedrigeren Einkommenssituation in den neuen Bundesländern ist das zweite Motiv dort signifikant übergewichtig. Ein weiterer Unterschied zeichnet sich zwischen Ost- und Westdeutschland hinsichtlich der zusammengefaßten Erstheiratsziffern und der zusammengefaßten Geburtenziffern ab. Nach den Befunden des *Council of Europe* lag die Rate der Eheschließungen in den neuen Bundesländern im Jahr 1998 extrem niedrig und wurde nur noch von den Vergleichsdaten der baltischen Staaten Estland und Lettland unterboten. Die neuen Bundesländer wiesen in diesem Stichjahr gleichzeitig die niedrigste TFR aller europäischen Staaten auf. Westdeutschland respektive die alten Bundesländer zeichnen sich dagegen durch eine deutlich höhere Erstheiratsziffer und auch eine signifikant höhere TFR aus. Auf den internationalen Vergleich soll hier nicht näher eingegangen werden, da die Ursachen für den Wandel traditioneller Heirats- und Fertilitätsmuster sehr komplex und eng mit dem rapiden sozialen und ökonomischen Wandel in Europa verknüpft sind (vgl. hierzu Dorbritz 2000).

Die offensichtliche Ausnahmesituation der demographischen Dynamik der Nuptialität und Fertilität in Ostdeutschland ist durch komplexe regionalökonomische Faktoren und migratorische Prozesse beeinflußt. Die existentiellen Schwierigkeiten, die mit den Verhältnissen in den ehemaligen Ostblockstaaten z.T. hochgradig korrelieren, werden als wichtigste Ursache eines kollektiven Geburtenverzichts gewertet. Dagegen wird die Ursache für die ebenfalls unterdurchschnittliche TFR in Westdeutschland, der Schweiz, den Niederlanden oder Belgien vorwiegend in der Verwirklichung hedonistischer Lebenskonzepte gesehen. Trifft diese nicht ganz vorwurfslose Interpretation wirklich zu?

Ist der gestiegene Anteil sog. 'DINKs' [*double income - no kids*, provozierend 'KILODOVE' (*kinderlose Doppelverdiener*)] wirklich ein Indikator für den Niedergang der Institution Familie in unserer Gesellschaft oder nur ein Aspekt der Pluralisierung?

Was offenbar alle europäischen Gesellschaften kennzeichnet, ist ein Trend zur Steigerung der Vielfalt der Lebensformen. Die kollektive Abwendung von traditionellen Mustern wird dabei unterschiedlich interpretiert: Während einige Familiensoziologen(innen) eine *Deinstitutionalisierung*, d.h. einen betonten Bedeutungsverlust von Ehe und Familie sowie die Reduktion der institutionellen Qualität der Normfamilie diagnostizieren, interpretieren andere die demographischen Daten als *Individualisierung*, d.h. als eine begriffliche Ausweitung des Konstrukts Familie mit Betonung der Freiheit zu selbst gewählten Lebensformen (*Bastelbiographien*, vgl. Beck & Beck-Gernsheim 1993, 1994).

Deutlicher Ausdruck der Individualisierung (Beck & Sopp 1997) ist die heute selbstverständliche Akzeptanz nichtehelicher Lebensgemeinschaften ohne oder mit Kind, bis hin zur staatlichen Sanktionierung gleichgeschlechtlicher Lebensgemeinschaften. Wer dies als einen nur gering zu schätzenden Vorteil unserer Demokratie wertet, sollte Arno Placks „Kritik an der herrschenden Moral" von 1967 (Plack 1970) (nochmals) lesen. Im Kontext der Individualisierung ist anzumerken, daß der Anteil Alleinerziehender und Familien mit einem Stiefelternanteil ebenso zunimmt, wie individuelle Lebensstile, wobei die Frage, ob 'Singles' individualisiert sind, nicht unumstritten ist (vgl. Hradil 1995). Allgemein lässt sich mit Elisabeth Beck-Gernsheim (1998) konstatieren, daß unsere Gesellschaft auf dem Weg in die *postfamiliale* Familie ist, was gleichzeitig bedeutet, daß 'Familie' weiterhin existiert. Die Mehrkindfamilie (über 2 Kinder) wird jedoch zunehmend seltener [was z.B. das Kuriosum erklärt – aber keineswegs rechtfertigt -, daß Familientickets in Deutschland bisweilen für beide Eltern mit zwei Kindern gelten].

Nach der FFS I 1992 (Dorbritz & Schwarz 1996) lag der Prozentsatz der Frauen mit drei und mehr Lebendgeborenen beim Geburtsjahrgang 1952 in den alten Bundesländern noch bei 30,7%; (neue Bundesländer nur 12,6%), sank dann aber beim Geburtsjahrgang 1960 auf 11,8 % ab, während er in den neuen Bundesländern sogar leicht auf 15% anstieg.

Zwei Kinder waren beim Geburtsjahrgang 1952 allgemein die häufigste Variante. In den neuen Bundesländern betrug der Anteil 57,6%, während in den alten Bundesländern nur 36,1% der Frauen zwei Kinder hatten. In den alten Bundesländern stieg beim Jahrgang 1960 der Anteil der zweifachen Mütter auf 43,4% , und er fiel in den neuen Bundesländern gleichzeitig auf 48,9% ab.

Die Vergleichswerte für Mütter mit nur einem Kind betrugen beim Jahrgang 1952 18,2% respektive 26,8% und steigerten sich beim Jahrgang 1960 leicht auf 20,7% bzw. 30,8%. Blieben in den alten Bundesländern 14,9% des Geburtenjahrgangs 1952 kinderlos, waren es in den neuen Bundesländern nur 3%. Hier zeigen sich die größten regionalen Differenzen in den Veränderungen zum Jahrgang 1960.

Während der vorläufige Anteil Kinderloser nach dem FFS I 1992 für den Jahrgang 1960 in den alten Bundesländern mit 24,1% angegeben wird, beläuft er sich in den neuen Bundesländern auf nur 5,3% (vgl. abweichende Berechnungen in Tabelle 2). Die bevölkerungsstatistische Entwicklung nach 1992, insbesondere der dramatische Anstieg der Kinderlosigkeit (soziokultureller Schock) mit der Wende und die derzeit leicht rückläufigen Tendenz, wurden bereits vorstehend diskutiert (vgl. Abb. 2d).

Die FFS I-Ergebnisse der *United Nations* sowie des BIB (vgl. auch Dorbritz & Schwarz 1996) zeigen ferner den aufgrund von Partnerwahlregeln (vgl. Grammer 2000, Rückert et al. 1979, Voland 2000) nicht unerwarteten Befund, daß Männer häufiger kinderlos bleiben als Frauen. Ausschlaggebend dürften deren niedrigere Erstheiratsneigung sowie deren geringere Neigung zur Wiederverheiratung nach einer Scheidung sein. Daneben verursachen die Vaterschaftsunsicherheit (*pater semper incertus est*) ebenso wie mangelnde Bekenntnisse zu einer Vaterschaft Schwierigkeiten im Frauen-Männer-Vergleich, abgesehen von der fehlenden biologischen Fertilitätsschranke (Menopause).

Zusammenfassung

Das gegenwärtige generative Verhalten in Deutschland ist zusammenfassend so zu kennzeichnen: Nach wie vor entscheidet sich der weitaus überwiegende Anteil der Frauen im reproduktionsfähigen Alter (mit ihrem Partner) für ein Kind. Diejenigen, die solche Entscheidung zugunsten einer traditionellen oder 'postfamilialen' Form der Familie treffen, bleiben seltener auf dem Niveau der Ein-Kind-Familie, als daß sie sich auch für eine Zwei-Kind-Familie entscheiden. Hingegen fällt der Entschluß zu mehr als zwei Kindern relativ selten. Das relativ späte Erstheiratsalter, das Verschieben der Geburt des ersten Kindes in höhere Altersstufen, das lange Spacing zwischen den Geburten von Geschwistern, die Abwägung der erhöhten Schwangerschaftsrisiken bei älteren Müttern sowie die interagierenden hohen Scheidungs- bzw. Trennungsraten üben hochgradig Einfluß auf das generative Verhalten auf.

Die zu konstatierende Pluralisierung der Lebensformen betrifft vorwiegend den Nichtfamiliensektor, denjenigen Bevölkerungsteil der auf Kinder verzichtet, zu dem Alleinlebende (Singles), nichteheliche Partner mit getrennter Haushaltsführung (*living apart together*) sowie kinderlose Ehepaare und kinderlose nichteheliche Lebensgemeinschaften gehören. Sie bilden den einen Pol, während der andere der Familiensektor ist, d.h. verheiratete Paare mit Kindern sowie nichteheliche Lebensgemeinschaften mit Kindern und Alleinerziehende umfaßt (vgl. Dorbritz & Schwarz 1996). Die Polarisierung der Gesellschaft in einen Familien- und einen Nichtfamiliensektor beginnt sich offenbar zu stabilisieren, insbesondere, solange die für das ‚Karrieremilieu' und ‚das Mileu der konkurrierenden Optionen' wirksamen bzw. als wirksam angenommenen Motive bestehen bleiben, die vorwiegend in der Unvereinbarkeit von Erwerbstätigkeit und einer Lebensgestaltung mit Kindern gesehen werden.

Was hat die Bevölkerungspolitik zu leisten?

Will man die TFR in Deutschland steigern, so besteht wenig Hoffnung auf kurzfristige Erfolge, wobei finanzielle Anreize aufgrund früherer Erfahrungen nur wenig Erfolg haben dürften. Ob über den Familiy and Fertility Survey II der *United Nations* neue Erkenntnisse gewonnen werden, die in konkrete bevölkerungspolitische Maßnahmen münden, bleibt abzuwarten. Da das generative Verhalten eine Kosten-Nutzen-Abwägung in einem partnerschaftlichen Entscheidungsprozeß ist (vgl. Abb. 1), kann pronatalistische Politik nur dann Erfolg haben, wenn zukünftig mit innovativen Konzepten und Modellen verstärkt auf die Erleichterung der Vereinbarung von Erwerbstätigkeit und Elternschaft und die Abschaffung der Benachteiligung von Familien und Alleinerziehenden hingewirkt werden wird. Kurzgefasst: Insgesamt müsste unsere Gesellschaft kinderfreundlicher und – ich füge hinzu – auch elternfreundlicher gestaltet werden, um Wünsche und lebbare Wirklichkeiten in Einklang bringen zu können.

Nachbemerkung: Was hat die Anthropologie zu leisten?

Da reproduktives Verhalten ein zentraler Forschungsgegenstand der Soziobiologie ist, wirft das Massenphänomen Kinderlosigkeit bislang wenig beachtete evolutionsbiologische Fragen auf. Es sollte z.B. geprüft werden, wie der gewollte Verzicht auf eigenen Nachwuchs reproduktionsstrategisch erklärt werden kann. Was bedeutet es, wenn offenbar fitnessmaximierende Strategien unterbleiben, wenn eine *post-K*-Strategie zum Massenphänomen wird? Kann die Lebensgeschichte der Kinderlosen vielleicht als Allokationskonflikt im Rahmen des *life-history-concept* verstanden werden? – Weitere Fragen betreffen die verhaltensbiologischen und -psychologischen Auswirkungen eines ge- und übersteigerten Elterninvestments sowie den Psychostress und die Komplikationen gewollter Kinderlosigkeit (vgl. z.B. Beer 1994, Kasten 1995, Pechstein 1977). Somit ist das Thema Kinderlosigkeit nicht nur eine Herausforderung an die Demographie und Bevölkerungspolitik, sondern auch im rein akademischen Bereich der Evolutionsbiologie.

Danksagung

Der Dank des Verfassers gilt den Herausgebern, Herrn Univ.-Prof. Dr. Kurt W. Alt und Frau Dr. Ariane Kemkes-Grottenthaler, für die Einladung zur Mitwirkung an dem facettenreichen Kongress und Tagungsband. Besonders bedankt sei Herr Dipl.-Psych. Dr. Wolfgang Lengsfeld, Wiss. Direktor a. D. am BIB Wiesbaden, für kompetenten Rat und Jahrzehnte währende freundschaftliche Kollegialität. Schließlich danke ich all den Mainzer Studierenden der Anthropologie, die durch ihr waches Interesse am 'demographischen Wandel' zur kontinuierlichen Berücksichtigung demographischer Fragen in Forschung und Lehre angeregt und beigetragen haben.

Literatur

Baltes PB, Mittelstrass MM (Hrsg 1992) Zukunft des Alterns und gesellschaftliche Entwicklung. deGruyter, Berlin.
Beck U, Beck-Gernsheim E (1993) Nicht Autonomie, sondern Bastelbiographie. Zeitschrift für Soziologie 3, 178-187.
Beck U, Beck-Gernsheim E (Hrsg 1994) Riskante Freiheiten. Individualisierung in der modernen Gesellschaft. Suhrkamp, Frankfurt a. Main.
Beck U, Sopp P (1997) Individualisierung und Integration. Neue Konfliktlinien oder neuer Integrationsmodus. Leske u. Budrich, Opladen.
Beck-Gernsheim E (1998) Was kommt nach der Familie. C.H. Beck, München
Beer U (1994) Die Einzelkind-Gesellschaft. Auf dem Weg zum kollektiven Egoismus? mvg-verl., München, Landsberg a. Lech.
Bertram H (1996) Familienentwicklung und Haushaltsstrukturen. In: Strubelt W, Genosko J, Bertram H, Friedrichs J, Gans P, Herlyn U, Sahner H (Hrsg) Städte und Regionen. Räumliche Folgen des Transformationsprozesses. Berichte zum politischen und sozialen Wandel in Ostdeutschland Bd 5, Leske u. Budrich, Opladen, 183-215.
Bien W, Bayer H, Bauerreiß R, Dannebeck C (1996) Die soziale Lage der Kinderlosen. In: Bien W (Hrsg) Familie an der Schwelle zum neuen Jahrtausend. Wandel und Entwicklung familialer Lebensformen. DJI Familiensurvey Bd 6, Leske u. Budrich, Opladen, S. 97-104
Birg H, Flöthmann EJ (1992) Entwicklung von Familienstrukturen und ihre Auswirkungen auf die Belastungs- bzw. Transferquotienten zwischen den Generationen. Studienbericht im Auftrag der Enquête-Kommission des Deutschen Bundestages „Demographischer Wandel". Institut für Bevölkerungsforschung und Sozialpolitik, Universität Bielefeld 151.

BMFS (Bundesministerium für Familie und Senioren) (Hrsg 1993) Familien und Familienpolitik im geeinten Deutschland; Fünfter Familienbericht, Deutscher Bundestag, Drucksache 12/7560, 1-342.

Dittmar M, Henke W (1998) Gerontologie – Forschungsinhalte und -perspektiven aus anthropologischer Sicht. Anthropologischer Anzeiger 56, 193-212.

Dorbritz J (2000) Europäische Fertilitätsmuster. Zeitschrift für Bevölkerungswissenschaft 25, 235-266.

Dorbritz J, Gärtner K (1999) Berechnung zur Kinderlosigkeit am Bundesinstitut für Bevölkerungsforschung – methodische Probleme und Ergebnisse. BIB-Mitteilungen 2, 13-15.

Dorbritz J, Schwarz K (1996) Kinderlosigkeit in Deutschland – ein Massenphänomen? Analysen zu Erscheinungsformen und Ursachen. Zeitschrift für Bevölkerungsforschung 21, 231-261.

Gans P (2001a) Regionale Unterschiede in der Geburtenhäufigkeit. In: Institut für Länderkunde Leipzig (Hrsg, mithrsg von Gans P, Kemper F-J) Nationalatlas Bundesrepublik Deutschland Bd 4, Bevölkerung. Spektrum Akademischer Verlag GmbH, Heidelberg, Berlin, 94- 96.

Gans P (2001b) Der Geburtenrückgang in den neuen Ländern. In: Institut für Länderkunde Leipzig (Hrsg, mithrsg von Gans P, Kemper F-J) Nationalatlas Bundesrepublik Deutschland Bd 4 Bevölkerung. Spektrum Akademischer Verlag GmbH, Heidelberg, Berlin, 96-97.

Grammer K (2000) Signale der Liebe. Die biologischen Gesetze der Partnerschaft. Deutscher Taschenbuch Verlag GmbH & Co. KG, München 4. Auflage

Grünheid E, Roloff J (2000) Die demographische Lage in Deutschland 1999 mit dem Teil B Die demographische Entwicklung in den Bundesländern – ein Vergleich. Zeitschrift für Bevölkerungswissenschaft 25, 3-150.

Herter-Eschweiler R (1998) Die langfristige Geburtenentwicklung in Deutschland. Der Versuch einer Integration bestehender Erklärungsansätze zum generativen Verhalten. Schriftenreihe des Bundesinstituts für Bevölkerungsforschung Bd 27. Leske u. Budrich, Opladen.

Hradil S (1995) Die "Single-Gesellschaft". Perspektive und Orientierung. Schriftenreihe des Bundeskanzleramtes Bd 17. C. H. Beck, München.

Institut für Länderkunde Leipzig (Hrsg, 2001) Nationalatlas Bundesrepublik Deutschland Bd4 Bevölkerung/ mithrsg. von Gans P, Kemper F-J. Spektrum Akademischer Verlag GmbH, Heidelberg, Berlin.

Jürgens H-W, Pohl K (1972) Kinderzahl - Wunsch und Wirklichkeit. Harry Boldt Verlag, Boppard a. Rh.

Kasten H (1995) Einzelkinder. Aufwachsen ohne Geschwister. Springer, Berlin, Heidelberg, New York

Kemkes-Grottenthaler A (2001, in print). Postponing or rejecting parenthood? Results of a survey among female academic professionals. Journal of Biosocial Sciences 24.

Kraft P (2000) Die Mär vom Geburtenrückgang und der Mythos von der Vorherrschaft der Ein-Kind-Familie. http://www.paedagogik.uni-bielefeld.de/agn/pkraft/mythos.html

Mackenroth G (1953) Bevölkerungslehre. Springer, Berlin, Göttingen, Heidelberg.

Maretzke, Steffen (2001) Altersstruktur und Überalterung. In: Institut für Länderkunde Leipzig (Hrsg, mithrsg von Gans P, Kemper F-J) Nationalatlas Bundesrepublik Deutschland Bd4, Bevölkerung. Spektrum Akademischer Verlag GmbH, Heidelberg, Berlin, 46-49.

Nauck B (1995) Regionale Milieus von Familien in Deutschland nach der politischen Vereinigung. In: Nauck C, Onnen-Isemann C (Hrsg) Familie im Brennpunkt von Wissenschaft und Forschung. Neuwied, Kriftel, Berlin, 91-122.

Pechstein J (1977) Das Kind in der kinderarmen Familie. „der kinderarzt" 8. Jg, H 4, 505-518.

Plack A (1970) Die Gesellschaft und das Böse. Eine Kritik an der herrschenden Moral. 7. Auflage, Paul List Verlag KG, München.

Pohl K (1980) Familie – Planung oder Schicksal. Sozio-demographische und innerfamiliäre Aspekte der Einstellung deutscher Ehefrauen zu Familienplanung und Schwangerschaftsabbruch. Schriftenreihe des Bundesinstituts für Bevölkerungsforschung Bd 7. Harry Boldt-Verlag, Boppard a. Rh.

Roloff J (2000) Die demographische Entwicklung in den Bundesländern Deutschlands. Materialien zur Bevölkerungswissenschaft, Heft 100. Bundesinstitut für Bevölkerungsforschung beim Statistischen Bundesamt, Wiesbaden.

Roloff J, Dorbritz J (Hrsg, 1999) Familienbildung in Deutschland Anfang der 90er Jahre. Demographische Trends, individuelle Einstellungen und sozio-ökonomische Bedingungen. Ergebnisse des deutschen Family and Fertility Survey. Schriftenreihe des Bundesinstituts für Bevölkerungsforschung, Band 30, Leske u. Budrich, Opladen.

Rückert G-R, Lengsfeld W, Henke W (1979) Partnerwahl. Schriftenreihe des Bundesinstituts für Bevölkerungsforschung, Bd 5. Harry Boldt-Verlag, Boppard a. Rh.

Sackmann R (1999) Ist ein Ende der Fertilitätskrise in Ostdeutschland absehbar? Zeitschrift für Bevölkerungswissenschaft 2: 187-211.

Schmid J (1976) Einführung in die Bevölkerungssoziologie. Rowohlt Taschenbuch Verlag GmbH, Reinbek bei Hamburg.

Schneider NF (1996) Bewußt kinderlose Paare. Zeitschrift für Familienforschung 14, 1/2, 128-137.

Schwarz K (1999) Rückblick auf eine demographische Revolution. Überleben und Sterben, Kinderzahl, Verheiratung, Haushalte und Familien, Bildungsstand und Erwerbstätigkeit der Bevölkerung in Deutschland im 20. Jahrhundert im Spiegel der Bevölkerungsstatistik. Zeitschrift für Bevölkerungswissenschaft 24, 3,. 229-279.

Statistisches Bundesamt, Wiesbaden (Hrsg, 2000) Bevölkerungsentwicklung Deutschlands bis zum Jahr 2050. Ergebnisse der 9. koordinierten Bevölkerungsvorausberechnung. Statistisches Bundesamt, Wiesbaden.

Strowitzki Th (1998) Wenn das Wunschkind ausbleibt. Ursachen, Diagnosen und Behandlungsmöglichkeiten. Hüthig, Heidelberg.

Süssmuth R (1983) Sozialanthropologische Aspekte einer kinderarmen Gesellschaft. In: Rupp S, Schwarz K (Hrsg) Beiträge aus der Bevölkerungswissenschaftlichen Forschung. Festschrift für Hermann Schubnell. Schriftenreihe des Bundesinstituts für Bevölkerungsforschung. Harald Boldt-Verlag, Boppard a. Rh., 397-408.

Voland E (2000) Grundriß der Soziologie. Spektrum Akademischer Verlag, Heidelberg, Berlin, 2. überarbeitete Auflage.

Winkler U (1994) Der unerfüllte Kinderwunsch. Ein Ratgeber für kinderlose Paare. C. H. Beck, München.

Zapf W, Mau S (1993) Eine demographische Revolution in Ostdeutschland? Dramatischer Geburtenrückgang von Geburten, Eheschließungen und Scheidungen. Informationsdienst Soziale Indikatoren 10, 1-5.

Die „Ära der Alten" – eine demographische Zeitenwende?

W. Lengsfeld

Weithin wird die Ansicht vertreten, dass für die derzeitige demografische Situation in Deutschland der Geburtenrückgang verantwortlich zu machen sei, verstärkt durch die gestiegene Lebenserwartung bei beiden Geschlechtern. Während die letztgenannte Tendenz noch immer anhält, ist der Geburtenrückgang eine historische Erscheinung, die u.a. in der besonderen Situation der späten 60er und frühen 70er Jahre des vergangenen Jahrhunderts zu beobachten war. Seither stagniert die Fruchtbarkeit auf niedrigem Niveau und reicht zur Ersetzung der Eltern durch die Kindergeneration nicht aus. Die gestiegene Lebenserwartung und die niedrige Fruchtbarkeit führen unmittelbar zu einer „Überalterung" der Bevölkerung, zu einer Tendenz, die noch durch eine Veränderung der „Absterbeordnung" verstärkt wird: Waren früher die auf natürliche Ursachen zurückgehenden Todesfälle in den älteren Jahrgängen einer Bevölkerung einigermaßen gleichmäßig verteilt, so konzentrieren sie sich heute in den höheren Altern. Das aber heißt, dass heute deutlich mehr Personen einer Generation ein im Vergleich zu früher höheres Alter erreichen: Der Anteil der Älteren an der Gesamtbevölkerung steigt überproportional. So erfreulich diese Tendenz für den Einzelnen sein mag, so wenig überschaubar sind die Folgen für die Gesellschaft.

Die Überalterung – demographische Überlegungen

Es ist in der Bundesrepublik Deutschland schon guter Brauch geworden, als erstes auf die Schwierigkeiten der Altersversorgung hinzuweisen, wobei oft übersehen wird, dass der Prozess der Lebensverlängerung ausgesprochen unterschiedlich bei den beiden Geschlechtern verläuft. Der weibliche Bevölkerungsteil weist gegenüber den Männern einen erheblich höheren Zugewinn an Lebenserwartung auf; mit ihm gewinnen die Altersversorgungsfragen an sozialpolitischer Brisanz. Abgesehen davon, gibt es da nichts beschönigen: Die „Plünderung der Zukunft unserer Kinder" begann schon im Dritten Reich durch das Abziehen des Kapitals der Rentenversicherungen und seine Verwendung für damals aktuelle staatliche Aufgaben. Nach dem Krieg wurde die Einführung des Umlageverfahrens zur Finanzierung der Rentenversicherung erforderlich. Dieses Verfahren macht im Prinzip die Rentenzahlungen abhängig von den Beitragseingängen der derzeit versicherten Arbeitnehmer. So war das ursprünglich nicht gedacht, im Gegenteil: Die Renten sollten von den Zinsen und dem individuellen Ansparkapital gezahlt werden, wobei der interindividuelle Risiko-Ausgleich dem System die Stabilität geben sollte. Es ist müßig, über die längst verbrauchten Ansparmittel zu diskutieren. Brisant ist allerdings die unmittelbare Abhängigkeit der Rentenzahlungen von den fälligen Arbeitnehmer- und Arbeitgeberbeiträgen, denn die über 65jährigen arbeiten regelmäßig nicht mehr, haben aber Anspruch auf Altersversorgung. Die Ursache für die heutige „Rentenlücke" hat also keineswegs nur demografische Ursachen. Mit entsprechender Skepsis werden die heute geforderten Ergänzungen des bestehenden Systems der Rentenversicherung, durch eine – wie immer genannte – Versicherung mit einer stärkeren Kapitalbildung auf Ansparbasis (Geppert & Ruland 1999) betrachtet. Es sind andere Finanzierungsmöglichkeiten nicht nur denkbar, sondern werden in verschiedenen Ländern bereits praktiziert, allerdings nicht die theoretisch sinnvollste Art, bei der die Finanzierung an die Produktivität zu koppeln wäre. Dadurch änderte sich zwar nicht, dass die jüngeren Generationen nach wie vor die Renten für die älteren aufbringen müssten, aber die Rentenfinanzierung würde weniger abhängig von der Anzahl der Beschäftigten.

Gegenüber solchen, derzeit heiß diskutierten Folgen der Überalterung der Bevölkerung nehmen sich andere eher akademisch aus, ohne es wirklich zu sein. Sie werden bislang eher nicht als brisante Probleme wahrgenommen oder apostrophiert, erreichen vielleicht nie dieses Stadium, ohne deswegen weniger Anpassungsleistungen von Seiten der Gesellschaft zu fordern, weniger soziale Umstellungen zu provozieren. Zu denken ist dabei an die regionalen Unterschiede in der demografischen Alterung und die damit verbundenen sozialen Disparitäten (Andres et al. 1999) oder z.B. an die Befriedigung von Grundbedürfnissen wie Wohnen, Gesundheit, Ernährung oder Arbeit und Kleidung. Gewöhnlich wird diese Liste noch ergänzt durch allgemein gesellschaftliche Betrachtungen wie „Vom Klassen- zum Generationenkampf" (Wallace 1999). Es ist dabei nicht immer feststellbar, ob sie durch die Bevölkerungsentwicklung intendiert wurden oder nicht. Im Zweiten Zwischenbericht der Enquete-Kommission des Deutschen Bundestages „Demografischer Wandel – Herausforderungen unserer älter werdenden Gesellschaft an den einzelnen und die Politik" (Deutscher Bundestag 1998) werden – außer der demografischen Entwicklung in Deutschland und seiner europäischen Perspektive – die Themenbereiche "Wirtschaft und Arbeit", "Das Alterssicherungssystem", "Gesundheit und Pflege", "Familie und soziale Netzwerke", "Soziale Dienste" sowie "Migration und Integration" behandelt. Eine angemessene Würdigung des über 800 Seiten starken Berichts ist hier nicht möglich.

Die Frage der verstärkten Beschäftigung Älterer löste einige Diskussionen aus über die Vor- bzw. Nachteile älterer gegenüber jüngerer Arbeitnehmern. Dem besseren Gesundheitszustand der Älteren ist es wohl zuzuschreiben, dass von einer „Vergreisung" der Gesellschaft nicht mehr – wie in den 50er Jahren des letzten Jahrhunderts – die Rede ist. Die den Älteren zugeschriebenen Vorteile größerer Autorität und Erfahrung lassen sich möglicherweise nicht auf allen Arbeitsmarktebenen gleichermaßen verwerten, nicht alle könnten Führungskräfte sein. Schon zu Beginn der 80er Jahre gab es in China eine Kampagne unter dem Motto „*make use of the restwarmth of the aged*", die zum Einsatz Älterer z.B. für alle möglichem Schutz- und Kontrollaufgaben geführt hat. Einen durchschlagenden Erfolg hatte diese Kampagne meines Wissens nicht. Dort wie bei uns fehlt es vor allem an fundiertem Wissen über sinnvolle Einsatzbereiche, in denen Ältere mit Erfolg gewinnbringend beschäftigt werden können. Eine Lösung wird immer wieder gesehen in der Selbständigkeit, in der Unabhängigkeit von einem Arbeitgeber. Bezeichnend für die neue Arbeitsmarktsituation ist, dass heute kaum jemand mehr diesen wohlfeilen Weg auch zur Beseitigung der allgemeinen Arbeitslosigkeit vorschlägt. Mit anderen Worten: Als allgemein akzeptierte Lösung kann heute wie früher von keiner Bevölkerungsgruppe erwartet werden, dass sie das Risiko der Selbständigkeit auf sich nimmt, auch und gerade nicht von den Älteren. Vielleicht liegt eine angemessenere Lösung in einer freien Mitarbeit in einem selbstorganisierten Pool, in den die Älteren ihr Wissen und ihre Erfahrungen einbringen können. Vielleicht wären dadurch auch die persönlichen Vorlieben oder Notwendigkeiten besser zu berücksichtigen. Es ist vorstellbar, dass solche Pools mit staatlicher Unterstützung ("Anschubfinanzierung") aufgebaut und dann in Eigenregie weitergeführt werden. Um solche Modelle Realität werden zu lassen, muss wohl der Druck auf den Arbeitsmarkt, der Mangel an qualifizierten Arbeitskräften, noch erheblich steigen. Die OECD (1999) prognostiziert aber genau das in ihrem Bericht über die „Wahrung des Wohlstands in einer alternden Bevölkerung" für das nächste Jahrzehnt.

Die Überalterung – gesellschaftliche Folgen

Anhand der bisherigen Bespiele konnten erwartete Folgen der neueren Bevölkerungsentwicklung aufgezeigt werden, weniger jedoch wie aus Bevölkerungsveränderungen ein elementarer Wandel der Gesellschaft wird. Dazu ist das folgende Beispiel von K.O. Hondrich (1999) besser geeignet: Der Autor berichtet über eine These von Blau, wonach immer dann, wenn persönliche Beziehungen zwischen sozialen Gruppen oder Klassen in Frage stehen, die kleinere darin stärker einbezogen ist als die größere. Blau geht von wechselseitigen Beziehungen in Sozialsystemen aus, postuliert aber quantitative Unterschiede, je nach dem, aus Sicht welcher Gruppe die Beziehung betrachtet wird: Minderheiten sind stärker auf Mehrheiten bezogen als umgekehrt. Obwohl also die Beziehung gegenseitig ist, ist sie von der Minderheit in Richtung Mehrheit stärker ausgeprägt als in der Gegenrichtung. Dies gilt für religiöse, ethnische, geschlechtliche oder wie immer geartete Minderheiten, aber auch für große und kleine Länder oder für unterschiedlich große Generationen, was er an folgendem Beispiel demonstriert: „...Vor 100 Jahren zogen Eltern im Schnitt vier Kinder groß. Wenn Vater und Mutter jeweils mit jedem Kind (im Jugendalter) einmal am Tag sprachen, dann hatte jede Person aus der Elterngeneration vier Bezüge zur jungen Generation. Umgekehrt hatte aus dieser nachfolgenden Generation jedes Kind nur zwei, also halb so viele Bezüge zur älteren Generation. Wir können es also auch so sagen: Die individuellen Beziehungen zwischen den Generationen innerhalb ein und derselben Familie waren ungleich verteilt: vier Beziehungen pro Elternteil – und nur zwei pro Kind... Heute kommen auf zwei Eltern hierzulande 1,3 Kinder – sagen wir: ein Kind. Wenn jedes Elternteil mit dem Heranwachsenden einmal pro Tag spricht, dann gibt es pro Elternteil einen Bezug zur jungen Generation, umgekehrt aber, aus der jungen Generation heraus, zwei Bezüge zur älteren Generation. Die ungleiche Verteilung der Beziehungen zwischen Alt und Jung hat sich umgekehrt... Im Laufe der Zeit ist die Elterngeneration, was ihre Beziehungen zu den Kindern angeht, [also] verarmt. Die Kindergeneration dagegen wird beziehungsreicher in die Erwachsenenwelt eingebunden..."

Die Folgen solcher Unterschiede in den Beziehungsmustern sollten nicht gering geschätzt werden, sie haben tatsächlich erhebliche Auswirkungen: Eine sozialpsychologische Grundeinsicht z. B. besagt, dass die Häufigkeit des Kontaktes auch das Ausmaß an Sympathie bestimmt. Wenn es heute einige junge Leute ablehnen, sich freiwillig mit älteren auch nur zu unterhalten, so kann das auf eine „gefühlsmäßige" Überlastung der Jungen hindeuten: In einer Gesellschaft, in der – statistisch gesehen – auf 20 Jugendliche 80 Erwachsene kommen, wäre das sicher nicht verwunderlich. Hat doch jeder Heranwachsende bei einem Kontakt über die Generationsgrenze hinweg, also zu 100 Prozent, Kontakt zur Erwachsenenwelt, während umgekehrt nur 20 von 80 Erwachsenen, also ein Viertel, bei gleicher Anzahl der Kontakte, eine Beziehung zur Jugend haben. Anders gesagt, die Erwachsenen widmen sich im Schnitt den Heranwachsenden viel seltener und widmen ihnen wesentlich weniger ihrer Zeit als jene gezwungenermaßen den Erwachsenen. Das hat mit Gefühl nur mehr sehr wenig zu tun. Was es z.B. für die Kenntnis der jeweiligen Welt des anderen oder für das gegenseitige Ausmaß an Sympathie bedeutet, soll hier nicht erörtert werden. Dafür aber ein anderes: „...Das Ungleichgewicht in den Beziehungen zwischen Jungen und Erwachsenen ist durch mehr Kontakte, mehr Gruppenbildung, mehr Technik nicht aufzuheben. Es liegt nicht in den Absichten oder der Macht von handelnden Individuen begründet, sondern allein in ihrem Zahlenverhältnis. Es könnte deshalb nur durch eine Veränderung von Zahlen – in diesem Fall Kinderzahlen – geändert werden...Ganz im Widerspruch zu unseren Vorurteilen legt die bisherige Analyse nahe, dass in den modernen Gesellschaften Jugend nicht gesellschaftlich ausgegrenzt, sondern über die Maßen einbezogen, ja überintegriert ist... Es ist eine geläufige Vorstellung, dass das sachliche und moralische Wissen einer Kultur den Jungen von den Älteren mitgeteilt wird. Aber dieses Konzept gesellschaftlichen Lernens greift zu kurz. Zum einen lernen die Generationen von einander. Zum anderen ist das, was gelernt wird, in der Art und im Ergebnis immer etwas anderes als vorgegebene Lernziele oder Werte glauben machen: Es ist ein Beziehungswissen, das sich weitgehend ungewusst, unbewusst und ungewollt einstellt – als Resultat der Beziehungen zwischen den Generationen. Die Älteren verlieren heute den Status der Wissenden und Weisen; nicht nur, weil ihr Sachwissen schneller verfällt, sondern auch – und hauptsächlich – weil sie sich von einer Minderheit in eine Mehrheit verwandeln und deshalb weniger in die Jugendwelt einbezogen werden als umgekehrt... Wohlgemerkt: Nicht weil sie jung ist, lernt die Jugend besser – das auch! –, sondern weil sie zur Minderheit geworden ist". Minderheiten lernen allgemein mehr als Mehrheiten, wobei sich dieses relative Mehrwissen der Minderheit unbewusst und unbeabsichtigt einstellt. „...Die Jugend möchte das alles gar nicht haben. Sie möchte in Ruhe gelassen, weniger in Anspruch genommen, weniger kontrolliert werden...". – „Dass die Gesellschaft die Jugend ausgrenze, stimmt ..nicht (mehr)... Das war einmal - als die Alten in der Minderheit waren und als Gerontokraten ihr Wissen gegen die Mehrheit der anstürmenden Jugend abschirmten. In produktiven Gesellschaften ist es umgekehrt. Sie erdrücken ihre Jugend mit Beziehungen, die von der Überzahl der Alten kommen. So manövrieren sich die modernen Gesellschaften in die Paradoxie, dass sie immer neues Wissen als Zukunftswissen fordern, aber immer mehr Altenwissen als Herkunftswissen bieten...".

Die Älteren sind in der Mehrheit, also keine „Seltenheit" mehr, mit den bekannten Folgen für die ihnen entgegengebrachte soziale Wertschätzung, die auch auf ihr Wissen übertragen wird. Selbst wenn sie - und in einem erheblichen Umfang geschieht dies wirklich - ihr Wissen auf dem neuesten Stand gehalten oder durch Fortbildung auf diesen Stand gebracht haben, ist ihr Wert z.B. auf dem deutschen Arbeitsmarkt (und nicht nur dort!) weit geringer als der eines gleichqualifizierten Jungen. Der kürzlich gekürte Nobelpreisträger Blobel (1999) drückt in einem Interview das so aus: „..Ich bin schon 63 Jahre alt. In diesem Alter darf man in Deutschland nicht mehr allzu viel tun. Wahrscheinlich müsste ich dauernd an der Elbe spazieren. Und mit dem Rest meines Lebens habe ich schon noch ein wenig mehr vor...". Wie vielen von den Älteren in Deutschland geht das so? Was ist in anderen Ländern anders, dass es Älteren dort nicht so geht? Der Nobelpreisträger Blobel will nicht nach Deutschland zurück, weil er hier für sich in seinem Alter keine Zukunft mehr sieht. Bei uns fehlt es offensichtlich nicht an qualifizierten Arbeitskräften, sondern am richtigen Umgang mit ihnen!

Und noch etwas: Da die Lebenserwartung von Frauen in Industrieländern 4 - 5 Jahre über der der Männer liegt, verschiebt sich die Geschlechterproportion ab einem Alter von ca. 42 Jahren zu Ungunsten der Männer. Vorher gab es aufgrund der geringfügig höheren Wahrscheinlichkeit von Jungen bei der Geburt einen kleinen Männer-Überschuss. Die von Hondrich beschriebenen sozialen Mechanismen wirken natürlich auch da, ohne dass ihre Auswirkungen hier im einzelnen diskutiert werden. Der noch immer existierende Unterschied im Ausbildungs- und Arbeitshintergrund von Männern und Frauen ist bei der Einschätzung des Arbeitsmarkt-Entlastungseffekts durch Frühverrentung ebenso zu berücksichtigen, wie im Bereich der „älteren Alten" (über 75 Jahre) der stärker ins Auge fallende Frauenüberschuss. Diese Altersgruppen benötigen eher eine soziale Unterstützung oder auch Pflege, wobei nicht immer eine ausreichende eigene Alterssicherung erreicht wurde. Da nach der Verrentung noch erhebliche Jahre an Lebenserwartung hinzu gewonnen wurden, fehlt es eher an Konzepten in unserer Gesellschaft, wie diese Zeit sinnvoll ausgefüllt werden kann. Nicht jeder ist in der Lage von Blobel, der dafür offensichtlich konkrete Pläne hat und die Möglichkeit sieht, diese in die Tat umzusetzen, während bei uns jeder, der mit über 60 Jahren um einen Kredit nachsucht, bereits mit einem Risikozuschlag rechnen muss.

Zusammenfassung

Meist wird versucht, die voraussichtlichen Auswirkungen der neueren demografischen Entwicklung auf die künftige Befriedigung wichtiger menschlicher Grundbedürfnisse abzuschätzen. Dabei geht es gewöhnlich um Bereiche wie Wohnen und Arbeiten, um Gesundheit, Ernährung und Kleidung. Seltener werden die Auswirkungen auf andere Bereiche untersucht, so z.B. auf Bildung und Ausbildung, auf Freizeit und Urlaub oder gar auf Ehe und Familie oder andere gesellschaftliche Institutionen. Noch viel weniger werden die sozialen Wirkmechanismen beachtet, deren Erforschung besonders dadurch erschwert ist, dass in diesem sich verändernden komplexen System wechselseitiger Einflüsse die Beziehungen zwischen je zwei Gruppen unsymmetrisch sein können. Wie die Überlegungen von Hondrich zeigen, kann die wechselseitige Beziehung zwischen zwei Gruppen quantitativ verschieden sein, je nach dem, von welcher Gruppe aus die Relation betrachtet wird. Dies erschwert zweifellos die Analyse, doch gibt es inzwischen Denkansätze, z.B. in der Synergetik, die in solchen Fällen weiterhelfen können. - Was aber die in der Überschrift genannte Frage nach einer Ära der Alten und einer demografischen Zeitenwende betrifft, so stehen nicht so sehr unerwartete demographische Veränderungen ins Haus, sondern wir sind auf die tiefgreifenden gesellschaftlichen Folgewirkungen des bisherigen demografischen Wandels nicht recht vorbereitet: Die Diskriminierung der Älteren fällt aufgrund der geänderten Beziehungen zwischen den Generationen eher gemäßigt aus und wird schon bald zu Beginn des 21. Jahrhunderts überwunden werden: eine Neuorientierung des Umgangs mit den Älteren ist erforderlich. Noch nie hat es so viele, qualifizierte und vergleichsweise gesunde "Alte" gegeben wie heute, die zudem von der Erwerbsarbeit freigestellt sind. Diese wachsende Bevölkerungsgruppe könnte sich stärker zusammenschließen und ihren gesellschaftlichen Einfluss selbstbewusster zur Geltung bringen, nicht etwa gegen den Willen der "Jungen", sondern mit deren Billigung und Unterstützung. Die Solidarität zwischen Jung und Alt wird eher wachsen, ebenso wie das Bewusstsein der Älteren um ihre neue Rolle in der Gesellschaft. Die Chancen für einen „Generationenkrieg" stehen schlecht.

Literatur

Andres H, Dinkel R, Lebok U (1998) Regionale Unterschiede der demographischen Alterung im Freistaat Bayern und ihre möglichen Ursachen. Bayern in Zahlen, 12/1998: 491-497.
Blobel G (1999) Interview "Ich fabuliere gern". Der Spiegel, 42, 311 f.
Deutscher Bundestag (1998) Demographischer Wandel. Zweiter Zwischenbericht der Enquete-Kommission "Demographischer Wandel" - Herausforderungen unserer älter werdenden Gesellschaft an den einzelnen und die Politik. Bonn (Deutscher Bundestag: Referat Öffentlichkeitsarbeit) 880 S., Pap.
Geppert W, Ruland F (1999) Perspektiven der sozialen Alterssicherung für das 21. Jahrhundert. Deutsche Rentenversicherung, 1/2: 1 – 9.

Hondrich KO (1999) Eine Minderheit namens "Jugend". Psychologie - heute 26 (11): 38 - 45
OECD (Hrsg.) (1999) Wahrung des Wohlstands in einer alternden Gesellschaft. Bonn, 161 S.
Wallace P (1999) Das Jahrhundert der Alten: Die Ära der Alten bricht an Psychologie - heute 26 (10): 61 - 69
Wiesner G u.a. (1998) Zum geschlechtsdifferenten Prozeß der Lebensverlängerung in Deutschland. Bundesgesundheitsblatt 11/1998: 491-97.

« Teenage conceptions tend to be both a symptom and a cause of social inequality. They can become a cycle of deprivation » (Tessa Jowell 1997)

„Wenn Mädchen Mütter werden" – Teenagerschwangerschaften ein biologisches oder soziales Problem?

S. Kirchengast

Einleitung

UNICEF (1996) definiert Kindheit als Lebensabschnitt zwischen Geburt und dem vollendeten 15. Lebensjahr, eine Definition, der sich manche Anthropologen wie Catherine Panter-Brick anschließen (Panter-Brick 1998), die jedoch auch deutlich von anderen Definitionen des Lebensabschnittes Kindheit abweicht (u.a. Bogin 1998). 15jährige Mädchen sind laut UNICEF folglich noch Kinder, Kinder die durch den Akzelerationstrend der letzten 150 Jahre bereits geschlechtsreif sind und selbst Mütter werden können. Ein Umstand der mitunter als dramatisch bezeichnet werden muss: Laut UNICEF (2001) sind 25% der 585 000 Frauen, die jährlich im Verlauf von Schwangerschaft und Geburt versterben Teenager, dies bedeutet 150 000 tote Mädchen jährlich, deren Tod ursächlich mit der frühen Mutterschaft verknüpft ist. Zur Zeit wird weltweit jedes fünfte Kind von einer Mutter im Teenageralter geboren, 80% davon in Entwicklungsländern mit schlechter medizinischer und sozialer Versorgung. Kinder, deren Mütter bei deren Geburt jünger als 18 Jahre waren, haben ein doppelt so hohes Risiko bis zum 5. Lebensjahr zu sterben wie Kinder älterer Mütter. Diese Meldungen von UNICEF (2001) klingen überaus alarmierend, lassen jedoch auch den etwas voreiligen Schluß zu, Teenagerschwangerschaften wären ein typisches Dritte-Welt-Problem. Aber auch hochindustrialisierte Länder der sogenannten ersten Welt wie die USA und Großbritannien sind von einer vergleichsweise hohen Teenagerschwangerschaftsrate betroffen. So betrug 1997 die Geburtenrate von 15 bis 19jährigen Amerikanerinnen 52.3 Geburten auf 1000 Frauen, die Geburtenrate von 15 bis 19jährigen Britinnen immerhin noch 30 Geburten auf 1000 Frauen (Botting et al. 1998, Ventura & Freedman 2000). Die wirklich dramatischen Fälle, Geburten vor dem 15. Lebensjahr sind hier gar nicht angegeben. Im Gegensatz zu Ländern der Dritten Welt, wo, vor allem in zahlreichen traditionalen Gesellschaften eine frühe Mutterschaft als sozial erwünscht gilt, demonstriert sie doch die Fruchtbarkeit des Mädchens bzw. der jungen Frau, werden in den Industrienationen Schwangerschaften in der Adoleszenz, insbesondere in der frühen Adoleszenz vor dem 16. Lebensjahr, als besonders problematisch und sozial stigmatisierend angesehen und Präventionsmaßnahmen gefordert. Darüber hinaus ist zu bemerken, dass in der Mehrzahl der Industrienationen für sehr junge Schwangere (< 16a) ein Schwangerschaftsabbruch kein rechtliches Problem darstellt und wohl auch in den meisten Fällen einer unerwünschten Konzeption durchgeführt wird. Dennoch erregen immer wieder Fälle von „heimlichen" Schwangerschaften sehr junger Mädchen, die schließlich heimlich und vom sozialen Umfeld unbemerkt ein Kind zur Welt bringen und dieses in Panik aussetzen oder im schlimmsten Fall töten, die Öffentlichkeit und lassen immer wieder Forderungen nach Prävention bzw. Hilfsmaßnahmen, wie anonymes Gebären, Babyladen in Krankenhäusern etc. laut werden. Es stellt sich die Frage, mit welchen Problemen eine frühe Schwangerschaft denn nun wirklich assoziiert ist. Prinzipiell müssen zwei Problemkomplexe unterschieden werden: die medizinisch-biologischen Probleme einerseits und die sozialen Probleme, die einer Teenagerschwangerschaft vorausgehen bzw. aus ihr resultieren andererseits.

Teenagerschwangerschaften als medizinisch-biologisches Problem

Obwohl sozial erwünscht, wird gerade in Studien aus Ländern der sogenannten Dritten Welt immer öfter die medizinische Problematik von sogenannten Teenagerschwangerschaften betont (Perry et al. 1996, Adedoyin & Adetoro 1989). So werden neben zahlreichen Komplikationen während der Schwangerschaft bzw. während des Geburtsverlaufes vor allem das erhöhte Mortalitätsrisiko von Mutter und Kind betont (UNICEF 2001). In den Industrienationen wurden perinatale Risiken bereits seit den 50er und frühen 60er Jahren beschrieben (Plöckinger et al. 1996). Grundsätzlich gelten Schwangerschaften und Geburten an beiden Enden der weiblichen Reproduktionsspanne, sprich in den ersten Jahren nach der Menarche, der ersten spontanen Menstruationsblutung und in der Jahren vor der Menopause, der letzten spontanen Menstruationsblutung, als besonderes Risiko für Mutter und Kind. Insbesondere gilt ein hohes mütterliches Alter als Risikofaktor für das Auftreten chromosomaler Abberationen (Snijders et al. 1995) sowie perinataler Komplikationen (Melchor et al. 1994, Waldhoer et al. 1996). Was hingegen Schwangerschaften und Geburten während der Adoleszenz betrifft, so besteht hinsichtlich der möglichen Risiken kaum eine einheitliche Meinung: So werden erhöhte mütterliche wie kindliche Morbidität und Mortalität, ein erhöhtes Risiko für hypertensive Schwangerschaftserkrankungen, Anämie, Infektionen des Urogenitaltraktes, Spätgestosen, Frühgeburtlichkeit, intrauterine Wachstumsretardation, geringes Geburtsgewicht, erhöhtes Risiko von Kaiserschnittgeburten (sectio) wohl angeführt, jedoch auch mit der möglicherweise mit der Teenagerschwangerschaft bereits a priori assoziierten sozialen Benachteiligung und daraus resultierenden schlechteren medizinischen Betreuung der jungen Mütter in Verbindung gebracht (Cooper et al. 1995, Fraser et al. 1995, Plöckinger et al. 1996, Lao & Ho 1997, 1998). Neben den perinatalen Komplikationen muss vor allem das häufig geringere Geburtsgewicht von Kindern sehr junger Mütter als spezieller langfristig wirkender Risikofaktor angesehen werden: Als Spätfolgen der Unterernährung während der fötalen Phase und der daraus resultierenden intrauterinen Wachstumsretardation, die sich in einem geringeren Geburtsgewicht manifestiert, kann es zu langfristigen Entwicklungs- und Funktionsstörungen innerer Organe kommen. Zu den häufigsten, von Barker (1992) in seiner Hypothese vom fötalen Ursprung sich erst im Erwachsenenleben manifestierender Erkrankungen, zählen Übergewicht, das Auftreten kardiovaskulärer Symptome sowie Diabetes mellitus und im weiblichen Geschlecht eine geringere Anzahl von Primordialfollikeln, was in der Folge zu einem früheren Einsetzen der Menopause führen kann (Cresswell et al. 1997).

Als biologische Ursache für die angeführten mit Teenagergraviditäten assoziierten Risiken und Komplikationen wird in erster Linie die biologische Unreife des mütterlichen Organismus angeführt. Hierzu zählen das noch nicht abgeschlossene Längenwachstum der Mutter, was zu geringeren Körperhöhen jugendlicher Schwangerer führt und schon per se als perinatales Risiko und Ursache für die hohe Inzidenz von Sectiogeburten bei sehr jungen Schwangeren diskutiert wird (Lao & Ho 2000). Einen weiteren Riskofaktor für perinatale Komplikationen stellt das weibliche Becken dar, das im frühen Teenageralter noch nicht seine endgültigen und für eine erfolgreiche Geburt essentiellen Breitendimensionen erreicht hat (Moerman 1982). Die geringere Körperhöhe sowie das engere Becken führen somit möglicherweise zu der häufig beobachteten Frühgeburtlichkeit, da die Geburt zu einem Zeitpunkt einsetzt, wenn die mütterlichen Körperdimensionen es zulassen (Lao & Ho 2000). Andererseits werden Wachstumsretardationen, Frühgeburtlichkeit, geringes Geburtsgewicht aber auch mütterliche Anämie mit dem Konkurrenzkampf zwischen unreifem mütterlichen und kindlichem Organismus um notwendige Ressourcen erklärt (Naeye 1981). Dieser „Kampf" geht zuungunsten von beiden Organismen aus und führt so einerseits zu kleineren schwächeren frühgeborenen Kindern sehr junger Mütter, andererseits zu jungen Müttern, die an Anämien leiden und im Gesamtkörperwachstum zurückbleiben.

Teenagerschwangerschaften als soziales Problem

Die schlechten Prognosen für Teenagerschwangerschaften haben jedoch nicht nur in der Biologie ihre Wurzeln: Auch exogene Faktoren, wie sozioökonomische Parameter müssen hier als Mitursachen in Betracht gezogen werden: Die überaus problematische medizinische Versorgung adoleszenter Schwangerer in Entwicklungsländern bedarf wohl keiner längeren Diskussion. Was die sozialen Folgen angeht, so reicht in Entwicklungsländern und traditionalen Gesellschaften das Spektrum von sozialer Erwünschtheit und steigendem Status der jungen Mutter, die vor allem bei Geburt eines Sohnes ihre Fruchtbarkeit unter Beweis gestellt hat und so den an sie gerichteten Anforderungen gerecht wurde, bishin zu extremer sozialer Benachteiligung: Hierzu zählen Ausgrenzung aus der Familie, bei unerwünschter Schwangerschaft, in der Folge extreme Armut der alleinerziehenden jungen Mädchen, die keinen Zugang zu Ausbildung haben und denen häufig a priori jegliche Ausbildung verweigert wird, da die Familie sowieso mit einer unerwünschten frühen Schwangerschaft rechnet, und gerade die fehlende Bildung ist häufig auch Mitursache für die unerwünschten frühen Schwangerschaften (UNICEF 2001). Eine besondere soziale Problematik ist auch in den Industrienationen mit Teenagerschwangerschaften assoziiert (Spencer 2001), wobei hier einerseits a priori eine soziale Benachteiligung als Voraussetzung für die Teenagerschwangerschaft angenommen wird, wie z.B. schlechte Ausbildung, Zugehörigkeit zu ethnischen Minderheiten, dies gilt vor allem für die USA, Großbritannien aber auch die Niederlande, geringes Familieneinkommen, zerrüttete Familienverhältnisse (van Enk et al. 2000, Jewell et al. 2000, McCulloch 2001). Häufig sind bereits die Mütter von jungen Mädchen die während der frühen Adoleszenz schwanger werden, im Teenageralter Mütter geworden. Andererseits führen Teenagerschwangerschaften von sich aus wieder zu einer sozialen Benachteiligung durch Schulabbruch, Ausbildungsabbruch, folglich geringes Einkommen, instabile Partnerschaften und soziale Stigmatisierung was soweit führen kann, dass es zu allseits bekannten Verzweiflungstaten der jungen Mütter kommen kann, die das Kind heimlich zur Welt bringen und oft unmittelbar nach der Geburt töten. Ein anderes Phänomen ist das unbewusste Negieren aller somatischen Hinweise auf die Schwangerschaft. Obwohl dieses Phänomen auch für ältere Schwangere beschrieben wird, ist es bei sehr jungen Schwangeren besonders häufig. Die Schwangerschaft wird nicht nur vor dem sozialen Umfeld verheimlicht, sondern auch vor sich selbst. Die Geburt setzt dann völlig überraschend ein und verläuft häufig erstaunlich komplikationslos (Wessel 1998).

Evolutionsbiologische Überlegungen zur Problematik von Teenagerschwangerschaften

Da bekanntlich laut Dobzhansky „Nichts in der Biologie einen Sinn ergibt außer im Lichte der Evolution" muss man als Anthropologe/Biologe das Phänomen Teenagerschwangerschaft selbstverständlich auch von einer evolutionsbiologisch- soziobiologischen Perspektive her betrachten. Unter dieser Betrachtungsweise erscheinen Teenagergraviditäten plötzlich in einem ganz anderen Licht: Da eine Maximierung des individuellen Reproduktionserfolges dem biogenetischen Imperativ entspricht, so könnten Graviditäten in der frühen Adoleszenz als angepasste Strategie angesehen werden, die im weiblichen Geschlecht sehr begrenzte Reproduktionsspanne optimal auszuschöpfen. Hiergegen sprechen jedoch Befunde aus Primatologie, Auxologie, Reproduktionsökologie und historischer Demographie. So berichtet Sarah Blaffer Hrdy von einer überproportional erhöhten Neugeborenensterblichkeit bei indischen Languren, wenn die Muttertiere bei der Geburt sehr jung sind (Blaffer Hrdy 2000). Ähnliches gilt für Paviane, Makaken und Schimpansen (Bogin 1999). Bei unseren nichtmenschlichen Primatenverwandten erweist sich folglich eine sehr früh einsetzende Reproduktion nicht als fitnessmaximierend. Darüber hinaus ist eine so früh einsetzende Geschlechtsreife, wie wir sie bei rezenten Populationen finden, nämlich mit 11 bis 13 Jahren ein absolutes Novum in unserer Evolution und Geschichte (Scholl et al. 1989). Kaum ein Mädchen im Pleistozän dürfte so früh ihre Menarche erlebt und damit die Geschlechtsreife erlangt haben. Schwangerschaften vor dem 17. oder 18. Lebensjahr waren daher auch sehr seltene Ausnahmen. Auch bei kontemporärern Wildbeuterpopulationen tritt die Menarche erst um das 17. Lebensjahr ein (Howell 1977). Obwohl die säkulare Akzeleration ein weltweites Phänomen darstellt (Herzog-Gutsch 1999), verlaufen die ersten Zyklen nach der Menarche in der Mehrzahl anovulatorisch, d.h. dass eine Konzeption in der frühen Adoleszenz eher unwahrscheinlich ist, findet sie jedoch statt, so ist mit einem Kampf um Ressourcen zwischen mütterlichem und kindlichem Organismus zu rechen und somit eine Maximierung des Reproduktionserfolges eher unwahrscheinlich. Im Gegenteil, laut Bogin (1999) ist gerade die anovulatorische Phase in der frühen Adoleszenz eine Strategie zur Reproduktionsmaximierung, da die wohl geschlechtsreifen, jedoch nicht unbedingt befruchtungsfähigen Mädchen durch soziales Lernen, Aufgaben als Allomütter d.h. durch Babysitten auf ihre Aufgabe als künftige Mütter vorbereitet werden und so die künftige Mutterschaft „üben" ohne jedoch bereits Verantwortung für eigene Kinder zu haben. Auch Befunde aus der historischen Demographie sprechen eher für ein höheres Heiratsalter und später, nicht während der frühen Adoleszenz stattfindende Schwangerschaften und Geburten. Von einer Maximierung des Reproduktionserfolges durch Graviditäten während der frühen Adoleszenz ist nicht auszugehen.

Die Wiener Studie zur Problematik von Teenagerschwangerschaften

Fragestellung
Die hier vorzustellende Studie befasste sich mit der Analyse der medizinisch-biologischen Situation von Teenagerschwangerschaften in einem Industrieland mit optimaler medizinischer und sozialer Betreuung der jungen Mütter. Insbesondere wurde den Fragen nach der Bedeutung endogener Faktoren wie körperliche Unreife, geringere Körperhöhe, geringerer Gewichtsstatus vor der Schwangerschaft etc. sehr junger Mütter bei adäquater medizinischer Versorgung für die somatische Entwicklung des Fötus nachgegangen

Stichprobe
Die vorliegende Studie basiert auf den Daten von 8011 Einzelgeburten, die zwischen 1985 und 1995 in der Wiener Universitätsfrauenklinik stattfanden. Von insgesamt 18 159 Geburten entsprachen 8011 Fälle den folgenden Einschlusskriterien:
- Termingeburt zwischen 39. und 41. Gestationswoche
- Die Mutter sollte eine Erstgebärende sein

- Vollständige Absolvierung aller im Mutter-Kind-Pass vorgeschriebenen pränatalen Untersuchungen: In Österreich wurde in den frühen 70er Jahren ein hochentwickeltes System prä- und postnataler Betreuung und medizinischer Untersuchungen eingeführt, das 7 gynäkologische Untersuchungen vor der Geburt und 8 Untersuchungen der Kindes bis zum 4. Lebensjahr inkludiert. Alle Untersuchungen sind kostenlos.

Ausschlussgründe für eine Aufnahme in die Stichprobe waren:
- Mehrlingsgeburt
- Gravierende Erkrankungen der Mutter vor oder während der Schwangerschaft
- Diabetes mellitus
- Drogen oder Alkoholabusus

Die 8011 in die Untersuchung eingehenden Fälle wurden drei verschiedenen Gruppen zugeordnet: Gruppe 1 umfasste 215 Fälle sehr früher Teenagerschwangerschaften, die Mütter waren zum Zeitpunkt der Geburt jünger als 17 Jahre. Gruppe 2 umfasste 1336 Fälle, hier fanden die Geburten zwischen dem 17. und dem 19. Lebensjahr statt. Es handelte sich bei Gruppe 2 per definitionem um Teenagerschwangerschaften, die Mütter können jedoch als nahezu adult bezeichnet werden. In Gruppe 3 wurden 6460 Geburten zusammengefasst, die in der reproduktionsphysiologisch besonders günstigen 3. Lebensdekade, zwischen dem 20. und dem 29. Lebensjahr der Mütter stattfanden.

Folgende Merkmale der Mütter wurden dokumentiert:
- Alter der Mutter
- Menarchealter
- Gynäkologisches Alter (Differenz zwischen chronologischem Alter und Menarchealter)
- Gewicht vor der Schwangerschaft (kontrolliert bei erster Untersuchung)
- Körperhöhe
- Gewicht am Ende der Schwangerschaft
- Gewichtszunahme während der Schwangerschaft
- Distancia spinarum
- Distancia cristarum

Der Gewichtsstatus der Mutter vor der Schwangerschaft wurde mit Hilfe des Body Mass Index (BMI) kg/m² klassifiziert.

An den Neugeborenen wurden unmittelbar nach der Geburt folgende Merkmale bestimmt und dokumentiert:
- Geburtsgewicht in g
- Geburtslänge

- Kopfumfang
- Frontooccipitaler Diameter
- Schulterumfang
- Apgarscore nach 1 Minute und nach 5 Minuten

Ein niedriges Geburtsgewicht wurde entsprechend den Vorgaben der WHO mit einem Geburtsgewicht von weniger als 2500g definiert, ein Gewicht von mehr als 4000g wurde als makrosom definiert. Der Bereich „normales" Geburtsgewicht wurde mit 2500g-4000g festgelegt.

Die statistische Analyse erfolgte mit Hilfe des SPSS Programms Version 10 nach Bühl und Zöfel (2001). Neben deskriptiven Statistiken zur Stichprobenbeschreibung, wurden Duncan Analysen (ANOVAs) zur Prüfung der statistischen Signifikanz von Gruppenunterschieden durchgeführt. Darüber hinaus wurden Chi-squares berechnet. Die Bedeutung des mütterlichen Alters für das Geburtsgewicht wurde mit Hilfe von Regressionsanalysen erfasst.

Ergebnisse

Das Alter der Mütter bei der Geburt

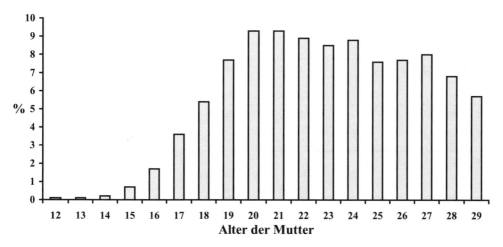

Abb. 1: Altersverteilung der Mütter

In Abbildung 1 ist die Altersverteilung der Erstgebärenden, die den Kriterien zur Aufnahme in die Stichprobe im Untersuchungszeitraum entsprachen, dargestellt. 19.5% der Geburten im Untersuchungszeitraum, die den Einschlusskriterien entsprachen, wurden von Müttern, die jünger als 20 Jahre waren erlebt. Davon 2.8%

von Müttern, die jünger als 17 waren. Die jüngste in die Stichprobe eingegangene Mutter war 12 Jahre alt.

Vergleich der mütterlichen Merkmale bei den 3 Altersgruppen

Tab. 1: Mütterliche Merkmale

Altersgruppe der Mutter	<16a n=215	16-19a n=1336	20-29a n=6460	
Variable	X (SD) min-max	X (SD) min-max	X (SD) min-max	F-Wert
Alter	14.5 0.73 12-15	17.8 0.8 17-19	24.1 (2.9) 20-29	38.9 p<0.000
Menarchealter	12.2 1.23 9-14	12.9 1.4 8-17	13.3 (1.5) 8-19	45.6 p<0.000
Gynäkologisches Alter	3.4 1.3 1-5	5.3 1.6 1-9	10.8 (3.1) 1-19	42.41 p<0.000
Körperhöhe (cm)	161.5b,c (6.1) 145-178	162.7a,c (6.0) 145-181	163.4a,b (6.4) 140-186	14.6 p<0.000
Distancia spinarum (cm)	24.3b,c (2.2) 12-30	24.6a (1.9) 18-33	24.9a (2.1) 16-39	24.3 p <0.000
Distancia cristarum (cm)	27.2b,c (2.0) 12-33	27.6a,c (1.8) 20-37	28.1a,b (2.0) 18-42	36.9 p<0.000
Körpergewicht 1 (kg)	56.0c (8.5) 38-97	57.2c (8.5) 35-95	59.2a,b (9.9) 37-130	26.9 p<0.000
Körpergewicht 2 (kg)	69.5c (11.3) 50-118	70.1c (10.6) 44-110	73.1a,b (12.1) 44-143	19.2 p<0.000
Gewichtszunahme (kg)	13.1 (5.8) 0-35	13.1 (5.5) 0-34	13.1 (5.4) 0-38	0.1 n.s.
BMI (kg/m^2)	21.45 (2.91) 15.57-33.56	21.59 (2.99) 14.35-35.76	22.10 (3.44) 13.34-52.78	12.87 p<0.000

Legende: a = signifikant unterschiedlich von Gruppe < 16a, b = signifikant unterschiedlich von Gruppe 17-19a, c =signifikant unterschiedlich von Gruppe 20-29a

Die jüngsten Mütter (<17 Jahre) wiesen das signifikant niedrigste Gynäkologische Alter, jedoch auch das signifikant niedrigste Menarchealter auf. (siehe Tabelle1).

Was die somatischen Merkmale betrifft, so waren die jüngsten Mütter am signifikant kleinsten und leichtesten. Der Gewichtsstatus (BMI) vor der Schwangerschaft war bei den jüngsten Müttern am signifikant niedrigsten, die Gewichtszunahme hingegen war in allen drei untersuchten Altersgruppen mit durchschnittlich 13.1 kg sehr ähnlich. Dies bedeutet, dass die jüngsten Mütter die relativ höchste Gewichtszunahme während der Schwangerschaft zu verzeichnen hatten. Auch hinsichtlich der Beckenmaße, Distancia spinarum und Distantia cristarum konnten die signifikant niedrigsten Werte bei der jüngsten Altersgruppe beobachtet werden. (siehe Tabelle1).

Sowohl das Geburtsgewicht als auch die Geburtslänge erwies sich bei den Neugeborenen der jüngsten Mütter als am signifikant geringsten. Der signifikante Anstieg des Geburtsgewichts mit steigendem Alter konnte auch durch eine Regressionsanalyse bestätigt werden (B= 10.2; T= 7.75 p <0.000). Dies galt auch für den Kopfumfang, den Schulterumfang sowie den Diameter frontooccipitale (siehe Tabelle 2).

Tab. 2: Kindliche Merkmale

Altersgruppe der Mutter	<16a n=215	16-19a n=1336	20-29a n=6460	
Variable	X (SD) min-max	X (SD) min-max	X (SD) min-max	F-Wert
Geburtsgewicht (g)	3237.6c (367.8) 2250-4500	3298.3c (408.9) 2000-4750	3368.9a,b (425.9) 1550-5700	24.0 p<0.000
Geburtslänge (cm)	49.5c (1.6) 43-54	49.6c (1.9) 31-55	49.8a,b (1.8) 39-59	12.4 p<0.000
Kopfumfang (cm)	33.9c (1.3) 31-38	34.1c (1.4) 30-43	34.4a,b (1.4) 30-47	21.9 p<0.000
Schulterumfang (cm)	36.2 (2.1) 31-41	36.8 (3.6) 30-43	36.8 (2.4) 11-46	1.9 n.s.
Diameter frontooccipitale (cm)	11.2c (0.7) 10-14	11.2c (0.8) 9-15	11.3a,b (0.8) 10-20	3.8 p<0.02
APGAR 1	8.6 (1.3) 0-10	8.5c (1.3) 0-10	8.6b (1.3) 0-10	2.6 p<0.07
APGAR 5	9.7 (0.9) 0-10	9.7c (0.8) 0-10	9.8b (0.7) 0-10	2.5 p<0.08

Legende: a = signifikant unterschiedlich von Gruppe < 16a, b = signifikant unterschiedlich von Gruppe 17-19a, c = signifikant unterschiedlich von Gruppe 20-29a

Was hingegen den APGAR Score betrifft, so konnten keine signifikanten Unterschiede zwischen den drei Altersgruppen festgestellt werden. Da es sich in der vorliegenden Analyse ausschließlich um Termingeburten handelte, war der Anteil an geringen Geburtsgewichten (< 2500g) in der gesamten Stichprobe niedrig. Der höchste Anteil (2.2%) an Neugeborenen mit geringem Geburtsgewicht (<2500g) konnte in der Altersgruppe der 17-19jährigen Mütter beobachtet werden, während dieser Anteil bei den jüngsten Müttern nur 1.9% und den 20-29jährigen Frauen sogar nur 1.6% betrug. Ein moderates Geburtsgewicht von (2500-4000g) wiesen in allen drei mütterlichen Altersgruppen mehr als 90% der Neugeborenen auf. Hoch signifikante Unterschiede hingegen zeigten sich hinsichtlich des Anteils eher schwerer Neugeborener (>4000g): hier wiesen die jüngsten Mütter den signifikant niedrigsten Anteil (2.8%) auf, während die mittlere Altersgruppe 5.1% und die Frauen über 20 Jahre sogar 8% Kinder mit sehr hohem Geburtsgewicht geboren hatten (siehe Tabelle 3).

Tab. 3: Weitere Merkmale

Altersgruppe der Mutter	<16a	16-19a	20-29a	
Variable				
Knabengeburten	55.3%	50.2%	51.4%	
Mädchengeburten	44.7%	49.8%	48.6%	
Chi-square	2.06 n.s			
Spontangeburt	86.9%	82.2%	79.7%	
Sectio	13.1%	17.8%	20.3%	
Chi-square	9.44 p<0.008			
Geburtsgewicht <2500g	1.9%	2.2%	1.6%	
Geburtsgewicht 2500-4000g	95.3%	92.7%	90.4%	
Geburtsgewicht > 4000g	2.8%	5.1%	8.0%	
Chi-square	22.51 p<0.0001			
Kopflage	96.3%	96.9%	95.7%	3.59 n.s.
Steisslage	2.9%	2.7%	3.9%	3.32 n.s.
Querlage	0.8%	0.4%	0.4%	1.34 n.s

Wie in Abbildung 2 ersichtlich unterschied sich die Geschlechterverteilung der Neugeborenen signifikant zwischen den drei mütterlichen Altersgruppen. Besonders auffallend ist der mit 55.3% hohe Knabenanteil bei der jüngsten Gruppe von Müttern, während in den beiden anderen Altersgruppen der Knabenanteil mit 50.2% bzw. 51.4% eher den Erwartungen der sekundären Geschlechteratio entspricht.

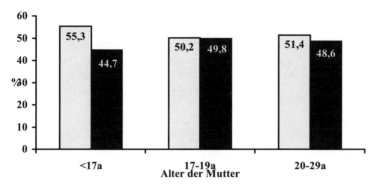

Abb. 2: Alter der Mutter und Geschlecht der Kinder (weiße Säulen= Knaben, schwarze Säulen= Mädchen).

Mütterliches Alter und Geburtsmodus

Was den Geburtsmodus betrifft, so wurde in der vorliegenden Arbeit nur zwischen vaginaler Entbindung und Sectio (also Kaiserschnitt) unterschieden. Wie aus Abbildung 3 ersichtlich, war der Prozentsatz an Sectiogeburten bei der höchsten Altersgruppe, den 20 bis 29jährigen Frauen mit 20.3% am höchsten, den signifikant niedrigsten Prozentsatz an Sectiogeburten wies die jüngste Altersgruppe mit lediglich 13.1% auf.

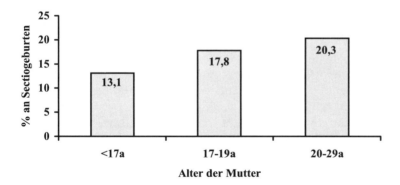

Abb. 3: Mütterliches Alter und Prozentsatz von Kaiserschnittgeburten

In älteren Studien wird immer wieder eine erhöhte Sectiohäufigkeit bei Teenagerschwangerschaften mit der geringeren Körperhöhe und dem dadurch meist auch kleineren und engerem Geburtskanal der jugendlichen Mütter, deren eigene Wachstumsphase noch nicht abgeschlossen ist, begründet. In der vorliegenden Untersuchung wurde die Assoziation von mütterlicher Körperhöhe und Sectiohäufigkeit bei allen drei Altergruppen analysiert. Wie aus Tabelle 4 ersichtlich sind in allen drei Altersgruppen Frauen mit einer Sectiogeburt kleiner als solche mit einer vaginalen Geburt, signifikante Unterschiede konnten jedoch nur für die beiden höheren Altersgruppen nachgewiesen werden. Keine signifikanten Unterschiede zwischen den drei Altersgruppen konnten hinsichtlich der Kindslage dokumentiert werden. In allen drei Altersgruppen handelte es sich in mehr als 95% der Fälle um Kopflagen. Den höchsten Anteil an Beckenendlagen wies mit 3.9 % die höchste Altersgruppe auf.

Tab. 4: Mütterliche Körperhöhe und Geburtsmodus

Alter der Mutter	Kaiserschnitt		Vaginale Entbindung		
	X	SD	X	SD	t-Wert
< 17a	160.5	5.6	161.4	6.1	0.72 n.s.
17-19a	161.5	6.2	163.1	6.1	3.28 p <0.001
20-29a	162.6	6.8	163.6	6.4	4.85 p<0.000

Schlussfolgerungen

Die Ergebnisse der Wiener Studie zeigen, dass Teenagerschwangerschaften bei guter Betreuung kein erhöhtes medizinisches Risiko bei der Geburt darstellen. Dies entspricht den Ergebnissen zahlreicher neuerer Studien (Perry et al. 1996, Plöckinger et al. 1996, Lao & Ho 1997, 1998). Sectiogeburten traten bei sehr jungen Müttern signifikant seltener auf. Dieses Ergebnis deckt sich mit aktuellen Ergebnissen aus der medizinischen Literatur (Perry et al. 1996, Plöckinger et al. 1996, Lao & Ho 1997, 1998). Bei der Wiener Studie konnte auch keine erhöhte Frequenz an „anormalen" Kindslagen wie z.B. Querlage oder Beckenendlage festgestellt werden, die perinatale Komplikationen bishin zur Notwendigkeit eines Kaiserschnittes verursachen könnten. Auch ein sehr geringes Geburtsgewicht also weniger als 2500g, trat bei sehr jungen Müttern nicht signifikant häufiger auf, wohl aber waren besonders schwere Kinder (> 4000g) bei sehr jungen Müttern signifikant seltener. Dennoch waren Kinder von sehr jungen Müttern im Durchschnitt signifikant kleiner und leichter als Kinder älterer Mütter. Dies bedeutet allerdings, dass auch das postnatale Morbiditätsrisiko bei den Kinder frühadoleszenter Mütter höher war und sogar Langzeitfolgen bis hinein ins Erwachsenenalter möglich sind. Es sei hier nur an die Hypothese vom fötalen Ursprung zahlreicher Erkrankungen, wie kardiovaskulären Symptomen, Diabetes mellitus etc. von Barker (1992) erinnert. Die Wachstumsretardation von Kindern frühadoleszenter Mütter, selbst wenn es sich um Termingeburten handelt, scheint auf den Kampf um Ressourcen zwischen mütterlichem und kindlichem Organismus zurückzuführen sein. Laut Analyse der somatometrischen Merkmale der Mütter, waren die frühadoleszenten Mütter signifikant kleiner und leichter als die älteren Mütter, auch der Gewichtsstatus war signifikant niedriger. Ein niedrigerer Gewichtsstatus der Mütter ist schon unabhängig vom Alter ein Indikator für kleinere und leichtere Neugeborene (Kirchengast & Hartmann 1998), da den hohen energetischen Erfordernissen der Schwangerschaft durch die geringeren Energiereserven schlechter Rechnung getragen werden kann. Ist jedoch die Wachstumsphase der Mutter während der Schwangerschaft noch nicht abgeschlossen, der mütterliche Organismus somit noch biologisch unreif, entsteht ein schwerer Interessenkonflikt zwischen mütterlichem und kindlichem Organismus. Obwohl in Relation zum Ausgangsgewicht die Gewichtszunahme während der Schwangerschaft bei den frühadoleszenten Müttern am höchsten war, konnte der a priori niedrige Gewichtsstatus und die biologische Unreife des mütterlichen Organismus nicht ausgeglichen werden. Optimale medizinische Betreuung während Schwangerschaft und Geburt kann eine Vielzahl befürchteter Komplikationen minimieren, die Nachteile, die durch die biologische Unreife des mütterlichen Organismus entstehen, können jedoch nicht ausgeschaltet werden. Teenagerschwangerschaften stellen somit sicher keine gute Strategie zur Maximierung des individuellen Reproduktionserfolges dar und erweisen sich unter besten Voraussetzungen als nachteilig.

Literatur

Adedoyin MA, Adetoro OO (1989) Pregnancy and its outcome among teenage mothers in Ilorin, Nigeria. East African Medical Journal 66: 448-452.
Barker DJ (1992) The fetal origin of diseases of old age. European Journal of Clinical Nutrition. 46: S3-S9.
Blaffer Hrdy S (2000) Mutter Natur – Die weibliche Seite der Evolution. Berlin Verlag.
Bogin B (1998) Evolutionary and biological aspects of childhood. In: Panter-Brick C (Hg.) Biosocial perspectives on children. Cambridge University Press Cambridge
Bogin B (1999) Patterns of human growth. Cambridge University press Cambridge
Bogin B, Smith BH (2000) Evolution of the human life cycle. In: Stinson S, Bogin B, Huss-Ashmore R, O´Rouke D (Hg) Human Biology. An evolutionary and biocultural perspective. Wiley-Liss. New York.
Botting B, Rosato M, Wood R (1998) Teenage mothers and the health of their children. Population Trends 93: 19-28.
Bühl A, Zöfel P (2001) SPSS Program Version 10.0. Addison Wesely, München.
Cooper LG, Leland NL, Alexander G (1995) Effect of maternal age on birth outcomes among young adolescents. Social Biology 42: 22-35
Cresswell JL, Egger P, Fall CH (1997) Is the age of menopause determined in utero? Early Human Development 51: 39-46.
Fraser AM, Brockert JE, Ward RH (1995) Association of young maternal age with adverse reproductive outcomes. New England Journal of Medicine 332: 1113-1117
Herzog-Gutsch S (1999) Geographische und zeitliche Variation des Menarchealters. Diplomarbeit an der Universität Wien.
Howell N (1977) Demography of the Dobe !Kung. Cambridge University Press, Cambridge.
Jewell D, Tacchi J, Donovan J (2000) Teenage pregnancy: whose problem is it? Family Practice 17: 522-528.
Jowell T (1997) DoH press release Wednesday 26 November 1997 „Tessa Jowell announces action plan on teenage pregnancy."

Kirchengast S, Hartmann B (1998) Maternal prepregnancy weight status and pregnancy weight gain as major determinants for newborn weight and size. Annals of Human Biology 25: 17-28.
Lao TT, Ho LF (1997) The obstetric implications of teenage pregnancies. Human Reproduction 12: 2303-2305.
Lao TT, Ho LF (1998) Obstetric outcome of teenage pregnancies. Human Reproduction 13: 3228-3232.
Lao TT, Ho LF (2000) Relationship between preterm delivery and maternal height in teenage pregnancies. Human Reproduction 15: 463-468.
McCulloch A (2001) Teenage childbearing in Great Britain and the spatial concentration of poverty households. Journal of Epidemiology and Community Health 55: 16-23
Melchor JC, Rodriguez-Alarcon J, Fernandez-Llebrez L, Benito JA, Linares A, Aranguren G (1994) Delayed childbearing and pregnancy outcome. Zentralblatt Gynäkologie 116: 566-70.
Moerman ML (1982) Growth of the birth canal in adolescent girls. American Journal Obstetrics Gynecology 143: 528-532.
Naeye RL (1981) Teenaged and pre-teenaged Pregnancies: Consequences of the Fetal-Maternal Competition for Nutrients. Pediatrics 67: 146-150.
Panter-Brick C (1998) Biological anthropology and child health: context, process and outcome. In: Panter-Brick C (Hg) Biosocial perspectives on children. Cambridge University Press, Cambridge.
Perry RL, Mannino B, Hediger ML, Scholl TO (1996) Pregnancy in early adolescence: Are there obstetric risks? The Journal of Maternal-Fetal Medicine 5: 333-339.
Plöckinger B, Ulm MR, Chalubinski K, Schaller A (1996) Wenn Kinder Kinder kriegen - Reproduktionsbiologische Probleme bei Mädchen zwischen 11 und 15 Jahren. Geburtshilfe und Frauenheilkunde 56: 248-251.
Scholl TO, Hediger ML, Vasilenko P, Ances IG, Smith W, Wexberg-Salomon R (1989) Effects of early maturation on fetal growth. Annals of Human Biology 16: 335-345.
Snijders RJ, Sebire NJ, Nicolaides KH (1995) Maternal age and gestational age specific risk for chromosomal defects. Fetal Diagnosis and Therapy 10: 356-367.
Spencer N (2001) The social patterning of teenage pregnancies. Journal of Epidemiology and Community Health 55:5.
Unicef (1996) The state of the world's children. 50th Anniversary Issue. Oxford University Press, Oxford.
Unicef (2001) Mädchen in Entwicklungsländern. Unicef-Grundsatzpapier. Unicef-Österreich.
Van Enk WJJ, Gorissen WHM, van Enk A (2000) Teenage pregnancy and ethnicity in the Netherlands: frequency and obstetric outcome. The European Journal of Contraception and Reproductive Health Care 5: 77-84.
Ventura SJ, Freedman MA (2000) Teenage Childbearing in the United States, 1960-1997. American Journal of Preventive Medicine 19: 18-25.
Waldhoer T, Haidinger G, Langgassner J, Tuomilehto J (1996) The effect of maternal age and birth weight on the temporal trend in stillbirth rate in Austria during 1984-1993. Wiener Klinische Wochenschrift 108: 643-648.
Wessel J (1998) Die nicht wahrgenommene (verdrängte) Schwangerschaft. Habilitationsschrift, Charite Berlin.

2. Kindheit im Kulturvergleich – zwischen Realität und Utopie

Die schon seit geraumer Zeit anhaltende und äußerst fruchtbare Beschäftigung von Ethnologen mit dem Themenkomplex „Mutterschaft-Geburt-Kindheit" ist in der Lage, auch auf unsere hiesigen Verhältnisse ein neues Licht zu werfen. Dennoch stehen natürlich die Aspekte des Kulturvergleichs im besonderen Blickwinkel des Interesses. Das Kindheit nicht immer positiv konnotiert sein muß, zeigen vor allem unsere ersten drei Beiträge. Die Niederländerin *Machteld Roede*, die sich lange Zeit mit gender-spezifischen Aspekten der Gesundheit beschäftigt hat, kann am speziellen Schicksal des Mädchens aufzeigen, daß vielerorts gerade das weibliche Kind eine gesundheitliche und soziale Benachteiligung erfährt, die in einer differentiellen Übersterblichkeit kulminiert. Ihr Beitrag widmet sich vor allem einem Problemfeld, welches nach wie vor von politischer und gesellschaftlicher Brisanz gezeichnet ist: der Beschneidung junger Mädchen und Frauen. Der Tenor dieses Beitrags ist jedoch nicht nur den Negativimplikation gewidmet, sondern versucht auch zukunftsweisende Empfehlungen zu vertreten, die einerseits die Leistungen diverser politischer Organe hervorheben, aber auch die Zivilcourage und Anteilnahme des Einzelnen verlangen. *Renate Schellhaas*, als Vertreterin der UNICEF, kann sich diesem Plädoyer nur anschließen. Auch ihr Referat zeigt, daß die Verabschiedung der Kinderrechtskonvention nur bedingt zu globalem Erfolg geführt hat. Dennoch darf das bereits Geleistete nicht unterbewertet werden, wenngleich nicht alle Kinder an einer Kindheit teilhaben dürfen, die nicht durch Armut geprägt ist. Der Beitrag der Ethnologin *Ulrike Bieker* zeigt jedoch auch, daß aus anderer Perspektive betrachtet, Kinder selbst unter diesen Lebensumständen kulturschaffend tätig sein können und daß die in einer fremden Kultur vorzufindenden Modelle von Kindheit nicht ohne weiteres übertragbar sind. *Werner Egli* geht sogar einen Schritt weiter. Anhand der Lebenswelten dreier sehr unterschiedlicher Kulturen kann der Autor aufzeigen, daß Kindheit einerseits als kulturspezifischer und somit realer Begriff verstanden werden kann und andererseits als ideologische Utopie. Dieser letztgenannte Blickwinkel fehlt in traditionalen Gesellschaften regelmäßig. Dennoch kommt der Autor zu dem Schluß, das der utopische Aspekt des Begriffs Kindheit zur Erhaltung einer eigenständigen Lebenswelt von Kindern beiträgt, wenngleich wirtschaftliche Erfordernisse dem oftmals entgegenstehen. Kulturrelativismus ist somit oberstes Gebot, will man sich Kinderwelten annähern. Dieses grundsätzliche Verständnis von Kultur ist den nachfolgenden Autoren durchaus zu eigen. *Johanna Forster* eröffnet den Kanon mit einer Übersichtsarbeit über die Systemgrößen, die Erziehung bedingen. Hier sind zu nennen Subsistenzform, Populationsgröße und Komplexitätsgrad der jeweiligen Gesellschaftsform. Erziehung und Unterweisung verlaufen somit in stark differenzierten Bereichen, denen eine deutliche Unterscheidung von formell und informell zugrunde liegt. Der Mehrheit der Menschheit wird nur wenig formale Erziehung zuteil, somit ist die Kluft zwischen einer intentionalen Erziehung, die mit bestimmten Inhalten versehen ist, und einer informellen Erziehung des täglichen Lebens groß. Alltagserfahrungen nehmen daher einen breiten Raum in der Umwelt menschlicher Säuglinge ein. Dennoch zeigen die von *Axel Schölmerich, B. Leyendecker, M. Lamb, B. Hewlett* und *R. Tessier* gesammelten und ausgewerteten Daten, daß es neben sehr unterschiedlichen kulturellen und ökologischen Bedingungen zunächst erstaunliche Ähnlichkeiten gibt. Gleichzeitig verweist eine Analyse der sozialen Ökologie jedoch auf weitreichende Unterschiede, die eine Unterscheidung in individualistische und soziozentrische Kulturen – trotz der bestehenden Varianz – notwendig erscheinen lassen. Neben der von den genannten Autoren durchgeführten Beobachtungsstudie, können auch andere Verfahren Kinderwelten im Kulturvergleich ermöglichen. Als Beispiel sei hier die Studie von *Uwe Krebs* genannt, der seine Informationen über traditionale Kulturen zeitgenössischen ethnologischen Monografien entnommen hat. Die Gültigkeit dieser Quellen darf generell als gut eingeschätzt werden, so daß sowohl kulturspezifische als auch kulturübergreifende Auswertungen zu diversen Aspekten des Säuglingsalters erfolgen konnten.

Gesundheitsbezogene Gendereffekte: the „girl child"

M. J. Roede

Das weibliche Kind – eine Investition in die Zukunft

Auf der ganzen Welt leben Kinder[1] in Armut, in Lebensumständen, die sich sogar oftmals noch verschlechtern. Dieses soziale Umfeld wirkt sich negativ auf ihre genetisch verankerten Wachstums- und Entwicklungschancen, ihre Gesundheit und ihr Allgemeinbefinden aus. Natürlich leiden auch viele Jungen unter Mangelernährung, sexuellem Missbrauch, Kinderarbeit oder Krieg, aber Mädchen sind doppelt benachteiligt: sie sind arm und weiblich.

The „girl child"

1990 wurde dieses wichtige Konzept aus der Taufe gehoben, als die Sri Lanka Federation of University Women eine Studie initiierte, welche in einem Buch mit dem Titel 'The Girl Child of Sri Lanka' kulminierte. Auch der internationale Zusammenschluss von Akademikerinnen (International Federation of University Women ; IFUW) erklärte „the girl child" zu einer seiner Prioritäten und unterstrich damit, dass aus dem Mädchen von heute, die Frau von Morgen wird. Im April 1990 folgte die UNICEF und bereits 1991 resultierte daraus ein detaillierter Bericht mit dem Titel 'The Girl Child. An investment in the Future'. Im September 1995 schließlich, anlässlich des vierten Weltfrauenkongresses und des gleichzeitig stattfindenden NGO (Nicht-Regierungs-Organisationen)-Forums über Frauen in Peking, avancierte diese Thematik zum Politikum. Es war offensichtlich, dass die Lebensbedingungen vieler Mädchen dieser Welt Anlass zur Sorge boten. Während des IFUW-Kongresses auf Yokohama (1995) betonte deshalb auch die japanische Kaiserin ihre Verbundenheit mit dem Begriff „girl child".

Gender

Die erste Sozialisierung in Richtung „männlich" bzw. „weiblich" nimmt bereits in der Wiege ihren Anfang und man wird zeit seines Lebens mit den gängigen Ansichten über Männer und Frauen konfrontiert. 1955 benutzte der amerikanische Psychologe Money den Begriff „Gender", um damit sprachlich zwischen dem kulturell geprägten Mann-Frau-Rollenverständnis und dem biologischen Geschlecht differenzieren zu können. Gender hat sich seitdem als ein nützliches Konzept erwiesen, sowohl im wissenschaftlichen als auch im öffentlichen Diskurs.

Warum sollte sich allerdings eine Anthropologin, die sich zunächst auf Wachstums- und Geschlechtsunterschiede von Kindern spezialisiert hatte, mit gesundheitsbezogenen Gendereffekten auseinander setzen? Das Arbeitsgebiet der physischen Anthropologie befasst sich mit der natürlichen menschlichen Variabilität in Raum und Zeit. Dies beinhaltet die Beschreibung und Messung physischer Diversität und Entwicklung kohärenter Theorien. Erklärungsmodelle umfassen sowohl Genetik als auch Umwelt, letzteres umschließt aber auch Kultur, Verhalten und Lebensweise. Die Anthropologie beschäftigt sich auch mit Fragen zu Wachstum und Reife. Negative Umwelteinflüsse können das genetische Potential einschränken. Wachstum wird deshalb oft als Indikator für den Gesundheitsstatus angesehen. Nachdem die Autorin mehrere der oben erwähnten Weltfrauenkonferenzen besuchte, fühlte sie sich berufen, auf diverse Umweltfaktoren hinzuweisen, die dem weiblichen Kind zum Nachteil gereichen. Es sollen daher im folgenden zwei Themen angesprochen werden, denen sich die Autorin persönlich gewidmet hat: Infantizid und weibliche Beschneidung. Andere Benachteiligungen sollen ebenfalls kurz Erwähnung finden. Das Kapitel wird mit möglichen Lösungsansätzen schließen.

Göttinnen

Mädchen und Frauen haben keineswegs immer einen geringen Status innegehabt. In unserer fernen Vergangenheit war das Bild, das man sich von der Frau machte, ein elementar anderes. Die Frau und ihre geheimnisvolle Menses sowie die magische Macht der Geburt, das alles wurde in Ehren gehalten. Entsprechend könnten die zahlreichen weiblichen paläolithischen und neolithischen Darstellungen und Statuetten auf einen kultischen Zusammenhang mit einer omnipotenten Muttergöttin verweisen. Die Theorie einer weiblichen Herrschaft rückt damit in greifbare Nähe, gerade auch wenn man bedenkt, dass der Zusammenhang zwischen Geschlechtsverkehr und Vaterschaft nicht unbedingt bekannt war. Mit der Domestikation – die ihren Ursprung ungefähr 9 000 Jahre v.Chr. Geburt nahm – wurden die reproduktionsbiologischen Fakten des Lebens jedoch allmählich erkennbar und der Status des Mannes gewann an Bedeutung. Nach einem goldenen Zeitalter, das mindestens 7000 Jahre währte, schwand die Verehrung der Muttergöttin allmählich dahin und damit auch der Status der Frau. Im Judaismus wurde Gott zum allmächtigen Vater. Im Buch Genesis war es Eva, die das Übel auf die Menschheit brachte. Leiden und Unterwerfung prägten von nun an das Schicksal von Eva und ihren Töchtern. Und aus der höchsten griechischen (römischen) Göttin Hera, die schon zu Zeiten des alten Matriarchats verehrt wurde, wurde in hellenistischer Zeit nur mehr die Gattin des Zeus.

Mit dem Verständnis über reproduktionsbiologische Zusammenhänge verschlechterte sich der Status der Frau. Nach Aristoteles hatte allein der Mann die Fähigkeit, mit seinem Samen neues Leben zu schaffen. Die Leistung der Frau bestand lediglich darin, ihren Leib diesem Wunder männlicher Schöpfung zur Verfügung zu stellen (Keuls 1985). Bis in das Mittelalter hinein – und auch bis in spätere Zeiten – wurde das Zutun der Frau bei diesem Akt negiert. Noch im 19. Jahrhundert verkörperte der Mann den Idealtypus in medizinischen Textbüchern und Frauen werden bis heute als das untergeordnete Geschlecht angesehen.

"The Girl Child" – das benachteiligte Geschlecht

Die größten somatischen und gesundheitlichen Unterschiede innerhalb der menschlichen Gruppe sind sicherlich die, die zwischen den Geschlechtern anzutreffen sind, wobei es hier natürlich auch große Überlappungen gibt. In normalen, d.h. nichtbenachteiligten Lebensumständen entstehen die Unterschiede bereits bei der Konzeption. Durchschnittlich ist das Skelett eines gesunden neugeborenen Mädchens weiterentwickelt als das eines männlichen Neonaten. Gesunde Mädchen erreichen außerdem ihre Pubertät zwei Jahre früher als ihre männlichen Altersgenossen. Aus biologischer Perspektive sind Mädchen (XX-Karyotyp) das stärkere Geschlecht. Da Jungen (XY-Karyotyp) kein zweites X-Chromosom haben, leiden sie häufiger unter X-chromosomalen, rezessiven Erkrankungen, die nur selten bei Mädchen festgestellt werden. Vor der Geburt sterben bereits signifikant mehr männliche Embryonen und Föten als weibliche und dieser differentielle Sterblichkeitstrend setzt sich bis in die frühe Kindheit fort. Die Natur begegnet diesen Umstand, in dem grundsätzlich mehr männliche als weibliche Kinder gezeugt werden. Bei der Geburt beträgt die Geschlechtsrelation daher etwa 105:100. Im Erwachsenenalter gleicht sich die Geschlechtsrelation allmählich an. In den späteren Dezennien verändert sich die Sexualproportion jedoch wieder ins Gegenteil, da in jeder Altersgruppe mehr Männer sterben als Frauen. In mindestens 30 Entwicklungsländern zeigt sich jedoch ein gegenläufiger Trend. Hier sind die Sterberaten der Mädchen genauso hoch, wenn nicht sogar höher als die der Jungen. Eine der Hauptursachen für diese außergewöhnlich hohen Mortalitätsraten liegt im geschlechtsspezifischen Infantizid.

Selektiver Infantizid

Das Töten von Neugeborenen ist ein natürliches Ereignis in der Tierwelt. Körperliche Leiden, maternaler Stress, Nahrungsengpässe oder hoher Populationsdruck sind hier ursächlich zu nennen. Grund sind außerdem weibliche und männliche Reproduktionsstrategien. Das Phänomen ist bei Fischen und Krokodilen sowie verschiedenen Vogelarten nachgewiesen und beschrieben worden. Bei einigen Raubvögelarten dient sogar eines der geschlüpften Jungen als Nahrung für seine Geschwister. Bei manchen Säugetierarten ist Infantizid – hauptsächlich bei den Männchen – sogar eher die Regel denn die Ausnahme. Unter anderem hat man dies bei Delphinen, Löwen, und verschiedenen Primaten dokumentiert. Man geht heute davon aus, dass 30-40% aller neugeborenen Schimpansen gleich nach der Geburt getötet werden. Ein neu dazugestoßenes Männchen tötet z.B. die jüngsten, noch auf die Mutter angewiesenen Zöglinge, damit das Weibchen schneller wieder rezeptiv wird (Hausfater & Hrdy 1984, Blaffer Hrdy 1999).

Auch bei Homininen ist davon auszugehen, dass Infantizid seit grauer Vorzeit besteht. Nachweise lassen sich bis zu den Neandertalern erbringen. Mehr als einmal sind die Knochen ganzer Gruppen gefunden worden, die eine ungleiche Geschlechtsrelation aufwiesen. So werden z.B. oftmals wesentlich mehr Skelette von Männern als Frauen gefunden bzw. sind Jungen häufiger vertreten als Mädchen.

Eine Erklärung könnte darin liegen, dass überproportional mehr weibliche Kleinkinder getötet wurden, vor allem auch dann, wenn der Populationsdruck zu hoch wurde. Die Hauptnahrungsquelle der Neandertaler war Fleisch – ihre Zähne zeigen nämlich nicht das typische Abrasionsmuster auf, welches mit einer übermäßig vegetarischen Ernährungsweise korrespondiert. Männliche Jäger waren somit für das Überleben der ganzen Gruppe von Bedeutung. Ein Frauenüberschuss hätte die Kosten-Nutzen-Balance der gesamten Gruppe gestört. Im Umkehrschluss hat man wahrscheinlich männliche Nachkommen getötet, wenn die Gruppe zu groß wurde, um sich adäquat mit Nahrung zu versorgen.

„*Sure 81 (Das Zusammenfalten; At-Takwír). Wenn die Sonne verhüllt ist, ...und wenn nach dem lebendig begrabenen Mädchen gefragt wird: Für welches Verbrechen ward es getötet?*" (Koran 81.1-9).

Wenn wir uns mit unserer eigenen Spezies befassen, sieht man, dass der Ritualmord an Kindern eine lange Geschichte hat. Man geht u.a. davon aus, dass Kinder in den Fundamenten heiliger Anlagen bestattet worden sind, z.B. unter der Schwelle neuer Tempelbauten. Es ist faktisch richtig, dass häufig Kinderskelette im Umfriedungsbereich alter Siedlungen aufgefunden werden. Tat man es, um böse Geister fernzuhalten? Gegner dieser Meinung betonen mit Recht, dass es sich bei den aufgefundenen Kindern genauso gut um Totgeburten oder kurz nach der Geburt verstorbene Kinder handeln könne. Aber dennoch kann man diverse Textpassagen aus dem Alten Testament nicht so ohne weiteres wegdiskutieren (vgl. 1. Könige 16,34: *Zur selben Zeit baute Hiel von Bethel Jericho wieder auf. Es kostete ihn seinen erstgeborenen Sohn Abiram, als er den Grund legte, und seinen jüngsten Sohn Segub, als er die Tore einsetzte...*). Im Gegenzug wird jedoch die Praxis der kanaanitischen Baal-Verehrer, die ihre Kinder dem Feuer preisgaben, als verabscheuenswürdig verdammt (vgl. 2. Buch Königes:17-17). Auch das 2. Buch Moses (Exodus) beschreibt das Töten von männlichen Kleinkindern aus Angst vor Macht oder Rache[2]. Das Neue Testament nimmt ebenfalls bezug auf den Kindsmord: König Herodes, beunruhigt durch die Kunde von der Geburt des „Königs der Juden", ordnet die Tötung aller männlichen Kinder bis zum Alter von zwei Jahren an. Viele Jahre später sollte es jedoch das Christentum sein, das sich gegen den Brauch des Infantizids einsetzte.

Auch eine Reihe von Mythen aus klassischer Zeit erzählen davon, wie das Leben eines Neugeborenen eine Dynastie gefährdet. Angst vor der Macht dieses Kindes, Eifersucht und Rache sind Auslöser für den Kindsmord. Da in diesen Mythen auch immer ein Fünkchen Wahrheit stecken soll, kann die Angst durch die Hand der Eltern getötet zu werden, zu den Urängsten der Menschheit gezählt werden. Zum Kanon der klassischen Göttersagen gehört z.B. die Geschichte des Uranus und seiner Giganten-Kinder, der Titanen, oder die der Meeresgöttin Thetis, die sechs ihrer Kinder dem Feuertod aus Angst vor ihrer Sterblichkeit überließ. Thetis gebar sieben Söhne. Sechs von Ihnen hielt sie ins Feuer, um festzustellen, ob ihre Unsterblichkeit an sie vererbt worden war. Nur der siebte Knabe blieb verschont (Achilles, der Held von Troja). Aber auch das Schicksal des Oedipus, Sohn des Laius und der Jocaste, der von seinem Vater, eines Orakels wegen ausgesetzt wurde, ist hier zu erwähnen.

Auch Romulus und Remus, die sagenhaften Begründer Roms, konnten dem Kindstod nur knapp entkommen. Der Großonkel ließ die Zwillinge vermutlich aus Angst vor Erbstreitigkeiten im Tiber aussetzen. Die Knaben wurden jedoch von einer Wölfin errettet und später von einem Schweinehirten aufgezogen. Den kriegerischen Amazonen wird ebenfalls nachgesagt, dass sie sich ihres männlichen Nachwuchses entledigten bzw. diesen zum Krüppel machten, um ihn als Diener zu halten.

Aber nicht nur im klassischen Altertum gibt es entsprechende Helden- und Göttersagen. Überall auf der Welt sind Erzählungen über das Töten von Kindern durch ihre Eltern verbreitet. Der Legende nach erhielt der wohl beliebteste Gott Indiens, Ganesha, der elephantenköpfige Sohn von Parvati und Shiva, sein Aussehen, nachdem der Vater ihn in einem Wutanfall köpfte und anschließend aus Reue das Haupt eines jungen Elefanten aufsetzte. Auch spätere Volksmärchen lassen Elemente alter Mythen erkennen. Jetzt ist das Opfer jedoch meist ein Mädchen – wie im Falle von Schneewittchen.

Aber wenden wir uns wieder der harten Realität des Kindsmords zu. Zunächst mag es den Anschein haben, der Tötungsversuch durch die Mutter sei primär pathologisch, aber ein genauer Blick aus vergleichend-ethnologischer Sicht lässt erkennen, dass die meisten Kulturen den Kindsmord akzeptieren. Das Ursachengeflecht, das dies zulässt, variiert jedoch von Gesellschaft zu Gesellschaft, wobei gerade das Bestehen eines körperlichen Gebrechens als häufiger Grund genannt wird. Dies entspricht einer adaptiven, fitness-maximierenden Handlungsweise, da somit eine erneute Schwangerschaft ermöglicht wird. Schon Plutarch riet seinen Zeitgenossen, Kinder mit körperlichen Gebrechen in einen tiefen Abgrund zu werfen. Häufig wird die Geburt eines solchen Kindes auch der Willkür böser Geister zugeschrieben. Es ist somit im allgemeinen Interesse der Gemeinde, sich derartiger (übersinnlicher) Kräfte zu entledigen (Naaktgeboren 1988).

Ein anderer Grund mag in der Geburtenbeschränkung bestehen. Seit prähistorischen Zeiten hat es verschiedene Mittel und Wege gegeben, eine Konzeption zu verhindern. Doch nur in den seltensten Fällen haben diese zum gewünschten Ziel geführt. Folglich versuchte man es mit anderen Interventionen (*abortus provocatus*), aber auch hier war nicht immer Erfolg beschieden. Letztlich half also nur die Tötung des neugeborenen Kindes. Die Griechen verbrachten den Leichnam häufig in einen Lehmtopf[3]. Dabei ist besonders hervorzuheben, dass die Griechen vor allem auf männliche Nachkommen fixiert waren. Weibliche Nachkommen wurden daher wohl überhäufig getötet (Keuls 1985). Auffällig ist z.B. die Geschlechtsrelation bei Homer: Priamos hatte 50 Söhne, aber nur 12 Töchter. Nausicaa ist die einzige Tochter unter unzähligen Brüdern. Hektors Frau Andromache hatte sieben Brüder (Pomeroy 1975). Unter den überlieferten Athenern ist ebenfalls eine Überzähligkeit männlicher Nachkommen festzustellen. Sokrates hatte drei Söhne, ebenso Perikles. Plato hatte drei Brüder und eine Schwester. In diesem Sinne konnte eine Studie an 346 einflussreichen Athener Familien 271 Söhne feststellen. Insgesamt lag die Geschlechtsrelation bei 5:1 (Pomeroy 1975). Generalisierungen sind jedoch problematisch. Die Spartaner befanden sich konstant im Krieg und dementsprechend war ihre ganze Gesellschaft auf die Ausbildung von Kriegern ausgerichtet. Ein neugeborener Sohn wurde daher zunächst untersucht, ob er als Krieger in Frage käme. Erst dann ließ man ihn am Leben (Pomeroy 1975). Der Kopf der römischen Familie (*pater familias*) entschied bekanntlich ebenfalls über Leben und Tod seiner Nachkommen. Auch hier zeigen Untersuchungen anhand der oberen römischen Gesellschaftsschicht, dass die Sexualproportion eindeutig zugunsten der Söhne verschoben war (Pomeroy 1975).

Es ist davon auszugehen, dass in Zeiten in denen Infantizid praktiziert wurde, der Mädchenanteil immer besonders hoch war. Ein Grund bestand wohl darin, die bestehende Sexualproportion zu wahren, vor allem wenn viele junge Männer ihr Leben im Krieg aufs Spiel setzen mussten. Vor ungefähr 1000 Jahren entschied sich der baltisch-prussische Stamm der Galinder nach einer langen Dürreperiode und Hungersnot alle neugeborenen Mädchen zu töten, da sie in einer solchen Phase der Entbehrung nur eine Last darstellten. Die Frauen schlossen sich jedoch zusammen und boykottierten den Ratsbeschluss. Die Männer zogen durch priesterliche Intervention unbewaffnet in den Krieg, was den unausweichlichen Untergang des ganzen Volkes zur Folge hatte. Auch während des 18. und 19. Jahrhunderts war nicht jedes Kind willkommen. Dies lässt sich u.a. daran ablesen, dass im Paris von 1780 nur etwa 5% aller 21 000 Geburten von der eigenen Mutter gestillt wurden. Damals war es Brauch, viele der bürgerlichen Kinder auf das Land zu Ammen zu schaffen. Diese Ammen waren jedoch nicht nur bezahlte Milchspenderinnen, sondern oftmals auch professionelle Killer. 1874 wurde schließlich mit dem "Loi Roussel" – zum Schutze von Pflegekindern und verlassenen und misshandelten Kindern – eine Sozialreformbewegung eingeläutet, die ihre Auswirkungen bis heute bewahrt hat. Gleichzeitig war es das erste Gesetz, das Kinder vor Misshandlung und Verwahrlosung schützte (Blaffer Hrdy 1999).

Infantizid lässt sich auch heute noch in entfernten Winkeln unserer Erde beobachten und ist nach wie vor bei den Inuit, in diversen Regionen Afrikas und bei verschiedenen Indianerbevölkerungen Südamerikas belegbar. Zwischen 1932-1935 zum Beispiel, einer Epoche in der Bolivien von großen sozialen Unruhen gezeichnet war, bekannte sich fast jede auf dem Land lebende Frau der Kindstötung und 38% aller Neugeborenen wurden damals lebendig begraben (Blaffer Hrdy 1999). Bei den brasilianischen Tapirapé-Indianern wurden einer Frau nie mehr als drei Kinder zugestanden, davon sollten außerdem nie mehr als zwei das gleiche Geschlecht haben. Infantizid wurde zumeist gleich nach der Geburt praktiziert, da man nicht erst „den Hunger in den Augen der Kleinen sehen" wollte (Naaktgeboren 1988). Und auch der holländische Kinderarzt de Meer (1993) beobachtete bei den Aymara, einer der ältesten Indianergruppen Perus, die 3800 m über dem Meeresspiegel leben, das die relative Sterblichkeit der neugeborenen Mädchen besonders hoch war, gerade wenn es sich um Geburtsrang drei und höher handelte. Seinen Beobachtungen zufolge kam der Mutter nach der Geburt viel Fürsorge zu, während ein neugeborenes Mädchen sich selbst überlassen wurde. Schutzlos und einem harten Klima ausgesetzt, verstarb das Kind meist binnen kurzer Zeit.

Abb. 1: Eine Frau aus dem Stamm der Eipo-Papua legt ihr Neugeborenes in einem Farnbündel im Wald aus (nach Wulf und Grete Schievenhöfel 1978)

Die Menge der Nahrungsressourcen ist ein Hauptdeterminant für Infantizid in kleinen, ländlichen Bevölkerungen, da ein Nachkömmling die Kosten-Nutzen-Balance eines ganzen Ortes aus dem Gleichgewicht bringen kann. Man zieht es daher vor, in ein älteres Kind zu investieren als in einen Nachzügler. Wulf und Grete Schievenhövel (1978) haben diesen traurigen Umstand mehrfach beobachtet. Ihnen wurde es seinerzeit gestattet, den Moment der Niederkunft bei den Eipo (Papua) zu dokumentieren. Die Geburt findet normalerweise im Wald, in der Nähe der Frauenhütte, statt. Abbildung 1 zeigt Lana, die es sich offenbar nicht leisten konnte, ihre gerade geborene Tochter großzuziehen. Sie wickelt ihr Baby in Farnblätter und überlässt es im Wald seinem Schicksal. Als sie kurz darauf alleine (d.h. ohne das Neugeborene) in die Siedlung zurückkehrt, nimmt niemand daran Anstoß. Die Autoren konstatierten, dass sieben von neun ausgesetzten Kinder weiblich waren.

Unter den älteren Erwachsenen waren die Männer jedoch keineswegs in der Überzahl, da viele auf Jagdausflügen oder bei kriegerischen Auseinandersetzungen zu Tode kamen. Dennoch muss man sich vor Verallgemeinerungen schützen. Junge Dogon-Frauen ziehen erst dann mit einem Mann zusammen, nachdem sie sich als fertil erwiesen haben. Ist das Kind männlich und findet sich kein Mann, der die Vaterrolle übernimmt, wird der Sohn getötet, da er als Erwachsener keinerlei Erbansprüche hat und somit ohne Auskommen dasteht. Eine Tochter hingegen lebt bei der Mutter und wird später der Großmutter als Haushaltshilfe übereignet (Jansen pers. Mitteilung).

In China und Indien ist der geschlechtsspezifische Infantizid so weit verbreitet, dass dies enorme demographische Konsequenzen nach sich zieht. Gegenüber der natürlichen Geschlechtsrelation, bei der mehr Jungen als Mädchen geboren werden, weichen die Zahlen in China und Indien ungewöhnlich ab. Jährlich werden in China fast 500 000 weibliche Babys abgetrieben, getötet oder ihrem Schicksal überlassen, da die Ein-Kind-Politik eine Bevorzugung der Söhne hervorruft. Die chinesischen Zensusdaten aus dem Jahre 1990 belegen eindrücklich, dass viele Millionen Töchter fehlen. Die Lehren des Konfuzius, die Jungen als wertvoller erachten, sind darüber hinaus an diesem Phänomen beteiligt. Obwohl seit 1949 einiges zur Verbesserung der Situation getan wurde, dominieren die antiquierten patriarchalisch ausgerichteten Verhaltensweisen (Santrock 1998). Auch in Indien – trotz bestehender Gesetze, die dieses verbieten – wird weiblicher Infantizid weiterhin praktiziert. Hier ist die Wurzel des Übels die Mitgift, die eine finanzielle Belastung für die Familie der Braut darstellt. Auch die indischen Zensusdaten dokumentieren über die Jahrzehnte hinweg einen graduellen Frauenschwund von 972:1000 im Jahre 1901 auf 927:1000 im Jahre 1991. Der Fall um sieben Prozentpunkte von 934 auf 927 zwischen 1981-1991 zeigt auch, das dieser Trend weiterhin anhält[4]. Die zunehmende Bereitschaft, medizinisch-diagnostische Interventionsmethoden einzusetzen, führt außerdem zu einer hohen Abtreibungsrate weiblicher Föten. Von den 8000 Abtreibungen einer indischen Klinik waren 7997 weiblichen Geschlechts (Blaffer Hrdy 1999). Die Einstellung der Inder zu ihren Töchtern ist dennoch nur schwer nachvollziehbar, denn andererseits dies ist eines der wenigen Länder in denen die Tradition der Göttinnenverehrung seit Jahrtausenden ungebrochen ist und der Hinduismus den Stand der weiblichen Gottheiten sogar gefördert hat (Husain 1997). Wenngleich die Tötung der Mädchen grausam erscheinen mag, so ist sie dem Überleben vorzuziehen, da ihnen ein elendes Schicksal erspart bleibt. Der Langzeiteffekt der selektiven Kindstötung wird außerdem darin bestehen, dass Frauen zu einer Rarität werden und ihr Wert somit zwangsläufig steigt. Die ersten Zeichen dieses Trends zeigen sich bereits in China.

Weibliche Geschlechtsverstümmelung

In einigen Teilen der Welt stellt die Tradition der weiblichen Beschneidung – heute meist als Genitalverstümmelung (*Female Genital Mutilation*, FGM) bezeichnet – nach wie vor eine Gefahr für viele Mädchen dar[5]. Zwar werden weltweit auch Jungen im Rahmen kultischer oder hygienischer Handlungen beschnitten, aber der Eingriff gilt allgemein als gesundheitsförderlich. Das Entfernen der Vorhaut ist darüber hinaus vergleichsweise einfach. Zwar besteht ein Infektionsrisiko, aber die Komplikationswahrscheinlichkeit ist eher gering. Im Gegensatz dazu hat die weibliche Beschneidung keinerlei religiöse Bedeutung oder positive Folgen für die Gesundheit, die Komplikationsrate ist hingegen ungemein hoch.

Gesundheitsbezogene Gendereffekte

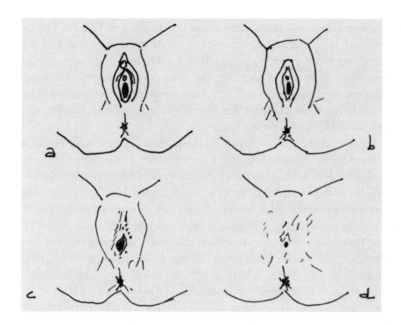

Abb. 2: Verschiedenene Typen der Geschlechtsverstümmelung: a. normale Vulva, von oben nach unten: Clitoris, Urethra, vaginale Öffnung und Anus. b. Nach der Beschneidung ('sunna'). c. Klitoridektomie (operative Entfernung der Clitoris). d. Infibulation (Entfernung der Clitoris und der inneren Schamlippen und ganzer oder teilweiser Entfernung die äußeren Schamlippen) (nach Reyners 1992).

Der Eingriff wird manchmal bereits an Neonaten und Kleinstkindern durchgeführt, meist jedoch vor der Pubertät und in einigen Stämmen auch an schwangeren Frauen oder solchen, die gerade ein Kinder geboren haben. Es bestehen in der Durchführung zudem regional unterschiedliche Verfahrensweisen (Reyners 1992), meist wird der Eingriff jedoch ohne Betäubungsmittel[6] durchgeführt. Es können diverse Formen unterschieden werden (vgl. Abb. 2): Die Punktion der Klitoris; die Sunna[7] oder sunnitische Beschneidung bei der die Vorhaut der Klitoris oder die Klitorisspitze abgetrennt wird; die Klitoridektomie, bei der die Klitoris und die kleinen Schamlippen teilweise oder vollständig amputiert werden und die extremste Form, die Infibulation[8], die nicht nur klitoridekto, aber auch eine Exzision der Schamlippen mit Vernähung der Wundränder beinhaltet. Jede der genannten Beschneidungsarten ist mit extremen physischen und mentalen Schmerzen verbunden. Darüber hinaus bleiben zeitlebens Risiken bestehen. Schätzungen zufolge verstirbt eines von 600-1000 Mädchen an den Folgen dieses Eingriffs. Schock, Blutverlust oder Infektion, insbesondere Wundstarrkrampf, sind hier ursächlich zu nennen. Die Erkrankungsrate ist extrem hoch. In den ersten Tagen nach der Operation versucht das Kind, keinen Urin auszutreiben, dies führt zu schmerzhaften Blasenentzündungen. Die unhygienischen Bedingungen führen darüber hinaus zu lokalen und generellen Infektionen wie Vulvitis (Entzündung des äußeren Genitales), Vaginitis (Scheidenentzündung) oder

Salpingitis (Entzündung des Eileiters). Dies kann sogar zur Infertilität führen. Gruppenbeschneidungen mit ein und demselben Messer fördern außerdem die Gefahr einer HIV/Aids-Übertragung oder einer Hepatitis B. Eine seltene, aber schwerwiegende Komplikation ist die Obstruktion der Vagina. Das Menstruationsblut kann den Körper nicht verlassen und sammelt sich im Unterbauch. Diese unglückliche Verkettung von Folgeerscheinungen kann zu der fälschlichen Annahme führen, das Mädchen sei schwanger, was u.U. ihre Tötung nach sich zieht.

Die Beschneidung kann auch Krankheitsursache in späteren Jahren sein. Narben und eine krankhafte Bindegewebsvermehrung im Bereich des Perineums (Damm) führen zeitlebens zu anhaltenden Schmerzen und hemmen den Abfluss von Menstruationsblut oder Urin. Eine Beschneidung kann außerdem den Koitus verhindern bzw. zu starken Schmerzen beim Beischlaf führen. Nach der Hochzeit hat der Bräutigam die Aufgabe, den Scheideneingang mit einem (rostigen) Messer oder den Fingernägeln zu erweitern. Insgesamt sind die Angaben, die über Sexualleben und Beschneidung gemacht werden, allerdings lückenhaft. Einigen Berichten zufolge, sind Orgasmus und ein befriedigendes Sexualleben durchaus möglich (Althaus 1997), häufiger wird jedoch das Gegenteil konstatiert. Auch das HIV/Aids-Übertragungsrisiko ist infolge von Blutungen während des Geschlechtsverkehrs gesteigert, außerdem wird der Analverkehr häufiger praktiziert. Die Geburt ist ebenfalls erschwert, da das Gewebe – selbst bei der alleinigen Entfernung der Klitoris – vernarbt und verhärtet ist. Eine Weitung und Erweichung des Geburtskanals ist somit erschwert. Das kann zu Verletzungen – bis hin zum Genickbruch – des Kindes unter der Geburt führen und zur Inkontinenz der Frau. Bei der infibulierten Frau muss die Hebamme den Geburtskanal erweitern und danach wieder vernähen. Reduzierte Fertilität bzw. höhere Infertilitätsraten führen jedoch oftmals zur Auflösung der Ehe. In die soziale Isolation gebracht, ist Prostitution häufig der einzige Ausweg.

Die jahrtausendealte prä-islamische Tradition der weiblichen Beschneidung wird auch heute noch bei Muslimen, Christen, Juden, Animisten und Atheisten in 28 Staaten Zentralafrikas praktiziert. Dazu kommen noch einige Teile der arabischen Halbinsel sowie Regionen Asiens[9]. In Malaysien und Indonesien wird der Eingriff jedoch auf eine Punktion der Klitoris und den Verlust weniger Blutstropfen beschränkt, die als Symbol von Leben und Fruchtbarkeit gelten. Unter dem zunehmenden Druck des Fundamentalismus sind jedoch in neuester Zeit zunehmende Raten bei der radikalsten Form der Klitoridektomie zu verzeichnen. In Äthiopien und im Sudan praktizieren nicht nur islamische Frauen die Beschneidung, sondern auch Koptische Christinnen sowie Jüdinnen. Etwa vier von fünf der über 15jährigen Frauen sind beschnitten. Davon sollen etwa 90% von der schweren Form der Beschneidung betroffen sein. In anderen Ländern mögen die Häufigkeiten geringer ausfallen. In Tansania geht man von einer Prävalenz von etwa 18% aus, aber bei den Massai sind die Frequenzen offenbar doppelt so hoch (Femke Verduin, unpubliziert[10]). Im Senegal wird das Ritual nur noch von wenigen Stämmen[11] praktiziert. In den Maghreb-Staaten (Tunesien, Algerien, Marokko), in der Türkei, im Iran oder in Pakistan ist es hingegen gar nicht anzutreffen. Dies zeigt, dass es sich keineswegs um eine primär islamische Tradition handelt, zudem wird der Eingriff mit keinem Wort im Koran erwähnt.

Im Gegensatz zur männlichen Beschneidung finden sich für die weibliche Genitalverstümmelung keine schriftlichen oder bildlichen Quellen – weder im antiken Ägypten[12] noch in der Bibel[13]. Ein eindeutiger Bezug existiert lediglich bei den Dogon (Mali), die auch heute noch diesen Ritus praktizieren. Die Mythologie der Dogon erzählt vom Schöpfergottheit Amma, der die Erde erschuf, um sie anschließend zu ehelichen. Als er aber den Beischlaf verlangte, schwoll ihre Klitoris zu einen Termitenhügel heran, was dazu führte, dass Amma vor dem Geschlechtsverkehr zunächst eine Beschneidung vornehmen musste (Grimal 1989). Die Angst vor der Klitoris ist bis heute geblieben. Im nigerianischen Bundesstaat Bendel wird die Beschneidung im siebten Schwangerschaftsmonat durchgeführt, weil man glaubt, dass das Neugeborene andernfalls verstürbe, wenn der Kopf des Kindes die Klitoris unter der Geburt berühre (Adebajo 1992).

In anderen Regionen dient die Beschneidung dazu, vorehelichen Geschlechtsverkehr zu verhindern. Außerdem soll es die Promiskuität allgemein eindämmen helfen, da die Klitoris die Libido erhöht. In Somalia ist die Beschneidung außerdem Bestandteil der höheren Kasten. Hygiene und Schönheitssinn können ebenfalls als Motive angeführt werden. Intakte Genitalien gelten als hässlich und unbeschnittene Frauen als unsauber und minderwertig. Außerdem sollen unbeschnittene Frauen böse Geister anziehen. Darüber hinaus dient die Beschneidung der Entfernung aller kindlichen bzw. animalischen Merkmale. Das Mädchen wird dieser Anschauung nach unmittelbar zur Frau. Aber häufig gehen diese wohlgemeinten Intentionen verloren. Neben gutgemeinter Elternliebe, und dem Glauben ihr Kind vor bösen Geistern schützen zu können, dürfte auch die Angst vor dem sozialen Bann eine Rolle spielen. Vielleicht auch wirtschaftliche Überlegungen, die in einem direkten Zusammenhang zu den Heiratschancen der Tochter und dem davon abhängigen Brautpreis stehen. Die westliche Welt hat jedoch keineswegs das Recht, diese Beweggründe leichtfertig zu verdammen. Die Tradition wird allerdings auch von Personen aufrechterhalten, denen damit ein festes Einkommen sowie Status garantiert werden. Bei den Beschneidern handelt es sich fast ausschließlich um Frauen. Manche sind als Hebammen tätig bzw. arbeiten für das Gesundheitsamt. Die meisten haben jedoch keinerlei professionelle medizinische Vorbildung (in Nigeria ~ 95%; Adebajo 1992). Allerdings sind sie fest von der gesellschaftlichen Rechtmäßigkeit ihres Handelns überzeugt. Obwohl die Beschneidung von Generation zu Generation tradiert wird, ist es schwierig, die wahren Motive und Beweggründe in Erfahrung zu bringen.

Frauenrechtlerinnen wie die (beschnittene) Ärztin und Schriftstellerin Nawal El Saadawi sehen einen Zusammenhang zwischen dem Patriarchat und der Beschneidung. Ihrer Meinung nach handelt es sich um eine Form der Unterdrückung, ein Symbol männlicher Macht[14]. Obwohl Aktivisten die Beschneidung als Verletzung der Menschenrechte anprangern, sind die wenigsten Frauen bereit, mit dieser Tradition zu brechen. Die soziale Kontrolle ist überstark. Bis zum heutigen Tage haben weltweit etwa 130 Millionen Frauen eine Genitalverstümmelung über sich ergehen lassen müssen. Jährlich riskieren zwei Millionen Mädchen ihr Leben. Schwere Komplikationen treten zwar nur bei etwa 0.1% aller Fälle auf, aber 130 000 Mädchen sind von Krankheits- und Sterberisiken gleichermaßen betroffen. Eine ägyptische Studie beziffert die Mortalitätsrate bei der Kliterektomie auf 0,1-0,2%. Hochgerechnet bedeutet dies, dass jährlich etwa 1000 ägyptische Mädchen an den Verletzungen und Komplikationen sterben.

Darüber hinaus gibt es noch einige generelle Lebensumstände, die sich abträglich auf die Lebenschancen von Mädchen sowie ihr Wachstum und Gedeihen auswirken:

- *Ernährung.* Sowohl die zur Verfügung gestellte Menge als auch die Zusammensetzung der Nahrung unterliegen geschlechtsspezifischen Mustern. Sogar schon im Kleinstkindalter bekommen Mädchen weniger zu essen als Jungen. Nach dem Abstillen wird ihnen eine geringere Fürsorge zuteil, und die Wahrscheinlichkeit, an Unterernährung oder mangelnder Fürsorge zu sterben, ist erhöht. Untersuchungen über Unterernährung im nordindischen Staat Punjab belegen eindeutig, dass schon im Krabbelalter mehr weibliche Kinder an Mangelernährung leiden als männliche. Ältere Mädchen bekommen ebenfalls weniger Nahrung. Berechnungen haben ergeben, dass etwa 450 Millionen Frauen an Minderwuchs infolge von Ernährungsdefiziten, (hervorgerufen durch geringere Proteinzufuhr) leiden (vgl. Platform for Action 1995).
- *Mangelnde Fürsorge und Gesundheitsvorsorge.* Mädchen haben einen differentiellen Zugang zu Gesundheitsförderungsmaßnahmen. In den Krankenhäusern von Neu Delhi werden zweimal so viele Jungen wie Mädchen behandelt. Die ärztliche Versorgung für männliche Nachkommen ist umfassender und setzt früher ein. Dies ist auf unterschiedliche Prioritäten seitens der Eltern zurückzuführen. Finanzielle und zeitliche Ressourcen sind begrenzt, und dürfen daher nicht an die Töchter „verschwendet" werden. Mädchen sollen außerdem schon früh im Leben an Leid und Schmerz gewöhnt werden, da dies ihrem Schicksal entspricht (vgl. Bhardwaj, pers. Mitteilung).
- *Pflichten im Haushalt.* Selbst die jüngsten Töchter werden mit körperlich anstrengenden Pflichten wie Wasser- und Feuerholztragen oder Geschirrspülen am (schmutzigen) Fluss beauftragt. Ihnen obliegt außerdem die Obhut der jüngeren Geschwister, auch wenn das Herumtragen von Säuglingen für ihren ebenfalls noch heranwachsenden Körper eine schwere Belastung darstellt. In Ländern in denen die Inzidenz der Flussblindheit (Onchozerkose, river blindness) hoch ist, beobachtet man häufig junge Mädchen, die als Blindenführer arbeiten.
- *Alter bei der Hochzeit und frühe Mutterschaft.* Die in einer Gesellschaft vorherrschenden kulturellen und sozialen Einstellungen bestimmen das Heiratsalter und damit auch das Alter bei der Geburt des ersten Kindes. Eine frühe Heirat bedeutet eine wirtschaftliche Entlastung der Familie und garantiert gleichzeitig die Jungfräulichkeit der Braut. Das Brautlager führt allerdings häufig zum Kindbetttod infolge altersbedingter Komplikationen bei Schwangerschaft und Geburt. Frau-

en, die ihr erstes Kind bereits vor dem 19. Lebensjahr entbinden, haben eine doppelt so hohe Wahrscheinlichkeit an den Folgen der Geburt zu versterben. Auch das Neugeborene ist von erhöhten Morbiditäts- und Mortalitätsrisiken betroffen. Die Realität zeigt, dass etwa 15 Millionen Mädchen im Alter von 15-19 Jahren jährlich niederkommen. Tradition, Ignoranz und Verzicht auf Verhütungsmittel sind hier ursächlich beteiligt. Auch in den Industrieländern sind Mädchen durch verfrühte Schwangerschaften gefährdet. In den USA z.B. wo durch den Druck der Peergruppe schon früh sexuelle Erfahrungen gesammelt werden – ist die Anzahl der unehelichen Teenagerschwangerschaften signifikant höher als in den übrigen westlichen Industrienationen. Eine frühe Schwangerschaft steht den weiteren Bildungs- und Berufschancen des Mädchens im Weg. Dies übt eine Langzeitwirkung auf die Lebensqualität von Mutter und Kind aus. Daten aus den USA belegen eindrücklich, dass Elternschaft im Teenageralter die Wahrscheinlichkeit, für den Rest des Lebens in Armut zu verbringen, enorm steigen lässt (Moore et al. 1993).

- *Armut.* Von den Armen dieser Welt[15], sind mindestens 70% Frauen. Dies wirkt sich auch negativ auf ihre Kinder aus. Verarmte, alleinstehende Frauen stehen unter einem enormen psychischen Druck und zeigen oftmals weniger Anteilnahme, Fürsorge und Interesse an ihren Kindern. Auch der Mangel an Prestige setzt sich in der nächsten Generation fort. Ein geringerer Intelligenzquotient und ein häufigeres Auftreten von internalisierten Verhaltensproblemen – gegenüber Kindern, die nie in Armut leben mussten – sind die Folge (Santrock 1998). Über zwei Milliarden Kinder dieser Welt, also eines von vieren, leben in Armut. Vor allem die Mädchen leiden darunter. Sie bekommen noch weniger von den sowieso nur spärlich vorhandenen Nahrungsressourcen und müssen sich wohlmöglich auf der Straße verdingen.

- *Arbeit.* Weltweit gehen etwa 80 Millionen Kinder einer täglichen Arbeit nach. Eine Minderheit von ihnen lebt auf der Straße, unter ihnen zahllose Mädchen. Sie versuchen ihren Lebensunterhalt mit dem Verkauf von Bleistiften oder Taschentüchern zu verdienen. Ihre Lebensumstände sind im Vergleich zu denen der Jungen besonders hart, da sie neben ihrer Arbeit auch noch den häuslichen Pflichten nachkommen müssen. Dies mindert ihre physischen Kräfte und beraubt sie ihrer Kindheit. Sie haben keine Freizeit und eine Schulbildung bleibt ihnen ebenfalls verschlossen. Die sexuellen Risiken sind außerdem hoch. 67% der Mädchen wurden bereits sexuell missbraucht, 54% der Straßenmädchen prostituieren sich. Eines von fünf Mädchen wird schwanger und 67% sind alkohol- oder drogenabhängig. In den letzten Jahrzehnten waren weltweit verschiedene Migrationströme von jungen Mädchen zu beobachten. Zahlreiche Filipinas oder Indonesierinnen arbeiten in westlichen Haushalten. Der Anteil heranwachsender Frauen ist hoch. Wenn man sich mit den Rekrutierungspraktiken, ihren Rechten und ihren Arbeits- und Lebensbedingungen vertraut macht, erkennt man, dass man es hierbei mit einer modernen Version des Sklavenhandels zu tun hat.

- *Sexindustrie.* Die sexuelle Ausbeutung stellt immer mehr eine weltweite Gefahr für die Gesundheit junger Mädchen dar. Sie werden von der Gesellschaft häufig unter Druck gesetzt, verfrüht sexuell aktiv zu werden. Vor allem obdachlose und vertriebene Frauen, Straßenkinder, Mädchen, die in Konfliktregionen leben, oder diejenigen, die aufgrund ihrer ethnischen Zugehörigkeit diskriminiert werden, sind enormen Risiken durch Sexindustrie, Pornographie und Kriminalität ausgesetzt. Mädchen stellen die Mehrheit der etwa 250 Millionen Kinder dar, die sich in der Gewalt von Menschenhändlern oder organisierten Zuhältern befinden. Jährlich überqueren etwa fünf- bis zehntausend, meist noch extrem junge Mädchen die Grenze nach Nepal, um sich in Bombay, Kalkutta oder Neu Delhi zu verdingen. Schätzungen gehen davon aus, dass auf den Philippinen mehr als 100 000 Kinder im Alter von 10 bis 18 Jahren in der Sexindustrie tätig sind. In einigen osteuropäischen Ländern sind mindestens 20% der Prostituierten unter 16 Jahre alt. Dieses Phänomen schwappt allmählich in den Westen über. Tagtäglich werden Kinder aus Afrika und Osteuropa nach Großbritannien, Frankreich und andere westeuropäische Länder verbracht, wo sich heranwachsende Mädchen einer immer größeren Beliebtheit erfreuen. Die Arbeitsbedingungen, denen sie sich unterwerfen müssen, variieren stark, aber der Anteil an Eigenständigkeit ist gering, wenn nicht gar vernachlässigbar. Neben dem mentalen psychischen Druck sind die Mädchen durch ungeschütztem und verfrühtem Sexualverkehr einem größeren Risiko – insbesondere durch Geschlechtskrankheiten – ausgesetzt als gleichaltrige Jungen. In Afrika oder Thailand z.B. kursiert die Vorstellung, dass Sex mit einer Jungfrau AIDS kurieren könnte. Entsprechend hoch ist die Nachfrage. Doch es wird nicht lange dauern, und das Mädchen wird die Krankheit selbst davontragen, nur um dann weggeschickt zu werden. Neben den Gefahren durch unerwünschte Schwangerschaft und durch Geschlechtskrankheiten bestehen aber auch Risiken infolge von Abtreibungsversuchen. Die Anzahl der Abtreibungen, die bei Mädchen im Teenageralter vorgenommen wird, soll pro Tag über 1000 betragen. Ein Großteil des sexuellen Missbrauchs findet in der Familie statt, da Eltern ihre Kinder – teilweise schon im Alter von 5 bis 6 Jahren – Verwandten als Sexsklaven (z.B. in Mali oder Burkina Faso) oder Soldaten in Krisengebieten überlassen. „Political correctness" hält die Amtsgewalt oftmals davon ab, sich in derartige Praktiken einzumischen, da das Weggeben von Kindern in Afrika eine lange Tradition hat. In letzter Zeit ist es Mode geworden, Kinder auch via Internet auszubeuten, so z.B. in den USA[16]. Obschon Armut als einer der Hauptfaktoren für die Ausbeutung von Kindern gilt, kann damit nicht alles erklärt werden. Viele Familien, selbst in den ärmlichsten Lebensumständen, würden lieber in den Tod gehen, als ihre Töchter der Prostitution zu überlassen.
- *Gewalt.* In den letzten drei Jahrzehnten ist Gewalt gegen Mädchen und Frauen zunehmend als krimineller Akt, als ein Verbrechen gegen ihre Persönlichkeitsrechte, geahndet worden. Die Rate der häuslichen Gewalt ist weltweit hoch. Damit sind Vergewaltigung und tätlicher Angriff durch Verwandte gemeint. Ein

zumeist geheimgehaltenes Delikt, da diese Art des Missbrauchs tabuisiert wird. Berichten zufolge werden bis zu 100 Millionen Mädchen unter 10 Jahren von erwachsenen Männern vergewaltigt. Häufig handelt es sich dabei um den eigenen Vater oder andere Verwandte. Man ist mittlerweile der Überzeugung, dass nur ein Bruchteil aller Fälle jemals bekannt wird. Dann gibt es noch die Gewalt infolge von Streitigkeiten um die Mitgift, bei denen Frauen – meist bei Küchenbränden, die als Unfälle getarnt werden – verletzt oder getötet werden. Die Lage von Mädchen und Frauen wird vor allem in Konfliktzeiten kritisch. Frauen und ihre Kinder stellen den Hauptanteil aller Flüchtlinge. Oftmals sind sie Opfer systematischer Vergewaltigung durch den Feind oder durch frustrierte Mitglieder der eigenen Truppe. Kinder, die einer solchen Beziehung entspringen, wachsen unter den denkbar ungünstigsten Bedingungen auf. Dies ist vor allem dann der Fall, wenn eine Schwangerschaft nach einer Vergewaltigung dem weiblichem Opfer, nicht aber dem Vergewaltiger zur Last gelegt wird.

- *Bildung.* Der Mangel an Ausbildungsmöglichkeiten (Bildung ist ein Grundrecht!) muss als eine Gefahr für die weibliche Gesundheit gewertet werden. Über 70 Millionen Mädchen haben keinen Zugang zur Volksschule; das sind über ein Drittel mehr Mädchen als Jungen. Weniger Mädchen werden eingeschult und mehr verlassen die Schule vorzeitig. Daraus folgt, dass nur zwei Drittel aller Frauen lesen können. Selbst wenn der Schulbesuch ermöglicht wird, gibt es kaum Freizeit, obwohl dies für die mentale Entwicklung und den Sozialisationsprozess überaus wichtig wäre. Zu Hause warten viele Pflichten auf die Mädchen. Dies bedingt häufig auch ein weniger gutes Abschneiden der Mädchen in der Schule. Kommt es zu einem Krankheitsfall innerhalb der Familie, muss das Mädchen meist die Schule verlassen, den Kranken pflegen und auf den Feldern arbeiten. Dies zeigt sich vor allem in den Regionen, in denen AIDS weitverbreitet ist. Teenagerschwangerschaften tun ihr übriges, Mädchen am Schulbesuch zu hindern.

Abb. 3: Der schwierige Weg zur Frau (Clive Offley, From Girls and Women: a Unicef Development Priority. 1992)

Die permanente Verletzung des weiblichen Grundrechts auf Leben, gepaart mit der anhaltenden Ungleichbehandlung, all das, bringt die obige Abbildung zum Ausdruck: ein lebenslanger Weg der Entbehrung. Zusammenfassend lässt sich sagen, dass Mädchen aufgrund geschlechtsspezifischer Abtreibungspraktiken bzw. selektiven Infantizids, differentiellen Zugangs zu Nahrungsressourcen und zur Gesundheitsfürsorge sterben. Diejenigen, die überleben, sind Vernachlässigung und Hunger ausgesetzt und mit häuslichen Pflichten überfrachtet. Die weibliche Beschneidung hinterlässt seelische und körperliche Narben, die ein Leben lang bleiben. Körperlich unterentwickelte junge Mädchen sehen sich Kinderarbeit, Gewalt und sexuellem Missbrauch ausgesetzt – ebenso einer frühen Heiratspolitik und gefährlichen Schwangerschaftsverläufen. Darüber hinaus gibt es eine Reihe von Umwelteinflüssen, die durch Armut, schlechte Wohnverhältnisse und Obdachlosigkeit herbeigeführt werden. Dies führt dazu, dass unzählige junge Mütter und ihre Neugeborenen sterben. Die Kinder, die überleben, sind schwach und bleiben ein Leben lang unterentwickelt. Von diesen schwachen Kindern sind die Mädchen besonders benachteiligt. Ein Teufelskreis der Mädchenübersterblichkeit entsteht. Einigen Beurteilungen zufolge fehlen aufgrund dieser vielen Risiken weltweit etwa 100 Millionen Mädchen. Es dürfte nicht überraschen, dass man teilweise schon vom Femizid spricht.

Diese Ungleichbehandlung von Mädchen und Frauen muss allerdings aus Sicht der Evolution befremdlich erscheinen und ist keineswegs im Sinne der Darwinischen Fitness[17]. Wieso leuchtet nicht jedem ein, dass nur gesunde Mütter auch gesunde Kinder hervorbringen können? Mit Blick auf die evolutionsbiologischen Prinzipien, fällt es einem schwer, die Diskriminierung durch Männer bzw. sexistische Handlungsweisen als einen Beleg für die männliche soziale Intelligenz zu werten.

Verbesserungen und zukunftweisende Politik

Das Jahr 1976, in dem in Nairobi Zukunftsstrategien formuliert wurden, läutete gleichzeitig eine Verbesserung der Lebenschancen für Frauen aller Altersgruppen ein. Frauen wurden nicht länger als Produkte ihrer Gesellschaft betrachtet, sondern als aktive Partner. Soziale Umweltfaktoren wurden für die differentielle Morbidität und Mortalität verantwortlich gemacht. Viele der Beiträge von Frauen fanden nun Beachtung. Dies führte zu Verbesserungen, Neuerungen und weitreichenden politischen Entscheidungen. Einige davon sollen im folgenden kurz diskutiert werden.

Infantizid. Die Tötung eines Kleinkindes aus dynastischen Gründen oder Rachegefühlen – sowie einst in der Bibel oder in den alten Mythen beschrieben – ist längst kein Problem mehr. Aber andere Beweggründe bleiben. Generell ist Familienplanung das wirksamste Mittel gegen Überbevölkerung. Dies zeigt sich vor allem in ländlichen Regionen. Das Wissen um Verhütungsmittel zu fördern und diese finanziell zu ermöglichen kann helfen, Abtreibung und Infantizid zu vermeiden. Außerdem muss die Wurzel des Übels – der Wunsch nach einem männlichen Nachkommen – ausradiert werden und eine positive und realistische Einstellung zu Töchtern erfolgen[18].

Geschlechtsverstümmelung. Lange Zeit blieben derartige Praktiken der westlichen Öffentlichkeit verborgen. Auch die Einmischung von Frauen anderer Kulturkreise war nicht erwünscht. In den letzten Dekaden hat man diesem Phänomen jedoch vermehrt Beachtung geschenkt. Zwei Gründe sind hier zu nennen. Erstens, viele einheimische Frauen sind nicht länger bereit, diese Praktiken über sich ergehen zu lassen. Lokale Komitees und organisierte Aktionsgruppen tun ihr übriges – auch in den Regionen, in denen der Eingriff bereits durch Gesetze verboten ist[19]. Zweitens müssen sich immer mehr westliche Ärzte mit der Problematik befassen, da der Anteil beschnittener Einwanderinnen aus Somalia und Äthiopien sprunghaft gestiegen ist. Der Umgang mit dem Phänomen variiert jedoch von Land zu Land. In Schweden (1982), der Schweiz (1983) und in Großbritannien (1985) wird Genitalverstümmelung als Kindesmissbrauch geahndet und durch entsprechende Gesetze verboten. In Frankreich macht der Artikel 312 jegliche Art von Gewalteinwirkung auf Kinder strafbar. Mütter, die ihre Töchter diesem operativen Eingriff aussetzen, müssen mit einer Gefängnisstrafe rechnen. Die Falasha, eine Minderheitengemeinschaft äthiopischer Juden, haben seit jeher Kinder beiderlei Geschlechts acht Tage nach der Geburt beschnitten. Den in Israel lebenden Falasha ist dieser Brauch jedoch durch die israelische Gesetzgebung verwehrt. Anderen Regierungen mangelt es offenbar an der nötigen Entschlossenheit. In den Niederlanden werden die medizinischen, rechtlichen und ethischen Aspekte der weiblichen Beschneidung nur zögerlich diskutiert, da man sich nicht dem Vorwurf imperialistischen Gebarens aussetzen möchte. 1993 ließ der Justizminister jedoch verlautbaren, dass die Beschneidung in den Niederlanden zukünftig als Körperverletzung geahndet werden würde. Dennoch kann zu Beginn des neuen Jahrtausends konstatiert werden, das entsprechende Zeremonien weiterhin heimlich stattfinden und es keine stringenten Gegenmaßnahmen gibt – auch wenn sich niederländische Gynäkologen nicht länger bereit erklären, eine Frau nach der Niederkunft wieder zu verschließen.

Nach einigem Zögern[20] ist das Thema schließlich auf die Agenda der Weltfrauenkonferenz gerückt. Die WHO, die UN und das europäische Parlament verurteilen die Geschlechtsverstümmelung. Während der Pekinger Tagung des NGO-Forums (1995) forderten die Delegierten aus den Ländern, in denen die Beschneidung praktiziert wird, dass sich auch nichtbeteiligte Nationen der Kampagne anschließen sollten[21]. Die Pekinger Abschlussdiskussion "The Platform of Action" nahm darauf direkt Bezug: *„no consideration of customary practices or cultural prejudices, can be alleged to abstract anyone from the obligation to eliminate sexual mutilations"*. Einige westliche Soziologen, Kulturanthropologen und Feministinnen warnen jedoch vor einer Einmischung. In ihren Augen handelt es sich bei der weiblichen Beschneidung um einen Initiationsritus[22], der seine Wurzeln in der Kultur und Tradition einer Ethnie hat und als solcher zu respektieren ist.

Der risikoreiche Eingriff ist jedoch nur schwer auszurotten. Im kleinen Königreich Gan (Burkina Faso), wo z.B. die Beschneidung der 10-15jährigen Mädchen verboten wurde, wird der Eingriff nun an den noch jüngeren Mädchen durchgeführt (Jansen, pers. Mitteilung). Und im Sudan verstärkt sich sogar die Tendenz zur Re-Infibulation. In ihr wird eine Möglichkeit der sozialen und ethnischen Identifikation und Integration gesehen (Bartels 1993[23]). Infolge der kämpferischen Auseinandersetzungen auf dem afrikanischen Kontinent entschlossen sich sogar viele Frauen und Mädchen für eine Beschneidung, um in ihrem neuen Zufluchtsland als vollwertig anerkannt zu werden.

Nur durch Aufklärung und Gleichberechtigung der Frau kann ein Langzeiteffekt erreicht werden. Seit den frühen 80er Jahren haben lokale, nichtregierungsgebundene Organisationen, sogenannte NGO's, in Ländern wie Mali,

Äthiopien oder dem Sudan versucht, mittels Aufklärung, Gründung von Gesundheitszentren und Hebammenausbildung gegen diese Praxis vorzugehen. Sie sind bewusst nicht bestrebt, den Eingriff sofort auszurotten, sondern wollen vielmehr durch Sensibilisierung und kritische Auseinandersetzung Anhänger gewinnen. Auch die Einführung alternativer Strategien wie z.B. in der tansanischen Kilimandscharo-Region (Femke Verduin, unpubliziert) dient diesem Konzept. Derartige Interventionsprogramme schließen Aufklärung über Gesundheitsvorsorge und Rechtsbeistand ein. Um jedoch eine Chance zu haben, müssen diese Maßnahmen mit den regionalen Traditionen konform gehen. Einer der vielversprechendsten Ansätze ist ein Programm in Kenia („*Circumcision through words*"), das als alternativer Ritus praktiziert wird (Chelala 1998). Nach einer Woche Vorbereitung und Unterweisung feiern die jungen Mädchen den Tag ihrer Frauwerdung mit den Mitgliedern ihrer Gemeinde, darunter auch Männern, mit Tanz und Gesang. In letzter Zeit mehren sich auch die Anfragen seitens der Kommunen[24]. Das Internet wird ebenfalls mehr und mehr dafür eingesetzt, die westlichen Nationen zu mobilisieren[25]. Eine internationale Lobby hat im Januar 2002 in Adis Abeba durch ihre Präsidentin Berhane Ras-Work verlautbaren lassen, "*In Europe and the United States, the eradication of FGM is more and more accepted as a responsibility of the international community*". Diese auch im Internet abrufbare Ansprache macht die Geschlechtsverstümmelung für steigende Zahlen von HIV/Aids-Erkrankungen verantwortlich, wobei klar wird, dass nicht nur die Frauen einiger weniger Regionen einer Gefahr ausgesetzt sind, sondern die Bewohner der ganzen westlichen Welt.

Alter bei der Heirat – frühe Schwangerschaft. Der in Peking verabschiedete Aktionsplan über die Menschrechte der Frau beinhaltet auch das Recht über die Kontrolle der eigenen Sexualität. Gesetze müssen sicherstellen, dass die Ehe von beiden Partnern freiwillig eingegangen wird. Außerdem sollte das Mindestalter für eine Eheschließung reguliert und gegebenenfalls nach oben korrigiert werden. Aufklärungskampagnen über Verhütungsmöglichkeiten sollen Teenagerschwangerschaften und die Weitergabe von Geschlechtskrankheiten eindämmen helfen. Die Vorhergehensweise solcher Kampagnen variiert jedoch regional und international. Zwischen den skandinavischen bzw. holländischen Praktiken bestehen z.B. große Unterschiede gegenüber den Vereinigten Staaten. In verschiedenen Bundesstaaten der USA wird Sexualunterricht aus religiösen Motiven verboten. Aus diesem Grund haben sich vielerorts Selbsthilfegruppen Gleichaltriger gebildet, die sich mit Fragen der Sexualität auseinandersetzen.

Armut. Um der geschlechtsabhängigen Armut zu begegnen, müssen traditionelle Arbeits- und Verteilungsmodelle durch gleichberechtigte Partnerschaften und egalitäre Berufschancen ersetzt werden. Mit dem Wegfall der wirtschaftlichen Abhängigkeit könnten sich sowohl der soziale Status als auch der Zugang zu Machtstrukturen verbessern. Dies wird langfristig dazu beitragen, der Armut und Gewalt zu entfliehen. Eine Frau kann nun einer Beziehung, die durch Gewalt geprägt ist, entkommen.

Frauen sind damit auch in der Lage, an Entscheidungsprozessen aktiv teilzunehmen und Diskriminierung zu begegnen. Gleichzeitig erhöht sich ihre wirtschaftliche Produktivität. Damit verbunden sind der Lebensstandard ihrer Familie, was sich in einer besseren Ernährung und einer geringeren Morbidität und Mortalität ihrer Kinder, vor allem aber ihrer Töchter, niederschlagen wird.

Arbeitsmarkt. Der alljährliche Unicef-Bericht 'The State of the World's Children" deckt Kinderarbeit auf und versucht Lösungswege aufzuzeigen. Das Mindestalter in dem ein Kind dem Arbeitsmarkt beitreten darf, kann so reguliert werden. Dies beinhaltet auch Gesetze über Hygiene-, Sicherheits- und Gesundheitsbestimmungen. Dennoch ist es schwierig, die bezahlte oder unbezahlte Kinderarbeit einzudämmen, da sie oftmals einen integralen Bestandteil der Überlebenschancen einer ganzen Familie darstellt. Mit steigendem Bewusstsein häufen sich auch in den westlichen Nationen Bestrebungen, Produkte, die durch Kinderarbeit entstanden sind, zu boykottieren. Die Tendenz heranwachsende Mädchen als Haushaltshilfen auszunutzen, ist hingegen steigend und offenbar nicht einzudämmen. An die Mädchen, die auf der Straße leben, ist nur schwer heranzukommen. Aber internationale Institutionen wie das „Forum für Straßenkinder" und „Save the children" sind von einigem Erfolg gekrönt. So z.B. in Adis Abeba, wo in organisierten Zusammenkünften über Gesundheitsfragen diskutiert wird und Kondome ausgegeben werden. Die Mädchen werden zudem darin unterstützt, für Gesundheits- und Sicherheitsbelange Interessengemeinschaften zu gründen.

Frauen- und Mädchenhandel. Auch wenn der Frauenhandel als grobe Menschenrechtsverletzung international geahndet wird, haben die Opfer in der Regel nur wenige Rechte. Schutzmaßnahmen gibt es keine, ebenso kein Anrecht auf eine Rückführung in die Heimat. Auch die Unterstützung durch Ärzte oder Dolmetscher bleibt ihnen in den meisten Fällen versagt. In vielen Ländern ist es entsprechend schwer, Schutz von der Polizei oder Rechtsvertretern einzuholen. Eigens dafür geschaffene Kooperativen und Aktionsgruppen haben ihre Kampagnen weltweit ausgeweitet und somit zu einen Minimalstandard an Hilfeleistungen geführt. Dies kommt den Opfern von Frauenhandel, Zwangsarbeit und sklavereiartigen Praktiken zugute. Politische Parteien müssen darüber hinaus ermutigt werden, sich für die Opfer juristisch einzusetzen und Gesetze zu erlassen, die Kinder vor sexuellem Missbrauch[26] und Kinderpornographie schützen.

Gewalt. In den letzten drei Dekaden haben sich Frauenvereine überall auf der Welt stark gemacht, um mit den nicht-regierungsgebundenen Organisationen (NGO's) Gewalt gegen Frauen und Mädchen zu bekämpfen. Wenngleich sich viele Länder an der Diskussion beteiligen, lassen sich daraus noch keine Rechtsansprüche ableiten. Mädchen müssen aber sowohl innerhalb der Familie als auch der Gesellschaft vor physischer und mentaler Gewalt sowie sexuellem Missbrauch geschützt werden. Vergewaltigung, sexuelle Belästigung, erzwungene Schwangerschaft und Ausnutzung junger Mädchen müssen gerichtlich verfolgt und moralisch verdammt werden, sowohl auf nationaler als auch auf internationaler Ebene. Die UNO hat bereits einen wichtigen Schritt in diese Richtung getan, in dem sie einen Beauftragten abgestellt hat, der Gewalt gegen Frauen und Mädchen ahndet. Vergewaltigung in Kriegszeiten wird nun als eine Menschenrechtsverletzung verurteilt.

Menschenrechte. Die Erklärung der Menschenrechte hatte 1948 keine Sonderrechte für Frauen vorgesehen. Im nachhinein wurde allerdings eine UN-Konvention verabschiedet, die sich ausschließlich weiblicher Diskriminierung annimmt. Formal gesehen sind die Rechte von Mädchen und Frauen nun ein untrennbarer und integraler Bestandteil aller Menschenrechte.

Am 6. Oktober 1999 hat die Generalversammlung der Vereinten Nationen das Fakultativprotokoll über ein Individualbeschwerdeverfahren zur Beseitigung jeglicher Form von Diskriminierung der Frau (SR 0.108) angenommen. Es sieht zum einen ein Individualbeschwerdeverfahren vor, mit dem einzelne Frauen oder Frauengruppen vor dem UNO-Ausschuss die Beseitigung von Benachteiligung sowie Verletzungen ihrer Rechte geltend machen können. Zum anderen beinhaltet es ein Untersuchungsverfahren, das es dem UNO-Ausschuss ermöglicht, bei schwerwiegenden oder systematischen Verletzungen der Frauenrechte Ermittlungen aufzunehmen.

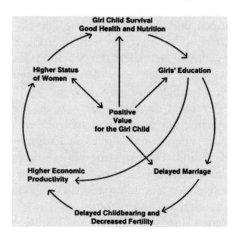

Abb.4: Die gewinnbringende Investition in das Mädchen. (Aus: Meena, Chatterjee & Veena Kapoor. The Girl Child. An Investment in the Future. Unicef Program Division 1991).

Bildung. Es besteht Konsens darüber, dass die Abschaffung des Analphabetentums ein erster und wichtiger Schritt dahin ist, Gleichberechtigung und Entwicklungschancen von Mädchen zu stimulieren. Die obige Abbildung zeigt, dass die Investition in Mädchen von Erfolg gekrönt ist. Der Zugang zu qualitativ hochwertiger Bildung führt zu einer Erhöhung des Heiratsalters, einer altersmäßig nach hinten verschobenen Mutterschaft sowie geringeren Reproduktionsraten. Gebildete Frauen haben nicht nur weniger Kinder, sondern auch gesündere. Dies mag daran liegen, dass viele Bildungsprogramme Informationen über Nahrungsmittelhygiene oder Wasserreinheit vermitteln. Gebildete Mädchen, die Eigenverantwortlichkeit gelernt haben, werden effektiv an einer Demokratie teilhaben können, ihre eigene Gesundheit und die ihrer Familienangehörigen schützen und sich in schnell entwickelnde Wirtschaftrends einbringen können und sogar von diesem Wandel profitieren.

Entscheidungsfindung. Ungleichbehandlung sollte aus allen Entscheidungsprozessen verbannt werden. Kinder und Heranwachsende sind jedoch nur selten im Blickfeld politischer Entscheidungsträger. Es wäre wünschenswert, dass insbesondere der Situation von Mädchen und jungen Frauen mehr Beachtung geschenkt wird. Es sollten mehr Initiativen ergriffen werden, die Mädchen aktiv auf ihre Rolle in der Gesellschaft vorbereiten und es ihnen ermöglichen, effektiv und gleichberechtigt mit den Jungen auf sozialer, wirtschaftlicher, politischer und kultureller Ebene zu konkurrieren. So könnten sich Mädchen darauf vorbereiten, zukünftig an den Machtstrukturen und Verantwortungssphären gleichberechtigt teilzuhaben, sowohl auf öffentlichem als auch privatem Sektor.

Auseinandersetzung auf internationaler Ebene. Die Zielsetzung, das Wohlergehen von Mädchen weltweit zu fördern, erfordert politische Kampagnen auf höchster Ebene. Die „Platform of Action", die aus der vierten Weltfrauenkonferenz (Peking 1995) hervorging und von der UNO ratifiziert wurde, setzt sich ausführlich mit den schwierigen Lebensumständen von Mädchen und Frauen auseinander. Gleichzeitig wurden detaillierte Strategien, Ziele, Empfehlungen und Aktionspläne, die der Ungleichbehandlung von Mädchen Einhalt gebieten sollen und zu Verbesserungen führen können, aufgeführt. Ein ganzes Kapitel widmete sich allein der Situation des „girl child". Das gesamte Dokument ist damit immer noch einer der wichtigsten Meilensteine, der zu einer Besserung der Lebensverhältnisse von Mädchen und Frauen führen könnte. Außerdem müssen Regierungen dazugebracht werden, die Resolutionen solcher Weltkongresse durchzusetzen. Aber auch aus dem Volk entstandene Bewegungen und Bürgerinitiativen spielt eine enorme Rolle, da Empfehlungen nutzlos bleiben, wenn sie nicht umsetzbar sind. Das ist insbesondere dann von Bedeutung, wenn sich Regierungen nicht im Stande sehen, Gesetze gegen den Frauenhandel zu ratifizieren. Mehr noch, Konferenzen auf internationaler Ebene sind nicht gleichbedeutend mit internationalem Konsens. Die Ergebnisse und Interpretationen der verabschiedeten Beschlüsse können durchaus kontrovers diskutiert werden. Gerade die Weltkonferenz gegen Rassismus, Rassendiskriminierung, Xenophobie und Intoleranz (abgehalten in Durham 2001) ist ein gutes Beispiel dafür.

Wir leben in einer Welt in der die Weltordnung immer wieder neu herausgefordert wird. Wandel ist allerdings nicht immer gleichbedeutend mit Verbesserung. Die letzten Jahrzehnte des vergangenen Jahrhunderts gehören der Blütezeit der Menschenrechtsbewegung an. Im Gegensatz dazu scheint das neue Jahrtausend mehr auf Sicherheitsfragen und den Kampf gegen den Terrorismus eingestellt zu sein. Der wachsende religiöse Fundamentalismus hat Mädchen und Frauen besonders getroffen und dazu beigetragen, ihre Situation vielerorts zu verschlechtern.

Wissenschaftler. Wissenschaftler haben ihren eigenen Verantwortungsbereich. Im gerade angebrochenen Jahrhundert sollten Wissenschaftler gender-bezogene Fragestellungen und Lehrangebote eindeutiger und offensichtlicher in ihre Forschung integrieren. Soziokulturelle Forschungsschwerpunkte sollten dabei vor allem auf die Situation von Mädchen eingehen. Anthropologen und Auxologen könnten sich einbringen, in dem sie mit ihren Forschungsresultaten dazu beitragen, die negativen Lebensumstände von Mädchen und deren Auswirkung auf Wachstum und Entwicklung hervorzuheben. Mit quantitativen Daten kann man vielleicht die politischen Entscheidungsträger schneller überzeugen und eine Besserung der Lebensumstände würde den Mädchen zugute kommen.

Abschlussbemerkungen

In den obigen Ausführungen sind Mädchen immer als Opfer dargestellt worden. Sobald die Rechte von jungen Frauen mehr und mehr an Anerkennung gewonnen haben, wird man sich zukünftig auch positiveren Gesichtspunkten widmen können. Mädchen und Frauen werden dann nicht nur als erwünschte Mitglieder unserer Gesellschaft gelten, sondern auch als Leistungsträger. Diejenigen die sich darüber bewusst sind, dass die Zukunft von jungen Frauen auf dem Spiel steht, wenn ihnen nicht bald die gleichen Rechte, die gleiche Fürsorge und gleiche Bildungschancen zugebilligt werden, sind sich auch darüber im klaren, dass dies ein Unterfangen ist, das von allen getragen werden muss – auch von den Männern. Der Zugewinn für die Mädchen und jungen Frauen soll allerdings beileibe nicht auf Kosten des anderen Geschlechts erfolgen, sondern lediglich das Wirtschaftswachstum und die Entwicklungsgeschwindigkeit des Gemeinwesens forcieren. Verbesserungen fallen jedoch nicht vom Himmel, sie brauchen Zeit. Dennoch muss man optimistisch und motiviert an die Sache herangehen und möglicherweise sogar etwas egoistisch. Bessere Lebenschancen für Mädchen sind gleichbedeutend mit besseren Lebenschancen für alle. Mädchen muss daher zwingend das Recht auf Leben und Menschenwürde zugebilligt werden. Dies bietet Chancen, ihr Potential voll auszuschöpfen und wird die menschliche Entwicklung für zukünftige Generationen qualitativ beeinflussen. Denn wie eingangs erwähnt: das Mädchen von Heute, ist die Frau von Morgen. Und wenn dieser Frau das Recht zugebilligt wird, dem Mann eine gleichberechtigte Partnerin zu sein – in Zeiten des sozialen Wandels und der Entscheidungsfindung – werden mehr und mehr Mädchen ein gesundes Leben führen können. Das bereits eingeführte Zitat von der Weltfrauenkonferenz bringt dies zum Ausdruck: „*Investing in the Girl Child is an investment in the future.*"

Literatur

Es ist nicht möglich, eine komplette Liste der benutzten Literatur zu bieten. Unter anderem finden sich wichtige Dokumente bei der WHO, der UNO und den Non-Governmental Organisations (NGO) zum Thema Mädchen und Gender. Eine Vielzahl dieser Publikationen ist jedoch unveröffentlicht. Die folgende Literaturliste dient deshalb nur der Illustration und Einführung.

Adebajo CO (1992) Female circumcision and other dangerous practices to women's health. In: Nakateregga Kisekka M (Hg) Women's Health Issues in Nigeria. Tamaza Publishing Company Limited.
Althaus FA (1997) Female circumcision: Rites of passage or violation of rights? International Family Planning Perspectives 23(3):130-133.
Bartels E (1993) Vrouwenbesnijdenis als markeringsritueel. Antropologische Verkenningen 12(1) Coutinho:1-19.
Blaffer Hrdy S (1999) Mother Nature. Natural selection and the female of the species. Chatto & Windus. London.
Chelala C (1998) An alternative way to stop female genital mutilation. The Lancet, July 11: 352-126.
de Meer K & Heymans HSA (1993) Child mortality and nutritional status of siblings. Lancet 342:313.
Grimal P (1989) (Hg) Larousse World Mythology. Hamlyn, London
The Girl Child. An investment in the future. Unicef Programme Division (1991) Unicef, New York.
Girls and Women: a Unicef development priority (1994) Unicef, New York.
Hausfater G & Hrdy SB (1984) (Hg) Infanticide: Comparative and evolutionary perspectives. New York: Aldine de Gruyter.
Husain S (1997) The Goddess. Duncan Baird Publishers, London.
Keuls EC (1985) The Reign of the phallus. Sexual politics in ancient Athens. Harper & Row, New York.
Moore KA, Myers DE, Morrison DR, Nord CW, Brown B, Edmonston B (1993) Age at first childbirth and later poverty. Journal of Research on Adolescence 3:393-422.
Naaktgeboren C (1988) Het aangenomen kind. Ank-Hermes, Deventer.
Platform of Action. Fourth Conference on Women, 4-15 September 1995. United Nations, New York.
Pomeroy SB (1975) Goddesses, Whores, Wives, & Slaves. Women in Classical Antiquity. PIMLICO, Random House, London.
Reyners MMJ (1992) Circumcision, a threat for women's health. Collegium Antropologicum (Zagreb) 16(1):145-150.
Roede MJ (1992) Women and anthropology. Implications of gender for health. An introduction to the theme. Collegium Antropologicum (Zagreb) 16(1):31-43.
Santrock JW (1998) Adolescence. McGraw-Hill, Boston.
Schiefenhövel G & Schiefenhövel W (1978) Eipo, Irian Jaja. Vorgänge bei der Geburt eines Mädchens und Änderung der Infantizidabsicht. Homo 29:121-138. [Filme: Humanethologisches Filmarchiv, Encyclopaedia cinematografica.
Verduin F (unpublished) Female genital circumcision in Tanzania. Report on a survey and an intervention proposal 1999.

1   Die Hälfte der Weltbevölkerung ist jünger als 25 Jahre und mehr als 85% der Weltjugend lebt in den Entwicklungsländern.
2   Der Pharao hatte angeordnet, jeden neugeborenen hebräischen Knaben zu töten. Moses jedoch wurde gerettet. Als erwachsener Mann erwirkte er schließlich die Erlaubnis des Pharao, die Israeliten aus Ägypten zu führen, jedoch erst nachdem die 10. Plage, die Tötung der Erstgeburt, das Land heimsuchte.
3   Falls das Mädchen doch am Leben gelassen wurde, wurde sie den Elementen ausgesetzt. Das Findelkind hatte Sklavenstatus und wurde oftmals in späteren Jahren zur Prostituierten (vgl. Keuls 1985:146)
4   Tabelle 1.6 in: Publication Division, Ministry of Information and Broadcasting, Government of India 1994 (ISBN 81-230-0200-9). Dank gebührt Prof. Sushil Bhardwaj für den Hinweis.
5   Der Begriff „Mutilation" erweckt den Eindruck, als wollte man den Mädchen absichtlich Schmerzen zufügen, wobei jedoch klar ist, dass dies keineswegs Hintergrund dieses Handeln ist. Aus diesem Grund wird der Terminus „Beschneidung" von einigen Forschern bevorzugt, obwohl er nur wenig Gebrauch findet (Verduin).
6   Den Schmerz der Beschneidung zu ertragen, bereitet das Mädchen auf zukünftige Schmerzen vor – z.B. durch die Geburt oder den misshandelnden Ehemann (Verduin).
7   Die Vorsilbe "sunna" bedeutet "in der Tradition des Propheten". Mohammed, der viele Traditionen, die sich gegen Frauen richteten abmilderte, riet zu Lebzeiten an, die Operation weniger drastisch durchzuführen (Roede 1992).
8   Auch als "pharaonische Beschneidung" bezeichnet – so z.B. im Sudan. In Ägypten hingegen unter dem Begriff „sudanesische Beschneidung" bekannt.
9   Vor nicht allzu langer Zeit wurde die Klitorektomie auch in einigen puritanischen Gesellschaftsschichten in den USA propagiert, um der Masturbation Einhalt zu gebieten [vgl. H Strauss (1957) Circumcision in the female. Davis` Gynaecology and Obstetrics 2(17): 131-133].
10 Die Niederländerin Femke Verduin, aufgewachsen in Tansania, leitet mit Rachel Mangongi ein Interventionsprogramm in der Kilimandscharo-Region.
11 Nachwort zu Marianne Bâ (1986) Ean lange brief. In de Knipscheer, Haarlem.
12 Der Geschichte nach soll der Pharao einen kleinen Penis gehabt haben und hatte die Infibulation angeordnet, da ihm dies mehr Befriedigung beim Geschlechtsverkehr verschaffen würde (Naaktgeboren 1988).
13 Im biblischen Text Exodus wird von zwei Hebammen berichtet, die bei den jüdischen Frauen immer erst nach der Niederkunft eintrafen, da diese eine so schnelle Geburt hatten. Dies wird dahingehend interpretiert, dass jüdische Frauen – im Gegensatz zu den ägyptischen Frauen – nicht beschnitten waren.
14 Neben Nawal El Saadawi haben auch Amam (wiedergegeben durch Virginia Lee Barnes und Janice Boddy), Marianne Bâ und Waris Dirie bewegende und freimütige Bücher über die weibliche Beschneidung verfasst. Zu den bekanntesten Aktivistinnen gehören Fran Frosken (USA), Raqiya Abdallah (Somalia), Asma El Dareer (Sudan), Efua Dorkenoo (Ghana) und Berhane Ras Work (Äthiopien). Es sollte nicht unerwähnt bleiben, dass eine der ersten Schriften, die die Beschneidung als ein Instrument zur Unterdrückung der Frau anprangerten, aus der Feder eines Mannes stammte: Youssef el Masry in seinem Buch „Le Drame sexuel de la femme dans l'Orient arabe", erschienen 1962.

15 Im April 2002 berichtete die Weltbank, dass in Afrika, südlich der Sahara, die Armutsgrenze auf 345 Millionen Menschen im Jahre 2015 ansteigen wird. Dies ist vor allem in der hohen HIV-Infektionsrate begründet.
16 Quelle: Aktionsgruppe „Defence for Children", 2001 anlässlich der UN-Konferenz über sexuelle Ausbeutung von Kindern (Yokohama, Japan).
17 Direkte Fitness (Darwin)= die durch eigene Fortpflanzung erreichte Fitness
18 Ein indischer Gynäkologie-Professor, Mitglied der höchsten Kaste, stellt sich energisch gegen geschlechtsselektive Abtreibungspraktiken. Er selbst hat vier Töchter und ist stolz auf eine jede von ihnen. Derartige Vorbilder können sich als hilfreich erweisen, um einen Meinungswandel hervorzurufen.
19 Die Geschlechtsverstümmelung wurde 1947 im Sudan verboten, 1960 in Ägypten, 1983 in Burkina Faso und 1985 in Sierra Leone, Dschibuti und Guinea (nach C.A.M.S.E.). Trotzdem werden vor allem im Norden des Sudans noch 95% der Frauen beschnitten und sogar 92% infibuliert.
20 1976 sprach sich Nawal El Saadwi – anlässlich der Weltkonferenz über Frauen in Nairobi – energisch gegen eine Einmischung westlicher Außenstehender aus. Dem entsprechend wird die Thematik im Abschlussdokument nur in einer kurzen Textpassage angesprochen.
21 Dies steht in direktem Gegensatz zu diversen Schriftstellerinnen, die sich dafür einsetzen, dass die Beschneidung nur durch die einheimischen Frauen bekämpft werden kann..
22 Dies wird kontrovers diskutiert. Einige Publikationen sehen in der Beschneidung, mit Ausnahme der Massai, keinen spezifischen Übergangsritus (vgl. Bartels 1993, Verduin).
23 Die Kinin, heute im Sudan lebend, aber wohl ehemals aus dem Tschad stammend, sind gegen eine Beschneidung, da dies als ein Verstoß gegen die islamischen Gesetze gewertet wird. Aus diesem Grund werden sie von anderen Stämmen gemieden (El Dareer 1982:10, vgl. Bartels 1993).
24 Es gibt Zusammenschlüsse wie C.A.M.S.E (European Commission for abolition of Genital Mutilation), die sich seit über 10 Jahren mit Niederlassungen in Dakar, im Senegal, in Paris und Brüssel gegen die Geschlechtsverstümmelung einsetzen.
25 ngo_csw_ny@hotmail.com oder womenact@yahoogroups.com
26 In einigen Ländern werden derzeit Gesetze verabschiedet, die sich gegen diesen Tatbestand – auch im Ausland – richten.

Die Rechte des Kindes zwischen Vision und Wirklichkeit
12 Jahre UN-Kinderrechtskonvention

R. Schellhaas

Hunger, Lieblosigkeit, Kriege, Krankheiten, keine Schulbildung, Gewalt und Missbrauch, Tod und Elend, so erleben Millionen Kinder täglich ihre Welt. Dabei brauchen Kinder den besonderen Schutz ihrer Familien, ihrer Gesellschaften, sie brauchen Fürsorge, Schutz und Mitsprache. Die UN-Kinderrechtskonvention von 1989, auf die ich mich beziehe, gibt Orientierungsmarken für die Schaffung einer kinderfreundlichen Gesellschaft. Sie formuliert Standards, die alle Bereiche betreffen: die Gesellschaft genauso wie die Familie, die Rechtssprechung ebenso wie die Kinder- und Jugendpolitik.

Erstmals werden in einem völkerrechtlich verbindlichen Dokument politische Bürgerrechte und soziale Menschenrechte zusammengeführt, eben in der Kinderrechtskonvention von 1989. Die Konvention legt fest, dass auch Kindern bestimmte Grundfreiheiten wie Meinungsfreiheit, Versammlungsfreiheit und Anhörungsrechte zustehen. Gleichzeitig heißt es, dass Staat und Gesellschaft die soziale Grundversorgung von Kindern gewährleisten müssen. Der Konvention liegt ein historisch neuartiges Verständnis von Kindern und Kindheit zugrunde, Kinder werden als Persönlichkeiten respektiert, nicht als kleine Erwachsene.

UNICEF, das Kinderhilfswerk der Vereinten Nationen, setzt sich seit über 55 Jahren für das Überleben und die Entwicklung von Kindern auf der ganzen Erde ein. In rund 160 Ländern der Welt führt UNICEF Entwicklungsprogramme für Kinder und Frauen durch. Dabei geht es um die Verbesserung der Ernährung, die Versorgung mit sauberem Trinkwasser, Impfungen gegen die wichtigsten Kinderkrankheiten und um Bildungsprogramme.

Neben der Befriedigung dieser Grundbedürfnisse versucht UNICEF als Anwalt der Kinder ihre Rechte durchzusetzen in weltweiten Kampagnen wie *„Gegen Landminen"* und *„Stoppt Kleinwaffen"*. Die Arbeit von UNICEF beruht auf der Konvention über die Rechte des Kindes. Ziel ist: Kinderrechte als dauerhafte Prinzipien und als internationale Verhaltensnormen gegenüber Kindern zu verwirklichen. 191 Staaten sind der UN-Kinderrechtskonvention bisher beigetreten.

Die Kinderrechte standen im Mittelpunkt des Weltgipfels für Kinder 1990 und des Kopenhagener Weltsozialgipfels 1995 und der 2. Weltgipfel für Kinder hätte vom 17. – 20. Sept. 2001 in New York stattgefunden, wenn nicht die Terrorangriffe auf New York und Washington am 11. September uns alle in Entsetzen und Lähmung versetzt hätten. Zu diesem nun verschobenen Gipfel ein paar kritische Worte UNICEFs:

Trotz vieler positiver Ansätze in dem letzten Jahrzehnt, ist der Widerstand einzelner Länder, auch der USA, gegen die Konvention zu den Rechten des Kindes erheblich. Rücksichten werden genommen auf die eigene Waffenlobby und auf befreundete Rebellenbewegungen, die sich gegen ein verbindliches Abkommen sperren. 210.000 Unterschriften „Stoppt Kleinwaffen" konnten Außenminister Fischer im Juni 2000 von UNICEF Deutschland übergeben werden, die er mitnahm zur UN-Kleinwaffenkonferenz in New York.

117 Länder von 191 Unterzeichnern haben in den vergangenen 11 Jahren einen nationalen Aktionsplan für Kinder verabschiedet. Einige Länder haben die Kinderrechte sogar in ihre Verfassung aufgenommen. Andere haben den gesetzlichen Schutz von Kindern vor wirtschaftlicher und sexueller Ausbeutung verbessert.

Doch elementare Kinderrechte werden weiter verletzt

- Weltweit arbeiten schätzungsweise 250 Millionen Kinder zwischen fünf und 14 Jahren unter Bedingungen, die ihrer Entwicklung schaden. Verstehen Sie bitte diese Arbeit als fabrikmäßige Arbeit, die unter schwersten körperlichen und seelischen Bedingungen verläuft, also keine Aufbesserung des Taschengeldes wie bei uns in der Bundesrepublik. UN-Kinderrechtskonvention Artikel 32: *„Jedes Kind hat das Recht, vor wirtschaftlicher Ausbeutung geschützt zu werden"*
- Rund 130 Millionen Kinder gehen nicht zur Schule, zwei Drittel von ihnen sind Mädchen. UN-Kinderrechtskonvention Artikel 28: *„Jedes Kind hat ein Recht auf Bildung."*
- Über 11 Millionen Kinder sterben jedes Jahr vor ihrem fünften Geburtstag, die meisten von ihnen an vermeidbaren und leicht zu behandelbaren Krankheiten. UN-Kinderrechtskonvention Artikel 24: *„Jedes Kind hat ein Recht auf das erreichbare Höchstmaß an Gesundheit."*
- Mädchen haben in vielen Ländern bis heute schlechtere Lebensbedingungen als Jungen. Aufgrund der erhöhten Mädchensterblichkeit „fehlen" weltweit heute schon 100 Millionen Frauen. (vgl. dazu auch Roede, in diesem Band) UN-Kinderrechtskonvention Artikel 2: *„Kein Kind darf z.B. wegen seines Geschlechts benachteiligt werden."*
- Die 90er Jahre des letzten Jahrhunderts lenkten den Blick auf Menschenrechtsverletzungen an Kindern, die vorher tabuisiert wurden oder in ihrem Ausmaß nicht so bekannt waren. Das gilt für die sexuelle und wirtschaftliche Ausbeutung von Kindern. UN-Kinderrechtskonvention Artikel 34: *„Die Vertragsstaaten verpflichten sich, das Kind vor allen Formen des sexuellen Missbrauchs zu schützen"*
- Kinder im Krieg als Opfer der Bürgerkriege und als Kindersoldaten sind ein ebenso düsteres Kapitel der Verletzung von Kinderrechten und des Missbrauchs von Kindern. UN-Kinderrechtskonvention Artikel 38: *„Die Vertragsstaa-*

Die Rechte des Kindes zwischen Vision und Wirklichkeit

ten treffen alle durchführbaren Maßnahmen, um sicherzustellen, dass von einem bewaffneten Konflikt betroffene Kinder geschützt und betreut werden."

- Auch in den Industrieländern leiden Kinder unter Armut, Vernachlässigung, Missbrauch, Ausgrenzung und Gewalt. In der Bundesrepublik Deutschland werden jedes Jahr 150.000 Kinder so misshandelt, dass sie Verletzungen davontragen. UN-Kinderrechtskonvention Artikel 19: *„Schutz vor Gewaltanwendung/Misshandlung/Verwahrlosung"*

Fortschritte durch die Konventionen

Das sind erschreckende Fakten, ich stelle nun aber gegenüber, wie Länder ihre Gesetze der Konvention angepasst haben oder welche Fortschritte durch die Konvention erreicht werden konnten.

Strafgesetze gegen Kinderprostitution und Kinderpornografie
Nach der Stockholm-Konferenz haben zahlreiche Länder ihre Gesetze zum Schutz Minderjähriger vor kommerzieller sexueller Ausbeutung verschärft, 20 Staaten erließen exterritoriale Gesetze, wonach Täter nach Rückkehr in ihr Heimatland strafrechtlich verfolgt werden können, einige Länder haben das Schutzalter auf 18 Jahre erhöht. Die Praxis der Strafverfolgung gestaltet sich allerdings schwierig.

Verbot der Mädchenbeschneidung
Die Konvention hat dazu beigetragen, dass uralte Traditionen wie die Beschneidung von Mädchen als Verstoß gegen die Kinderrechte begriffen werden. Die Beschneidung ist in 28 Ländern Afrikas sowie in einigen Ländern Asiens und des mittleren Ostens verbreitet. In fünf afrikanischen Ländern ist die Praxis bereits verboten. (vgl. dazu auch Roede, in diesem Band)

Das Recht auf Bildung
In den meisten armen Ländern heißt das eine Grundschulbildung von 3 Jahren, haben zahlreiche Länder seit Inkrafttreten der Konvention umgesetzt. Die Einschulungsraten sind in den vergangenen Jahren von 80% auf 85 % gestiegen. Das heißt: Es gibt z.Z. 700 Millionen im Schulalter, davon gehen 120 Millionen Kinder nicht in die Schule, fast 60 % davon sind Mädchen. Positivbeispiele sind Bangladesch, Malawi, Uganda und Vietnam, Länder die trotz großer Armut hohe Einschulungsraten(zwischen 81 und 95 %) nachweisen können.

Die Kindersterblichkeit
Die Kindersterblichkeit ist in den vergangen 10 Jahren weiter zurückgegangen. 80% aller Kinder werden heute gegen die sechs gefährlichsten Infektionskrankheiten geimpft. Die Kinderlähmung steht vor der Ausrottung. Es gibt große Fortschritte bei der Bekämpfung von Jodmangel, heute benutzen 70% aller Haushalte in den Ent-

wicklungsländern jodiertes Salz, 1990 waren es weniger als 10%. Dadurch werden jährlich etwa 12 Mio. Kinder vor geistiger Behinderung bewahrt. Sauberes Trinkwasser gab es 1990 nur für 61% der Weltbevölkerung, heute sind es immerhin 80% aller Menschen, die Zugang zu sauberem Trinkwasser haben. Aids wirft alle Bemühungen zurück, die Sterblichkeitsraten von Kindern zu senken. Für die Bekämpfung von AIDS müssen ungeheure Energien und Geldsummen aufgebracht werden, die die Finanzkraft der Entwicklungsländer längst überfordern. Das gilt besonders im südlichen Afrika und in Südasien, wo die Kindersterblichkeit aufgrund von AIDS wieder steigt. Hauptursache der hohen Kindersterblichkeit sind in diesen Ländern auch Armut und Krieg.

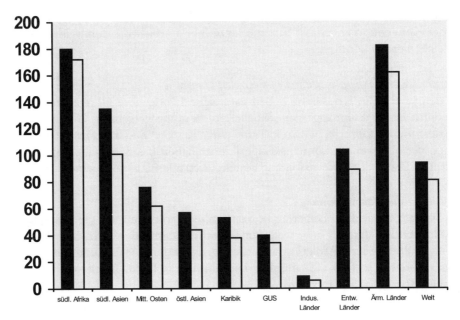

Abb. 1: Kindersterblichkeit bei Kindern unter 5 Jahren pro 1000 Geburten (schwarze Balken=1990; weiße Balken=2000). Quelle: Unicef-Nachrichten 3/2001

Abbildung 1 zeigt deutlich den Rückgang der Kindersterblichkeit bei Kindern unter 5 Jahren pro 1.000 Geburten. Das sind ermutigende Zahlen, hinter denen sich große Anstrengungen verbergen, die sowohl die einzelnen Länder mit ihren Regierungen als auch UNICEF leisteten. Jede finanzielle Hilfe auf diesem Gebiet ist eine Sicherung für die Zukunft, Kinder spielen eine Schlüsselrolle bei der Lösung weltweiter Probleme. Eltern, die auf ein gesundes Aufwachsen ihrer Kinder vertrauen können, sind bereit, weniger Kinder zu haben. Nur wer konkrete Zukunftsperspektiven für sich sieht, ist für den Frieden zu gewinnen.

Die Rechte des Kindes zwischen Vision und Wirklichkeit

Ein positives Beispiel zum Schluss

In Bangladesh vereinbarten UNICEF und die ILO (Internationale Arbeitsorganisation) 1995 mit dem Verband der Bekleidungshersteller und -exporteure, dass keine Kinder mehr unter 14 Jahren in den Textilfabriken beschäftigt werden dürfen. Die entlassenen Kinder wurden in Bildungsprogramme integriert und erhalten monatliche Stipendien. Die freiwerdenden Arbeitsplätze wurden mit älteren Familienangehörigen der Kinder besetzt. Rund 10.000 Kinder aus den Textilfabriken erhalten Unterricht in speziellen Schulen. Die Bekleidungsindustrie stellte für das Programm eine Mio. US Dollar zur Verfügung. Die Regierung hat angekündigt, die ausbeuterische Kinderarbeit bis 2005 vollständig zu beseitigen. Ein ähnliches Abkommen wie in Bangladesh schlossen UNICEF und die ILO mit der Industriekammer im pakistanischen Sialkot. Dort werden weltweit die meisten handgenähten Fußbälle produziert. Darüber hinaus haben sich einige führende Importunternehmen verpflichtet, Kinderarbeit bei ihren Zulieferern zu unterbinden, der amerikanische Jeans-Hersteller Levi Strauss & Co gilt als Pionier einer solchen sozialen Unternehmensethik. Das sind gute Beispiele, die auf dem schwierigen Weg der Umsetzung der Kinderrechtskonvention Mut und Hoffnung machen. UNICEF mit seinen tausenden von ehrenamtlichen und hauptamtlichen Helferinnen und Helfern in aller Welt ist auf diesem Weg an der Seite der Kinder.

Was bleibt zu tun für UNICEF und alle, die die Rechte von Kindern ernstnehmen?

Trotz Wirtschaftswachstum ist die Zahl der Menschen, die täglich weniger als 1 Dollar haben, in den 90er Jahren gestiegen um 100 Mio. auf 1,2 Mrd. Menschen. Die meisten Kinder sterben nicht durch Waffengewalt, sondern an den Folgen der Kriege:
- Zusammenbruch der Gesundheitsvorsorge
- kein Impfschutz
- Hunger
- verseuchtes Wasser

Bis heute sind ca. 4 Mio. Kinder unter 15 Jahren an AIDS gestorben, es gibt ca. 13 Mio. AIDS-waisen. Anfang der 80er Jahre hatten Entwicklungsländer 800 Mrd. Dollar Schulden, jetzt sind es über 2 Billionen Dollar. Zwei Drittel der Entwicklungsländer zahlen mehr Schuldendienst als für ihre eigenen sozialen Grunddienste. Im Angesicht dieser Zahlen und Erkenntnisse mögen wir alle die Kraft und den Mut haben, unsere Energien in das Leben und das Überleben der Kinder zu stellen.

Arbeiter am Müllberg: Konstruktionen von „Slum"-Kinderkultur. Eine ethnologische Perspektive.

U. Bieker

Kinderarbeit existiert in allen Ländern der Welt. Daher sind wir im allgemeinen recht gut darüber informiert, dass die Lebensbedingungen dieser Kinder vor allem durch Armut, Müll und Gewalt determiniert sind. Aus der Kinderrechtskonvention von 1989 gehen die Probleme dieser Kinder zudem recht eindeutig hervor: Schutz vor Ausbeutung, Misshandlung etc. ist eine berechtigte Forderung der unterzeichnenden Staaten (vgl. Schellhaas, in diesem Band). In vielen Fällen von Kinderarbeit kann sicherlich sogar von Sklaverei gesprochen werden. Wenn ich trotzdem einen Blick auf Straßenkinder und arbeitende Kinder werfen möchte, der nicht von vornherein diese Bedürftigkeit in den Vordergrund stellt, so deshalb, weil nur eine Anerkennung ihrer Autonomie, ihrer kulturellen Identität und ihrer Kompetenzen unter Beachtung der kulturellen und strukturellen Fremdheit zwischen ihnen und uns letztlich für die Kinder nicht noch eine zusätzliche Entwürdigung bedeuten. Eine solche sehe ich allerdings in reißerischen Berichten, wie sie in der Vergangenheit in den westlichen Ländern verbreitet wurden. Folgendes Zitat stammt aus einem Materialband für den Schulunterricht in deutschen Schulen aus dem Jahr 1979. Der Artikel trägt die Überschrift *"Unglaublich! 10 000 Kinder streunen in Bogotá herum!"*: *"Man nennt sie Gamines. Sie schlafen auf Treppen, Bänken und in Kartons. Sie liegen in Wartehallen rum, weil es dort ein bisschen wärmer ist. Sie decken sich mit Zeitungen zu, die manchmal aus Jux angezündet werden von Betrunkenen. (...) Zehntausend Gamines – die können nicht alle nur vom Schuheputzen und Zeitungsverkaufen leben! Die Gamines müssen betteln, stehlen und Prostitution treiben, um zu überleben. Sie wühlen Mülltonnen durch, um Essbares zu finden. (...) Viele gehen elend zu Grunde. Aber die Gamines wollen dieses jämmerliche Leben nicht aufgeben. Lieber so, als zurück in die Hölle des Barrio! Barrios – das sind die Slums von Bogotá. Sie kleben an den Berghängen der Landeshauptstadt wie stinkende Geschwüre. Mit jämmerlich zusammengeflickten Hütten aus Blech, Holz und Pappe. Hier gibt es keinen Strom, kein fließendes Wasser, keine Kanalisation. Dafür findet man überall Abfälle, Gestank und Ratten. Doch das ist nicht das Schlimmste – schlimmer noch ist dies: Armut, Hoffnungslosigkeit und Angst machen jeden kaputt, der im Barrio landet."*[1]

Mit diesem Szenario sollte wohl zum Vergleich mit der eigenen westdeutschen Situation angeregt werden. Sicherlich stand dahinter eine ehrliche Betroffenheit. Allerdings hat das dabei erzeugte Bild vom Leben der Kinder in Bogotá eine starke kulturpessimistische Färbung, denn das Hauptaugenmerk wird auf Wertelosigkeit, Tabubruch, Krankheit und Tod gelegt. Löst nicht die reißerische Sprache über die kolumbianischen Gamines die Assoziation aus, dass ein solches Leben kein menschliches sein kann? Können wir mit gutem Grund davon ausgehen, dass ein auf der Straße oder im Slum lebendes Kind allenfalls in einer "Kultur der Armut" lebt, dass es keinerlei kulturell determinierte Werte und Normen erlernt?[2]

Neuere Berichte über arbeitende Kinder sind in ihrem Stil der Zeit angepasst, eher nüchtern, sich mit eigenen Bewertungen zurückhaltend. Ich habe aber mit Absicht ein älteres Zitat gewählt, weil Worte wie "Müllkinder" oder "Straßenkinder", die ja immer noch von Hilfsorganisationen wie terre des hommes oder UNICEF benutzt werden, diese Assoziation immer noch transportieren.

Ich möchte noch eine weitere Beschreibung eines Kinderalltags anfügen. Diesmal handelt es sich um die Beschreibung einer Wissenschaftlerin, die sich mehrere Jahre bei den Ewe in Ghana und Togo aufhielt. Es ist also ihre Sicht der kindlichen Lebens- und Arbeitswelt, ihre Wahrnehmung davon, die sich hierin widerspiegelt. Sie bezieht sich dabei auf eine traditionelle Lebensweise der Ewe im ländlichen Raum im Bezirk Anfoega: *"Das Alter zwischen 6 und 10 Jahren ist geprägt von Erziehungsmaßnahmen, die ein Kind in die Arbeitswelt der Erwachsenen einführen sollen. (...) Es gehört zu den Aufgaben von Kindern, Brennholz für die Feuerstelle zu sammeln, den Hofplatz jeden Morgen zu fegen, beim Abwasch zu helfen, Kochtöpfe, in denen eine Mahlzeit brodelt, zu beobachten und Hunde davon fernzuhalten. (...) Bei der Hausarbeit müssen auch die Jungen helfen (...). Sie müssen Wasser holen; Feuer entzünden; dicke Holzstücke zerkleinern; die Eier der Hühner, die diese überall legen, suchen; Kokosnüsse spalten; Früchte von den Bäumen holen; Lasten tragen; Kinder beaufsichtigen. Was Jungen und Mädchen gleichermaßen lernen, ist, Hühner zu schlachten und zu zerlegen. Mit der Zeit lernen sie auch, alle Vorbereitungen für das Kochen zu treffen. Das Zerstampfen der verschiedenen Knollenfrüchte zu Fufu, einer wichtigen Speise der Ewe, ist in erster Linie Aufgabe von Jugendlichen über 12 Jahren und von jungen Frauen und Männern."*[3]

Kinderarbeit ist also nicht nur Teppichknüpfen, Straßenhandel, Müllverwertung, sondern auch Mithilfe im Haushalt oder auf dem Feld, Viehhüten, Geschwisterbetreuung, Nahrungszubereitung oder Handreichungen und Botengänge. Bei den Ewe ist es die Norm und ist gewünscht, dass Kinder je nach Alter bestimmte Arbeiten übernehmen und auch die Verantwortung dafür. Es wird als selbstverständlich angesehen, dass von dem Kind auch etwas verlangt werden kann. Durch eine positive Sichtweise der Arbeit des Kindes durch die Erwachsenen entsteht auch nach außen hin, d.h. für die Wissenschaftlerin, die durch teilnehmende Beobachtung das fremde Gesellschaftsgefüge zu verstehen versucht, ein positiver Eindruck: das Kind scheint eine Stärkung seiner Persönlichkeit durch Anerkennung seiner Arbeit zu erfahren. Innerhalb einer eher traditionell lebenden Gesellschaft erscheint das Kind nicht als besonders schutzbedürftig oder gefährdet, trotz zum Teil verantwortungsvoller oder ermüdender Aufgaben. Im Gegenteil: wir verstehen anhand der Schilderung über die *Ewe*, auf welche Weise die Kinder Selbständigkeit, Gruppenzugehörigkeit etc. erlernen.

Aber auch diese Kinder leben in Armut, haben nur geringe Bildungschancen und werden vielleicht, sobald sie älter sind, in die nächste Großstadt abwandern. Später werden vielleicht ihre Kinder zum Familienunterhalt beitragen müssen, indem sie Schuhe putzen oder Autos bewachen. Vielleicht werden sich die Eltern dann wundern, warum dies verwerflich sein soll. Eine Studie zur Migration von Kindern in die Städte Accra und Kumasi in den 90er Jahren ergab, dass ca. 81% der befragten Eltern die Entscheidung ihrer Kinder billigten oder für eine gute Entscheidung hielten.[4] Dieses stellt nun nicht nur einen Indikator für die Hoffnungslosigkeit der Eltern dar, sondern kann auch dazu anregen, die Kinderarbeiter der Städte einmal in Beziehung zu setzen zu denjenigen in den Dörfern, die ihren Eltern zur Hand gehen oder für das Wohlbefinden ihrer jüngeren Geschwister verantwortlich sind. Es lässt sich hieran überprüfen, ob wir uns um das Verständnis eines fremden Sozialisationsmodells gleichermaßen bemühen, wenn wir es in einem städtischen sog. "Slum" oder in einer ländlichen Gegend vorfinden.

Nicht nur Wissenschaftler, auch Straßenpädagogen und Mitarbeiter von Hilfsorganisationen stehen vor dem Problem, definieren zu müssen, was verbotene Kinderarbeit ist und was nicht. Die Internationale Arbeitsorganisation hat für den englischen Sprachgebrauch die Unterscheidung zwischen *"labour"* und *"work"* in die Diskussion eingeführt. Hiernach bezeichnet *"labour"* regulär bezahlte und für den Familienlebensunterhalt notwendige Tätigkeiten und *"work"* meint vor allem Mithilfe in Haushalt oder Familienbetrieb. Letztlich soll damit eine Unterscheidung zwischen guter, d.h. dem Kindeswohl dienender, und schlechter Kinderarbeit geschaffen werden. Aber wer entscheidet, was dem Kindeswohl dient und was nicht? In Lateinamerika arbeiten Kinder nicht ausschließlich, aber zumindest innerhalb städtischer Wohngebiete vor allem in der sogenannten informellen Ökonomie, d.h. sie verkaufen gesammelte, gestohlene oder selbst hergestellte oder gekaufte Dinge wie Süßigkeiten oder Gewinnlose, sie bieten auf der Straße Dienstleistungen wie Schuheputzen an oder sie machen Botengänge. Dabei arbeiten sie entweder allein, in Gruppen oder gemeinsam mit ihren Eltern oder anderen Verwandten. Zur informellen Ökonomie gehören auch Prostitution und Diebstahl. Arbeit im informellen Sektor hat in Lateinamerika generell allerdings einen Zusammenhang, den man berücksichtigen sollte, da er deutlich macht, dass die Unterschiede zwischen westlichen und lateinamerikanischen Ökonomien unbedingt berücksichtigt werden müssen. Hinter der Entscheidung von Land-Stadt-Migranten, im informellen Sektor tätig zu sein, ist u.a. auch ein Wille zur eigenen, kulturspezifischen Organisation von Arbeitsabläufen zu sehen.[5] In ihrer Studie zum Straßenhandel in der peruanischen Stadt Arequipa hat die Ethnologin Margot Kahleyss genau diesen Aspekt untersucht. Während ihres zweijährigen Forschungsaufenthaltes fragte sie nach der internen Organisation des Handels, der Selbstdarstellung der Händler und Händlerinnen, den Verbindungen zwischen ethnischer und sozialer Herkunft mit der ausgeübten Tätigkeit, nach den geschlechtsspezifischen Rollenverteilungen und nach Arbeitsmotivation und Entwicklungsmöglichkeiten. Die traditionelle Wirtschaftsweise vieler indianischer Migranten in Arequipa funktioniert nach dem Reziprozitätsprinzip. Dabei handelt es sich um eine Form des Handelns, die nicht an Gewinnstreben orientiert ist, sondern am gegenseitigem Nutzen. Reziproker Gabentausch findet zwischen Personen statt, die einem gemeinsamen sozialen Netzwerk angehören, d.h. z.B. verwandt sind sowie über denselben gesellschaftlichen Status verfügen. Reziprozität geht also über rein wirtschaftliche Zusammen- hänge hinaus.[6] Die Anpassung dieses Prinzips an das neue städtische Umfeld hat vor allem zwei Aspekte: Zum einen kann man sagen, dass die Arbeit im informellen Sektor ein selbstständiges Arbeiten ist. Viele Arbeiter haben deshalb das Ziel mit einer eigenen Werkstatt, einem eigenen Laden o.ä. eine legale Beschäftigung aufzubauen, mit der sie innerhalb des Staates keiner Repression ausgesetzt sind. Zum anderen erfüllen die sozialen Netzwerke, die z.B. durch die Nachreise von Verwandten entstehen, die Funktion einer Absicherung durch gegenseitige Hilfe. Kahleyss kommt zu dem Schluss, dass *"Je stärker die Bedeutung ethnisch-kultureller Hintergründe (und nicht die Ablösung von ihnen!), desto größer sind die Chancen zu erfolgreicher Integration im urbanen Kontext. Auch die Straßenhändler und -händlerinnen sind Handlungsträger und Akteure geschichtlicher Prozesse und tragen zur Gestaltung der peruanischen Gesellschaft bei."*[7]

Aus unserer Sicht birgt die Informalität Nachteile wie z.B. fehlende soziale Absicherung. Für solche Straßenkinder, die den Kontakt zu ihren Familien abgebrochen haben, keiner Jugendbande angehören und auch zu keinerlei pädagogischem Hilfsprojekt Kontakt haben, stellt dieser Aspekt auch tatsächlich ein Problem dar. Doch bilden gerade die Banden und Straßengangs eben diese sozialen Netzwerke für die Kinder und damit eine Form der Absicherung.

Eine Ethnologie der Kinderarbeit muss daher um so mehr den in der fremden Kultur geübten Umgang mit Arbeit und Spiel, Arbeitszeit und Freizeit beachten sowie den eigenen Arbeitsbegriff reflektieren, um nicht einfach eigene Modelle zu übertragen, sondern, neben einer Unterstützung der Schwächsten, die jeweiligen kulturellen Arbeitsspezifika zulassen.

In einem dritten Beispiel von Kinderarbeit möchte ich einen Schritt weiter gehen und zeigen, wie die Arbeit von Kindern als ein Faktor ihrer Autonomie innerhalb einer Gesellschaft gesehen werden kann. Die Ethnopsychoanalytikerin Florence Weiss hat von 1972 bis 1974 bei den Iatmul in Papua-Neuguinea eine Forschung zur Stellung des Kindes im ökonomischen System der Dorfgemeinschaft durchgeführt (vgl. dazu auch Egli, in diesem Band). Dazu hat sie sich mit Kindern verschiedenen Alters täglich zu einem Interview verabredet und die Kinder von ihrem Tagesablauf erzählen lassen. Das Beispiel, das ich hier anführen möchte ist eine Tagesschilderung eines damals 12jährigen Mädchens namens Tubwimoe. Tubwimoe hat am Morgen dieses Tages als erstes Feuerholz für die Familie geholt und gespalten. Danach fährt sie gemeinsam mit ihrer Mutter und anderen Frauen auf einen See hinaus, um dort Fische zu fangen. Da sie aber keine Fische finden können, kehrt sie wieder zum Ufer zurück und holt dort einen Sagobrocken, den ihre Mutter zuvor dort hinterlegt hatte (Sago gehört neben Fisch zu den wichtigsten Nahrungsmitteln der Iatmul).

"Tubwimoe: Nachdem wir den Sago [in den Kanus] verstaut haben und Mama noch einen Taro ausgegraben hat, paddeln wir [wieder] auf den See hinaus und jagen Fische; ich erlege mit dem Speer einen (...), nur einen; Mama fängt einige mit dem Haken. Dann paddeln wir, jeder in seinem Kanu, nach haus. Ich lege etwas früher an, und wie ich oben im Haus bin, kommt auch Mama.

Karu [- Tubwimoes ältere Schwester -] *bäckt Sagofladen. Ich nehme meinen und versorge ihn in meinem Vorratstäschchen. Dann sage ich: ‚Ich schaue mich im Dorf etwas um, vielleicht gehe ich [im Bach] spielen.' Darauf sagt Karu: ‚Was willst du jetzt weggehen!' und so bleibe ich zu Hause. Ich bin zu Hause, drehe Schnur und arbeite an deinem Fischnetz. Wie ich so arbeite, berichtet man, dass Touristen [am Sepik] angelegt haben, und dass sie Netztaschen kaufen wollen. Wir gehen [zum Fluss]. Als wir dort ankommen, sind die Touristen gar nicht da (...). Wir warten, und wie sich die Touristen nicht blicken lassen, haben wir genug und kehren ins Dorf zurück. (...) Als wir wieder zurück im Dorf und zu Hause sind, legen die Touristen [draußen am Sepikufer] an. (...) Ich bleibe zu Hause. Eine Schar kleiner Kinder geht aber hinaus, um sich die Touristen anzuschauen. Später, als sie ins Dorf zurückkommen, berichten sie: ‚Die Touristen übernachten [an der Anlegestelle], morgen erst werden sie Netztaschen kaufen!' Mit den Kindern, die ins Dorf zurückgekehrt sind, spielen wir das Tonscherbenspiel. (...) Wir spielen zusammen, und da ruft Mama: ‚Warum arbeitest du nicht am Fischnetz für Florence?' ‚Ja, ja, ich weiß schon!' antworte ich. Dann drehe ich Schnur und arbeite an deinem Fischnetz weiter. Ich arbeite recht lange, dann ... backe ich Sagofladen (...). Ich bin mit Backen fertig, nehme vom Blattgemüse, koche es und esse. (...)*

Florence: Für wen hast du Sagofladen gebacken?

Tubwimoe: Nur für mich. (...) Als ich den Fladen gebacken habe und eben vom Gemüse nehmen will, sagt Mama: ‚Du bist mit Florence verabredet.' ‚Ich gehe ja schon,' antworte ich; aber ich habe keine Lust zu gehen. Ich bleibe sitzen und überlege. ‚Na gut, ich gehe,' sage ich und mache mich auf den Weg. Ich nehme einen Maiskolben und einen Sagofladen und essend komme ich hierher. (...) Ich setze mich auf die Veranda dieses Hauses, und wir plaudern."[8]

Tubwimoe hat an diesem Tag viele verschiedene Arbeiten ausgeführt, davon einige selbständig, wie das Spalten von Feuerholz oder die Essenszubereitung, andere gemeinsam mit Erwachsenen, wie die Fischjagd. Die hier erwähnten Arbeiten Fischen mit dem Speer, Drehen von Schnur und Knüpfen von Fischnetzen gehören zu den typischen Arbeiten der Iatmul-Frauen, die das 12jährige Mädchen erst mühsam erlernen muss. Außerdem tätigte Tubwimoe Geschäfte mit Touristen und nicht zuletzt sind auch die Tagesschilderungen in das Mikrofon der Ethnologin als Arbeit anzusehen.

Erst 20 Jahre später, nämlich 1993, hat Florence Weiss aus ihrer Forschung über die Arbeit der *Iatmul*-Kinder die Schlüsse gezogen, die für die neuen Forschungsansätze der aus der britischen Sozialanthropologie hervorgegangenen 'Anthropology of children' so wichtig wurden. Grundlegend für diese neue ethnologische Forschungsrichtung war die Tagung *Children as social actors* in 1993. Für die deutschsprachige Ethnologie war ein im selben Jahr erschienener Sammelband richtungsweisend, in dem auch der Beitrag von Florence Weiss enthalten ist.[9] Weiss zeigte hierin nicht nur die strukturellen Schwierigkeiten der sozialwissenschaftlichen Forschung mit Kindern in fremden Kulturen auf, sondern vermittelte gleichzeitig die große Bedeutung der Arbeit für die Stellung der Kinder innerhalb ihrer Kultur. Mit dem Ausdruck 'Autonome Kindergruppen' bezeichnet Weiss die Kinder, die aufgrund ihrer erlernten Fähigkeiten und Kenntnisse eine gewisse wirtschaftliche, soziale und auch rituelle Autonomie erlangen. Freier Zugang zu Gewässern, Boden und Rohstoffen, frühe Beherrschung wichtiger Produktionsvorgänge, sowie eine Heterogenität der Gruppen in bezug auf Alter und Geschlecht ermöglichen den Kindern eine relative Autonomie gegenüber den Erwachsenen. Sie bilden in diesen Gruppen eigene Kulturmerkmale heraus, wie beispielsweise ein besonderes Ritual, das ausschließlich von ihnen durchgeführt wird und dem die Erwachsenen mit Anerkennung und Respekt gegenüber stehen.

In diesem Fall der *Iatmul*-Kinder in Papua-Neuguinea wird Arbeit also nicht nur als für die Sozialisation positiv angesehen (wie im obigen Beispiel von den Ewe), sondern hat ihren ganz eigenen Wert im Sinne einer Anerkennung und Förderung des spezifisch Kindlichen, des Anteils der Kinder an einer Kultur. Erst die Früchte ihrer Arbeit ermöglichen den Kindern in diesem Fall die Herausbildung ihrer autonomen Gruppen.

Die drei Beispiele, die ich im Vorangegangenen angeführt habe, verdeutlichen drei verschiedene Sichtweisen von Kinderarbeit:

- Die erste, dargestellt am Beispiel der *Gamines* in Bogotá, zeigt die in den westlichen Ländern übliche, lange Zeit von Hilfsorganisationen wie UNICEF oder terre des hommes eingenommene Perspektive; die Wahrnehmung der Armut und des Elends, die ich hier keinesfalls verharmlosen möchte, bestimmt die Wahrnehmung der Kinder überhaupt und auch die Haltung, die ihnen gegenüber eingenommen wird.
- Die zweite kann als Beispiel für eine in der Ethnologie lange Zeit vorherrschende Herangehensweise gelten; Kindheit wird als ein Vorstadium zur Welt der Erwachsenen betrachtet; von Interesse ist für diese Haltung im wesentlichen das, was aus dem Kind einen Erwachsenen werden lässt und somit für den Ethnologen ein Stück weit die fremde Kultur verständlicher macht.
- In der Forschung von Florence Weiss und den 'autonomen Kindergruppen' der Iatmul-Kinder kann ein Beispiel für eine Methode gesehen werden, die zum einen von der Sicht der Kinder auf ihre Kultur ausgeht und zum anderen voraussetzt, dass Kinder nicht nur als Objekte erwachsener Kindheitskonzepte sondern als soziale Akteure anzusehen sind und eine Art eigener 'Kinderkultur' entwickeln, von der Arbeit ein Teil sein kann.

Eben diese Auffassung von Kindern als Kulturschaffende bildet eine der Grundannahmen der oben erwähnten '*Anthropology of children*'. Für die ethnographische Arbeit impliziert dies, die Perspektive der Kinder auf ihren Alltag und ihre Kultur in den Mittelpunkt zu stellen im Gegensatz zur bis dahin vorherrschenden Erwachsenenzentriertheit in der Kindheitsforschung. Kindheit in fremden Kulturen kann als zweifaches Konstrukt verstanden werden: zuerst aufgrund des geschaffenen Kindheitsmodells, mit dem sich die Erwachsenen einer jeweiligen Kultur die Tatsache der biologischen Unreife erklären und zum zweiten durch das Schreiben darüber.[10]

Einige Anforderungen, die eine Ethnologie der „Slum"-Kinderkultur erfüllen

müsste, sind nach meiner Auffassung folgende:
- Verallgemeinerungen sind unzulässig. Kinderarbeit in Lateinamerika ist in anderen Zusammenhängen zu sehen als in Afrika. Auch in Nordamerika und Europa gibt es Kinder, die auf der Straße leben und arbeiten. Ihre sozialen, ökonomischen und politischen Bedingungen sind völlig andere.
- Die Sicht der Kinder muss im Mittelpunkt des Interesses stehen und Ausgangspunkt aller weiteren Analysen sein. Kinder sind als Gesprächspartner ernst zu nehmen. Ihre spezifischen Ausdrucks- und Verhaltensweisen sind als solche zu respektieren.
- Die in der fremden Kultur vorgefundenen Modelle von Kindheit müssen eine weitere Grundlage aller folgenden Aussagen sein. Für die Sicht des Kindes auf seine Welt dürfte es einen großen Unterschied machen, ob es sich einer bestimmten Altersklasse zugeordnet sieht und weiß, dass es die nächste Stufe nur nach Überstehen eines sogenannten Übergangsritus erreichen wird oder ob es erwachsen wird, ohne dass dem von seinem Umfeld besondere Beachtung geschenkt würde. Ebenso scheint mir für ein Kind wichtig zu sein, ob es nach seinem chronologischen Alter, d.h. nach Lebensjahren, eingeschätzt wird, oder ob für sein Älterwerden vielmehr sein soziales Alter entscheidend ist. Diese Unterschiede gilt es jeweils herauszuarbeiten.
- Das Leben in Armut ist für alle Menschen, nicht nur für Kinder, keine gute Lebensgrundlage. Sicherlich existiert eine Grenze des Hinnehmbaren jenseits der ein kulturrelativistischer Ansatz etwas menschenverachtendes bekommt. Ich möchte aber trotzdem dafür plädieren, die Wahrnehmung der Armut nicht das Gesamtbild der Kindheit dort dominieren zu lassen.

Es stellt sich hier noch einmal aus einem anderen Blickwinkel die Frage nach der Repräsentation der arbeitenden Kinder durch Veröffentlichungen in den westlichen Ländern. Auch wissenschaftliche Arbeiten konstruieren eine Wirklichkeit.

In diesem Zusammenhang sind auch einige erziehungswissenschaftliche Publikationen über die inzwischen weltweit verbreiteten Kinderbewegungen beachtenswert. Die erste dieser Bewegungen (*Movimiento de Adolescentes y Niños Trabajadores Hijos de Obreros Cristianos MANTHOC*) entstand 1976 in Peru auf gewerkschaftlichem und kirchlichem Hintergrund. Sie zeichnen sich dadurch aus, dass sie zum großen Teil von den Kindern selbst bzw. ehemaligen arbeitenden Kindern getragen werden. In den vergangenen Jahren wurden mehrere nationale und internationale Treffen arbeitender Kinder und Jugendlicher organisiert. Von diesen Treffen liegen jeweils Abschlusserklärungen vor, in denen die Kinder ihre Forderungen formulieren. So wendeten sie sich in der Abschlusserklärung des I. Welttreffens in Kundapur, Indien in 1996 z.B. gegen den Boykott von Waren, die von Kindern hergestellt wurden. Sie fordern bessere Arbeits- und Lebensbedingungen und wollen bei der Ausarbeitung von darauf zielenden Hilfsprogrammen mitwirken. Inhaltliche Differenzen zwischen den Standpunkten der Bewegungen und denen von Hilfsorganisationen bestehen z.B. hinsichtlich der

Festlegung eines Mindestalters für legale Kinderarbeit.[11] In der erziehungswissenschaftlichen Literatur über diese Kinderbewegungen bemüht man sich den Zielen der Bewegungen entsprechend um eine "kritische Wertschätzung" der Arbeit von Kindern, zum Beispiel indem man ihre Aussagen und Forderungen dokumentiert und veröffentlicht.[12] Aber sind Kinder, die sich organisieren, die mitdiskutieren und ihre Rechte formulieren tatsächlich etwas so Außergewöhnliches, wie es uns Europäern erscheint?

Diese Bewegungen der Kinder sind im größeren Zusammenhang der sozialen Bewegungen in Lateinamerika zu sehen.[13] In den 60er und 70er Jahren war eine generelle starke Entfaltung sozialer Emanzipationsbewegungen auszumachen. Es gab außerdem Zuwachs bei Gewerkschaften und Guerilla. Ziele der verschiedenen Bewegungen in den verschiedenen Ländern waren zum Beispiel Durchsetzung von Menschenrechten, Frauenrechten, Landrechten, es gab indigene Bewegungen, religiöse Bewegungen, Stadtteilbewegungen und Umweltbewegungen. Die Rechte von Kindern sind von all diesen anderen Rechten berührt.

Es ist eigentlich nichts Neues, dass Kinder sich gerade zu diesem Zeitpunkt (wenn auch mit Hilfe von Erwachsenen) zu organisieren begannen: Die Erwachsenen ihrer eigenen Gesellschaft waren ihnen ja Vorbilder. Wenn sich lateinamerikanische Straßenkinder in Banden zusammenschließen, um stärker zu sein, sich gegenseitig zu unterstützen und gegen Übergriffe zu schützen, ahmen sie zum einen das Vorbild der Erwachsenen nach. Zum anderen tun sie das, was sie in zahlreichen kulturellen Zusammenhängen schon immer taten, sie bilden Gleichaltrigengruppen, Altersgruppen, autonome Gruppen oder *Peer-Groups*, wie immer man es nennen will. Diese als elementar wichtig für das weitere Leben der Kinder anzusehen, ist nicht neu. Sie kommen allerdings bei Straßenkindern und arbeitenden Kindern in einem neuen Gewand daher, eben angepasst an die veränderten Verhältnisse.

Literatur

Beauchemin E (1999) Exodus. The Growing Migration of Children From Ghana's Rural Areas To the Urban Centres, Catholic Action for Street Children (CAS) & UNICEF.

Bendt V (1982) Kindheit in Ghana – ein reiches Land in Armut. In: Kelm A (Hrsg.) (1982) Kinderalltag in der Dritten Welt und bei uns. Hamburgisches Museum für Völkerkunde, Hamburg, pp 51 - 86.

Boris D (1998) Soziale Bewegungen in Lateinamerika. VSA, Hamburg.

James A & Prout A (Hrsg.) (1990) Constructing and Reconstructing Childhood: Contemporary Issues in the Study of Children. The Falmer Press, London.

Kahleyss M (1993) Straßenhändler in Peru - Indianische Migranten teilen den Markt unter sich auf. In: Helmers S (Hrsg.) Ethnologie der Arbeitswelt. Bonn. pp 41-68.

Liebel M, Overwien B, Recknagel A (Hrsg.) (1998) Arbeitende Kinder stärken. IKO, Frankfurt/Main.

van de Loo M J & Reinhart M (Hrsg.) (1993) Kinder. Ethnologische Forschungen in fünf

Kontinenten. Trickster, München.
Weber H (1979) Kinder in Lateinamerika: Bilder – Texte – Lernideen. Wiesbaden, Akademische Verlagsanstalt.
Weiss F (1993) Von der Schwierigkeit über Kinder zu forschen: Die Iatmul in Papua-Neuguinea. In: van de Loo M & Reinhart M (Hrsg.), 96-153.
Weiss F (1981) Kinder schildern ihren Alltag. (Basler Beiträge zur Ethnologie) Geographisch-ethnologische Gesellschaft, Basel.

---

1   Terre des hommes in Weber (1979), Seite 85.
2   Der Begriff von der "Kultur der Armut" wurde von dem nordamerikanischen Anthropologen Oscar Lewis in den 60er Jahren geprägt.
3   Bendt in: Kelm (Hrsg) (1982) Seite 80f.
4   Beauchemin (1999)
5   Kahleyss 1993: 41 – 68.
6   Reziprozität wurde (gemeinsam mit Redistribution) von der substantivistischen Richtung der Wirtschaftsethnologie als ein von der Marktwirtschaft grundsätzlich unterschiedenes Merkmal nicht-industrieller Systeme beschrieben.
7   Kahleyss 1993: 66.
8   Weiss 1981: 158f.
9   van de Loo / Reinhart (Hrsg) 1993.
10   James / Prout (Hrsg) 1990.
11   Terre des homes: Kinderarbeit – Definitionen, Daten, Diskussionsstand 2001. (www.oneworldweb.de/tdh/themen/ka-basis.html)
12   z.B. Liebel / Overwien / Recknagel (Hrsg) 1998
13   Siehe dazu Boris 1998

Gesellschaftliche Realität und Utopie der Kindheit aus kulturvergleichender Sicht

W. Egli

In jeder Kultur lässt sich zwischen Erwachsenen- und Kinderwelt unterscheiden. Erstere ist nicht nur die voll entwickelte Form der letzteren, wie die ethnologische Sozialisations- und Enkulturationsforschung lange implizit unterstellte. Die Lebenswelt der Kinder bedarf der Betrachtung in ihrer Eigenständigkeit, was jedoch nicht heisst, dass sie nicht in ihrem Verhältnis zur Erwachsenenwelt zu untersuchen ist. Gerade diese Beziehung erscheint nämlich massgebend für die jeweilige kulturelle Konstruktion des Kindheitsbegriffes. In traditionalen Gesellschaften kann diese Beziehung zwar variieren, wie im Folgenden an drei ethnographischen Beispielen gezeigt wird; nie handelt es sich jedoch um jenen qualitativen Gegensatz, wie ihn unsere Gesellschaft kennt.

Ein uns vertrauter utopischer Begriff von Kindheit fehlt in traditionalen Gesellschaften regelmässig. Dies lässt sich funktional erklären. Eine analoge Erklärung begründet, warum in unserer Gesellschaft ein utopischer Begriff von Kindheit zu verteidigen ist, etwa gegenüber der zur Zeit populären Forderung einer frühen Anpassung von Kindern an wirtschaftliche Erfordernisse: Ein utopischer Begriff von Kindheit trägt auch zur Erhaltung der Eigenständigkeit der Lebenswelt der Kinder bei, eine Eigenständigkeit, die um so wichtiger wird, je mehr eine Gesellschaft dem Wandel unterworfen ist.

"Kinder erhalten das Wort" (Florence Weiss, 1995)

Mit Kindheit befasst sich die moderne Ethnologie schon lange. Zuerst standen die kindliche Entwicklung in verschiedenen Kulturen und die verschiedenen Praktiken der aktiven und der passiven Sozialisation im Mittelpunkt. Es wurde untersucht, wie Kinder in eine Kultur hineinwachsen und wie ihnen Normen und Werte vermittelt werden.[1] Dabei wurden Kinder oft in mechanischer Weise als passive Objekte, als Rezipienten von Kultur, als eine Art leere Gefässe, in die die Kultur eingefüllt wird, betrachtet (van de Loo & Reinhart 1993b: 11). Nachahmung anstelle von Auseinandersetzung, Spiel anstelle entdeckenden Lernens und Initiation anstelle permanenter Erziehung wurden entsprechend als Hauptcharakterstika der Kindheit in traditionalen Kulturen behandelt (Schwartzmann 1978: 20ff.).

Anfangs der 1990er Jahre kam ein neuer Ansatz auf[2], der den früheren dahingehend kritisierte, dass er sich zu stark an unserem Begriff der Kindheit orientiere, Kinder nur als Prototypen von Erwachsenen (van de Loo & Reinhart 1993b: 9) sehe und primär in erzieherischer Absicht forsche. Der neue Ansatz forderte dagegen die Untersuchung des eigenständigen und aktiven sozialen Lebens des Kindes.³ Nicht die in unserer Gesellschaft typische Kultur *für* Kinder, sondern die Kultur *der* Kinder soll untersucht werden (Weiss 1993: 124), nicht nur über, sondern mit Kindern soll geforscht werden.

"The social sphere of adult and child is unitary and undivided" (Meyer Fortes, 1938)

Die mit dem neueren Ansatz gewonnenen Erkenntnisse entkräften nun aber die mit dem früheren erzielten weit seltener, als es gewisse seiner Vertreterinnen und Vertreter manchmal anzunehmen scheinen, vielmehr ergänzen sie sie. Diese Komplementarität dürfte primär daher rühren, dass sich in traditionalen Gesellschaften die Kultur für Kinder und die Kultur der Kinder nicht derart grundsätzlich voneinander unterscheiden wie in unserer Gesellschaft. Wie von Margaret Mead oder von Meyer Fortes Ende der 1930er Jahren festgestellt, teilen sich Kinder und Erwachsene in traditionalen Gesellschaften weitgehend *eine* Lebenswelt (Mead 1970, Bd. 1: 9; Fortes 1970: 18).

Der Vorwurf an die ältere Forschung, sie habe aufgrund ihres Erkenntnisinteresses Kindheit als eigene Lebenswelt nicht wahrnehmen können (van de Loo & Reinhart 1993b: 10), zielt daneben, weil es zwar bei uns, aber eben nicht in allen Gesellschaften eine exklusive Lebenswelt der Kinder gibt. Es wäre aber vorschnell, wollte man den neueren Ansatz als ethnozentrische Projektion abqualifizieren, gestaltet sich der Zusammenhang der Lebenswelten von Kindern und Erwachsenen doch etwas komplexer, als von Mead oder Fortes unterstellt. Es sei hier dahingestellt, ob die Art dieses Zusammenhangs systematisch mit Typen traditionaler Gesellschaften variiert, wie dies der Vergleich von Barry et al. (1967) nahelegt.

Ich will an drei sehr unterschiedlichen ethnographischen Beispielen aufzeigen, wie sich dieser Zusammenhang von Kultur zu Kultur unterschiedlich ausnehmen kann, und wie die spezielle Art dieses Zusammenhangs eng mit dem jeweiligen Begriff von Kindheit verbunden ist.

Die Lebenswelt von Kindern in ihrer Beziehung zur Lebenswelt der Erwachsenen bei den *Iatmul*, den *Dinka* und den *Sunuwar*

Die *Iatmul* in Papua Neu Guinea habe ich gewählt, weil sie von Florence Weiss in genau der Weise untersucht wurden (vgl. 1981, 1993), wie es sich die neuere ethnologische Kindheitsforschung wünscht. Zudem zeigt Weiss, dass sich das Kindsein am besten begreifen und mit dem Kindsein in anderen Kulturen vergleichen lässt, wenn es im sozio-ökonomischen Kontext betrachtet wird. Diese Perspektive, die auch Raum (1978) für seinen umfassenden Vergleich bevorzugt, werde ich im Folgenden ebenfalls einnehmen. Die *Dinka* im Südsudan habe ich gewählt, weil sie von Francis Maning Deng (1972), einem ethnologisch und juristisch gebildeten *Dinka*, aus der Sicht des Lebenslaufes beschrieben wurden. Die *Sunuwar* in Ostnepal kenne ich aus eigener Anschauung (vgl. Egli 1999)[4].

Die Kindheit von Mädchen und Knaben nimmt sich in allen drei traditionalen Gesellschaften verschieden aus; ich beschränke mich hier aus Platzgründen jedoch primär auf die Kindheit der Knaben. Die drei Gesellschaften werden in jenen Zeitpunkten beschrieben, in denen die Daten der verwendeten ethnographischen Quellen erhoben wurden.

Die *Iatmul* leben von Gartenbau und Fischfang. Obwohl es eine geschlechtsspezifische Arbeitsteilung gibt, beherrschen beide Geschlechter fast alle wichtigen Tätigkeiten. Ein Ehepaar würde für die Produktion des täglichen Bedarfs ausreichen. Die wirtschaftliche Kooperation ist nicht so wichtig. Aufgrund der relativen Autonomie ist aber der Austausch von Gütern nach dem Gegenseitigkeitsprinzip zentral. Der Zugang zu den natürlichen Ressourcen steht jedem offen. Dem entspricht, dass jeder über das von ihm hergestellte Produkt frei verfügen kann.

Das tägliche Leben der *Iatmul* spielt sich in der Grossfamilie ab, dasjenige der Männer zudem im Männerhaus. Die *Iatmul* sind politisch nicht in einen Stamm oder in den Staat integriert. Auch intern gibt es neben Alter und Geschlecht keine politische Differenzierung. Zudem existieren sechs Altersklassen, die aber vornehmlich rituelle Bedeutung haben. Die *Iatmul* sind extrem darauf bedacht, eine Person und alles, was zu ihr gehört, als unantastbare Einheit zu betrachten. Schon dem Säugling wird ein Löffel gegeben, den ihm niemand wegnehmen darf. Dem entspricht die grosse Bedeutung der Reziprozität, auf die selbst innerhalb der Grossfamilie grosser Wert gelegt wird, auch zwischen Erwachsenen und Kindern.

Aufgrund der Siedlungs-, Wohn- und Wirtschaftsweise spielt sich bei den *Iatmul* fast alles für alle einsehbar ab – eine günstige Voraussetzung für Kinder, um durch Beobachtung und Nachahmung zu lernen. Bis etwa zum fünften Lebensjahr spielt sich das Leben der Kinder in Begleitung von Erwachsenen und älteren Kindern ab, wobei die Kleinen nicht nur von diesen gehütet und zum Spielen angeleitet, sondern zunehmend in die Arbeit einbezogen werden. Mit etwa 10-12 Jahren kann ein *Iatmul*-Kind fast alles, was ein Erwachsener können muss.

Beim Lernen wird kaum Zwang auf die Kinder ausgeübt und es gibt keinen Begriff der Entwicklung, an dem kindliche Fähigkeiten gemessen würden. Kinder machen aber nicht nur dieselben Arbeiten wie Erwachsene, die Arbeiten, zu denen sie fähig sind, werden auch von ihnen verlangt. Die *Iatmul* sind auf die Hilfe ihrer Kinder angewiesen, auch wenn sie deren Arbeitskraft nicht voll ausnutzen.

Nicht aufgrund der Grosszügigkeit (oder Nachlässigkeit) der Eltern, sondern aus ökonomischen Gründen haben *Iatmul*-Kinder eine grosse Freiheit, die sie dazu nutzen, unabhängig von den Erwachsenen in selbständigen Kindergruppen den grössten Teil ihrer Zeit zu verbringen. Schon Kinder im Alter von fünf bis sechs Jahren schliessen sich solchen Gruppen an, die rund ums Dorf ziehen, sammeln, jagen, fischen, ihre Beute kochen, zusammen spielen, sogar selbständig Rituale durchführen, Hütten bauen, darin übernachten und oft tagelang nicht nach Hause kommen. Wie Erwachsene haben Kinder freien Zugang zu den Ressourcen und die von ihnen gefertigten Produkte sind ihr Besitz. Was die kleineren Kinder dieser Gruppen noch nicht können, lernen sie von den älteren. Auch das Tauschverhalten mit dem Ideal der Reziprozität wird in den Gruppen eingeübt. Aufgrund ihrer Selbständigkeit können die Kinder auch Beziehungen zu Erwachsenen auf Tauschbasis aufbauen. Die autonomen Kindergruppen sind ein Teil der sozialen Organisation eines *Iatmul*-Dorfes, der auch von den Erwachsenen anerkannt wird.

Die *Dinka* leben hauptsächlich von der Viehzucht, etwas weniger wichtig ist der Anbau. Die Wirtschaft der *Dinka* bedarf ebenfalls wenig Kooperation. Wenn Vieh dennoch gemeinsam gehütet wird, rührt dies daher, dass Vieh zwar einzelnen gehört, aber nur mit Zustimmung der Gruppe veräussert wird. Zusammenarbeit ist hier primär durch gegenseitige Kontrolle motiviert. Auch bei den *Dinka* ist der Stellenwert der Reziprozität hoch, insbesondere weil sie nur gemeinsam die grossen Brautpreise aufbringen können.

Das Brautpreissystem und eine extreme Identifikation mit der Verwandtschaftseinheit der *lineage* bewirken, dass sowohl innerhalb der *lineage* als auch zwischen den effektiven und potentiellen Schwiegerverwandten ein grosses, sich auf die gesamte Gesellschaft auswirkende Konfliktpotential besteht. Derselbe Antagonismus bringt andererseits mit sich, dass die Beziehungen innerhalb der Grossfamilie locker sind und die Reziprozität hier eine untergeordnete Rolle spielt.

Eine politische Integration in den gesamten Stamm oder den Staat gibt es auch bei den *Dinka* nicht. Die Funktion von Vorstehern besteht vor allem in der Verhinderung und Schlichtung von Konflikten. Die wirkliche, wenn auch beschränkte, Macht im Dorf haben auch hier die alten Männer. Alter und Geschlecht sind auch bei den *Dinka* die wichtigsten Faktoren sozialer Stratifikation; dies jedoch besonders ausgeprägt. Und bei den *Dinka* finden wir nun ausgeprägte Altersklassen. Nicht nur ist der Eintritt in sie durch teils brutale Initiationsrtituale geregelt, sie haben auch wichtige ökonomische Funktionen. Die *Dinka* werden als sehr gewalttätige Gesellschaft beschrieben: Gewalt wird nicht nur toleriert, sondern idealisiert; oberstes Gebot ist die kriegerische Verteidigung der *lineage*, der Würde, des Viehs. Der Grösse der Ideale entspricht die Intensität des Wettbewerbs in dieser Gesellschaft.

Wie sieht in dieser Leistungsgesellschaft die Welt der Kinder aus? Auch hier sind die Jüngsten permanent in Gegenwart Erwachsener oder älterer Kinder, wobei diese nun nicht nur die Kleinen beaufsichtigen und sie locker in die Arbeit einführen, sondern sie systematisch in der *Dinka*-Kultur unterweisen und dabei auch mit Strafen nachhelfen. Schon den Kleinsten werden die obersten *Dinka*-Werte eingeimpft. Nonkonformes kindliches Verhalten wird zwar entschuldigt, nicht aber geduldet. Begreift und pariert das Kind gut und schnell, wird es – wie ein Wettkampfsieger – gelobt. Und das *Dinka*-Kind wird an einem Entwicklungsmassstab gemessen, der auf der Hierarchie der hehren *Dinka*-Werte beruht.

Schon ab drei bis vier Jahren muss ein Kind tüchtig mithelfen, vor allem bei der Betreuung der Grosseltern. Mit sechs bis sieben Jahren können *Dinka*- Kinder in der

Erziehung nicht mehr mit Nachsicht rechnen, insbesondere die Knaben nicht. Sie werden nun systematisch von den Mädchen abgesondert, damit sie nicht verweichlichen. Während die Mädchen ziemlich kontinuierlich in die Welt der Frauen hineinwachsen, müssen sich die Knaben voll in die harte Männerwelt integrieren und sogar mehr arbeiten als erwachsene Männer und ältere Burschen.

Die Beschneidung bildet den rituellen Eintritt in die Altersklasse der jungen Knaben. Beim Eintritt in die Altersklasse der älteren Kinder im Alter von zehn Jahren wird für Knaben und für Mädchen ein Initiationsritual gemacht, bei dem ihnen einige Zähne ausgeschlagen werden. Die eigentliche Initiation der jungen *Dinka*-Männer findet dann mit etwa 16 Jahren statt. Sie besteht darin, dass den Jungen einige Schnitte in die Stirn beigebracht werden. Wer Schmerz zeigt, ist für immer unten durch. Nach der Initiation müssen die jungen Männer nicht mehr arbeiten, ihnen obliegt fortan die Kontrolle der jüngeren Knaben.

Die *Dinka*-Kinder vor der grossen Initiation, insbesondere die Knaben, arbeiten nicht *für* Erwachsene, sondern *anstelle* von Erwachsenen. Auch sind die Gruppen der Vieh hütenden Knaben nicht mit den autonomen Kindergruppen der *Iatmul* vergleichbar, sind sie doch ständig kontrolliert. Natürlich spielen auch *Dinka*-Kinder, aber sie spielen stets kompetitive Spiele: sie schlagen sich, treiben Sport, singen oder hüpfen um die Wette.[5]

Die *Sunuwar* im Hügelland Ostnepals leben vom intensiven Anbau. Sie benutzen den Pflug und bewässern ihre Felder. Unter den ausgewählten Beispielen bilden diese einfachen Bergbauern wohl die uns am vertrauteste Gesellschaft. Der Haushalt, basierend auf der Kleinfamilie, bildet bei den *Sunuwar* die Einheit, die den grössten Teil der Produktion bewältigt, und in der sich der grösste Teil des Lebens abspielt. Aber, ein einzelner Haushalt ist, vor allem zum Umpflanzen des Reises und bei den grossen Ernten, zur Kooperation gezwungen.

Die *Sunuwar* investieren viel Arbeit ins Land, und zusammen mit der Landknappheit erklärt dies, warum neben dem Eigentum des Klans am Land auch Individualeigentum und dessen Vererbung sehr wichtig sind. Die älteren Söhne erben bei ihrer Heirat ein Stück Land zur Gründung eines Hofes, dazu bekommen sie eine Stimme unter den Einflussreichen des Dorfes. Der jüngste Sohn heiratet zuletzt, bleibt im Elternhaus, pflegt die Eltern im Alter und erhält bei deren Tod den Hof und das meiste und beste Land. Politisch bleibt der Benjamin für immer ein Nobody. Frauen heiraten ins Nachbardorf und sind vom Landbesitz ausgeschlossen.

In dieser Gesellschaft, eine Art Gemeinschaft ungleicher Erben, wird alles in Kategorien von Brüdern, des Teilens und der Kompensation gedacht. Die notwendige Kooperation kommt in dieser Gesellschaft nicht einfach durch verwandtschaftliche Bande zustande und angesichts der unterschiedlichen Verteilung des Landes auch nicht aufgrund der Reziprozität; vielmehr müssen die Wohlhabenden die weniger Wohlhabenden für ihre Mitarbeit entschädigen. Die Moral zu diesem Zweck wird v.a. mittels einer ausgeklügelten Ahnenideologie erzeugt.

Die *Sunuwar* leben in einem Staat, wenn auch relativ autonom. Es gibt gewählte Vorsteher, die den Staat im Dorf und das Dorf im Staat repräsentieren. Aber letztlich bestimmen auch hier die alten Männer. Ausgeprägte Altersklassen und Initiationen gibt es aber nicht.

Hauptbezugspunkt der *Sunuwar*-Kinder ist weder eine Kinder-, Alters- oder grössere Verwandtschaftsgruppe, sondern die Familie und hier sind die älteren Geschwister meist wichtiger als die Eltern. Eine systematische Disziplinierung oder Erziehung elterlicherseits ist kaum zu beobachten. Eltern lassen sich sogar von fünf- bis zehnjährigen ziemlich viel bieten, ohne sie zu bestrafen. Wenn es ihnen zu bunt wird, ermahnen sie meist ältere Kinder, ihre jüngeren Geschwister zur Räson zu bringen.

Zwar wird auch bei den *Sunuwar* schon von kleineren Kindern Mithilfe im Haushalt verlangt, aber was Kinder tun und tun müssen und entsprechend auch: was, wie und wann sie etwas lernen, hängt von den Erfordernissen des Haushaltes ab. Je nach Arbeitskraftreserven und Wohlstand des Haushalts kann das Leben, die Mitarbeit und die Entwicklung des Kindes stark variieren. *Sunuwar*-Kinder arbeiten stets **mit** den Erwachsenen, nicht unabhängig von ihnen wie bei den *Iatmul* und auch nicht anstelle von ihnen wie bei den *Dinka*.

Ein besonders wichtiges Erziehungsziel bei den *Sunuwar* ist jener gegenseitige Respekt zwischen Geschwistern, der später die Kooperation und die Kompensation begünstigt. Erziehung, Entwicklung und das soziale Leben der Kinder sind bei den *Sunuwar* ganz wesentlich vom Vererbungssystem mit seiner ungleichen Behandlung von Geschwistern geprägt, aber auch von der Ehrfurcht gegenüber den Ahnen, zu deren Wohlgefallen die vom Erbsystem erzeugten Ungleichheiten zu kompensieren sind.

Kindheit als kulturspezifischer Begriff des jeweiligen realen Kindseins

Weder für die *Dinka* noch für die *Iatmul* fand ich in den benutzten Quellen einen Terminus für "Kindheit". Wahrscheinlich verhält es sich bei ihnen aber wie bei den *Sunuwar*, die ich danach befragen konnte. Ich fand nur Ausdrücke, die das Kind, die Kinder, das Kindsein, das, was Kinder noch nicht sind, das, was Kinder tun oder was sie noch nicht tun können, nicht tun sollten oder dürfen, erfassen. Mit "Kindheit" lassen sich in diesen Kulturen die unterschiedlichen Aspekte des *realen Kindseins* erfassen.

Bei den *Sunuwar* lässt sich mit Kindheit all das erfassen, was sich im Leben zwischen einem unserer Taufe vergleichbaren Ritual und der Heirat abspielt. Kindheit ist Teil eines kontinuierlichen Prozesses, der in der indigenen Konzeption als ein psychisches und physisches Härterwerden der Person bis hin zur Ahnenschaft begriffen wird[6]. Die Lebenswelt der Kinder und die der Erwachsenen gehen hier kontinuierlich ineinander über. Kindheit als Lebensphase und Lebenswelt ist durch fliessende Übergänge gekennzeichnet[7].

Bei den *Dinka* lässt sich mit Kindheit im Gegensatz dazu eine genau begrenzte und in sich stark gegliederte Phase bezeichnen, innerhalb der das Kind die Ideale der *Dinka*-Gesellschaft stufenweise internalisieren muss[8]. Die verschiedenen Lebenswel-

Gesellschaftliche Realität und Utopie der Kindheit aus kulturvergleichender Sicht   367

ten der verschiedenaltrigen Kinder und auch die der Erwachsenen sind hier diskontinuierlich ineinander verschachtelt, es sind ausgeprägte Altersklassen mit ökonomischen Funktionen, getrennt durch – im wahrsten Sinn des Wortes – einschneidende Initiationsrituale.

Tab. 1: Lebenswelten von Kindergruppen bei den Sunuwar, Dinka und Iatmul.

Sunuwar	*Dinka*	*Iatmul*
Kontinuierlich ineinander übergehende Lebenswelten der Kinder verschiedenen Alters und der Erwachsenen	Diskontinuierlich ineinander verschachtelte Lebenswelten, ausgeprägte Altersklassen mit ökonomischen Funktionen, getrennt durch Initiationsrituale	Relativ unabhängige Lebenswelten der Kindergruppen und der Erwachsenengesellschaft
Kindheit ist die erste Phase eines unterschiedlich verlaufenden, aber kontinuierlichen Prozesses des psychischen und physischen Härterwerdens der Person	Kindheit ist die genau begrenzte, in sich gegliederte Phase, innerhalb der das Kind die Dinka-Ideale internalisieren und vervollkommnen muss	Kindheit ist eine Phase, in der das Kind Selbständigkeit erwirbt und zu seinesgleichen und Erwachsenen Beziehungen auf Basis der Reziprozität aufbaut

Bei den *Iatmul* schliesslich lässt sich mit "Kindheit" eine Phase bezeichnen, in der das Kind Selbständigkeit erwirbt und zu seinesgleichen und zu Erwachsenen Beziehungen auf der Basis der Reziprozität aufbauen lernt. Hier finden wir die relativ unabhängigen Lebenswelten von Kindergruppen, die manchmal einen Teil der Lebenswelt der Erwachsenen bilden, manchmal lose in Analogie zu dieser auch räumlich unabhängig existieren. (vgl. Tabelle 1)

Kindheit als realistischer Begriff versus Kindheit als ideologischer Begriff und Utopie

Der in unserer Gesellschaft gängige Begriff von Kindheit ist ein ideologisch überfrachteter Begriff, mit dem regelmässig unterschiedliche Utopien verbunden werden. Wenn sich in traditionalen Gesellschaften aber sinnvoll von Kindheit sprechen lässt, dann wohl nur ohne ideologische Implikationen. Kindheit erfasst hier das kulturspezifische reale Kindsein. Nach einem utopischen Begriff von Kindheit sucht man in traditionalen Gesellschaften ebenfalls vergebens.

Die naheliegende Erklärung für einen utopischen Begriff von Kindheit in unserer Gesellschaft besteht wohl im Auseinanderklaffen der Lebenswelt von Kindern und jener der Erwachsenen, ein Auseinanderklaffen, das durch systematisch ökonomische und in ihrem Gefolge soziale Entwicklung bedingt ist. Das Kind lebt in unserer Gesellschaft in einer exklusiven Welt, es muss sich nicht an eine Welt, die auch die Welt der Erwachsenen ist, und die für alle und immer in etwa die gleiche ist und sein soll, anpassen wie in traditionalen Gesellschaften. Vielmehr muss sich das Kind in seiner eigenen Welt auf ein heute auch der Erwachsenenwelt noch unbekanntes Morgen vorbereiten. Auf die in diesen Inkoinzidenzen gründenden Ungewissheiten scheinen utopische Begriffe von Kindheit zurückzugehen – ohne dass diese Begriffe dadurch auch schon inhaltlich festgeschrieben würden; aus der Geschichte unserer Gesellschaft kennen wir ja ganz verschiedene utopische Begriffe der Kindheit (Tremp 2000).

Zweifellos haben utopische Kindheitsbegriffe ideologischen Charakter, was nun aber m.E. überhaupt nicht zu beklagen ist, wie dies gegenwärtig oft, etwa in der gängigen Kritik der Reformpädagogik, geschieht. Denn utopische Begriffe der Kindheit dürften nicht nur eng mit dem Wesen unserer sich unentwegt entwickelnden Gesellschaft zusammenhängen, sondern deren Entwicklung selbst begünstigen, indem sie dazu beitragen, dass sich Kinder in ihrer eigenen, nur beschränkt durch aktuelle gesellschaftliche Zwänge bedingten Welt auf eine noch offene Zukunft hin entwickeln können. Zudem machen sie den Entwicklungsprozess möglicherweise etwas menschenverträglicher.

Zur Verteidigung eines scheinbar antiquierten utopischen Begriffes der Kindheit

Aufgrund meiner Überlegungen und im Hinblick auf die unterstellten Funktionen eines utopischen Begriffs von Kindheit möchte ich damit schliessen, dass jenen aktuellen Tendenzen in unserer Gesellschaft zu wehren ist, die Kinder immer früher und immer systematischer an wirtschaftliche Normen anpassen wollen. Jene unter den zeitgenössischen Bildungsreformern, die – immer mit dem Argument der besseren Vorbereitung der Kinder von heute für die Bedürfnisse der Gesellschaft von morgen

– unsere Schulen noch mehr der (aktuellen) Arbeitswelt anpassen wollen, dürften nicht schlecht erstaunt sein, wenn ihnen vorgeworfen wird, damit Verhältnisse traditionaler Gesellschaften heraufzubeschwören.

Literatur

Barry H, Child I , Bacon M (1967<1959>) Relation of Child Training to Subsistence Economy. In: Ford C (Hrsg.) (1967) Cross-Cultural Approaches. HRAF Press, New Haven: 246-258.
Becker-Pfleiderer B (1975) Sozialisationsforschung in der Ethnologie. Verlag Breitenbach, Saarbrücken.
Bräunlein P & Lauser A (1996) Fliessende Übergänge. Kindheit, Jugend, Erwachsenwerden in einer ritualarmen Gesellschaft. In: Dracklé (Hrsg.) op.cit.: 153-182
Deng F (1972) The Dinka of the Sudan. Holt, Rinehardt & Winston, New York.
Dracklé D (Hrsg.) (1996) Jung und wild. Zur kulturellen Konstruktion von Kindheit und Jugend. Reimer, Berlin/Hamburg.
Egli W (1999) Bier für die Ahnen. Erbrecht, Tausch und Ritual bei den Sunuwar Ostnepals. IKO-Verlag, Frankfurt a.M.
Fortes M (1970<1938>) Social and Psychological Aspects of Education in Taleland. In: Hardman C (2000) Other Worlds. Notions of Self and Emotions among the Lohorunge Rai (Nepal). Berg, Oxford/New York.
KEA (1994) Zeitschrift für Kulturwissenschaften, 6 (Kinderwelten).
Mead M (1970 <1928, 1930, 1935>) Jugend und Sexualität in primitiven Gesellschaften. 3 Bde. Dtv, München.
Müller K & Tremel A (Hrsg.) (1992) Ethnopädagogik. Sozialisation und Erziehung in traditionellen Gesellschaften. Reimer, Berlin.
Raum J (1978) Die Stellung des Kindes und Jugendlichen in einer repräsentativen Auswahl von Stammesgesellschaften. In: Kühn E (Hrsg.) Das Selbstbestimmungsrecht des Jugendlichen im Spannungsfeld von Familie, Gesellschaft und Staat. Giseking Verlag, Bielefeld:173-328.
Renner E (Hrsg.) (1995) Kinderwelten. Pädagogische, ethnologische und literaturwissenschaftliche Annäherungen. Deutscher Studien Verlag, Weinheim.
Schwartzmann H (1978) Transformations. The Anthropology of children's play. Plenum Press, New York.
Sutton-Smith B & Roberts J (1981) Play, toys, games, and sports. In: Triandis H & Heron A (Hrsg.) Handbook of Cross-Cultural Psychology. Vol. 4. Allyn & Baco, Boston: 425-471.
Tremp P (2000) Utopie Kind. Glorifizierung von Kindheit und Jahrhundert des Kindes. (Unveröffentlichter Vortrag, gehalten am 13.1.2000 am Zentrum 7, Baden).
Trommsdorf G (Hrsg.) (1995) Kindheit und Jugend in verschiedenen Kulturen. Entwicklung und Sozialisation in kulturvergleichender Sicht. Juventa, Weinheim.
van de Loo M & Reinhart M (Hrsg.) (1993a) Kinder. Ethnologische Forschungen in fünf Kontinenten. Trickster, München.
van de Loo M & Reinhart M (1993b) Wir alle kommen aus der Kindheit. In: dies. op.cit.: 7-15.

Weiss F (1981) Kinder Schildern ihren Alltag. Die Stellung des Kindes im ökonomischen System einer Dorfgemeinschaft in Papua New Guinea (Palimbei, Iatmul, Mittelsepik). Wepf, Basel.

Weiss F (1993) Von der Schwierigkeit über Kinder zu forschen. In: van de Loo & Reinhart op.cit.: 96-153.

Weiss F (1995) Kinder erhalten das Wort. Aussagen von Kindern in der Ethnologie. In: Renner E op.cit.:133-147.

---

1   Zum älteren Ansatz im dt. Sprachraum vgl. Becker-Pfleiderer (1975); Müller & Tremel (1992); Trommsdorf (1995).
2   Der Beginn der zweiten Phase wird v.a. von der Tagung "The Child as Social Actor" von 1992 markiert.
3   Zum neueren Ansatz im dt. Sprachraum van de Loo & Reinhart (1993a); KEA (1994); Renner (1995), Dracklé (1996).
4   Zudem habe ich sie gewählt, weil sich Charlotte Hardman (2000), eine Mitbegründerin der neueren Richtung der Ethnologie der Kindheit, bei den ihnen regional und kulturell benachbarten *Lohorunge-Rai* intensiv mit Kind und Kindheit befasst hat.
5   Zum engen Zusammenhang von Gesellschaftstyp und vorherrschender Form des Spiels vgl. Sutton-Smith & Roberts (1981).
6   Vgl. auch Hardman (2000, Kap. 7).
7   Vgl. einen ähnlichen Fall bei Bräunlein & Lauser (1996).
8   Deng hat wahrscheinlich nicht zufällig den streng gegliederten Lebenslauf als Raster für die Darstellung seiner Kultur gewählt.

„Kindheit und Erziehung". Betrachtungsperspektiven
der Pädagogischen Anthropologie.

J. Forster

Einleitende Überlegungen

Erziehung im Entwicklungszeitraum „Kindheit" findet in allen Gesellschaften, von den familialen Binnensystemen bis hin zur Ebene der Großgruppe, statt. Sie ist ein universales Phänomen. Die Formen und Inhalte, die Methoden und die speziellen Zielsetzungen sind gleichwohl in großen Teilen eng mit der sozio-kulturellen Spezifität sowie deren innerer Dynamik verbunden. Im weiten historischen Entwicklungsverlauf öffnet sich so ein breiter Fächer an Modulationen von Erziehung in den aber interkulturell erkennbaren Feldern Enkulturation, Sozialisation, Personalisation und spezielle Wissensvermittlung. Solche Entwicklungen, Ausdifferenzierungen und auch Konstanten von Erziehung Heranwachsender sowie die damit entstehenden Spannungsfelder bilden einen wesentlichen Fokus erziehungswissenschaftlicher Analysen im Rahmen einer Geschichte von Erziehung.

Die europäische Suchperspektive setzt zur wissenschaftlichen Betrachtung der Erziehungsgeschichte zumeist an den Quellenbefunden aus dem (menschheitsgeschichtlich späten) Zeitraum der frühen Hochkulturen, etwa Sumer und Ägypten, sowie der sogenannten Klassischen Antike der weiteren Folgezeit an (z.B. Reble 1999). Gleichzeitig wird aber gesehen, dass die „vormodernen", anthropologischen und gesellschaftsgeschichtlichen Wurzeln von Erziehung sehr viel älter seien, diese sich jedoch wenig rekonstruieren ließen (vgl. Lenzen 1989). Dieser Hinweis bezieht sich in großem Umfang auf die literale Quellenlage. Wenn man nun nach den historisch früheren Erscheinungsformen von Erziehung fragt und um die Entstehungswurzeln des Phänomens wissen will, ist in anderen Quellenfeldern nach Hinweisen zu suchen. Im folgenden wird hierzu der Versuch unternommen, die langen Zeiträume der frühen *History of Mankind* für die pädagogische Suchperspektive zu erschließen. Dieser Versuch folgt dem pädagogisch-anthropologischen Ansatz, der die evolutionstheoretische Perspektive integriert und aus dieser Position heraus nach der Gattungsgeschichte von Erziehung fragt.

Entsprechend ist vor dem Hintergrund der weiten Zeitspanne der Menschheitsgeschichte zunächst nach Hinweisen auf Funktionen und funktionelle Kontexte des Merkmalsfeldes Erziehung zu suchen. Welche Voraussetzungen etwa sind für die Evolution von Erziehung erkennbar? Welche Zusammenhänge sind beschreibbar zwischen der Entwicklung biologischer Merkmalsausprägungen und dem Entstehen humanspezifischer erzieherischer Phänomene? Schließlich, in welchen Lebenszusammenhängen sind Hinweise auf Erziehungsphänomene aufzuspüren? In Verbindung mit dieser letztgenannten Frage sind insbesondere die Einflussvariablen im sozio-kulturellen Kontext von Interesse, wie sie sich im frühen historischen Verlauf kultureller Diversifikationen möglicherweise abgezeichnet haben. Diesem Aspekt soll hier in einem zweiten Schritt – mit Hilfe ethnologischer Daten zu rezenten Kulturen – nachgegangen werden.

Die Beantwortung der gestellten Fragen beginnt mit der Suche nach Indizien für Merkmale, die sich historisch und vermutlich systematisch kennzeichnen lassen als Basis kultureller Modifikationen im weiteren geschichtlichen Prozess von Gesellschaft und Erziehung. Die Suche setzt dementsprechend einmal längsschnittlich auf der Ebene der Phylogenese, zum anderen querschnittlich auf der Ebene kultureller Evolution und Diversifikation an.

Im Zentrum der längsschnittlichen Betrachtung steht die Gattungsgeschichte von Erziehung als hoch differenzierte Leistung, vergleichend systematisch gesehen als Weiterentwicklung zu Brutvorsorge und Brutpflege (Liedtke 1972, Krebs 1992a). Auf dieser Entwicklungslinie ist die „Erfindung" von Erziehung der evolutiv grundlegende Umbruch.

Das Erkenntnismaterial für diese Indiziensuche für Erziehung bieten die Humanbiologie sowie die Paläoanthropologie und Paläoarchäologie. Die Humanbiologie kann Aussagen zu den Entstehungsvoraussetzungen der hohen humanspezifischen Lernfähigkeit und Lernbedürftigkeit sowie zu Aufwachsbedingungen machen. Sie verweist in diesem Zusammenhang auf die Notwendigkeit von Fürsorge und Anleitung im frühen Verlauf der Ontogenese des Menschen. Alle jene Merkmale sind Bausteine des Feldes Erziehung. Die naturwissenschaftlichen Untersuchungsergebnisse der Paläoanthropologie und Paläoarchäologie erlauben teilweise recht detaillierte Aussagen zur Menschheitsgeschichte. Zusätzlich bieten die Funde und Fundzusammenhänge, die Artefakte, Indizien und somit die Möglichkeit für Rückschlüsse und Hypothesen zu Funktionskreisen einer Form von Erziehung.

Die auf paläoanthropologische und archäologische Forschungsresultate gestützte längsschnittliche Suche setzt mit der Entwicklung der Sapienten[1], des archaischen und des modernen Homo sapiens, vor ca. 400.000 Jahren bzw. für den modernen Homo sapiens vor ca. 140.000 Jahren an.[2] Die Vielfalt von Hinweisen zu Lebenswelten der Sapienten lässt – nach heutigem Wissen über Funktionszusammenhänge von Erziehung – plausibel annehmen, dass bereits in der frühen Geschichte des Menschen ähnliche Erziehungsphänomene vorlagen.

Die hier eingenommene Suche nach Erziehungsphänomenen folgt einem weiten Erziehungsbegriff, der implizite wie intentionale Erziehungsprozesse einschließt. Damit umfasst hier Erziehung Formen der merklichen, aber nicht notwendigerweise beabsichtigten Einwirkungen durch soziale, biotische und abiotische Einflussgrößen (z.B. Klima, Lebensraum, Lebensweise, Kinderspielgruppe, soziale Strukturen) und bewusste Formen der Betreuung, Einwirkung und Anleitung (vgl. Brezinka 1990, Krebs 2001). Beide Gruppen von Einflussgrößen sind im faktischen Erziehungsgeschehen wirksam und miteinander verbunden (Liedtke 1972).

Dieser weite Erziehungsbegriff steht auch der querschnittlichen Betrachtung von Formen und Variablen von Erziehung im Spektrum früher kultureller Spezifikationsprozesse voran. Aus dieser, der kulturellen Evolution zugewandten Perspektive sind insbesondere jene kulturellen Diversifikationen von Interesse, die parallel zur beginnenden Sesshaftigkeit verlaufen. Das Erkenntnismaterial dazu bieten wieder Anthropologie und Archäologie sowie in großem Umfang die Ethnologie. Letztere sucht in gegenwärtigen Gesellschaften auch nach Auskünften zu historisch sehr alten, nonliteralen Kulturformen. Solche Beobachtungen am rezenten Modell werden im folgenden herangezogen für die Suche nach Hinweisen auf Funktionskontexte erzieherischer Phänomene sowie nach entsprechenden wandlungsabhängigen Größen. Zusätzlich wird nach Invariablen gefragt, durch die sich Verbindungslinien zu ontogenetischen Vorbedingungen von Erziehung ziehen ließen.

Sowohl die längsschnittliche als auch die kulturenvergleichende Suche nach Erziehungsmerkmalen trifft auf Zeugnisse, die überzeugend annehmen lassen, dass Erziehung Teil einer über sehr lange Zeiträume kontinuierlich tradierten Lebensbewältigung war. Erziehung als Strategie der Lebensbewältigung gattungsgeschichtlich und in frühen Kulturen zu beschreiben, schließt den Funktionszusammenhang von Erziehung und Gesellschaft auf und beleuchtet dies historisch prägnanter als der einschlägige systemtheoretische und kulturgeschichtliche, in kurzer Perspektive angelegte Forschungszugang.

Längsschnittliche Indiziensuche

Anthropologische Überlegungen

Zwei vor dem Hintergrund der Evolutionsgeschichte neue und humanspezifische Phänomene sind für das funktionale Erkenntnisinteresse von Bedeutung: Die lange Kindheit und die kortikale Sonderstellung des Menschen.

Im Laufe der Phylogenese kommt es zu einer hohen relativen und absoluten Zunahme des Gehirnvolumens, relativ zum Körpergewicht, absolut im Rahmen der Primatenklasse. Parallel nimmt die morphologische und funktionale Komplexität des Neokortex zu, und die sogenannte Wernicke- und Broca-Region, die zum Symbolgebrauch und damit auch zur gesprochenen Sprache befähigt (Roth 1992), erfährt eine hoch differenzierte Weiterentwicklung. Damit sind – evolutionär gesehen – völlig neue Voraussetzungen für kognitive Leistungen geschaffen, insbesondere für Lernen sowie für differenzierte und abstrakte Inhalte umfassende kommunikative Leistungen.

Bereits im Verlauf der Entwicklung der ersten werkzeugherstellenden Menschen, der Habilinen[3] (2.5-1.6 Mio.), vor allem aber dann mit der Entwicklung der Erectinen[4] (1.6 Mio.-100.000a), nimmt das Gehirnvolumen beständig von ca. 600ccm auf 1300ccm zu (Burenhult et al. 2000). Die kortikale Größenentwicklung im Verlauf der Phylogenese hat – so kann angenommen werden – weit in den Bereich Erziehung hineinreichende Konsequenzen (Krebs 2002): Auf der Ebene der Ontogenese „führte" diese Entwicklung – im Vergleichsrahmen der Primatenklasse – in Anpassungsprozessen zu erheblich kleineren Gehirnen bei Kindern als bei Erwachsenen. Nur so war (und ist) eine anatomische Passung im Verlauf der Geburt bei entwicklungsgeschichtlich relativ unveränderter Beckenöffnung möglich. Diese evolutionär neue Situation bedingt eine relative Verlängerung von „Reifung" und „Entwicklung" – und in der Konsequenz „Betreuung". Das bedeutet, dass wohl auch ein Kind vor über einer Million Jahren – vergleichbar den Kindern des modernen Homo sapiens – die ersten Lebensjahre auf intensive Betreuung angewiesen war.[5] Der Hilflosigkeit des Säuglings musste zudem mit einer differenzierten Pflegekompetenz und einer kontinuierlichen Pflegebereitschaft – und damit Bindungsbereitschaft – seitens Erwachsener entsprochen werden.

Diesen Themenkomplex nimmt die heutige Bindungsforschung auf (z.B. Bowlby 1975, Keller 1989). Sie verweist insbesondere auf die Wichtigkeit der Stabilität prosozialer Beziehungen für eine adäquate Entwicklung in der frühen Ontogenese, die letztlich die Gesundheit und das Überleben des Säuglings und Kleinkindes sicherstellte. Berücksichtigt man diese Resultate, so ist es plausibel, eine Form stabiler Bindungen auch für die Ontogenese bei Habilinen und Erectinen und insbesondere beim archaischen und dem frühen modernen Homo sapiens anzunehmen. Tatsächlich ist auf der evolutionsgeschichtlichen Entwicklungslinie die starke Bindung zwischen zumeist Mutter und Kind zwar nicht in ihrer grundlegenden Form, aber in ihrer zeitlichen Dauer und Intensität humanspezifisch. Verfolgt man diesen Gedanken weiter, sind entwicklungspsychologische Resultate heranzuziehen. Sie zeigen deutlich auf, wie vernetzt das Vorhandensein stabiler prosozialer Bindungen eines Säuglings und Kleinkindes einerseits und die jeweilige soziale, emotionale und kognitive Entwicklung andererseits sind. „Anleitung" nimmt dabei eine wichtige impulsgebende Rolle ein (Grossmann et al. 1989, Schleidt 2001; vgl. U. Krebs in diesem Band). In Ableitung dieser Kenntnisse wäre auch für die frühgeschichtliche Kindheit ein vergleichbar kindgerechtes und damit prosoziales und erzieherisches Umfeld zu postulieren.

In den ontogenetischen Entwicklungsphasen liegen auch sogenannte Konstanten, beispielsweise das hohe Explorationsbedürfnis und entsprechende Lernstrategien in bestimmten Entwicklungsstadien (Krebs 2001, Schleidt 2001). Auch für diese Aspekte gilt: Wenn die Ontogenese von Kindern und Jugendlichen vergangener Jahrtausende auch nur annähernd vergleichbaren Reifungs- und Entwicklungsphasen folgte – was für die frühen Sapienten vermutbar, für den frühen modernen Homo sapiens sehr wahrscheinlich ist – sind analoge Konstanten anzunehmen.

Mit der Entwicklung des archaischen und des modernen Homo sapiens, im evolutionsgeschichtlich einzigartigen Übergang hin zu einer hoch differenzierten kortikalen Entwicklung und einer entsprechend langen Kindheit, können zwei für die Pädagogik zentrale Voraussetzungen bezeichnet werden, nämlich die hohe Lernbedürftigkeit und die hohe Lernfähigkeit des Menschen. Entwicklungsgeschichtlich öffnen sich so weitere Funktionskreise (Krebs 1992b): Durch diese Konstellation einer großen Lernfähigkeit verbunden mit verlängerter Kindheit wird evolutionsgeschichtlich nun die Möglichkeit „geschaffen", in großem Umfang auf eigene und tradierte Erfahrungen zurückzugreifen. Das hat eine hohe Anpassungsflexibilität zur Konsequenz und gleichzeitig führt diese Leistung notwendigerweise zum Festhalten an eben diesen Erfahrungen. Tradierung wird so ein entscheidendes Moment von Erziehung – und sie ist letztlich eine der wichtigsten Voraussetzungen für kulturelle Evolution und Diversifikation.

Paläoarchäologische und paläoanthropologische Indizien
Soweit heute bekannt, entwickelte sich in der Alten Welt vor ca. 400.000 Jahren vor unserer Zeitrechnung aus den jeweils rezenten Erectinen der archaische Homo sapiens (nach einem ersten Fundort auch als Neandertaler bezeichnet), der noch bis vor ca. 35.000 Jahren in Europa lebte (Burenhult et al. 2000). Die Geschichte des modernen Homo sapiens begann nach heutigem Kenntnisstand vor weit mehr als 100.000 Jahren in Süd-Ost-Afrika, also im Entstehungsraum der frühen hominiden Entwicklungslinien. Vor ca. 40.000 Jahren bevölkerte der moderne Mensch dann auch den europäischen Kontinent (Groves 2000).

Die Suche nach Indizien zum Phänomen „Erziehung" mit den Sapienten anzusetzen – also in einem relativ jungen Abschnitt der universalen Menschheitsgeschichte – erscheint aus systematischen und pragmatischen Gründen sinnvoll: In dieser Übergangszeit sind große Entwicklungsschritte auf biologischer und vor allem auf kultureller Ebene zu beobachten. Das Hirnvolumen als wichtiges biologisches Entwicklungsmerkmal nimmt auf etwa 1400 Kubikzentimeter zu. Zudem offenbart die vergleichsweise gute Fundlage ein hohes Niveau an Kulturtechniken (vgl. Müller-Karpe 1968).

Bereits der archaische *Homo sapiens* verfügte über eine differenzierte Werkzeugfertigkeit, die in einer knapp zwei Millionen Jahre alten Entwicklungslinie steht. Mit dem modernen *Homo sapiens* setzt dann eine evolutionsgeschichtlich gesehen explosionsartige Entwicklung ein, die in der Neolithischen Revolution erstmals kumuliert (Childe 1951). Zeitgleich gibt es Hinweise auf ausgeprägte soziale Strukturen der Populationen (Müller-Karpe 1998).

Zu den Umgebungsbedingungen für Entwicklung und Funktion von Erziehung in diesen evolutionär neuen Situationen bzw. Phasen erlauben die paläoarchäologischen und anthropologischen Funde folgende Überlegungen. Der erste zu diskutierende Bereich umfasst die Werkzeug- und Subsistenzfertigkeiten. Die Qualität und auch die spezifische Variabilität der dokumentierten Werkzeuge zwingen zu der Annahme, dass in großem Umfang eine Vermittlung von entsprechend speziellem Wissen stattgefunden haben muss (Herrmann & Ullrich 1991). In der weiten Zeitspanne des Moustérien (ca. 120.000 bis 35.000a) sind für den archaischen *Homo sapiens* nicht nur gewaltige Fortschritte in der Werkzeugtechnologie zu beobachten, sondern auch die Funde, beispielsweise unterschiedliche Steinschaber und Spitzen mit gezähntem Rand, weisen teils so große regionale Unterschiede auf, dass sie stilistisch eindeutig einzelnen Neandertaler-Populationen zugeordnet werden können (Groves 2000). Hier liegt ein Hinweis auf eine Form kulturtechnologischer Tradierung vor.

Für die Entwicklung der Werkzeugtechnik und dann vor allem der bildlichen künstlerischen Zeugnisse des Menschen der Cro-Magnon-Zeit, des modernen Menschen, steht wohl außer Frage, dass hier in großem Umfang Wissen tradiert werden musste. Man wird zudem wohl annehmen dürfen, dass für den Funktionskreis der Vermittlung jener über Jahrtausende formal vergleichbaren abgebildeten Inhalte und Themenkataloge auch entsprechende erzieherische Prozesse vorlagen. Dies ist etwa in der Tradierung von Vorstellungen und Weltbildern, die den bildlichen Äußerungen zugrunde lagen, zu vermuten.[6]

Betrachtet man die Qualität, Variabilität und Komplexität der Wandmalereien und Gravuren in der 1994 entdeckten „Chauvet-Höhle" (Ardèche-Region; Chauvet et al. 1995) aus der Zeit um 31.000 vor unserer Zeitrechnung oder die sehr viel jüngeren Wandprospekte in Lascaux (ca. 13.000a; Leroi-Gourhan 1975), so ist man mit einem nach heutigen Maßstäben höchsten Niveau an komplexer kultureller Gestaltungskraft und Vorstellungsvermögen konfrontiert. Die Funde lassen eigentlich keine Zweifel, dass die Heranwachsenden in funktionalen und möglicherweise intentionalen Erziehungskontexten an die Kontinuität der Praxis, an Lebensweltkonzepte sowie spezifische Inhalte und Techniken heran geführt worden sind. Dies ist im Falle der Malereien vielleicht direkt am Ort geschehen. So ist unter anderem am Beispiel der Höhle von Niaux in den Pyrenäen durch Funde evident, dass Kinder und Jugendliche gemeinsam mit Erwachsenen die Räume aufsuchten (Burenhult 2000). An anderer Stelle, am Beispiel der Felsenmalereien und Gravuren Südafrikas, konnte zudem nachgewiesen werden, dass „Lehrer/Experten" und „Schüler/Novizen" an den Wänden übten (Dowson 1992 und pers. Mitteilung).

Wendet man sich in einem zweiten Schritt dem Bereich der Soziabilität zu, so wurde das früheste Indiz für eine Gemeinschaft von Erwachsenen und Kindern von der Anthropologin Mary Leakey in Laetoli, Tanzania, gefunden. Es ist in den bekannten, 3.5 Millionen Jahre alten Fußstapfen eines Erwachsenen und eines Kindes, die eng beieinander über ein Aschefeld gingen, bis heute konserviert (Fletcher 2000).

Wir wissen heute, dass sowohl der archaische als auch der moderne *Homo sapiens* in Kleingruppen lebte, was hoch adaptiv war (Johanson & Shreeve 1989), gleichwohl aber zwei wichtige Kompetenzen, nämlich „Bedürfnisangleichung" und „Wissensvermittlung" der Gruppenmitglieder, voraussetzt (Kummer 1992). Dies jedoch wäre für sich genommen noch kein ausreichendes Indiz für die Annahme eines hoch komplex strukturierten Gruppenlebens und prosozialer Beziehungen. Hierzu geben weitere Funde Hinweise: Für den Neandertaler ist offenbar belegt, dass Schwerstkranke, die weder gehfähig waren noch selbständig Nahrung aufnehmen konnten, über lange Jahre hinweg intensiv gepflegt wurden (Herrmann & Ullrich 1991, Ullrich 1992). Das sind Hinweise auf die Befähigung zu Empathie und zu kontinuierlicher prosozialer Bindung. Dies sind Voraussetzungen und Bausteine des Merkmalsfeldes „Erziehung".

Für den Cro-Magnon-Menschen sind in der Folgezeit sogenannte Freiluftsiedlungen dokumentiert, in denen mindestens 100 bis 125 Menschen lebten, beispielsweise im heutigen Tschechien und in der Ukraine (Burenhult et al. 2000). Die Siedlungen oder Sammellager an den Ufern des Don bestanden aus zwölf Meter langen Langhäusern, einer Bauform, die seither eine gewisse Tradition im Siedlungsbereich von Großgruppen hat (Müller-Karpe 1998). Eine derartige Populationsdichte mit entsprechend erwartbarer sozialer Komplexität ist ohne eine differenzierte Form von Sozialkompetenz kaum zu bewältigen.

Für beide Sapienten-Gruppen ist aufgrund der Fundlage soziales Lernen und eine komplexe soziale Kommunikation anzunehmen. Die hohen Anfordernisse des Gruppenlebens und zudem die Notwendigkeiten zunehmend unterschiedlicher Subsistenzformen (beginnende Domestizierung von Tieren im Magdalénien) konnten keinesfalls über disponiertes Verhalten und ein Lernen durch Versuch und Irrtum und am Erfolg gemeistert werden.

Zusätzliche Argumente geben Paläoanthropologie und Evolutionäre Psychologie (Burenhult et al. 2000; Dunbar 1996, Buss 1999): Den Skelettfunden aus dem oberen Paläolithikum Europas und Asiens zur Folge erreichten die Menschen nur selten ein Alter von über 40 Jahren. Zudem litten sie stark an Unter- und Mangelernährung. So sind etwa vielfach die Folgen von Rachitis erkennbar. Bedenkt man, dass die Ertragskapazität der verschiedenen ökologischen Zonen von im idealen Fall 20qkm (z.B. europäisches Mediterraneum) bis zu extremen 200qkm pro Person (Tundrenzonen) reichte, ist anzunehmen, dass der Überlebenskampf und die Konkurrenz zwischen Gruppen um Ressourcen sehr groß gewesen sein müssen (Trump 1980). Eine Gruppe kann – geht man von rezenten Modellprozessen aus – nur dann auf längere Zeit überleben, wenn das Risiko von Auseinandersetzungen innerhalb der Gruppe möglichst gering gehalten wird. Neben der Größe der Gruppe als Überlebensparameter spielt also die Fähigkeit, in Frieden zu leben, eine entscheidende Rolle. Dies ist bei einer Gruppengröße von etwa 100 Mitgliedern eine äußerst schwierige Aufgabe, die weitreichende Lernprozesse, Lernflexibilität, Anleitung sowie Kooperationsbereitschaft nach Innen und Kompetitionskompetenz nach Außen voraussetzt.

Für den letzten Abschnitt des oberen Paläolithikums sind schließlich Funde dokumentiert, die als Hinweise auf soziale Rangstrukturen interpretiert werden könnten, was wiederum auf einen sehr komplexen sozialen Bereich hinweist, der über Tradierung und Anleitung erschlossen wird. Es handelt sich um eine Reihe außergewöhnlich ausgestatteter Erwachsenen- und Kindergräber (Burenhult et al. 2000, 93ff.).[7] Ein Grab unweit von Moskau barg die Überreste zweier Erwachsener und zweier Kinder. Die Kleidung des Mannes und der Kinder waren mit Tausenden von Perlen aus Elfenbein und Tierzähnen geschmückt, zudem wurden reich verzierte Waffen und Objekte mitgegeben, die auf einen hohen Rang der Toten hinweisen. Weitere Funde aus Italien zeigen Kindergräber, die ebenfalls großartig ausgestattet waren. Da zumindest in allen bekannten Populationen Kinder aus eigener Kraft noch keine hohe soziale Stellung in ihrer Gruppe erreichen können, werden diese Funde als erste Beispiele ererbter Statusfolge gedeutet. Damit öffnet sich das weite Feld um die Bereiche „Vorstellungen", „Personalisation" und „Normen".

An die vorangegangenen Beispiele schließt der nun dritte Schritt der Indiziensuche an. Auch für den Bereich religiöser Vorstellungen liegt die Annahme einer Tradierung von Wissen und Normen in entsprechenden Erziehungsfeldern nahe.

dierung von Wissen und Normen in entsprechenden Erziehungsfeldern nahe. Für den Neandertaler kann bei gebotener vorsichtiger Interpretation beispielsweise von Grabfunden eine Form religiöser Vorstellungen oder ideologischer Systeme vermutet werden (Groves 2000). Grabungszusammenhänge lassen auf die Beigabe von Blüten, Ocker und auch von Tierknochen möglicherweise im Zusammenhang mit Bestattungen schließen (Rowley-Conwy 2000). Für den modernen Menschen des Cro-Magnon sind, wie oben schon angesprochen, im Bereich der Bestattungsriten zahlreiche Funde dokumentiert. Die spezifischen Bedeutungen sind jedoch nicht zu entschlüsseln (Müller-Karpe 1998). Schließlich lassen die schon erwähnten hervorragenden künstlerischen Zeugnisse des modernen *Homo sapiens* seit der Zeit des Aurignacien eine gezielte Tradierung nicht nur der unterschiedlichen Techniken, sondern auch der vielfach wohl symbolischen Inhalte annehmen (Lewis-Williams & Dowson 1988).

Zusammenfassend lassen sich zwei aus evolutionärer Sicht neue und miteinander in Verbindung stehende Entwicklungsschritte bezeichnen, die das Merkmalsfeld Erziehung im Verlauf der Hominidenentwicklung beschreiben: Einerseits geht es um die spezifische Ontogenese des Menschen und in diesem Zusammenhang um Lernbedürftigkeit und Lernfähigkeit, Erziehungsbedürftigkeit und Erziehungsfähigkeit, Kommunikations- und Bindungskompetenz sowie die Möglichkeit und Notwendigkeit von Tradierung. Andererseits ist in besonderer Weise die kulturelle Evolution angesprochen. Sie geht einher mit komplexen Subsistenzfertigkeiten, der Entwicklung von Kulturtechniken und dem sichtbaren Bedürfnis, Umwelt zu strukturieren und zu markieren, der Entstehung komplexer sozialer Gruppen und entsprechend notwendigen Sozialkompetenzen sowie mit Formen von Selbstkonzepten und ideologisch-religiösen Vorstellungen. In diesen Funktionskreisen ist Erziehung erkennbar verankert als ein Heranführen junger Menschen durch Erwachsene an die gegebene sozio-kulturelle Praxis, an Aufgaben und das Überleben in der dinglichen wie sozialen Umwelt. Dieser Funktionszusammenhang ist ein wichtiger gesellschaftlicher Entwicklungsimpuls.

Querschnittliche Betrachtung – Überlegungen zu Erziehung im frühen historischen Verlauf kultureller Diversifikationen

Die Indiziensuche zum Bereich „Erziehung in der Kindheit" entlang der historischen Entwicklungslinien wird in diesem Abschnitt querschnittlich entlang der kulturellen Diversifikationen weitergeführt. Damit steht auch die eingangs gestellte Frage nach Einflussvariablen von Erziehung in Wandlungsprozessen im Vordergrund.

Wiederum wird ein deskriptiver Erziehungsbegriff gewählt, der es erlaubt, die Funktionskontexte zu beobachten. Die Suchkriterien erstrecken sich vor allem auf die Bereiche informelles/formelles Lernen und die damit zusammenhängenden Erziehungshandlungen sowie in großem Umfang auf die Belange von Sozialisation und Enkulturation. Die Überlegungen zu kulturgeschichtlichen Ausprägungen von Erziehungsphänomenen orientieren sich an kulturenvergleichenden Daten und Resultaten. Entsprechend wird ein breiter Kulturbegriff zugrunde gelegt.

Historische Fragestellungen anhand aktueller ethnologischer Daten anzugehen, ist im allgemeinen nicht unproblematisch. Man kann nur in wenigen Fällen mit Bestimmtheit davon ausgehen, dass rezente Kulturen tatsächlich etwa jungsteinzeitliche Subsistenzstrategien und -technologien unverändert bewahrt haben, oder aber, aufgrund welcher Umweltbedingungen auch immer, regressive Entwicklungen vorliegen (Herzog-Schröder 1992). Zur vorliegenden Suche nach Erziehungsphänomenen erlauben gegenwärtige Kulturen jedoch – gleichsam am Modell – eine Deskription von Erziehungsfeldern und -prozessen sowie von Funktionszusammenhängen. Sie können Hinweise geben für umgebungsabhängige erzieherische Phänomene und Prozesse in möglicherweise vergleichbaren Umgebungsbedingungen der Vergangenheit.

Die längste Zeit ihrer Kulturgeschichte lebten die Menschen in der Subsistenz- und Gesellschaftsform des Wildbeuters. Etwa 12.000 Jahre vor unserer Zeitrechnung begannen sie dann – in der Zeitspanne der sogenannten Neolithischen Revolution – mit dem Anbau von Getreide, in größerem Umfang mit Tierhaltung sowie in bestimmten Regionen mit systematischem Feldbau (v.a. in der Region des „Fruchtbaren Halbmondes" in Teilen Syriens, des Iraks, des Irans und der Levante). Diese Veränderungen hatten entsprechende Konsequenzen für einmal die Populationskonzentration und Populationsgröße durch die Erhöhung des Nahrungsangebotes und zum anderen für Gesellschaftsformen durch die Folgen der Sesshaftwerdung (Casimir 1992). Mit den Hortikulturisten und Hirtenkulturen entwickeln sich somit historisch früh zwei weitere Subsistenz- und Gesellschaftsformen in sesshafter und (wohl sehr viel häufiger) teilsesshafter Ausprägung (Wanderfeldbau, Bodenbau, pastoraler Nomadismus etc.). Alle drei Subsistenzformen, d.h. Jäger-Sammler, Hortikulturisten und Hirtenkulturen sind rezent und in ihrem breiten Spektrum an Erscheinungsformen als sogenannte Traditionale Kulturen ethnologisch bestens dokumentiert.

Die aktuellen Daten zur Beschreibung des Bereiches Erziehung zeigen Verbindungen zu den variablen Umgebungsparametern „Subsistenzform" (dabei auch Klima), „Populationsgröße" und „sozialer Komplexitätsgrad der Gruppe".[8] Gerade der Aspekt „Komplexität" ist offenbar eine wichtige Variable für die methodische und inhaltliche Form von Erziehung, insbesondere für die unterschiedliche Gewichtung von informeller und formeller Erziehung. Das Unterscheidungsmerkmal „Komplexität" wird beispielsweise von Schlegel und Barry (1991) auf den Bereich der Subsistenztechnologien sowie auf die Strukturen des sozialen Lebens angewendet. Eine Gesellschaft mit fortgeschrittener Technologie und einigen spezialisierten Institutionen wird dabei als komplexer bezeichnet als eine Kultur, die diese Merkmale nicht aufweist (z.B. Pflug/komplexe Bewässerungssysteme versus Grabstock). Kleine Populationen mit einer gering ausgeprägten Struktur oder einer nach der Erbfolge bestimmten Autorität sind demnach z.B. weniger komplex als Gesellschaften mit einem übergeordneten politischen System. Betont werden muss, um mögliche Fehlinterpretationen vorzubeugen, dass dies keine normativ-qualitative Wertung beinhaltet.

Das Merkmal „Komplexität" orientiert sich allein am Grad der Effektivität und Angepasstheit der Subsistenzstrategien.

Jäger-Sammler/Wildbeuter-Kulturen zeichnen sich durch eine vergleichsweise geringe Spezialisierung der Arbeit und vergleichsweise relativ geringe geschlechtsspezifische Unterschiede in Fertigkeiten und tribalem Allgemeinwissen aus. In heutigen Wildbeuter-Kulturen, wie etwa den San in Botswana (Wiessner 1993), steht die informelle Erziehung, Lernen über Beobachten, Nachahmung und paralleles Tun im Vordergrund. Kinder werden mit kleineren Aufgaben betreut und so allmählich an die Kompetenzen und auch an die Lebensweltkonzepte der Erwachsenen herangeführt, wobei geschlechtsspezifische Inhalte dann von Erwachsenen des gleichen Geschlechts vermittelt werden. Mit aktueller Terminologie bezeichnet stehen also das praktische Lernen und die funktionale Erziehung im Vordergrund.

Wildbeuter-Kulturen bestehen zumeist aus kleineren Populationen von 20-70 Personen (je nach Klimasituation und Bodenbeschaffenheit werden saisonal auch größere Gemeinschaften gebildet). Die Gruppen sind in großem Umfang egalitär strukturiert (Casimir 1992). Wohl in diesem Zusammenhang ist es zu sehen, dass häufig das großfamiliale Umfeld (z.B. Wahlverwandte, Onkel/Tante) an der Erziehung der Kinder beteiligt und mit dem entsprechenden „Autoritäten" ausgestattet ist.

Die Erziehungsinhalte rangieren in weitem Ausmaß um die Subsistenzstrategien und -fertigkeiten sowie um religiöses Wissen (z.B. Ahnengenealogien, Entstehungsmythen, etc.). Tribales Wissen, Überzeugungen und Werte sowie rituelle Kenntnisse werden Kindern und Jugendlichen durch Teilnahme und informelle Erklärungen vermittelt (Schlegel 1992). Soziales Lernen findet in Kindheit und früher Jugend in großem Umfang in der altersgemischten Kindergruppe statt, wobei im Zuge des durchaus rangstrukturierten *peer-teaching* auch Fertigkeiten vermittelt werden (Hold-Cavell 1980). Das in oralen Prozessen und über zumeist informelles Lernen transportierte Wissen ist zugleich die tribale Allgemeinbildung. Weil es nur wenig Spezialisierung gibt und die notwendigen Fähigkeiten und das Wissen im großfamilialen Raum vermittelt werden können, besteht kein Bedarf für eine formale Ausbildung. Jeder Erwachsene ist ein Erzieher (Schlegel 1992). Jedes Mitglied der Gruppe verfügt über ein vergleichbares Wissen und über eine vergleichbare Bildung.

Für Gesellschaften mittlerer Komplexität – beispielsweise den *Chagga* in Tanzania (Krebs 2001) und den *Waika* des Venezolanischen Regenwaldes (Herzog 1993) – sind Herdentierhaltung bzw. Garten-/Feldbau als Subsistenzstrategien typisch. Extensive Marktsysteme fehlen weitgehend. Im Gegensatz zu den Wildbeuter-Kulturen sind die politischen Ämter aber strukturiert; es gibt Ältestenräte oder Dorf- bzw. Clanchefs. Die zumeist stärker formalisierten politischen Systeme finden ihre Entsprechung in einem stärker formalen religiösen System, wobei die Spannbreite innerhalb solcher Kulturen auch in Abhängigkeit der Wirtschaftsformen und Umweltsituationen groß ist (Casimir 1992).

Die Erziehung verläuft ähnlich den Jäger-Sammler-Kulturen in hohem Grade informell. Zusätzlich existieren aber deutlicher formalisierte Formen. Geschlechtstypische Verhaltensweisen und Aufgabenteilungen werden vergleichsweise stärker betont. Da es in diesen Gesellschaften zunehmend handwerkliche Spezialisten gibt, ist eine intensive und teilweise auch entlohnte Unterweisung im Bereich handwerklicher Fähigkeiten zu finden. Alice Schlegel (1992) nennt hierzu das Beispiel der „Lehre" bei „Meisterinnen" bei den Nordamerikanischen Plains-Indianern. „Schülerinnen" erlernen dort über begrenzte Ausbildungszeiträume hinweg die traditionelle und gesellschaftlich hochgeschätzte Kunst der Stickerei.

Rituelles Wissen und angemessenes Verhalten werden in Kulturen mittlerer Komplexität häufig zeremoniell bzw. nahezu institutionalisiert vermittelt. Die Initiationsriten spielen hierfür eine deutliche Rolle, wobei die interkulturelle Varianz immens ist (Krebs 2001). Im Zuge der Initiation ist in breitem Umfang formalisierter Unterricht zu beobachten. Etwa die so bezeichneten Buschschulen in Teilen Neuguineas und Irian Jayas beinhalten eine Form intentionalen Unterrichts; die Kandidaten halten sich isoliert von der Gruppe vor und/oder während der Initiationszeit dort auf. Die Curricula umfassen, so die Untersuchungen von Krebs (2001), Gruppenwerte, religiöse Vorstellungen und Praktiken, Aufgaben als Erwachsene, kulturelle Fertigkeiten sowie Sexualerziehung, wobei die Unterrichtung zumeist nach Geschlecht getrennt verläuft.

Trotz der sich abzeichnenden stärkeren Spezifizierung von Wissen und sozialen Inhalten sind der Zugang zu den tribalen Wissensbereichen und die Vermittlung erzieherischer Inhalte vergleichsweise egalitär. Die ethnologischen Materialien zeigen, dass auch im Rahmen einer solchen stärker formellen Erziehung angesichts beginnender Spezialisierung grundlegend alle Kinder beiderlei Geschlechts und jeder Herkunft eine relativ vergleichbare Erziehung im Sinne der tribalen Bildung und Ausbildung erhalten (Schlegel & Barry 1991).

In komplexen traditionalen Gesellschaften, etwa den *Ama-Xosa*, Südafrika (Krebs 2001), herrscht ein relativ hoher Grad an Arbeitsteilung und der Konzentration ziviler, oft auch religiöser Macht in den Händen von Spezialisten und Professionellen. Auch komplexe traditionale Gesellschaften umfassen eine große Spannbreite an Erscheinungsformen, die von den Königtümern Afrikas bis hin zum präindustriellen Europa reicht (Casimir 1992).

Erziehung und Unterweisung verlaufen in stark differenzierbaren Bereichen, in einer deutlichen Unterscheidung von informell und formell. Der Großteil der Menschen genießt – so die Ethnologen Schlegel und Barry (1991) – nur wenig formale Erziehung, bestenfalls religiöse Unterweisung. Die Kluft zwischen einer intentionalen, mit bestimmten Inhalten versehenen Erziehung und der informellen Erziehung des täglichen Lebens ist breit. Bestimmte Wissensinhalte werden exklusiv vermittelt. Parallel hierzu verlagern sich Machtverhältnisse und soziale Vorteile sowohl entlang der Rangstrukturen als auch zwischen den Geschlechtern.

Zusammenfassend geben die ethnologischen Daten zu rezenten Gesellschaften folgende Hinweise zum Funktionsrahmen von Erziehung auf der Ebene kultureller Diversifikationen: Es sind Kontinuitätslinien zu erkennen. Sie knüpfen an den sogenannten Konstanten ontogenetischer Vorbedingungen jedes Heranwachsenden an.

Die Entwicklungsphasen Kindheit und Jugend fordern gleichsam Rahmenbedingungen, die jede Kultur noch „vor" der jeweils spezifischen kulturellen Modifikation von Erziehung bereitstellen muss. Auf dieser Ebene zeigt sich deutlich die Verbindung zur evolutiven Entstehung von Erziehung: Die humanspezifische Ontogenese ist hierfür gleichzeitig Voraussetzung und Anspruch.

In allen hier betrachteten Populationen betrifft Erziehung in großem Umfang die Kontexte Sozialisation und Enkulturation. Beides steht im Funktionszusammenhang einer Befähigung Heranwachsender zur Partizipation am sozio-kulturellen Gruppenleben. Beides steht damit im Kontext der Reproduktion und des Erhalts der Gruppe. Das sind die Strategien der Lebensbewältigung, die die frühe Gattungsgeschichte von Erziehung kennzeichnen. „Erziehung" ist weitgehend abhängig von der sie tragenden Kultur, was aber Freiräume in funktionalen Aspekten nicht in Abrede stellt.

In allen Traditionalen Kulturen nehmen informelle Erziehung und Ausbildung einen großen Raum ein. Interkulturelle Unterschiede zeigen sich im Vergleich dann deutlich im Spektrum intentionaler und institutionalisierter Erziehung. Formen institutionalisierter Erziehung treten in manchen Gesellschaften mittlerer Komplexität auf, während sie stark ausgebildet sind in Gesellschaften hoher Komplexität. Gleichzeitig verändert sich der Fundus an „Allgemeinbildung", der nun nicht mehr tribal durchgängig ist, sondern stark gruppenintern differiert. Dies geht bis zur Exklusivität von Wissen und Bildung mit allen sozialen und materiellen Konsequenzen.

Wichtige Systemgrößen für die jeweils spezifische Entwicklungsform von Erziehung sind also die Merkmale „Subsistenzform", „Populationsgröße" und „Komplexitätsgrad der Gesellschaftsform". In diesem Variablenbereich werden auch die Konsequenzen von Übergängen deutlich. Hier liegen Spannungsfelder für den Einzelnen wie für Gruppen (vgl. Renner/Seidenfaden 1997), wie sie sichtbar werden etwa in der Begegnung Traditionaler Kulturen mit historisch jungen, industriellwestlichen Erziehungsformen[9] in der jüngeren Vergangenheit und der zeitgenössischen Welt.

Literatur

Bowlby J (1975) Bindung. Eine Analyse der Mutter-Kind-Beziehung. München.
Brezinka W (1990) Grundbegriffe der Erziehungswissenschaft. München.
Burenhult G, Rowley-Conwy P, Schiefenhövel W, Thomas DH, White P (Hrsg.) (2000) Die ersten Menschen. Augsburg.
Buss D (1999) Evolutionary Psychology. The New Science of the Mind. Boston: Allyn and Bacon.
Casimir M (1992) Überlebensstrategien. Kulturen als Experimente. Funkkolleg „Der Mensch. Anthropologie heute". Studieneinheit 13. Hgg. Deutsches Institut für Fernstudien an der Universität Tübingen.
Chauvet J-M, Brunel-Deschamps E, Hillaire C (1995) La grotte Chauvet. Paris.
Childe V (1951) Man Makes Himself. London.

Dowson T (1992) Rock Engravings of Southern Africa. Johannesburg: Witwatersrand University Press.
Dunbar R (1996) Grooming, Gossip and the Evolution of Language. London: Faber & Faber.
Fletcher R (2000) Was ist die Menschheit? In: Burenhult, G. et al. (Hrsg.): Die ersten Menschen. Augsburg, 17-19.
Grossmann K et al. (1989) Die Bindungstheorie: Modell und entwicklungspsychologische Forschung. In: Keller H (Hrsg.) Handbuch der Kleinkindforschung. Heidelberg, 31-55.
Groves C (2000) Die Neandertaler. In: Burenhult G et al. (Hrsg.) Die ersten Menschen. Augsburg, 68-73.
Herrmann J, Ullrich H (Hrsg.) (1991) Menschwerdung. Millionen Jahre Menschheitsentwicklung - natur- und geisteswissenschaftliche Ergebnisse. Berlin.
Herzog H (1993) Die Yanomami. In: Schiefenhövel W, Uher J, Krell R (Hrsg.) Im Spiegel der Anderen. München, 36-45.
Herzog-Schröder G (1992) Ich und die Anderen. Fremd und vertraut. Funkkolleg „Der Mensch. Anthropologie heute". Studieneinheit 12. Hgg. Deutsches Institut für Fernstudien an der Universität Tübingen.
Hold-Cavell B (1980) Attention-Structure and Behavior in G/wi San Children. Ethology and Sociobiology 1: 275-290.
Johanson D, Shreeve J (1989) Lucy's Child. The Discovery of a Human Ancestor. New York: Morrow.
Keller H (1989) Kontinuität und Entwicklung. In: Keller H (Hrsg.) Handbuch der Kleinkindforschung. Heidelberg, 163-180.
Krebs U (1992a) Zoologischer Kontext und stammesgeschichtliche Aspekte der Erziehung. In: Adick Ch, Krebs U (Hrsg.): Evolution, Erziehung, Schule. Erlangen, 71-89.
Krebs U (1992b) Biologie und Ethnologie als Felder makroanalytischer Vergleiche von Erziehungsphänomenen. In: Hohenzollern J G v, Krebs U, Liedtke M (Hrsg.) Erziehung und Schule zwischen Tradition und Innovation. Bad Heilbrunn, 63-81.
Krebs U (2001) Erziehung in Traditionalen Kulturen. Quellen und Befunde aus Afrika, Amerika, Asien und Australien. Berlin.
Krebs U (2002) Kulturwandel und naturgeschichtliche Entwicklung. 40.000 Jahre Probleme der Pädagogischen Anthropologie? In: Liedtke M (Hrsg.) Relikte. Der Mensch und seine Kultur. (im Druck).
Kummer H (1992) Gruppenführung bei Tier und Mensch in evolutionärer Sicht. In: Meier H (Hrsg.) Die Herausforderung der Evolutionsbiologie. München, 173-191.
Lenzen D (Hrsg.) (1989) Pädagogische Grundbegriffe. Stuttgart.
Leroi-Gourhan A (1975) Prähistorische Kunst. Die Ursprünge der Kunst in Europa. Freiburg i.B.
Lewis-Williams D (1981) Believing and Seeing: Symbolic Meanings in Southern San Rock Paintings. London: Academic Press.
Lewis-Williams D, Dowson Th (1988) The Signs of all Times. Entoptic Phenomena in Upper Palaeolithic Art. Current Anthropology 29, 2: 201-217.
Liedtke M (1972) Evolution und Erziehung. Göttingen.
Müller-Karpe H (1968) Handbuch der Vorgeschichte. Bd. 2, Jungsteinzeit. München.
Müller-Karpe H (1998) Geschichte der Steinzeit. Augsburg.
Promp D (1992) Über die Notwendigkeit einer biofunktionalistischen Sichtweise in der Pädagogik. In: Adick Ch, Krebs U (Hrsg.) Evolution, Erziehung, Schule. Erlangen, 91-110.
Reble A (1999) Geschichte der Pädagogik. Stuttgart.

Renner E, Seidenfaden F (Hrsg.) (1997) Kindsein in fremden Kulturen. Weinheim.
Roth G (1992) 100 Milliarden Zellen. Gehirn und Geist. Funkkolleg „Der Mensch. Anthropologie heute". Studieneinheit 5. Hgg. Deutsches Institut für Fernstudien an der Universität Tübingen.
Rowley-Conwy P (2000) Hatten die Neandertaler eine Religion? In: Burenhult G et al. (Hrsg.) Die ersten Menschen. Augsburg, 70.
Schlegel A (1992) Erziehung von Kindern und Jugendlichen: Kulturelle Variation und ihre Konsequenzen. In: Hohenzollern J G v, Krebs U, Liedtke M (Hrsg.): Erziehung und Schule zwischen Tradition und Innovation. Bad Heilbrunn, 53-62.
Schlegel A, Barry H (1991) Adolescence: An Anthropological Inquiry. New York: Free Press.
Schleidt M (2001) Kindheit aus humanethologischer Sicht. In: Forster J, Krebs U (Hrsg.): Kindheit zwischen Pharao und internet. 4000 Jahre in interdisziplinärer Perspektive. Bad Heilbrunn, 87-108.
Schuster M (1992) Erziehung und Schulung in traditionalen Kulturen: das Beispiel Neuguinea. In: Hohenzollern J G v, Krebs U, Liedtke M (Hrsg.): Erziehung und Schule zwischen Tradition und Innovation. Bad Heilbrunn, 155-163.
Trump D (1980) The Prehistory of the Mediterranean. New Haven: Yale University Press.
Ullrich H (1992) Der Mensch und sein Werkzeug. Funkkolleg „Der Mensch. Anthropologie heute". Studieneinheit 15/1. Hgg. Deutsches Institut für Fernstudien an der Universität Tübingen.

---

1   Sapienten: Archaischer Homo sapiens (z.B. Homo neandertalensis) und Moderner Homo sapiens (Homo sapiens sapiens). Archaischer Homo sapiens ca. 300.000 - 33.000v.u.Z. (Europa). In Europa mit der Moustérien-Kultur verbunden. Komplexe Werkzeugfertigkeiten, Handel und wohl auch ideologische Konzepte. Moderner Homo sapiens ca. 140.000v.u.Z., ab 40.000v.u.Z. in Europa.
2   Gleichwohl wird man bei einer ausgedehnten Suche die frühen und die teils über weite Zeitstrecken parallelen Hominidenentwicklungen (etwa Australopithecinen und Erectinen) zu berücksichtigen haben sowie auch im subhumanen Bereich unter anderem nach den funktionalen Entwicklungen der Phänomene „Brutvorsorge" und „Brutpflege" fragen müssen (vgl. Liedtke 1972, Promp 1992). Ebenso eröffnen die aktuellen Beobachtungsresultate bei Schimpansen von William McGrew (Chimpanzee material culture. Implications for human evolution. Cambridge: Cambridge University Press 1992) zu Handlungen, die vergleichbar sind mit der gezielten Anleitung im Rahmen der Tradierung kulturähnlicher Phänomene völlig neue Fragestellungen zu den Wurzeln von Erziehung.
3   Habilinen einschließlich Homo habilis, ca. 2.5-1.6 Mio, Vorläufer der Erectinen. Durch Funde im Süd-östlichen Afrika dokumentiert (z.B. Olduvai, Tanzania). Die Habilinen sind nach heutigen Kenntnissen die ersten Hersteller von einfachen Steinwerkzeugen aus Flusskiesel, die über weite Strecken transportiert und verwendet wurden. Homo habilis lebte in kleinen Gruppen. Mit den Habilinen beginnt die Gattung Homo. Gehirnvolumen 590-700ccm, ca. 1.3m; Burenhult et al. 2000, 44ff., 62ff.
4   Erectinen einschließlich Homo erectus. Unteres und mittleres Pleistozän. In Afrika, Asien und Europa. 1.6 Mio-100.000; Gehirnvolumen 775-1300ccm; ca. 1.5-1.8m. Die Erectinen besaßen eine komplexe Werkzeugfertigkeit; Burenhult et al. 2000, 62ff.
5   Der archaische Homo sapiens hatte eine dem modernen Homo sapiens vergleichbare lange Entwicklungsphase der biologischen Kindheit; Burenhult et al. 2000.

6   Nach Müller-Karpe (1998, 144) lässt die so „... bemerkenswerte stilistische Einheitlichkeit, die der gesamten Paläolithkunst eigen ist, eher daran denken, dass das Abbilden von Menschen und Tieren nicht die Spezialität einiger weniger, nämlich einer Künstlerschaft, war - wie später das Schreiben in den orientalischen Hochkulturen -, sondern dass im Jungpaläolithikum das figürliche Darstellen Sache aller war, fast wie das Sprechen." Indizien in eine vergleichbare Richtung geben die bis in das 19. Jh. reichenden authentischen Quellen zu den Urhebern südafrikanischer Felsenmalereien; sie weisen auf eine weite Verbreitung solcher künstlerischen Arbeiten innerhalb der Population hin (Lewis-Williams 1981). Diese Hinweise sind insofern hier von Interesse, weil sie ein breites, also nicht elitär-exklusives Erziehungsfeld erahnen lassen. Ein zusätzliches Argument bietet die vielfach feststellbare Tradition des Ortes. Die sich überlagernden Malereien aus unterschiedlichen Epochen geben Zeugnis davon, dass im Paläolithikum und Neolithikum rituelle Plätze konstant besucht und „bezeichnet" wurden.

7   Sungir, Moskau und Grotte des Enfants, Balzi Rossi, Italien, 7-13 Jahren. Angesichts der zahlreichen Kindergräber aus jungpaläolithischer Zeit spricht Müller-Karpe (1998, 142) von einer erkennbaren „Bedeutung der Familie in der paläolithischen Sozialordnung", und von einer „erkennbaren Einstellung zu den Kindern. Es ist geradezu ergreifend, mit welch liebevoller Pietät und rührender Überschwänglichkeit gerade die Kleinen beigesetzt und mit Schmuck versehen wurden."

8   Vgl. die ausführliche erziehungswissenschaftliche Analyse von Uwe Krebs (2001) zu Erziehungsformen in Kindheit und Jugend in 37 Traditionalen Kulturen.

9   Der Ethnologe Schuster (1992) untersucht seit 40 Jahren den Einfluss der westlichen Missionsschulen auf die Lebenswege von Jugendlichen der Iatmul in Papua Neuguinea, einer Hortikulturisten- und Wildbeuterkultur. Er nennt u.a. folgende Konsequenzen: - Die Aufwachsbedingungen von Jungen und Mädchen geben stark getrennte Lebenswege vor, weil die Erziehung und Ausbildung in den Missionsschulen nur den Jungen zugänglich ist, wohingegen die Mädchen im traditionellen Erziehungsumfeld verbleiben. - Die durch die Inhalte der institutionalisierten Erziehung verstärkte Spezialisierung macht die Jugendlichen zu Grenzgängern zwischen zwei Welten und konfrontiert sie mit nunmehr inkonsistenten Weltbildern (1992, 159). Für die erziehungswissenschaftliche Betrachtung hoch informativ sind des weiteren Nelson Mandelas ausführliche Beschreibungen des Spannungsfeldes einer Erziehung traditionaler und westlich-industrieller Ausrichtung (Long walk to freedom. London: Abacus 1994).

Alltagserfahrungen von 3 Monate alten Säuglingen in Nord- und Lateinamerika, Europa und Afrika

A. Schölmerich, B. Leyendecker, M. E. Lamb, B. S. Hewlett, R. Tessier

Die Entwicklungsnische und ihre kulturellen Variationen

Menschliche Säuglinge wachsen in einer Vielzahl unterschiedlicher Umgebungen heran, die man nach psychosozialen, geographischen und demographischen Aspekten unterscheiden kann. Für deren Beschreibung haben Super und Harkness (1986) das Konzept der Entwicklungsnische vorgeschlagen. Unter diesem Begriff werden drei unterschiedliche, jedoch miteinander verbundene Einflussgrößen auf die kindliche Entwicklung differenziert: (a) physische und soziale Settings, (b) kulturelle Regeln und Bräuche für das Aufziehen von Kindern und (c) die psychologischen Charakteristika der Bezugspersonen. Kulturspezifische Unterschiede in den Rollen, die Eltern für die Entwicklung ihrer Kinder spielen, sind schon länger dokumentiert und diskutiert worden (Leiderman et al. 1977, LeVine 1989, Tronick et al. 1992). Manche Autoren betonen insbesondere die Bedeutung alltagsbezogener Vorstellungen und Motive der Eltern (D'Andrade & Strauss 1992), andere Konzeptualisierungen bieten feinere Aufgliederungen der jeweiligen Einflüsse an, die unterschiedliche Formen von sozialen Kontakten detaillierter differenzieren (Lonner & Malpass 1994).

Die Ansätze stimmen insofern überein, als dass sie alle die soziale Einbettung der menschlichen Entwicklung betonen, sie widmen aber der Beschreibung der unterschiedlichen Interaktionsweisen wenig Aufmerksamkeit. Die vergleichsweise wenigen Beobachtungsstudien, die frühkindliches Interaktionsverhalten in kulturvergleichender Perspektive untersuchen, haben Unterschiede in der Vokalisationshäufigkeit, des Blickkontakts und des Spielverhaltens festgestellt (Bornstein et al. 1991, Bornstein et al. 1992, Richman et al. 1992). Die meisten dieser Untersuchungen beruhen jedoch auf relativ kurzen Beobachtungszeiträumen (meist weniger als eine Stunde) und vorgegebenen Beobachtungssituationen. Darüber hinaus wurden für die frühe Kindheit einzelne Interaktionsformen und Verhaltensweisen mit unterschiedlichen Methoden untersucht, wie Füttern (New & Richman 1996), Schlafen (Morelli et al. 1992) oder die Kontexte, in denen das kindliche Weinen auftritt (St. James-Roberts 1993), wobei auch kulturelle Unterschiede diskutiert wurden (Alvarez 2001).

Auch in den Lehrbüchern der Entwicklungspsychologie finden sich wenige Daten aus kulturvergleichenden Untersuchungen zu frühkindlichem Interaktionsverhalten; hier wird der Einfachheit halber davon ausgegangen, dass mit weißen Mittelschichtstichproben gewonnene Erkenntnisse – zum Beispiel zur Wirkung mütterlicher Responsivität – ohne weiteres auf alle menschlichen Säuglinge übertragen werden können. Die Annahme von Universalien, etwa hinsichtlich der Bedeutung von Früherfahrungen für die sozial-emotionale Entwicklung, insbesondere die Entwicklung einer Bindung zwischen Mutter und Kind (Ainsworth et al. 1978), bezieht sich auf die Überlegung von Bowlby (1969), der betont hat, dass es sich hierbei um ein evolviertes Verhaltensprogramm handelt. Die Universalität des allgemeinen Bindungsverhaltens ist weitgehend akzeptiert (Main 1990). Vorliegende Metaanalysen über die unterschiedliche Verteilung von Bindungstypen über verschiedene Kulturen hinweg (van IJzendoorn & Kroonenberg 1988) betonen die im Vergleich zur innerkulturellen eher geringere interkulturelle Variation, obwohl gewisse Ähnlichkeiten größerer Kulturräume auftreten. Der etablierte Test zur Prüfung der Bindungsqualität wird in sehr unterschiedlichen kulturellen Kontexten eingesetzt, obwohl gut dokumentiert ist, dass bedeutsame, mit kulturellen Normen in Zusammenhang stehende Unterschiede in der Bewertung kindlichen Bindungsverhaltens bestehen (Harwood et al. 1995). Diesem universalistischen Anspruch der Entwicklungstheorien entsprechend sind die Beschreibungen psychologisch relevanter Alltagserfahrungen von menschlichen Säuglingen im Vergleich zu weitreichenden Erwägungen in der anthropologischen Literatur bislang wenig detailliert. Letztere befasst sich primär mit kulturspezifischen Metaphern und kognitiven Arbeitsmodellen von Erwachsenen, so zum Beispiel bei Jäger-Sammler-Gesellschaften (Bird-David 1990), ohne jedoch hinreichend zu explizieren, wie es im individuellen Entwicklungsverlauf zu der Ausbildung dieser kognitiven Arbeitsmodelle kommt (Hewlett et al. 2000a).

Individualismus – Soziozentrismus

Eine wesentliche Dimension, unter der das Verhalten zwischen Erwachsenen und Kindern in kulturvergleichender Perspektive betrachtet werden kann, ist durch die Begriffe Individualismus und Kollektivismus oder Soziozentrismus gekennzeichnet (Markus & Kitayama 1991, Triandis et al. 1982, Triandis 1995). Individualistische Kulturen legen besonderen Wert auf Autonomie und Unabhängigkeit; soziozentrische Kulturen betonen demgegenüber die Verbundenheit des Einzelnen mit seiner Gruppe. Innerhalb einer soziozentrischen Orientierung werden Gruppenhierarchien akzeptiert, wohingegen individualistische Kulturen eher die Autonomie des Einzelnen hervorheben, was mit einer geringeren Toleranz für Machtdistanzen in sozialen Organisationen einhergeht (Hofstede 2001). Eine mögliche Form der soziozentrischen Orientierung besteht darin, dem Kontakt kleiner Kinder mit Verwandten und Familienfremden viel Raum und Bedeutung einzuräumen, wohingegen individualistisch orientierte Familien eher die Einzigartigkeit und Besonderheit des Kindes in den Vordergrund stellen. Westliche Kulturen, insbesondere die Industrienationen, werden eher der individualistischen, asiatische, lateinamerikanische und afrikanische Kulturen eher einer soziozentrischen Orientierung zugeordnet. Die Warnung von Kagitçibasi (1997), dass die Beliebtheit des Konstruktes vor allem seiner Einfachheit zu verdanken ist, sollte allerdings ebenso beachtet werden wie der Hinweis von Killen und Wainryb (2000), dass die Klassifizierung von Kulturen nach solchen Dimensionen zwangsläufig zum Ignorieren kultureller Komplexität führt. Trotzdem ergeben sich beispielsweise im Vergleich lateinamerikanischer mit US-amerikanischen Familien Orientierungen und Verhaltenstendenzen, die bei aller intrakultureller Varianz mit einer solch breiten kulturellen Orientierung konsistent sind (Harwood et al. 2001, Harwood et al. 1996, Harwood et al. 1999).

Unser entwicklungspsychologisches Wissen beruht bis heute vor allen Dingen auf unsystematischen Beobachtungen kurzer Zeiträume von isolierten Verhaltensweisen. Diese beschränken sich wiederum auf Mittelschichtfamilien westlicher Industrienationen. Die hier berichtete Studie versucht, durch Beobachtung der Säuglingszeit in verschiedenen Ökologien einen Beitrag zur Erweiterung der Betrachtungsperspektive kindlicher Entwicklung zu leisten.

Methode

Stichproben

Die erste Stichprobe unserer Untersuchung besteht aus Familien weißer US-Amerikaner, die im Großraum von Washington, DC. leben und eine gehobene Mittelschichtpopulation darstellen. Wir bezeichnen sie als Euroamerikaner. Diese Stichprobe wurde zunächst gewählt, um mit den meisten publizierten Untersuchungen vergleichbare Daten zu bekommen. Eine zweite Stichprobe stammt aus Quebec, Kanada, sie gehört ebenfalls der Mittelschicht an. Die Familien sprechen französisch, können aber hinsichtlich zentraler Normen und Werte dem angloamerikanischen Raum zugeordnet werden. Die nächsten beiden Stichproben wurden in der Bundesrepublik Deutschland erhoben. Eine der beiden Stichproben stammt aus den neuen Bundesländern (Halle an der Saale), die andere aus dem Ruhrgebiet (Bochum). Die Stichprobe aus Halle an der Saale ist dem sozioökonomischen Status nach gemischt (Unterschicht und Mittelschicht), die Bochumer Stichprobe gehört der Mittelschicht an.

Familien aus Lateinamerika wurden in insgesamt vier Stichproben untersucht (vgl. Tabelle 1). Eine davon besteht aus Familien, die kurz vor der Geburt des Kindes aus Zentralamerika in die Vereinigten Staaten von Amerika eingewandert waren. Diese Familien leben (wie die Euroamerikaner) im Großraum Washington, DC., ihre Existenz ist aber durch grundlegend andere sozioökonomische Charakteristika gekennzeichnet. Ihre Muttersprache ist Spanisch, die Mütter sprachen kein Englisch oder verfügen über geringe Englischkenntnisse. Sie stammten vorwiegend aus El Salvador. Die Gründe, die zur Migration führten, waren Verfolgung oder kriegerische Auseinandersetzung im Heimatland sowie Hoffnung auf Verbesserung ihrer ökonomischen Situation ('subsistence migration'). Sie lebten zum Zeitpunkt der Untersuchung seit maximal fünf Jahren in der Region und hatten teilweise keinen legalen Aufenthaltsstatus (Fracasso et al. 1997, Lamb et al. 1998, Leyendecker & Lamb 1999). Die zweite lateinamerikanische Stichprobe besteht aus Familien in San Juan,

Costa Rica, die je zur Hälfte zur unteren und zur mittleren sozioökonomischen Schicht gehören (Leyendecker et al. 1997). In der dritten und vierten Subgruppe der lateinamerikanischen Stichproben wurden Familien in Bogota, Kolumbien, untersucht. Beide Stichproben gehörten der sozioökonomischen Unterschicht an, wobei die erste als besonders verarmt bezeichnet werden muss.

Schließlich berichten wir über zwei Stichproben aus der Zentralafrikanischen Republik. Die erste gehört zur Ethnie der Aka. Dieser Stamm ist eine klassische Jäger-Sammler-Gesellschaft. Die Aka sind kleinwüchsig, leben in Gruppen von ca. 30 Personen und ziehen im Jahresrhythmus durch ihr Siedlungsgebiet (Hewlett et al. 2000a, Hewlett et al. 1998). Bei der zweiten afrikanischen Stichprobe handelt es sich um Angehörige der sesshaften Ngandu, die mit den Aka einen gewissen Austausch zu bestimmten Zeiten des Jahres pflegen. Die Ngandu betreiben einfachen Ackerbau, sie produzieren landwirtschaftliche Produkte und in sehr geringem Umfang auch Kaffee als Tausch- und Handelsware (Hewlett et al. 2000b).

Tab. 1: Größe der Stichproben im Überblick (n=254).

Stichprobe	N	Prozent	Stichprobe	N	Prozent
Washington - EA	21	8,3	San Juan - Costa Rica	40	15,7
Quebec - Canada	37	14,6	Bogota - MSES	19	7,5
Halle - BRD	32	12,6	Bogota - LSES	17	6,7
Bochum - BRD	27	10,6	Ngandu - CAR	21	8,3
Washington - CA	20	7,9	Aka – CAR	20	7,9

Beobachtungsverfahren

Die Beobachtung der Familien erfolgte mit Hilfe eines Papier-und-Bleistift-Verfahrens, mit dem insgesamt 52 verschiedene Verhaltensweisen bzw. Zustände erfasst werden konnten. Die Beobachter trugen einen Kopfhörer, aus dem ein kurzes Tonsignal das Verstreichen von 20 bzw. 10 Sekunden anzeigte. 20 Sekunden waren reine Beobachtungszeit, die folgenden 10 Sekunden wurden zur Markierung der beobachteten Verhaltensweisen und Zustände auf dem Protokollblatt benutzt. Bei der Gewinnung der Stichprobe wurde Wert darauf gelegt, den Müttern ausführlich zu erklären, dass das besondere Interesse am Alltagsleben der Säuglinge besteht und die Kinder möglichst in unterschiedlichen Kontexten beobachtet werden sollten. Wenngleich die Beobachtungssituation damit nicht mehr völlig natürlich ist, so halten wir diesen Fehler im Vergleich zu allen denkbaren Alternativen für vertretbar. Die Beobachtung erfolgte in Blöcken von 45 Minuten, daran schloss sich eine Pause von 15 Minuten für den Beobachter an. Pro Tag wurden je nach Stichprobe zwei bis vier solcher Blöcke abgearbeitet. Bei der Planung der Hausbesuche wurde so vorgegangen, dass für jedes Kind die Beobachtungen über 12 Stunden des Tages verteilt waren, also sich aus dem Datensatz ein kompletter, wenn auch künstlicher, Tagesablauf rekonstruieren ließ.

Tab. 2: Beobachtete Verhaltensweisen und Kontexte, so wie sie in den deutschen Stichproben im Beobachtungsbogen enthalten waren. Die Zusammenstellung der Beobachtungsvariablen folgte mit einigen Modifikationen und Ergänzungen einem Schema, das von Belsky und Mitarbeitern für kürzere, aber im Altersverlauf wiederholte Untersuchungen entwickelt wurde (Belsky te al. 1984).

Verhaltensweisen des Kindes	Verhaltenweisen der Erwachsenen	Zustände und Umgebung
K-Schlaf/Dösen	E-verbal-Trösten	E-Pflegen
K-schaut-Partner	E-körperlich-Trösten	E-Füttern
K-Quengeln	E-verbal-Affekt	E-Hausarbeit
K-Weinen	E-körperlich-Affekt	E-Freizeit
K-Lächeln	E-Stimulieren-Anregen	E-anwesend
K-vokalisiert	E-verbalisiert zu anderen	E-Nähe (Armlänge)
K-reagiert-auf-Stimulation	E-Beobachten / Nachsehen	
K-Spielen	Gegenseitig Anschauen	Zimmer
K-Objektspiel	En face-Position	Position

Ergebnisse

Funktionale Kontexte

Für die zusammenfassende Darstellung der so beschriebenen Entwicklungsnischen der 3 Monate alten Kinder wurden sich gegenseitig ausschließende funktionale Kontexte definiert. Diese Kontexte sind (a) Schlafen, (b) Füttern, (c) Pflegen (z.B. Wickeln oder Baden), (d) Interaktionen, deren Gegenstand das Trösten und Beruhigen des Kindes ist, (e) soziale Interaktionen, (f) Zeiten, in denen keine besondere Interaktion mit dem Kind stattfindet, dieses aber entweder sich in Gegenwart von Erwachsenen oder aber auch allein im Raum befindet, und schließlich (g) Dösen, also solche Zeiten, in denen das Kind oszillierende Schlaf/Wachzustände zeigt. Diese funktionalen Kontexte werden in einer Weise in dem Datensatz bestimmt, dass die Reihenfolge entscheidet, welchem Kontext ein bestimmtes Beobachtungsintervall zugeordnet wird. So wird (f) keine Interaktion nur dann angenommen, wenn von den vorher genannten Kontexten keiner identifiziert werden kann. Daraus ergibt sich, dass Zeit, die das Kind mit (a) Schlafen verbringt, nicht unter dem Kontext (f) keine Interaktion gezählt wird, auch wenn das Kind in dieser Zeit natürlicherweise keine Interaktionen erlebt. Ähnlich wird Zeit, die mit (b) Füttern verbracht wird, nicht unter (e) Interaktionen gezählt, obwohl solche Zeiten ein hohes Ausmaß sozialer Interaktionen einschließen können. Auch die Pflegesituation sowie das Trösten stellen interaktive Kontexte dar.

Alltagserfahrungen von 3 Monate alten Säuglingen 391

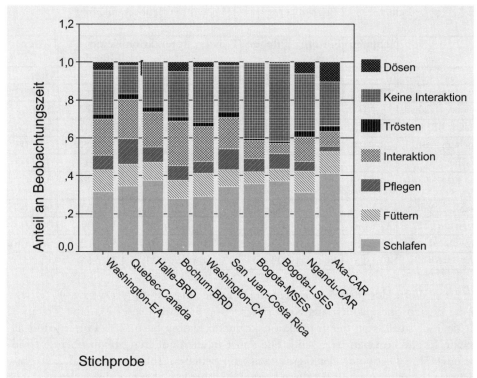

Abb. 1: Gemeinsamkeiten und Unterschiede, die sich hinsichtlich der Zeitverteilung der gesamten Beobachtungszeit auf die oben definierten funktionalen Kontexte ergeben.

Eine grobe Aufteilung der gesamten Beobachtungszeit in den Stichproben zeigt, dass jeweils etwa ein Drittel mit Schlaf, ein Drittel mit sozialen Interaktionen in verschiedener Form (Füttern, Pflegen, Trösten und andere soziale Interaktion) verbracht wird, während in dem Rest der Zeit die Säuglinge im Wachzustand sind, ohne in individuelle Interaktionen einbezogen zu sein. Darüber hinaus ergeben sich gewisse Unterschiede zwischen den Stichproben, insbesondere in einer Variation der Zeiten, die mit Schlafen und Dösen verbracht werden: die Aka-Säuglinge, die von ihren Eltern praktisch ununterbrochen getragen werden, schlafen und dösen deutlich mehr als alle anderen. Dies führt bei den Säuglingen zu recht häufigen Phasen von Schlafen und Dösen während des Tages, deren Gesamtanteile damit die Zeiten, die als biologische Notwendigkeit erwartet werden, weit überschreiten.

Tab. 3: Proportionen der einzelnen Kontexte an der gesamten Beobachtungszeit

	Schlafen	Füttern	Pflegen	Trösten	Interaktion	Keine Interaktion	Dösen
	Mittel	*Mittel*	*Mittel*	*Mittel*	*Mittel*	*Mittel*	*Mittel*
Washington – EA	.32 (.11)	.11 (.04)	.08 (.03)	.03 (.03)	.19 (.06)	.24 (.06)	.04 (.02)
Quebec – Canada	.35 (.10)	.11 (.04)	.14 (.06)	.03 (.02)	.20 (.06)	.15 (.07)	.02 (.02)
Halle – BRD	.37 (.10)	.10 (.05)	.08 (.03)	.03 (.02)	.18 (.07)	.24 (.10)	.00 (.00)
Bochum – BRD	.28 (.10)	.10 (.05)	.08 (.03)	.02 (.01)	.24 (.06)	.24 (.08)	.05 (.03)
Washington – CA	.29 (.08)	.12 (.05)	.06 (.03)	.02 (.02)	.18 (.05)	.29 (.10)	.03 (.02)
San Juan – Costa Rica	.34 (.11)	.09 (.04)	.11 (.05)	.03 (.03)	.17 (.07)	.25 (.09)	.02 (.02)
Bogota – MSES	.36 (.08)	.06 (.02)	.07 (.03)	.01 (.02)	.09 (.04)	.40 (.07)	.00 (.00)
Bogota – LSES	.37 (.08)	.06 (.02)	.08 (.03)	.01 (.01)	.06 (.04)	.41 (.09)	.01 (.02)
Ngandu – CAR	.31 (.10)	.11 (.05)	.05 (.03)	.03 (.03)	.13 (.07)	.30 (.12)	.06 (.08)
Aka – CAR	.41 (.15)	.11 (.04)	.03 (.01)	.03 (.02)	.08 (.06)	.23 (.14)	.11 (.10)

Sehr hohe Werte des funktionalen Kontexts keine Interaktion (40% bzw. 41%) weisen die beiden Stichproben aus Kolumbien (Bogota) auf. Dieser extreme Zeitanteil geht deutlich zu Lasten der Interaktionskontexte, wobei besonders Füttern und allgemeine Interaktion betroffen sind. Die sonst in allen anderen Stichproben auffindbare ungefähre Drittelung der Gesamtzeit von Schlafen, Interagieren und Zeit ohne gerichtete Interaktionen gilt für diese beiden Stichproben also nur eingeschränkt.

Sozialer Kontext
Hier interessierte insbesondere die Frage, welche Bezugspersonen dem Säugling zur Verfügung stehen. Tabelle 4 zeigt die entsprechenden Zeitanteile relativ zur beobachteten Wachzeit der Kinder. Für diese Darstellung ist darauf verzichtet worden, eine feinere Unterscheidung zwischen solchen Zeiten, in denen die Mutter mit dem Säugling eine Dyade bildet, wie das in den US-amerikanischen und den europäischen Stichproben die Norm ist, und Zeiten, in denen die Mutter mit dem Kind und weiteren Personen zusammen ist, es also eine sogenannte „multiparty"-Interaktion gibt, vorzunehmen. Daher werden alle Zeiten, in denen die Mutter anwesend ist, unter "Mutter" zusammengefasst. Lediglich die Triade Mutter–Vater–Kind wird hier getrennt ausgewiesen. Entsprechend den jeweiligen lokalen Gegebenheiten wurden jeweils unterschiedliche Kriterien für die Kodierung der sozialen Kontexte verwendet. Für die Stichproben in Washington (euroamerikanische Familien und Immigrantenfamilien aus Zentralamerika), in Deutschland (Halle und Bochum) sowie in San Juan, Costa Rica, wurde Anwesenheit von Personen als „anwesend im selben Zimmer" definiert. Da die Aka weitgehend im Wald leben und nur nachts in kleinen Laubhütten schlafen, die Ngandu-Säuglinge auch den überwiegenden Teil des Tages draußen verbrachten, und darüber hinaus in beiden Stichproben meistens sehr viele Personen anwesend waren, wurde hier kodiert, wer das Kind hält und wer sich noch

in der unmittelbaren Nähe befindet. Wir beziehen uns deshalb in Tabelle 4 bei den Aka und Ngandu lediglich auf die Personen, die die Kinder auf dem Arm oder Schoß halten. Bei den Stichproben in Quebec und in Bogota wurde bei der Kodierung unterschieden, wer jeweils für das Kind verantwortlich, also die zuständige Betreuungsperson des Kindes ist, auch wenn diese sich gerade in einem anderen Zimmer aufhielt, und wer sonst noch in der Nähe des Kindes anwesend war.

Tab. 4: Zeitanteile relativ zur beobachteten Wachzeit der Kinder

Wer ist anwesend?	Mutter *Mittel*	Vater *Mittel*	Mutter & Vater *Mittel*	Andere* *Mittel*	Niemand *Mittel*
Washington – EA	.78 (.13)	.04 (.05)	.09 (.08)	.01 (.01)	.09 (.06)
Halle – BRD	.63 (.20)	.09 (.11)	.08 (.11)	.07 (.12)	.14 (.10)
Bochum – BRD	.75 (.12)	.04 (.06)	.08 (.11)	.03 (.05)	.10 (.06)
Washington – CA	.67 (.15)	.03 (.04)	.05 (.06)	.05 (.08)	.21 (.17)
San Juan – Costa Rica	.65 (.11)	.03 (.04)	.05 (.06)	.08 (.07)	.20 (.13)
Wer ist für die Betreuung des Kindes verantwortlich?					
Bogota – MSES	.81 (.10)	.02 (.03)	.05 (.07)	.12 (.09)	.01 (.01)
Bogota – LESS	.79 (.15)	.03 (.07)	.10 (.09)	.06 (.09)	.02 (.05)
Quebec – Canada	.80 (.15)	.03 (.08)	.16 (.12)	.00 (.01)	.00 (.00)
Wer hält das Kind in den Armen?					
Ngandu – CAR	.36 (.16)	.01 (.02)	- (-)	.16 (.13)	.47 (.20)
Aka – CAR	.72 (.16)	.07 (.07)	- (-)	.20 (.13)	.01 (.02)

*Die Bezeichnung "Andere" bezieht sich nur auf die Anteile, in denen weder Vater noch Mutter anwesend bzw. für das Kind verantwortlich waren oder es gehalten haben. Die tatsächliche Anwesenheit anderer Personen kann deswegen sehr viel höher liegen.

Ohne jeden Zweifel ist die hauptsächliche Betreuungs- und Bezugsperson für die Säuglinge in allen untersuchten Stichproben die Mutter. Die Mütter sind – mit Ausnahme der Ngandu – in allen Stichproben zwischen 63% und 81% der Wachzeit der Säuglinge anwesend oder diejenigen, die für das Kind verantwortlich sind. Die Beteiligung der Väter liegt mit zwei Ausnahmen in einem engen zeitlichen Rahmen zwischen 1% und 4% der Wachzeit. Bei den Aka sowie bei der Hallenser Stichprobe ist die Beteiligung der Väter höher als in den anderen Stichproben (7% bzw. 9%). Bei den Familien in Halle ist das mit dem dort nachweisbaren höherem Anteil von Familien zu erklären, bei denen die Mutter in einem Arbeitsverhältnis stand, und der Vater die Betreuung der Kinder übernahm. Betrachtet man innerhalb der Hallenser Stichprobe nur diejenigen Säuglinge, die vorwiegend von ihrer Mutter betreut werden, also mehr Zeit mit der Mutter als Bezugsperson als mit dem Vater als Bezugsperson verbringen, dann verringert sich der Anteil der mit dem Vater verbrachten Zeit zwar auf 6%, liegt damit aber immer noch höher als bei den anderen Stichproben. Das höhere Engagement der Aka-Väter erklärt Hewlett (1997) mit der hohen Kooperation zwischen den Eltern. Im Gegensatz hierzu sind bei den Ngandu die Frauen sowohl für die Feld- und Hausarbeit als auch für die Kindererziehung alleine verantwortlich. Väter hielten die Kinder – wenn überhaupt – nur für wenige Minuten am Tage in ihren Armen. Die Kinder waren in 36% der beobachteten Zeit in Kontakt mit ihren Müttern, wurden dann aber, während diese der Feldarbeit nachgingen, auf Matten am Rande des Feldes hingelegt.

Eher große Unterschiede finden sich in den Zeitanteilen, die die Säuglinge von anderen Personen betreut werden bzw. mit diesen interagieren. Die beiden zentralafrikanischen Stichproben nehmen hier Spitzenwerte ein (16% bei den Ngandu und 20% bei den Aka), was bei den Ngandu mit der dort üblichen Betreuung auch sehr kleiner Kinder durch ältere Geschwister und nichtverwandte Kinder erklärt ist, und bei den Aka durch häufiges Halten der Säuglinge durch andere Erwachsene zustande kommt. Personen, die mit dem Säugling interagieren und nicht Mutter oder Vater sind, setzen sich in den übrigen Stichproben aus Verwandten, befreundeten Personen und in Einzelfällen auch aus bezahlten Babysittern zusammen. Ausgesprochen selten sind andere Personen bei den Euroamerikanern in Washington und den Familien in Quebec für die Betreuung der Kinder verantwortlich bzw. anwesend, wohingegen diese bei den lateinamerikanischen und deutschen Stichproben durchaus signifikante Zeitanteile ausmachen. Erhebliche Unterschiede finden wir bei den Zeitanteilen, die die Kinder alleine waren bzw. nicht gehalten wurden. Kindern in den beiden Latino-Stichproben in Washington und in San Juan ist gemeinsam, dass sie ein Fünftel ihrer Wachzeit alleine in einem Zimmer verbrachten. Für die Säuglinge der beiden Stichproben in Bogota waren jeweils 2% des Tages niemand als Kontaktperson vorhanden. Die Säuglinge der Ngandu hingegen, die 47% der Zeit nicht gehalten werden, befanden sich jedoch in der Regel in Hörweite ihrer Mütter oder anderer Personen, die für sie verantwortlich waren. Die Aka-Säuglinge hingegen wurden nur 1% der Beobachtungszeit nicht getragen bzw. im Arm gehalten.

Diskussion und Ausblick

Im Überblick zeigen die hier berichteten Daten, dass es über die sehr unterschiedlichen kulturellen und ökologischen Bedingungen und Eigenarten der Entwicklungsnischen hinweg erstaunliche Ähnlichkeiten gibt. Immerhin schließt die hier vorgestellte Auswahl von Stichproben vermutlich durchaus Extremvariationen der in unserer Welt zur Zeit beobachtbaren Bedingungen, in denen Säuglinge aufwachsen, ein, jedenfalls soweit diese Variationen nicht Ergebnis kriegerischer oder katastrophenbedingter besonderer Umstände sind. Sowohl die Aka als auch die Ngandu sind in ihren kulturellen Regeln und Normen auf Teilen und Ausgleich der materiellen Lebensbedingungen eingestellt, dabei sind die Aka eine egalitäre Gesellschaft, die keine deutliche Gruppenhierarchie kennt, wohingegen bei den Ngandu eine gewisse interne Differenzierung vorhanden ist. Auf der anderen Seite stehen die Euroamerikaner, die die derzeit wohl fortgeschrittenste Differenzierung der Gesellschaft nach vielerlei Gesichtspunkten aufweisen. Hinsichtlich ihrer Erziehungsziele, also der Normen und Werte, die mit der Entwicklung von Kindern im engsten Zusammenhang stehen, verhalten sich Familien aus Lateinamerika in einem bekannten Gegensatz zu den US-Amerikanern, der sich vor allem mit Hilfe des Konstruktpaares des Individualismus und des Soziozentrismus beschreiben lässt. Die deutschen Familien stellen eine weitere Variante dar, die mit einer altersspezifischen Kombination von Individualismus und sozialer Bindung beschrieben werden kann (Harwood et al. 2001, Leyendecker et al. im Druck/2002).

Schon die hier sehr grobe Auswertung, die nur die funktionalen und sozialen Kontexte des Alltagslebens von Säuglingen in verschiedenen Entwicklungsnischen nachzeichnet, kann als Hinweis auf die komplexen Muster gelesen werden, in denen die kulturelle Umgebung die Alltagserfahrungen schon kleiner Säuglinge strukturiert. Konsistent mit der Unterscheidung zwischen soziozentrischer und individualistischer Orientierung verbrachten die Säuglinge aus lateinamerikanischen Stichproben im Vergleich mit denen aus den Vereinigten Staaten und der Bundesrepublik mehr Zeit mit Personen, die nicht ihre Eltern waren, verfügen also schon im Alter von drei Monaten über ein breiteres soziales Netzwerk. Die US-amerikanischen, die kanadischen und deutschen Säuglinge dagegen hatten höhere Zeitanteile des Kontaktes mit Mutter und Vater. Gleichzeitig ist aber deutlich, dass es durchaus erhebliche Variationen innerhalb der durch die Dimension des Individualismus – Soziozentrismus beschriebenen breiten kulturellen Orientierung gibt. So wichen die Alltagserfahrungen der beiden Gruppen in Bogota von denen der anderen Lateinamerikaner deutlich ab, insbesondere, was die Zeitanteile, die sie in verschiedenen Interaktionskontexten verbrachten, betrifft. Ebenfalls sind die Differenzen zwischen den beiden zentralafrikanischen Stichproben prägnant und weisen auf ein enormes Potenzial zur Heterogenität zwischen Stichproben hin, die sonst häufig zusammengefasst sind.

Bei den funktionalen Kontexten fällt auf, dass die Säuglinge aus Bogota, die im Vergleich mit den anderen Stichproben unter Bedingungen aufwuchsen, die durch besondere Armut geprägt sind, relativ wenig Zeit mit ihren Betreuungspersonen in diesen Interaktionskontexten verbrachten, und sehr viel sich selbst überlassen waren. Insbesondere fallen hier die kurzen Fütterungszeiten auf. Die Aka-Kinder, die fast den ganzen Tag am Körper ihrer Eltern oder anderer Betreuungspersonen getragen werden, verbringen wiederum einen großen Teil des Tages mit Schlafen und Dösen. Es liegen aber nur Daten über die Tageslichtstunden vor. Es ist also offen, ob sie dafür nachts, wenn sie bei ihren Eltern in den Laubhütten liegen, längere Wachzeiten aufweisen. Bei Zeitbudgetuntersuchungen an Säuglingen, die die Wach- und Schlafzeiten über einen kompletten 24-Stunden-Tag erhoben haben, fand sich einerseits, dass keine Unterschiede zwischen erstgeborenen euroamerikanischen und zentralamerikanischen Säuglingen hinsichtlich der Frequenz und der zeitlichen Verteilung für die Gesamtzeit nachweisbar waren (Leyendecker et al. 1995). Auf der anderen Seite fanden sich innerhalb einer sonst homogenen Mittelschichtstichprobe von deutschen Säuglingen längere Schlafzeiten bei spätergeborenen im Vergleich zu erstgeborenen Kindern (Leyendecker 1993). Ohne Informationen über die anderen 12 Stunden sind die hohen Schlafanteile der Aka-Säuglinge also kaum zu beurteilen.

Darüber hinaus fällt auf, dass in den beiden euroamerikanischen Stichproben in Quebec und Washington die Eltern fast ausschließlich für die Betreuung der Kinder zuständig waren. Andere Personen konnten zusätzlich anwesend sein, waren jedoch fast nie mit dem Kind allein. Dies unterscheidet diese beiden Stichproben nicht nur von den Latino-Familien und afrikanischen Familien, die traditionellerweise als soziozentrisch beschrieben werden, sondern auch von den beiden deutschen Stichproben, besonders von den Hallenser Familien. Die geringere Scheu der Eltern in den neuen Bundesländern, andere in die Betreuung der Säuglinge mit einzubeziehen, spiegelt möglicherweise sowohl eine höhere Akzeptanz von „Fremdbetreuung" als auch ein engeres soziales Netzwerk, dass auch eine Betreuung der Kinder mit einschließt, wider.

Die soziale Ökologie der hier beschriebenen Stichproben zeigt neben deutlichen Ähnlichkeiten auch weitreichende Unterschiede, die als Hinweis darauf verstanden werden dürfen, dass Individualismus und soziozentrische Orientierung Konzepte sind, die nicht nur den Lebensstil von Erwachsenen beschreiben, sondern auch schon auf die soziale Welt von Säuglingen angewandt werden können. Es ist zumindest wahrscheinlich, wenn auch nicht Gegenstand der hier berichteten Untersuchung, dass solche frühen Erfahrungen sich auch auf das weitere Leben auswirken, beispielsweise hinsichtlich der Toleranz für intensive soziale Interaktionen oder der subjektiven Bewertung von Gelegenheiten zu dyadischen Interaktionen (versus Multi-party-Interaktionen) sowie zum Alleinsein (s.a. Tronick et al. 1992).

Ziel dieses Beitrags war, einen ersten Überblick über die Beobachtungsstudien zur Ökologie der Alltagsumwelten von Säuglingen in unterschiedlichen Kulturen zu geben. Es werden gemeinsam mit allen an diesem Projekt Beteiligten noch weitere Stichproben beobachtet, zugleich wird aber auch eine detailliertere Auswertung vorgenommen.

Zusätzlich sind von einigen Stichproben längsschnittliche Daten erhoben und Interviews mit den Eltern über ihre langfristigen Erziehungsziele und ihre Einstellungen und Bewertungen von Erziehungspraktiken durchgeführt worden (z.B. Leyendecker et al. im Druck/2002). Die bisherigen Teilergebnisse deuten alle darauf hin, dass zwar einerseits die Unterscheidung zwischen individualistischen und soziozentrischen Kulturen sinnvoll ist, dass es neben der Heterogenität zwischen den einzelnen Stichproben auch innerhalb der einzelnen Stichproben enorme Varianz gibt. Darüber hinaus zeigt Hewlett bei seinen Vergleichen zwischen Aka, Ngandu und den euroamerikanischen Familien, dass bei manchen Verhaltensweisen die Ähnlichkeiten zwischen Stichproben, die in völlig anderen Kulturkreisen und unter kaum vergleichbaren Umständen ihre Kinder erziehen, größer sein können als zwischen zwei Ethnien, die in unmittelbarer Nachbarschaft zueinander und enger Symbiose miteinander leben (Hewlett et al. 1998, 2000a, 2000b). Flache Hierarchien und hohe Kooperation innerhalb der Familie gelten als Beschreibungsmerkmal von individualistisch ausgerichteten Familien, sind jedoch auch ein Kennzeichen der ansonsten sehr soziozentrisch orientierten Aka-Familien. Die Ngandu-Familien, bei denen die Merkmale Hierarchie und geringe Kooperation bei der Betreuung der Kinder in besonderem Maße zutreffen, haben wiederum in vielen Bereichen Parallelen mit den ansonsten sehr individualistisch ausgerichteten euroamerikanischen Familien. Dies zeigt, dass bei der Beschreibung der Gemeinsamkeiten und der Unterschiede zwischen den Ökologien, in denen Säuglinge heranwachsen, Verallgemeinerungen zwar angesichts der Fülle der Detailinformationen notwendig sind, dass diese jedoch den Blick auf die Heterogenität nicht verstellen dürfen.

Danksagungen

Die hier berichteten Arbeiten sind mit Unterstützung des National Institute of Child Health and Human Development durchgeführt worden. Die Zusammenarbeit zwischen M. Lamb und A. Schölmerich wurde durch Mittel der DAAK (Trans-Coop-Programm) erleichtert. Wir danken den Familien, die uns erlaubt haben, an ihrem Alltag teilzunehmen, und der Regierung der Zentralafrikanischen Republik für die Genehmigung der Untersuchung. Weiterhin bedanken wir uns bei Christina Larson, Donald Shannon, Juliane Ball, Miriam Ebersbach, Ines Herrmann, Sandra Genç und Katja Hülser für Assistenz bei der Datenerhebung und Analyse.

Literatur

Ainsworth M D S, Blehar M C, Waters E, Wall S (1978) Patterns of attachment: A psychological study of the Strange Situation. Hillsdale, NJ: Lawrence Erlbaum Associates.
Alvarez M (2001) Early infant fussing and crying and maternal characteristics. Unpublished Dissertation, University of Copenhagen, Copenhagen.
Belsky J, Gilstrap B, Rovine M (1984) The Pennsylvania infant and family development project, I: Stability and change in mother-infant and father-infant interaction in a family setting at one, three, and nine months. Child Development 55: 692-705.
Bird-David N (1990) The giving environment: Another perspective on the economic system of gatherer-hunters. Current Anthropology 31: 183-196.
Bornstein M H, Tamis-LeMonda C S, Pecheux M, Rahn, C W (1991) Mother and infant activity and interaction in France and the United States: A comparative study. International Journal of Behavioral Development 14: 21-43.
Bornstein M H, Tamis-LeMonda C S, Tal J, Ludemann P, Toda S, Rahn C W, Pecheux M G, Azuma H, Vardi D (1992) Maternal responsiveness to infants in three societies: The United States, France, and Japan. Child Development 63: 808-821.
Bowlby J (1969) Attachment and loss. Vol. 1. Attachment. New York: Basic Books.
D'Andrade R & Strauss C (1992) Human motives and cultural models. New York: Cambridge University Press.

Fracasso M P, Lamb M E, Schölmerich A, Leyendecker B (1997) The ecology of mother-infant interaction in Euro-American and immigrant Central American families living in the United States. International Journal of Behavioral Development 20(2): 207-217.

Harwood R L, Handwerker W P, Schölmerich A, Leyendecker B (2001) Ethnic category labels, parental beliefs, and the contextualized individual: An exploration of the individualism-sociocentrism debate. Parenting: Science and Practice 1: 217-236.

Harwood R L, Miller J G, Lucca Irizarry N (1995) Culture and attachment: Perceptions of the child in context. New York: Guilford Press.

Harwood R L, Schölmerich A, Ventura-Cook E, Schulze P A, Wilson S P (1996) Culture and class influences on Anglo and Puerto Rican mothers' beliefs regarding long-term socialization goals and child behavior. Child Development 67: 2446-2461.

Harwood R L, Schölmerich A, Schulze P A, Gonzalez Z (1999) Cultural differences in maternal beliefs and behaviors: A study of middle-class Anglo and Puerto Rican mother-infant pairs in four everyday situations. Child Development 70(4): 1005-1016.

Hewlett B S (1997) Die Reziprozität der Ehepartner und die Vater-Kind-Beziehung bei den Aka-Pygmäen. In: Nauck B & Schönpflug B (Hrsg.) Familien in verschiedenen Kulturen, Bd. 13 (pp. 105-123). Stuttgart: Enke.

Hewlett B S, Lamb M E, Leyendecker B, Schölmerich A (2000a) Internal working models, trust and sharing among foragers. Current Anthropology 41(2): 287-297.

Hewlett B S, Lamb M E, Leyendecker B, Schölmerich A (2000b) Parental investment strategies among Aka foragers, Ngandu farmers and Euro-American urban-industralists. In: L Cronk & N Chagnon & W Irons (Hrsg.) Adaptation and human behavior. New York: Aldine de Gruyter, pp. 155-178.

Hewlett B S, Lamb M E, Shannon D, Leyendecker B, Schölmerich A (1998) Culture and early infancy among Central African foragers and farmers. Developmental Psychology 34(4): 653-661.

Hofstede G (2001) Culture's consequences. International differences in work-related values. Beverly Hills, CA: Sage.

Kagitçibasi Ç (1997) Individualism and collectivism. In: Berry JW & Segall MH & Kagitçibasi Ç (Hrsg.), Handbook of cross-cultural psychology, Vol. 3: Social behavior and applications (2 ed., pp. 3-49). Boston, MA: Allyn and Bacon.

Killen M & Wainryb C (2000) Independence and interdependence in diverse cultural contexts. In: Harkness S & Raeff C & Super CM (Hrsg.), Variability in the social construction of the child. San Francisco, CA: Jossey-Bass.

Lamb M E, Leyendecker B, Schölmerich A, Fracasso M P (1998) Everyday experiences of infants in Euro-American and Central American immigrant families. In: Lewis M & Feiring C (Hrsg.), Families, risk, and competence (pp. 113-131). Mahwah, NJ: Erlbaum.

Leiderman PH, Tulkin SR, Rosenfeld A (Hrsg.) (1977) Culture and infancy: Variations in the human experience. New York: Academic Press.

LeVine RA (1989) Human parental care: Universal goals, cultural strategies, individual behavior. In: RA LeVine & PM Miller & MM West (Hrsg.), Parental behavior in diverse societies (pp. 3-12). San Francisco, CA: Jossey-Bass.

Leyendecker B (1993) Einfluß der Stellung in der Geschwisterreihe auf die Interaktionsgelegenheiten von 10 Wochen alten Säuglingen. Zeitschrift für Entwicklungspsychologie und Pädagogische Psychologie 2: 164-180.

Leyendecker B, Harwood R L, Lamb M E, Schölmerich A (im Druck/2002) Mothers' socialisation goals and evaluations of desirable and undesirable everyday situations in two diverse cultural groups. International Journal of Behavioral Development.

Leyendecker B, Lamb M E (1999) Latino families. In M. E. Lamb (Hrsg.), Parenting and child development in "nontraditional" families. Mahwah, NJ: Lawrence Erlbaum, pp. 247-262.

Leyendecker B, Lamb M E, Schölmerich A, Fracasso M P (1995) The social worlds of 8- and 12 months-old infants: Early experiences in two subcultural contexts. Social Development 4: 194-208.

Leyendecker B, Lamb M E, Schölmerich A, Fricke D M (1997) Contexts as moderators of observed interactions: A study of Costa-Rican mothers and infants from differing socio-economic backgrounds. International Journal of Behavioral Development 21(1): 15-34.

Lonner W J, Malpass R S (1994) Psychology and Culture. Boston, MA: Allyn & Bacon.

Main M (1990) Cross-cultural studies of attachment organization: Recent studies, changing methodologies, and the concept of conditional strategies. Human Development 33: 48-61.

Markus H R, Kitayama S (1991) Culture and the self: Implications for cognition, emotion, and motivation. Psychological Review 98: 224-253.

Morelli G A, Rogoff B, Oppenheim D, Goldsmith D (1992) Cultural variation in infants' sleeping arrangements. Developmental Psychology 28: 604-613.

New R S, Richman A L (1996) Maternal beliefs and infant care practices in Italy and the United States. In: Harkness S & Super CM (Hrsg.), Parents' cultural belief systems: Their origins, expressions, and consequences. New York: Guilford, pp. 385-404.

Richman A L, Miller P M, LeVine R A (1992) Cultural and educational variations in maternal responsiveness. Developmental Psychology 28: 614-621.

St. James-Roberts I (1993) Infant crying, feeding and sleeping : development, problems and treatments. New York: Harvester Wheatsheaf.

Super C M, Harkness S (1986) The developmental niche: A conceptualization at the interface of child and culture. International Journal of Behavioral Development 9: 545-569.

Triandis H, Marin G, Betancourt H, Lisansky J, Chang B H (1982) Dimensions of familism among Hispanic and mainstream navy recruits (Technical Report No. 14). Champaign: University of Illinois, Department of Psychology.

Triandis H C (1995) Individualism and collectivism. Boulder, CO: Westview Press.

Tronick E, Morelli G A, Ivey P K (1992) The Efe forager infant and toddler's pattern of social relationships: Multiple and simultaneous. Developmental Psychology 28: 568-577.

van IJzendoorn M H, Kroonenberg P M (1988). Cross-cultural patterns of attachment: a meta-analysis of the strange situation. Child Development 59: 147-156.

> « Es gibt für keine Gemeinschaft eine bessere
> Investition, als Babys Milch einzuflößen. »
> Winston Churchill[1]

Das Säuglingsalter in Traditionalen Kulturen (sog. Stammesgesellschaften). Ein Vergleich anhand alter völkerkundlicher Monographien.

U. Krebs

Fragestellung

Die Sicht des Säuglingsalters – z.B. allein in den letzten 100 Jahren – hat sich erheblich gewandelt. Dieser Wandel ist nicht allein auf Erkenntniszuwachs – insbesondere im medizinischen Bereich rückführbar – sondern auch Ausdruck verbleibender Unsicherheiten. Diese Unsicherheiten sind Folgen weiterhin offener Fragen im Bereich der psychophysiologischen und psychischen Bedürfnisse. Welche Bedürfnisse hat ein Säugling, vorausgesetzt, er solle optimal gefördert werden? Neben die Kausalanalyse wichtiger Einzelprozesse, wie sie z.B. Anthropologie, Ethologie, Pädiatrie und Entwicklungspsychologie leisten, kann als ergänzender Erkenntnisweg der Kulturvergleich gestellt werden. Er beschreibt von außen Unterschiede und Gemeinsamkeiten. Diese erweitern ihrerseits nicht nur die Induktionsbasis für allgemeine Aussagen. Sie können m.E. auch fruchtbare Hypothesen für neue Kausalanalysen liefern.

Material und Methoden

Zu diesem Zweck wurden ethnologische Monographien nach drei Kriterien ausgewählt und ausgewertet. 1. Die Monographien sollen zeitgenössischen wissenschaftlichen Standards entsprechen; d. h. fachwissenschaftlich verfasst und in deskriptiver Weise eine Kultur zusammenhängend darstellen. 2. Die Kultur sollte zum Zeitpunkt der Beschreibung möglichst autochthon sein, um Übereinstimmungen nicht als mögliche Übernahmen interpretieren zu müssen. 3. Es sollen möglichst alle Klimazonen wegen ihrer Konsequenzen für die Lebensweise und alle Kontinente (ohne Europa) wegen der verschiedenen Populationsdifferenzierungen im Material berücksichtigt werden (Krebs 2001).

Da die junge Wissenschaft „Ethnologie" (dt. Synonyme „Völkerkunde", „Sozialanthropologie") im 19. Jahrhundert in Europa (besonders GB, D, F) ihren Anfang nahm und Afrika unsere Nachbarkontinent ist, finden sich bei Anwendung der genannten Kriterien im Material besonders viele afrikanische Kulturen. Es bildet also nicht die Menge und Verteilung Traditionaler Kulturen in dieser Zeitspanne repräsentativ ab, wohl aber mit einer gewissen Wahrscheinlichkeit die Forschungsaktivitäten dieser Zeit in der Ethnologie.

Validität der Quellen

Die Validität der nach den genannten Kriterien ausgewählten Quellen wird bei allgemeinen Aussagen als gut eingestuft, in Details hingegen gelegentlich als unzureichend. So z.B. finden sich stets Angaben zum Stillen, nicht aber in allen Fällen zu weiteren Einzelheiten wie z.B. zur Frage, welche Person stillt, wenn die Mutter nicht Stillen kann. Die Gültigkeit der Quellen wird durch zwei Formen der Prüfung reflektiert. Die „kulturspezifische Validität" beschreibt ein Vorgehen, das durch Beachtung mehrerer Quellen zu einer Kultur die Befunde sichert. Hier werden die Grenzen des realistischerweise zu erwartenden Ausmaßes an Übereinstimmung in der Darstellung gesetzt durch die Unterschiede in Zeitpunkt des Feldaufenthaltes, durch verschiedene Schwerpunkte der Monographen etc. Die „kulturübergreifende Validität" hingegen sichert Befunde durch Rückgriff auf monographische Angaben mehrerer Kulturen zu einem Sachverhalt (z.B. Form des Stillens).

Begriffsexplikationen „Kultur" und „Säuglingsalter"

"Kultur" ist der Zentralbegriff der Ethnologie (Hirschberg 1988). Ca. 300 sog. Definitionen fanden Kroeber und Kluckhohn (1952). Hier wird für die Zwecke des Themas der Begriff „Traditionale Kulturen" des Schweizer Ethnologen Meinhard Schuster verwandt (1992, 155 ff). Er soll Gesellschaften beschreiben, die folgende wesentliche Merkmale aufweisen:
- über lange historische Strecken in weitgehender kultureller Autonomie,
- schriftlose (orale) Tradierung ihrer Inhalte
- ausgeprägter Einfluss magischen Denkens
- profane und sakrale Lebensbereiche verwoben
- Subsistenztechniken von geringer Eindringtiefe in Naturgesetze
- keine oder sehr geringe berufliche Differenzierung
- geringe soziale Komplexität, d.h. organisiert im Rahmen kleiner Gruppen, Dörfer, Stämme oder kleiner Königstümer

Der Begriff „Säuglingsalter" meint hier für die Zwecke des Themas die Zeitspanne von der Geburt bis zum Abstillen. Da vielfach weit über den Beginn des Laufens hinaus gestillt wird, wenngleich dies dann nicht mehr die einzige Nahrungsquelle ist, sind Kleinkinder von 2,3,4 und 5 Jahren de facto auch noch Säuglinge.

Ergebnisse

Stillen: Dauer

Tabelle 1 tabelliert die Dauer des Stillens in verschiedenen Traditionalen Kulturen. Mit Abstand am häufigsten ist eine etwa zweijährige Stilldauer, doch streuen die Angaben zwischen den Kulturen von ca. 1,5 Jahren Stilldauer (Bhils, Indien) bis ca. 5 Jahren (verschiedenen Kulturen der Australian Aboriginals).

Tab. 1: Stilldauer in ausgewählten Traditionalen Kulturen aller Kontinente (ohne Europa). Streuung von 1,5 Jahren (Bhil, Indien) bis 5 Jahren (mehrfach bei Australian Aboriginals), Median: 2 Jahre

Region	Kultur	Alter	Autor
Afrika	Togoer	2-3 Jahre	Dier (1899)
	Ewe	„auch Kleinkind"	Westermann (1935)
	Herero	„sehr lange"	Irle (1906)
	Zulu	2-3 Jahre	Kidd (1906), Krige (1936)
	Massai	2 Jahre	Merker (1910)
	Kongo-Pygmäen	1-3 Jahre	Immenroth (1933), Gusinde (1942)
	San	3-4 Jahre	Immenroth (1933), Lee & DeVore (1976)
	Bavenda	3-4 Jahre	Stayt (1968)
Amerika (Nord)	Navaho	2 Jahre	Kluckhohn & Leighton (1946)
	Inuit	3-4 Jahre	Adler (1979)
Amerika (Süd)	Waika	3 Jahre	Steinvorth-Götz (1971)
	Yamana	2 Jahre	Gusinde (1937)
	Selknam	bis 2 Jahre	Gusinde (1931)
Asien	Gond (Indien)	2-3 Jahre	Singh (1949)
	Bhil (Indien)	mindestens 1,5 Jahre	Naik (1956)
	Tibeter	Mindestens 2 Jahre	Ribbach (1940)
	Dajak (Borneo)	1-.4 Jahre	Komanyi (1973)
Australian /Ozeanien	Austr. Aboriginals, div	3-5 Jahre	Malinowski (1913) Lockwood (1963) Roheim (1974)
	Kwoma (Neuguinea)	2-3 Jahre	Whiting (1941)
	Iatmul (Neuguinea)	2-3 Jahre	Hauser-Schäublin (1976)

Stillen: Zeitpunkt

Ausnahmslos wird – folgt man den Quellen – in traditionalen Kulturen der Säugling dann gestillt, wenn er trinken möchte, als nicht zu festgelegten Zeiten und dies sowohl tagsüber als auch nachts. Erleichtert wird dies nachts durch die gemeinsame

Schlafstätte von Mutter und Säugling. Weniger einheitlich erscheint im Vergleich der Kulturen das Verhalten, wenn die Mutter vorübergehend oder auf Dauer nicht stillen kann. Während bei den Chagga nur die Mutter stillen darf und nur bei deren Tod die Schwester oder eine andere Ehefrau des polygamen Mannes stillt (Raum 1940), helfen sich die Mütter gegenseitig aus bei den Massai (Merker 1910), den Ewe (Westermann 1935), den Yamana (Gusinde 1937) und manchen Australian Aborigines (Lockwood 1963, Roheim 1974).

Bei den langen Stillzeiten ist natürlich zu berücksichtigen, dass sich die Muttermilch schrittweise von der Hauptnahrungsquelle zu einer zusätzlichen Quelle wandelt bis die Brust schließlich auch ohne Milch als Zufluchtstätte zur Beruhigung durch Nuckeln dient.

Abstillen

In den gefundenen Quellen überwiegt eindeutig das abrupte Abstillen durch Einschmieren der Brustwarze mit einer scharfen oder übelriechenden Substanz, manchmal kombiniert mit weiteren unterstützenden Maßnahmen wie z.B. der Unterbringung in einer anderen Hütte (Zulu). Es wird jedoch auch allmähliches Abstillen berichtet (Kwoma). Bei den verschiedenen Kulturen der Australian Aborigines reicht das Spektrum vom abrupten zum allmählichen Abstillen. Anlass des Abstillens ist zumeist die erneute Schwangerschaft der Mutter.

Die Begleitmaßnahmen des abrupten Abstillens fallen unterschiedlich drastisch aus. Sie reichen von strikter Reduzierung des Kontaktes zur Mutter (Kwoma, Neuguinea) mit Eingliederung in die Kinderspielgruppe (zunächst nur kurz, etwa stundenweise) bei den San bis zur nur geringen Minderung des Kontaktes bei den Inuit.

Stillen und Geschlechtsverkehr werden in vielen traditionalen Kulturen in einen normativen Zusammenhang gebracht: Solange sie stillt, ist der Frau kein Geschlechtsverkehr gestattet, doch zeigt bereits die Tatsache, das eine erneute Schwangerschaft er häufigste Abstillgrund ist, das die Lebenspraxis dem insbesondere nach einigen Monaten des Stillens nicht entspricht (vgl. Whiting 1941 über die Kwoma).

Mutter-Kind-Kontakt

Auffallend intensiv ist in den hier ausgewerteten Monographien der Mutter-Kind-Kontakt. Die Mütter tragen den Säugling am Körper; meist auch bei ihren häuslichen Arbeiten, bei Garten- und Sammeltätigkeiten sowie bei Wanderungen (z.B. Nomaden wie Inuit oder San). Des nachts lassen sie in aller Regel den Säugling direkt bei sich auf der Schlafmatte schlafen. Bezüglich des Umhertragens findet sich im Material kaum Varianz. Trotz der erheblichen klimatischen Unterschiede, die von arktisch (z.B. Inuit) bis tropisch (z.B. afrikanische Pygmäen) reichen, variiert das Verhalten der Mütter hier wenig. Lediglich die Transportmittel für den Säugling folgen den klimatischen Erfordernissen und praktischen Möglichkeiten. Die Herero, eine Viehzüchterkultur aus dem Süden Afrikas, tragen ihren Säugling z.B. in einem Fellsack auf dem Rücken (Irle 1906, 100). Die Inuit-Mütter haben an ihrem Anorak eine besonders große und tiefe Kapuze, „Amaut" genannt, in die der Säugling gelegt wird und in der es sich während der Tagesarbeit der Mutter befindet (Adler 1979, 52). Die Dajakmütter (Borneo) tragen den Säugling auf verschiedene Weise, auf dem Rücken oder vor der Brust im Tuch oder Korb, oder sie benützen ein mit Amuletten behängtes Tragbrett, auf dem sie den Säugling fixieren und das sie auf den Rücken schnallen (Witschi 1938,118; Mjöberg 1923, 311). Die Ausnahme von dieser weit verbreiteten Regel stellen im Material die Navaho-Indianer dar. Hier werden die Säuglinge die ersten 6-12 Monate auf einem stets senkrecht abgestellten Wickelbrett (Cradleboard) befestigt, dem sie täglich 2-6 Stundem entnommen werden (Kluckhohn & Leighton 1946, 133, 134). Dies senkrecht befestigte Brett mit Säugling ist möglicherweise eine Schutzmaßnahme vor Klapperschlangen, da der Säugling und das Kleinkind im Krabbelalter im Gegensatz zum älteren Kind das warnende Rasseln der Giftschlange nicht richtig deuten kann. Jedenfalls findet sich die Sitte nach meiner Kenntnis in dieser Form bei weiteren Plains-Indianern, also im Verbreitungsgebiet der Klapperschlangen.

Säuglingssterblichkeit, Wochenbett
Recht einheitlich wird die letale Gefährdung des Säuglings und der Wöchnerin wahrgenommen. Diese Gefährdung ist Anlass für besondere Schutzmaßnahmen. Sie bestehen im wesentlichen aus verschieden ausgeprägten Formen räumlicher Isolation (Extrahütte) der Wöchnerin und ihres Kindes von anderen Personen und darüber hinaus aus magischen Praktiken in großer kulturspezifischer Vielfalt. So z.B. sollen in zahlreichen Kulturen unterschiedliche Amulette vor unterschiedlichen Gefahren schützen. Mangels spezifischer moderner medizinischer Kausalkenntnisse über Hygieneerfordernisse und Krankheiten ändern die magischen Maßnahmen de facto nichts. Das Weiterbestehen der hohen Sterblichkeit für Säuglinge und auch für die Wöchnerin unterstreicht statt dessen scheinbar die Bedeutung der magischen Praktiken.

Von einigen Autoren wird das Ausmaß der Säuglingssterblichkeit als groß beschrieben (z.B. Linton 1933 für die Tanala/Madagaskar; Gusinde 1948 über die Bambuti-Pygmäen; Fuchs 1960 über die Gonds/Indien). Diese Bewertungen haben vermutlich die zeitgenössischen europäisch-nordamerikanischen Sterblichkeiten zur Grundlage. In Erinnerung zu rufen ist hier, dass schon aufgrund physiologischer Eigenschaften jedes gesunden Säuglings (geringe Hirnreife) und anatomischer Bedingungen (Geburtschädelgröße und Innenbeckenbreite der Gebärenden) der Geburtsvorgang im Vergleich zu anderen höheren Primaten beim Menschen gefahrvoller ist (Einzelheiten bei Knußmann 1980, 235-286) und bis vor wenigen Generationen auch in Europa zu weit höheren Sterblichkeitsraten für Wöchnerin und Säugling führte. Noch bei der deutschen Reichsgründung 1871 lag aus diesem Grund die durchschnittliche. Lebenserwartung bei nur ca. 45 Jahren (Ebd.)

Infantizid
Die Tötung von Neugeborenen ist vermutlich ein besonders stark tabuisierter Bereich. Gleichwohl ist Infantizid bei verschiedenen traditionalen Kulturen belegt und geschah sowohl aus magischen wie realen Gründen. Zunächst zu den realen Grün-

den: Härte der Existenz und Infantizid sind voneinander nicht unabhängig. Besonders gut dokumentiert erscheint der Infantizid bei Inuit, wenngleich auf für Kulturen Neuguineas Belege vorliegen. Rasmussen – Leiter der Thule Expedition (1921-24) im Auftrag der Dänischen Krone – registrierte bei einer Dorfbevölkerung von 259 Inuit (sog. Eskimo) in zwei Jahren 25 Hungertote, also ca. 10% und bewertet dies als „no great or imposing number" (1931, 135). Dies mag ein Hinweis auf die außerordentliche Härte der Existenz sein.

Bei Geburt weiblicher Säuglinge töten Inuit Mütter diese häufiger, um schneller wieder schwanger zu werden mit einem dann möglicherweise männlichen Säugling. Das lange Stillen würde eine baldige Schwangerschaft ausschließen. Ein Sohn stellt die Nahrungsversorgung und Alterssicherung in späteren Jahren dar, da Töchter fort heiraten müssen (Rasmussen 1931, 135). Rasmussen befragte alle 18 Frauen einer Siedlung (King William's Land: Malerualik). Das Alter streute von 25-60 Jahren, die Kinderzahl pro Mutter entsprechend von 4-12. Von den insgesamt von 18 Frauen geborenen 96 Kindern wurden 39 aus existenziellen Gründen getötet, davon war eines männlich (ebd. 141). Rasmussen berichtet den Fall einer 60jährigen Frau, die 20 Geburten hatte, von denen 10 weibliche von ihr getötet wurden. Er fragte die Mütter der Siedlung, ob diese Frau dies nicht bedauern würde. Die Antwort: „Nein, denn ohne das Töten hätte sie nicht so viele Kinder bekommen und falls sie alle weiblichen Säuglinge gestillt hätte, bevor Jungen geboren wurden, würde sie heute keine Söhne haben." (Ebd.)

In Fällen extremen Nahrungsmangels überlassen in seltenen Fällen Inuit- Mütter das Neugeborene der Witterung, was zum Tod führt (Jeier 1977). Bei den Tschukschen (Sibirien) wird bei Tod der Gebärenden üblicherweise der Säugling getötet und mit ihr beerdigt (Czaplicka 1914). Auch das Sterben lassen oder Töten behinderter Neugeborener wird von einigen Monographen berichtet. So werden Fehlgeburten oder Frühgeburten in der Kultur der Yatmul, Neuguinea, von den Frauen ohne Zeremonie im Wald begraben (Hauser-Schäublin 1976).

Neben den realen Gründen für Infantizid gibt es in großer Vielfalt magische Motive für Infantizid: Brechen z.B. regewidrig zuerst die Oberkieferzähne durch, so wurde bei den Bavenda-Bantu der Säugling getötet, da sonst jeder stürbe, der von einem solchen Kind gebissen würde (Stayt 1968). Die Ngadha (Indonesien) töten Neugeborene, die bereits Zähne haben; sie gelten als Kinder von Geistern und Strafe der Götter (Arndt 1954). Missgebildete Neugeborene wurden bei den Dajaks (Indonesien) früher ebenfalls in dieser Weise interpretiert und getötet (Arndt 1954). Infantizid wird in den Kulturen, von denen Berichte vorliegen, stets an noch namenlosen Säuglingen vorgenommen. Die Auffassung ist verbreitet, dass erst mit der Namensgebung der Säugling ein vollwertiger Mensch sei. Dazu passt, das kein Fall von Infantizid an Säuglingen nach der Namensgebung im Material gefunden wurde.

Namensgebung
Offensichtlich hat der Name in traditionalen Kulturen andere und weitere Funktionen als in unserer eigenen. Für eine größere Zahl dieser Kulturen wird berichtet, dass der Name gewissermaßen als Teil der Person angesehen wird und in eine Reihe von

bedeutenden Voraussetzungen und Konsequenzen eingebunden ist. Die gleiche Person hat in aller Regel mehrere Namen je nach Kontext (z.B. formell oder informell). Die gleiche Person wechselt im Laufe der Ontogenese mehrfach ihren Namen, z.B. im Rahmen der Initiation. Die Namenswahl geschieht nach denkbar verschiedenen Gesichtspunkten, vergleicht man traditionale Kulturen. Da in traditionalen Kulturen die Vorstellung verbreitet ist, Kinder seien wiedergeborene verstorbene Verwandte oder Ahnen (z.B. Inuit) hat dies mehrere Folgen: Bei den Inuit z.B. lässt man sich aus Angst, nicht den richtigen Verstorbenen im Neugeborenen wiederzuerkennen, sehr viel Zeit – ein Jahr ist keine Seltenheit - mit der Namensgebung. Eine falsche Zuordnung - so glauben die Inuit - führe zur Erkrankung bis hin zum Tod des Kindes, da die Seele sich in der falsch zugeordneten Person nicht wohlfühlen könne. Erst mit der Namensgebung gilt der Säugling als vollwertiges Mitglied. Der Tod noch namenloser Neugeborener wird folglich als weniger schwerwiegend eingestuft. Aber diese Überzeugung hat z.B. bei den Inuit auch eine positive pädagogische Konsequenz: Sie schlagen niemals ihre Kinder. Schon Nansen berichtet 1903, dass Kinder nicht geschlagen würden, es sind ja verstorbene Onkel oder Tanten (vgl. Nansen 1903).

Diskussion

Frage des Stillens
Muttermilch ist bekanntlich wegen ihrer idealen Zusammensetzung (Fett, Eiweiß, Abwehrstoffe) für den Säugling über lange Zeit der ideale Nährstoff. Die Senatskommission zur Prüfung von Rückständen in Lebensmitteln der DFG hat 1971, 1982 und 1984 zum Stillen Stellung genommen. Sie sprach die Empfehlung aus: „Eine in jedem Fall gültige Nutzen-Risiko-Abwägung spricht daher für eine viermonatige Periode des Vollstillens, da bis zu dieser Zeit die allgemeine Frauenmilchernährung die optimale Ernährung für den Säugling darstellt." (Pressemitt. DFG Nr. 35, Okt. 1985) und rät weiter nach 4-6 Monaten die Muttermilch zu substituieren. Sie begründete dies mit der Tatsache, dass in der Gegenwart die Muttermilch mit langlebigen Umweltgiften (vor allem persistenten Organochlorverbindungen) kontaminiert ist, deren Wirkung kontinuierlich beim Stillen weiterbesteht, während die sehr wünschenswerte Abgabe mütterlicher Abwehrstoffe an den Säugling durch die Muttermilch mit zunehmendem Alter des Säuglings voranschreitet. Nach ca. 6 Monaten ist dies soweit vorangeschritten, dass die weitere Steigerung der Abwehr hinter den anhaltenden schädlichen Wirkungen der persistenten Organochlorverbindungen in der Muttermilch zurückbleibt. Es wäre für das Thema aufschlussreich, was die DFG-Kommission empfehlen würde, wenn die Frauenmilch nicht vergiftet wäre. Möglicherweise lägen die Zeitspannen in der Nähe jener, die in Traditionalen Kulturen überwiegen, also ca. 2 jährige Spannen. Seit 1984 erfolgte keine Stellungnahme der DFG. Die Kommission besteht nicht mehr. Auch die berichtete Gewohnheit der Mütter in Traditionalen Kulturen, die Kinder nicht zu festgelegten Zeitpunkten,

sondern dann, wenn die Kinder sich melden, zu stillen, ist unter neueren entwicklungspsychologischen und pädiatrischen Gesichtspunkten das beste Vorgehen, da Säuglinge neurophysiologisch und entwicklungspsychologisch im ersten Jahr und darüber hinaus nicht in der Lage sind, solche Zusammenhänge zu analysieren, sondern lediglich nach Artikulation ihres Hungers unter der fehlenden Befriedigung erschöpft und frustriert werden. In der kinderärztlichen wie in der entwicklungspsychologischen Literatur besteht daher heute weitgehend Konsens, Säuglinge zu stillen, wenn sie sich melden (Hellbrügge & Döring 1981; Oerter & Montada 1995).

Mutter-Kind-Kontakt
Vor dem Hintergrund der Forschungsergebnisse zum Vorgang und zur Bedeutung der frühkindlichen Mutter-Kind-Bindung (Bonding) für die Persönlichkeitsentwicklung, insbesondere für die spätere Bindungsfähigkeit und Leistungsbereitschaft entsprechen Traditionale Kulturen den psychischen Bedürfnissen der Säuglinge in diesem Bereich sehr gut und weitaus besser als vielfach die Verhältnisse in modernen Industriegesellschaften der Gegenwart und jüngeren Vergangenheit (Bowlby 1973, 1975; Ainsworth 1978, Grossmann & Grossmann 1982, 1986, Papusek & Papusek 1977). Es sind keine den Säugling fördernde Gründe erkennbar, ihn überhaupt nicht oder nur wenige Monate zu stillen; dies zu festgelegten Zeiten zu tun und nicht, wenn er sich meldet. Es sind auch keine den Säugling fördernde Gründe erkennbar, ihn zumeist körperfern z.B. in Wiege oder Kinderbett unterzubringen, statt am Körper oder doch körpernah. Der Zoologe Bernhard Hassenstein klassifizierte den menschlichen Säugling als „Tragling" (1973,1987) und grenzte ihn von Nestflüchtern (z.B. Hühner oder Hasen) und Nesthockern (z.B. Kaninchen, Specht) ab. Der Begriff „Tragling" trifft nach Hassenstein nicht nur auf menschliche Säuglinge, sondern auch auf alle anderen Primaten in diesem Stadium zu. Charakteristisch für Traglinge ist, dass sie sich subjektiv entspannt und zufrieden fühlen, wenn sie fremdbewegt werden. Was einen Nesthocker alarmieren würde und wovor sich der Nestflüchter in Sicherheit bringen will, ist für den Tragling der Idealzustand. Zusammengefasst behandeln nahezu alle im Material untersuchten Kulturen ihre Säuglinge und Kleinkinder im Hassensteinschen Sinne als Traglinge (Ausnahme: Plains-Indianer, Navaho).

Diese Daten legen den Schluss nahe, das beispielsweise europäische und nordamerikanische Säuglinge der Gegenwart in diesem Bereich häufiger in nicht optimalen Bedingungen aufwachsen. Über spezifische Auswirkungen kann z.Zt. nur spekuliert werden. An Entwicklungsverzögerungen, möglicherweise auch Entwicklungsbeeinträchtigungen ist zu denken. Auch über das Ausmaß möglicher Reversibilität kann z.Zt. nur spekuliert werden.

Methodologisch kommt erschwerend hinzu, dass zwischen dem Zeitpunkt der nicht optimalen Betreuung (Säugling) und dem Zeitpunkt des Auftretens von sozial auffälligem Fehlverhalten längere bis lange Zeitstrecken liegen. Aufgrund dessen sind zahlreiche weiteren Faktoren, die hier ebenfalls Einfluss nehmen können, ins Kalkül zu ziehen. Da das Maß an Komplexität schwer bewältigbar erscheint, wäre hier eine Klugheitsregel, die Beweislast umzukehren. Die Intensität der Betreuung und die stabile Bindung zwischen Säugling und Bezugsperson sollten nicht eher gefährdet werden dürfen, bis der Nachweis der Unbedenklichkeit erbracht ist. Die Praxis der industriellen Aufzucht von Säuglingen in der ehemaligen DDR in Tageskrippen mit wechselnden Betreuungspersonen im Schichtdienst ist unter diesen Gesichtspunkten abzulehnen.

Zweifellos kann man die gegenwärtigen Verhältnisse der Lebens- und Arbeitswelt junger Mütter, junger Eltern in Europa und Nordamerika nicht mit jenen in Traditionalen Kulturen der Vergangenheit gleichsetzen. Gleichwohl sind zahlreiche familienpolitische Änderungen auch bei uns in Deutschland möglich, die einen intensiveren Kontakt in den ersten zwei Jahren sichern würden. Solche Maßnahmen sind auch dringend erforderlich, wie die sinkende Geburtenrate zeigt. Wer junge Paare vor die Alternative stellt „Beruf oder Kind" muss sich nicht wundern, wenn die Geburtenrate sinkt (vgl. dazu Wittwer-Backofen oder Henke, in diesem Band). Möglichkeiten zu stundenweisen oder halbtägigen Tätigkeiten mit dem Säugling/Kleinkind wo immer dies machbar ist, sind bei uns nicht ausgeschöpft. Die Niederlande z.B. haben mehrfach höhere prozentuale Anteile an Teilzeit- und Halbtagstätigkeiten, was insbesondere junge Eltern begünstigt und sich auch in der Geburtenrate spiegelt. Es würde durch diese Maßnahmen den Säuglingen gedient, die ihren ersten Versuch der Kontaktaufnahme zu einem anderen Menschen dauerhafter und stabiler erleben. Es würde aber auch vielen jungen Müttern gedient, die die abrupte Trennung von ihrem Beruf als starke Einschränkung erleben.

Anthropologisch gesehen, erscheint es m.E. sinnvoller, in Teilbereichen unseres Alltags jene Bedingungen wieder herzustellen, mit denen Säuglinge naturgeschichtlich und kulturgeschichtlich gewissermaßen immer rechnen konnten, und für die sie wahrscheinlich stammesgeschichtliche Prädispositionen besitzen, als zu versuchen, den Säugling an die postindustrielle Gesellschaft anzupassen. Wenngleich ein kausaler Nachweis aus Gründen der Komplexität schwer ist, so stimmen doch die Zusammenhänge zwischen Gewaltbereitschaft und missglückter Kindheit von Geburt an – insbesondere bei jungen Männern – nachdenklich.

Die Verhaltensforscherin Christiane Tramitz hat in ihrem Buch „Unter Glatzen. Meine Begegnungen mit Skinheads" (2001), das erzählerisch Notizen von belastenden Begegnungen im Rahmen eines Forschungsprojektes für das Bundesinnenministerium verarbeitet, viele authentische Beispiele genannt. Die hohe Mütter- und Säuglingssterblichkeit in Traditionalen Kulturen aufgrund (aus unserer Sicht) unzureichender medizinischer Kenntnisse zum einen, sowie die in manchen Fällen tödlichen Konsequenzen magischer Auffassungen für Säuglinge zum anderen, bewahren vor einer Romantisierung ursprünglicherer Lebensformen. Gleichwohl können sie uns m.E. wesentliche Hinweise zum besseren Verständnis des Säuglingsalters geben.

Literatur

Adler C (1979) Polareskimo-Verhalten. München.
Ainsworth M D (1978) Patterns of Attachment. Hilsdale, N.J.
Arndt P (1954) Gesellschaftliche Verhältnisse der Ngadha. Wien-Mödling.
Bowlby J (1973) Mütterliche Zuwendung und geistige Gesundheit. München.
Bowlby J (1975) Bindung. Eine Analyse der Mutter-Kind Beziehung. München.
Czaplicka M A (1914) Aboriginal Sibieria. A Study in Social Anthropology. Oxford.
Deutsche Forschungsgemeinschaft (Hrsg.) (1984) Senatskommission zur Prüfung von Rückständen in Lebensmitteln. Mitteilung XII (99 S). Weinheim.
Dier M (1899) Unter den Schwarzen. Mitteilungen aus Togo über Land und Leute, Sitten und Gebräuche. Steyl.
Fuchs S (1960) The Gond and Bhumia of Eastern Mandla. Bombay.
Gusinde M (1931) Die Feuerland-Indianer. Bd I: Die Selk'nam. Wien-Mödling (2. Aufl.1974).
Gusinde M (1937) Die Feuerland-Indianer. Bd II: Die Yamana. Wien-Mödling.
Gusinde M (1942) Die Kongo-Pygmäen in Geschichte und Gegenwart. In: Nova Acta Leopoldina. Abhandl. d. kaiserlich leopoldinischen carolinisch deutschen Akademie der Naturforscher. Neue Folge. Bd.11, Nr.76, 150-412.
Gusinde M (1948) Urwaldmenschen im Ituri. Anthropo-biologische Forschungsergebnisse bei Pygmäen und Negern im östlichen Belgisch-Kongo aus den Jahren 1934/35. Wien.
Grossmann K E & Grossmann K (1982) Eltern-Kind Bindung in Bielefeld. In: Immelmann KE (Hrsg.) Verhaltensentwicklung bei Mensch und Tier. Berlin, 794-799.
Grossmann K E & Grossmann K (1986) Phylogenetische und ontogenetische Aspekte der Entwicklung der Eltern-Kind-Bindung und der kindlichen Sachkompetenz. Zeitschrift für Entwicklungspsychologie und Pädagogik, XVIII (4): 287-315.
Hassenstein B (1973) Verhaltensbiologie des Kindes. München, (4.Aufl. 1987).
Hauser-Schäublin B (1976) Frauen in Kararau. Zur Rolle der Frau bei den Iatmul am Mittelsepik, Papua-Neuguinea. Dissertation Univ. Basel.
Hellbrügge T & Döring G (1981) Die ersten Lebensjahre. Mein Kind von der Geburt bis zum Schulanfang. München.
Hirschberg W (Hrsg.) (1988) Neues Wörterbuch der Völkerkunde. Stuttgart.
Immenroth W (1933) Kultur und Umwelt der Kleinwüchsigen in Afrika. Studien zur Völkerkunde, Bd 6. Leipzig.
Irle J (1906) Die Herero. Ein Beitrag zur Landes- Volks- und Missionskunde. Gütersloh.
Jeier T (1977) Die Eskimo. Geschichte und Schicksal der Jäger im Hohen Norden. Düsseldorf.
Komanyi MJ (1973) The real and ideal Participation in Decision-Making of Iban-Women. A Study of a Longhouse Community in Sarawak, East. Dissertation New York University.
Knußmann R (1980) Vergleichende Biologie des Menschen. Lehrbuch der Anthropologie und Humangenetik. Stuttgart.
Krebs U (2001) Erziehung in Traditionalen Kulturen. Quellen und Befunde aus Afrika, Amerika, Asien und Australian 1898-1983. Berlin.
Kidd D (1906) Savage Childhood. A Study of Kafir Children. London (reprint 1969 New York)
Kluckhohn C & Leighton D (1946) The Navajos. New York, (2. Aufl. 1962).
Krige E J (1936) The social System of the Zulus. Pietermaritzburg, (2. Aufl. 1950).

Kroeber AL & C. Cluckhohn (1952) Culture: A critical Review of Concepts and Definitions. Papers of the Peabody Museum 47:1, Cambridge /Mass.

Lee R B & DeVore, J. (1976) Kalahari Hunter-Gatherers. Cambridge/Mass.

Linton R (1933) The Tanala. A Hilltribe of Madagascar. Chicago.

Lockwood I (1963) I, the Aboriginal. Adelaide (3.Aufl.)

Malinowski B (1913) The Family among the Australian Aborigines. A sociological Study. London.

Merker M (1910) Die Massai. Ethnographische Monographie eines ostafrikanischen Semitenvolkes. Berlin (1.Aufl. 1904).

Mjöberg E (1929) Durch die Insel der Kopfjäger. Abenteuer im Innern von Borneo. Leipzig.

Naik TB (1956) The Bhils. A Study. Delhi.

Nansen F (1903) Eskimoleben. Berlin.

Oerter R & Montada L (1995) Entwicklungspsychologie. Ein Lehrbuch. Weinheim, (3.Aufl.).

Papusek H & Papusek M (1977) Die ersten sozialen Beziehungen. Entwicklungschancen oder pathogene Situation. Praxis der Psychotherapie 3: 97-108.

Raum O F (1940) Chaga Childhood. A Description of indigenous Education in an East African Tribe. Oxford.

Rasmussen K (1931) The Netsilik-Eskimos Social Life and Spiritual Culture. Report of the fifth Thule Expedition 1921-24. Copenhagen.

Ribbach S H (1940) Drogpa Namgyal. Ein Tibeterleben. München.

Roheim G (1974) Children in the Desert. The western Tribes of Central Australia. Bd. 1. New York.

Schuster M (1992) Erziehung und Schulung in traditionalen Kulturen. Das Beispiel Neuguinea. In: Hohenzollern JG von, Liedtke M, Krebs U (Hrsg.) Erziehung und Schule zwischen Tradition und Innovation. Bad Heilbrunn, 155-163.

Singh I (1944) The Gondwana and the Gonds. India. Luckow.

Stayt H A (1968) The Bavenda. Oxford.

Steinvorth-Götz I (1971) hriji jama. Die Waika- Indianer in den Urwäldern des oberen Orinoko. Düsseldorf.

Tramitz C (2001) Unter Glatzen. Meine Begegnungen mit Skinheads. München.

Westermann D (1935) Die Glidyi-Ewe in Togo. Züge aus ihrem Gesellschaftsleben. Berlin.

Witschi H (1938) Bedrohtes Volk. Von den Ngadju-Dajak an den Urwaldströmen Süd-Borneos. Stuttgart.

Whiting J W M (1941) Becoming a Kwoma. Teaching an Learning in a New Guinea Tribe. London, (2.Aufl. 1978).

---

[1] aus einer Radioausstrahlung vom 21.3.1943, enthalten in: The concise Oxford Dictionary of Quotations, 1993, S. 99, Nr. 21.

3. Wachstum und Entwicklung

Wachstum, Entwicklung und körperliche Leistungsfähigkeit im Kindes- und Jugendalter stehen im Mittelpunkt unseres letzten Abschnitts. Das Kind ist in seiner gesamten Leistungsfähigkeit und damit in seinen Lebensäußerungen nicht mit dem Erwachsenen vergleichbar. Wachstum, worunter vor allem die Zunahme von Körperlänge, Körpergewicht, Kopfumfang oder die Veränderungen der Körperproportionen verstanden wird, aber auch die Entwicklung komplexer motorischer, geistiger und sozialer Fähigkeiten ist für Anthropologen und Ärzte, wie der nachfolgende Themenkanon zeigen soll, ein wichtiges gemeinsames Forschungsziel. Dabei zeigt sich jedoch, daß die Fragestellungen, Zielsetzungen und Methoden stark von einander abweichen. Die nachfolgenden Kapitel stehen somit stellvertretend für die Multidimensionalität der Forschungsinteressen. Der englische Anthropologe *Noel Cameron*, der vor allem durch eigene Studien in Südafrika Einblicke in durch ökonomische Faktoren unterschiedlich geprägte Wachstumsverläufe gewinnen konnte, führt in die Thematik ein. Ernährung und Wirtschaft sind die Hauptdeterminanten menschlichen Wachstums, wobei jedoch erkennbar wird, daß das Leistungspotential geistiger und sozialer Fähigkeiten ebenfalls in eine ontogenetische Betrachtung einzubeziehen ist. Das Wachstum des Menschen folgt einem artspezifischen Muster, neben dem Längenwachstum sind somit auch Veränderungen der Körperproportionen von besonderem Interesse. Obwohl die Erhebung entsprechender Daten auf eine jahrzehntelange Tradition verweisen kann, fehlen häufig repräsentative Standards. Die Studie von *Holle Greil* widmet sich diesem Aspekt und bezieht Veränderungen des Körperproportionen während des Wachstumsalters in Bezug zum kalendarischen Alter ein, wobei geschlechtsspezifische Reifungsprozesse ebenfalls Berücksichtigung finden. Ein weiterer ontogenetischer Aspekt ergibt sich aus der Messgröße des Body-Mass-Index (BMI). Der BMI gibt Auskunft über den Ernährungsstatus des Körpers, im eigentlichen Sinne über die Menge des körperlichen Fettgewebes. Normwerte über 30 zeigen ein starkes Übergewicht an, welches nicht nur gesundheitliche, sondern auch zunehmend psychosomatische Folgen nach sich zieht. Ein Aspekt der hier besonders zu erwähnen ist, ist der aufkommende Schlankheitswahn junger Mädchen und Frauen. Die litauische Ärztin und Anthropologin *Janina Tutkuviene* ist diesem Phänomen in ihrem Heimatland nachgegangen. Aktuelle Modetrends und die Idealisierung eines unrealistisch schlanken Körpers führen dazu, daß sich fast 20% der Mädchen und 50% der jungen Frauen als „zu dick" empfinden. Dabei zeigt sich, daß moderne Massenmedien sowie die Peergruppe an diesem Phänomen entscheidend beteiligt sind. Wachstum, Reifung und Alterung sind aber auch Prozesse, die im Kontext der Gerichtsmedizin von Bedeutung sind. Zum einen ist hier die Identifikation unbekannter Toter zu nennen, zum anderen die Frage nach dem genauen Alter eines jugendlichen Straftäters. Da die Grenze der Straffähigkeit eine eindeutige Zuordnung erforderlich macht, wirft das für forensisch arbeitende Anthropologen und Gerichtsmediziner einen Fragenkomplex auf, der vor allem im Rahmen regionaler Variabilitätsschwankungen beantwortet werden muss. Einen ersten wichtigen Schritt in diese Richtung liefern die Arbeiten von *Friedrich Rösing, H.-J. Kaatsch* und *A. Schmeling*, die sich nicht nur mit der Generierung verwertbarer Daten beschäftigen, sondern darüber hinaus mit den Qualitätskriterien der eruierten Altersmarker. Neben der Gerichtsmedizin ist auch die Pädiatrie an der Datenakquisition – in diesem Falle in der Pharmakotherapie – interessiert. Es mag erstaunen, aber die Arzneimittelsicherheit weist gerade bei den jüngsten Patienten große Defizite auf, da klinische Studien zumeist nur an Erwachsenen erfolgen. Das Autorenteam *Christoph Brochhausen, M. Brochhausen* und *H.W. Seyberth* macht in ihrem Aufsatz auf diesen Missstand aufmerksam. „Kinder sind keine kleinen Erwachsenen" lautet ihre Maxime und macht damit deutlich, daß zukünftig eine interdisziplinäre Kooperation sowie eine patientenorientierte Sichtweise in Medizin, Pharmazie und den weiteren Nachbarwissenschaften etabliert werden muss. Mit dem Beitrag von *Christiane Scheffler* und *V. Noth* zu den Bewegungsanalysen wird nun ein weiteres Arbeitsgebiet der ontogenetischen Forschung angeschnitten. Kinder müssen sich in vielen Alltagssituationen bewähren, wobei u.a. die Handhabung von diversen Verschlusssystemen (z.B. von Bekleidung u.ä.) zu bewältigen ist. Dabei müssen grundsätzlich zwei Arten von Verschlüssen unterschieden werden; die, die potentiell geöffnet werden dürfen und sollen, gegenüber denen, die der Sicherheit eines Kindes dienen und deshalb nicht selbständig von ihnen geöffnet werden dürfen. Der Erfolg und die Art und Weise der Handhabung sind jedoch Ergebnis der Wechselwirkung von motorischer und kognitiver Entwicklung. Die Ergebnisse der vorgelegten Untersuchungen demonstrieren, daß einerseits noch viele Kinder (selbst kurz vor dem Einschulungstermin) nicht in der Lage sind, Schleifen zu binden oder Anoraks zu verschließen. Andererseits bieten diejenigen Verschlüsse, die besonderen Sicherheitsanforderungen unterliegen (Sicherheitsgurte etc.), oftmals nur eine scheinbare Sicherheit. Hier ist also die Industrieanthropologie gefragt, neue Richtlinien zu etablieren und einzuführen. Entsprechend ist auch das letzte Thema unseres Bandes der Industrieanthropologie entlehnt. In einer Zeit zunehmender Computerisierung haben Kinder bereits im Vorschulalter Zugang zu Computern. Die Computer-Maus ist dabei die wichtigste Mensch-Maschine-Schnittstelle, wie in der Studie von *Nadine Fritz* und *I. Schröder* aufgezeigt wird. Ihre Untersuchungen belegen eindrücklich, daß die ergonomischen Rahmenbedingungen sich nicht nur auf kindgerechtes Mobiliar beschränken dürfen. Auch die Hersteller von Hardwarekomponenten müssen zukünftig verstärkt auf die Bedürfnisse von Kindern als Nutzerpopulation ausgerichtet werden.

Wachstum im 21. Jahrhundert: Der Einfluss von Ernährungs- und Wirtschaftsfaktoren

N. Cameron

Der größte Wandel dem das menschliche Wachstum im 20. Jahrhundert unterworfen war, ist der "positive" säkulare Trend, der höhere Körperhöhen und größere Gewichtsklassen in jeder kindlichen Altersgruppe hervorgebracht hat. Kennzeichnend ist darüber hinaus die immer früher einsetzende Pubertät. Diese säkularen Trends sind vom Beginn des 19. Jahrhunderts bis in das 20. Jahrhundert hinein beobachtet worden. Jede Folgegeneration von Kindern schien größer – besser gesagt – höhergewachsen zu sein, als ihre Eltern im vergleichbaren Alter. Darüber hinaus war auch der Zeitpunkt der Reifung vorverlegt sowie die resultierende Körperhöhe gesteigert (Virey 1816, Villermé 1829, Van Wieringen 1986).

Säkularer Trend

Es ist allseits bekannt, dass Größe und Reifung im Kindesalter eng korrelieren, ersteres ist von letzterem abhängig, so dass beide oftmals als synonym betrachtet werden. Solche Entwicklungen wurden als „säkulare Trends" in der Literatur beschrieben, da sie innerhalb eines kurzen Zeitraums auftraten und häufig einer Generation zugeschrieben werden konnten. Daher auch der Rückgriff auf die lateinischen Begriffe *saeculum* und *saecularis*, die Alter, Generation oder Lebenszeit bedeuten. Es gilt jedoch die Grundregel, das jeglicher Wandel in der Körpergröße, der als säkularer Trend beschrieben wird – egal ob es sich dabei um eine Ab- oder Zunahme handelt – statistisch signifikant sein muss. Daher ist ein Trend immer ein statistisch signifikanter Unterschied, und nicht nur eine zufällige Veränderung der Werte.

Ein eindeutiges Beispiel für einen säkularen Trend liegt uns in Form einer Folge von Untersuchungen des Londoner Stadtratsamtes vor, das die Körperhöhe und das Gewicht von Kindern innerhalb eines Zeitraumes von sechs Dekaden untersuchte. Wenn man die Daten nach Altersgruppen aufträgt (und nicht nach Geburtskohorten), dann zeigt sich der säkulare Trend in Form einer mehr oder weniger geraden Linie (Abb. 1). Unter Verwendung dieser Methode konnten Bruntland und Kollegen (1980) die Auswirkung von Mangelernährung während des zweiten Weltkriegs auf acht- bis achtzehnjährige

Osloer Schulmädchen nachweisen. Innerhalb des von ihnen gewählten Untersuchungszeitraumes (1920-1980) zeigte sich, dass die Körperhöhe der Mädchen zwischen 1940 und 1946 merklich reduziert war gegenüber ihren gleichaltrigen Vorgängerinnen. Dies legt nahe, dass sich eine Fehl- oder Mangelernährung bereits innerhalb eines Jahres auf das Wachstum niederschlägt.

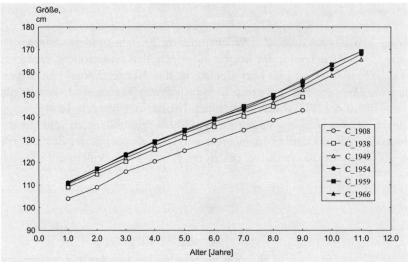

Abb. 1 : Durchschnittliche Körperhöhe von Knaben aus London, 1908-1966

James Tanner überliefert uns ein weiteres, mittlerweile klassisches Beispiel für einen säkularen Trend. Seine Daten über das Einsetzen der Menarche reichten von der Mitte des 19. Jahrhunderts bis zum Ende des 20. Jahrhunderts und basierten auf den Untersuchungsergebnissen aus sechs europäischen Ländern sowie den USA. Diese Zahlen dokumentieren ein dramatisches Absinken des Menarchealters im Zeitraum zwischen 1860 und 1990. Gegen Mitte des 19. Jahrhunderts hatten norwegische und schwedische Mädchen ihre erste Menarche zwischen 15 bis 16 Jahren, während das heutige durchschnittliche Menarchealter bei 12 bis 13 Jahren liegt.

Das bedeutet jedoch nicht, das die säkularen Trends, die wir heute beobachten, ihre Wurzeln in der Antike haben. Gehen wir zum Beispiel in die Mitte des 18. Jahrhunderts zurück, dann hatten Mädchen ihre Menarche zwischen 20 bis 25 Jahren. Es ist somit klar, dass säkulare Trends zyklisch erfolgen. Der Athener Solon setzte das Ende des zweiten Lebensabschnitts, also die Zeit in der die sexuelle Reifung ihren Anfang nimmt, mit 14 Jahren an. Die sexuelle Reife wird zumeist mit dem Einsetzen des Menstruationszyklus, der Menarche, parallelisiert. Wir können daher aus Solons Angaben schließen, das

14 Jahre das Durchschnittsmenarchealter für griechische Mädchen der Antike darstellte und sie somit zu diesem Zeitpunkt sexuell reif waren. Auch 1000 Jahre später war „14 Jahre" der Wendepunkt, den Shakespeare für Julia erwählte, um sie zur Frau reifen zu lassen. Man muss natürlich einkalkulieren, dass dies möglicherweise lediglich ein kulturell gewähltes Datum darstellt, aber zweifellos sind die Wurzeln in der biologischen Entwicklung und den Reifungsprozessen begründet.

Die Ursachen säkularer Trends

Was sind also die Gründe für den beschriebenen generationenweisen Anstieg der Körpergröße bzw. der Senkung des Reifungsalters?

Umweltfaktoren
Menschliches Wachstum wird durch zwei Faktoren gesteuert: Genetik und Umwelt. Die Beziehung zwischen diesen beiden ist jedoch nicht einfach. Sie kann nicht durch simple Addition, Subtraktion, Multiplikation oder Division beschrieben werden. Das Verhältnis dieser Faktoren ist außerdem wandelbar. Dennoch gibt es keinen Zweifel, dass die Ursachen der aktuell und weltweit zu beobachtenden säkularen Trends in den wirtschaftlichen und sozialen Veränderungen der letzten 150 Jahre begründet liegen. Es wird generell angenommen, das diese Veränderungen – in der Regel als „Entwicklungen" beschrieben – zu einer größeren Lebensqualität und zu einer Verbesserung des sozioökonomischen Status (SÖS) ganzer Bevölkerungen geführt haben.

Hinter dem Begriff SÖS verbirgt sich eine komplexe Variable. Sie beinhaltet nicht nur die messbaren Faktoren Bildung (der Mutter), Arbeit und Beruf, Einkommen, Wohnverhältnisse und Ernährungsstatus, sondern auch nichtmessbare Faktoren, die in der Priorität der Ausgaben und Anschaffungen reflektiert werden, die durch ein Monatseinkommen bewältigt werden. Darüber hinaus gehört der Besitz bestimmter Güter – gerade auch in den Entwicklungsländern – so z.B. der eines Telephons, eines Fernsehers, eines Autos oder eines Kühlschranks zu den wichtigsten Indikatoren für den sozioökonomischen Status innerhalb einer Gemeinschaft. Die Komplexität der Beziehung zwischen SÖS und Wachstum wird allerdings dadurch kompliziert, dass der Zugang eines Kindes zu diesen Ressourcen durch Geburtsrang, Geschwisterzahl und Lebensalter variiert. Die mütterliche Bildung ist in diesem Sinne eine der Haupteinflussgrößen, die sowohl auf den Gesundheitsstatus als auch das generelle Wohlbefinden innerhalb der ersten zwei Lebensjahre eines Kindes einwirken. Später aber, etwa zum Zeitpunkt der Einschulung mit etwa fünf Jahren, übernehmen andere Einflussgrößen, wie das zur Verfügung stehende Einkommen, eine führende Rolle.

Es gibt eine Vielzahl von Beispielen, die belegen könnten, dass der SÖS einer der Hauptumweltfaktoren ist, der die Körpergröße sowie die Reifungsrate entscheidend beeinflusst. Meine eigenen Untersuchungen in Soweto (Südafrika) illustrieren diesen Effekt des SÖS auf das Wachstum. Eine Stichprobe wurde mittels des SÖS in drei sozioökonomische Gruppen aufgeteilt, wobei eine ungewichtete Kombination von Güterbesitz, mütterlicher Bildung und väterlichem Beruf den Ausschlag gab (Cameron et al. 1998). Jeder Faktor wurde aus einer Gesamtpunktzahl von 10 Punkten bewertet, so dass die Höchstpunktzahl, die aus allen drei Kriterien zu erlangen war, bei 30 Punkten lag. Ein Individuum, das hingegen nur geringe Punktwertungen in diesen drei Kriterien besaß, floss lediglich mit 3 Punkten in die Analyse ein. Geringe, mittlere und hohe SÖS-Gruppen konnten dementsprechend unterschieden werden, je nachdem ob die Familie insgesamt auf 1-10, 11-20 oder 21-30 Punkte kam. Unterschiede in der Körperlänge (Körperhöhe Z-standardisiert im Vergleich zu den amerikanischen Studien) zwischen diesen drei Gruppen waren bereits ab einem Alter von sechs Monaten erkennbar. Unterschiede im Gewicht zeigten sich zwar schon bei der Geburt, aber die Beziehung zwischen Gewicht und Körperhöhe verwies auf keinen eindeutigen Trend zwischen den drei Gruppen.

Die britische *National Child Development Study* (NCDS) dokumentiert hingegen den kombinierten Effekt von SÖS und Geschwisterzahl. Die einzelnen SÖS-Gruppen ergaben sich aus dem Beruf des Vaters gemäß der Klassifikation des Einwohnermeldeamtes. Kinder aus großen Familien hatten z.B. im Alter von sieben Jahren eine Körperhöhe, die direkt mit dem SÖS bzw. der Berufsgruppe des Vaters korrelierte.

Auch die sekundäre Geschlechtsentwicklung verweist auf eine Abhängigkeit zum SÖS der väterlichen Berufsgruppe. Daten aus Polen belegen, dass das durchschnittliche Menarchealter von der väterlichen Berufskategorie abhängt (Bielicki et al. 1985). Die Töchter von Angestellten, z.B. von Managern und Lehrern, hatten ein durchschnittlich niedrigeres Menarchealter als die Töchter von un- oder angelernten Handwerkern oder Minenarbeitern. Das Menarchealter reagiert sogar so sensibel auf den sozialen Status, dass sich tatsächliche Unterschiede im SÖS von scheinbaren Effekten differenzieren lassen. Die Töchter von polnischen Polizisten hatten z.B. ein wesentlich früheres Einsetzen der Menarche zu verzeichnen als die von Ingenieuren, und das, obwohl Ingenieure anhand der SÖS-Regierungsklassifikation eigentlich vier Stufen über der der Polizisten angesiedelt sind.

Dies zeigt, dass Unterschiede im sozio-ökonomischen Status eindeutig im Wachstums- und Reifungsgeschehen gespiegelt werden und das die Hauptschubkraft hinter den festgestellten säkularen Trends die Verbesserung der sozio-ökonomischen Verhältnisse darstellt. Dabei ist jedoch anzumerken, dass bei den sozio-ökonomischen Gegebenheiten proximale und distale Faktoren differenziert werden müssen. Das zur Verfügung stehende Einkommen eines Haushalts ist ein wichtiger proximaler Faktor, ebenso der Bildungsstand der Mutter. Distale Faktoren, wie z.B. sauberes Trinkwasser und eine gute Gesundheitsfürsorge, müssen jedoch ebenfalls berücksichtigt werden. Die Komplexität des sozio-ökonomischen Status ist somit nicht allein durch die Anzahl der Variablen bestimmt, sondern durch den direkten Bezug zum Kind oder der Familie sowie dem Alter, in dem das Kind diesen Einflüssen ausgesetzt ist.

Genetische Faktoren
Man muss sich natürlich auch fragen, welche Rolle der Heterosis-Effekt spielt. Anders gefragt, führt die Zahl heterozygoter Kombinationen beim Menschen – ähnlich wie bei Tieren und Pflanzen – zu größeren Nachkommen? Es gibt nur wenige Daten, die mir bekannt sind, die diese Hypothese unterstützen. Das liegt sicherlich auch daran, dass Studien, wie z.B. die von Hulse (1957) über Körperhöhe und Exogamie, Wirkfaktoren wie elterliche Körperhöhe, SÖS oder andere potentiell beeinflussende Nebeneffekte nicht grundsätzlich ausschließen konnten.

Der vielleicht überzeugendste Beleg für die Stärke von Umwelteffekten auf das Wachstum zeigt sich immer dann, wenn man Populationen betrachtet, die ihre angestammten Siedlungsareale verlassen haben. Mittlerweile weltweit gesammelte Daten zeigen z.B., dass Afrikaner die in Afrika leben zu den physisch kleinsten Bevölkerungen gehören (Eveleth & Tanner 1990). Wenn sie allerdings unter Lebensbedingungen aufwachsen, wie wir sie in Europa oder Amerika vorfinden, dann können sie durchaus enorme Körperhöhen erlangen. Ein Großteil des säkularen Trends ist somit allein umweltbestimmt und die Umwelt kontrolliert entsprechend, mit welcher Rate der Wachstums- bzw. Reifungsprozess vonstatten geht.

Vielfach wird jedoch auch die Frage gestellt, ob der Trend, den wir beobachten auch evolutionsbiologisch von Bedeutung und somit im eigentlichen Sinne adaptiv ist.

Evolutionäre und adaptive Bedeutung?

Die menschliche Evolution wird generell mit dem Überleben des bestangepassten Individuums konnotiert. Dies geschieht durch den Prozess der natürlichen Selektion. Die menschliche Evolution *braucht* also dieses Wechselspiel von Adaptation, Vorteil, natürlicher Selektion und Weitergabe der Gene: *Adaptation* an eine Umwelt und auch Umweltveränderungen bringen einen *reproduktiven Vorteil* mit sich, so dass diejenigen, die sich mittels Mutationen anpassen, eine bessere Überlebenschance haben. Die Adaptation garantiert somit, das die Gene durch den Prozess der *natürlichen Selektion* an die nächste Generation weitergegeben werden können. Adaptation muss somit immer einen Vorteil mit sich bringen. „Kein Vorteil" bedeutet keine natürliche Selektion, keine Weitergabe der Gene und letztlich auch, dass das Individuum im Laufe der weiteren Evolution keine Rolle mehr spielt.

Legt man die darwinische Sicht der Evolution zugrunde, dann kristallisieren sich sehr schnell zwei Fragenkomplexe heraus: (1) sind positive und negative säkulare Trends adaptiv, d.h. sind sie vorteilhaft und unterliegen sie der natürlichen Selektion? (2) Ist das Fehlen eines säkularen Trends mit dem Ende unseres genetischen Potentials gleichzusetzen? Haben wir also schon die größtmögliche Anpassung an unsere Umwelt erreicht? Ist also die physische Größe und Form die wir erreicht haben, und somit auch der Wachstums- und Entwicklungsprozess, adaptiv und vorteilhaft?

Ein negativer Trend – z.B. eine Wachstumsretardation in einer Generation – kann zu kleineren Babys und mithin zu minderwüchsigen Erwachsenen führen. Dies kann durchaus adaptiv sein, wenn es gilt, Energieressourcen einzusparen, da insgesamt weniger Kalorien nötig sind, um den Organismus am Leben zu erhalten. Gleichzeitig birgt dies jedoch auch Nachteile – zumindest auf lange Sicht – weil sich die Arbeitskraft und das kognitive Potential eventuell verringern könnten (Martorell et al. 1992). Dies würde zwangsläufig zu einem Verlust an reproduktiven Vorteilen führen und zeigt uns, dass negative säkulare Trends als Antwort auf einen Umweltdruck lediglich einen kurzfristigen Vorteil bringen, jedoch langfristig mit einen evolutionären Nachteil gekoppelt sind. Positive Trends – also jegliche Entwicklung in Richtung Optimierung des genetischem Potentials (das entspricht nicht notwendigerweise dem Erreichen dieses Potentials, da es ja ansonsten keinen weiteren Trend gäbe) – ist somit vorteilhaft, da es auch eine größere physische Schaffenskraft mit sich bringt. Auf globaler Ebene kann sich so etwas jedoch wiederum negativ auswirken, da dieser Trend alle vorhandenen Nahrungsressourcen sprengen würde.

Evolutionärer Wandel bedarf immer einer Veränderung der Gene bzw. der Nukleinsäuren. Falls also die Veränderung der Körperhöhe auf genetischen Unterschieden beruht, dann ist es die natürliche Selektion, die diesen evolutionären Wandel vorantreibt. Falls die Unterschiede jedoch einzig und allein auf die Umwelt zurückzuführen sind, dann gibt es natürlich keinen genetischen oder evolutionären Wandel. Die bislang weltweit gesammelten Daten scheinen letzteres zu belegen. Somit gibt es keinen Nachweis für die Beteilung der natürlichen Selektion an den säkularen Trends.

Minderwuchs und Fettleibigkeit

Die bislang gesammelten Daten belegen vor allem die Wichtigkeit nationaler wirtschaftlicher Entwicklung. Seit den 50er Jahren hat man die Welt in Länder unterteilt, die entweder als „entwickelt" oder als „unterentwickelt" gelten. Als Maß für den Entwicklungsgrad eines Landes legen wir das Brutto- und Nettosozialprodukt, die Geburten- und

Sterberaten, die Mortalitätsraten von Kleinkindern und Kindern unter 5 Jahren an sowie die durchschnittliche Lebenserwartung an. Diese einfachen Variablen scheinen auch das, was wir unter „entwickelt" verstehen, hervorragend zu subsumieren.

Minderwuchs ist eines jener Charakteristika, das wir häufig bei Kinder aus Entwicklungsländern antreffen. Minderwuchs wird im wesentlichen durch unzureichende Ernährung innerhalb der ersten zwei Lebensjahre verursacht und wird allgemein mit einer Z-standardisierten Körperhöhe von unter -2 beschrieben. Minderwuchs bleibt ein Leben lang bestehen, d.h. es gibt keine Hoffnung auf einen Aufholungsprozess oder gar einen Wachstumsschub (Martorell et al. 1992). Martorell und Kollegen konnten nachweisen, dass guatemaltekische Kinder, die bereits im Alter von drei Jahren unter einem auffälligen Minderwuchs litten, später im Alter von 20 Jahren in vielen physischen und mentalen Parametern geringere Testresultate aufwiesen als ihre normalgewachsenen Altersgenossen. Minderwuchs geht somit nicht nur mit einer Reduktion der Körperhöhe und des allgemeinen Wachstumspotentials einher, sondern beschreibt auch einen absoluten Verlust an körperlichen, sozialen und psychischen Kapazitäten.

Am anderen Ende der Skala ist die Fettleibigkeit angesiedelt, die mittlerweile zu einer der Hauptcharakteristika von Industrienationen gehört. Hohe Prävalenzen an fettleibigen Kindern finden sich den Vereinigten Staaten, aber der Trend ist mittlerweile auch in den Entwicklungsländern zu beobachten. Insbesondere Popkin und Mitarbeiter (1996) setzten sich mit den Daten von Kindern auseinander, deren Heimatländer durch wirtschaftliche Veränderungen und eine Ernährungsumstellung charakterisiert sind. Sie konnten nachweisen, dass Minderwuchs und Fettleibigkeit oftmals parallel entstehen.

Diese auffällige Wachstumsvariabilität in der Kindheit ist neuerdings auf reges Interesse gestoßen, als man einen Zusammenhang zum Entstehen von Diabetes II entdeckte. Die Ergebnisse einer Vielzahl von Untersuchungen konnten demonstrieren, dass überdurchschnittliche Wachstumsraten von Körpergewicht und Körperhöhe in der Kindheit eine größere Veranlagung zur Diabetes bedingen. Zwar ist schon seit geraumer Zeit bekannt, dass Übergewicht und Fettleibigkeit zu den Risikofaktoren für die Entstehung einer Diabetes II gehören, aber das Interesse an der frühestmöglichen Diagnose hat nun zur Entwicklung von fötalen Überwachungsprogrammen geführt.

David Barker und Nick Hales und einige weitere britische Kollegen haben ihr Forschungsinteresse auf das pränatale Leben gerichtet. Sie konnten im Zuge ihrer Studien feststellen, das dies die kritische Phase ist, in der über die Entwicklung von späteren, erst im Erwachsenenalter auftretenden chronischen Erkrankungen entschieden wird (Hales et al. 1991). Eine Vielzahl epidemiologischer Studien war in der Lage, signifikante (wenngleich auch geringe) Korrelationen zu entdecken zwischen geringem Geburtsgewicht und dem Risiko an Diabetes, Herzerkrankungen oder Bluthochdruck zu erkranken. Wenngleich es bislang keine festen Beweis für einen Kausalzusammenhang gibt, so scheint sich doch zu bewahrheiten, dass Babys, die bereits intrauterin Wachstumsdefizite aufweisen – welche nicht nur die Körperlänge, sondern auch die Proportionen entscheidend beeinflussen – an selektiven Organschäden (Leber, Niere) leiden. Der Fötus scheint sich somit bereits intrauterin auf eine beeinträchtigte Umwelt einzustellen. Nach der Geburt fördert diese „Programmierung", dass das Kind negativ auf eine zu hohe Kalorienzufuhr oder hohen Fett- und Salzgehalt in der Nahrung reagiert. Dazu gesellt sich außerdem eine Veranlagung zur Fettleibigkeit im Erwachsenenalter.

Barker (1994) hat diese „Programmierungs-Hypothese" folgendermaßen beschrieben: *„Undernutrition and other adverse influences arising in foetal life, or immediately after birth have a permanent effect on the body's structure, physiology and metabolism. The specific effects of undernutrition depend on the time in development at which it occurs. In early gestation undernutrition permanently reduces body size. In late gestation it affects body form (proportionality) without necessarily reducing body size. Rapidly growing foetuses and neonates are more vulnerable to undernutrition. The effects include altered gene expression, reduced cell numbers, imbalances between cell types, altered organ structure, the pattern of hormonal release, and setting of hormonal responses."*

Einige meiner aktuellen Forschungsinteressen widmen sich ebenfalls der Ätiologie des Diabetes II und insbesondere den kindlichen Altersgruppen, in denen die Insulinantwort bereits auf eine Glukose-Abnormalität verweist, die als Indikator für eine spätere Diabetes angesehen werden darf. Diabetes vom Typ II ist Teil eines Symptomkomplexes, der 1988 von GM Reaven als "Syndrom X" (metabolisches Syndrom) beschriebne wurde. Syndrom X umfasst eine erhöhte Insulinresistenz gekoppelt mit Bluthochdruck und anderen Organfehlfunktionen (vor allem der Leber: Hyperlipidaemie). Hales und Barker (1992) hypothetisierten, dass sowohl die Ätiologie der Diabetes II und des metabolischen Syndroms auf die Entwicklung eines "vorsorgenden Phänotyps" (thrifty phenotype) zurückzuführen sei; nachweisbar am Fötus durch einen unproportioniert kurzen Körper im Vergleich zum Kopf. Dieses Phänomen wurde dahingehend interpretiert, dass der Fötus sich der unzureichenden Ernährungssituation anpasst, in dem er die vorhandenen Ressourcen an diejenigen Organe weiterleitet, die eine Versorgung am dringendsten benötigen (z.B. das Gehirn). Andere Organe bleiben dafür jedoch unterversorgt (Pankreas, Leber). Vor allem aber die beta-Zellen, die letztlich für die Insulinproduktion verantwortlich sind, werden dezimiert. Dasselbe geschieht mit dem Wachstum von Gewicht und Körperlänge. Das von Hales und Barker aufgestellte Modell berücksichtigt jedoch das Kleinkindalter und die Kindheit nicht, weil nur wenige Informationen über das Voranschreiten der Krankheit bzw. die Risikofaktoren während der Kindheit bekannt sind. Somit kommt es zu einem Sprung zwischen der Fötalzeit, in der sich das Krankheitsbild formiert, bis zur reduzierten beta-Zellen-Funktion des Erwachsenen.

Untersuchungen aus Europa, Indien und Amerika belegen, dass das Geburtsgewicht, das Gewicht im Alter von einem Jahr sowie die Entwicklung des kindlichen Body-Mass-Index (BMI) eng mit der Glukose-Intoleranz korrelieren. Daraus hatte man zunächst geschlossen, das diejenigen Faktoren, die das Geburtsgewicht und das postnatale Wachstum bedingen, auch für die Ätiologie der Glukose-Intoleranz und Diabetes II verantwortlich zu machen sind. Die Kombination aus geringem Geburtsgewicht und einem erhöhten BMI im Erwachsenenalter ist gerade für Bevölkerungen charakteristisch, die eine Ernährungsumstellung durchmachen bzw. einem wirtschaftlichen Wandel unterliegen, wie es für Länder der Dritten Welt häufig der Fall ist. So ist auch in Südafrika, wo die Verstädterung der schwarzen Bevölkerung jährlich etwa 3,5% beträgt und ein geringes Geburtsgewicht fast zur Normalität gehört. Überdenkt man aus dieser Sachlage heraus nochmals die Hypothese vom „vorsorgenden Phänotyp", dann kann man diese Faktorenkombination durchaus für die Veränderungen des Kohlehydratstoffwechsels verantwortlich machen, die die Erwachsenen letztlich für Fettleibigkeit und Diabetes II so anfällig machen.

Literatur

Barker DJP (1994) Mothers, babies and diseases in later life. BMJ Publishing Group, London.
Bielicki T, Waliszko A, Huluanicka B, Kotarz K (1986) Social class differences in meanarcheal age in Poland. Annals of Human Biology 13: 1-11.
Bruntland GH, Liestoil K, Walloe L (1980) Height, weight and menarcheal age of Oslo schoolchildren during the last 60 years. Annals of Human Biology 7:307-322.
Cameron N, De Wet T, Ellison GTH, Bogin B (1998) Growth in height and weight of South African urban infants from birth to five years: the Birth To Ten Study. American Journal of Human Biology 10(4): 495-504.
Eveleth PB, Tanner, JM (1990) Worldwide variation in human growth. 2nd edition Cambridge University Press.
Hales CN, Barker DJ (1992) Type II (non-insulin dependent) diabetes mellitus: the thrifty phenotype hypothesis. Diabetologia, 35: 595-601.
Hales CN, Barker DJ, Clark PM (1991) Foetal and infant growth and impaired glucose tolerance at age 64. British Medical Journal 303: 1019-1022.
Hulse FS (1957) Exogamie et heterosis. Arch Suisses Anthropol Gen 22: 103-125.
Martorell R, Rivera J, Kaplowitz H, Pollitt E (1992) Long-term consequences of growth retardation during early childhood. In: Hernandez M, Argente J (Hrsg.) Human Growth: Basic and Clinical Aspects. Elsevier Science Publications, Amsterdam. pp 143-49.
Popkin BM, Richards MK, Monteiro CA (1996) Stunting is associated with overweight in children in four nations that are undergoing nutritional transition. Journal of Nutrition 126:3009-3016.
Reavon GM (1988) Role of insulin resistance in human disease. Diabetes 37: 1595-1607.
Villermé LR (1829) Mémoire sur la taille de l'homme en France. Ann Hyg Publ (Paris) 1:351-401.
Van Wieringen JC (1986) Secular growth changes. In: Falkner F & Tanner JM (Hrsg.) Human growth: a comprehensive treatise. Vol 3. Plenum, New York. pp 307-333.

Körperproportionen und ihr Bezug zum biologischen Alter

H. Greil

Das Wachstum des Menschen folgt einem artspezifischen Muster. Es ist gekennzeichnet durch intensives intrauterines Wachstum, gefolgt von abnehmender Wachstumsgeschwindigkeit nach der Geburt und niedrigen Wachstumsraten während der im Vergleich zu Tierprimaten ausgesprochen langen Kindheit. Etwa um die Zeit des Durchbruchs des 1. Zahns des Dauergebisses, dem sogenannten Sechsjahresmolar, erfolgt eine Streckung des Körpers durch verstärktes Wachstum der Gliedmaßen, die als erster Längenwachstumsschub, erster Gestaltwandel oder *Midgrowth-Spurt* (Grimm 1966, Bogin 1998) bezeichnet wird. Zu Beginn der sexuellen Reifung kommt es wiederum zu einem charakteristischen Längenwachstumsschub, dem zweiten Längenwachstumsschub, zweiten Gestaltwandel oder *Adolescent Growth Spurt*. Danach verlangsamt sich das Längenwachstum endgültig bis zum Erreichen der Körperendhöhe. Bei der deutschen Bevölkerung wird eine mittlere Körperendhöhe von 168,0 cm im weiblichen Geschlecht und von 180,2 cm im männlichen Geschlecht erst in der Altersgruppe 20-24 Jahre erreicht (Greil 2001a). Die durchschnittlichen jährlichen Zuwachsraten und damit die durchschnittliche Wachstumsgeschwindigkeit vermindern sich nach dem Ende des präpuberalen Längenwachstumsschubes ausgesprochen geschlechtsspezifisch. Mädchen erreichen nach den Ergebnissen repräsentativer Körpermessungen heute zwar ihre absolute Körperendhöhe offenbar nicht deutlich früher als Jungen, sie vermindern aber ihre Zuwachsraten fast drei Jahre früher als diese und wachsen nach dem 16. Geburtstag nur noch wenig. Dies trifft für Jungen erst nach dem 19. Geburtstag zu. Die charakteristischen Geschlechtsunterschiede in den Längenmaße entwickeln sich nicht erst am Ende des Wachstumsalters. Sie entstehen vor allem durch den früheren Eintritt des präpuberalen Längenwachstumsschubes bei Mädchen und zusätzlich durch ihre etwas intensivere Abnahme der Wachstumsgeschwindigkeit in den darauf folgenden Jahren (Greil 1997). Dies wird durch aktuelle Untersuchungen an Schülern und Schülerinnen aus dem Bundesland Brandenburg bestätigt (Schilitz 2001). Mädchen beginnen danach, um die Jahrtausendwende ebenso wie bereits 10 Jahre zuvor, ihren präpuberalen Längenwachstumsschub mit etwa 9 Jahren. Sie sind im Alter von 9 ½ bis zu 13 ½ Jahren im Mittel größer als kalendarisch gleichaltrige Jungen. Die mittlere Zuwachsrate ihrer Körperhöhe erreicht zwischen dem 11. und dem 12. Geburtstag einen Höchstwert von 6,5 cm. Sie beträgt im 13. Lebensjahr 5,9 cm und im 14. Lebensjahr noch 4,1 cm, um dann ganz rapide zu sinken. Von 17 bis zu 22 Jahren beträgt der Gesamtzuwachs der Körperhöhe bei Mädchen insgesamt nur noch 1,2 cm. Jungen erreichen den Höhepunkt ihres präpuberalen Längenwachstumsschubes erst mit 14 bis 15 Jahren, d.h. etwa 3 Jahre später als die Mädchen. Sie sind mit 14 Jahren im Mittel 165,2 cm groß.

Ihre jährliche Zuwachsrate der Körperhöhe erreicht im 15. Lebensjahr einen Höhepunkt mit einem Mittel von 7,3 cm. Diese Zuwachsrate halbiert sich in den folgenden Jahren jeweils. Von 17 bis zu 22 Jahren beträgt der Gesamtzuwachs der Körperhöhe auch bei Jungen insgesamt nur noch 1,9 cm.

Während des Wachstumsalters mit seinen art- und geschlechtsspezifischen Wachstumsmustern verändern sich die Proportionen des Körpers in charakteristischer Weise. Dies ist im allgemeinen seit Jahrzehnten bekannt (Stratz 1921, Jürgens 1959, Sommer 1980). Allerdings fehlen bisher häufig statistisch gesicherte Angaben auf der Grundlage repräsentativer Körpermessungen. Es ist das Ziel der vorliegenden Arbeit, die Veränderungen wesentlicher Körperproportionen während des Wachstumsalters in Bezug zum geschlechtsneutralen kalendarischen Alter zu analysieren und auf dieser Grundlage zu Aussagen zum geschlechtsspezifischen biologischen Alter zu gelangen. Dabei wird auch der zeitliche Verlauf der sexuellen Reifung in die Überlegungen einbezogen.

Stichprobe und Untersuchungsmethoden

Als Beispiel zur Demonstration der Proportionsveränderungen während des Wachstumsalters dient eine Stichprobe von 15 115 Jungen und jungen Männern und 14 925 Mädchen und jungen Frauen aus dem Gebiet aller neuen Bundesländer im Alter von 0 bis zu 22 Jahren. Die Stichprobe ist anteilmäßig an der Bevölkerung nach Geschlecht, Alter und Größe des Wohnortes stratifiziert. Die anthropometrischen Untersuchungen erfolgten in den Jahren 1987 bis 1990 durch Doktoranden und Doktorandinnen des Instituts für Anthropologie der Humboldt-Universität Berlin unter Anleitung der Autorin und nach den Richtlinien für somatometrische Untersuchungen von Rudolf Martin (Flügel et al. 1986, Knußmann 1988). Sämtliche Messdaten wurden einer sorgfältigen Fehlerprüfung unterzogen und zentral ausgewertet. Die Ergebnisse hatten ein Repräsentativitätsniveau von höchstens $\alpha = 0,05$ IW. Zur Analyse der Proportionsveränderungen während des Wachstumsalters wurden aus den Merkmalen Körpermasse, Körperhöhe, Ohrhöhe des Kopfes (Körperhöhe – Tragionhöhe), Kopf – Hals – Länge (Körperhöhe – Cervicalhöhe), Stammlänge, projektivische Beinlänge (Körperhöhe – Stammlänge), Rumpflänge (Cervicalhöhe – projektivische Beinlänge), additive Armlänge (Oberarmlänge + Unterarmlänge + Handlänge), Fußlänge, biakromiale Schulterbreite, bikristale Beckenbreite, Brustkorbbreite und Brustkorbtiefe die folgenden Körperbau – Indizes gebildet: Body-Mass-Index (BMI = Körpermasse / Körperhöhe^2), Ohrhöhen-Index (OHI = 100 x Ohrhöhe des Kopfes / Körperhöhe), Kopf-Hals-Längen-Index (KHI = 100 x Kopf – Hals – Länge / Körperhöhe), Thorakal-Index (THI = 100 x Brustkorbtiefe / Brustkorbbreite), Rumpf-Breiten-Index (RBI = 100 x bikristale Beckenbreite / biakromiale Schulterbreite), Skelischer Index (SKI = 100 x projektivische Beinlänge / Stammlänge), Beinlängen-Rumpflängen-Index (BRI = 100 x projektivische Beinlänge / Rumpflänge), Intermembral-Index (IMI = 100 x additive Armlänge / projektivische Beinlänge), Handlängen-Armlängen-Index (HAI = 100 x additive Armlänge / projektivische Beinlänge) und Fußlängen-Beinlängen-Index (FBI = 100 x Fußlänge / projektivische Beinlänge). Die Auswertung der Messergebnisse erfolgte in Form von verteilungsunabhängigen Perzentilwerten, weil nicht alle untersuchten Proportionsmaße einer Normalverteilung folgen. Analysiert werden im Ergebnisteil vor allem die nach Jahresgruppen zusammengefassten Medianwerte der Indizes. Die Altersgruppe 0 Jahre umfasst das Alter der ersten 4 Lebenstage. Alle folgenden Altersgruppen sind nach dem Martinschen Prinzip „zum nächstliegenden Geburtstag" gebildet. Dies bedeutet, dass das angegebene Alter gleichzeitig das mittlere Alter der Altersgruppe darstellt. Weil die individuelle Wachstumsgeschwindigkeit während der ersten drei Lebensjahre stark abnimmt, umfassen die Altersgruppen 1 Jahr, 2 Jahre und 3 Jahre Kinder im Alter vom ersten, zweiten oder dritten Geburtstag ± 3 Monaten. Alle folgenden Altersgruppen sind nach dem Prinzip Geburtstag ± 6 Monate gebildet.

Proportionsveränderungen und biologisches Alter

Die Medianwerte aller untersuchten Indizes sind in der Übersicht in Tabelle 1 für Jungen und Männer und Tabelle 2 für Mädchen und Frauen zusammengefasst. Wesentliche Ergebnisse werden in den Abbildungen 1 und 2 veranschaulicht. In Abhängigkeit vom Alter ergeben sich folgende Proportionsverhältnisse:

Tab. 1: Medianwerte der Proportionsindizes bei Jungen und Männern während des Wachstumsalters von der Geburt bis zu 22 Jahren.[1]

Alter (Jahre)	BMI (kg/m2)	OHI %KPH	THI %BKB	RBI %SBA	KHI %KPH	SKI %BLP	BRI %BLP	IMI %BLP	HAI %ALA	FBI %BLP
0	13,0	16,5	92,3	72,8	22,5	49,3	74,0	129,9	28,5	46,1
1	16,9	14,9	75,5	72,8	21,3	56,1	84,1	116,8	27,0	41,8
2	16,3	13,4	74,6	73,0	20,3	64,0	95,9	107,9	26,2	40,0
3	15,9	12,5	73,3	74,1	19,6	71,5	108,1	101,4	26,2	38,0
4	15,6	11,9	72,7	74,1	18,8	76,5	114,2	97,8	26,1	36,5
5	15,4	11,3	72,2	73,8	18,1	79,2	117,7	96,1	25,8	35,6
6	15,3	10,8	71,9	73,1	17,6	81,5	119,9	95,0	25,5	34,9
7	15,5	10,3	71,6	72,6	17,2	83,6	121,9	94,0	25,4	34,4
8	15,7	9,8	71,5	72,4	16,9	85,6	124,9	92,7	25,9	33,8
9	16,0	9,4	71,4	72,3	16,4	88,0	127,6	91,6	25,7	33,3
10	16,3	9,1	71,2	72,3	16,0	90,3	129,7	91,1	25,5	33,0
11	16,7	8,9	71,0	72,4	15,7	92,3	131,8	90,5	25,5	32,6
12	17,2	8,6	70,9	72,6	15,3	93,7	133,8	90,0	25,4	32,4
13	17,9	8,4	70,8	72,9	15,0	94,8	134,4	89,9	25,1	32,0
14	18,8	8,1	70,3	72,9	14,8	95,4	134,2	90,0	24,9	31,4
15	19,5	8,0	69,9	73,0	14,6	94,9	132,7	90,6	24,8	31,1
16	20,1	7,8	69,5	72,6	14,6	94,1	131,3	91,0	24,7	30,9
17	20,7	7,8	69,2	72,0	14,6	93,1	129,7	91,6	24,7	30,9
18	21,1	7,8	68,9	71,3	14,5	92,3	128,2	92,4	24,7	30,9

Fortsetzung von Tab. 1:

19	21,5	7,7	68,8	71,2	14,5	91,6	127,4	92,8	24,6	31,0
20	21,8	7,8	68,6	73,8	14,5	91,0	126,1	93,1	24,5	31,3
21	22,1	7,8	68,7	73,8	14,4	90,5	124,9	93,4	24,5	31,5
22	22,2	7,7	68,8	72,9	14,3	90,0	124,0	93,5	24,5	31,7

Tab. 2: Medianwerte der Proportionsindizes bei Mädchen und Frauen während des Wachstumsalters von der Geburt bis zu 22 Jahren.[2]

Alter (Jahre)	BMI (kg/m2)	OHI %KPH	THI %BKB	RBI %SBA	KHI %KPH	SKI %BLP	BRI %BLP	IMI %BLP	HAI %ALA	FBI %BLP
0	12,4	16,4	92,2	72,6	22,3	50,1	75,1	126,7	28,6	45,5
1	16,5	14,9	75,5	72,6	21,2	56,7	84,8	114,6	27,0	41,4
2	16,1	13,2	74,3	72,7	20,1	64,8	96,4	106,5	26,3	39,5
3	15,6	12,2	72,8	73,7	19,3	72,5	108,7	99,4	26,3	37,4
4	15,4	11,7	72,1	73,7	18,5	77,4	114,9	95,6	26,2	36,0
5	15,3	11,0	71,9	73,5	17,8	80,2	117,9	94,2	26,0	35,0
6	15,2	10,5	71,5	72,9	17,3	82,6	120,5	93,3	25,5	34,4
7	15,3	10,0	71,3	72,5	16,9	84,3	122,5	92,3	25,5	33,9
8	15,6	9,4	71,3	72,5	16,6	86,7	125,7	91,0	25,9	33,3
9	16,0	9,1	71,2	72,5	16,1	89,0	128,0	90,2	25,8	32,8
10	16,3	8,8	70,9	73,0	15,7	90,8	129,5	89,3	25,6	32,4
11	16,8	8,5	70,6	73,7	15,4	91,8	130,4	89,1	25,5	32,1
12	17,4	8,2	70,5	74,9	15,0	92,6	129,9	89,6	25,3	31,7
13	18,3	8,0	70,5	75,9	14,7	92,6	129,2	89,9	24,9	31,2
14	19,3	7,9	70,3	77,1	14,5	91,8	127,5	90,5	24,7	30,8
15	20,0	7,9	70,0	77,8	14,5	91,1	126,1	91,0	24,6	30,5
16	20,6	7,8	70,0	78,2	14,5	90,5	124,8	90,9	24,6	30,4
17	20,9	7,8	70,0	78,5	14,5	90,0	124,1	91,2	24,5	30,4
18	21,0	7,8	70,0	78,6	14,4	89,6	123,2	91,8	24,5	30,5
19	21,0	7,7	69,9	78,6	14,4	89,3	122,4	92,1	24,4	30,6
20	21,1	7,8	69,7	78,6	14,4	88,6	121,5	92,5	24,4	30,8
21	21,1	7,7	69,7	78,5	14,3	88,2	120,5	92,6	24,3	30,9
22	21,2	7,8	69,7	78,4	14,3	87,5	119,7	92,7	24,3	30,9

Neugeborenenalter

Der Körper von Neugeborenen ist im Verhältnis zur Geburtslänge leicht mit einem BMI von 12,4 kg/m² bei Mädchen und 13,0 kg/m² bei Jungen. Der Kopf ist im Verhältnis zum postkephalen Körper groß. Der Anteil der Hirnkopfhöhe an der Körperhöhe (Ohrhöhen-Index) ist mit 16,4% bei Mädchen und 16,5% bei Jungen so groß wie niemals wieder im extrauterinen Leben. Das gilt auch für den Kopf – Hals-Längen-Index, der seinen nachgeburtlichen Höchstwert von 22,3% bei Mädchen und 22,5% bei Jungen im Neugeborenenalter hat. Der Brustkorb ist tonnenförmig. Der Thorakal-Index hat mit 92,2% bei Mädchen und 92,3% bei Jungen die höchsten Werte während des gesamten nachgeburtlichen Lebens. Die Beckenbreite hat im Verhältnis zur Schulterbreite mit einem Rumpf-Breiten-Index von 72,6% bei Mädchen einen niedrigen Wert gegenüber 78,4% mit 22 Jahren. Der Rumpf-Breiten-Index bei neugeborenen Jungen beträgt im Mittel 72,8%. Etwa derselbe Wert wird mit 22 Jahren wieder erreicht. Damit haben neugeborene Jungen geschlechtsspezifisch etwa dasselbe Verhältnis von Beckenbreite zu Schulterbreite wie erwachsene Männer, während sich diese Proportion im weiblichen Geschlecht im Verlauf des Wachstumsalters beträchtlich verändert. Im Verhältnis zum großen Kopf und Rumpf sind die Gliedmaßen bei Neugeborenen kurz. Beine und Stamm (Rumpf mit Hals und Kopf) haben etwa dieselbe Länge. Der Skelische Index beträgt bei neugeborenen Mädchen im Mittel 50,1% und bei neugeborenen Jungen 49,3%. Das bedeutet, dass Mädchen im Vergleich zu Jungen etwas langbeiniger geboren werden. Auch im Verhältnis der Beinlänge zur Rumpflänge haben neugeborene Mädchen die relativ etwas längeren Beine und damit gegenüber den Jungen die etwas reifere Körperproportion. Die Arme sind bei der Geburt bei beiden Geschlechtern deutlich länger als die Beine. Der Intermembral-Index beträgt bei neugeborenen Mädchen 126,7% und bei neugeborenen Jungen 129,9%. Auch hier haben die Mädchen demnach bereits bei der Geburt die reifere Körperproportion. Der Index nimmt bei beiden Geschlechtern im Wachstumsverlauf ab. Jungen behalten geschlechtsspezifisch bis zum Beginn ihrer sexuellen Reifung im Vergleich zu den Beinen die relativ längeren Arme und damit auch gemessen an dieser Proportion das biologisch jüngere Alter im Vergleich zu kalendarisch gleichaltrigen Mädchen. Bei den Gliedmaßen haben die Hände und Füße im Verhältnis zur Armlänge und zur Beinlänge im Neugeborenenalter die größte Länge während des gesamten nachgeburtlichen Lebens. Der Handlängen-Armlängen-Index beträgt bei neugeborenen Mädchen im Mittel 28,6% und bei neugeborenen Jungen 28,5%. Der Fußlängen-Beinlängen-Index beträgt bei Mädchen 45,5% und bei Jungen 46,1%. Die Füße von Neugeborenen sind damit fast halb so lang wie ihre Beine. Die für die menschliche Spezies so kennzeichnenden langen Beine entwickeln sich erst während des nachgeburtlichen Wachstumsalters.

Säuglingsalter, Kleinkindalter und frühes Schulalter
Das Säuglingsalter endet nach der biologischen Alterszählung (Grimm 1966) mit dem Durchbruch des ersten Zahns des Milchgebisses, d.h. mit etwa 6 Monaten. In der bevölkerungsbiologischen Statistik und nach juristischem Verständnis sind Säuglinge demgegenüber Kinder von der Geburt bis zum Abschluss des ersten Lebensjahres. Etwa zu dieser Zeit endet nach Grimm das sogenannte Kriechlingsalter mit der Fähigkeit, mindestens eine Minute ohne fremde Hilfe stehen oder gehen zu können. Grimm charakterisiert ausschließlich den Altersabschnitt vom Erwerb des aufrechten Ganges bis zum ersten Längenwachstumsschub bzw. bis zum etwa gleichzeitig erfolgenden Durchbruch des 1. Zahns des Dauergebisses als Kleinkindalter. Sozialanthropologen wie Bogin (1998, 1999) bezeichnen wegen der vollständigen Abhängigkeit des Kindes von der Mutter oder einer anderen Bezugsperson die ersten drei Lebensjahre ohne weitere Untergliederungen als Infancy, ein Begriff, der sprach-

lich etwa unserem Terminus Kleinkindalter entspricht. Als kalendarische Altersgrenze zum nachfolgenden biologischen Lebensabschnitt, der Kindheit (*Childhood*), wird die Zeit des Abstillens bei Bevölkerungen, die als Wildbeuter oder in Agrargesellschaften leben, definiert und mit etwa 3 Lebensjahren angenommen. Die Kindheit endet nach Bogin mit etwa 7 Lebensjahren, ohne dass ein besonderes Wachstumsmerkmal hierfür angegeben wird.

Während des Säuglings- und Kleinkindalters, einer Periode, die durch ein intensives Wachstum gekennzeichnet ist, ändern sich die Körperproportionen beträchtlich. Die Körpermasse nimmt in dieser Zeit deutlich mehr zu als die Körperhöhe. Das Geburtsgewicht verdoppelt sich in den ersten 4 Lebensmonaten, während die Körperhöhe im gesamten ersten Lebensjahr lediglich 24 cm, d.h. um knapp 50 % der Geburtslänge zunimmt. Diese forcierte Massenzunahme kommt im BMI anschaulich zum Ausdruck. Bei einer Gliederung nach Jahresgruppen (Abb. 1, links) nimmt der BMI während des ersten Lebensjahres bei Jungen um 3,9 kg/m^2 zu und bei Mädchen um 4,1 kg/m^2. Danach erfolgt bis zum sechsten Lebensjahr eine markante Abnahme der Medianwerte. Eine feinere Altersuntergliederung (Abb. 1, rechts) zeigt, dass der BMI bei beiden Geschlechtern bereits im Alter von 10 Monaten seine Höchstwerte erreicht. Mit dem Üben der Aufrichtung in die Bipedie und mit dem damit einhergehenden Gewinn an Mobilität verliert der Körper im Verhältnis zu seiner Höhe an Masse. Diese Veränderung erfolgt bei Mädchen etwas früher als bei Jungen, von denen bekannt ist, dass auch ihre motorische Entwicklung im Vergleich zu Mädchen etwas verzögert verläuft (Grimm 1966, Tanner 1989). Dies führt zu einem niedrigeren BMI der Mädchen gegenüber gleichaltrigen Jungen – ein Geschlechtsspezifikum, das bis zum Einsetzen des sexuellen Reifungsgeschehens andauert.

Der Anteil der Kopfgröße an der Körpergröße vermindert sich während des Säuglings- und Kleinkindalters. Der Ohrhöhen-Index sinkt, bezogen auf 100% bei der Geburt, allein in den beiden ersten Lebensjahren bei Mädchen um 19,5% und bei Jungen um 18,8%. Der Kopf-Hals-Längen-Index nimmt gleichzeitig bei Mädchen um 9,9% und bei Jungen um 9,8% ab. Die Verminderung des Ohrhöhen-Index und des Kopf-Hals-Index dauert in abgeschwächter Form bis zum Erreichen der erwachsenen Proportionen an. Gemessen am kalendarischen Alter haben Jungen zu jeder Zeit während des Wachstumsalters sowohl in der Hirnkopf-Körper- Proportion als auch in der Kopf-Hals-Körper-Proportion im Mittel bei beiden Indizes stets höhere oder zumindest gleich hohe Werte und damit in der Proportion den größeren Kopf gegenüber kalendarisch gleichaltrigen Mädchen. Dies ist wiederum ein Hinweis auf die raschere Reifung der Proportionen im weiblichen Geschlecht.

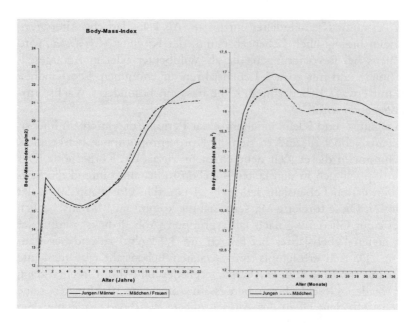

Abb. 1: Medianwerte des Body-Mass-Index von der Geburt bis zu 22 Jahren in Jahresgruppen (links) und von der Geburt bis zu 36 Monaten in Monatsgruppen (rechts).

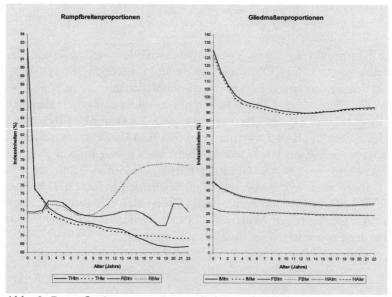

Abb. 2: Rumpfbreitenproportionen (links) und Gliedmaßenproportionen (rechts) von der Geburt bis zu 22 Jahren.

Während des Säuglings- und Kleinkindalters verändern sich auch die Rumpfproportionen bereits deutlich. Die für Neugeborene charakteristische runde Form des Brustkorbes flacht im ersten Lebensjahr stark ab. Der Thorakal-Index vermindert sich, bezogen auf seinen Geburtswert bei beiden Geschlechtern um etwa 18% (Abbbildung 2, links). Bei einer feineren Aufgliederung des Alters nach Monatsgruppen ergibt sich, dass diese achtzehnprozentige Verminderung des Ausgangswertes bereits mit 7 Monaten erreicht wird, also etwa mit dem Gewinn einer größeren Mobilität durch Aufrichten in die sitzende Körperhaltung und durch Kriechen und Krabbeln. In den folgenden 3 Lebensmonaten bleibt das Breiten – Tiefen – Verhältnis des Brustkorbes nahezu konstant. Im Verlauf der Entwicklung der ontogenetischen Bipedie beginnen die damit verbundenen Proportionsveränderung demnach mit einer Änderung der Thoraxform. Im Unterschied zum Thorakal-Index bleibt der Rumpfbreiten-Index bei beiden Geschlechtern während der ersten beiden Lebensjahre nahezu konstant (Abb. 2, links). Charakteristisch für beide Geschlechter ist ein Breitenwachstumsschub des Beckens im dritten Lebensjahr, wodurch sich die Mittelwerte des Rumpfbreiten – Index deutlich erhöhen. Dies legt die Hypothese nahe, dass die zunehmende Belastung des Beckengürtels durch die nun bipede Fortbewegungsweise zu einer Verbreiterung des Beckens führt. Erst während des fünften Lebensjahres beginnt eine Abnahme des Rumpfbreiten – Index, weil sich nun der Schultergürtel forciert entwickelt. Während des gesamten Säuglings- und Kleinkindalters haben Mädchen, ganz im Unterschied zu späteren Altersabschnitten, im Mittel im Verhältnis zur Schulterbreite ein etwas schmaleres Becken als Jungen (Abb. 2, links).
Im Zusammenhang mit dem aufrechten Gang verändert sich während der Ontogenese das Verhältnis der Beinlänge zur Stammlänge (Skelischer Index) bzw. zur Rumpflänge (Beinlängen-Rumpflängen-Index). Beide Indizes nehmen in den ersten drei Lebensjahren stark zu, weil die Beine wesentlich intensiver wachsen als der Stamm und insbesondere der Rumpf. Beträgt die Beinlänge bei der Geburt nur etwa 75% der Rumpflänge, so sind bereits mit knapp 2 ½ Jahren die Beine ebenso lang wie der Rumpf. Mit drei Jahren wird ein Beinlängen-Rumpflängen-Index von 110% erreicht. Dieser Prozess setzt sich in etwas abgeschwächter Form bis zum Beginn der sexuellen Reifung fort. Dabei erreichen bis zu einem kalendarischen Alter von etwa zehn Jahren bei beiden Indizes Mädchen stets die etwas höheren Medianwerte gegenüber kalendarisch gleichaltrigen Jungen. Da längere Beine während der Kindheit ein Zeichen für ein höheres biologisches Alter sind, ist dies ein weiterer Hinweis auf die raschere biologische Entwicklung im weiblichen Geschlecht. Parallel zu den Beinen wachsen auch die Arme während der gesamten Kindheit intensiver als der Rumpf. Allerdings ist ihr Längenwachstum nicht ganz so intensiv wie das der Beine. Sind bei Neugeborenen die Arme mit einem Intermembral-Index von knapp 130% deutlich länger als die Beine, so haben bereits mit etwa drei Jahren Beine und Arme dieselbe Länge, was durch einen Intermembral-Index von 100% zum Ausdruck kommt (Abb. 2, rechts). Tiefste Indexwerte, gleichbedeutend mit kurzen Armen im Verhältnis zu den Beinen, werden am Ende des biologischen Kindesalters zu Beginn der sexuellen Reifung erlangt. Während des Wachstums der Gliedmaßen verringern

die Hände und Füße ihren Anteil an der Gliedmaßenlänge, sie werden relativ kleiner. Dabei haben Mädchen stets den etwas geringeren Fußlängen-Beinlängen-Index, also relativ kürzere Füße, gegenüber kalendarisch gleichaltrigen Jungen (Abb. 2, rechts). Dies kann wiederum dahingehend gedeutet werden, dass sie im biologischen Alter einen Entwicklungsvorsprung aufweisen. In der Handlängen-Armlängen-Proportion haben Mädchen und Jungen während des Kindesalters sehr ähnliche Proportionen.

Reifungsalter
Während sich der von Tanner (1962, 1989) als *Midgrowth-Spurt* und von Grimm (1966) als erster Gestaltwandel bezeichnete erste Längenwachstumsschub bei den untersuchten Indizes lediglich aus besonders niedrigen BMI-Werten als Ausdruck einer allgemeinen Streckung des Körpers um die Zeit des sechsten Geburtstags herum und aus gleichzeitig abnehmenden Werten des Rumpfbreiten-Index als Zeichen eines verstärkten Wachstums des Schultergürtels gegenüber dem Beckengürtel erkennen lässt, ist der zweite Gestaltwandel, der präpuberale Längenwachstumsschub (Greil 2001b) oder *Adolescent Growth Spurt* (Tanner 1962) durch sehr deutliche geschlechtsspezifische Proportionsveränderungen gekennzeichnet. Zuerst beginnt bei Mädchen die Beckenbreite gegenüber der Schulterbreite zuzunehmen. Bereits um den achten Geburtstag herum bekommen die vorher schmalhüftigen Mädchen einen höheren Rumpfbreiten-Index gegenüber den kalendarisch gleichaltrigen Jungen. Nach dem neunten Geburtstag steigt dieser Index bei ihnen dann geschlechtsspezifisch forciert an. Es entwickelt sich während der nächsten acht Lebensjahre die typisch weibliche Körperkontur mit einem breiten Becken und schmalen Schultern. Demgegenüber verändert sich das Verhältnis der Beckenbreite zur Schulterbreite bei Jungen weitaus weniger. Aus dem Kurvenverlauf des Rumpfbreiten-Index in Abb. 2 lassen sich lediglich abwechselnde Wachstumsschübe der Schulterbreite (15-18 Jahre) und der Beckenbreite (19 - 20 Jahre) erschließen. Auch das Breiten-Tiefen-Verhältnis des Brustkorbes verhält sich während des Reifungsalters geschlechtsspezifisch. Haben Mädchen gegenüber kalendarisch gleichaltrigen Jungen bis zum Ende des 14. Lebensjahres den im Mittel niedrigeren Thorakal-Index, d.h. den relativ flacheren Brustkorb, so ändert sich dies im 15. Lebensjahr. Von nun an haben Mädchen und junge Frauen auch ohne Berücksichtigung der sich entwickelnden weiblichen Brüste im Mittel den runderen Brustkorbquerschnitt und Jungen und junge Männer den flacheren.

In der zeitlichen Abfolge der Proportionsveränderungen gegen Ende der biologischen Kindheit folgt auf die typische Verbreiterung des weiblichen Beckens bei Mädchen eine geschlechtsspezifisch stärkere Zunahme der Körpermasse gegenüber der Körperhöhe. Bis gegen Ende des neunten Lebensjahres hatten Mädchen im Mittel niedrigere BMI-Werte gegenüber kalendarisch gleichaltrigen Jungen. Im zehnten Lebensjahr bestehen keine Geschlechtsunterschiede und danach entwickeln Mädchen den höheren BMI. Mit siebzehn Jahren ist im weiblichen Geschlecht mit einem Medianwert von etwa 21 kg/m² ein vorläufiger Höchstwert des BMI erreicht, der sich bis zum Ende des Untersuchungszeitraums kaum verändert. Da die Medianwerte des BMI bei Jungen im Unterschied zu den Mädchen relativ stetig ansteigen, entwickelt sich vom siebzehnten Lebensjahr an die charakteristische höhere Massigkeit des männlichen Körpers gegenüber dem weiblichen im jungen Erwachsenenalter (Abb. 1, links). Die temporär höheren BMI – Werte im weiblichen Geschlecht zwischen dem 11. und 18. Lebensjahr sind ein Anzeichen dafür, dass Mädchen nicht nur während des Kindesalters, sondern auch während des Reifungsalters im Vergleich zu kalendarisch gleichaltrigen Jungen biologisch weiter entwickelt sind. Diese Hypothese wird durch das Verhalten der Längenproportionen gestützt. Mädchen erreichen als Kennzeichen des präpuberalen Längenwachstumsschubes im Mittel bereits mit 11 Jahren die längsten Beine im Verhältnis zu ihrem Rumpf, Jungen erst zwei Jahre später. Das länger andauernde starke Wachstum der Beine bei Jungen führt dazu, dass sie von etwa 9 ½ Jahren an im Vergleich zu kalendarisch gleichaltrigen Mädchen die höheren Medianwerte des Beinlängen-Rumpflängen-Index aufweisen, sich also in der Längenproportion vom Beginn des Reifungsalters an zum langbeinigeren Geschlecht entwickeln. Diese Ergebnisse werden durch den Skelischen Index bestätigt. Er verhält sich sehr ähnlich wie der Beinlängen-Rumpflängen-Index, allerdings etwas zeitverzögert, weil durch ihn nicht die reine Langknochen-Wirbelsäulen-Proportion erfasst wird, sondern die Kopfhöhe mit einbezogen wird. Beim Skelischen Index erreichen Mädchen mit 12 Jahren die höchsten Medianwerte und Jungen mit 14 Jahren. Von 10 ½ Jahren an haben Jungen im Vergleich zu kalendarisch gleichaltrigen Mädchen die höheren Medianwerte des Skelischen Index. Auch das Verhältnis der Armlänge zur Beinlänge, gemessen am Intermembral-Index, weist auf den Entwicklungsvorsprung der Mädchen hin. Etwa gleichzeitig mit den Höchstwerten des Beinlängen-Rumpflängen-Index werden Tiefstwerte des Intermembral-Index erreicht, bei Mädchen mit 11 Jahren und bei Jungen mit 13 bis 14 Jahren. Der präpuberale Längenwachstumsschub beginnt bei Mädchen zwei bis zweieinhalb Jahre früher als bei Jungen. Er ist bei beiden Geschlechtern durch einen Wachstumsspurt der Gliedmaßen gegenüber dem Rumpf gekennzeichnet. Die Beine sind von diesem Spurt stärker betroffen als die Arme. Im zeitlichen Vergleich setzen diese Proportionsveränderungen zwar bei Mädchen früher ein als bei Jungen. Sie sind jedoch bei Jungen ausgeprägter. Dadurch entwickeln sich während des Reifungsalters die typischen Geschlechtsunterschiede des jungen Erwachsenenalters in den Längenproportionen. Auch das Hand-Arm-Längenverhältnis verändert sich während des präpuberalen Längenwachstumsschubes geschlechtsspezifisch. Der Handlängen-Armlängen-Index, der im Trend mit fortschreitendem Alter bei beiden Geschlechtern abnimmt und während der Kindheit kaum Geschlechtsunterschiede aufweist, zeigt von 11 Jahren an bei Mädchen die im Mittel zur Armlänge relativ kürzeren Hände. Der Fußlängen-Beinlängen-Index, der ebenfalls mit zunehmendem Alter im Trend bei beiden Geschlechtern zunächst rasch und später verlangsamt abnimmt, ist bei Mädchen während des gesamten beobachteten Zeitraums von der Geburt bis zu 22 Jahren im Mittel stets niedriger als bei Jungen. Mädchen haben damit während des gesamten Wachstumsalters gegenüber kalendarisch gleichaltrigen Jungen im Verhältnis zu ihrer Beinlänge die kürzeren Füße.

Junges Erwachsenenalter

Kennzeichnend für junge Erwachsene in Deutschland sind eine mittlere Körperendhöhe von 168,0 cm verbunden mit einem mittleren BMI von etwa 21 kg/m² bei Frauen und eine mittlere Körperendhöhe von 180,2 cm sowie ein mittlerer BMI von etwa 22 kg/m² bei Männern. Die in der Literatur immer wieder beschriebene relativ größere und damit den kindlichen Proportionen näher stehende Kopfhöhe im Verhältnis zur Körperhöhe im weiblichen Geschlecht (Stratz 1921, Conrad 1963, Grimm 1966, Sommer 1980) wird durch die hier vorgestellten Ergebnisse nicht bestätigt. Der Ohrhöhen-Index als Proportionsmaß der Hirnkopfhöhe zur Körperhöhe erreicht bei Mädchen bereits mit 13-15 Jahren den Wert des jungen Erwachsenenalters, bei Jungen erst mit 15-17 Jahren. Von dieser Zeit an bis zum Ende des Beobachtungszeitraums gibt es beim Ohrhöhen-Index keine Geschlechtsunterschiede. Frauen haben damit gegenüber Männern heute in der Proportion keinen größeren Hirnkopf, keine kindlichere Proportion. Beim Kopf-Halslängen-Index bestehen ähnliche Proportionen mit andeutungsweise sogar niedrigeren Indexwerten bei jungen Frauen. Der in der Proportion größere und damit kindlichere Kopf der Frau ist heute eher eine Ausnahme als die Regel. Als typisch weiblich für das junge Erwachsenenalter kann aber nach wie vor die rundere Brustkorbform der Frau gelten. Der mittlere Thorakal-Index beträgt bei jungen Frauen etwa 69,7% gegenüber nur 68,7% bei jungen Männern. Die deutlichsten und seit langem bekannten Geschlechtsunterschiede werden im Verhältnis der Beckenbreite zur Schulterbreite beobachtet. Junge Frauen haben einen Rumpfbreiten-Index von etwa 78,4% gegenüber nur 72,9% bei jungen Männern. Männer sind damit nach wie vor breitschultrig und schmalhüftig gegenüber den schmalschultrigen und breithüftigen Frauen. Junge Männer sind in der Proportion deutlich langbeiniger als junge Frauen. Ihr Skelischer Index erreicht mit 22 Jahren im Mittel 90,0% und ihr Beinlängen-Rumpflängen-Index 124,0% gegenüber 87,5% bzw. 119,7% bei gleichaltrigen Frauen. Männer sind zwar im Verhältnis zu Stamm und Rumpf relativ langbeiniger als Frauen, aber im Verhältnis zur Armlänge sind sie etwas langarmiger bzw. kurzbeiniger. Ihr Intermembral-Index beträgt mit 22 Jahren im Mittel 93,5% gegenüber 92,7% bei gleichaltrigen Frauen. Innerhalb der oberen der Gliedmaßen haben junge Männer verhältnismäßig etwas größere Füße und Hände als junge Frauen. Männer erreichen mit 22 Jahren Medianwerte von 24,5% für den Handlängen-Armlängen-Index und von 31,7% für den Fußlängen-Beinlängen-Index. Bei Frauen werden demgegenüber nur Werte von 24,3% für den Handlängen-Armlängen-Index und von 30,9% für den Fußlängen-Beinlängen-Index erreicht.

Körperproportionen und sexuelle Reifung

Wie gezeigt werden konnte, verändern sich die Körperproportionen während des Reifungsalters deutlich und geschlechtsspezifisch. Diese Proportionsveränderungen stehen im Zusammenhang mit der sexuellen Reifung. Ausgelöst durch die sogenannte neurophysioplogische Pubertät (Bogin 1999) werden, entsprechend dem biologischen Alter, vermehrt Sexualhormone ins Blut abgegeben. Diese lösen zunächst geschlechtsspezifisch bei Mädchen ein verstärktes Breitenwachstum des Beckens aus und kurze Zeit später bei beiden Geschlechtern ein verstärktes Längenwachstum der Langknochen, von dem die Beine am stärksten betroffen sind. Etwa gleichzeitig beginnen sich die körperlichen Merkmale der sexuellen Reifung zu entwickeln. Dieses Reifungsgeschehen beginnt mit der Entwicklung der weiblichen Brustform. An einer zwischen 1984 und 1986 untersuchten Stichprobe von 8 689 Mädchen und 8 675 Jungen im Alter zwischen 8 und 16 Jahren aus dem Gebiet der neuen Bundesländer (Greil 2001b) konnte bei 50% der Mädchen kurz vor dem 11. Geburtstag als erstes Reifungsstadium der Brust das Brustknospenstadium beobachtet werden und mit 15 Jahren und 5 Monaten eine vollreife Brust. Nur wenig verzögert zu diesem Reifungsgeschehen bei Mädchen erreichten Jungen zu 50% mit 11 Jahren und 1 Monat das erste Reifungsstadium des Genitale und mit 15 Jahren und 10 Monaten ein vollreifes Genitale. Bei der Pubikalbehaarung, die sich bei beiden Geschlechtern als ein körperliches Zeichen der sexuellen Reifung entwickelt, war das mittlere Alter des Erreichens der einzelnen Reifungsstadien bei Jungen jeweils nur um etwa 7 Monate höher als bei Mädchen. Erste Schamhaare wurden bei Mädchen im Mittel mit 11 Jahren und 4 Monaten beobachtet, bei Jungen mit 11 Jahren und 11 Monaten. Der reife Zustand der Schambehaarung wurde von Mädchen im Mittel mit 15 Jahren und 0 Monaten erreicht, von Jungen mit 15 Jahren und 7 Monaten. Bei der Herausbildung der einzelnen Stadien der sexuellen Reifungszeichen, die allerdings gerade wegen ihrer Geschlechtsspezifik nur bedingt miteinander verglichen werden können, scheint es nur einen verhältnismäßig geringen Entwicklungsvorsprung der Mädchen gegenüber den Jungen zu geben im Vergleich zu ihrem Vorsprung von 2 bis 3 Jahren bei der Reifung der Körperproportionen. Bemerkenswert ist in diesem Zusammenhang, dass die Menarche und die Spermarche als Zeichen der Fortpflanzungsfähigkeit wiederum stärker zeitlich versetzt eintreten. Bei der oben genannten Stichprobe lag der Menarchemedian bei 12 Jahren und 10 Monaten gegenüber einem Spermarchemedian von 14 Jahren und einem Monat.

Zusammenfassung

Sowohl Körperproportionen als auch sexuelle Reifungszeichen eignen sich als Indikatoren für das biologische Alter. Nach beiden Merkmalskomplexen haben Mädchen im Vergleich zu kalendarisch gleichaltrigen Jungen ein höheres biologisches Alter. Die Analyse der Körperproportionen zeigt, dass die raschere biologische Entwicklung im weiblichen Geschlecht nicht erst mit dem Alter der sexuellen Reifung beginnt, sondern bereits viel früher zu beobachten ist.

Literatur

Bogin B (1998) Patterns of human growth. In: Ulijaszek SJ, Johnston FE, Preece MA: The Cambridge enzyclopedia of human growth. Cambridge Univ. Press, Cambridge, 90-119.
Bogin B (1999) Patterns of human growth. 2nd ed. Cambridge Univ. Press, Cambridge.
Conrad K (1963) Der Konstitutionstypus. Seine genetische Grundlegung und praktische Anwendung. 2. Aufl. Thieme, Berlin – Göttingen – Heidelberg.
Flügel B, Greil H, Sommer K (1986) Anthropologischer Atlas. Grundlagen und Daten. Alters- und Geschlechtsvariabilität des Menschen. Wötzel, Frankfurt/Main.
Greil H (1997) Sex, body type and timing in bodily development-trend statements based on a cross-sectional anthropometric study. In: Roberts D, Rudan P, Scarcic-Juric T (Hrsg.) Growth and development in the changing world. Croatian Anthropological Society, Zagreb.
Greil H (2001a) Körpermaße 2000: aktuelle Perzentilwerte der deutschen Bevölkerung im jungen Erwachsenenalter. In: Greil H, Scheffler Ch: Mensch –Technik – Umwelt. Forschungsforum Anthropologie. Brandenburgische Umwelt Berichte 10: 23-53.
Greil H (2001b) Stadien des biologischen Alters und ihre Einschätzung mit Hilfe von Felduntersuchungen. In: Schulz M, Atzwanger K, Bräuer G, Christiansen K, Forster J, Greil H, Henke W, Jaeger U, Niemitz C, Scheffler C, Schiefenhövel W, Schröder I, Wiechmann I (Hrsg.) Homo – unsere Herkunft und Zukunft. Proceedings 4. Kongress der Gesellschaft für Anthropologie. Cuvillier, Göttingen, 238-250.
Grimm H (1966) Grundriß der Konstitutionsbiologie und Anthropometrie. 3. Aufl. VEB Verlag Volk und Gesundheit, Berlin.
Jürgens HW (1959) Über sexualdifferenzierte Proportionsveränderungen beim Wachstum des Menschen. Zeitschrift für Morphologie und Anthropologie 50: 210-218.
Knußmann R (Hrsg.) (1988): Anthropologie. Handbuch der vergleichenden Biologie des Menschen. Bd. I/1. Gustav Fischer, Stuttgart – New York.
Schilitz A (2001) Körperliche Entwicklung und Körperzusammensetzung von Brandenburger Schulkindern im Geschlechter- und Altersgruppenvergleich. Shaker, Aachen.
Sommer K (Hrsg.) (1980) Der Mensch. Anatomie, Physiologie, Ontogenie. 2. Aufl. Volk und Wissen, Berlin.
Stratz CH (1921) Der Körper des Kindes und seine Pflege. 5. Aufl. Enke, Stuttgart.
Tanner JM (1962) Growth at adolescence. 2nd edn. Blackwell Scientific Publications, Oxford.
Tanner JM (1989) Fetus into man. 2nd edn. Castlemead Publications, Ware.

---

1   BMI = Body-Mass-Index (Körpermasse / Körperhöhe2), OHI = Ohrhöhen-Index (100 x Ohrhöhe des Kopfes / Körperhöhe), THI = Thorakal-Index (100 x Brustkorbbreite / Brustkorbtiefe), KHI = Kopf-Hals-Index (100 x Kopf-Hals-Länge / Körperhöhe), RBI = Rumpfbreiten-Index (100 x Beckenbreite / Schulterbreite), SKI = Skelischer Index (100 x Beinlänge / Stammlänge), BRI = Beinlängen-Rumpflängen-Index (100 x Beinlänge / Rumpflänge), IMI = Intermembral-Index (100 x Armlänge / Beinlänge), HAI = Handlängen-Armlängen-Index (100 x Handlänge / Armlänge), FBI = Fußlängen-Beinlängen-Index (100 x Fußlänge / Beinlänge).

2   BMI = Body-Mass-Index (Körpermasse / Körperhöhe2), OHI = Ohrhöhen-Index (100 x Ohrhöhe des Kopfes / Körperhöhe), THI = Thorakal-Index (100 x Brustkorbbreite / Brustkorbtiefe), KHI = Kopf-Hals-Index (100 x Kopf-Hals-Länge / Körperhöhe), RBI =

Rumpfbreiten-Index (100 x Beckenbreite / Schulterbreite), SKI = Skelischer Index (100 x Beinlänge / Stammlänge), BRI = Beinlängen-Rumpflängen-Index (100 x Beinlänge / Rumpflänge), IMI = Intermembral-Index (100 x Armlänge / Beinlänge), HAI = Handlängen-Armlängen-Index (100 x Handlänge / Armlänge), FBI = Fußlängen-Beinlängen-Index (100 x Fußlänge / Beinlänge).

Trends bezüglich Body-Mass-Index, Selbstwertgefühl und Körperzufriedenheit anhand einer Stichprobe litauischer Teenager

J. Tutkuviene

Das Schönheitsideal der Frau hat sich im Laufe der Zeit vielfach gewandelt. Populationszugehörigkeit, Geschlecht, kulturelle und soziale Faktoren beeinflussen sowohl Körperselbstwahrnehmung, Körpergefühl als auch das Streben nach der Wunschfigur (Caradas et al. 2001, McCreary & Sasse 2000, Neff et al. 1997, Rand & Wright 2001, Robinson et al. 2001, Striegel-Moore et al. 2000, Wichstrom 1995). Neuere Studien haben gezeigt, daß Körperunzufriedenheit – bis hin zu Essstörungen – durch die Einführung neokultureller Maßstäbe bedingt sein könnte. Als Folge davon ist ein unrealistisch schlanker Körper zum Erfolgssymbol junger Mädchen avanciert. Gerade auch der Einfluss der Medien darf bei diesem Prozess nicht unterschätzt werden.

Neuerdings ist ein wahre Fettphobie ausgebrochen und der Wunsch nach einem extrem schlanken Körper hat sich in fast allen Industrienationen und auch den Entwicklungsländern – selbst in den sogenannten post-kommunistischen Ländern – mehr und mehr durchgesetzt (Ackard & Peterson 2001, Caradas et al. 2001, Chugh & Puri 2001, Hahn-Smith & Smith 2001, Järvelaid 2000, Kaneko et al. 1999, Morandé et al. 1999, Rolland et al. 1996, 1997, Ryan et al. 1998, Santoncini et al. 2000, Wang et al. 1999). Der gesellschaftliche Druck zum Schlanksein hat bei jungen Frauen dazu geführt, ein gestörtes Körperbild zu entwickeln und mit ihrem eigenen Körper äußerst unzufrieden zu sein. In diesem Kontext sind auch Depressionen, das strikte Einhalten von Diäten, sportliche Überbetätigung und sogar Essstörungen zu stellen (Ackard & Peterson 2001, Field Field et al. 1999a-b, 2001, Pesa et al. 2000, Rolland et al. 1996, Ryan et al. 1998, Sands 2000, Wichstrom 1995). Paradoxerweise sind aber gleichzeitig auch erhöhte Prävalenzen an Fettleibigkeit bei Kindern und Jugendlichen zu verzeichnen, und das nicht nur in den Industrienationen, sondern auch in den Entwicklungsländern (Livingstone 2000).

Das Entstehen des Körperselbstbildes sowie der Wunsch nach einem schlanken Körper sind ein multidimensionales Konstrukt (Sands 2000). Trotz umfangreicher Studien zum Thema Körperwahrnehmung, Körperunzufriedenheit, Schlankheitswahn, Diäten und Essstörungen sind viele der Einflussfaktoren, die die Entwicklung und Aufrechterhaltung derartiger Dysfunktionen begünstigen, bislang unerforscht. Altersgenossen und Eltern, die Printmedien und auch das Fernsehen spielen allesamt eine überaus wichtige Rolle in diesem Prozess und sind gemeinsam verantwortlich für einen Zuwachs an Essstörungen bei heranwachsenden Jugendlichen (Field et al. 1999a-b, 2001, Hahn-Smith & Smith 2001, Hill & Franklin 1998, McCabe & Ricciaredelli 2001, Verri et al. 1997, Wegner et al. 2000).

Die vorliegende Studie wurde aus diversen Gründen durchgeführt. Zum einen haben aktuelle Untersuchungen unseres Instituts einen auffälligen Trend in Richtung einer zunehmenden Verschlankung litauischer Mädchen nachweisen können (Tutkuviene 1999, Tutkuviene & Adomaitis 2001). Zum anderen sollte die steigende Prävalenz von Essstörungen bei heranwachsenden Frauen näher analysiert werden. Es stellten sich daher mehrere Fragen, u.a. welchem Wandel der Body-Mass-Indices litauischer Mädchen innerhalb der letzten Jahre unterworfen war, wie sich die Körperselbstwahrnehmung feststellen lässt, und wie sich das Ursachengeflecht von Körperselbstwahrnehmung und Körperunzufriedenheit während der Pubertät darstellt.

Material und Methoden

Die zugrundeliegende Studie wurde in den Jahren 1999-2001 durch die Verfasserin sowie vier Kinderärzte in den fünf größten Städten Litauens (Vilnius, Kaunas, Klaipeda, Panevezys, Siauliai) durchgeführt. Insgesamt wurden 4347 Mädchen der Altersgruppe 10-18 Jahre untersucht (vgl. Tabelle 1). Der tatsächliche Körperbautypus wurde nach dem Body-Mass-Index (BMI=Gewicht/Körperhöhe^2) berechnet und alle Probanden wurden abschließend gemäß ihres tatsächlichen BMI in die folgenden fünf Gruppen unterteilt:

- extrem untergewichtig – BMI unterhalb des 3. Perzentils
- untergewichtig – 3. bis 25. Perzentil
- normalgewichtig – 25. bis 75. Perzentil
- übergewichtig – 75. bis 97. Perzentil
- extrem übergewichtig – BMI oberhalb des 97. Perzentils

Ein von den Probanden selbst auszufüllender Fragebogen versuchte darüber hinaus sozialen Status, sexuelle Reife, Körperwahrnehmung, Unzufriedenheit über Körpergewicht und Körperform, Zugang zu Modezeitschriften, den Einfluss der Medien auf die Einstellung zu Gewicht und Körperform sowie andere mögliche Wirkfaktoren, die mit der Körperwahrnehmung und dem Diätverhalten in einem Zusammenhang stehen, zu eruieren. Der Bogen war im Klassenzimmer auszufüllen. Die statistischen Berechnungen bezogen sich auf zwei Altersgruppen innerhalb der Adoleszenz. Darüber wurden die Ergebnisse mit Untersuchungen aus dem Zeitraum 1985-2001 verglichen. Unterschiede wurden mittels Student's t test (Madrigal 1998) ermittelt. Alle Berechnungen erfolgten mit den statistischen Standardprogrammen SPSS und EXCEL.

Ergebnisse

Die statistischen Hauptparameter des BMI (Mittelwert und Standardabweichung sowie Perzentile) sind in Tabelle 1 widergegeben (Daten ungeglättet). Der durchschnittliche BMI stieg in der Altersgruppe der 10-20jährigen von 16,72 auf 20, 27. Diese Steigerung lässt sich besonders eindrucksvoll in der Altersgruppe der 12-14jährigen Mädchen dokumentieren. Eine Altersgruppe, die vor allem durch einen Wachstumsschub von Körperhöhe und Gewicht charakterisiert ist. Werden diese Ergebnisse mit Vergleichsdaten aus den USA (Ryan et al. 1999), Deutschland (Kromeyer-Hauschild & Jaeger 1998), Großbritannien (Cole et al. 1995, Prentice 1998), Frankreich (Rolland-Cachera et al. 1991) und Schweden (Lindgren et al. 1995) in Beziehung gesetzt, dann lässt sich daraus der Schluss ziehen, dass die litauischen Mädchen – vor allem gegen Ende ihrer Adoleszenz – zu den untergewichtigsten gehören.

Tab. 1: BMI heranwachsender litauischer Mädchen, 1999-2001 (M=Mittelwert, SD= Standardabweichung)

Alter	N	M	SD	Perzentile						
				3	10	25	50	75	90	97
10	179	16.72	2.23	13.47	14.27	15.19	16.39	17.80	19.96	21.80
11	451	16.66	2.28	13.28	14.02	15.16	16.40	17.85	19.67	21.70
12	515	17.20	2.43	13.45	14.57	15.56	16.89	18.49	20.14	22.35
13	683	17.96	2.63	14.13	15.06	16.22	17.63	19.23	21.28	23.45
14	707	18.83	2.50	14.99	16.02	17.15	18.52	20.13	21.96	24.30
15	589	19.45	2.60	15.86	16.80	17.78	19.03	20.66	22.60	25.21
16	637	19.90	2.44	16.46	17.26	18.29	19.49	21.08	22.86	25.47
17	487	20.21	2.36	16.57	17.44	18.59	19.95	21.61	23.13	25.20
18	278	20.27	2.34	16.68	17.47	18.59	20.07	21.80	23.03	25.29

Wenn man den BMI der Jahre 1999-2001 mit dem des Jahres 1985 vergleicht, fällt zunächst ins Auge, dass die Mädchen sukzessiv schlanker wurden (Abb. 1). Nicht nur das 50. Perzentil (entspricht fast dem Durchschnitt), sondern auch die seitlichen Ausleger des BMI (3. und 97. Perzentil) fallen wesentlich geringer aus als noch im Jahre 1985. Diese Unterschiede sind statistisch signifikant ($p<0.001$). Dies hat zu einer deutlichen Verringerung übergewichtiger Mädchen geführt. Die Veränderung der BMI-Werte gleichaltriger Jungen spiegelt diesen Trend hingegen nicht wider (vgl. Abb. 2). Der bei den Mädchen zu beobachtende signifikante diachrone Trend konnte nicht nachgewiesen werden. Im Gegenteil. Der BMI des 97. Perzentils hat sogar gegenüber früheren Dekaden leicht – wenngleich nicht statistisch signifikant – zugenommen.

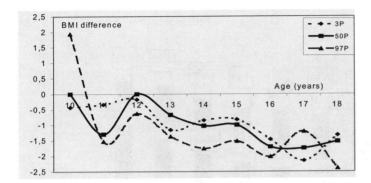

Abb. 1: Veränderungen des BMI innerhalb der letzten Dekade – litauische Mädchen (absolute Unterschiede im 3., 50. und 97. Perzentil dargestellt [2001und 1985]

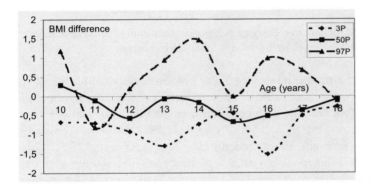

Abb. 2: Veränderungen des BMI innerhalb der letzten Dekade - litauische Jungen (absolute Unterschiede im 3., 50. und 97. Perzentil dargestellt [2001 und 1985]

Diese geschlechtsspezifischen Tendenzen verdeutlichen, dass der Körperbau beider Geschlechter unterschiedlichen Faktoren und Einflussgrößen ausgesetzt war, was sich insbesondere im extremen Schlankheitswahn der älteren Mädchen niederschlägt. Eine umfassende Analyse dieses Phänomens muss sich daher zwangsläufig mit der Körperselbstwahrnehmung sowie mit der Entwicklung des Körperbildes auseinandersetzen. Es hat sich gezeigt, dass die Prävalenzen litauischer Mädchen, die sich im Vergleich zu ihrem tatsächlichen BMI als zu übergewichtig einschätzten, eine zweigipflige Verteilung aufweisen. Dies zeigt sich zum einen bei 21,78% der 10jährigen Mädchen und bei 52,52% der 18jährigen jungen Frauen. In beiden Fällen schätzten sich die befragten Jugendlichen als wesentlich übergewichtiger ein, als es den tatsächlichen Gegebenheiten entsprach (Abb. 3).

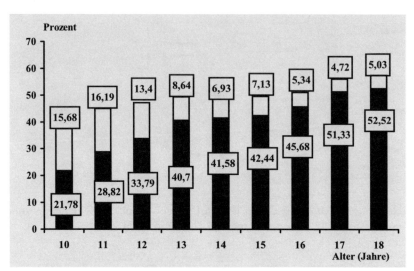

Abb. 3: Prozentanteil der Mädchen mit falscher Körperwahrnehmung im Verhältnis zum tatsächlichen BMI (hell = BMI unterschätzt; dunkel = BMI überschätzt).

Diese Fehleinschätzung ist auf zwei unterschiedliche Faktoren zurückzuführen. Zum einen auf den tatsächlich feststellbaren BMI, zum anderen auf die Altersgruppe, die die Mädchen einnahmen (vgl. Tabelle 2). Vergleicht man also die erste mit der zweiten Phase der Adoleszenz, so stuften sich 18,92% bzw. 32,34% der normal gewichtigen Mädchen als zu korpulent ein. Entsprechend glaubten 71,95% und 67,92% der schlanken Frauen, sie hätten einen normalen Körperbautypus und setzten alles daran, ihre Körpermaße beizubehalten. Selbst 4,74-5,66% der schlanken Mädchen empfanden sich als zu dick und waren mit ihrem Körper unzufrieden.

Es ist außerdem interessant, dass 47,67% der übergewichtigen Mädchen ihre Körpermaße zu Beginn der Adoleszenz als normal ansahen, was wohl auf traditionelle bzw. familiäre Sichtweisen über Wohlgenährtheit zurückgeführt werden darf. Hier muss jedoch auch angeführt werden, dass sich jüngere Mädchen ihres körperlichen Erscheinungsbildes weitaus weniger bewusst sind und gleichzeitig auch in geringerem Maße an Modeerscheinungen interessiert sind. Mit dem Einsetzen der Reife verändert sich diese Einstellung zum eigenen Körper jedoch zusehends. Mit wachsendem Alter verfallen die Mädchen immer mehr dem Glauben, ihr Körper sei zu übergewichtig. Dies hat letztendlich eine gesteigerte Körperunzufriedenheit zur Folge.

Tab. 2: Körperselbstwahrnehmung von jungen litauischen Mädchen in Relation zum BMI

BMI	Körperwahrnehmung	10-13 J. (%)	14-18 J. (%)
Übergewichtige Mädchen	Ich bin schlank	0.36	1.75
	Ich bin normalgewichtig	47.67	19.01
	Ich bin übergewichtig	51.97	79.24
Mädchen mit normalem BMI	Ich bin schlank	5.67	1.99
	Ich bin normalgewichtig	75.41	65.67
	Ich bin übergewichtig	18.92	32.34
Untergewichtige Mädchen	Ich bin schlank	23.51	26.42
	Ich bin normalgewichtig	71.75	67.92
	Ich bin übergewichtig	4.74	5.66

Die Meinung der Altersgenossinnen (Freundinnen) sowie der Einfluss der Massenmedien (Zeitschriften, Fernsehen, Werbung) trägt zu diesem Phänomen ursächlich bei (Abb. 4). 44,23% der jüngeren und 58,64% der älteren Mädchen gaben dies zu Protokoll. Gerade die Meinung des Freundeskreises hat offensichtlich eine ungemeine Wirkung auf die Selbstwahrnehmung. Demgegenüber stehen lediglich 29,52% der jüngeren und 48,85% der älteren Mädchen, die die Massenmedien als Motivationsgrund angaben. Lediglich 5,5% der jüngeren und 7,1% der älteren Mädchen gaben an, die Selbsteinschätzung sei ohne äußere Einflüsse erfolgt. 4,5% der jüngeren und 2% der älteren nannten hingegen die Familie (vor allem aber die Mutter) als Auslöser. 1% der Probanden gaben unterschiedliche Gründe an (die sportliche Leistungsziele, Kommentare eines Arztes oder Lehrers). Nur wenige Mädchen gaben an, das der Freund eine tragende Rolle bei der Einschätzung des Körperbildes gespielt habe.

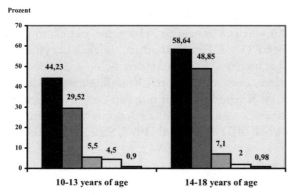

Abb. 4. Einflussfaktoren, die die Körperselbstwahrnehmung heranwachsender litauischer Mädchen nachhaltig beeinflussen (%). Eine detaillierte Analyse der Massenmedien brachte zutage, dass Journale, die auf die Zielgruppe der jungen Mädchen und Frauen zugeschnitten sind, eine führende Rolle bei der Beeinflussung der Körperwahrnehmung spielen (Tab. 3).

Tab. 3: Prozentualer Anteil der Mädchen, die Angaben zu diverse Printmedien machten, die ihrer Meinung nach ihr Körperbild entscheidend beeinflusst haben.

10-13jährige Mädchen		14-18jährige Mädchen	
Fernsehen	27.32	Fernsehen	17.12
Zeitschriften:		Zeitschriften:	
Panele (Young Lady)	92.40	Panele (Young Lady)	68.21
Top girl	30.57	Cosmopolitan	48.03
Cosmopolitan	27.70	Ji (She)	12.59
Moteris (Woman)	17.23	Moteris (Woman)	9.71
Laima	10.14	Top girl	9.41
Stilius (Style)	9.63	Laima	7.59
Ji (She)	8.62	Edita	4.02

Die geführten Gespräche zeigten, dass viele der befragten Mädchen gerne abnehmen wollten, zumeist schon eine Diät absolviert hatten oder sich durch sportliche Betätigung fit halten wollten. Gerade die Bilder von Fotomodellen in diesen Hochglanzbroschüren schienen einen entscheidenden Ausschlag auf das eigene Körperbewusstsein auszuüben. Am auffallendsten war die Tatsache, dass die Anzahl der Mädchen, die eine strenge Diät einhielten, extrem hoch war. 4,71-6,83% dieser Mädchen der Altersgruppe 16 bis 18 Jahre hatten daher auch schon einmal das Ausbleiben ihrer Menses für kürzere Zeiträume konstatieren müssen.

Diskussion

Trotz eines steigenden Zuwachses von Fettleibigkeit bei Kindern und Jugendlichen in vielen Ländern (Livingstone 2000) – zeigen litauische Mädchen – vor allem gegen Ende der Pubertät – den gegenläufigen Trend. Ein Phänomen, welches bei gleichaltrigen Jungen jedoch nicht zu beobachten ist. Dies lässt den Schluss zu, dass der Körperbau der Mädchen durch andere, exogene Faktoren beeinflusst wird. Überregionale Studien haben gezeigt, dass das Körperbild nicht nur von der Physiologie des Organismus gelenkt wird, sondern auch von sozialen, ökonomischen, kulturellen und ethnischen Faktoren (Caradas et al. 2001 Neff et al. 1997, Striegel-Moore et al. 2000).

Aktuelle Modetrends und die Idealisierung eines unrealistisch schlanken weiblichen Körpers könnten in diesem Zusammenhang eine wichtige Rolle spielen (Field et al. 1999a-b, 2001, McCabe & Ricciaredelli 2001, Verri et al. 1997, Wegner et al. 2000). Darüber hinaus scheint die Selbsteinschätzung von Körpergewicht und -form während der Adoleszenz geschlechtsspezifisch geprägt zu sein. Heranreifende Mädchen, vor allem in den späteren Altersgruppen, neigen offenbar dazu, eine falsche

Vorstellung von ihrem Körper zu entwickeln und in einem wesentlich höherem Maße mit ihrem Erscheinungsbild unzufrieden zu sein als gleichaltrige Knaben. Das männliche Schönheitsideal ist demgegenüber größer, massiger und muskulärer. Frauen sind insgesamt unzufriedener mit ihrem Körper und in einem übersteigerten Maße daran interessiert, ihr Körpergewicht zu reduzieren, während Männer in der Regel eher an Gewicht zunehmen, vor allem an Muskeltonus (Cohane & Pope 2001, Kaneko et al. 1999, McCreary & Sasse 2000, Morandé et al. 1999, Robinson et al. 2001, Rolland et al. 1996, 1997).

Generell stehen unsere Ergebnisse zur Körperselbsteinschätzung in Einklang mit überregionalen Studien aus Estland, Singapur, South Carolina, Dublin und Australien. Dennoch zeigt sich, dass der Prozentsatz der betroffenen Mädchen von Land zu Land entscheidend variiert (Caradas et al. 2001, Chugh & Puri 2001, Järvelaid 2000, Kaneko et al. 1999, Morandé et al. 1999, Neff et al. 1997, Rolland et al. 1996, 1997, Ryan et al. 1998, Santoncini et al. 2000, Wang et al. 1999). Während sich zum Beispiel 54,7% der estländischen Mädchen mit normalem BMI gegen Ende der Adoleszenz als übergewichtig einschätzten, waren es in South Carolina nur 41% der weißen und 29% der schwarzen Mädchen der Altersgruppe 14-18 Jahre. In Sydney, Australien wollten hingegen nur 10% der Mädchen dünner sein. Dies scheint darauf zu verweisen, dass litauische Mädchen einem noch verzerrteren Idealkörper nacheifern als es gleichaltrige junge Frauen im internationalen Vergleich tun.

Neuere Studien zum Körperbild haben gezeigt, dass die Massenmedien, vor allem aber Fotos von überdurchschnittlich dünnen Fotomodellen, einen ungemeinen Einfluss auf die eigene Wahrnehmung und Einschätzung haben. Dies wirkt sich auch auf die Bildung des „Idealkörpers" aus (Field et al. 1999a-b, 2001, McCabe & Ricciaredelli 2001, Verri et al. 1997, Wegner et al. 2000). Eine in den USA durchgeführte Studie konnte in diesem Zusammenhang den direkten Nachweis über das Zusammenwirken der Printmedien, der Popularisierung einer extrem dünnen Körpersilhouette und steigender Prävalenzen von Essstörungen aufzeigen (Field et al. 1999a-b, 2001). Eine Unersuchung aus Italien konnte ebenfalls den Einfluss des Fernsehens auf Essstörungen belegen (Verri et al. 1997). Wenngleich wir uns nicht direkt mit der Prävalenz von Essstörungen in Litauen befasst haben, legen die Ergebnisse der vorliegenden Studie dennoch nahe, dass viele litauische Mädchen eine verzerrte Vorstellung von ihrem Körper haben. Der Einfluss der Massenmedien und der Peergruppe scheint an diesem Phänomen direkt beteiligt zu sein, wobei es zu bedenken gilt, dass die gleichaltrigen Freunde dem Phänomen natürlich in gleichem Maße ausgesetzt sind. Dies erklärt, warum ein wahrer Kult um eine extrem dünne Körpersilhouette, gekoppelt mit einer gesundheitsabträglichen Einstellung zu Diäten und einem gestörten Körperwertgefühl zu einer deutlichen Zunahme der Essstörungen führen konnte. Unsere Ergebnisse zeigen, dass etwa 5-7% der Mädchen die eine Diät halten, auch unter Menstruationsstörungen leiden. Es ist bekannt, dass das Ausbleiben der monatlichen Menses eines der ersten Diagnosekriterien für *Anorexia nervosa* darstellt, wobei hier allerdings nicht der Eindruck erweckt werden soll, dass die untersuchten Probandinnen tatsächlich an diesem Krankheitsbild leiden. Unsere Untersuchungen erlauben uns den Schluss zu ziehen, dass Körperselbsteinschätzung und Körperunzufriedenheit sowie diachrone und altersbedingte Veränderungen des BMI auf den Einfluss neueingeführter kultureller Standards zurückzuführen sind. Die Peergruppe und die Massenmedien tragen das ihrige dazu bei, das Körperbild der Jugendlichen zu formen. Bilder, wie wir sie in den aktuellen Modezeitschriften finden, fungieren gleichsam als Meinungsmacher. Ältere Mädchen gegen Ende der Adoleszenz sind diesen Medien am stärksten ausgesetzt, dies ist auch durch unsere Untersuchungsergebnisse belegt. Als wir mit den Mädchen über entsprechende Zeitschriften sprachen, zeigte sich, das viele der Probandinnen abnehmen wollten bzw. gerade mit einer Diät oder einem Fitnessprogramm begonnen hatten. Als Grund für ihr Handeln wurden einerseits die Fotos dieser Journale mit überdünnen Fotomodellen genannt, andererseits die überhäufige Thematisierung des „Idealgewichts". Unsere Erkenntnisse stehen somit in Einklang mit den Daten anderer Autoren (Field et al. 1999a-b, 2001, McCabe & Ricciaredelli 2001, Verri et al. 1997, Wegner et al. 2000). Wir schließen daraus, dass das Nachahmen untergewichtiger Fotomodelle und die Popularisierung von Diäten zumindest teilweise für das Auftreten des beobachteten Schlankheitswahns verantwortlich zu machen ist. Auch die erhöhten Prävalenzen von Essstörungen sind in diesem Zusammenhang zu diskutieren. Wir appellieren daher an alle Zeitschriften, die die Zielgruppe des Teenagers vor Augen haben, zukünftig bei der Auswahl der Fotomodelle so zu verfahren, das die abgebildeten Frauen dem normalen Körpergewicht entsprechen. Auch Themen wie Diäthaltung und Abnehmen sollten nicht in dieser Menge auf die jugendliche Leserschaft einwirken, da ansonsten ernstzunehmende psychische Schäden zu erwarten sind. Unsere Ergebnisse liefern erste Anhaltspunkte über die Mechanismen, die das Körperimage beeinflussen, dennoch müssen weitere Studien über die Ursachen von Körperunzufriedenheit und Essstörungen in Litauen folgen.

Literatur

Ackard DM, Peterson CB (2001) Association between puberty and disordered eating, body image and other psychological variables. International Journal of Eating Disorders 29: 187-94.

Caradas AA, Lambert EV, Charlton KE (2001) An ethnic comparison of eating attitudes and associated body image concerns in adolescent South African Schoolgirls. Journal of Human Nutritional Diet 14: 111-20.

Chugh R, Puri S (2001) Affluent adolescent girls of Delhi: eating and weight concerns. British Journal of Nutrition 86: 535-42.

Cohane GH, Pope HG (2001) Body image in boys: a review of the literature. International Journal of Eating Disorders 29: 373-9.

Cole TJ, Freeman JV, Preece MA (1995) Body mass index reference curves for the UK, 1990. Arch Dis Child 73: 25-9.

Field AE, Camargo CA, Taylor CB et al (2001) Peer, parent, and media influences on the development of weight concerns and frequent dieting among preadolescent and adolescent girls and boys. Pediatrics 107: 54-60.

Field AE, Camargo CA, Taylor CB et al (1999a) Relation of peer and media influences to the development of purging behaviours among preadolescent and adolescent girls. Arch Pediatrics Adolescence Medicine 153: 1184-9.

Field AE, Cheuhg L, Wolf AM et al (1999b) Exposure to mass media and weight concerns among girls. Pediatrics 103: E36.

Hahn-Smith AM, Smith JE (2001) The positive influence of maternal identification on body image, eating attitudes, and self-esteem of Hispanic and Anglo girls. International Journal of Eating Disorders 29: 429-40.

Hill AJ, Franklin JA (1998) Mothers, daughters and dieting: investigating the transmission of weight control. British Journal of Clinical Psychology 37(Pt 1): 3-13.

Järvelaid M (2000) The desired body weight of 15-17 year - old Estonian schoolchildren. Papers on Anthropology IX. Tartu, 9: 35-41.

Kaneko K, Kiriike N, Ikenaga K et al (1999) Weight and shape concerns and dieting behaviours among pre-adolescents and adolescents in Japan. Psychiatry Clinical Neuroscience 53: 365-71.

Kromeyer-Hauschild K, Jaeger U (1998) Growth studies in Jena, Germany: changes in body size and subcutaneous fat distribution between 1975 and 1995. American Journal of Human Biology 10: 579-587..

Lindgren G, Strandell A, Cole T, et al (1995) Swedish population reference standards for height, weight and body mass index attained at 6 to 16 years (girls) or 19 years (boys). Acta Paediatrica 84: 1019-28.

Livingstone B (2000) Epidemiology of childhood obesity in Europe. European Journal of Pediatrics 159 (1): 14-34.

Madrigal L (1998) Statistics for Anthropology. Cambridge University Press.

McCreary DR, Sasse DK (2000) An exploration of the drive for muscularity in adolescent boys and girls. Journal of American College Health 48: 297-304.

McCabe MP, Ricciaredelli LA (2001) Parent, peer and media influences on body image and strategies both increase and decrease body size among adolescent boys and girls. Adolescence 36: 225-40.

Morandé G, Celada J, Casas JJ (1999) Prevalence of eating disorders in a Spanish school-age population. Journal of Adolescence Health 24: 212-9.

Neff LJ, Sargent RG, McKeown RE et al (1997) Black – white differences in body size perceptions and weight management practices among adolescent females. Journal of Adolescence Health 20: 459-65.

Pesa JA, Syre TR, Jones E (2000) Psychosocial differences associated with body weight among female adolescents: the importance of body image. Journal of Adolescence Health 26: 330-7.

Prentice AM (1998) Body mass index standards for children. British Medical Journal 317 (7170): 1401-2.

Rand CS, Wright BA (2001) Thinner females and heavier males: who says? A comparison of female to male ideal body sizes across a wide age span. International Journal of Eating Disorders 29: 45-50.

Robinson TN, Chang JY, Haydel KF et al (2001) Overweight concerns and body dissatisfaction among third-grade children: the impacts of ethnicity and socioeconomic status. Journal of Pediatrics 138: 181-7.

Rolland-Cachera MF, Cole TJ, Sempé M, et al (1991) Body Mass Index variations: centiles from birth to 87 years. European Journal of Clinical Nutrition 45: 13-21.

Rolland K, Farnill D, Griffiths RA (1996) Children's perceptions of their current and ideal body sizes and body mass index. Perception of Motorical Skills 82: 651-6.

Rolland K, Farnill D, Griffiths RA (1997) Body figure perceptions and eating attitudes among Australian schoolchildren aged 8 to 12 years. International Journal of Eating Disorders 21: 273-8.

Ryan AS, Roche AF, Kuczmarski RJ (1999) Weight, Stature, and Body Mass Index Data for Mexican Americans From the Third National Health and Nutrition Examination Survey (NHANES III, 1988-1994). American Journal Human Biology 11: 673-86.

Ryan YM, Gibney MJ, Flynn MA (1998) The pursuit of thinness: a study of Dublin schoolgirls aged 15 y. International Journal of Obes Relation Metabolic Disorders 22: 485-7.

Sands R (2000) Reconceptualization of body image and drive for thinness. International Journal of Eating Disorders 28: 397-407.

Santoncini UC et al (2000) High - risk eating behaviour in Mexican adolescents. Data on the student population in the Federal District. Rev Invest Clin 52: 140-7.

Striegel-Moore RH, Schreiber GB, Lo A et al (2000) Eating disorder symptoms in a cohort of 11 to 16-year-old black and white girls: the NHLBI growth and health study. International Journal of Eating Disorders 27: 49-66.

Tutkuviene J (1999) Investigations of Growth and Development - the part of the General Health Status Monitoring in Children. Acta Medica Lituanica 3: 32-40.

Tutkuviene J, Adomaitis A (2001) Trends in Height, Weight and Body Mass Index of Lithuanian Schoolchildren in Vilnius between 1985 and 1998. Acta Medica Lituanica Suppl. 8: 25-31.

Verri AP, Verticale MS, Vallero E et al (1997) Television and eating disorders. Study of adolescent eating behaviour. Minerva Pediatrics 49: 235-43.

Wang MC, Ho TF, Anderson JN et al (1999) Preference for thinness in Singapore - a newly industrialized society. Singapore Medical Journal 40: 502-7.

Wegner BS, Hartmann AM, Geist CR (2000) Effect of exposure to photographs of thin models on self-consciousness in female college students. Psychological Report 86: 1149-54.

Wichstrom L (1995) Social, psychological and physical correlates of eating problems. A study of the general adolescent population in Norway. Psychological Medicine 25 (3): 567-79.

Jugendliche Straftäter und Asylsuchende: ethische und humanbiologische Aspekte der Altersdiagnose

F. Rösing, H.-J. Kaatsch, A. Schmeling

Im folgenden soll ein Überblick über ein ganz neues und explosiv wachsendes Arbeitsgebiet gegeben werden, die forensische Altersdiagnostik bei lebenden Nichterwachsenen. Zunächst sei einiges an politischen und rechtlichen Grundlagen aufgezeigt, dann der Bedarf umrissen, Arbeitsregeln beschrieben und ein konkreter Fall dargelegt. Schließlich geben wir ein kurzes Votum zur ethischen Bewertung dieses Arbeitsgebietes ab.

Deutschland ist faktisch ein *Einwanderungsland*, auch wenn dies in der Politik kontrovers gesehen wird. Die drei grundlegenden Charakteristika dafür sind nämlich vorhanden:

- Bedarf an Einwanderern, sowohl für den Arbeitsmarkt, als auch zum Auffüllen der schwer defizitären Natalitätsziffern. Dazu 1996: 13% der in Deutschland geborenen Kinder haben ausländische Eltern, 7% binationale Eltern, 2% sind uneheliche Kinder einer ausländischen Mutter und 6% sind Kinder von Aussiedlern, die sich heute meist de facto wie Ausländer verhalten. Rechnet man den statistisch nicht mehr gezählten Status als Ausländer hinzu, würde in jenem Jahr ohne Ausländer ein Drittel der Geburten ausfallen (Boos-Nünning 1999). Innerhalb weniger Jahrzehnte wäre so die Gesellschaft einschließlich der Wirtschaft nicht mehr funktionsfähig. Sogar das Aussterben der Deutschen ist so berechenbar.

- Attraktivität bei Einwanderern. Chancen ziehen an, und auch das etwas zurückbleibende Deutschland nach der Wende ist für die meisten Länder der dritten Welt noch überaus reich. Wie viele Menschen aber eigentlich gern nach Deutschland übersiedeln würden, ist nicht direkt fassbar. Die Erwartung ist, dass es ein Vielfaches der tatsächlichen Einwanderer ist. Ein gewisser Hinweis darauf: gut zwei Drittel der fast 100 000 Asylanträge im Jahr werden abgelehnt, und es ist unstrittig, dass ein hoher Anteil der Asylanträge zumindest auch aus wirtschaftlichen Motiven gestellt wird. Eine tatsächlich hohe Zahl an Einwanderern: 1991-1998 8,8 Mio. (Bundesregierung 2001), pro Jahr also 1,1 Mio.

- Zur Abrundung muss auch das Gegenstück der Einwanderung erwähnt werden: in den selben acht Jahren haben 5,8 Mio. dies Land verlassen. Wie immer man solche Zahlen im Feineren werten mag, es ist klar, dass die Wanderung in beiden Richtungen bedeutend ist, und vor allem, dass Deutschland die Einwanderer im eigenen Interesse braucht.

Die *Kriminalität* unter den Migranten liegt eher niedriger als bei den schon länger Ansässigen: Ausländer stellen 7% der Tatverdächtigen, aber 9% der Wohnbevölkerung (Bundesregierung 2001). Im Feineren sind aber die beiden Gruppen nicht gut zu vergleichen, da sie eine ganz andere Struktur haben, insbesondere bezüglich Geschlecht, Alter, Sozialgruppe und Gemeindegröße. Insgesamt muss aber gesagt werden, dass hier Alarmrufen von wegen importierter Kriminalität die faktische Grundlage fehlt.

Juristisch ist das Alter von Nichterwachsenen bedeutsam, wenn bei einer geplanten Amtshandlung oder bei einem Strafvorwurf Altersgrenzen gesetzt sind (Kaatsch 2001):

- Zuerst ist es die Grenze 14 Jahre. Nach §19 Strafgesetzbuch ist ein junger Mensch, der bei Begehung einer Tat noch nicht 14 Jahre alt ist, generell schuldunfähig und damit strafunmündig. Die Grenze ist also der 14. Geburtstag, da beginnt die Straffähigkeit. Auch bei Erfüllung eines Straftatbestandes bleibt ein Kind unter 14 Jahren straflos. Damit ist auch Untersuchungshaft nicht möglich; wenn bei einer Haftprüfung ein Alter unter 14 Jahren glaubhaft gemacht wird, wird der Beschuldigte freigelassen.
- Bei Asylsuchenden ist die Altersgrenze 16 Jahre gesetzt. Nach §12 Asylverfahrensgesetz beginnt die Handlungsfähigkeit mit Vollendung des 16. Lebensjahres, erst dann können eigene Asylanträge gestellt werden und Erklärungen abgegeben werden. Dies dient dem Schutz des jungen Migranten: Wenn weder Eltern noch andere gesetzliche Vertreter verfügbar sind, darf dem Jugendlichen kein Nachteil erwachsen, d.h. er ist z.B. gegen „aufenthaltsbeendende Maßnahmen" geschützt, muss eine entsprechende Vertretung erhalten und wird in einer entsprechenden Einrichtung, z.B. Jugendheim, betreut.
- Für die Anwendung des Jugendstrafrechts ist zum einen die Grenze 18 Jahre gesetzt: Nach §3 Jugendgerichtsgesetz gilt als Jugendlicher, wer zur Zeit der Tat 14 Jahre und noch nicht 18 Jahre alt ist. Dann dürfen nur Jugendstrafen, meist Ermahnungen oder Weisungen, verhängt werden. Diese Grenze hat auch Bedeutung in Zivilsachen und im Verwaltungsrecht, wie der Bestellung eines Vormunds oder dem Mindestalter für den Führerschein; Wünsche auf Beeinflussung dieser Grenzen führen mitunter zu Anträgen auf Änderung des Personenstandsregisters.
- Zum anderen regelt das Jugendstrafrecht, dass ein Mensch zwischen 18 und 21 Jahren ein „Heranwachsender" ist, bei dem im Einzelfall zu entscheiden ist, ob er nach Jugend- oder Erwachsenenstrafrecht zu verurteilen ist. Jugendstrafrecht ist anzunehmen, wenn er bei Gesamtwürdigung seiner Persönlichkeit und der Straftat noch einem Jugendlichen gleicht. In der Praxis wird ein junger Straftäter meist als Heranwachsender eingeordnet, so dass häufiger die Altersdiagnose von 21 Jahren zu prüfen ist.

Für statistisch und graphisch Versierte sei noch am Rande angemerkt, dass hier die arithmetisch korrekten Lebensjahre gemeint sind und nicht die volkstümliche Altersangabe.

Der *Diagnosebedarf* entsteht bei all diesen juristischen Grenzen, wenn die vorgelegten Papiere nicht verlässlich sind oder wenn keine Papiere vorgelegt werden oder vorgelegt werden können. Die Gründe dafür und die fassbaren Abläufe sind hoch variabel. Eine besonders eindrucksvolle Fallgruppe als Beispiel: Ein ausländisches Kind wird von Erwachsenen, oft Familienmitgliedern, zu Straftaten wie Diebstählen und Einbrüchen vorgeschickt, während die Erwachsenen in sicherem Abstand warten und beobachten. Gelingt die Tat, übergibt das Kind das Diebesgut, wird es gefasst, bleiben die Erwachsenen im Hintergrund, und das Kind gibt an, es sei noch nicht 14 Jahre alt. Das aber kann es nicht oder nicht zuverlässig belegen, also ist eine Altersdiagnostik angezeigt. Als Maßnahmen gegen solches Verhalten bleiben die Überprüfung der elterlichen Sorgepflichten, also eine Anzeige wegen Verletzung der Fürsorge- oder Erziehungspflicht oder auch jugendamtliche Maßnahmen, was freilich bei der sozialen Situation dieser Familien wenig abschreckt oder erst gar nicht durchführbar ist. Bei anderen strafrechtlich relevanten Fallarten sind die kindlichen Straftäter z.B. in eine Bande integriert. Bei jungen Asylbewerbern ist bei Feststellung eines Alters unter 16 Jahren der Aufenthalt in einem Jugendheim und die Verhinderung der Abschiebung sicher annehmlicher als eine kasernierte Unterbringung im Asylbewerberheim oder im Wohncontainer auf dem Flughafen. Und schließlich gibt es noch den Wunsch von jungen Menschen meist türkischer Abstammung, das Alter im Personenstandsregister zu ändern, z.B. wenn ein Führerschein gemacht werden soll oder eine Heirat geplant ist.

Fallzahlen

Nach einer Rundfrage der AGFAD (Arbeitsgemeinschaft für Forensische Altersdiagnostik) sind 1990-2000 insgesamt 2075 solche Diagnosen erstellt worden. Dabei überwiegen die Jungen stark, Mädchen sind nur zu etwa 5% vertreten. Die meisten Fälle wurden in Hamburg bearbeitet, gut 50%, es folgen Wien und Berlin. Der Bereich des Strafrechts überwiegt stark. Bei den Herkunftsländern überwiegt heute Schwarzafrika, während vorher (1990-98) die wichtigsten Länder Türkei und Rumänien waren. Für die forensische Altersdiagnose gibt es eine Reihe von *Arbeitsregeln* für die Untersuchung (Schmeling et al. 2001a): die geplanten Untersuchungen sind wegen der invasiven Untersuchungsmethodik (Röntgen) durch einen richterlichen Beschluss auf der Grundlage von §81a StPO zu legitimieren, der zu Untersuchende ist über die Art und das Ziel der Maßnahmen zu informieren, und die Teiluntersuchungen sollten durch Spezialisten durchgeführt werden. Die anwendbaren *Methoden* beruhen auf drei ontogenetischen (auxologischen) Vorgängen:

- Skelettreifung. Hier werden die wichtigsten Stationen der Entwicklung von Epiphysen beurteilt. Da forensisch besonders ältere Nichterwachsene zu untersuchen sind, ist dies hauptsächlich die Obliteration der Fugen. Als Referenz für die Reifung des Handgelenksbereichs, die für 14- bis 18jährige die Region der Wahl ist, hat sich seit Jahrzehnten und international der Atlas von Greulich und Pyle etabliert, der ja auch heute noch als Nachdruck erhältlich ist; sachlich gesehen ist aber der wesentlich jüngere Standard von Thiemann und Nitz besser. Für 21jährige kommt evtl. die Reifung der medialen Schlüsselbeinenden hinzu, die wegen der höheren Strahlenexposition im Rumpfbereich (Schmeling u.a. 2001a) besser nicht per Röntgenstrahlen abgebildet werden sollten, sondern per Magnetresonanz.

- Zahnentwicklung. Auch hier bestimmt der forensische Altersausschnitt die Variable: beurteilt wird die Entwicklung der Wurzel des dritten Molaren. Hier gibt es keine Referenz der Wahl, je nach Herkunftspopulation des Probanden oder Schulenpräferenz wird gern Haavikko (1970), Demirjian (1973, 1976), Kahl und Schwarze (1988), Mincer et al. (1993) oder Olze et al. (2001) angewandt. Demirjian wird in der Rechtsmedizin noch am häufigsten genutzt, obwohl es sachliche Argumente gegen ihn gibt.

- Körperliche Reife. Hier werden insbesondere die äußerlichen Zeichen der Sexualentwicklung beurteilt, wie Terminalbehaarung, Mamillenentwicklung oder äußeres Genitale. Die körperliche Inspektion ist Bestandteil der medizinischen Untersuchung. Wenn sie aber für die Altersdiagnose benutzt wird, ist die schlechte Quantifizierung hinderlich. Hier gibt es einen Bewertungsunterschied: viele Rechtsmediziner betonen die Notwendigkeit der Einbeziehung dieser Variablengruppe, während die meisten Anthropologen eher die hohe Variabilität aller solcher Reifezeichen sehen, und sie nur als Kontrolle zulassen wollen, also insbesondere zur Erkennung extremer wie krankhafter Varianten.

Bei diesen drei Methodengruppen gibt es im Augenblick keinen echten Konsens der Auswahl bestimmter Referenzen, auch scheinen konkrete Qualitätsunterschiede noch nicht ausreichend bekannt zu sein. Hier besteht für die Zukunft Diskussionsbedarf.

Wie stark immer man die verschiedenen Methoden gewichtet, es ist mittlerweile eine wichtige Arbeitsregel, im Rang eines Qualitätskriteriums, dass eine forensische Altersdiagnose alle drei Methoden anwenden sollte. Anschließend sind die Ergebnisse sorgfältig zu kombinieren. Das gilt aber nur für das Strafverfahren. Außerhalb von Strafverfahren ist keine invasive Untersuchungsmethode wie Röntgen erlaubt, eine zwangsweise Durchführung des Durchleuchtens ist nicht zulässig. Hierfür gibt es auch keine ärztliche Indikation, da keine therapeutische Absicht zu Grunde liegt. Die früher routinemäßige Anfertigung von Handröntgenbildern bei jugendlichen Asylbewerbern war rechtswidrig. Die anthropologische Methode der sexuellen Reife und die Zahneruption sind aber ungenauer. Es ist abzuwarten, ob Magnetresonanz oder andere nicht invasive bildgebende Verfahren anwendbar sind. Theoretisch kommen noch die beiden Methoden Razemisierung der Asparaginsäure im Dentin und Zementannulation hinzu, falls ein Zahn zur Verfügung steht.

Bei der forensischen Anwendung aller Methoden gibt es das Problem der Differenzierung: Es ist offensichtlich, dass es Unterschiede im ontogenetischen Entwicklungstempo zwischen verschiedenen Ländern, Bevölkerungen und Schichten gibt.

Offenbar spielt die Genetik, also sozusagen die ontogenetische Konstitution (das, was man früher in taxonomischer Überbewertung Rasse nannte) bei Skelettreife und Mineralisation eine recht geringe Rolle, soweit jedenfalls die ganz wenigen nichtnördlichen Stichproben überhaupt Schlüsse zulassen (Schmeling et al. 2000a und 2001b). Sehr wohl eine Rolle, und zwar eine gewichtige, spielt die soziale Schicht mit all ihren Nebenfaktoren wie Ressourcenzugang, hier aber ist heute noch keine befriedigende Quantifizierung möglich.

Das andere Problem der Regionalität ist die *Akzeleration*: im Rahmen der „Modernisierung" dieser Welt, mit der eine Verbesserung der Lebensbedingungen einhergeht, beschleunigt sich die individuelle ontogenetische Entwicklung, und als Konsequenz ergibt sich säkular (im Jahrhundertbereich) eine stark gesteigerte durchschnittliche Körperhöhe und ein starker Gestaltwandel, vor allem in Richtung Leptomorphie und Virilität. Je nachdem, welches Land man betrachtet, findet die Modernisierung wie die Akzeleration zu ganz verschiedenen Zeiten und in verschiedenen Tempi statt. – Möge niemand glauben, dies sei lediglich wissenschaftliche Erbsenklauberei. Die Akzeleration hat vielmehr eine sehr konkrete juristische Präsenz, denn sie betrifft unmittelbar die Daten eines Betroffenen, und sie wird in den meisten Gerichtsverfahren um eine Altersdiagnose ganz explizit und intensiv problematisiert und diskutiert.

Forensisch verwertbare Daten zur Akzeleration aber gibt es nicht. Die Körperhöhe ist ein überaus wichtiges anthropologisches Grundmaß und daher in Zeit und Raum gut bekannt, aber nicht verwendbar, denn sie ist ja nur eine Folge der Akzeleration und außerdem so hoch variabel, dass sie für eine individuelle Diagnose im forensischen Bereich, also mit individuellen Konsequenzen, bei weitem zu hohe Toleranzbereiche produziert.

Folglich muss die Forensik die verwertbaren Daten generieren. Das geschieht gerade in einem gemeinsamen rechtsmedizinisch-anthropologischen Projekt unter Leitung von A. Schmeling. Die Idee dahinter: Wenn die Akzeleration regelhaft abläuft, so lassen sich aus den vorhandenen Daten durch Regressionsanalyse für Länder ohne auxologische Referenzdaten, aber mit bekanntem Modernisierungsstatus, Korrekturfaktoren bestimmen. Dabei wird die häufige Verwendung des Greulichund-Pyle-Atlasses genutzt: Es gibt insgesamt 28 Stichproben, bei denen er angewandt wird (Andersen 1968, Blanksby et al. 1975, Bogin et al. 1989, Chan et al. 1961, Fry 1960, Greulich 1951, Haavikko & Kilpinen 1973, Jiminez-Castellanos et al. 1996, Johnston 1963, Johnston et al. 1984, Levine 1972, Low et al. 1964, Mathiasen 1973, Newman und Collazos 1957, Rikhasor et al. 1999, Roche 1967, Roche et al. 1975, 1978 und 1988, Trulson et al. 1956, Vignolo et al. 1990, Wenzel et al. 1984). Etwa 5 weitere Stichproben sind auxologisch fassbar, aber wegen großer kultureller Ferne in ihrer gesellschaftlichen Entwicklung nicht näher bekannt (australische Ureinwohner und Polynesier). Als Maße der gesellschaftlichen Modernisierung lassen sich das Brutto-Inlands-Produkt (englisch Gross National Product) und die Lebenserwartung bei der Geburt verwenden. Deren Eruierung war erstaunlich schwierig, und die Wirtschaftsdaten sind teilweise unbefriedigend geschätzt.

Die Korrelationen der beiden unabhängigen Variablen zur Entwicklung betragen übereinstimmend 0,49; die multiple Korrelation, also die Korrelation der beiden gesellschaftlichen Größen *gleichzeitig* auf die Entwicklung, 0,53. Alle sind mindestens auf der 0,1%-Ebene signifikant von Null verschieden. Hier sei außerdem eine erste vorläufige Regression vorgestellt, für das männliche Geschlecht und unter Zusammenfassung der Wachstumsdaten zu mittleren Abweichungen vom Greulich-Pyle-Standard für jede Gruppe (Abb. 1).

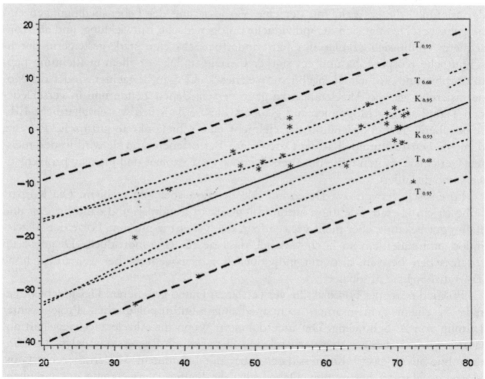

Abb. 1: Regression der Lebenserwartung von Ländern (x-Achse) auf die Abweichung der Entwicklung von Kindern von den Greulich-Pyle-Daten (y-Achse). Sterne: die bisherigen bivariaten Datenpunkte, K: Konfidenzbereich der Geraden, also die möglichen Positionen der Geraden in anderen Stichproben der gleichen Grundgesamtheit, T: Toleranzbereich für eine neue, externe Schätzung des Entwicklungsabstandes y aus der Lebenserwartung x. Die Regressionsgerade lautet $y = -35{,}087 + 0{,}50237x$.

Betrachten wir zum einen die Korrelationen: ein fast gleicher Einfluss der wirtschaftlichen wie der demographischen Entwicklung eines Landes auf die Ontogenie widerspricht glatt der Geschichte: In den nördlichen Ländern hat sich zuerst die Lebenserwartung erhöht, die wichtigste Epoche dafür war in etwa Gründerzeit bis Zwischenkriegszeit. Dann ging die säkulare Akzeleration und die Steigerung der Wirtschaftsleistung noch zügig weiter. Aus dieser Phase, der Nachkriegszeit bis heute,

Jugendliche Straftäter und Asylsuchende 453

stammen alle unsere Daten. Daher hätte eigentlich der Einfluss des Brutto-Inlands-Produktes wesentlich höher sein müssen. Offenbar haben wir es hier mit Insuffizienzen der beiden gesellschaftlichen Variablen zu tun, tatsächlich läßt die Gewinnung der Werte manche Zweifel offen. Schließlich wurde das sozioökonomische Gefälle innerhalb eines Landes mit seinen Auswirkungen auf die jeweiligen Stichproben nicht berücksichtigt.

Zum anderen sei kurz und nur sehr vorläufig diskutiert, welche forensische Relevanz denn diese Regression hat. Nehmen wir ein afrikanisches Land an, in dem die Lebenserwartung bei der Geburt für das Jahr der Geburt des zu Beurteilenden 40 Jahre betrage (z.B. Burkina Faso Mitte der 80er Jahre). Dann sollte dort die Ossifikation im Mittel um 15 Monate zurück liegen. Das diagnostizierte Skelettalter eines jugendlichen Beschuldigten ist um diesen Wert zu *erhöhen*. Das ist eine Korrektur, die sehr eindeutig *contra reum* wirkt, der Beschuldigte wird älter eingeschätzt, erreicht also schwerer bzw. mit wesentlich geringerer randlicher Wahrscheinlichkeit das Grenzalter für Strafunmündigkeit von 13 Jahren. Das aber ist nur eine mittlere Aussage, sie hat einen hohen Toleranzbereich von ±14 Monaten, die Korrektur kann also für den Konfidenzbereich von 95% zwischen -29 und -1 Monat liegen. Bei so breiter Streuung ist die forensische Anwendung zumindest schwierig. Ein nützlicher Weg wird wohl sein, *in foro* alle drei Werte zu benennen, wobei natürlich auch der Toleranzbereich für 68% in Frage kommt.

Welches Vorgehen generell wie im einzelnen zu wählen ist, wird noch sehr eingehend zu diskutieren sein. Vielleicht gelingt es, wenigstens innerhalb der AGFAD einen Konsens zu erreichen. Nun sei die Entstehung einer forensischen Altersdiagnose in allen Einzelheiten beschrieben:

- Die Hand eines Beschuldigten wird geröntgt (Abbildung 2). Nach dem Vergleichsatlas von Greulich und Pyle passt am besten das Referenzbild für 15 Jahre. Die Epiphysenfugen der Metacarpalia II-IV distal sind noch etwas weiter offen, beim Metacarpale I proximal etwas weiter geschlossen, das gleicht sich aus, es kann also bei einer Rohdiagnose von 15,0 Jahren bleiben.
- Skelettreifung ist akzlerationsabhängig. Der Proband stammt aus Rumänien, und er ist um 1984 geboren. Damals gab es dort eine Lebenserwartung von 69,8. Das ist nur ganz geringfügig höher als die 68,6 Jahre für die USA der 1930er Jahre, das sind Land und Zeit der Probanden des Atlas; außerdem ist in Rumänien in der Folge eine Verschlechterung der Lebensbedingungen und damit der Lebenserwartung eingetreten. Folglich braucht hier wohl nicht wegen Akzlerationsstatus korrigiert zu werden.
- Ein Orthopantogramm des Gebisses wird genommen (Abbildung 3). Verwendet wird die Referenztabelle von Haavikko (1970), nach der Empfehlung und unter Nutzung der Korrekturen von Liversidge et al. (1998). Beurteilt wird die Wurzelentwicklung des M3: Bei 18 und 28 dürfte etwa ein Drittel der Wurzel fertig sein, das ergibt nach Extrapolation der Tabellenwerte 14,9 Jahre; 38 und 48 sind in der Entwicklung etwas weiter fortgeschritten, und diese Zähne ergeben gene-

rell höhere Schätzalter, sodass die Extrapolation 15,8 Jahre ergibt. Das mittlere Zahnalter ist dann 15,5 Jahre.

- Die Mittelung der beiden Entwicklungsgrößen ergibt 15,2 Jahre, das ist 1,2 Jahre über der gesetzlichen Grenze von „noch nicht 14". Jetzt muss danach gefragt werden, wie gesichert denn diese Diagnose ist, wie groß also die Streuung ist.
- Die regressive Streuung der Handossifikation beträgt etwa 1,07 Jahre. Dies ist ein Maß allein für die Referenzgruppe; das ist zunächst auf den Toleranzbereich zu erhöhen, denn hier wird eine neue Aussage getroffen, über einen Fall außerhalb der Referenzstichprobe (Rösing 2001). Dies ergibt hier 1,48.
- Im nächsten Schritt muss diese Streuung reduziert werden, wenn über die Ossifikation hinaus die beiden anderen Parameter einbezogen werden. Hier aber lauert das nächste methodische schwarze Loch: es gibt keine Studien, die alle drei Methoden benutzt haben und damit die Kovarianz direkt fassen ließen, und z.Zt. ist noch kein Algorithmus bekannt, der die Reduktion auf anderem Wege bewerkstelligen würde. So wird dies hier weggelassen, mit der Wirkung, dass das Ergebnis humanbiologisch schlechter ist, indem es randliche Wahrscheinlichkeiten erhöht.
- Die Toleranz wird dann genutzt, um die entscheidende juristische Frage zu beantworten, wie hoch denn die randliche Wahrscheinlichkeit für ein Alter unter 14 Jahren ist. Hierfür wird die Standardnormalvariable z benutzt, $z = x - \bar{x} : s$, hier also $z = 15,2 - 14,0 : 1,48 = 0,81$. Aus der z-Tabelle ist dann die randliche Wahrscheinlichkeit von 20,9% abzulesen.
- Allein aus Sicht der Humanbiologie würde man nun sagen, dass ein Alter unterhalb der Straffähigkeit noch sehr gut möglich ist. Alles weitere ist dann aber Sache der juristischen Würdigung.

Alle hier beschriebenen juristischen Verfahren und damit auch die darin eingebetteten Altersdiagnosen haben eine hohe gesellschaftliche Bedeutung. Dementsprechend erfahren sie auch immer wieder Beachtung allgemein in der *Ethik* wie fallweise in der Presse. – Von einer ethischen Warte aus ist zu betonen, dass alle Bereiche der forensischen Begutachtung umfassenden Arbeitsregeln der Zulässigkeit, Sorgfalt, Vorsicht, Klarheit und Vollständigkeit unterliegen. Dies galt schon immer, neu hinzugekommen ist in den letzten Jahren der Bedarf einer laufenden Qualitätssicherung für die aktiven Gutachter. Bei der Altersdiagnose gelingt dies am besten mit Ringversuchen.

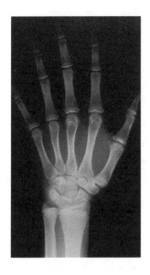
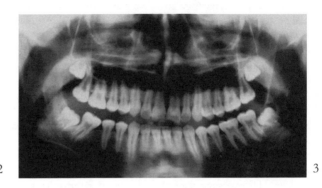

Abb. 2: Röntgenbild der Hand eines gerichtlichen Betroffenen. In diesem jugendlichen Alter sind vor allem die Epiphysenfugen zu beurteilen, die sich hier an mehreren Stellen als dunkle Linie quer zum Ende eines Knochens abzeichnen.
Abb. 3: Das Röntgenbild des Gebisses des selben Betroffenen. Die Entwicklung des dritten Molaren (Weisheitszahnes) ist zu beurteilen; hier ist im Oberkiefer erst der Beginn des Wurzelwachstums zu sehen.

Wenn man das Echo konkreter Fälle in der Presse überschaut, ergibt sich eine gewisse Zweiteilung: Bei Asylfällen wird die Altersdiagnose oft abgelehnt, manchmal mit einer unangemessenen Vehemenz, bei Strafsachen hingegen eher begrüßt. Außerdem kann man sich mitunter nicht des Eindrucks erwehren, dass die Wertung der Altersdiagnose als „gut" oder „schlecht" vom jeweiligen Ergebnis abhängt. Gut ist z.B. ein Ergebnis, wenn es einem Asylbewerber zum Bleiben verhilft oder wenn ein vermutlicher Gewalttäter nach dem härteren Erwachsenenstrafrecht behandelt wird. Das aber darf nicht sein; Wertungen nach persönlichen oder Gruppeninteressen sind zwar weit verbreitet und nehmen sogar noch zu, haben aber in Justiz und Forensik keinen Platz. Wir bevorzugen vielmehr eine kühle und konstruktive Sicht: Eine Methodik wie die Altersdiagnostik hat einen gesellschaftlichen Wert, ganz unabhängig von der Verfahrensart, vom jeweiligen Ergebnis und vom wie auch immer gefassten persönlichen Nutzen, und sie ist eingebettet in ein konsensuales Rechtssystem.

Literatur

Andersen E (1968) Skeletal maturation of Danish school children in relation to height, sexual development, and social conditions. Acta Paediatrica Scandinavica, Suppl 185: 1-133.
Blanksby BA, Brogan WF, McKnight HP, Sprague PL (1975) A skeletal age survey of primary school children in Western Australia. Australian Paediatric Journal 11: 169-171.

Bogin B, Sullivan T, Hauspie R, MacVean RB (1989) Longitudinal growth in height, weight, and bone age of Guatemala Ladino and Indian schoolchildren. American Journal of Human Biology 1: 103-113.

Boos-Nünning U (1999) Kinder mit Migrationshintergrund im 10. Kinder- und Jugendbericht der Bundesregierung. http://www.liga-kind.de/pages/boosn100.htm

Brown T, Grave KC (1976) Skeletal maturation in Australian Aborigines. Australian Paediatric Journal 12: 24-80.

Bundesregierung (2001) Ausländische Mitbürger in Deutschland. http://www.bundesregierung.de/top/dokumente/Struktur/ix_47041.htm?template=single&id=47041_1499&script=1&ixepf=_47041_1499

Chan ST, Chang KSF, Hsu FK (1961) Growth and skeletal maturation of Chinese children in Hongkong. American Journal of Physical Anthropology 19: 289-300.

Demirjian A, Goldstein H, Tanner JM (1973) A new system of dental age assessment. Hum Biol 45: 211-227.

Demirjian A, Goldstein H (1976) New systems for dental maturity based on seven and four teeth. Ann Hum Biol 3: 411-421.

Fry EI (1960) Health survey of children from Raratonga, Cook Islands. III. Skeletal age and skeletal observations. Journal of Tropical Pediatrics 6: 75-79.

Greulich WW (1951) The growth and developmental status of Guamanian school children in 1947. American Journal of Physical Anthropology 9: 55-70

Greulich WW, Pyle SI (1959) Radiographic atlas of skeletal development of the hand and wrist. Stanford University Press, Stanford, CA

Haavikko K (1970) The formation and alveolar and clinical eruption of the permanent teeth, an orthopantograph study. Proceedings of the Finnish Dental Society 61: 45-63.

Haavikko K, Kilpinen E (1973) Skeletal development of Finnish children in the light of hand-wrist roentgenograms. Proceedings of the Finnish Dental Society 69: 182-190.

Jimenez-Castellanos J, Carmona A, Catalina-Herrera CJ, Vinuales M (1996) Skeletal maturation of wrist and hand ossification centers in normal Spanish boys and girls: a study using the Greulich-Pyle method. Acta Anatomica 155: 206-211.

Johnston FE (1963) Skeletal age and its prediction in Philadelphia children. Human Biology 35: 192-202.

Johnston FE, Sharko J, Cravioto J, De Licardie E (1984) Growth and skeletal maturation of Mexican children 4 to 7 years, with and without diagnoses of chronic protein-energy malnutrition. In: Borms J, Hauspie R, Sand A, Susanne C, and Hebbelinck M (Hrsg) Human Growth and Development. Plenum Press, New York,. London, S. 585-595

Kaatsch H-J (2001) Juristische Aspekte der Altersschätzung. In: Oehmichen M, Geserick G (Hrsg) Osteologische Identifikation und Altersschätzung. Schmidt-Römhild, Lübeck, S. 243-254.

Kahl B, Schwarze CW (1988) Aktualisierung der Dentitionstabelle von I Schour und M Massler von 1941. Fortschritte der Kieferorthopädie 49: 432-443.

Levine E (1972) The skeletal development of children of four South African populations. Human Biology 44: 399-412.

Liversidge HM, Herdeg B, Rösing FW (1998) Dental age estimation of non-adults. In: Alt KW, Rösing FW, Teschler-Nicola M (Hrsg) Dental Anthropology. Springer, Wien, New York, S. 419-468

Low WD, Chan ST, Chang KSF, Lee MMC (1964) Skeletal maturation of Southern Chinese children. Child Development 35: 1313-1336.

Mathiasen MS (1973) Determination of bone age and recording of minor skeletal hand anomalies in normal children. Danish Medical Bulletin 20: 80-85.

Mincer HH, Harris EF, Berryman HE (1993) The A.B.F.O. study of third molar development and its use as an estimator of chronological age. Journal of Forensic Sciences 38: 379-390.

Newman MT, Collazos C (1957) Growth and skeletal maturation in malnourished Indian boys from the Peruvian Sierra. American Journal of Physical Anthropology 15: 431.

Olze A, Schmeling A, Rieger K, Kalb G, Geserick G (2001) Untersuchungen zum Mineralisationsstand der dritten Molaren an einer europäischen Population. Newsletter AKFOS 8: 47-50.

Rikhasor RM, Qureshi AM, Rathi SL, Channa NA (1999) Skeletal maturity in Pakistani children. Journal of Anatomy 195: 305-308.

Roche AF (1967) A study of skeletal maturation in a group of Melbourne children. Australian Paediatric Journal 3: 123-127.

Roche AF, Roberts J, Hamill PVV (1975) Skeletal maturity of children 6-11 years: Racial, geographic area and socioeconomic differentials. United States National Center for Health Statistics, series 11, no. 149. DHEW Publication no. (HRA) 76-1631. Rockville, Maryland.

Roche AF, Roberts J, Hamill PVV (1978) Skeletal maturity of youth 12-17 years. Racial, geographic area and socioeconomic differentials. (Vital and health statistics. U.S. Dept. of Health, Education and Welfare. Series 11. No. 167), U.S. Government Printing Office, Washington, D.C.

Roche AF, Chumlea WC, Thissen D (1988) Assessing the skeletal maturity of the hand-wrist: Fels Method. C.C. Thomas, Springfield.

Rösing Fw (2001) Forensische Altersdiagnose: Statistik, Arbeitsregeln und Darstellung. In: Oehmichen M, Geserick G (Hrsg.) Osteologische Identifikation und Altersschätzung. Schmidt-Römhild, Lübeck, S. 263-275.

Schmeling A, Reisinger W, Loreck D, Vendura K, Markus W, Geserick G (2000a) Effects of ethnicity on skeletal maturation: consequences for forensic age estimations. International Journal of Legal Medicine 113: 253-258.

Schmeling A, Reisinger W, Wormanns D, Geserick G (2000b) Strahlenexposition bei Röntgenuntersuchungen zur forensischen Altersschätzung Lebender. Rechtsmedizin 10: 135-137.

Schmeling A, Kaatsch H-J, Marré B, Reisinger W, Riepert T, Ritz-Timme S, Rösing FW, Rötzscher K, Geserick G (2001a) Empfehlungen für die Altersdiagnostik bei Lebenden im Strafverfahren. Rechtsmedizin 11: 1-3.

Schmeling A, Olze A, Reisinger W, Geserick G (2001b) Der Einfluß der Ethnizität auf die bei strafrechtlichen Altersschätzungen untersuchten Merkmale. Rechtsmedizin 3-4: 78-81.

Thiemann H-H, Nitz I (1991) Röntgenatlas der normalen Hand im Kindesalter. Thieme, Leipzig, Stuttgart, New York.

Trulson MF, Collazos C, Hegsted DM (1956) Growth and development of Peruvian children. I. Carquin and San Nicholás. Pediatrics 17: 510-523.

Vignolo M, Milani S, DiBattista E, Naselli A, Mostert M, Aicardi G (1990) Modified Greulich-Pyle, Tanner-Whitehouse, and Roche-Wainer-Thissen (knee) methods for skeletal age assessment in a group of Italian children and adolescents. European Journal of Pediatrics 149: 314-317.

Wenzel A, Droschl H, Melsen B (1984) Skeletal maturity in Austrian children assessed by the GP and the TW-2 methods. Annals of Human Biology 11: 173-177.

Pädiatrie zwischen Patientenschutz und Therapiesicherheit – eine interdisziplinäre Herausforderung

C. Brochhausen, M. Brochhausen, H. W. Seyberth

Der Grundsatz, dem Patienten zu nutzen und nicht zu schaden, stellt nicht nur wesentliche Elemente des hippokratischen Eides (Steinmann 1996) dar, sondern ist als ethisches Prinzip für das biomedizinische Handeln im sogenannten Vier-Prinzipien-Modell von Beauchamp und Childress (Beauchamp & Childress 1977) sowie im sogenannten Belmont Report (National Commission for the Protection of Human Subjects of Biomedical Research 1978) festgeschrieben. Neben der „Nichtschädigung," der „Besserung und Fürsorge" sind hier auch die „Gerechtigkeit" und vor allem die „Patientenautonomie" als die entscheidenden ethischen Prinzipien des ärztlichen Handelns beschrieben. Ins Zentrum interdisziplinärer Diskussion sind diese vor allem bei den Fragen um die Patientenautonomie, die Grenzen und Möglichkeiten des Genomprojektes und der Fortpflanzungsmedizin geraten. Doch diese Prinzipien wirken auch in der täglichen ärztlichen Praxis und betreffen hier vor allem den Patientenschutz und die Therapiesicherheit bei der Wahl geeigneter diagnostischer und therapeutischer Maßnahmen.

Um auf die problematische Situation bezüglich der Pharmakotherapie von Kindern und Jugendlichen aufmerksam zu machen, hat der amerikanische Pädiater Shirkey bereits vor über 30 Jahren den Begriff der „therapeutischen Waisen" geprägt (Shirkey 1968). Vor diesem Hintergrund soll im folgenden dargestellt werden, inwieweit die Maxime des Patientenschutzes und der Therapiesicherheit in der Pädiatrie Geltung haben oder gar miteinander in Konflikt geraten. Ausgangspunkt der Betrachtung sollen die wissenschaftshistorischen Grundlagen sein, die zur Konzeption einer rationalen Pharmakotherapie aus einem naturwissenschaftlichen Verständnis von Medizin herausgeführt haben. Dabei soll geprüft werden, ob die heute gültigen Konzepte der Arzneimitteltherapie auch in der Pädiatrie Wirkung haben. Schließlich soll ein interdisziplinäres Arbeitsfeld aufgezeigt werden, in dem verschiedene Ansätze dazu dienen, sich dem Konstrukt „Kindheit" zu nähern und dessen unterschiedliche Dimensionen zu analysieren, um so adäquate und rationale Therapiekonzepte und deren Evaluation zu optimieren.

Pharmakotherapie und ihre wissenschaftshistorischen Grundlagen

In den nichtoperativen Fächern der Medizin stellt die Weiter- bzw. Neuentwicklung von Medikamenten einen wichtigen Aspekt zur Optimierung bestehender und zur Etablierung neuer therapeutischer Konzepte dar. Seit den tragischen Arzneimittelzwischenfällen durch die Anwendung von Thalidomit (Contergan-Embryopathie) bei Schwangeren und Chloramphenicol bei Neugeborenen (Grey-baby Syndrom) ist gesetzlich geregelt, dass Arzneimittel zunächst in präklinischen Studien an Zellkulturen und im Tiermodell und dann erst in klinischen Studien mit gesunden Probanden und kleinen Kohorten von Patienten ihre Wirksamkeit, Sicherheit und Qualität unter Beweis stellen müssen, bevor sie in der klinischen Praxis angewendet werden dürfen. Klinische Studien stellen in diesem Zusammenhang ein notwendiges Prozedere zur Erfüllung regulatorischer Vorgaben des Zulassungsverfahrens dar. Innerhalb solcher Studien werden Daten zum Malignitätsrisiko, zur akuten Toxizität aber auch zur Resorption, Metabolisierung und Exkretion erhoben. Ein weiteres wichtiges Ziel sind die Erhebung von Daten zur Dosisfindung sowie zu möglichen Interferenzen der Kinetik neuer Wirkstoffe mit metabolischen Parametern des Organismus (sogenannte PK/PD-Studien). In größer angelegten, meist multizentrischen Studien, stehen die Prüfung der Wirksamkeit und der Verträglichkeit im Vordergrund. Durch klinische Studien wird damit eine valide Datenbasis vor der Anwendung von Medikamenten geschaffen, was letztlich die Grundlage für eine sichere und rationale Pharmakotherapie darstellt. Klinische Studien leisten damit mehr als nur die Erfüllung gesetzlicher Regularien: Indem sie zu einer rationalen, wissenschaftlich validen Pharmakotherapie beitragen, bilden Sie auch eine Grundlage für die „*Evidence Based Medicine*", ein wirkmächtiges Konzept moderner Medizin (Gray 1997), welches dem naturwissenschaftlichen Verständnis von Medizin folgt (Abb. 1). Im Rahmen einer patientenorientierten klinischen Forschung ist es das Ziel der „Evidence Based Medicine", auf dem Boden valider Daten wissenschaftliche Erkenntnisse für den Patienten nutzbar zu machen (Sacket et al. 1996). Die gesellschaftliche Relevanz und die Auswirkungen dieses Konzeptes auf das Gesundheitssystem wird dadurch deutlich, dass in Zukunft von den Kostenträgern nur noch validierte Therapien ersetzt werden sollen.

Vom wissenschaftshistorischen Standpunkt aus folgt dieses Vorgehen einer Tradition, die in der Renaissance mit der Lösung von einem teleologischen Weltbild ihren Anfang nahm. Dieses geht von einer göttlichen Weltordnung, einem sinnvoll geordneten Ganzen aus, in dem Gott die Erste Ursache darstellt. In der scholastischen Medizin stellt die Exegese der Werke mächtiger Autoritäten die Methode „wissenschaftlichen Arbeitens" dar. Praktische Demonstrationen, wie sie beispielsweise im anatomischen Unterricht durch Sektionen ab dem 13. Jahrhundert häufiger belegt sind, galten nicht der Untersuchung der tatsächlichen anatomischen Verhältnisse sondern lediglich dem Beleg der Richtigkeit der bei Galen nachzulesenden Befunde. Dessen anatomisches Werk, das zum Teil auf Analogieschlüssen von den Verhältnissen bei Tieren beruht, galt als absolute Autorität.

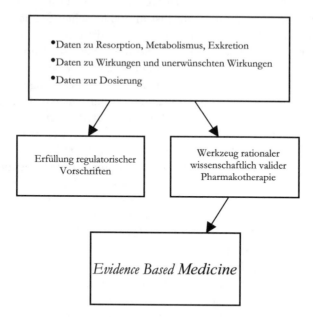

Abb. 1: Funktionen klinischer Prüfungen von Arzneimitteln. Einerseits stellen klinische Prüfungen ein notwendiges Prozedere innerhalb des Zulassungsverfahrens neuer Medikamente dar. Andererseits bilden sie über die Erhebung valider Daten zu Wirksamkeit, Verträglichkeit und dem Stoffwechsel von Medikamenten die Grundlage für eine „*Evidence Based Medicine*".

Ein weiteres Beispiel für die teleologische Grundlage damaligen Denkens ist die sogenannte Signaturenlehre (Abb. 2), welche für die Arzneikunde im Mittelalter und die Behandlung von Krankheiten eine wichtige Rolle spielt (Dillemann 1992). Sie lehrt, dass den Pflanzen im göttlichen Schöpfungsplan Heilkraft gegeben ist und diese durch ein Zeichen, die Signatur, erkennbar wird. So hat etwa die Anordnung der samentragenden Anteile einer Farnart dazu geführt, diese gegen Wurmerkrankungen einzusetzen, und ihm die Bezeichnung Wurmfarn eingebracht. Das Wissen über die Signaturen und die daraus abgeleitete Heilkraft der verschiedenen Pflanzen wurde in Büchern gesammelt und konnte so studiert werden. Insgesamt kann diese Zeit als eine Phase des „Bücherwissens" bezeichnet werden, in der Autoritäten eine mächtige Rolle spielen. Die eigene Beobachtung war nicht Teil des Erkenntnisgewinns, konnte aber zu massiven Konflikten führen. Im schlimmsten Fall kam sie einer Versündigung gegen Gottes Wahrheit gleich und damit der Ketzerei gleich, wie eindrücklich beispielsweise durch Gallileis Inquisitionsprozess belegt werden kann (Redondi 1989).

Abb. 2: „Christus als Apotheker stellt Adam und Eva ein Rezept aus." Miniatur aus: Chants royaux du Puy aus Rouen (aus: Toellner R (Hrsg.) Illustrierte Geschichte der Medizin. Andreas Verlag, Vaduz)

Mit dem Überwinden des scholastischen Lehrgebäudes, in dem die Exegese die führende wissenschaftliche Methode darstellte, wird nun die eigene Beobachtung ein Teil der wissenschaftlichen Erkenntnis. Sehr deutlich wird dieser Wandel bereits in der Äußerung Leonardo da Vincis (Grewenig & Letze 1996): *„Sagst du, die Wissenschaften, die vom Anfang bis zum Ende im Geist bleiben, hätten Wahrheit, so wird dies nicht zugestanden, sondern verneint aus vielen Gründen, und vornehmlich deshalb, weil bei solchem reingeistigen Abhandeln die Erfahrung (oder das Experiment) nicht vorkommt; ohne diese aber gibt sich kein Ding mit Sicherheit zu erkennen."* Im Bereich der Medizin erhält diese Denkweise ihre Anwendung in der klinischen Beobachtung, die wesentlich von Thomas Sydenham vorangetrieben worden ist. Er lehnt das damals für das medizinische Handeln bestimmende Bücherwissen ab und propagiert an dessen Stelle die Beobachtung des Patienten, des klinischen Verlaufs und die exakte Krankheitsbeschreibung. Sein Verständnis von klinischer Tätigkeit artikuliert er folgendermaßen (Hartmann 1991): *„Es ist meine Natur zu denken, wo andere lesen, weniger danach zu fragen, ob die Welt mir zustimmt, als danach, ob ich mit der Wahrheit übereinstimme, die Meinung und das Lob der Menge gering erachtend."* Diese Auffassung ist nicht etwa Ausdruck einer Einzelleistung, sondern steht im Zusammenhang mit den Entwicklungen, die während der Renaissance angestoßen worden sind und im Bereich der Wissenschaften im englischen Empirismus mit seinen Vertretern Locke, Newton und Boyle ihren Niederschlag finden. Die Problematik des Begriffes von „Wahrheit" bezüglich wissenschaftlicher Methoden und Erkenntnisse sollen hier nicht thematisiert werden. Hierzu sei auf die Beiträge relativistischer Wissenschaftskritik von Fleck (1980) und Kuhn (1976) hingewiesen sowie ihre exemplarischen Anwendungsmöglichkeiten im biomedizinischen Kontext (Brochhausen & Brochhausen 2001). Entscheidend ist allerdings, dass im englischen Empirismus eine Grundlage des wissenschaftlichen Arbeitens geschaffen wird, die bis heute für die Naturwissenschaften von Bedeutung ist: nämlich das Aufstellen einer Hypothese, deren Prüfung durch Verifizierung bzw. Falsifizierung im Experiment und die Schlussfolgerung.

Die Überprüfung von Therapiekonzepten mittels klinischer Studien entspricht damit unserem allgemeinen Wissenschaftsverständnis und steht im Einklang mit dessen theoretischer Konzeption. Sie sind Grundlage einer rationalen Therapie, welche dem wissenschaftlichen Verständnis von Medizin folgt. Klinische Studien helfen damit, in einem gewissen Rahmen allgemeingültige Empfehlungen zur Therapie geben zu können und Wirkungen und Nebenwirkungen für den Patienten und den behandelnden Arzt – ebenfalls in gewissen Grenzen – kalkulierbar zu machen. Auf Grund der Ergebnisse von klinischen Studien können auch Empfehlungen für nötige Therapiekontrollen und der zu prüfenden Parameter gemacht werden. Dies gibt dem Therapeuten einen gewissen Handlungsspielraum und gleichzeitig Grenzen vor, welche zu einer Änderung oder zum Absetzen einer Therapie führen. Insgesamt wird damit ein Sicherheitsstandard erreicht, der Risiken und Nutzen einer therapeutischen Intervention abschätzbar macht. Durch nationale und internationale Richtlinien werden für die Planung, Durchführung und Auswertung solcher Studien Vorgaben gemacht, die dazu führen sollen, eine vergleichbare Datenbasis zu ermitteln und einen hohen Qualitätsstandard bei der Datenerhebung, ihrer Auswertung und Interpretation zu gewährleisten. Solche Regelungen sind nötig, da in heutiger Zeit durch die engen Kooperationen von akademischer und industrieller Forschung nicht nur rein wissenschaftliche Interessen bei der Planung solcher Studien eine Rolle spielen.

Wissenschaftliche Maßstäbe und Pharmakotherapie in der Pädiatrie

Der hohe Standard, der durch klinische Prüfungen in der Pharmakotherapie erreicht wird, gilt allerdings nicht uneingeschränkt (Schwab et al. 2000). Bislang werden nämlich klinische Prüfungen fast ausschließlich mit Erwachsenen durchgeführt. Als Folge davon liegen bei ca. 70% – in der neonatologischen Intensivmedizin sogar über 90% – aller verabreichten Medikamente keine wissenschaftlichen Daten zur Indikation, der Dosierung oder der Darreichungsform vor (Conroy et al. 2000). Das bedeutet zwar nicht zwangsläufig, dass all diese Medikamente gefährlich oder kontraindiziert sind, allerdings konnte in einer prospektiven Studie belegt werden, dass durch die Anwendung von Arzneimitteln ohne Daten zur Unbedenklichkeit für Kinder und Jugendliche das Risiko unerwünschter Wirkungen erhöht ist (Turner et al. 1999). Zusätzlich kommen potentiell wirksame Arzneimittel in der Kinderheilkunde sehr spät oder gar nicht zur Anwendung. Dadurch werden neue, verbesserte und potentiell hochwirksame Medikamente Kindern und Jugendlichen vorenthalten. Dieses Defizit wurde bereits vor über 30 Jahren erkannt (Shirkey 1968) und auch in neuerer

Zeit sowohl von der Deutschen Gesellschaft für Kinderheilkunde und Jugendmedizin (Die Kommission für Arzneimittelsicherheit der Deutschen Gesellschaft für Kinderheilkunde und Jugendmedizin 1998) als auch von einer europäischen Expertengruppe für Pädiatrische Klinische Pharmakologie angemahnt (Bonati et al. 1999). Die aktuelle Situation geht mit einer erheblichen Lücke in der Arzneimittelsicherheit einher. Darüber hinaus ist festzustellen, dass der hohe Qualitätsstandard und die Möglichkeit zur Nutzen-Risikoeinschätzung für Erwachsene als Selbstverständlichkeit gefordert werden, diese Maxime allerdings in der Pädiatrie nicht wirksam sind. Aus Sicht der therapeutischen Intervention ist hier weder der Patientenschutz noch die Therapiesicherheit in dem Maße gewährleistet, wie sie in einer hoch professionalisierten Wissenschaftslandschaft anzunehmen sind.

Zur Zeit basiert die Pharmakotherapie in der Pädiatrie in weiten Teilen nicht auf validen Ergebnissen Klinischer Prüfungen, sondern zum Teil auf unkritisch von „Erwachsenenwerten" extrapolierten Daten. Dabei spielen persönliche Erfahrungen, Erfahrungen von Kollegen und deren Empfehlungen eine wichtige Rolle. Diese sind in einer Art „Kochrezeptsammlung" niedergelegt (Seyberth et al. 2002), die für die jeweilige Einrichtung einen gewissen autoritativen Charakter besitzt, da sie schwerlich hinterfragt werden können aber dennoch den Charakter von verbindlichen Therapieempfehlungen haben. Man kann also sagen, dass in der Pädiatrie in weiten Teilen eine „Eminence Based Medicine" herrscht. In diesem Zusammenhang könnten sich vom wissenschaftstheoretischen Standpunkt aus Parallelen zur scholastischen Tradition erkennen lassen. Weite Teile der Arzneimitteltherapie in der Pädiatrie bewegen sich also außerhalb der heute gültigen theoretischen Konzeption, was die Aufstellung mehr oder weniger allgemeingültiger Standardtherapien erschwert und sowohl beim Therapeuten als auch beim Patienten einen Unsicherheitsfaktor beinhaltet.

Gründe für Defizite in der Arzneimittelsicherheit der Pädiatrie

Die Komplexität der Begründung für die aktuelle Situation, welche mit Einbußen der Therapiesicherheit einhergeht, liegt in Ihrer Einfachheit: *Kinder sind keine kleinen Erwachsenen.* Kinder und Jugendliche unterscheiden sich nicht nur quantitativ, sondern vor allem qualitativ von Erwachsenen was ihre Physiologie, Pathophysiologie aber auch ihre Psychologie angeht. Entscheidend hierbei ist, dass diese Unterschiede nicht statisch sind, sondern einer Dynamik innerhalb der kindlichen Entwicklung unterliegen (Seyberth 2001). Man hat sich daher international auf fünf wesentliche Entwicklungsstadien geeinigt, nämlich das Frühgeborenenalter im Stadium vitaler Bedrohung, das Neugeborenenalter (0.-27. Tag) im Stadium der metabolischen Anpassung, das Säuglings- und Kleinkindalter (28. Tag-23. Lebensmonat) mit den Schwerpunkten Proliferation und Differenzierung, das Kindesalter (2.-11. Lebensjahr) in einer Phase des Trainings und Konditionierens sowie schließlich das Adoleszentenalter (12.-18. Lebensalter) mit weitreichenden Umstellungen im Endokrinium und dem

Erreichen der Reproduktivität. Die physiologischen und pathophysiologischen Besonderheiten in den einzelnen Stadien machen es unausweichlich, dass je nach Indikation Therapieschemata adäquat auf diese Bedingungen angepasst werden. Sie sind weiterhin der Grund dafür, dass Daten zur Resorption, Metabolisierung und Exkretion nicht aus Daten von Erwachsenen extrapolierbar sind. Ein weiteres wichtiges Problem ist die Darreichungsform, da Kinder oftmals Tabletten nicht schlucken können und dann orale Suspensionen aus Tabletten oder Infusionslösungen hergestellt werden müssen, wodurch die gesamte Galenik des Medikamentes verändert wird (Breitkreutz et al. 1999). Für die *Compliance*[1] unserer Patienten ist in diesem Zusammenhang auch der Geschmack solcher Suspensionen von großer Bedeutung und führt nicht selten zu Schwierigkeiten in der Herstellung.

Es bleibt allerdings anzumerken, dass auf Grund der enormen Dynamik kindlicher Entwicklung, der Mehrdimensionalität des Begriffes von Kindheit und der großen Zahl verschiedenster Parameter, welche sich unterschiedlich entwickeln, jede Kategorisierung im Sinne von Entwicklungsstadien mehr oder weniger willkürlich ist. Darum muss jeder Versuch der Einteilung in Entwicklungsstadien eine Reduktion auf in der jeweiligen Betrachtung entscheidende Parameter darstellen, woraus deutlich wird, dass es „die Entwicklungsstadien" nicht gibt, sondern jede Einteilung ein Konstrukt und letztlich ein Beweis für die Mehrschichtigkeit und Komplexität kindlicher Entwicklung darstellt.

Ein entscheidender Faktor für die Schwierigkeiten einer auf klinischen Studien basierenden Pharmakotherapie in der Pädiatrie sind die psychologischen Besonderheiten von Kindern. Dies betrifft zum einen die Evaluation von Therapien, wozu entwicklungsgerechte Werkzeuge zur Verfügung stehen müssen. Wichtiger ist allerdings die Tatsache, dass für die Teilnahme bei klinischen Studien, genauso wie bei medizinischen Eingriffen, das Einverständnis des Patienten eingeholt werden muss. Die wesentliche Voraussetzung für die Einwilligung ist die Aufklärung des Patienten über das Wesen und die Tragweite der klinischen Studie sowie über Risiken und Alternativen. Die Voraussetzungen für die Teilnahme an klinischen Prüfungen sind in §40 und §41 des Arzneimittelgesetzes geregelt. Sie sind wesentliche Eckpunkte für den Patientenschutz zur Wahrung der persönlichen Unversehrtheit. In diesem Zusammenhang wird also eine ganz andere Facette des Patientenschutzes angesprochen, nämlich der Schutz des Patienten vor einer Schädigung durch ein diagnostisches oder therapeutisches Eingreifen. Kinder und Jugendliche gelten in der Regel als nicht einwilligungsfähig, wodurch deren Teilnahme an klinischen Studien erheblich erschwert ist. Es wird deutlich, dass Kinder und Jugendliche eine besonders vulnerable und schutzbedürftige Bevölkerungsgruppe darstellen. Andererseits stellt jede Anwendung ungeprüfter Arzneimittel letztlich einen individuellen Heilversuch dar, woraus keine Schlussfolgerungen gezogen werden können und mögliche Schäden nur sehr schwer in Verbindung mit einem Medikament gebracht werden können. Weite Teile der Arzneimitteltherapie in der Pädiatrie kommen einem groß angelegten Feldversuch gleich, allerdings ohne jede Möglichkeit, Ergebnisse zu sammeln, auszuwerten und Konsequenzen für den Patienten zu ziehen. Nimmt man diese

Aspekte zusammen, so erscheint es paradox, dass die Arzneimittelkatastrophen bei Kindern in den 50er und 60er Jahren des 20. Jahrhunderts zu gesetzlichen Regelungen bezüglich des in den Umlauf gebrachten Arzneimittels geführt haben, von denen die leidtragende Bevölkerungsgruppe nicht profitiert, da sie weiterhin zum größten Teil mit nicht geprüften Medikamenten behandelt wird.

Gründe für das Fehlen von klinischen Studien in der Pädiatrie und Lösungsansätze

Das Fehlen klinischer Studien in der Pädiatrie ist multifaktoriell begründet und kann in extrinsische – ohne direkten Zusammenhang mit der Pädiatrie – und intrinsische – direkt aus der Pädiatrie stammende – Ursachen unterteilt werden.

Extrinsische Ursachen
Oben wurde bereits das Problem der Einwilligungsfähigkeit erwähnt, welches auf die unklaren rechtlichen und ethischen Rahmenbedingungen anspielt. In den Vorgaben des Arzneimittelgesetzes und des Medizinproduktgesetzes fehlen klare Regelungen, unter welchen Voraussetzungen und unter welchen Umständen in der Pädiatrie klinische Studien durchgeführt werden können. Durch die Erkenntnis, dass Kinder durch die aktuelle Situation in der Arzneimitteltherapie benachteiligt und sogar gefährdet werden, gelangen diese Regelungen in Widerstreit nicht nur mit verfassungsrechtlichen Vorgaben, wonach auf Grund des Alters oder Geschlechts Gruppen nicht diskriminiert werden dürfen, sondern auch mit völkerrechtlichen Vorgaben, hier der Kinderrechtskonvention, wonach Kindern ein Recht auf Information und das erreichbare Höchstmaß an Gesundheit zusteht. In diesem Zusammenhag ist bereits auf die „Janusköpfigkeit" der Einwilligungsfähigkeit aufmerksam gemacht worden (Rothärmel 1999). Auf internationaler Ebene gibt es bereits Entwicklungen, welche zu klaren Regelungen führen sollen, diese müssen hierzulande diskutiert und umgesetzt werden (Seyberth et al. 2002).

Ein zweiter wesentlicher Hinderungsgrund für die fehlende Durchführung klinischer Studien in der Pädiatrie ist das kleine Marktsegment, welches Arzneimittel für Kinder darstellt. Noch immer wird die Forschung mit Medikamenten und neuen Wirkstoffen hauptsächlich von den Arzneimittelherstellern finanziert. Da diese allerdings nicht einem Versorgungsauftrag folgen, sondern den Prinzipien der Marktwirtschaft und den Belangen ihrer Teilhaber, sind aus deren Perspektive Investitionen in Bereiche mit sehr kleinen Patientenzahlen nicht rentabel. Im Bereich der Pharmakotherapie in der Pädiatrie wird deutlich, wie stark in diesem Bereich ökonomische Sachzwänge die Handlungsgrundlage beeinflussen und wissenschaftliche Notwendigkeiten aushebeln können. Um so wichtiger ist es, dass in der janusköpfigen Beziehung zwischen Industrie und Universität ein Regulativ gefunden wird, welches für kleine Patientengruppen und seltene Erkrankungen die gleiche Chance auf eine „*Evidence Based Medicine*" ermöglichen (Brochhausen et al. 2002). Ein ethisches Konfliktpotential ergibt sich in diesem Zusammenhang, da offensichtlich auf Grund der geringen wirtschaftlichen Rolle, welche die Bevölkerungsgruppe der Kinder und Jugendlichen spielt, ökonomische Maxime stärker wirken als die oben genannten ethischen Prinzipien.

Intrinsische Faktoren
Die Tatsache, dass bisher in der Pädiatrie wenige Studien initiiert wurden, bedingt eine geringe Erfahrung in der Organisation und Durchführung seitens des ärztlichen und pflegerischen Personals an Kinderkliniken. Dies in Zusammenhang mit den Besonderheiten unserer pädiatrischen Patienten hat zu einer gewissen Zurückhaltung bei der Initiierung klinischer Studien geführt. Um diesem Defizit zu begegnen, hat die Deutsche Gesellschaft für Kinderheilkunde und Jugendmedizin bereits reagiert: so wird ausgehend vom Zentrum für Kinderheilkunde der Philipps-Universität Marburg, in Zusammenarbeit mit dem Institut für Klinische Pharmakologie der Universität Tübingen, ein Seminar für Prüfärzte in der Pädiatrie angeboten (Brochhausen et al. 2001), in dem die pharmakologischen und physiologischen Besonderheiten von Kindern und Jugendlichen, die rechtlichen und ethischen Rahmenbedingungen klinischer Studien in der Pädiatrie sowie deren Planung und Durchführung thematisiert werden.

Auch bei der methodischen Planung solcher Studien müssen die Besonderheiten in der Pädiatrie berücksichtigt werden. So sind für analytische Messungen das benötigte Blutvolumen möglichst gering zu halten. Außerdem ergibt sich hier die Herausforderung nach neuen Analysemethoden – z.B. aus Speichel, Urin oder Haaren – zu suchen und deren Etablierung als Routineverfahren. Bei der Evaluation von Wirkungen und Nebenwirkungen sind kindgerechte Evaluationssysteme notwendig, welche den kognitiven Fähigkeiten der unterschiedlichen Entwicklungsstufen gerecht werden.

Auch in diesem Bereich wurde bereits umfangreiche Forschungsarbeit geleistet, so dass heute Mikroanalysen möglich sind, pharmakokinetische Profile von Arzneimitteln und ihren Metaboliten zur Ermittlung von Dosierungen erstellt werden können und neue Evaluationsmethoden für bestimmte Erkrankungen bereits erarbeitet worden sind (Duffy et al. 1997, Kearns et al. 1998, Pons & Rey 1999). Auf der Ebene der klinisch-pharmakologischen Methodik muss auch in Zukunft der innovative Trend beibehalten werden, um so Erkenntnisse aus der Grundlagenforschung für die Optimierung einer rationalen Pharmakotherapie nutzbar zu machen. In diesem Zusammenhang sollten im Hinblick auf die starke Heterogenität von Arzneimittelwirkungen Erkenntnisse aus der Pharmakogenetik in die Pädiatrie Eingang finden (Evans & Relling 1999). Aktuelle Forschungsergebnisse konnten demonstrieren, dass Wirkung und Nebenwirkungen von Medikamenten auch entscheidend von den Arzneimittel abbauenden Enzymen abhängen, die zum Teil einem erheblichen genetischen Polymorphismus unterliegen. Die Beachtung solcher Ergebnisse könnte zu einer Individualisierung der Therapie führen (Rane 2001). Im Hinblick auf die Pädiatrie ist zu beachten, dass einige solcher Enzymsysteme in ihrer Aktivität entwicklungsabhängig sind (Blanco et al. 1999).

Interdisziplinäres Arbeitsfeld für eine adäquate, patientenorientierte Sichtweise

Es wird deutlich, dass multifaktorielle Bedingungen dazu geführt haben, dass Kinder und Jugendliche in der Arzneimitteltherapie deutlich benachteiligt sind, was mit Risiken für diese Bevölkerungsgruppe verknüpft ist. Besondere Brisanz erhält diese Tatsache dadurch, dass grundlegende Konzeptionen zur Gültigkeit wissenschaftlicher Tatsachen sowie wesentliche ethische Prinzipien für diesen Teil der Bevölkerung nur in eingeschränktem Ausmaß Gültigkeit besitzen. Betrachtet man diese beiden Komponenten als wesentliche gesellschaftliche Übereinkommen, tritt die gesellschaftliche Randstellung von Kindern und Jugendlichen drastisch zu Tage. Die Tradition dieser Situation führt Grete Lillehammer (in diesem Band) vor Augen. Praktische Auswirkungen werden durch die schwierige Finanzierbarkeit von Projekten zur Verbesserung dieser Situation deutlich, wie sie nicht nur in der Kinderheilkunde (Seyberth et al. 2002), sondern auch in der Archäologie (Lillehammer 2000) leider noch an der Tagesordnung ist. Für die Randstellung von Kindern in unserer Gesellschaft könnte auch die hohe Kinderlosigkeit eine Rolle spielen. In diesem Zusammenhang hat Winfried Henke (in diesem Band) kritisch überprüft, ob der anhaltende Trend zu einer immer größeren Kindesferne führt, und eine kinderfreundlichere Gesellschaft gefordert.

Die oben gemachten Ausführungen machen die Vielschichtigkeit von Kindheit deutlich und damit die Komplexität, wie im Sinne einer patientenorientierten Handlungsweise Verbesserungen herbeigeführt werden können. Hier scheint die Betrachtung von „Kindheit" als Konstrukt, welches soziohistorischen Wandlungen unterworfen ist, hilfreich zu sein. Ein Ausgangspunkt der Erforschung von Kindheit im historischen Kontext stellt Ariès' „Geschichte der Kindheit" dar (Ariès 1978), der verdeutlicht, dass „Kindheit" eine kulturell und historisch spezifische Vorstellung ist. Die kulturelle Abhängigkeit des Kindheitsbegriffes und seiner gesellschaftlichen Konsequenzen wird in diesem Band durch den Beitrag von Werner Egli verdeutlicht. Aktuelle Untersuchungen versuchen, dieses Konstrukt weiter zu hinterfragen und dabei dessen Funktionsweise aufzuspüren (Honig 1999). Für Fragestellungen aller Disziplinen, welche sich mit Kindern und Jugendlichen auseinandersetzen, erscheinen solche übergeordneten Analysen hilfreich, da diese die tragenden Säulen unserer Vorstellung von Kindheit und die Frage nach deren Austauschbarkeit und gegebenenfalls Unüberwindbarkeit beleuchten. Sie machen weiterhin deutlich, dass jede dieser unterschiedlichen Annäherungen in ihren Betrachtungen und Fragestellungen eine notwendige Reduktion eingehen. Darüber allerdings führen sie die Notwendigkeit des interdisziplinären Austausches vor Augen, um ein umfassendes Verständnis zu erlangen, wenn dies überhaupt möglich ist. Die entscheidende Erkenntnis einer solchen Dekonstruktion von Kindheit ist die Einsicht der Wandelbarkeit des jeweiligen Konstrukts. Dies hat unmittelbar praktische Konsequenzen, wenn Maxime aus einer wissenschaftlichen Disziplin mit denen einer anderen in Konflikt geraten, diese nicht gelöst werden und dadurch Kinder benachteiligt werden, wie am Beispiel der Pädiatrie verdeutlicht werden konnte. Der Austausch der Disziplinen und ihrer unterschiedlichen Ansätze kann aber auch dazu dienlich sein, Konflikte um unterschiedliche Kompetenzen aufzubrechen, da die jeweilige eingeschränkte Sicht deutlich wird. Ein solcher Ansatz führt vor Augen, in welchem Umfang Konstrukte einzelner Disziplinen nicht überwunden werden können, da jede Disziplin nur innerhalb ihrer paradigmatischen Grenzen erklärungs- und handlungsfähig ist (Kuhn 1976).

Dies kann am Entwicklungsbegriff, der bei uns eine tragende Komponente des Kindheitsverständnisses darstellt, verdeutlicht werden: die historische Untersuchung von Ariès (1978) und die „Konstruktanalyse" von Honig (1999) machen deutlich, dass selbst der Entwicklungsgedanke und seine Bedeutung für das Kindheitsverständnis abhängig von seinem historischen, kulturellen und sozialen Kontext ist. So ist die Auffassung, dass sich der Wandel vom Kind zum Erwachsen in einem Entwicklungsprozess vollzieht, ein Gedanke, welcher in der Renaissance seinen Anfang nahm. In diesem Zusammenhang sind wissenschaftstheoretische Überlegungen zur Funktionsweise dieses Konstruktes von Bedeutung. Auf der Seite anwendungsorientierter Forschung sind die unterschiedlichen Facetten von Entwicklung bemerkenswert. Dies wir im physiologischen Bereich in den unterschiedlichsten Zeitabhängigkeiten der Veränderung physiologischer Parameter deutlich, die zum einen Wachstum und Differenzierung des Organismus bedingen, zum anderen aber auch den Funktionsstoffwechsel beeinflussen. Dazu kommen zeitliche Abhängigkeiten in pathophysiologischen Prozessen, in dem der kindliche Körper zum einen unterschiedliche Reaktionen auf verschiedene Noxen zeigt oder spezifische pathophysiologische Prozesse aufweist. Im psychologischen Bereich wird dies in der kognitiven und emotionalen Entwicklung deutlich, die ursprünglich von einem für alle Instanzen gleichphasigen, stadienhaften Verlauf ausging, was heute kritisch hinterfragt wird (Spangler 2002). In diesem Bereich kommen methodische Neuerungen hinzu, die es ermöglichen nach dem kindlichen Selbstverständnis und der kindlichen Selbsteinschätzung zu fragen. Nimmt man all diese Aspekte zusammen, so wird veranschaulicht, warum es im Bereich der Rechtswissenschaften, welche unter anderem die rechtliche Situation und gesellschaftliche Handlungsfähigkeit regeln, schwer fällt, diesen ständigen Wandel mit zu vollziehen. Ähnliches gilt für den Bereich der Bioethik, der selbst ein interdisziplinäres Arbeitsfeld darstellt. Die verschiedensten Einflüsse auf den pädiatrischen Patienten und seine Situation sind in Abb. 3 dargestellt.

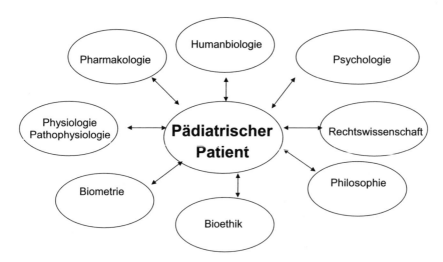

Abb. 3: Interdisziplinäres Arbeitsfeld, welches den pädiatrischen Patienten in den Mittelpunkt der Betrachtung stellt, um so den unterschiedlichen Dimensionen von Kindheit gerecht zu werden und adäquate Mittel für klinische Forschung in der Pädiatrie sicherzustellen. Der interdisziplinäre Austausch sollte die Diskussion und gegebenenfalls flexible Anpassung geänderter Sichtweisen ermöglichen.

Die Integration von Kindern in die Gesellschaft zu verbessern und das Konstrukt „Kindheit" weiter zu hinterfragen, könnte Aufgabe eines dauerhaften interdisziplinären Diskurses sein, mit dem Ziel, die verschiedensten Aspekte zusammenzuführen und in einem zeitnahem Austausch Ansätze zu etablieren, welche dazu führen, die Situation von gesunden und kranken Kindern zu verbessern. Ein interdisziplinärer Arbeitskreis könnte ein Forum darstellen, welches sich mit der Verzahnung unterschiedlicher Forschungsrichtungen zu Kindern und Jugendlichen ebenso beschäftigt wie mit der Konstruktanalyse dieser unterschiedlichen Forschungsansätze. Damit würden Kinder und der Kindheitsbegriff ins Zentrum wissenschaftlicher Bemühungen gestellt, wodurch zumindest auf wissenschaftlicher Ebene Integrationsarbeit geleistet werden würde.

Zusammenfassung

Kinder werden im Bereich der Gesundheitsversorgung gegenüber Erwachsenen benachteiligt. Dies macht sich vor allem im Bereich der Arzneimitteltherapie durch eine erhebliche Lücke der Arzneimittelsicherheit bemerkbar. In den folgenden Überlegungen soll geprüft werden, in wie weit diese Situation mit ethischen Prinzipien in Konflikt gerät. Bei der Ursachenprüfung soll ausgehend von den wissenschaftshistorischen Entwicklungen die Gültigkeit grundlegender Konzepte in der Pädiatrie kritisch überprüft werden. Hierbei wird deutlich, dass aufgrund der Multidimensionalität von Kindheit die Maxime unterschiedlicher Disziplinen Lösungsansätze behindern. Ein interdisziplinärer Arbeitskreis könnte die unterschiedlichen Ansätze und deren Zusammenwirken analysieren und so das multidimensionale Konstrukt „Kindheit" greifbar und für neue Möglichkeiten anwendungsorientierter Forschung zugänglich machen.

Literatur

Ariès P (1978) Geschichte der Kindheit. Deutscher Taschenbuchverlag, München

Beauchamp TL, Childress JF (1977) Principles of biomedical ethics. First edition. Oxford University Press, New York, Oxford.

Blanco JG, Harrison PL, Evans WE, Relling MV (1999) Human Cytochrom P450 Maximal activities in pediatric versus adult liver. Drug Metabolism and Distribution 28: 379-382.

Bonati M, Choonara I, Hoppu K, Pons G, Seyberth H (1999) Closing the gap in drug therapy. The Lancet 353:1625.

Breitkreutz J, Wessel T, Boos J (1999) Dosage form for oral drug administration to children. Paediatric and Perinatal Drug Therapy 3: 25-33.

Brochhausen C, Brochhausen M (2001) Relativistische Wissenschaftskritik als epistemologischer Ansatz in der historischen Epidemiologie. Interdisziplinäre Quellenkritik zum Krankheitsbild der Appendizitis. In: Kemkes-Grottenthaler A, Henke W (Hrsg) Pein und Plagen. Edition Archaea, Gelsenkirchen/Schwelm, 59-72.

Brochhausen C, Reinalter S, Seyberth HW (2002) Externe Auftragsforschung – eine janusköpige Beziehung zwischen Industrie und Universität. Posterpräsentation. Jahrestagung der Arbeitsgemeinschaft für angewandte Humanpharmakologie (AGAH) e.V., Garmisch-Partenkirchen.

Brochhausen C, Schwab M, Gleiter C, Seyberth HW (2001) Perspectives to optimise drug therapy in children in Germany. Paediatric and Perinatal Drug Therapy 4: 121-123.

Conroy S, Choonara I, Impicciatore P, Mohn A, Arnell H, Rane A, Knoeppel C, Seyberth H, Pandolfini C, Raffaelli MP, Rocchi F, Bonati M, Jong G, de Hoog M, van den Anker J (2000) Survey of unlicensed and off label drug use in paediatric wards in European countries. European Network for Drug Investigation in Children. British Medical Journal 320:79-82.

Die Kommission für Arzneimittelsicherheit der Deutschen Gesellschaft für Kinderheilkunde und Jugendmedizin (1998) Memorandum. Monatsschrift Kinderheilkunde 147:155.

Dillemann G (1992) Die Französische Pharmazie vom 3. Jahrhundert bis zur Gegenwart. In: Töllner R. (Hrsg.) Illustrierte Geschichte der Medizin. Andreas Verlag, Vaduz, S 1669-1723.

Duffy CM, Watanabe Duffy K (1997) Health assessment in the rheumatic diseases of childhood. Current Opinion in Rheumatology 9: 440-447

Eckart WU (1994) Geschichte der Medizin. Springer, Berlin, Heidelberg, New York, S 110-111.

Evans WE, Relling MV (1999) Pharmacogenomics: Translating functional genomics into rational therapeutics. Science 286: 487-791

Fleck L (1980) Entstehung und Entwicklung einer wissenschaftlichen Tatsache. Suhrkamp Verlag, Frankfurt am Main.
Gray JAM (1997) Evidence based healthcare. Churchill Livingston, New York, Edinburgh, London.
Hartmann F (1991) Thomas Sydenham. In: v Engelhardt D, Hartmann F (Hrsg.) Klassiker der Medizin I. Verlag C.H. Beck, München, S 154-172.
Honig M-S (1999) Entwurf einer Theorie der Kindheit. Suhrkamp Verlag, Frankfurt am Main
Kearns GL, van den Anker JN, Reed MD, Blumer JL (1998) Pharmacocinetics of metoclopramide in neonates. Journal of Clinical Pharmacology 38: 122-128
Kuhn TS (1976) Die Struktur wissenschaftlicher Revolutionen. Suhrkamp Verlag, Frankfurt am Main.
Leonardo da Vinci, Das Buch von der Malerei, 1. In: Grewenig MM, Letze O (1996) Leonardo da Vinci, Wissenschaftler, Erfinder, Künstler. Verlag Gerd Hatjen, Ostfildern-Ruit, S 85.
Lillehammer G (2000) The world of children. In: Derevenski JS (Hrsg.) Children and material culture. Routledge London, New York, S 17-26.
National Commission for the Protection of Human Subjects of Biomedical Research. (1978) The Belmont Report. Washington D.C. DHEW Publication no. OS 78-0012.
Pons G, Rey E (1999) Stable isotopes labeling of drugs in pediatric clinical pharmacology. Pediatrics 104: 633-639
Rane A (2001) Mapping of the human genome is only the beginning. The next big step is the development of pharmacogenetics. Lakartidningen 98: 3502-3504
Redondi P (1989) Galilei der Ketzer. Verlag C.H. Beck, München.
Rothärmel S (1999) Die Einwilligungsfähigkeit – ein janusköpfiges Institut. In: Fegert JM, Häßler S, Rothärmel S. (Hrsg.) Atypische Neuroleptika in der Jugendpsychiatrie. Schattauer, Stuttgart New York, S 33-45.
Sacket DL, Rosenberg WMC, Gray JA (1996) Evidence based medicine: What it is and what it isn't. British Medical Journal 312: 71-72.
Schwab M, Gleiter CH, Brochhausen C, Seyberth HW (2000) Arzneimittel in der Pädiatrie verbessern. Deutsches Ärzteblatt 97:1877-1880.
Seyberth HW (2001) Pharmakotherapie. In: Speer CP, Gahr M (Hrsg.) Pädiatrie. Springer, Berlin, Heidelberg, New York, S 1045-1054.
Seyberth HW, Brochhausen C, Kurz R (2002) Probleme der pädiatrischen Pharmakotherapie und deren internationale Lösungsansätze. Monatsschrift Kinderheilkunde 150: 218-225.
Shirkey H (1968) Therapeutic orphans. Journal of Pediatrics 72: 119-120.
Spangler G (2002) Einwilligung bei Kindern aus der Sicht der kognitiven Entwicklung. In: Brochhausen C, Seyberth HW (Hrsg.) Kinder in klinischen Grenzen medizinischer Machbarkeit. Lit-Verlag, Münster (im Druck).
Steinmann K (1996) Hippokrates, der Eid des Arztes. Insel-Verlag, Frankfurt am Main, Leipzig.
Turner S, Nunn AJ, Fielding K, Choonara I (1999) Adverse drug reactions to unlicensed and off-label drugs in paediatric wards: a prospective study. Acta Paediatrica 88:965-968.

---

1   „zuverlässige Mitarbeit"

Bewegungsanalyse von Alltagssituationen – Erfolgsrate und Bewegungsmuster bei der Handhabung von Verschlüssen im Kleinkind- und Vorschulalter

C. Scheffler & V. Noth

Kleinkinder und besonders auch Vorschulkinder werden im Alltag ständig mit der Handhabung verschiedenster Verschlüsse der Bekleidung oder anderer Gegenstände konfrontiert. Dabei handelt es sich um zwei Gruppen von Verschlüssen. Zum einen gibt es Verschlüsse, die Kinder potentiell öffnen dürfen und/oder sollen wie z.B. an der Bekleidung. Andererseits gibt es aber auch Verschlüsse, deren selbständige Handhabung verhindert werden soll, zu dieser Gruppe gehören alle Sicherheitsverschlüsse wie an Auto- und Fahrradkindersitzen.

Derzeit gibt es nur wenige wissenschaftlich fundierte Untersuchungen darüber, in welchem Alter Kinder welche Verschlüsse erfolgreich handhaben können und welche Bewegungsmuster sie dabei anwenden. Der Erfolg und die Art und Weise der Handhabung von Verschlüssen ist Ergebnis der Wechselwirkung von motorischer Entwicklung und kognitiver Entwicklung eines Kindes sowie des jeweiligen Trainingszustandes des Kindes. Motorische Entwicklung im Kleinkind- und Vorschulalter ist eng mit dem funktionellen biologischen Reifungszustandes der neuronalen Systeme für die unwillkürliche und willkürliche Bewegung verbunden. Sie verläuft in einer bestimmten Reihenfolge vom Einfachen zum Komplexen, vom Isoliertem zum Kombinierten sowie vom Globalen zum Speziellen. Die Reihenfolge ist zwar determiniert, es gibt jedoch individuelle Unterschiede im Tempo der motorischen Entwicklung. Besonders im frühen Kindesalter variiert diese sehr stark. Die Veränderungen im Verlauf der Entwicklung sind durch die Zunahme an inhibitorischer Kontrolle erkennbar, die sich durch Selektivität (Unterdrückung von Massenbewegungen) kennzeichnet und dem Individuum somit präzisere Einzelbewegungen ermöglicht. Die Zunahme an motorischen Variations-möglichkeiten sowie der Anstieg der Graduierungen der Bewegungen in Kraft und Ausmaß sind ebenfalls Indizien motorischer Entwicklung des Menschen (Kaufmann 1993). Außerdem folgt die motorische Entwicklung dem Prinzip der cephalo-caudalen Entwicklungsrichtung und verläuft demnach vom Kopf über den Rumpf zu den Armen und Beinen (Steinebach 2000). Demzufolge entwickeln sich die Fähigkeiten feinmotorischer Bewegungen im Bereich der Finger, wie sie gerade für die erfolgreiche Benutzung von Verschlüssen Voraussetzung sind, im Vergleich zu anderen motorischen Fähigkeiten etwas verzögert.

Das soziale Umfeld eines Kindes hat neben seinem biologischen Entwicklungsstand gerade auf die Entwicklung motorischer und kognitiver Fähigkeiten einen hohen Einfluss. Nachahme-, Probier- und Trainingssituationen fördern die kognitive und motorische Entwicklung im Kleinkind- und Vorschulalter erheblich, zumal das Verständnis für Funktionsweise von Dingen und damit die Sinnhaftigkeit erfolgreicher motorischer Bewegungen wie sie zum Handhaben von Verschlüssen benötigt werden, durch ein Vormachen und anschließendes Nachahmen von Bewegungen erleichtert werden kann.

Praktische Relevanz bekommen derartige Untersuchungen, wenn gerade unter dem Sicherheitsaspekt eine erfolgreiche Handhabung von Alltagsgegenständen, in diesem Fall Verschlüssen, entweder notwendig wird oder verhindert werden soll.

Stichprobe und Methodik

Daten zu vorliegender Querschnittstudie sind im Frühjahr 2001 in vier zufällig ausgesuchten Kindertagesstätten aus dem Potsdamer Stadtgebiet erhoben worden, diese Auswahl lässt keine sozialabhängigen Aussagen zu. Allerdings ist keine Kindertagesstätte aus einem sozial besonders benachteiligtem Wohngebiet einbezogen worden. Es sind 136 Kinder (72 Jungen/64 Mädchen) im Alter von 2,5 bis 6,5 Jahren untersucht worden. Die Altersgruppierung erfolgte nach Martin, das heißt z.B. zur Gruppe der 3-jährigen werden alle Kinder gezählt, die bis zu einem halben Jahr vor bzw. bis zu einem halben Jahr nach ihrem 3. Geburtstag untersucht werden. Das Geschlechterverhältnis entspricht ungefähr dem im Jahr 2001 in der Bundesrepublik Deutschland lebenden Kindern im Alter von 0 – 6 Jahren von 100 Mädchen und 105,4 Jungen (Statistisches Bundesamt). Von den untersuchten Kindern sind 23 % der Kinder 6 Jahre alt, jeweils 30 % 5 und 4 Jahre alt und 17 % sind 3jährige Kinder. Von 8 Körpermaßen, die entsprechend der standardisierten Meßmethoden (Knußmann 1996) anthropometrisch ermittelt wurden, sind allerdings nur die Körperhöhe, die Körpermasse und die Stammlänge für den hier vorgestellten Teil der Studie von Interesse (Tab. 1).

Tab. 1: Überblick über die anthropometrische Messmethodik

	Körpermasse (KM)	**Körperhöhe (KPH)**	**Stammlänge (STL)**
Messinstrument	Geeichte Waage	Anthropometer	Anthropometer
Messstrecke		Vertikale Entfernung von der Standfläche zum höchsten Punkt des Scheitels in der Medianebene (Vertex)	Vertikale Entfernung von der Sitzfläche zum höchsten Punkt des Scheitels in der Medianebene (Vertex)
Messmethode	Messung des nahezu unbekleideten Probanden	Proband steht in Grundhaltung: Messung von hinten	Proband sitzt in Grundhaltung: Messung von hinten

Unter Verwendung des gebildeten Body-Mass-Index (BMI = Körperhöhe / Körpermasse ^{2}) wird mit Hilfe einer vergleichbaren Stichprobe geprüft, ob die untersuchten Kinder körperlich normal entwickelt sind. Der zweite gebildete Index ist der Skelische Index (SKI = projektivische Beinlänge x 100 / Stammlänge). Die projektivische Beinlänge wird aus der Differenz der Körperhöhe und der Stammlänge ermittelt. Mit dem Skelischen Index wird die Körperproportion über das Verhältnis von Beinlänge zu Stammlänge beschrieben. Da sich dieses Verhältnis von Beinlänge und Stammlänge zueinander vom Neugeborenen zum Erwachsenen zugunsten der Beinlänge gravierend ändert, kann über diese Proportion das Proportionsalter als eine Möglichkeit der Bestimmung des biologischen Alters ermittelt werden. Je älter ein Kind ist, desto länger sind im Verhältnis zur Körperhöhe seine Beine, das heißt desto höher ist der Index.

Jedes Kind ist bei der Handhabung von zehn definierten Alltagsverschlüssen mit einer Videokamera gefilmt worden. Die Videoaufnahmen wurden analysiert und die individuelle Handhabung der Verschlüsse entsprechenden Klassifizierungsmustern zugeordnet.

Die geprüften Verschlussarten stammen aus dem alltäglichem Umfeld der Kinder und sind für die Untersuchungen als Testbatterie angefertigt worden. Sie sind mittels zweier jeweils zu öffnender und zu verschließender Stoffhälften auf Holzbrettern fixiert worden, dabei ermöglichte die Befestigung eine der Praxis entsprechende Handhabung der Verschlüsse. Es handelt sich um folgende Verschlüsse (die in nachfolgenden Abbildungen und Tabellen verwendeten Abkürzungen sind jeweils in Klammern angefügt):

- Großer aushakbarer Reißverschluss (AR)
- Kleiner Reißverschluss (nicht aushakbar) (KR)
- Große Knöpfe (Ø 20 mm) (GK)
- Kleine Knöpfe (Ø 14 mm) (KK)
- Große Druckknöpfe (Ø 20 mm) (GD)
- Kleine Druckknöpfe (Ø 10 mm) (KD)
- Sicherheitsverschluss (50x25 mm, Prinzip vom Fahrradhelmverschluss) (SV)
- Schnürband (4 Lochpaare)

Für alle Verschlüsse gab es unabhängig vom Alter der untersuchten Kinder nach Vorlage der einzelnen Bestandteile der Testbatterie die Aufgabenstellung den jeweiligen Verschluss zu öffnen und dann wieder zu schließen. Eine Ausnahme bildet hier das Schnürband. Kinder der jüngeren Altersgruppen sollten nur die Schleife (Soe) und den Knoten Öffnen (Koe) und jeweils wieder Knoten (KM) und Binden (SM), die 5- und 6-jährigen sollten zusätzlich noch das Schürband einfädeln (EF). Weiterhin wurde auch das Aufsetzen und Verschließen bzw. Öffnen eines Fahrradhelmes (FH) und das Umbinden eines Gürtels (GU) analysiert.

Ergebnisse

Die vorliegenden Ergebnisse sind repräsentativ, da die untersuchten Kinder anhand ihres BMI als normal entwickelte Kinder einzuordnen sind. Der Vergleich des BMI von Kindern der untersuchten Stichprobe zeigt keine wesentlichen Abweichungen zum BMI von Kindern einer vergleichbaren größeren Querschnittsstudie (Greil 1997) (Tab. 2).

Tab. 2: Perzentilwert (P50) für den Body-Mass-Index (BMI) von Jungen und Mädchen im Alter von 3-6 Jahren (nach Martin)

Alter	Jungen (1996) P50 (kg/m²)	Jungen (2001) P50 (kg/m²)	Mädchen (1996) P50 (kg/m²)	Mädchen (2001) P50 (kg/m²)
3	16,1	16,3	15,8	15,7
4	15,8	16	15,7	15,6
5	15,5	15,2	15,5	15,4
6	15,5	15,5	15,5	15,5

Zur Beurteilung des biologischen Alters der Kinder wurden anhand des Skelischen Index der Kinder aller Altersgruppen 3 Perzentilgruppen gebildet, denen die Kinder aufgrund ihres individuellen Perzentilwertes vom Skelischen Index zugeordnet wurden:

Perzentilgruppe 1 (SKIg1): < P20
Perzentilgruppe 2 (SKIg2): ≥ P20 und ≤ P80
Perzentilgruppe 3 (SKIg3): > P80

Die Kinder, die sich in der ersten Gruppe des skelischen Index (SKIg1) befinden, sind die relativ kurzbeinigen und gehören somit nach dem Proportionsalter zur jüngsten Gruppe, gefolgt von der mittleren Gruppe (SKIg2), die im Verhältnis zur Körperhöhe langbeiniger und damit biologisch älter sind. Die Kinder, die sich in der dritten Perzentilgruppe befinden (SKIg3), sind die relativ langbeinigsten und somit biologisch ältesten Kinder dieser Studie.

Die meisten der dreijährigen Kinder (57%) befinden sich in der ersten Gruppe (SKIg1), die größte Anzahl der sechsjährigen Kinder (55%) in der dritten Gruppe (SKIg3) und die vier- und fünfjährigen Kinder finden sich überwiegend in der zweiten Gruppe wieder (SKIg2).

In der biologisch jüngsten Gruppe gibt es keine sechsjährigen Kinder, während ein kleiner Anteil dreijähriger in der Gruppe der nach dem Proportionsalter ältesten Kinder vertreten ist. Die meisten vier- und fünfjährigen Kinder sind in der mittleren Gruppe zu finden (Tab. 3).

Tab. 3: Prozentualer Anteil der 3- bis 6-jährigen Kinder innerhalb der Perzentilgruppen des Skelischen Index

Alter	SKIg1	SKIg2	SKIg3
3 Jahre	56,52	39,13	4,35
4 Jahre	29,27	63,41	7,32
5 Jahre	4,88	80,49	14,63
6 Jahre	0	45,16	54,84

Im Geschlechtervergleich zeigt sich, dass der Anteil der Jungen in der biologisch jüngsten Gruppe (SKIg1) mit 70 % deutlich höher liegt, als der der Mädchen mit 30 %. In den Gruppen SKIg2 und SKIg3 ist der Anteil an Jungen und Mädchen fast ausgeglichen. Es gibt aber in diesen beiden Gruppen etwas mehr Mädchen (51% bzw. 52%) als Jungen (49% bzw. 48%). Entsprechend der Verteilung zeigt sich, dass die Mädchen biologisch weiter entwickelt sind als die Jungen.

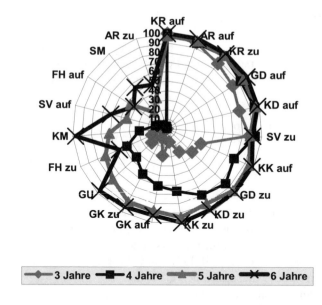

Abb. 1: Erfolgsrate bei der Handhabung der Verschlüsse in Abhängigkeit vom kalendarischen Alter

In Abbildung 1 sind die erfolgreich durchgeführten Aktionen der einzelnen Verschlüsse in den Altersgruppen des kalendarischen Alters nach Erfolgsrate sortiert. Es lassen sich folgende Ergebnisse ableiten:

- Das Öffnen des großen Reißverschlusses, des kleinen Reißverschlusses, der großen und kleinen Druckknöpfe sowie das Schließen des Sicherheitsverschlusses sind die in allen Altersgruppen am erfolgreichsten durchgeführten Aktionen. Der Erfolgsanteil variiert um bis zu 15 % zwischen den sechsjährigen, die bei allen Verschlüssen prozentual am erfolgreichsten sind und den dreijährigen, die bei allen Aktionen den geringsten Erfolg hatten.
- Das Öffnen der kleinen Knöpfe sowie das Schließen des großen und kleinen Druckknopfes gelingt den älteren Kindern (4-6 Jahre) gut (Erfolgsrate fast 80-90%), während der Anteil der dreijährigen Kinder bei der erfolgreichen Durchführung dieser Aktion unter 50% liegt.
- Das Schließen des kleinen Knopfes, das Öffnen und Schließen des großen Knopfes, das Umschnallen des Gürtels, das Aufsetzen und Schließen des Fahrradhelms sowie das Knotenbinden wird mit zunehmenden Alter immer erfolgreicher realisiert. Bei den dreijährigen Kinder gelingt das erfolgreiche Durchführen dieser Aktionen erst weniger als 29% der Kinder. Kein dreijähriges Kind kann erfolgreich den Knoten binden. Bei diesen Aktionen sind aber schon 29 bis 67% der vierjährigen Kinder, knapp über 60% (und mehr) der fünfjährigen Kinder und bei den sechsjährigen Kindern je nach Aktion immerhin 55% bis 100% erfolgreich. Die Differenz zwischen dreijährigen und sechsjährigen Kindern ist bei diesen Aktionen, abgesehen vom Schließen des Fahrradhelmes sehr hoch (60% und mehr).

Mit Ausnahme des Öffnens des Sicherheitsverschlusses und des Schleifebindens, das von über 50% der sechsjährigen Kinder erfolgreich realisiert wird, werden die Aktionen Fahrradhelm öffnen und großen Reißverschluss schließen in jeder Altersgruppe von weniger als der Hälfte der Kinder erfolgreich durchgeführt. Die Dreijährigen sind bei diesen Aktionen bis auf das Öffnen des Fahrradhelmes, das von nur 4% der dreijährigen Kindern erfolgreich ausgeführt wird, erfolglos. Die Vierjährigen können die Schleife nicht binden, dafür gelingen 2,5% bis 12% dieser Kinder die weiteren Aktionen (SV auf, FH auf, AR zu). Der Anteil der fünfjährigen Kinder liegt beim erfolgreichen Ausführen dieser Aktionen noch bei 22% bis 46% und steigt bei den sechsjährigen auf 42-48 % (Ausnahme: Öffnen des Sicherheitsverschlusses auf 62% und Schleife Binden auf 55%).

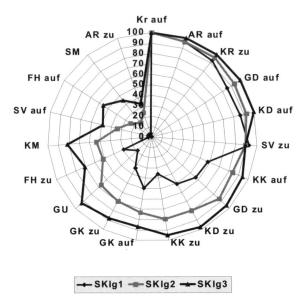

Abb. 2: Erfolgsrate bei der Handhabung der Verschlüsse in Abhängigkeit vom Proportionsalter

Ein Vergleich der Erfolgsraten in Abhängigkeit vom kalendarischen und biologischen Alter ist nicht individuell möglich, sondern über einen Gruppenvergleich. Die kalendarisch jüngsten Kinder (3 Jahre) werden mit der SKI-Gruppe 1, den biologisch jüngsten, verglichen, die Vier- und Fünfjährigen der SKI-Gruppe 2 und die ältesten Kinder mit der SKI-Gruppe 3. Da wie oben beschrieben kalendarisches Alter nicht dem Proportionsalter entspricht, sind innerhalb der Gruppen unterschiedliche Kinder vertreten. Interessant ist, dass die Reihenfolge der Verschlussaktionen hinsichtlich der erfolgreichen Handhabung identisch ist. Unterschiede lassen sich jedoch im prozentualen Anteil der Kinder, die die einzelnen Verschlüsse erfolgreich bedienen können, erkennen. Die dreijährigen Kinder sind in der Durchführung der Aktionen an den Verschlüssen schlechter als/genau so gut wie die Kinder der SKI-Gruppe 1, die vierjährigen Kinder sind ebenfalls schlechter als/genau so gut wie die Kinder der SKI-Gruppe 2, die fünfjährigen Kinder besser als/genau so gut wie die Kinder der SKI-Gruppe 2 und die sechsjährigen, abgesehen von der Bedienung des Fahrradhelmverschlusses, besser als/genau so gut wie die Kinder der SKI-Gruppe 3.

Es gibt auch Unterschiede zwischen dem erfolgreichen Öffnen und Schließen der jeweiligen Verschlüsse. Die Verschlüsse, die von fast allen Kindern erfolgreich geöffnet wurden, sind von einem geringerem Anteil der Kinder wieder verschlossen worden. Besonders auffällig ist dieses Ergebnis beim großen Reißverschluss.

Der Erfolgsanteil beim Öffnen der einzelnen Verschlüsse ist generell höher als beim Schließen. Die Differenz zwischem erfolgreichen Öffnen und erfolgreichem Schließen der einzelnen Verschlüsse ist bei den biologisch jüngeren Kindern höher als bei den älteren Kindern. Besonders groß ist sie beim Öffnen und Schließen der beiden Knopfarten und beim Fahrradhelmverschluss.

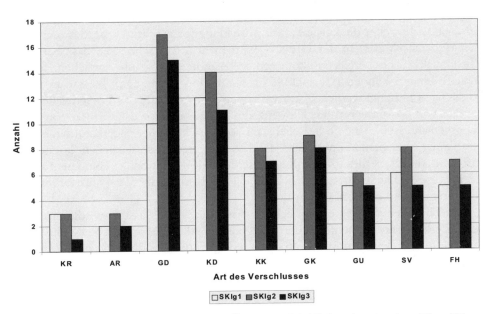

Abb. 3: Anzahl der Bewegungsmuster beim Öffnen und Schließen der einzelnen Verschlüsse

In Abbildung 3 sind für den jeweiligen Verschluss die verschiedenen Bewegungsmuster von Öffnen und Schließen addiert und nach Proportionsaltersgruppen sortiert worden. Das Knoten und Binden der Schleife sowie das Einfädeln des Schnürsenkel sind hier nicht aufgenommen worden, da für die Kinder der biologisch jüngsten Gruppe der Erfolgstest dieser Verschlüsse negativ war. Auf die einzelnen klassifizierten Bewegungsmuster soll an dieser Stelle aus Platzgründen nicht eingegangen werden. Es wird aber deutlich, dass die biologisch jüngsten (SKI-Gruppe 1) und die biologisch ältesten (SKI-Gruppe 3) Kinder bei allen untersuchten Verschlüssen die geringste Vielfalt der Bewegungsmuster haben. Die größte Variabilität der Bewegungsmuster findet sich bei der mittleren Altersgruppe. Ein Vergleich der Verschlüsse zeigt aber auch, das bei einzelnen Verschlußarten eine höhere Variabilität der Bewegungsmuster vorhanden ist. Hierzu zählen die großen und die kleinen Druckknöpfe. Bei den Reißverschlüsse tritt dagegen insgesamt eine geringere Variabilität der Bewegungsmuster auf.

Diskussion

Aus den Ergebnissen der Handhabung der Verschlüsse zeigt sich der Zusammenhang zwischen dem körperlichen Entwicklungsstand bzw. Proportionsalter und der Erfolgsrate. Je weiter die körperliche Entwicklung fortgeschritten ist, desto erfolgreicher sind die Kinder. In der Literatur wird mehrfach beschrieben, dass Kinder im Vorschulalter sich bereits vollkommen selbständig die Schuhe anziehen, also die Schleife binden können (Hurlock 1970, Kaufmann 1993). Dies konnte in unserer Studie nicht bestätigt werden. Zwar verbessert sich im Laufe des Vorschulalters auch bei den von uns untersuchten Kindern, das Ausziehen also das Öffnen von Bekleidungsverschlüssen. Ab dem 5. Lebensjahr sollen sich Kinder nach Kaufmann (1993) selbständig anziehen können, also Bekleidungsverschlüsse schließen können, das trifft mit Ausnahme des großen Reißverschlusses und des Schleifebindens für unserer Kinder zu. Die Selbständigkeit bei der Handhabung der Verschlüsse nimmt mit zunehmenden Proportionsalter zu.

Die Ursachen für das erfolgreiche Öffnen der Verschlüsse bzw. die aus Abbildung 2 erkennbare Reihenfolge der erfolgreichen Aktionen an den Verschlüssen lassen sich in den Bewegungsmustern der Kinder bei der Handhabung der Verschlüsse finden.

Neben dem Verstehen eines Verschlussprinzips, das eindeutig an kognitive Leistungen und damit an einen bestimmten biologischen Entwicklungsstand gebunden ist, gibt es aber auch andere entwicklungsabhängige Einflussfaktoren. So spielt z. B. beim Sicherheitsverschluss auch die Handkraft eine entscheidende Rolle. Die Handkraft steigt im Altersverlauf an (Vogt 1978). Es gibt Kinder, die das Prinzip des Sicherheitsverschlusses erkannt haben, mangels ausreichender Handkraft diesen aber nicht öffnen können. Die Handkraft reicht aber bei ungefähr 1/3 der Kinder der SKI-Gruppe 2 aus, um den Verschluss erfolgreich zu öffnen. Das bedeutet, dass nur bei den biologisch jüngsten Kindern eine ausreichende Sicherheit bei Auto- und Fahrradkindersitzen gewährt werden kann.

Die Variabilität der Bewegungsmuster bei der Handhabung der Verschlüsse spiegelt sehr deutlich die anfangs beschriebenen Phasen der kognitiven Entwicklung wieder. Der Anstieg zwischen den ersten beiden Altersgruppen zeigt, dass die Kinder in ihrer motorischen Entwicklung voranschreiten, denn die Zunahme an motorischen Variationsmöglichkeiten ist ein Indiz für motorische Entwicklung beim Menschen. Diese Entwicklung geht auch mit kognitiver Entwicklung einher, die Kinder zeigen in der mittleren untersuchten Altersgruppe nicht nur zahlenmäßig eine höhere Variabilität der Bewegungsmuster, sondern auch die Art und Weise der Muster zeigt erstaunliche Fähigkeiten im Vorstellungsvermögen und der Umsetzung in motorische Aktivität. Im Laufe des Vorschulalters, also bei der von uns untersuchten ältesten Altersgruppe, nimmt die Variabilität wieder ab. Das bedeutet, dass die Motorik im Laufe ihrer Entwicklung weiterer inhibitorischer Kontrolle unterliegt, die Massenbewegungen werden unterdrückt, die Einzelbewegungen werden präziser. Parallel zur Entwicklung der Motorik entwickeln sich auch die kognitiven Fähigkeiten der

Kinder im Vorschulalter, so dass das Prinzip der vorgelegten Verschlüsse eher erkannt wird bzw. durch vorheriges Training eher bekannt ist und die effektivsten Bewegungsmuster schon automatisiert sind. Diese kognitiven Reifestadien lassen sich auch an den Bewegungsmustern der einzelnen Verschlüsse erkennen. Am Beispiel des Gürtels, der von Kindern der SKIg1 erfolglos mit der Schnalle auf dem Rücken umgebunden wird, sowie das Schließen des Sicherheitsverschlusses, das aufgrund falscher Strategien bedingt durch die fehlende Erkenntnis über des Prinzips des Verschlusses nicht erfolgreich durchgeführt werden kann, wird dies deutlich.

Bei den 6jährigen Kindern, die bereits alle Verschlüsse erfolgreich betätigen können, ist die motorische und kognitive Entwicklung bereits weiterentwickelt. Kinder dieser Altersgruppe, die noch nicht alle Verschlüsse selbständig benutzen können, sind offensichtlich in ihrer motorischen und auch kognitiven Entwicklung noch nicht soweit. Interessant ist in diesem Zusammenhang, dass ungefähr die Hälfte der von uns untersuchten Kinder ein halbes Jahr vor ihrer Einschulung nicht in der Lage sind, selbständig die Schleife zu binden bzw. einen Anorakreissverschluss erfolgreich zu schließen. Dahingegen konnten sich die durch Kaufmann Anfang der 90er Jahre in Erfurt untersuchten Kinder bereits mit 5 Jahren also dann auch zur Einschulung vollkommen selbständig an- und ausziehen. Über Ursachen kann hier nur spekuliert werden, jedoch liegt die Vermutung nahe, dass in den Kindertagesstätten der ehemaligen DDR die Entwicklung dieser motorischen Fähigkeiten besonders gefördert wurde.

Als Konsequenz unserer Ergebnisse ergeben sich grundsätzlich zwei Richtungen. Einerseits sollten von Kindern zu benutzende Verschlüsse dem jeweiligen biologischen Entwicklungsstand adäquat sein, d.h. der motorischen und kognitiven Entwicklung angepaßt sein. Das ist dann besonders wichtig, wenn besonderen Sicherheitsanforderungen Rechnung getragen werden muss. Sicherheitsverschlüsse dürfen auch von biologisch weiter entwickelten Kindern einer Altersgruppe nicht selbständig geöffnet werden können. Dies ist leider bei dem von uns geprüften Sicherheitsverschluss nicht der Fall und es wird den Eltern eine Sicherheit vorgetäuscht, die real nicht vorhanden ist.

Andererseits könnte die Wahl für Verschlüsse an Kinderkleidung so erfolgen, dass alle Kinder der entsprechenden Altersgruppe diese erfolgreich bedienen können. Als Beispiel sei hier der beliebte Klettverschluss an Kinderschuhen genannt. Da aber motorische und kognitive Entwicklung nicht nur sehr eng miteinander verbunden sind, sondern auch durch Training beschleunigt und entwickelt werden können, ist dieser Weg nicht immer für die Entwicklung des Kindes förderlich. Eine alleinige Kompensation durch „Trockenübungen" an Verschlüssen ist sicher nicht so erfolgreich.

Die Diskussion über frühkindliche Förderung, die im Rahmen der Ergebnisse der PISA-Studie geführt wird, sollte die einfachen Trainingsmöglichkeiten die Alltagssituationen bieten nicht vernachlässigen. Aufgrund der unterschiedlichen Ergebnisse über die motorischen Fähigkeiten gleichaltriger Kinder in Alltagssituationen unser Studie und vorangegangener (Kaufmann 1993) Untersuchungen zeigt sich, dass bei offensichtlich ausreichendem gezielten Training die motorische Entwicklung unterstützt werden kann. Das kann dann durch die entwicklungsbedingte enge Verzahnung von motorischer und kognitiver Entwicklung auch zu deren Förderung führen.

Literatur

Greil H (1997) Physique, type of body shape and nutritional status – Körperbau, Körperbautyp und Ernährungszustand. HOMO 48: 33-53.
Hurlock E H (1970) Die Entwicklung des Kindes. Weinheim, Berlin, Basel, Verlag Julius Beltz
Kaufmann K (1993) Untersuchimgem der motorischen Geschicklichkeit im Vorschulalter. Erfurt. Medizinische Hochschule. Klinik und Poliklinik für Neurologie und Psychatrie und Kinderneuropsychatrie. Dissertation
Knußmann R (1996) Vergleichende Biologie des Menschen. Stuttgart, Jena, Lübeck, Ulm, Gustav Fischer Verlag
Statistisches Bundesamt (2000) Bevölkerung. Bevölkerungsentwicklung Deutschlands bis 2050. Ergebnisse der 9. koordinierten Bevölkerugnsvorrausberechnung. Wiesbaden.
Steinebach C (2000) Entwicklungspsychologie. Stuttgart: Klett-Cotta
Vogt U (1978) Die Motorik 3-6jähriger Kinder. In: Bauss R, Roth K (Hrsg.) Motrische Entwicklung. Probleme und Ergebnisse von Längsschnittuntersuchungen. Institut für Sportwissenschaft TU Darmstadt

Kinderhände und Computermäuse

N. Fritz & I. Schröder

Einleitung

In vielen Lebensbereichen ist es heute selbstverständlich, dass die Produkte industrieller Fertigung die körperlichen Merkmale der Nutzer berücksichtigen. Die Konstruktion eines Schreibtischstuhls, der sich nicht an der Unterschenkellänge des Benutzers orientiert, ist ebenso obsolet wie ein Fahrersitz, bei dem die Positionierung der Kopfstütze die Stammlänge von Autofahrern unberücksichtigt lässt. Dem entsprechend sollten bei industriellen Produkten, die für Kinder konzipiert sind, kindliche Größen und Proportionen zu Grunde gelegt werden. Dies gilt beispielsweise für Kindersitze, Schulmobiliar oder Kinderwagen.

Als problematisch erweisen sich in diesem Zusammenhang Produkte, die sowohl von Erwachsenen als auch von Kindern verwendet werden. In jüngerer Zeit gilt dies zunehmend für die Benutzung des Computers. Während im Bereich der Softwareentwicklung Kinder durchaus Beachtung finden (es gibt zahlreiche Spiel- und Lernprogramme, die für diese Zielgruppe gedacht sind) gibt es kaum Hardwarekomponenten für diese Altersgruppe. Angesichts der stark gestiegenen und noch weiter steigenden Bedeutung des Computers auch für Kinder verschiedener Altersstufen besteht auf diesem Gebiet ein erheblicher Forschungs- und Entwicklungsbedarf.

Für jüngere Kinder, die mit einer Tastatur nur begrenzt umgehen können, ist die Computermaus die wichtigste Mensch-Maschine-Schnittstelle. Gleichzeitig ist aber aus ersten Untersuchungen an Erwachsenen (z.B. Burgess-Limerick et al. 1999, Cook & Kothiyal 1998, Fernström & Ericson 1998, Harvey und Peper 1997, Karlqvist et al. 1994) bekannt, dass diese Eingabegeräte ein nicht zu unterschätzendes Potenzial für Fehlhaltungen des Körpers in sich bergen; damit verbunden ist das Risiko, dass langfristig gesundheitliche Schäden resultieren können. Wenn Kinder Computermäuse verwenden, die in Form und Abmessungen an Erwachsenenhände angepasst sind, ist zu erwarten, dass Fehlhaltungen weit häufiger auftreten als bei Benutzung ergonomisch angemessener Geräte. Vor diesem Hintergrund haben wir den Prototyp einer Kindercomputermaus entwickelt, die sich in ihren Dimensionen nach den Maßen und Proportionen von Kinderhänden richtet (siehe auch Fritz und Schröder 2001). Da Kinderhände keine verkleinerten Erwachsenenhände sind, legten wir besonderen Wert darauf, das Modell der Erwachsenenmaus nicht einfach zu verkleinern, sondern differenziert anzupassen. Die Benutzung dieser Maus haben wir dann im Vergleich zur Verwendung einer herkömmlichen Erwachsenenmaus untersucht. Dabei haben wir den Schwerpunkt auf die Handhaltungen, insbesondere die

Ulnar- und Radialabduktion sowie die Interdigitalwinkel als Maß für die Spreizung der Finger gelegt.

Konzeption einer Computermaus für Kinder

Bei der Planung und Entwicklung sind wir von einer handelsüblichen Computermaus für Erwachsene ausgegangen, von der anzunehmen ist, dass sie der durchschnittlichen Erwachsenenhand angemessen ist. Das Ausgangsmodell, das auch in den späteren Versuchen verwendet wurde, wies eine größte Breite von 60 mm, eine größte Länge von 112 mm und eine größte Höhe von 28 mm auf. Die Tasten dieser Maus nehmen 35,7 Prozent der Gesamtlänge ein. Unter Zugrundelegung geeigneter, in der Literatur verfügbarer anthropometrischer Daten von Kindern (Flügel et al. 1989) haben wir Länge und Breite der Computermaus reduziert, wobei dies in unterschiedlichem Ausmaß geschah, um den allometrischen Wachstumsveränderungen Rechnung zu tragen. Aus demselben Grund wurde die relative Tastenlänge der insgesamt kleineren Kindercomputermaus erhöht. Die Höhe der Maus wurde so weit erniedrigt, wie es der technische Unterbau einer kommerziell erhältlichen Maus gestattete. Die Anzahl der Tasten wurde auf zwei beschränkt. Schließlich stellten wir eine den neuen kindgerechten Maßvorgaben entsprechende Mausoberschale aus Glasfaser her und montierten sie auf eine handelsübliche Unterschale. Obwohl es auf Grund der biologisch gut definierten Größen- und Entwicklungsunterschiede erforderlich erscheint, mindestens zwei verschiedene Kindercomputermäuse für unterschiedliche Altersgruppen zu konzipieren, haben wir aus technischen Gründen zunächst nur den Prototyp einer Maus für Schulkinder praktisch umgesetzt und in den anschließenden Untersuchungen verwendet.

Material und Methoden

In die Untersuchung wurden 126 Mädchen und Jungen im Alter zwischen 3 und 10 Jahren einbezogen, deren Eltern eine Einverständniserklärung abgegeben hatten. Die Kinder wurden in zwei Altersgruppen unterteilt: 62 Vorschulkinder und 64 Grundschulkinder. Diese Gruppen wurden dann in je zwei Unterstichproben geteilt, wobei von den Vorschulkindern 28 eine handelsübliche Erwachsenenmaus und 34 die Kindercomputermaus verwendeten. Bei den Schülerinnen und Schülern umfasste die Stichprobe, die eine Erwachsenenmaus benutzte, 23 Kinder. Die übrigen 41 verwendeten die Kindermaus.

In mehreren Kindergärten und Grundschulen wurde die Handhabung der beiden Computermäuse mit einem mobilen Versuchsaufbau untersucht. Dabei wurde die Bedienung der Computermaus in Anlehnung an die von Karlqvist et al. (1994) und Burgess-Limerick et al. (1999) verwendete Methode von oben mit einer Kamera aufgezeichnet und anschließend digital ausgewertet. Den teilnehmenden Kindern wurde die Aufgabe gestellt, an dem Notebook mit Hilfe eines einfachen Programms eine vorgegebene Figur mit der Maus auszumalen. Die Belegung der Maustasten wurde für die beiden Altersgruppen unterschiedlich gewählt: Die Vorschulkinder hatten die Möglichkeit zwischen zwei Farben zu wählen, den Schulkindern stand hingegen eine 8-Farben-Skala zur Verfügung. Die Tastatur des Notebooks wurde während des Versuchs abgedeckt, so dass diese Tasten nicht zur Verfügung standen. Die Gesamtdauer des Versuchs wurde auf fünf Minuten beschränkt, von denen später nur die dritte Minute ausgewertet wurde.

Um in der Videoaufzeichnung die Winkel der Ulnar- bzw. Radialabduktion messen zu können, wurde die dorsale Fläche der rechten Hand der Versuchspersonen vor Versuchsbeginn mit Markierungen versehen. Dabei wurden das Mittelfingergrundgelenk und die Mitte des Handgelenks mit je einem Punkt gekennzeichnet, ein dritter Punkt markiert den Unterarm in der Verlängerung der durch die beiden ersten Punkte gegebenen Achse bei gerade gestreckter Hand.

Im ersten Teilversuch wurde die Bedienung einer handelsüblichen, für Erwachsene konstruierten Drei-Tasten-Maus (Logitech M/N:M-S35) in beiden Altersgruppen untersucht. Im zweiten Teilversuch wurden dann Videoaufzeichnungen der Handhaltungen und -bewegungen bei Verwendung der Kindercomputermaus in zwei anderen Versuchsgruppen angefertigt.

Anschließend wurde jeweils die dritte Minute des Versuchs in den Videoaufzeichnungen ausgewertet. Auf jeweils dreißig Einzelbildern im Abstand von zwei Sekunden wurden die Winkel zwischen dem 2. und 3., dem 3. und 4. sowie dem 4. und 5. Finger gemessen. Außerdem wurde der Grad der Ulnar- bzw. Radialabduktion ermittelt. Aus den so ermittelten dreißig Einzelwerten wurde für jeden Probanden ein Durchschnittswert berechnet. Weiterhin wurde anhand der Videoaufzeichnungen festgestellt, ob die Kinder während der Benutzung der Maus das Handgelenk und den Unterarm auf der Arbeitsfläche abstützten und ob die Handfläche auf der Mausoberschale lag.

Ergebnisse

Ein erstes bemerkenswertes Ergebnis zeigt sich bereits bei dem Spektrum möglicher Handhaltungen und Bedienungsstrategien bei der Benutzung der Computermäuse (siehe Abb. 1). In der Gruppe der Vorschulkinder beobachteten wir eine außergewöhnlich große Variationsbreite der Handhaltungen bei Verwendung der handelsüblichen Erwachsenenmaus. Häufig umfassen die kleinen Kinderhände die Mausoberschale überhaupt nicht, sondern die Hand befindet sich weit seitlich oder hinten. Ebenso ist oft zu erkennen, dass zwei Finger auf einer der großen Maustasten liegen. Nicht selten versuchen die Kinder, die linke Maustaste mit dem Daumen und die rechte mit dem Zeigefinger zu bedienen. Einige Kinder erfassten die Maus nur am hinteren Ende mit Daumen und Zeigefinger und schoben sie so über das Mauspad. Wenn dann eine Taste gedrückt werden sollte, musste umgegriffen werden. Das Spektrum möglicher Handhaltungen ist bei den Kindern im Grundschulalter, die die Erwachsenenmaus benutzten, bereits deutlich geringer. Demgegenüber wurden bei Verwendung der Kindermaus in beiden Altersgruppen nur zwei Grundhaltungen der Hand beobachtet. In beiden Fällen ruht die Handfläche weitgehend auf der Mausoberschale, nur die Bedienung der Tasten erfolgt unterschiedlich: Entweder werden beide Maustasten mit dem Zeigefinger gedrückt, so dass ein ständiges Umgreifen stattfindet, oder die linke Maustaste wird mit dem Zeigefinger und die rechte mit dem Mittelfinger bedient.

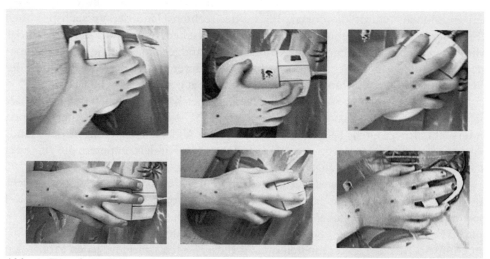

Abb. 1: Die obere Reihe zeigt unterschiedliche Handhaltungen der Erwachsenenmaus von Vorschulkindern. Das linke Bild demonstriert den oft ungelenk erscheinenden Umgang mit der Erwachsenenmaus, die linke Taste wird mit dem Daumen betätigt. Das mittlere Bild zeigt den häufig vorkommenden Fall, dass zwei Finger auf einer Taste liegen, das rechte Bild verdeutlicht, dass ein beträchtlicher Zwischenfingerwinkel entsteht, wenn die beiden Maustasten mit Zeige- und Mittelfinger bedient werden. Alle drei Bilder der oberen Reihe zeigen, dass das Handgelenk keinerlei Unterstützung auf der Tischfläche erfährt. Das linke und das mittlere Bild in der unteren Reihe zeigt Schulkinder im Umgang mit der Erwachsenenmaus. Auch bei den größeren Händen der Schulkinder entstehen noch große Zwischenfingerwinkel. Das rechte Bild in der unteren Reihe zeigt ein Vorschulkind, das den Prototyp der Kindermaus benutzt. Die Bedienung ist insgesamt deutlich weniger ungelenk als bei Verwendung der Erwachsenenmaus.

Auch die metrische Auswertung der verschiedenen Handwinkel weist auf deutliche Unterschiede zwischen den beiden verwendeten Computermäusen hin, Altersunterschiede fallen hingegen nicht auf. Alle gemessenen Winkel sind bei Verwendung der Kindermaus signifikant geringer als bei Verwendung der Erwachsenenmaus (siehe Tab. 1).

Tab. 1: Durchschnittliche Zwischenfingerwinkel und Ulnar-/Radialabduktion (jeweils in Winkelgraden) in beiden Altersgruppen bei Verwendung der verschiedenen Computermäuse

Winkel	Kindermaus		Erwachsenmaus	
	Vorschulkinder	*Grundschulkinder*	*Vorschulkinder*	*Grundschulkinder*
Finger II und III	5,5	5,8	15,9	15,0
Finger III und IV	2,6	2,6	13,5	15,3
Finger IV und V	1,3	0,3	17,7	17,2
Ulnar-/Radialabduktion	7,4	7,0	10,1	10,8

Auch die Auswertung weiterer Aspekte der Handhaltung zeigt deutliche Unterschiede in Abhängigkeit von der verwendeten Computermaus. Bei Benutzung der Kindermaus werden Handballen, Handgelenk und Unterarm erheblich häufiger auf der Unterlage abgestützt als bei Benutzung der Erwachsenenmaus. Besonders deutlich ist dies bei der Abstützung von Unterarm und Handgelenk bei den Vorschulkindern. Während bei Bedienung der Erwachsenenmaus kein Vorschulkind den Unterarm auf dem Tisch abstützt und nur sehr wenige das Handgelenk, ist dieser Anteil bei Verwendung der Kindermaus drastisch größer. Zusätzlich sind hier auch Altersunterschiede zu beobachten: Von den Grundschulkindern stützt immerhin die Hälfte den Unterarm ab, wenn die Erwachsenenmaus benutzt wird, während keines der Kinder im Vorschulalter dies tut. Wird hingegen die Kindermaus benutzt, stützen alle Grundschulkinder den Unterarm auf dem Tisch ab, während dies nur bei gut zwei Drittel der jüngeren Kinder zu beobachten ist. Diese Ergebnisse sind in Tab. 2 im Einzelnen dargestellt. Zusammenfassend ist festzustellen, dass die kindgerechte Maus in beiden Altersgruppen die Abstützungshäufigkeit signifikant erhöht.

Tab. 2: Unterstützung von Hand und Unterarm in Abhängigkeit von der verwendeten Computermaus

Art der Abstützung	Kindermaus		Erwachsenenmaus	
	Vorschulkinder	*Grundschulkinder*	*Vorschulkinder*	*Grundschulkinder*
Unterarm auf dem Tisch	70,6 %	100 %	0 %	47,8 %
Handgelenk auf dem Tisch	100 %	100 %	10,7 %	21,7 %
Handballen auf der Maus	100 %	92,7 %	82,1 %	91,3 %

Diskussion und Schlussfolgerungen

Die Untersuchung hat gezeigt, dass zahlreiche Aspekte der Handhaltung deutliche Unterschiede in Abhängigkeit von den metrischen Eigenschaften der verwendeten Maus aufweisen. Die Vielfalt der Handhabungsmuster, die vorrangig bei den jüngeren Kindern zu beobachten war, wenn sie eine Erwachsenenmaus verwenden, und bei Verwendung einer kindgerechten Maus deutlich geringer ist, kann als Ausdruck von unterschiedlichen Strategien interpretiert werden, mit einem ergonomisch wenig geeigneten Eingabegerät umzugehen. Bei Verwendung der Kindermaus entspricht die Handhaltung weitgehend derjenigen, die auch Erwachsene einnehmen, wenn sie eine Computermaus bedienen.

Auch die beobachteten Unterschiede bei der Abstützung des Armes und der Hand auf der Arbeitsfläche in Abhängigkeit von der verwendeten Maus spiegeln unserer Ansicht nach wider, dass eine Erwachsenenmaus für Kinder ein ergonomisch ungeeignetes Bedienelement ist. Vor allem bei längerfristiger Benutzung eines Computers ist es mit Blick auf ein ermüdungsfreies Arbeiten wichtig, dass Handgelenk und Unterarm abgestützt werden können. Die größere Erwachsenenmaus zwingt die Kinder häufig, die Hand auf der Mausoberschale so weit nach vorne zu legen, dass eine Abstützung meist nicht mehr möglich ist. Würde das Handgelenk aufgestützt, könnten die dann zu weit vorn liegenden Tasten nicht mehr richtig bedient werden. Dabei muss jedoch auch bei einer kindgerechten Computermaus darauf geachtet werden, dass die übrigen Rahmenbedingungen (z.B. Abstand zum Computer, Tischhöhe, Sitzhöhe etc.) insgesamt angemessen gestaltet sind.

Auch die in dieser Untersuchung festgestellten kleineren Zwischenfingerwinkel bei Verwendung der Kindermaus werden von uns positiv bewertet, da sich starke Spreizungen der Finger bis in die Handgelenke und Unterarme hin auswirken können. Ähnliches gilt auch für die Handgelenksstellung, da bereits nachgewiesen wurde, dass eine starke Ulnar- bzw. Radialabduktion bei der Computerbedienung zu höherer Muskelspannung in der gesamten oberen Extremität führt (Harvey & Peper 1997, Cook & Kothiyal 1998).

Angesichts des unaufhaltsamen Einzugs des Computers in Kinderzimmer und Schulklassen erscheint es uns dringend geboten, dem Problembereich "Kind am Computer" verstärkte Aufmerksamkeit zu widmen und weitere geeignete wissenschaftliche Untersuchungen durchzuführen. Gerade bei jüngeren Kindern sollte nicht allein darauf geachtet werden, wie viel Zeit ein Kind vor dem Computer verbringt, sondern es müssen auch ergonomische Rahmenbedingungen geschaffen werden, die sich nicht allein auf kindgerechtes Mobiliar beschränken dürfen. Die Hersteller von Hardwarekomponenten sollten zukünftig verstärkt auf die Bedürfnisse von Kindern als Nutzerpopulation eingehen. Wir schlagen auf Grund unserer Ergebnisse die Konstruktion einer Maus vor, die aus einer einheitlichen Unterschale mit dem technischen Grundgerüst besteht, auf die austauschbare Oberschalen gesetzt werden können, die an die Bedürfnisse von Kindern unterschiedlicher

Altersstufen angepasst sind. Auf diese Weise ist sogar eine "mitwachsende" Computermaus für Kinder möglich.

Literatur

Burgess-Limerick R., Shemmell J, Scadden R., Plooy A (1999) Wrist posture during computer pointing device use. Clinical Biomechanics 4, 280-286.

Cook CJ & Kothiyal K (1998) Influence of mouse position on muscular activity in the neck, shoulder and arm in computer users. Applied Ergonomics 29, 439-443.

Fernström E & Ericson MO (1997) Computer mouse or trackpoint-effects on muscular load and operator experience. Applied Ergonomics 28, 347-354.

Flügel B, Greil H, Sommer K (1986) Anthropologischer Atlas, Berlin: Tribüne-Verlag

Fritz N & Schröder I (2001) Schnittstelle Kinderhand - Computermaus. Brandenburgische Umwelt Berichte 10, 87-93.

Harvey R & Peper E (1997) Surface electromyography and mouse use position. Ergonomics 8, 781-789.

Karlqvist L, Hagberg M, Selin K (1994) Variation in upper limb posture and movement during word processing with and without mouse use. Ergonomics 3, 1261-1267.

Autoren

Kurt W. Alt ist seit Oktober 1999 Professor für Anthropologie und geschäftsführender Leiter des Instituts für Anthropologie am FB Biologie der Universität Mainz. Wissenschaftliche Schwerpunkte: Biologische Rekonstruktion früherer Bevölkerungen, Molekulare Anthropologie, Historische Umweltforschung, Dentalanthropologie, Paläopathologie und -epidemiologie, Forensische Anthropologie, Mumienforschung.
Adresse: Institut für Anthropologie, Universität Mainz, Saarstr. 21, D-55099 Mainz, Tel. +49-(0)6131-3922242, Fax +49-(0)6131-3925132, email: altkw@mail.uni-mainz.de

Klaus Arnold ist Professor für Mittelalterliche Geschichte an der Universität der Bundeswehr Hamburg. Wissenschaftliche Schwerpunkte: Geschichte des deutschen Renaissance-Humanismus, vergleichende Regionalgeschichte Frankens, spätmittelalterliche Sozialgeschichte, v. a. Geschichte von Familie und Kindheit, Texte und Bilder zur Geschichte des Friedens, Autobiographien, Briefe und Selbstzeugnisse des späteren Mittelalters und der frühen Neuzeit.
Adresse: Universität der Bundeswehr Hamburg, Seminar für Geschichtswissenschaft, Holstenhofweg 85, D-22039 Hamburg, Tel. +49-040-6541 2893; Fax: +49-040-6541 3747, email: karnold@unibw-hamburg.de

Michaela Atzmüller absolvierte das Studium der Zoologie und Humanbiologie an der Universität Wien. Seit 1997 arbeitet sie am Ludwig Boltzmann Institut für Stadtethologie, Wien, wo sie auch ihre Diplomarbeit und Dissertation anfertigte. Wissenschaftliche Interessen: Pheromonforschung, digitale Bildanalyse des menschlichen nonverbalen Verhaltens, Zusammenhänge zwischen Hormonen und Verhalten.
Adresse: LBI für Stadtethologie am Institut für Anthropologie, Universität Wien. Althanstr. 14, 1090 Wien. Tel: +43-1-4277/54769, Fax: +43-1-4277/9547, email: michaela.atzmueller@chello.at

Thomas Becker ist z.Zt. Mitarbeiter des Landesdenkmalamtes Baden-Württemberg und hat gleichzeitig seit Oktober 1999 einen Lehrauftrag am Institut für Humangenetik und Anthropologie der Universität Freiburg inne. Seine wissenschaftlichen Schwerpunkte liegen neben der Provinzialrömischen Archäologie und Archäozoologie in der Anthropologie prähistorischer Bevölkerungen (Schwerpunkte: römische Zeit, Merowinger, Anthropologie der spätmittelalterlich-frühneuzeitlichen Rechtspraxis).

Adresse: Institut für Humangenetik und Anthropologie der Universität Freiburg, Breisacher Straße 33, 79106 Freiburg, email: thomastalus@aol.com

Joachim Bensel ist Verhaltensbiologe und seit 1993 Mitinhaber der Forschungsgruppe Verhaltensbiologie des Menschen (FVM), die als unabhängige Forschungsfirma praxisrelevante Problemstellungen der kindlichen Verhaltensentwicklung untersucht und gewonnenes Wissen in Form von Gutachten, Fortbildungen, Medieninformationen und Publikationen Fachkräften und Eltern zur Verfügung stellt. Wissenschaftliche Schwerpunkte: Frühkindliche Verhaltensontogenese, exzessives Säuglingsschreien, aggressives und prosoziales Verhalten in der Peerinteraktion, außerfamiliäre Betreuung, Fehlanpassung des Menschen an seine rezente Umwelt.
Adresse: Forschungsgruppe Verhaltensbiologie des Menschen (FVM), Obere Dorfstr. 7, D-79400 Kandern, Tel.: +49-(0)7626-970212, Fax: +49-(0)7626- 970268, email: bensel@f-v-m.de

Ulrike Bieker ist Doktorandin am Fachgebiet Völkerkunde der Philipps-Universität Marburg zum Thema 'Arbeitende Kinder in Chile: Über die Ethnologie der Lebensplanung'. Wissenschaftliche Schwerpunkte: Kindheit in fremden Kulturen, Religionsethnologie, Südamerika.
Adresse: Am Hasselhof 13, 35041 Marburg, Tel. +49-(0)6421 -931057, email: uli.bieker@gmx.net

Christoph Brochhausen ist seit 1999 Koordinator für klinische Forschungsprojekte am Zentrum für Kinderheilkunde der Philipps-Universität Marburg. Wissenschaftliche Schwerpunkte: pädiatrische Pharmakologie, experimentelle Rheumatologie und Osteologie, Pathophysiologie der Entzündung, Medizinische Ethik und Theorie der Medizin.
Adresse: Zentrum für Kinderheilkunde, Klinikum der Philipps-Universität Marburg, Deutschhausstraße 12, D-35037 Marburg; Tel.: +49-(0)6421-2862621.

Mathias Brochhausen ist Promotionskandidat am Institut für Anthropologie der Johannes Gutenberg-Universität Mainz; seit 2001 Stipendiat des Landes Rheinland-Pfalz. Im Jahr 2000 Magisterabschluß an der Johannes Gutenberg-Universität Mainz in den Fächern Philosophie, Anthropologie und Soziologie mit einer Arbeit über Quines Indeterminationstheorie der Übersetzung. Das Promotionsprojekt ist eine interdisziplinäre Arbeit mit dem Thema „Das evolutionäre Denken zwischen Wissenschaft und Mythos". Interessenschwerpunkte: Wissenschaftstheorie und Ideengeschichte der Biologie und Medizin, Geschichte der Philosophie, Analytische Philosophie (Wittgenstein, Quine), Postmoderne.

Adresse: Mathias Brochhausen M.A., Institut für Anthropologie, Fachbereich Biologie (21), Johannes Gutenberg-Universität, 55099 Mainz, +49- (0)6131-392-4354, email: brochhau@mail.uni-mainz.de

Noël Cameron ist Professor für Humanbiologie am Department of Human Sciences an der Loughborough University, England. Seine internationalen Publikationen umfassen Arbeiten über normales und abnormales Wachstum und Entwicklung vor allem in bezug auf Kinder in Entwicklungsländern. Seine derzeitigen Forschungsinteressen gelten u.a. den Faktoren, die zur Adipositas bei Kindern und Jugendlichen führen.
Adresse: Department of Human Sciences, Loughborough University, Loughborough, Leicestershire, LE11 3TU, UK. Tel.: +44-1509-223008; Fax: +44-1509-223940; email: N.Cameron@lboro.ac.uk

Werner M. Egli ist PD für Ethnologie an der Universität Zürich und wissenschaftlicher Mitarbeiter am Ethnologischen Seminar Zürich. Wissenschaftliche Schwerpunkte: Rechtsethnologie, Kulturvergleichende Psychologie, Ethnologie der Kindheit, Interkulturelle Kommunikation, Internet und e-Learning.
Adresse: Ethnologisches Seminar der Universität Zürich, Freiensteinstr. 5, CH-8032 Zürich, Tel.: 0041-16344811. http://www.ethno.unizh.ch, email: weg@ethno.unizh.ch

Johanna Forster ist Pädagogin und Humanethologin und lehrt Allgemeine Pädagogik und Pädagogische Anthropologie an der Universität Erlangen-Nürnberg. Forschungsschwerpunkte im Rahmen der Evolutionären Pädagogik: "Beziehung Mensch-Umwelt" und "anthropologisch-historische Aspekte von Entwicklung".
Adresse: Institut für Anthropologisch-Historische Bildungsforschung, Universität Erlangen-Nürnberg, Regensburger Strasse 160, 90478 Nürnberg, Tel. +49 -(0)911 5302575, email: forsterjo@aol.com

Nadine Fritz studierte an der Christian-Albrechts-Universität in Kiel Biologie mit der Fächerkombination Anthropologie, Zoologie und Psychologie und hat im Herbst 2001 ihre Diplomarbeit mit dem Thema "Vergleichend-anthropometrische Untersuchungen zur Benutzung von Computermäusen durch Kinder" abgeschlossen. Sie ist speziell an industrieanthropologischer Forschung interessiert. Adresse: mail@nadine-fritz.de

Autoren

Karl Grammer ist seit 1992 gemeinsam mit Prof. I. Eibl-Eibesfeldt wissenschaftlicher Leiter des Ludwig-Boltzmann-Instituts für Stadtethologie in Wien. Arbeitsgebiete: Anonymität in der Großstadt, Attraktivitätsforschung, Darwinsche Aesthetik, Partnerwahl, Kommunikation, digitale Bildanalysen von Verhalten, Mustererkennung und Bewegung, geruchliche Kommunikation und physiologische Konsequenzen.
Adresse: LBI für Stadtethologie am Institut für Anthropologie, Universität Wien. Althanstr. 14, 1090 Wien. Tel: +43-1-4277/54766, Fax: +43-1-4277/9547, email: karl.grammer@univie.ac.at

Holle Greil wurde 1994 nach langjähriger Tätigkeit am Institut für Anthropologie der Humboldt Universität Berlin als Humanbiologin an die Universität Potsdam berufen. Sie ist seit Oktober 2000 Vorsitzende der Gesellschaft für Anthropologie. Wissenschaftliche Schwerpunkte: Humanökologie, Industrieanthropologie, Wachstum und körperliche Entwicklung.
Adresse: FG Humanbiologie, Institut für Biochemie und Biologie, Universität Potsdam, Lennéstr. 7 a, 14471 Potsdam, Tel. +49 - (0)0331–9774874, Fax +49- (0) 0331-9774861, email: greil@rz.uni-potsdam.de

Gabriele Haug-Schnabel ist Verhaltensbiologin und Privatdozentin an der Universität Freiburg. Beteiligung an interdisziplinären Forschungsprojekten zur Beobachtung und Analyse kindlichen Verhaltens. Inhaberin der 1993 gegründeten Forschungsgruppe Verhaltensbiologie des Menschen (FVM, GdbR), die menschliches Verhalten unter humanethologischen und evolutionspsychologischen Gesichtspunkten untersucht sowie wissenschaftliche Erkenntnisse zum menschlichen Verhalten in Form von Gutachten, Fortbildungen, Medieninformationen und Publikationen zur Verfügung stellt.
Adresse: Forschungsgruppe Verhaltensbiologie des Menschen (FVM), Obere Dorfstr. 7, D-79400 Kandern, Tel.: +49-(0)7626/970213, Fax: +49-(0) 7626/970268, email: haug-schnabel@f-v-m.de

Winfried Henke ist Akademischer Direktor und apl. Professor am Institut für Anthropologie des FB Biologie der Universität Mainz. Wissenschaftliche Schwerpunkte: Paläoanthropologie, vergleichende Morphologie fossiler Hominidae, Taxonomie, Prähistorische Anthropologie, Demographie rezenter Populationen, Verhaltensbiologie, Primatologie.
Adresse: Institut für Anthropologie, Universität Mainz, D-55099 Mainz, Tel. +49- (0)6131- 3922398, Fax +49 - (0) 6131- 3923799, email: erasmus@mail.uni-mainz.de

Barry S. Hewlett promovierte 1987 in Anthropologie an der University of California, Santa Barbara. Er ist derzeit Professor für Anthropologie an der Washington State University in Vancouver. Sein Forschungsinteresse gilt der frühkindlichen Entwicklung, der Vaterrolle bei Jäger-Sammler- und Agrarbevölkerungen, Infektionskrankheiten und der Evolution des Verhaltens. Er ist der Autor von „Intimate Fathers: The Nature and Context of Aka Pygmy Paternal Infant Care" (1991) sowie Herausgeber von "Father-Child Relations: Cultural and Biosocial Contexts" (1992) und Mitherausgeber von "Human Behavior and Cultural Context in Disease Control" (1997).

Barbara Hölschen arbeitet z.Zt. als wissenschaftliche Volontärin im Museum für Ur- und Frühgeschichte Freiburg. Sie studierte Provinzialrömische Archäologie, Frühgeschichtliche Archäologie und Historische Anthropologie an der Albert-Ludwigs-Universität Freiburg (Prof. Dr. H.U: Nuber, Prof. Dr. H. Steuer und Prof. Dr. K.W. Alt) und absolvierte den Studiengang Museumskommunikation an der Bundesakademie in Wolfenbüttel. Wissenschaftliche Schwerpunkte sind neben der archäologischen Gräberforschung die Museumskommunikation.
Adresse: Museum für Ur- und Frühgeschichte Freiburg, Colombischlössle, Rotteckrng 5, D - 79098 Freiburg, email: bhoelschen@web.de

Hans-Jürgen Kaatsch, Dr. med. habil, Dr. jur., ist Professor für Rechtsmedizin am Institut für Rechtsmedizin im Universitätsklinikum Kiel. Tätigkeitsschwerpunkte sind neben der somatischen Rechtsmedizin die Bereiche Medizinrecht und Medizinethik.
Adresse: Institut für Rechtsmedizin, Universitätsklinikum Kiel, Arnold-Heller-Str. 12, 24105 Kiel, Tel: +49- (0)431-597- 3570/3600, Fax: +49-(0)431-597-3612, email: hj.kaatsch@rechtsmedizin.uni-kiel.de

Ariane Kemkes-Grottenthaler ist seit 1993 als wissenschaftliche Mitarbeiterin, seit 1999 als wissenschaftliche Assistentin am Institut für Anthropologie beschäftigt. Davor mehrjährige Studienaufenthalte in den USA (Sozial- und Kulturwissenschaften). Forschungs- und Interessenschwerpunkte: Historische Anthropologie, Demographie, Gender-Anthropologie, Forensische Anthropologie.
Adresse: Institut für Anthropologie, Universität Mainz, Saarstr. 21, D-55099 Mainz, Tel. +49-(0)6131-3924115, Fax +49- (0)6131-3925132, email: kemkes@mail.uni-mainz.de

Sylvia Kirchengast arbeitet seit 1994 am Institut für Anthropologie im Biologiezentrum der Universität Wien, seit 1999 als a.o. Universitätsprofessorin für Anthropologie. Wissenschaftliche Schwerpunkte: Reproduktionsbiologie, Endokrinologie der Frau,

Lebensabschnittsforschung, Geschlechteranthropologie, Sozialbiologie, Body compositionanalysen.
Adresse: Institut für Anthropologie, Universität Wien, Althanstrasse 14 A-1090 Wien, Tel. +43-1-4277-54712, Fax. +43-1-4277-9547,
email: sylvia.kirchengast@univie.ac.at

Barbara Kraus ist nach dem Studium der Vor- und Frühgeschichte, Anthropologie und Soziologie Doktorandin am Archäologischen Institut der Universität Hamburg. Ihre Magisterarbeit (2000) behandelte auf den "Befund: Kind" anwendbare Methoden aus archäologischer und anthropologischer Perspektive.
Adresse: Archäologisches Institut der Universität Hamburg, Abt. 1: Vor- und frühgeschichtliche Archäologie, Johnsallee 35, D- 20148 Hamburg. email: krausbrbr@aol.com

Dirk L. Krausse ist Privatdozent für Ur- und Frühgeschichte und als Akademischer Rat an der Universität Kiel beschäftigt. Wissenschaftliche Schwerpunkte: Theoretische Archäologie, Siedlungsarchäologie, Archäologie der Eisenzeit und der Provinzialrömischen Epoche, Interdisziplinarität von Archäologie, Ethnologie und Anthropologie.
Adresse: Institut für Ur- und Frühgeschichte, Universität Kiel, D-24098 Kiel, Tel. +49- (0) 431-8801621, Fax +49 - (0) 431 - 8807300, email: dkrausse@ufg.uni-kiel.de

Uwe Krebs ist Geschäftsführer des Instituts für anthropologisch-historische Bildungsforschung an der Erziehungswissenschaftlichen Fakultät der Universität Erlangen-Nürnberg. Wissenschaftliche Schwerpunkte: Interdisziplinäres Arbeiten (Bereiche aus Biologie, Psychologie, Ethnologie, Pädagogik) längsschnittlich-naturgeschichtliche Aspekte des Aufwachsens und Erziehens; Querschnittlich-kulturvergleichende Aspekte der Erziehung. Versuch der Integration naturwissenschaftlicher Daten in den Gegenstandsbereich der Pädagogik.
Adresse: Institut f. anthropologisch-historische Bildungsforschung, EWF der. Universität Erlangen-Nürnberg, D-90478 Nürnberg, Regensburger Str. 160, Tel. +49- (0)911/5302-575, Fax +49- (0)911/5302-588, email: uekrebs@ewf.uni-erlangen.de

Michael E. Lamb promovierte 1976 mit einem Thema zur Entwicklungspsychologie an der Yale University und erhielt 1995 einen Ehrendoktor der Universität von Goteborg, Schweden. Seit 1987 ist er Leiter der Abteilung Social and Emotional Development am National Institute of Child Health and Human Development. Seine Forschungsinteressen gelten u.a. der sozialen und emotionalen Entwicklung der frühen Kinderheit, den ausschlaggebenden Faktoren und Konsequenzen adaptiven und nicht-adaptiven Elternverhalterns (z.B. Kindesmisshandlung). Neben vielzähligen Herausgeberschaften ist er Koautor der Bücher „Development in Infancy" (1982, 1987, 1992, in press), "Socialization and Personality Development" (1982), "Infant-Mother Attachment" (1985), "Child Psychology Today" (1982, 1986) und "Investigative Interviews of Children" (1998).

Wolfgang Lengsfeld ist Wissenschaftlicher Direktor a.D. und war stellvertretender Leiter des Bundesinstituts für Bevölkerungswissenschaft in Wiesbaden. Er hat ein Hauptdiplom in Psychologie und wurde mit den Fächern Anthropologie, Biometrie und Variationsstatistik promoviert. An der Universität Mainz hat er zahlreiche Lehraufträge im Bereich Demographie und statistische Methodik wahrgenommen, aber auch in der Medizinsoziologie sowie der Sozial- und Arbeitsmedizin.
Adresse: Institut für Anthropologie, Johannes Gutenberg-Universität, 55099 Mainz.

Birgit Leyendecker ist wissenschaftliche Mitarbeiterin an der Ruhr-Universität Bochum. Sie hat in Marburg Erziehungs-, Politikwissenschaften und Sport studiert und in Osnabrück in Psychologie promoviert. Seit ihrer Zeit als Post-doc an den National Institutes of Health in den USA arbeitet sie gemeinsam mit anderen Forschern an einer umfangreicheren Studie zum Alltag von Säuglingen und Kleinkindern in verschiedenen Kulturen. Sie ist Co-Investigator eines umfangreichen Drittmittelprojektes in dem die Unterschiede in den Sozialisationszielen und Erziehungspraktiken von türkischen Migrantenfamilien in Deutschland und von puerto-ricanischen Migrantenfamilien in den USA untersucht werden.
Adresse: Fakultuät für Psychologie, Ruhr-Universität Bochum, GAFO 04/611, 44780 Bochum, +49(0)234-3228364, email: Birgit.leyendecker@ruhr-uni-bochum.de

Grete Lillehammer ist Kuratorin am archäologischen Museum von Stavanger, Norwegen und arbeitet außerdem am National Research Center for Paleostudies and Conservation. Ihre Forschungsschwerpunkte sind Kindheit in der Vergangenheit, Management von Kulturerbe, Tod und Bestattungsrituale, Geschlecht und Gender.
Adresse: Museum of Archaeology, Stavanger, P.boks 478, N-4001 Stavanger, Norway. email: gli@ark.museum.no

Brigitte Lohrke ist seit 2001 als Postdoktorandin am Institut für Vor- und Frühgeschichte der Universität Bamberg. Wissenschaftliche Schwerpunkte: Gräberanalysen, Geschichte der Kindheit, Gender Studies und Bodyhistory.
Adresse: Professur für Vor- und Frühgeschichte, Am Kranen 1-3, 96045 Bamberg, Tel.: +49-(0)951 / 863-2406; Fax: 0951/863-5406, email: brigitte.lohrke@ggeo.uni-bamberg.de.

Veronika Noth studiert seit Oktober 1995 an der Universität Potsdam Biologie und Grundschulpädagogik mit den Lernbereichen Deutsch, Musik und Mathematik für das Lehramt Primarstufe und Umweltwissenschaften. In einem Auslandssemester 1998 am Institut universitaire de formation des maitres (IUFM) in Caen/Frankreich nahm sie an zahlreichen biologischen Exkursionen an der Seinebucht und in Waldzonen der Normandie teil und beschäftigte sich in einem Praktikum an einer Grundschule in Caen mit dem französischen Schulsystem. Ihre Staatsexamensarbeit schrieb sie im Fachgebiet Humanbiologie (Leitung: Prof. Dr. Holle Greil) des Institut für Biochemie und Biologie der Universität Potsdam.
Adresse: Lynarstr. 9a, 13353 Berlin, Tel.: +49 (0)30/78953901, email: roni_noth@yahoo.de.

Marcia S. Ponce de León ist wissenschaftliche Mitarbeiterin am Anthropologischen Insitut und am MultiMedia Labor des Instituts für Informatik der Universität Zürich. Sie arbeitet auf dem Gebieten der computerunterstützten Paläoanthropologie, insbesondere der Rekonstruktion und vergleichenden Analyse der Skelettentwicklung bei Neanderthalern, Menschen und Menschenaffen.
Adresse: Anthropologisches Institut, Universität Zürich, Winterthurerstrasse 190, CH-8057 Zürich, Tel. +41-1-635-5427 (-6745), Fax. +41-1-635-6804 (-6809), email: marcia@aim.unizh.ch, http://www.ifi.unizh.ch/staff/marcia/

Machteld J. Roede ist seit 1983 mit der Fakultät der Gesundheitswissenschaften der Universität von Maastricht assoziiert, zuletzt als Dozentin an der medizinischen Fakultät. Zuvor arbeitete sie jahrelang am Institut für Humanbiologie in Utrecht, wobei afrikanische Savannenpopulationen im Blickfeld der Betrachtungen standen. Wissenschaftliche Forschungsinteressen: Wachstum und Geschlechtsumwandlung bei Lippfischen und später Wachstum und Entwicklung niederländischer Kinder. Darüber hinaus war sie Hauptherausgeberin des Bandes "The Aquatic ape, fact or fiction?" und ist eine Mitstreiterin auf dem Gebiet des 'the girl child'.
Adresse: Department of Health Care Sciences (GEW), Maastricht University, Universiteitssingel (UNS) 40, PO box 616, 6200 MD Maastricht, the Netherlands, Fax +32433670932, email: m.roede@zw.unimaas.nl

Brigitte Röder war in den letzten Jahren als wissenschaftliche Mitarbeiterin bei der Kantonsarchäologie Zug (CH) und als freiberufliche Archäologin tätig. Seit März 2002 ist sie Koordinatorin der Graduiertenkollegien Gender Studies, die an verschiedenen Schweizer Universitäten eingerichtet wurden. Wissenschaftliche Schwerpunkte sind Gender-Fragen, Forschungsgeschichte und Archäologie-Rezeption. Adresse: Zentrum für Gender Studies, Bernoullistr. 28, CH-4051 Basel, Tel.: +41 (0)612670873, Fax +41 (0) 61 267 08 74, email: brigitte.roeder@unibas.ch

Friedrich W. Rösing, Dr. rer. nat. habil., Dipl.-Biol, ist apl. Professor für Anthropologie am Universitätsklinikum Ulm. Wissenschaftliche Schwerpunkte sind forensische und prähistorische Anthropologie, im Unterricht kommt noch Evolution, Demografie und Statistik hinzu.
Adresse: Tel +49 (0)731 500 25230, Mobil-Tel 0170 294 0068, Fax 0731 500 25239, email: erbbio@medizin.uni-ulm.de

Christiane Scheffler arbeitet am Fachgebiet Humanbiologie (Leitung: Prof. Dr. Holle Greil) des Institut für Biochemie und Biologie der Universität Potsdam. Wissenschaftliche Schwerpunkte: Angewandte Anthropologie, Industrieanthropologie, Anthropologie älterer Menschen, Bewegungsanalysen, Körperzusammensetzung.
Adresse: Fachgebiet Humanbiologie Institut für Biochemie und Biologie der Universität Potsdam, Lennéstraße 7a, D-14471 Potsdam, Tel. +49 -(0)331-977 4876, Fax: . +49 -(0)331-977 4861, email: scheffle@rz.uni-potsdam.de

Renate Schellhaas ist seit 1982 Leiterin der unicef-Arbeitsgruppe Rüsselsheim. Ihre Schwerpunkte sind Informations- und Projektarbeit.
Adresse: unicef-Arbeitsgruppe Rüsselsheim, 65428 Rüsselsheim, Telefon 06142-13779, Fax 06144-15316

Andreas Schmeling, Dr. med., ist seit 1998 wissenschaftlicher Mitarbeiter am Institut für Rechtsmedizin des Universitätsklinikums Charité der Humboldt-Universität zu Berlin. Wissenschaftlicher Schwerpunkt ist die forensische Altersdiagnostik bei Lebenden.
Adresse: Institut für Rechtsmedizin, Hannoversche Str. 6, 10115 Berlin, Tel. +49 30 450 525050, Fax +49 30 450 525903, email: andreas.schmeling@charite.de

Andrea Schmelter ist Doktorandin am Institut für Anthropologie der Universität Mainz. Wissenschaftliche Schwerpunkte: Verhaltensbiologie des Menschen, Frauenforschung.
Adresse: Andrea Schmelter, Am Fronhof 9, 53639 Königswinter, Tel.: +49-(0)2244 /912905; email: schmelter-ulrich@gmx.de

Axel Schölmerich beschäftigt sich an der Ruhr-Universität Bochum mit der Entwicklung emotionaler Regulation und dem kulturellen Kontext menschlicher Entwicklung. Weiterhin werden in seiner Arbeitseinheit Untersuchungen zur Entwicklung von Angst und Neugier sowie verschiedener Aspekte der Informationsverarbeitung von Säuglingen durchgeführt. Er hat Psychologie und Erziehungswissenschaften in

Heidelberg, Mainz und Seattle (USA) studiert und war in Mainz, Darmstadt, Osnabrück, Washington (USA) und Halle an der Saale tätig. Seit 1997 hat er den Lehrstuhl für Entwicklungspsychologie der Ruhr-Universität Bochum.
Adresse: Fakultuät für Psychologie, Ruhr-Universität Bochum, GAFO 04/611, 44780 Bochum, 0234-3228364, email: axel.schoelmerich@rz.ruhr-uni-bochum.de

Susanne Schreiner studierte Zoologie und Humanbiologie an der Universität Wien und ist seit 1998 am Ludwig Boltzmann Institut für Stadtethologie in Wien tätig, wo sie auch ihre Diplomarbeit und Dissertation angefertigt hat. Ihr wissenschaftlicher Schwerpunkt liegt auf dem Gebiet soziale Kompetenz von Vorschulkindern und Jugendlichen.
Adresse: LBI für Stadtethologie am Institut für Anthropologie, Universität Wien. Althanstr. 14, 1090 Wien. Tel: +43-1-4277/54713, Fax: +43-1-4277/9547, email: susischreiner@hotmail.com

Inge Schröder ist Privatdozentin für Anthropologie und Humanbiologie in der Abteilung Anthropologie des Zoologischen Instituts der Christian-Albrechts-Universität Kiel. Zu ihren wissenschaftlichen Schwerpunkten gehört neben der evolutionären Anthropologie und der Geschlechteranthropologie die Industrieanthropologie, wobei sie sich besonders mit dem Einfluss von Verhaltensmustern und Bewegungsstrategien auf die Arbeitsplatzsituation befasst.
Adresse: Zoologisches Institut, Abt. Anthropologie, Christian-Albrechts-Universität Kiel, Olshausenstr. 40, D-24098 Kiel, Tel.: +49-(0)431-8804359, Fax: +49-(0)431-8802975, email: i.schroeder@anthropol.uni-kiel.de

Hannsjörg W. Seyberth ist seit 1992 geschäftsführender Direktor des Zentrums für Kinderheilkunde der Philipps-Universität Marburg. Wissenschaftliche Schwerpunkte: pädiatrische klinische Pharmakologie, Entwicklungspharmakologie, hereditäre Salzverlusttubulopathien, Ethik der klinischen Forschung.
Adresse: Zentrum für Kinderheilkunde, Klinikum der Philipps-Universität Marburg, Deutschhausstraße 12, D-35037 Marburg, Tel.: 06421 286 62 26; Fax: 06421 286 89 56; email: seybert@post.med.uni-marburg.de

Rejean Tessier ist Professor für Entwicklungspsychologie an der Universität Laval in Quebec. Er hat seinen MA an der Universität Laval in Quebec und seinen PhD an der Universität von Quebec in Montreal erhalten. Seine gegenwärtigen Forschungsinteressen umfassen längsschnittliche Studien zur Eltern-Kind Interaktion von frühgeborenen Kindern, ihre Bindungssicherheit und spätere soziale und kognitive Adap-

tation an die Schule. Seine Studien zu frühgeborenen Kindern wurden teilweise parallel in Quebec und in Bogota durchgeführt.
Adresse: School of Psychology, Université Laval, Cité universitaire, Québec, Canada, G1K7P4, email: Rejean.tessier@psy.ulaval.ca

Janina Tutkuviene, M.D. Ph.D., ist Assistenzprofessorin am Fachbereich Anatomie, Histologie und Anthropologie der medizinischen Fakultät der Universität Vilnius. Promotion 1990 zum Thema Altersdynamik, Faktorenmuster und säkularer Trend. Wissenschaftliche Schwerpunkte: Auxologie, Altersdynamik und Körperzusammensetzung, Wachstum und Entwicklung, säkulare Trends diverser morphofunktionaler Indices bei Kindern, Sexualdimorphismus und Pubertät, BMI und Körperselbstwahrnehmung.
Adresse: Department of Anatomy, Histology and Anthropology, Faculty of Medicine, Vilnius University, Ciurlionio 21, Vilnius 2009, Tel.: (370-2) 33 47 76; Fax: (370-2) 26 31 67; email: janina.tutkuviene@mf.vu.lt

Susi Ulrich-Bochsler leitet die Arbeitsgruppe Historische Anthropologie am Medizinhistorischen Institut der Universität Bern. Wissenschaftliche Schwerpunkte: Historische Anthropologie des Kantons Bern, soziokulturelle Aspekte zur Stellung von Frau und Kind, Bestattungsritus, Paläopathologie.
Adresse: Historische Anthropologie, Medizinhistorisches Institut, Universität Bern, Fabrikstr. 29d, CH - 3012 Bern, Tel.: +41 (0)31 631 84 92, Fax.: +41 (0)31 631 37 82, email: susi.ulrich-bochsler@mhi.unibe.ch, http://www.mhi.unibe.ch

Ursula Verhoeven ist seit Februar 1998 Universitätsprofessorin für Ägyptologie am Institut für Ägyptologie im FB 15 – Philologie III der Universität Mainz. Wissenschaftliche Schwerpunkte: Altägyptische Philologie und Literatur, Religionsgeschichte, Hieratische Totenbücher der Spätzeit, Kulturgeschichte. Seit Januar 2000 leitet sie ein Teilprojekt im Mainzer SFB 295 „Kulturelle und sprachliche Kontakte" zum Thema „Religiöse Interaktion zwischen Ägyptern und Griechen am Beispiel der Kindgötter".
Adresse: Institut für Ägyptologie der Johannes Gutenberg-Universität, D-55099 Mainz. Tel. +49 – (0)6131 – 39 25005, Fax 39 25409, email: verhoeve@mail.uni-mainz.de, http://www.uni-.mainz.de/FB/Philologie-III/aegypt

Carola Vogel studierte Ägyptologie, Klassische Archäologie und Vor- und Frühgeschichte in Mainz und Heidelberg. Sie nahm an verschiedenen archäologischen Ausgrabungen in Deutschland und an einer Feldkampagne in Ägypten, Theben-West teil. Ihre Promotion 1997 mit dem Thema „Ägyptische Festungen und Garnisonen

bis zum Ende des Mittleren Reiches wurde mit dem Werner-Hahlweg-Preis 2000 für Militärgeschichte und Wehrwissenschaften ausgezeichnet (3. Rang). Seit 1998 hat sie einen Lehrauftrag am Institut für Ägyptologie der Universität Mainz. Vom Sommer 1998 bis Frühjahr 2000 war sie Mitarbeiterin der Redaktion der Zeitschrift „Antike Welt" der Verlags Philipp von Zabern, Mainz. Seit Mai 2000 ist sie für die wissenschaftliche Buchhandlung Otto Harrassowitz in Wiesbaden tätig. Forschungsschwerpunkte: Ägyptische Militär- und Sozialgeschichte.
Adresse: Institut für Ägyptologie der Johannes Gutenberg-Universität, D-55099 Mainz.

Ursula Wittwer-Backofen ist seit 2002 Professorin für Biologische Anthropologie an der Medizinischen Fakultät der Universität Freiburg. Sie war vorher als Research Scientist am Max-Planck-Institut für demografische Forschung in Rostock beschäftigt, nachdem sie Mitarbeiterstellen an den Anthropologischen Instituten der Universitäten Mainz und Gießen hatte. 1998 hat sie sich für die Fächerkombination Anthropologie/Humanbiologie in Gießen habilitiert. Sie studierte Biologie, Chemie und Ur- und Frühgeschichte an den Universitäten FU Berlin, Mainz und Heidelberg. Ihre wissenschaftlichen Schwerpunkte sind Prähistorische Anthropologie, Biomarker am Skelett, Biodemographie und Forensische Anthropologie. Zahlreiche Veröffentlichungen auf dem Gebiet der Biologischen Anthropologie und Demographie.
Adresse: Institut für Humangenetik und Anthropologie, Klinikum der Universität Freiburg, Breisacher Str. 33, D-79106 Freiburg, Tel. +49-761-2707017, Fax +49-761-2707041, email: wittwer@ukl.uni-freiburg.de

Christoph P.E. Zollikofer ist seit 2001 Privatdozent für Zoologie und Anthropologie an der Universität Zürich. Er arbeitet am Anthropologischen Insitut und am MultiMedia Labor des Instituts für Informatik auf den Gebieten der computerunterstützten Paläoanthropologie, der Morphometrie und der synthetischen Morphologie.
Adresse: Anthropologisches Institut, Universität Zürich, Winterthurerstrasse 190, H-8057 Zürich, Tel. +41-1-635-5427 (-6745), Fax. +41-1-635-6804(-6809), email: zolli@ifi.unizh.ch, http://www.ifi.unizh.ch/staff/zolli/

Richard van Dülmen
Historische Anthropologie
Entwicklung – Probleme – Aufgaben

(UTB für Wissenschaft 2254 S)
2., durchgesehene Auflage
2001. 150 Seiten. 20 s/w-Abbildungen. Broschur.
ISBN 3-8252-2254-3

Historische Anthropologie rückt den Menschen und seine kulturell geprägten Lebensformen und Lebenserfahrungen ins Zentrum des historischen Interesses. Sie stellt ein Forschungsfeld dar, das Kultur nicht bloß als Teilbereich menschlichen Handels begreift, sondern als Medium historischer Lebenspraxis und Auseinandersetzung des Einzelnen und sozialer Gruppen in lokalen wie überregionalen Gesellschaften. Das Buch führt in die Problemfelder dieser jungen Wissenschaft ein. Es skizziert ihre Geschichte, ihre Methoden und Aufgaben, legt aber auch Probleme im Kontext der heutigen historischen Forschung dar.

Ursulaplatz 1, D-50668 Köln, Telefon (0 22 1) 91 39 00, Fax 91 39 011